全 世 界 无 产 者 ， 联 合 起 来 ！

列 宁 全 集

第二版增订版

第十六卷

1907年6月—1908年3月

中共中央 马克思 恩格斯 著作编译局编译
列 宁 斯大林

人民出版社

《列宁全集》第二版是根据
中国共产党中央委员会的决定，
由中共中央马克思恩格斯列宁
斯大林著作编译局编译的。

凡　例

1. 正文和附录中的文献分别按写作或发表时间编排。在个别情况下,为了保持一部著作或一组文献的完整性和有机联系,编排顺序则作变通处理。

2. 每篇文献标题下括号内的写作或发表日期是编者加的。文献本身在开头已注明日期的,标题下不另列日期。

3. 1918 年 2 月 14 日以前俄国通用俄历,这以后改用公历。两种历法所标日期,在 1900 年 2 月以前相差 12 天(如俄历为 1 日,公历为 13 日),从 1900 年 3 月起相差 13 天。编者加的日期,公历和俄历并用时,俄历在前,公历在后。

4. 目录中凡标有星花 * 的标题,都是编者加的。

5. 在引文中尖括号〈　〉内的文字和标点符号是列宁加的。

6. 未说明是编者加的脚注为列宁的原注。

7.《人名索引》、《文献索引》条目按汉语拼音字母顺序排列。在《人名索引》条头括号内用黑体字排的是真姓名;在《文献索引》中,带方括号[　]的作者名、篇名、日期、地点等等,是编者加的。

目　　录

1908 年

附　　录

插　图

前　　言

本卷收载列宁在 1907 年 6 月至 1908 年 3 月期间的著作。

俄国第一次革命持续了将近两年半,到 1907 年年中,沙皇政府控制了局势并转入进攻。6 月 2 日,沙皇政府逮捕了社会民主党党团成员,6 月 3 日解散了第二届国家杜马,同时颁布了新的选举法,进一步限制工农的权利,保证地主和大资产阶级对第三届杜马的绝对控制。六三政变标志着俄国第一次革命的结束和斯托雷平反动时期的开始。以大臣会议主席斯托雷平为首的专制政府对工人和农民进行残酷镇压。成千上万的革命参加者或惨遭杀害,或被捕入狱,或被放逐服苦役。反动政府破坏各地的社会民主党组织,查封工会组织,迫害布尔什维克。列宁为了躲避沙皇暗探的追捕,于 6 月匿居芬兰,12 月再度出国,侨居日内瓦。鉴于完全恢复革命前的秩序已不可能,沙皇政府开始实行以六三体制和新土地政策为主要内容的新政策。

六三体制就是把全部政权交给农奴主–地主,使资产阶级享有种种特权,其目的是建立农奴主–地主和资产阶级的同盟,以保持沙皇政府的反动统治。第三届杜马就是要体现这个体制。修改后的选举法规定,地主和大资产阶级选民团推选出的复选人占总数的 $\frac{3}{4}$ 以上,而工人和农民推选出的复选人却不到总数的 $\frac{1}{4}$。许多非俄罗斯民族被剥夺选举权。社会革命党人和部分布尔什维克主张抵制第三届杜马的选举。本卷开篇文章《反对抵制》以及《关于社会民主工党对第三届杜马的态度问题的报告提纲》、俄国社会民主工党第三次代表会议关于参加第三届国家杜马选举问题的决议草案等文献，批驳了抵制派的论据，科学地分析了俄国社会民主党过去抵制杜马、现在反对抵制杜马的原因，强调必须根据客观形势的变化制定斗争策略。列宁总结了俄国革命的经验，指出：社会民主党人从马克思主义的立场出发认为实行抵制不取决于某一机关的反动程度如何，而是取决于实行称做抵制的这一特殊手段的特殊斗争条件是否存在；抵制不是一种策略方针，而是适合于特殊条件的一种特殊的斗争手段；抵制杜马是向旧政权的直接攻击，目的是使它不能建立这种机关，这只有在革命进入高潮并能转入武装起义的情况下才是正确的；第三届杜马的选举正处在革命低潮，不具备抵制的客观条件，社会民主党应当参加第三届杜马选举，争取有代表进入这个反动机关，以便利用它来同沙皇政府和地主资产阶级政党进行斗争。列宁强调指出，马克思主义和其他一切社会主义理论的不同之处，就在于它既以完全科学的冷静态度去分析客观形势，又非常坚决地承认群众的革命首创精神。列宁在批评那些借口重视革命经验而主张抵制的人时写道："马克思高度重视革命的传统，严厉抨击对革命传统的叛卖和庸俗的态度，而同时要求革命家善于**思考**，善于**分析**采用旧的斗争手段的条件，而不是简单地重复某些口号。"（见本卷第23页）

新杜马的选举达到了沙皇政府预期的结果。442名代表中，黑帮分子、十月党人和立宪民主党人占压倒多数，代表工人阶级的社会民主党人只有19名，代表农民的劳动派只有14名。本卷中的《第三届杜马》、《第三届国家杜马和社会民主党》、列宁在俄国社会民主工党第四次代表会议("第三次全国代表会议")上所作的报告和提出的决议、《"可恶的狂饮节"在准备中》等文献,分析了第三届杜马的反动成分及其反人民的活动,提出了布尔什维克的杜马斗争策略。列宁指出,在第三届杜马中将会有两个多数:黑帮—十月党人的多数和十月党人—立宪民主党人的多数。前者是反革命的,占杜马代表的²/₃强,他们主张加紧镇压和保护农奴主-地主的利益,甚至企图完全恢复专制政体。后者也是反革命的,没有超过杜马代表的半数,他们主要代表大资产阶级的利益,依靠同政府的勾结,并且用徒有其名的改革来掩盖他们反对革命的斗争。这两个多数都屈从沙皇政府。沙皇政府为了保持自身的平衡,可以轮流依靠它们。列宁认为,社会民主党人应该利用这个杜马宣传党的政治观点和社会主义观点,广泛地开展争取建立民主共和国、没收地主土地、实行八小时工作制的鼓动工作。他强调指出,社会民主党人既要揭露黑帮地主和专制政府的暴虐,也要揭露立宪民主党人的反革命本质。

斯托雷平的新土地政策企图按照地主的方式解决土地问题,以适应国内资本主义的发展并制止农民革命的再爆发。俄国社会民主工党需要根据俄国第一次革命的经验修改自己的土地纲领。列宁在 1907 年 11—12 月撰写了《社会民主党在 1905 —1907 年俄国第一次革命中的土地纲领》这部重要著作。他依据 1905 —1907 年土地运动的丰富历史经验,批判了地主资产阶级政党和小资产阶级政党的土地纲领以及孟什维克的土地地方公有化纲领,从理论上论证了布尔什维克的土地纲领。

列宁认为,修改俄国社会民主党的土地纲领,必须依据俄国土地占有情况的新材料。他说明土地问题在沙皇俄国之所以十分尖锐，是因为大部分土地掌握在一小撮贵族和地主手里，千百万农民因缺少土地而陷入困境。在俄国欧洲地区，3 万个贵族和地主拥有 7 000 万俄亩土地，每户平均有 500 俄亩以上，其中农奴制大地产占有者每户平均有 2 333 俄亩，而 1 050 万农户共拥有 7 500 万俄亩土地，每户平均仅有 7 俄亩。这种情况造成耕作技术落后，农奴徭役制剥削形式繁多。这是农民展开土地斗争的根本原因。土地变革的实质就是消灭地主土地占有制和俄国农业制度中的一切农奴制残余。

列宁指出，俄国的土地变革可以通过两条道路来实现：一条是改良的道路即普鲁士式的道路，另一条是革命的道路即美国式的道路。第一条道路就是农奴制地主经济逐渐转变为资产阶级经济，大批农民变成贫农和雇工，同时分化出少数富农。这条道路仍然保存地主经济和大地产，使生产力发展速度和资本主义的发展极度缓慢，使广大农民群众在很长时期内遭受农奴制的剥削和奴役。第二条道路就是用暴力摧毁地主土地占有制，消灭农奴制大地产，使土地完全转归农民，宗法式的农民转变为资本主义农场主。这条道路使俄国资本主义更自由更迅速地发展，能尽快地发展生产力，能在最大程度上符合农民群众的利益。列宁指出，在 1861—1905 年期间，在俄国已经出现资本主义农业演进的两种方式。地主和农民之间的阶级斗争是要决定俄国资本主义的发展走哪条道路。各阶级在俄国革命中提出的两种土地纲领，其基础就是这两种可能的资本主义农业演进方式。列宁在分析各政党和各阶级的土地纲领以及两届杜马中围绕土地问题的斗争之后指出，地主和资产阶级的政党（从黑帮地主到立宪民主党人）主张改良的地主式的发展道路,而无产阶级代表和农民代表则主张革命的农民式的发展道路。农民代表和民粹派提出土地国有化和平均分配土地的要求。列宁揭示了他们的小资产阶级社会主义的错误,同时肯定他们的小资产阶级民主主义的平等思想在反对专制制度和农奴制大土地占有制的斗争中是最革命的思想。

　　列宁用主要的篇幅论述了俄国社会民主工党的各种土地纲领在俄国第一次革命中所受到的检验。他指出,过去所有土地纲领的基本错误在于没有很具体地设想到俄国资本主义农业演进可能是哪一种方式。他批判了孟什维克的土地地方公有化纲领,指出这个纲领不是要消灭农奴制关系的残余,不是为了给资本主义彻底扫清道路,而是要巩固份地私有制,仅仅要求把非份地收归地方公有。列宁写道,在俄国,不仅地主土地所有制是中世纪的所有制,而且农民份地所有制也是中世纪的所有制。布尔什维克的土地纲领主张在极大限度地保持农民利益的条件下消灭村社和中世纪的份地所有制,即废除土地私有制,将全部土地收归国有,完全摆脱农村中的农奴制度。俄国第一次革命用事实否定了孟什维克的全部论据。列宁指出,激进农民的口号是:无论是地主土地占有制还是份地占有制都不应该存在,应该存在的只是新的自由的土地所有制。这个口号最真实、最彻底、最坚决地表现了资本主义的要求,表现了在商品生产条件下尽量发展土地生产力的要求。列宁论述了土地国有化和地方公有化的理论基础。他指出,土地国有化的科学概念同地租理论有密切联系。级差地租同有没有土地私有制完全无关。土地国有化并不消灭级差地租,而是把它交给国家。土地私有制产生绝对地租,妨碍对农业自由投资。土地国有化消灭土地私有制,从而也消灭绝对地租;取消阻碍资本主义发展的垄断。列宁强调指出,布尔什维克肯定土地国有化才是彻底消灭农业中一切中世纪制度的最正确的方式,是在资本主义制度下可能有的最好的土地制度。孟什维克否认绝对地租理论,就是根本否认资本主义制度下土地私有制的经济意义,结果必然歪曲马克思主义对于土地国有化的观点。

　　列宁探讨了农民资产阶级革命和它的动力问题,探讨了土地国有化和政治变革的关系。他指出:"俄国革命第一个时期的经验已经彻底证明:俄国革命只有作为农民土地革命才能获得胜利,而土地革命不实行土地国有化是不能全部完成其历史使命的。""我们社会民主党在俄国资产阶级革命中的纲领**只能是土地国有化**。"(见本卷第392页)列宁说,土地改革和政治改革之间应该彼此适应,经济变革要求有与之相适应的上层建筑。只有无产阶级领导农民推翻沙皇制度并建立起无产阶级和农民的革命民主专政,才能实现土地国有化。土地国有化有助于向社会主义革命过渡。

　　列宁把关于俄国农民土地革命的基本观点概括为:"第一,马克思主义不能把俄国社会主义的命运同资产阶级民主变革的结局联结在一起;第二,马克思主义应该估计到俄国农业可能有两种方式的资本主义演进,并且向人民明确说明每一种可能性的条件和意义;第三,马克思主义应该坚决反对那种认为在俄国没有激进的政治变革也可能实现激进的土地变革的观点。"(见本卷第311页)列宁在1917年9月为这本书写的跋中指出,在新的时期,当资本主义矛盾的发展把社会主义革命提上日程的时候,土地国有化问题也必然要有另一种提法,这就是:"土地国有化不仅是资产阶级革命的'最高成就',而且是**走向社会主义的一个步骤**。"(见本卷第396页)

本卷的《〈十二年来〉文集序言》是列宁为当时准备出版他的著作三卷集《〈十二年来〉文集》写的。这篇序言结合收入文集的各篇著作简要地回顾和总结了俄国马克思主义运动的发展历程，以及社会民主党内两派在 1895 年至 1907 年间围绕理论问题、党的纲领问题、策略问题和组织问题进行的斗争。列宁指出，合法马克思主义、经济主义和孟什维主义是同一历史趋势的不同表现形式；在俄国这样一个小资产阶级占优势的国家里，在资产阶级革命时期，在年轻的社会民主工党成立初期，必然出现这种小资产阶级机会主义倾向，"了解一下这种倾向在俄国社会民主党的不同发展时期的不同表现形式，对于巩固革命的马克思主义，对于俄国工人阶级在自己的解放斗争中得到锻炼，是十分必要的"（见本卷第105 页）。

列宁在《革命和反革命》一文中初步总结了 1905—1907 年革命。他指出，第三届杜马的召开结束了相信专制政府和人民代表机关可以和平共处的时期，开辟了革命发展的新时代。在这个时期，把俄国的革命同反革命、革命进攻时期（1905 年）同反革命玩弄立宪时期（1906 年和 1907 年）进行对照，才能决定当前的政治路线。列宁说，革命斗争完全证实了布尔什维克关于无产阶级在俄国资产阶级革命中起领导作用的理论。无产阶级实际上一直在领导革命。俄国解放运动所获得的一切，完全是无产阶级领导群众进行革命斗争的结果。在群众运动的低潮时期，社会民主党的领导地位被操纵两届杜马的立宪民主党人所取代。立宪民主党领导的运动证明了俄国资产阶级的反动性和它对沙皇制度的卑躬屈节。两届杜马的反革命时期使农民群众认清资产阶级不能成为他们的领袖和同盟者。1905 年革命进攻时期证明，无产阶级能够领导农民进行反对农奴主-地主和沙皇专制制度的斗争。列宁坚信，新的全民的政治危机必将到来，那时又将使无产阶级担当起全民运动的领导者的使命。

《政论家札记》、《政治短评》、《新土地政策》等文章，阐明了当时的政治经济形势，指出了党在新形势下的任务和革命斗争的前景。革命的失败使孟什维克丧失了信心。他们放弃了革命的斗争方法，主张同立宪民主党人一起参加杜马的立法工作。地主和大资产阶级的政党十月党操纵着第三届杜马，立宪民主党已成为十月党的奴仆。列宁揭露说，按专制政府的意图，新杜马的使命是："通过旧政权同地主和大资产阶级在微小的立宪改革的基础上的直接勾结来结束革命"（见本卷第54页）。资产阶级公然背叛革命，同旧政权紧密勾结，小资产阶级软弱动摇。列宁说，无论俄国革命今后如何发展，无论无产阶级会经历怎样的艰难困苦，对资产阶级的憎恨和对小资产阶级政党的蔑视必将团结无产阶级的队伍，锻炼无产阶级，使他们将来能给整个资产阶级社会以毁灭性的打击。列宁进一步揭露了沙皇政府的新土地政策。他指出，沙皇大臣斯托雷平、黑帮地主和大资产阶级懂得，不破坏旧的土地制度，就不能保证俄国经济的发展，就不能建立新的阶级支柱以保持自己的政权，就不能摆脱构成俄国革命最深刻原因的矛盾："一方面是最落后的土地占有制和最野蛮的乡村，另一方面又是最先进的工业资本主义和金融资本主义"（见本卷第400页）。新土地政策就是按照地主的办法破坏旧的土地制度，用暴力手段破坏村社，使大批农民更快地破产。列宁认为，社会民主党应当更加坚决地向群众提出农民同无产阶级一起举行起义的口号，只有举行这样的起义，才能阻止斯托雷平的改革。在反动年代的黑暗日子里，列宁发出了充满信心的声音:"我们善于在革命以前长期进行工作。人们说我们坚如磐石,这不是没有原因的。社会民主党人已建立起无产阶级的党,这个党决不会因第一次军事进攻遭到失败而心灰意懒,决不会张皇失措,决不会热衷于冒险行动。"(见本卷第403—404页)

本卷收载的一部分著作是有关第二国际第七次(斯图加特)代表大会的。1907年8月间,列宁作为俄国社会民主工党代表团的成员参加了第二国际斯图加特代表大会,并作为社会党国际局的成员参加了大会主席团,还参加了关于军国主义和国际冲突问题的决议起草委员会。这是列宁第一次出席国际的会议,他在会上同第二国际机会主义者进行了直接的斗争。两篇题为《斯图加特国际社会党代表大会》的文章全面介绍了大会的情况。《克·蔡特金〈斯图加特国际社会党代表大会〉一文的注释》对一些事实作了说明,《"社会革命党人"是怎样编写历史的》一文揭露了社会革命党人对大会情况的歪曲。列宁认为,这次大会在确定社会主义政党的策略方面起了卓越的作用。他写道:"斯图加特代表大会在一系列最重大的问题上将国际社会民主党的机会主义派和革命派作了鲜明的对比,并且本着革命的马克思主义的精神解决了这些问题。"(见本卷第85页)

殖民地问题是大会上引起激烈争论的一个问题。荷兰代表范科尔提出的决议草案,根本不谈无产阶级政党反对殖民政策的斗争,宣称:"大会并不在原则上和在任何时候都谴责任何殖民政策,殖民政策在社会主义制度下可以起传播文明的作用。"在委员会的讨论中,支持这个提案的机会主义者形成了多数。列宁认为,这个论点实际上等于直接向资产阶级政策倒退,向替殖民战争和野蛮行为辩护的资产阶级世界观倒退。在大会讨论中,机会主义者伯恩施坦、大卫代表德国代表团的多数人,发言肯定"社会主义的殖民政策",攻击左派不了解改良的意义。列宁指出,"社会主义的殖民政策"这个概念本身就是荒谬透顶的。经过尖锐的斗争,大会通过了比以往更尖锐地谴责殖民政策的决议。列宁说,殖民地问题的讨论暴露了社会党内的机会主义的真面目,表明欧洲一些国家里形成了使无产阶级沾染上殖民沙文主义的物质经济基础。列宁希望革命的社会民主党人认识到殖民沙文主义的害处及其产生的原因,以便团结各国无产阶级去同这种机会主义进行斗争。

党同工会的关系问题是大会讨论的第二个问题。机会主义者反对工会接受党的领导。法国社会党多数派提交大会的决议草案,主张党同工会建立自由合作的关系,彼此不相从属。德国代表中有一半是工会代表,他们支持这个草案。普列汉诺夫坚决主张工会中立。布尔什维克和各国党的左派反对工会中立的观点。大会通过的决议否决了中立思想,肯定工会和社会党必须有密切的联系。列宁认为,这个决议对俄国人有特别重大的意义,因为它会加速俄国社会民主党同俄国自由派赞赏的中立思想彻底决裂。他指出,鼓吹工会中立对社会民主党内的机会主义有利,事实上已经给德国带来了恶果,使德国的工会极明显地倾向机会主义。收入本卷的《沃伊诺夫(阿·瓦·卢那察尔斯基)论党同工会的关系一书的序言》和《工会的中立》的文献进一步批判了工会中立论,强调革命的社会民主党人在进行工会活动时,应该使工会同党接近,启发工人的社会主义觉悟,使他们认识到无产阶级革命的任务。

大会讨论的最重要的也是斗争最激烈的问题是反对军国主义的问题。提交大会讨论的决议草案共有四个,一个是倍倍尔代表德国社会民主党提出的,其他三个是法国社会党的代表爱尔威、盖德、饶勒斯和瓦扬分别提出的。列宁着重分析了爱尔威和倍倍尔的决议草案。爱尔威的草案要求用罢工和起义来反对任何战争。列宁指出,爱尔威的观点是半无政府主义观点。爱尔威的错误在于:不懂得战争是资本主义的必然产物,无产阶级不能拒绝参加革命战争;不懂得能否用罢工和起义反对战争,取决于战争所引起的经济危机和政治危机的客观条件;为了反对军国主义而忘记社会主义。列宁说,问题的实质不在于仅仅防止战争的爆发,而在于利用战争所产生的危机加速推翻资产阶级。列宁还批判了福尔马尔等人提出的以议会斗争方式反对战争的主张。倍倍尔的草案的缺点是没有明确提出无产阶级的积极任务。罗·卢森堡和俄国社会民主党代表对倍倍尔的决议提出的修正案强调指出:"必须在青年中进行鼓动工作;必须利用战争所引起的危机加速资产阶级的崩溃;必须注意到斗争的方法和手段必然随着阶级斗争的加剧和政治形势的改变而改变。"(见本卷第 73 页)经过修正的这个决议案在大会上被一致通过。列宁认为,这项决议既对军国主义问题作了唯一科学的马克思主义分析,又向各国工人政党介绍了一些最坚决最革命的斗争措施。

本卷还收有列宁为纪念巴黎公社三十七周年写的《公社的教训》一文。列宁高度评价巴黎公社是"19 世纪最伟大的无产阶级运动的最伟大的典范"(见本卷第 436 页),分析了巴黎公社失败的原因和教训,阐明了巴黎公社在推动欧洲社会主义运动中的历史作用。列宁结合俄国革命的实践强调指出,巴黎公社的起义和俄国无产阶级的十二月起义证实"阶级斗争在一定的条件下就要采取武装斗争和国内战争的形式"(见本卷第 438 页),这两次起义虽然遭到镇压,但新的起义一定会到来,社会主义无产阶级在新的起义中将获得胜利。

在《列宁全集》第2版中,本卷文献比第1版相应时期的文献增加13篇。其中有:在俄国社会民主工党第三次代表会议上关于反对抵制的发言、《关于斯图加特代表大会〈军国主义和国际冲突〉决议的注释》、《克·蔡特金〈斯图加特国际社会党代表大会〉一文的注释》、《反军国主义的宣传和社会主义工人青年团体》、《"社会革命党人"是怎样编写历史的》、在俄国社会民主工党第四次代表会议("第三次全国代表会议")上所作的《关于第三届国家杜马中社会民主党党团的策略的报告》的记录稿和总结发言、《第三届国家杜马和社会民主党》。《附录》中的文献都是新增加的。

弗·伊·列宁

（1900 年）

反 对 抵 制

（摘自社会民主党政论家的札记）¹

（1907年6月26日〔7月9日〕）

不久以前举行了教师代表大会²，与会的大多数人都是受社会革命党人³影响的，大会在社会革命党的一位知名代表的直接参与下，通过了关于抵制第三届杜马⁴的决议。社会民主党人教师和俄国社会民主工党的代表⁵一起在表决时弃权，因为他们认为这类问题必须由党的代表大会或代表会议来决定，而不应该由非党的政治性的职业联合会来决定。

抵制第三届杜马的问题，就这样作为当前的革命策略问题而出现了。虽然我们还没有看到社会革命党的正式决定，也没有看到社会革命党的文件，但是从该党代表在上述代表大会上的发言来看，社会革命党对这个问题已经作了决定。在社会民主党内，这个问题已经提出并且正在讨论。

社会革命党究竟用什么理由来为自己的决定辩解呢？教师代表大会的决议实际上讲到了第三届杜马毫不中用，搞六三政变⁶的政府是反动的和反革命的，新的选举法是地主性质的，等等，等等①。他们的论据是这样提的：由于第三届杜马极端反动，采取抵

---

① 下面是这个决议的原文："鉴于：（1）作为召集第三届国家杜马的依据的新选举法剥夺了劳动群众在此以前所享有的、花了很大代价才取得的一点起码的

制这样的斗争手段或口号自然是完全必要和合理的。每一个社会民主党人都看得很清楚,这样的论断是不足取的,因为这里根本没有对可以实行抵制的历史条件作分析。社会民主党人从马克思主义的立场出发,认为实行抵制不取决于某一机关的反动程度如何,而是如俄国革命经验现在也已经表明的那样,取决于实行称做抵制的这一特殊手段的特殊斗争条件是否存在。谁如果不考虑我国革命两年来的经验,不仔细研究这种经验就来谈论抵制,那就只好说这种人是太健忘了,而且什么也没有学到。现在我们就是试图从分析这个经验来着手研究一下抵制问题。

一

抵制布里根杜马[7]无疑是我国革命在实行抵制方面最重要的经验。况且这次抵制还获得了最完全、最直接的成功。所以我们的首要任务是研究抵制布里根杜马的历史条件。

在研究这个问题时,首先会看到两点。第一,抵制布里根杜马是一场反对我国革命转上(即使是暂时地转上)君主立宪道路的斗争。第二,这次抵制是在最广泛、最普遍、最强大、最急剧的革命高潮的形势下进行的。

选举权;(2)该选举法为了居民中最反动的特权阶层的利益竟公然粗暴地强奸民意;(3)第三届杜马,按其选举的方法和组成来说,是反动政变的结果;(4)政府是要利用人民群众参加杜马选举这一点来说明人民承认政变,——全俄教师和国民教育活动家联合会第四次代表大会决定:(1)拒绝同第三届杜马及其各个机构建立任何联系;(2)不以组织名义直接或间接地参加选举;(3)以组织名义广泛宣传本决议中所表明的对第三届国家杜马及杜马选举的看法。"

我们来谈谈第一点。对某一机关的任何抵制都不是在该机关范围内进行的斗争，而是反对该机关的产生，或者说得广一点，是反对该机关变为现实的斗争。所以，谁要像普列汉诺夫及其他许多孟什维克那样，以马克思主义者必须利用代表机关这种空泛的论断来反对抵制，那就只能暴露出他们的可笑的学理主义。这样来谈论问题，无异于再三重复无可争辩的真理以回避所争论的问题的实质。马克思主义者应该利用代表机关，这是无可争辩的。但是能不能因此就得出结论说，马克思主义者在一定条件下只能赞成在某个机关的范围内进行的斗争，而不能赞成反对建立这个机关的斗争呢？不，得不出这样的结论，因为这种空泛的论断只有在不可能进行反对这类机关产生的斗争的情况下才适用。所以在抵制问题上争论的焦点就在于有没有可能来进行反对这类机关产生的斗争。普列汉诺夫之流自己提出的那些反对抵制的论据，暴露了他们并不懂得问题之所在。

其次，如果说对某一机关的任何抵制都不是在该机关范围内进行的斗争，而是反对建立该机关的斗争，那么抵制布里根杜马同时也是反对建立整套君主立宪类型的机关的斗争。1905年清楚地表明，存在着进行总罢工（1月9日[8]以后的罢工浪潮）和军队起义（"波将金"号）[9]这种直接的群众斗争的可能性。也就是说，群众的直接的革命斗争是事实。另一方面，企图把运动从革命（就最直接最狭窄的意义而言）道路引上君主立宪道路的8月6日的法令[10]也是事实。群众的直接的革命斗争道路和君主立宪道路之间的斗争，在客观上是不可避免的。可以说，当时需要对革命下一步发展的**道路作出选择**，并且决定这个选择的当然不是这些或那些集团的意志，而是各革命阶级和各反革命阶级的力量。而力量又只有在斗争中才能衡量和考验。抵制布里根杜马的口号也就是坚持直接的革命斗争**道路**反对立宪君主制道路的斗争口号。当然，在立宪君主制道路上也可能有斗争，不但可能有，而且还不可避免有斗争。在君主立宪的范围内也可能继续进行革命并酝酿新的革命高潮；在君主立宪的范围内，革命的社会民主党也可能进行斗争，而且一定要进行斗争——阿克雪里罗得和普列汉诺夫在1905年曾经非常热心但非常不合时宜地论证过的这个最起码的真理，现在仍然不失为真理。可是当时历史提出的并不是这个问题，阿克雪里罗得或普列汉诺夫的议论都是"文不对题"，换句话说，他们是用从新版德国社会民主主义教科书中找出的问题来代替历史提出的让斗争着的各种力量解决的问题。当时，出现一场**选择下一步斗争道路的斗争**是历史的必然。是由旧政权召集俄国第一个代表机关，从而在一定的时间内（时间也许很短，也许较长）把革命引上君主立宪的道路呢，还是由人民以直接的冲击去扫除（或者至少动摇）旧政权，使它不能把革命引上君主立宪的道路，从而保证（也是在或长或短的时间内）群众的直接的革命斗争的道路？这正是阿克雪里罗得和普列汉诺夫当时没有察觉到的问题，而1905年秋天，历史却把这个问题向俄国各革命阶级提了出来。社会民主党对积极抵制的宣传，就是提出这个问题的一种方式，就是无产阶级政党自觉地提出这个问题的一种方式，就是提出一个**为选择斗争道路而斗争**的口号。

　　宣传积极抵制的布尔什维克正确地理解了历史客观地提出的问题。1905年10—12月斗争实际上是一场选择斗争道路的斗争。这场斗争起伏很大；起初革命人民占了上风，使旧政权不可能立即把革命引上君主立宪的轨道，扫除了警察自由派类型的代表机关,建立了纯革命类型的**代表机关**,即工人代表苏维埃,等等。
10—12月时期是群众最自由、主动精神最充分、工人运动发展得
最广泛最迅速的时期,因为当时人民的冲击清除了君主立宪的机
关、法律和种种障碍,因为出现了一个"政权空白时期"——旧政权
已被削弱,而人民的革命新政权(工农兵代表苏维埃等)**还没有**强
大到足以完全代替旧政权。十二月斗争的结果却相反:旧政权胜
利了,击退了人民的冲击,保住了自己的阵地。但是不言而喻,当
时还没有理由认为这个胜利是决定性的胜利。1905年十二月起
义得到了继续,表现为1906年夏天爆发了一连串分散的、局部的
军队起义和罢工。抵制维特杜马[11]的口号是为把这些起义集中和
联合起来而斗争的口号。

　　所以,研究俄国革命抵制布里根杜马的经验得出的第一个结
论是:抵制的客观根据是一场由历史提到日程上来的决定下一步
发展道路形式的斗争,是一场决定由旧政权还是由新的自发的人
民政权来召开俄国第一次代表会议的斗争,是一场决定走直接的
革命道路还是(在一定时间内)走君主立宪道路的斗争。

　　因此,过去在书刊中常常出现而在讨论本题时又一再提出的
一个问题就是所谓抵制口号简单、明了和"走直线"的问题,以及是
选择直接发展道路还是曲折发展道路的问题。直接推翻或者至少
削弱旧政权,由人民直接建立新的政权机关,这无疑是一条最**直接**
的道路,它对人民最有利,但是也需要为之付出极大的力量。在力
量占压倒优势时,用直接的正面攻击也能取得胜利。在力量不足
时,就可能需要走迂回的道路,需要等待时机、曲折行进、实行退却
等等。当然,君主立宪的道路一点也不排斥革命,这条道路**也**在间
接地酝酿并发展革命的因素,不过这条道路要漫长一些,曲折一些。

在所有孟什维克的书刊中,尤其是 1905 年(10 月以前)的书刊中,都贯穿着对布尔什维克的责难和劝导,责难他们"走直线",劝导他们必须重视历史发展的曲折道路。孟什维克书刊的这个特征也是一种空谈的例证,他们好像在说什么马吃燕麦、伏尔加河流入里海[12],用这种再三重复无可争辩的事实的办法来混淆所争论的问题的实质。历史通常都是循着曲折的道路发展的,马克思主义者必须善于重视历史的极其复杂奇特的曲折道路,这是无可争辩的。但是,当历史本身提出是选择直接道路还是曲折道路这个问题让斗争着的各种力量去解决的时候,再三重复无可争辩的东西就丝毫无助于解决马克思主义者该怎么办的问题。在发生这种情况的时刻或时期,用空谈历史通常的曲折性的办法来支吾搪塞,那就等于变成套中人[13],一门心思地去琢磨马吃燕麦这样一个人所共知的事情。而革命时期正好多半是这样的历史时期,即斗争着的各种社会力量的冲突要在相对短的时间内解决国家在一个相对说来很长的时期内是走直接发展道路还是走曲折发展道路的问题。重视曲折的道路是必要的,但这绝不排斥马克思主义者应该在群众的历史的决定关头善于向群众解释走直接道路的好处,应该善于帮助群众为选择直接的道路而斗争,善于提出这种斗争的口号等等。所以只有不可救药的庸人和非常愚蠢的学究才会**在否定直接道路而确定曲折道路的决定性的历史性战斗结束以后**,讥笑那些为直接道路斗争到底的人。这正像特赖奇克之流的德国警察的御用历史学家讥笑 1848 年马克思提出的革命口号和所走的革命直线一样。

马克思主义对历史的曲折道路的态度,实际上同它对妥协的态度是一样的。历史的任何曲折转变都是妥协,是已经没有足够的力量彻底否定新事物的旧事物同还没有足够的力量彻底推翻旧事物的新事物之间的妥协。马克思主义并不拒绝妥协，马克思主义认为必须利用妥协，但这决不排斥马克思主义作为活跃的经常起作用的历史力量去全力进行反对妥协的斗争。谁弄不明白这个似乎矛盾的道理，那他就是对马克思主义一窍不通。

恩格斯有一次在一篇论公社布朗基派流亡者的宣言的文章中(1874年)①非常清楚生动、简明扼要地表明了马克思主义对妥协的态度。公社布朗基派流亡者在他们的宣言中写道，他们不容许任何妥协。恩格斯嘲笑这个宣言，他说，问题不在于拒绝利用**形势注定我们实行的妥协**（或者是：形势强迫我们实行的妥协——因为无法查对原文，只能凭记忆引用，谨向读者致歉），问题在于明确地意识到无产阶级的真正的革命目的，善于在各种形势下通过曲折道路和妥协来追求这些目的②。

只有从这个角度出发，才能对向群众提出的抵制口号的简单、直接和明了的特点加以评价。这个口号的上述一切特点之所以好，并不是因为这些特点本身好，而只是因为这个口号所适应的客观形势中存在着为选择直接发展道路或曲折发展道路而斗争的条件。在布里根杜马时期，这个口号之所以是工人政党的正确的和唯一革命的口号，并不是因为它是最简单、最直接和最明了的口号，而是因为当时的历史条件向工人政党提出了参加争取简单的直接的革命道路、反对曲折的君主立宪道路的斗争这样一个任务。

试问，究竟根据什么标准，说当时存在着这些特殊的历史条件

----

① 这篇论文编入德文文集《〈人民国家报〉国际问题论文集》（《Internationales aus dem«Volksstaat»»）。俄译本：《〈人民国家报〉论文集》知识出版社版。

② 参看《马克思恩格斯文集》第3卷第362—364页。——编者注

呢？究竟根据什么主要的标志，说客观形势的特点使简单、直接、明了的口号没有成为空话，而成了唯一适合实际斗争的口号呢？我们现在就来谈这个问题。

二

在回顾一场已经结束的斗争（至少直接形式的斗争已经结束）时，根据那个时期各种不同的和相互矛盾的标志和征兆，得出一个总的结论，自然是最容易不过了。斗争的结局一举解决了所有的问题，并且轻而易举地消除了一切怀疑。但是我们现在必须确定各种有助于弄清斗争**前**的局势的标志，因为我们想把历史的经验教训运用到第三届杜马的问题上。上面我们已经指出，最广泛、最普遍、最强大、最急剧的革命高潮是1905年抵制得到成功的条件。现在应该研究，第一，特别强大的斗争高潮同抵制有什么关系；第二，特别强大的高潮有些什么特征和显著的标志。

我们已经指出，对某一机关的抵制并不是在该机关的范围内进行的斗争，而是反对该机关产生的斗争。任何这样的机关只能从已经存在的即旧的政权中产生。这就是说，抵制是一种斗争手段，用来直接推翻旧政权，或者在冲击力量还不足以推翻旧政权时至少用来削弱这个政权，使它不能创立这个机关，不能利用这个机关①。所

---

①　本文所说的都是积极抵制，即不是简单地不参加旧政权设置的各种机关，而是向旧政权进行冲击。应该向没有读过抵制布里根杜马时期社会民主党的书刊的读者提一提：社会民主党人当时公开讲**积极的**抵制，坚决提倡积极抵制，反对消极抵制，甚至坚决把积极抵制同武装起义结合起来。

以，抵制要获得成功，就需要同旧政权进行直接的斗争，需要举行反对旧政权的起义，需要在许多场合下让群众起来抗拒当局的命令（这种群众的抗拒是发动起义的条件之一）。抵制就是拒绝承认旧政权，当然不是口头上拒绝，而是行动上拒绝，也就是说，不是只表现在各组织的呼吁或口号上，而是表现在**人民群众**的某些运动上，如不断违反旧政权的法律，不断建立新的、非法的、但实际上存在的机关，等等，等等。这样，抵制同广泛的革命高潮之间的关系就很明显了：抵制是最坚决的斗争手段，它要否定的并不是某个机关的组织形式，而是该机关的存在本身。抵制是向旧政权的直接宣战，是向旧政权的直接攻击。没有广泛的革命高潮，没有到处越出旧的合法范围的群众骚动，就根本谈不上抵制的成功。

在谈到 1905 年秋季高潮的特征和标志时，我们不难看出，当时的情况是革命展开不间断的群众性的**进攻**，不断攻击敌人并迫使敌人退却。镇压不但没有使运动削弱，反而使它更加扩大了。1 月 9 日以后发生了大规模的罢工浪潮、罗兹的街垒战[14]、"波将金"号的起义。在出版、结社、教育等方面，旧政权所规定的合法范围到处都在不断地被冲破，冲破这种范围的绝不只是"革命者"，而且还有普通人，因为旧政权确实已被削弱，确实已经老朽得失去了控制能力。高潮力量的特别显著和准确无误的（从革命组织的角度来看）标志，就是革命者提出的口号不仅不是毫无反响，而是完全**落后于**生活了。不论是 1 月 9 日的事件，还是以后的群众性罢工和"波将金"号的起义，都走到了革命者直接号召的前头。**在 1905 年**，群众对革命者发出的任何一个**号召从来没有**持消极态度，没有默不作声，没有拒绝参加斗争。在这样的情况下，抵制是对一触即发的气氛的自然的**补充**。当时这个口号根本不是什么

"凭空虚构",它只是准确而忠实地表达了勇往直前、走向直接冲击的高潮。恰恰相反,搞"凭空虚构"的却是我们的那些孟什维克,他们回避革命高潮,迷恋于沙皇在宣言上或 8 月 6 日的法令上许下的空洞诺言,对转上立宪君主制轨道的**诺言**信以为真。孟什维克(和帕尔乌斯)当初制定自己的策略时所根据的不是最广泛、最强大和最急剧的革命高潮这一事实,而是沙皇的向立宪君主制转变的诺言! 难怪这类策略成了既可笑又可怜的机会主义。难怪孟什维克凡是谈到抵制时,总是竭力不去分析抵制布里根杜马这一革命中最重大的抵制经验。但是光承认孟什维克在革命策略上的这个也许是最大的错误是不够的。还应该清楚地认识到,产生这个错误的根源就在于不了解使革命高潮成为现实而使向立宪君主制转变成为空洞的警察式诺言的那种**客观**情况。孟什维克所以犯错误,并不是因为他们对待问题主观上没有革命情绪,而是因为这些可怜的革命者思想上落后于客观革命形势。孟什维克犯错误的这两个原因是很容易混淆的,但是作为一个马克思主义者,混淆这些原因就是不能容许的了。

三

抵制同俄国革命某一时期的特殊历史条件的关系,还应从另一方面加以研究。1905 年秋季和 1906 年春季社会民主党的抵制运动的政治内容是什么呢? 这个运动的内容,当然不是重复抵制这个字眼或者号召不要参加选举。号召不顾专制制度所要求的迂回曲折的道路而进行直接的冲击,也还不是抵制运动的全部内容。

上述问题甚至不能和**反对立宪幻想的斗争**等量齐观,后者才是整个抵制鼓动工作的中心。这一斗争真正是抵制的活的灵魂。想一想抵制派的讲话和他们的全部鼓动工作,看一看抵制派的最重要的决议,那你就会深信这样的论点是多么正确。

孟什维克从来不懂得抵制的这个方面。他们总是觉得,在立宪刚开始的时期就同立宪幻想作斗争是荒唐的、无意义的,是"无政府主义"。孟什维克的这种观点在斯德哥尔摩代表大会[15]上的一些发言中,我记得特别是在普列汉诺夫的发言中已经说得很清楚,至于孟什维克的书刊就更不用说了。

乍一看,孟什维克就像一个人扬扬得意地教训他人说马吃燕麦一样,他们在这个问题上的立场确实似乎是无懈可击的。在立宪刚开始的时期就宣布同立宪幻想作斗争!难道这不是无政府主义吗?难道这不是荒唐之极吗?

他们在发这些议论时堂而皇之地提到一些简单的常识,从而把问题庸俗化了,这是由于他们绝口不谈俄国革命的特殊时期,**将抵制布里根杜马置诸脑后**,泛泛地把我国过去和将来的整个革命看做产生立宪的革命,而不去研究我国革命所经过的道路的具体阶段。这就是普列汉诺夫之类的人大谈辩证唯物主义方法而又违反辩证唯物主义方法的一个例证。

是的,我国的资产阶级革命,整个说来,也像任何资产阶级革命一样,归根到底就是一个建立立宪制度的过程,如此而已。这是公认的道理。这个公认的道理可以用来揭露某种资产阶级民主派的纲领、理论、策略等等的冒牌社会主义的步调。可是在这样一些问题上,例如:在资产阶级革命时期,工人政党应该把国家引向**怎样的**立宪制度;在革命的某些时期,工人政党**到底应当怎样**为争取特定的(即共和制的)立宪制度而斗争——在这些问题上,你能够从这个公认的道理中吸取有用的东西吗? 不能。阿克雪里罗得和普列汉诺夫所特别喜爱的这个公认的道理在这些问题上很难给你什么启发,正如马吃燕麦这个信念在你选择合适的马和学会骑马这个问题上很难给你启发一样。

布尔什维克在1905年和1906年初曾经说过,同立宪幻想作斗争应该成为当时的口号,因为正是在这个时期,客观形势提出了一个让斗争着的各种社会力量去解决的问题:在下一步将要取得胜利的是直接的道路,即进行直接的革命斗争和革命在充分民主的基础上直接建立代表机关的道路呢,还是迂回曲折的道路,即君主立宪和"杜马"类型的警察式"立宪"(所谓的!)机关的道路。

这个问题确实是客观形势提出来的呢,还是布尔什维克瞎扯理论、"凭空虚构"的? 对这个问题,俄国革命的历史现在已经作出了回答。

1905年的十月斗争就是反对革命转上君主立宪制轨道的斗争。10—12月时期就是实现无产阶级的、真正民主的、广泛的、勇敢的、自由的立宪的时期,这种立宪真正表现了人民的意志,而与杜巴索夫和斯托雷平立宪制时期的假立宪迥然不同。开展争取真正民主的(即存在于完全肃清旧政权以及与之有关的一切丑恶东西的基础上的)立宪的革命斗争,就要求最坚决地反对用警察式君主立宪制来诱惑人民。而社会民主党内反对抵制的人却怎么也弄不懂这个并不复杂的道理。

现在我们可以非常清楚地看出俄国革命发展的两个时期。高潮时期(1905年)和低潮时期(1906—1907年)。在第一个时期,人民的主动精神发挥得最充分,居民中所有阶级的自由而广泛的组织都得到最大的发展，出版有最充分的自由，人民最不理会旧政权，最无视它的机关和命令——当时这一切都是在没有那种得到官僚承认的、用正式规章或条例体现出来的立宪的情况下实现的。接着，在第二个时期，人民的主动精神、组织性、出版自由等等都很不发达并不断低落，——这时存在着由杜巴索夫和斯托雷平之流炮制、为杜巴索夫和斯托雷平之流承认并由杜巴索夫和斯托雷平之流来维护的天知道的"立宪制"。

现在，过去的一切已经昭然若揭，一目了然，大概没有哪个学究敢于否认无产阶级所进行的反对事态转上立宪君主制轨道的革命斗争的合理性和必要性，否认反对立宪幻想的斗争的合理性和必要性了。

现在恐怕任何一个稍有头脑的历史学家都会把 1905 年到 1907 年秋天的俄国革命过程划分为这样两个时期："反立宪的"（如果可以这样表述的话）高潮时期和"立宪的"低潮时期，即人民抛开警察式（君主）立宪去争取和实现自由的时期和君主"立宪制"压制人民自由的时期。

现在，立宪幻想的时期，即第一届和第二届杜马[16]时期，我们已经看得清清楚楚，所以弄清**当时**革命的社会民主党人反对立宪幻想的斗争的意义已经不是什么难事了。可是**在当时**，即在 1905 年和 1906 年初，无论资产阶级阵营中的自由派还是无产阶级阵营中的孟什维克，都不明白这一点。

而第一届和第二届杜马时期，从一切意义上来说，从一切方面来说，都是立宪幻想的时期。这一时期没有违反过"任何法律非经国家杜马承认均不得生效"这个庄严的诺言。就是说，立宪制存在于纸面上，并且不断使所有俄国立宪民主党[17]奴才的心灵深受感动。在这个时期,杜巴索夫和斯托雷平都实验了、检验了、试行了俄国的立宪制,竭力使它适应于旧的专制制度。杜巴索夫先生和斯托雷平先生似乎是这个时期最强有力的人物,他们千方百计地努力使"幻想"成为现实。幻想终究是幻想。历史完全证实了革命的社会民主党的口号是正确的。然而,不仅是杜巴索夫和斯托雷平之流试图实现"立宪制",不仅是立宪民主党奴才们颂扬立宪制,奴颜婢膝地大费唇舌(类似第一届杜马中的罗季切夫先生),证明说君主是没有责任的,说如果认为君主应对大暴行负责,那就是大逆不道。不,不仅他们这些人是这样,而且广大的人民群众在这个时期中无疑也在不同程度上相信"立宪制",相信杜马,而不听社会民主党的警告。

可以说,俄国革命中的立宪幻想时期是全国迷恋于资产阶级偶像的时期,就像西欧一些国家有时迷恋于资产阶级民族主义、反犹太主义、沙文主义等偶像一样。社会民主党的功劳在于:只有它没有受资产阶级的愚弄,只有它在立宪幻想时期始终举着同立宪幻想作斗争的旗帜。

————

那么试问,到底为什么抵制是反对立宪幻想的特殊的斗争手段呢?

抵制有一个特点,使得任何一个马克思主义者乍一看到这个特点都会立即不由自主地对抵制产生反感。抵制选举就是放弃议会活动,这就不免使人觉得是一种消极的拒绝、放弃和回避。专门仿效德国的帕尔乌斯就是这样看问题的,他在 1905 年秋天气势汹汹然而一无所得地咆哮了一番,企图证明积极的抵制终究是个坏东西,**因为它毕竟还是抵制……** 至今从革命中什么也没有学到而且愈来愈向自由派演化的马尔托夫也是这样看问题的,他在《同志报》[18]上的一篇近作，证明他甚至不会像一个革命的社会民主党人应该做的那样来提问题。

但是抵制的这个可说最使马克思主义者反感的特点，是完全可以用产生抵制这种斗争手段的时代所具有的特点来说明的。第一届君主杜马，即布里根杜马，是诱使人民脱离革命的诱饵。这种诱饵是一个穿着立宪外衣的假人。人人都不免要上当。有的是出于阶级的私利，有的是由于考虑不周，结果都上了布里根杜马的当，后来又上了维特杜马的当。所有的人都着了迷，所有的人都深信不疑。参加选举并不是平常地简单地履行普通的公民义务。参加选举就是为君主立宪上台举行庆典。参加选举就是从直接革命道路向君主立宪道路转变。

社会民主党在这样的时候**不得不**全力以赴、大张旗鼓地发出抗议和警告。这也就意味着拒绝参加选举，不仅自己不参加而且号召人民也不参加，发出向旧政权冲击的呐喊，而**不是**在旧政权建立的机关的范围内进行活动。全民对"立宪"君主制这一资产阶级警察偶像的迷恋，要求作为无产阶级政党的社会民主党向全民"表明"自己反对和揭露这个偶像的观点，全力开展斗争以反对建立成为这种偶像的化身的机关。

这一切都说明，不仅是获得直接成功的对布里根杜马的抵制，而且连**看来**已经失败的对维特杜马的抵制，在历史上都有充分的根据。现在可以看出，为什么说这只是**表面上的**失败，为什么社会民主党要**始终不渝地**坚持反对我国革命向立宪君主制转变。这一转变**实际上**就是转向**绝路**。君主立宪的幻想原来不过是一种前奏或幌子，一种点缀，一种用来转移视线、好让旧政权为废除这种"立宪制"作准备的东西……

　　我们已经说过,社会民主党要始终不渝地坚持反对用"立宪制"来压制自由。"始终不渝"是什么意思呢? 就是要坚持到社会民主党所**反对**的机关**违反**社会民主党的意志而成为事实时为止,坚持到俄国革命向君主立宪的转变这一革命低潮、革命失败的必然标志(**在一定时间内**)违反社会民主党的意志而成为事实时为止。立宪幻想的时期是**妥协**的一次尝试。我们曾经竭尽全力同妥协进行斗争,我们不得不进行这场斗争。但既然形势违反我们的意志,无视我们的努力,使我们的斗争以失败告终,从而把妥协**强加于**我们,那我们就只好参加第二届杜马,只好考虑妥协。至于要妥协多久,那自然是另外一个问题了。

　　综上所述,对抵制**第三届**杜马应该得出怎样的结论呢? 也许应该得出这样的结论:在立宪幻想时期开始时必须实行的抵制,在这个时期结束时也是必要的? 这是"类比社会学"式的"卖弄聪明",而不是严肃的结论。抵制在俄国革命开始时所具有的**那种**内容,现在已经**不可能有**了。现在既不能警告人民防止立宪幻想,也不能开展反对革命转上立宪君主制绝路的斗争。抵制中原来的那种活的灵魂不可能再有了。即使要实行抵制,它无论如何只能具有**另一种**意义,无论如何只会具有**另一种**政治内容。

　　此外,我们所研究的抵制的历史特点,还提供了一个反对抵制第三届杜马的理由。在向立宪转变的初期,全国的注意力不可避免地集中到杜马上去了。我们曾以抵制来反对,而且也不得不以抵制来反对把注意力集中到绝路上去,反对这种由于愚昧无知、觉悟不高、软弱无力或出于反革命私利而产生的迷恋。现在,对任何杜马或者对第三届杜马不仅没有什么全国性的迷恋,甚至连稍微广泛一点的迷恋也没有。从这方面来说实行抵制就没有必要了。

四

　　所以,实行抵制的条件无疑应从当时的客观形势中去找。从这个观点出发来把 1907 年秋季和 1905 年秋季的形势作一比较,就不能不得出一个结论:我们**现在**宣布抵制是没有根据的。无论从直接的革命道路和"曲折"的立宪君主制道路之间的相互关系来看,无论从群众性的高潮来看,无论从同立宪幻想作斗争的特殊任务来看,目前的形势都和两年以前截然不同。

　　当时历史向君主立宪的转变不过是警察的许诺。而现在这个转变已经成为事实。不愿坦率承认这个事实,是一种可笑的害怕真理的表现。但是,如果从承认这一事实得出俄国革命已经结束的结论,那就错了。不,现在还没有根据作这个结论。当客观形势决定要为直接的革命发展道路而斗争时,马克思主义者就必须进行这种斗争,但是,我们再说一遍,这并不是说我们就不应该考虑实际上已经确定下来的曲折的转变了。从这一方面来说,俄国革命的进程已经完全确定下来了。在革命初期,出现了短暂的、然而非常广泛又极其迅速的高潮;后来,从 1905 年十二月起义开始,则是极其缓慢又持续不断的低潮。开始是群众的直接革命斗争的时期,后来是向君主立宪转变的时期。

　　这是不是说后来的这次转变就是最终的转变呢? 是不是说革命已经结束而"立宪"时期已经来到了呢? 是不是说等待新高潮、为新高潮**作准备**没有根据了呢? 是不是说应该抛弃我们纲领的共和性质了呢?

　　绝对不是。只有那些自由派庸人,例如我国那些一味以随手拈来的论据为奴颜婢膝的行为辩解的立宪民主党人,才会得出这样的结论。不能这样说。这只是说,为了全面维护我们的**整个**纲领和我们的**全部**革命观点,我们应该使直接的号召适合当前的客观形势。我们要宣传革命的必然性,经常不断并始终不渝地在各方面积聚燃料,为了这些目的而小心爱护和扶持我国革命最好时期的革命传统,肃清这个传统中的自由派寄生虫的影响,同时,我们也不要放弃在向君主立宪日常转变过程中进行日常工作。我们要做的就是这些。我们应该为掀起新的广泛的高潮作准备,但是不问情况硬要提出抵制的口号,就没有任何根据了。

　　我们已经说过,抵制只有作为**积极的**抵制在当前的俄国才有一定的意义。这就是说,不是消极地拒绝参加选举,而是为了直接冲击的任务不去理睬选举。从这个意义上说,抵制就必然等于**号召**实行最有力、最坚决的进攻。没有广泛、普遍的高潮,这样的号召就没有意义,可是目前有没有广泛、普遍的高潮呢? 当然没有。

　　说到"号召",那么现在的形势和1905年秋天的形势在这方面的差别是特别明显的。我们已经指出,当时在整整一年中,对于号召,群众从来没有默不作声。群众的攻势跑到组织的号召的前头去了。现在我们正处在革命的停顿时期,**许多号召**始终**得不到群众的响应**。例如,1906年初扫除维特杜马的号召,1906年夏季第一届杜马解散后举行起义的号召,为抗议第二届杜马的解散及1907年六三政变而**进行斗争的号召**,都是这样。拿我们的中央委员会关于最近这些行动的通报[19]来说吧。你们可以看到在这个通报中公开号召用各地条件所允许的形式进行斗争(游行示威、罢工、同专制制度的武装力量作公开的斗争)。这是口头的号召。

1907 年 6 月基辅和黑海舰队的武装起义[20]是用行动发出的号召。无论哪一种号召都没有得到群众性的响应。既然反动势力对革命最露骨和最直接的冲击——解散两届杜马和发动政变——在当时都没有引起高潮，那么现在有什么根据要以宣布抵制的形式立即再次发出号召呢？现在的客观形势使"宣布"抵制有成为空喊的危险，这不是很清楚吗？当斗争风起云涌、席卷各地的时候，"宣布"抵制是合理的和必要的，发出战斗的号召是革命无产阶级的责任。但是这样的斗争既不是可以凭空虚构的，也不是单凭一声呐喊就能触发的。既然我们根据较直接的原因试着提出来的许多战斗号召都没有什么结果，我们自然就应该为"宣布"口号寻找有力的根据，因为如果没有实现战斗号召的条件，宣布这种口号是没有意义的。

谁要想使**社会民主主义的**无产阶级深信抵制口号是正确的，他就不应该只迷恋于一些曾经起过伟大而光荣的革命作用的铿锵的话语，而应该仔细想想可以采用这类口号的客观条件，并且应该懂得，提出这种口号，就意味着已经间接假定存在着出现广泛的、普遍的、强大的、急剧的革命高潮的条件。但是在我们当前这样的时期，在革命暂时停顿的时期，无论如何也不能间接假定有这样的条件。我们自己和整个工人阶级都必须直接而明确地认识并弄清条件。否则，就有可能成为爱唱高调的人，这样唱高调或者是由于不明白这些高调的真正含义，或者是由于不敢如实说出真相。

五

抵制是俄国革命中事变迭起的英勇时期的优良革命传统之

一。前面我们说过,我们的任务之一就是小心爱护这些传统,扶持这些传统,肃清其中自由派(和机会主义)寄生虫的影响。我们必须对这个任务稍加分析,以便正确地确定任务的内容并消除很可能产生的曲解和误解。

马克思主义和其他一切社会主义理论的不同之处在于,它出色地把以下两方面结合起来:既以完全科学的冷静态度去分析客观形势和演进的客观进程,又非常坚决地承认群众(当然,还有善于摸索到并建立起同某些阶级的联系的个人、团体、组织、政党)的革命毅力、革命创造性、革命首创精神的意义。从马克思的全部历史观点出发,必然会对人类发展的革命时期给予高度的评价,因为正是在这样的时期,所谓和平发展时期慢慢积累起来的许多矛盾才能够解决。正是在这样的时期,各个不同的阶级在确定社会生活形式方面的直接作用才得到最有力的表现,而后来长期以更新了的生产关系基础为依托的政治"上层建筑"的基本方面才得以建立。而且,马克思和自由派资产阶级的理论家不同,他并不认为这样的时期是脱离了"正常的"道路,是"社会病态"的表现,是过激和谬误的可悲的结果,他认为这是人类社会历史中最有生气、最重要、最本质、最具有决定性的关头。马克思和恩格斯参加 1848—1849 年的群众革命斗争的时期,是他们一生活动中最令人瞩目的中心点。他们从这一中心点出发来判定各国的工人运动和民主运动的成败。他们为了最明白最清楚地判定各个不同阶级的内在本性及其倾向也总是回过来研究这一中心点。他们总是从当年的革命时期出发来评价后来出现的较小的政治派别、政治组织、政治任务和政治冲突。像桑巴特这样的自由派思想领袖对马克思的活动和著作的这一特点恨之入骨,把它说成是"流亡者怨气的表现",

决不是没有缘故的。警察式资产阶级的大学中的学蠹们把马克思和恩格斯的整个革命世界观的最不可分割的组成部分归结为他们的流亡生活中的个人怨气和个人困苦的表现，这原是不足为奇的！

马克思在一封好像是给库格曼的信中，曾经附带提出了一个从我们现在所讨论的问题来看很能说明问题、特别有意思的见解。他指出，德国的反动派成功地把对 1848 年革命时期的回忆和这一时期的传统从人民的意识中几乎完全抹掉。① 这里，反动派和无产阶级政党在对待本国的革命传统的问题上各自所担负的任务恰成鲜明的对照。反动派的任务是抹掉这些传统，把革命说成是"丧失理智的自发势力"（这是司徒卢威对德文"das tolle Jahr"的译法，德文本意为"丧失理智的一年"，是德国警察式资产阶级的历史学家们以至德国大学的历史学教授们形容 1848 年的用语）。反动派的任务是迫使人民忘掉革命时期所产生的丰富多彩的斗争方式、组织形式、思想和口号。愚蠢地赞美英国小市民的韦伯夫妇力图把宪章运动**21**这个英国工人运动的革命时期说成不过是傻呵呵的幼稚，是"幼年的罪孽"**22**，是不值一提的天真，是偶然的反常的越轨。而德国的资产阶级历史学家也是这样藐视德国的 1848 年。反动派对法国大革命的态度也是如此。这场大革命至今还遭到强烈的敌视，这证明它对人类至今还具有深远而有力的影响。我国的反革命的英雄们，尤其是像司徒卢威、米留可夫、基泽韦捷尔以及诸如此类的昨天的"民主主义者"，在卑鄙地诬蔑俄国革命的革命传统时也是这样争先恐后。自从无产阶级的直接的群众斗争赢

---

① 参看《马克思恩格斯全集》第 1 版第 32 卷第 584 页。——编者注

得了为旧政权的自由派奴才们赞不绝口的一点点自由到现在还不到两年,而在我国的政论界,已经形成了一个自称为**自由主义的**(!!)大流派,它在立宪民主党的报刊的扶持下,专门把我国的革命、革命斗争方法、革命口号、革命传统说成是某种低级的、原始的、幼稚的、自发的、疯狂的……甚至罪恶的东西……　在这方面,从米留可夫到卡梅尚斯基,中间可说是只有一步之差!而反动派的业绩,即起初把人民从工农代表苏维埃赶到杜巴索夫—斯托雷平杜马中去,现在又把他们赶到十月党人[23]杜马中去的业绩,反过来却被俄国自由派英雄们当成是"俄国**立宪**意识成长的过程"。

俄国社会民主党无疑有责任极其仔细而全面地研究我国的革命,普遍向群众介绍革命的斗争方式和组织形式等等,应巩固人民中的革命传统,使群众深信唯有通过革命斗争才能多少得到一点重大而持久的改善,应始终如一地彻底揭发那些沾沾自喜的自由派的卑鄙行径,因为这些人用"立宪的"卑躬屈膝、背叛变节行为和莫尔恰林习气[24]把社会搞得乌烟瘴气。在争取自由的历史上,十月罢工或十二月起义中的一天,比起立宪民主党人在杜马中奴颜婢膝地高谈没有责任的君主、高谈君主立宪制度的几个月来,其意义始终要大上一百倍。我们必须注意——除了我们谁也不会注意——使人民对于这些充满生气、内容丰富、意义伟大和果实丰硕的日子的了解,比对于令人窒息的"立宪"以及巴拉莱金[25]和莫尔恰林们崭露头角的那几个月的了解要仔细得多,详尽得多,具体得多,因为在斯托雷平及其书报检查机关的宪兵们的蓄意纵容下,我国自由派政党的机关报和无党派的"民主主义的"(呸!呸!)报刊正在卖力地大肆渲染那几个月。

毫无疑问,许多人之所以同情抵制,正是因为革命家令人钦佩地努力维护以往的优良的革命传统,用勇敢、公开、坚决的斗争的火花使现时沉闷的日常生活的一潭死水重现生机。可是正因为我们珍视这种爱护革命传统的态度,我们才应该坚决反对这样一种观点,即以为采用了特定历史时期的一个口号,就能促使这个时期的基本条件重新出现。维护革命的传统,善于利用这些传统来进行经常的宣传鼓动,来向群众介绍对旧社会直接采取攻势应该具备的条件——这是一回事;把一个口号从过去使它产生并获得成功的全部条件中抽出来加以重复,并在根本不同的条件下去运用——则是另一回事。

马克思高度重视革命的传统,严厉抨击对革命传统的叛卖和庸俗的态度,而同时要求革命家要善于**思考**,善于**分析**采用旧的斗争手段的条件,而不是简单地重复某些口号。1792 年法国的"民族"传统也许永远是某些革命斗争手段的**典范**,然而马克思却于 1870 年在著名的第一国际《宣言》中,提醒法国无产阶级不要错误地在另一时期的条件下搬用这些传统。[26]

我国的情况也是如此。我们应该研究实行抵制的条件,我们应该向群众灌输这样的思想:在革命高潮时期抵制是完全合理的、有时是必不可少的手段(不管那些枉费心机地滥用马克思名字的学究说些什么)。但是现在是否存在这个高潮,是否存在宣布抵制的这个基本条件,这个问题应当善于独立地提出来,并且在认真分析材料的基础上加以解决。我们的责任就是在力所能及的范围内为这样的高潮的到来作准备,并在适当的时机不拒绝实行抵制,可是,如果认为总可以用抵制的口号来对付任何糟糕的或非常糟糕的代表机关,那就是绝对错误的了。

只要看一看那些为在"自由日子"里实行抵制进行辩解和论证

的理由,你就会立即知道,在现在的形势下简单地搬用这些论据是不行的。

1905 年和 1906 年初,我们在主张抵制时曾经说过,参加选举会挫伤士气,会把阵地让给敌人,会把革命的人民引入歧途,会使沙皇政府容易同反革命资产阶级达成协议等等。这些论据的基本前提是什么呢?这个前提并不是任何时候都能明白地说出来的,但任何时候都能意会到,**在当时**这是不言而喻的。这个前提就是不经过任何"立宪的"渠道而寻求**直接**表现并且已经**直接**表现出来的群众的充沛的革命毅力。这个前提就是革命势力不断地向反动**势力进攻**。敌人为了削弱对他们的全面冲击会故意交出阵地,如果我们因占领和防守这些阵地而削弱对他们的进攻,那我们就是犯罪。如果**没有**这种基本前提而硬搬这些论据,你就会立即感到你的整个"音乐"走了调,基调不对头。

企图借口第二届杜马和第三届杜马不同来为抵制辩护,这也是徒然的。认为立宪民主党人(他们在第二届杜马中把人民完全出卖给了黑帮分子)同十月党人有重大的和根本的区别,认为被六三政变所中断的臭名远扬的"立宪制"多少有些现实意义——所有这一切与其说符合革命的社会民主党的精神,倒不如说更符合庸俗民主主义的精神。我们总是一而再、再而三地说,第一届和第二届杜马的"立宪制"不过是海市蜃楼,立宪民主党人的空谈不过是转移人们的视线,以掩盖他们的十月党人的本质,杜马这种机构根本不是能满足无产阶级和农民要求的手段。对我们来说,1907 年六三政变是 1905 年十二月失败的自然的和必然的结果。我们从来没有对"杜马"立宪制的好处"入迷",我们也不会因为涂脂抹粉的、用罗季切夫的空话加以美化的反动变为露骨的、公开的、粗暴的反动而感到特别的失望。这后一种反动倒可能是一个好得多的手段,它能使一切鲁莽的自由派傻瓜以及被他们引入歧途的各类居民清醒过来⋯⋯

只要把孟什维克关于国家杜马的斯德哥尔摩决议同布尔什维克关于国家杜马的伦敦决议[27]比较一下,就可以看出,前一个决议舞文弄墨,言之无物,尽唱些有关杜马意义的高调,因肩负杜马工作重任而趾高气扬。后一个决议则简单扼要,严谨朴实。前一个决议充满着小市民由于社会民主党同立宪("来自人民的新政权"以及诸如此类的官方炮制的谎言)相结合而扬扬得意的情绪。后一个决议则可以大致转述如下:既然万恶的反革命势力把我们赶入这个万恶的畜栏,我们在那里也要为革命的利益工作,不叫苦,也不吹嘘。

还在直接的革命斗争时期,孟什维克就拥护杜马,反对抵制,他们可以说曾经向人民许过愿,说杜马将是一种革命的工具。可是他们许的这个愿是完全落空了。而我们布尔什维克,如果说曾许过什么愿的话,那么我们只是作了这样的保证:杜马是反革命的产物,不能指望它会办出什么真正的好事。迄今为止,我们的观点已经得到了很好的证明,可以担保说,这种观点还将从以后的事件中得到证明。不根据新的材料来"修改"和沿用10—12月的战略,俄国就决不会有自由。

因此,如果有人对我说,第三届杜马不能像第二届杜马那样加以利用,也不能向群众说清参加这届杜马的必要性,那我就要回答说,要是"利用"指的是孟什维克侈谈的所谓杜马是革命的工具等等,那当然是不能利用的。可是连前两届杜马事实上也都不过是通往十月党人杜马的阶梯,而我们还是利用过这两届杜马来达到简单而微不足道的①目的(宣传和鼓动,批判和向群众阐明当前发生的事情),为了这个目的,我们总是会利用那些坏透了的代表机关的。在杜马中发表演说绝不会引起"革命",**利用杜马进行宣传绝没有什么特殊**,但社会民主党从这两方面得到的好处,并不比从书刊上发表的文章或在其他会议上发表的演说中得到的好处少,而有时还要多些。

　　我们也应该同样简单明了地向群众说明我们参加十月党人杜马的原因。由于1905年12月的失败,由于1906—1907年"挽回"这次失败的尝试没有成功,反动派必然要,而且**以后还要**不断地把我们**赶进**愈来愈糟的冒牌立宪机关。我们要随时随地坚持我们的信念,宣传我们的观点,并且总是反复地说,只要旧政权还存在,只要它还没有连根拔掉,我们就不能指望它办什么好事。我们要为新的高潮创造条件,而在这个高潮到来以前,同时也为了这个高潮的到来,我们必须更顽强地工作,不要提出只是在高潮的条件下才有意义的口号。

　　如果把抵制看做是使无产阶级和一部分革命的资产阶级民主派同自由派和反动派对立起来的一种**策略方针**,那也是错误的。抵制并不是一种策略方针,而是适用于特殊条件的一种特殊的斗争手段。把布尔什维主义同"抵制主义"混为一谈,正如把布尔什维主义同"战斗主义"混为一谈一样,都是错误的。1905年春在伦

---

①　参看1905年《无产者报》**28**(日内瓦出版)关于抵制布里根杜马的文章(见本版全集第11卷第160—167页。——编者注),该文指出:我们并不笼统地拒绝利用杜马,但是**现在**我们要解决我们当前的另外一个课题——为争取直接的革命道路而斗争。还可参看1906年《无产者报》**29**(俄国出版)第1号上的文章《论抵制》(见本版全集第13卷第336—343页。——编者注),这篇文章强调,杜马工作所带来的好处是**微不足道的**。

敦召开的布尔什维克第三次代表大会[30]和在日内瓦召开的孟什维克代表会议[31]分别通过的两个具有原则区别的决议，已经充分说明并体现了孟什维克**策略方针**和布尔什维克**策略方针**的区别。当时没有谈到、而且也不可能谈到抵制或"战斗主义"。无论在第二届杜马选举中（当时我们不是抵制派），还是在第二届杜马中，我们的**策略方针**都与孟什维克的策略方针截然不同，这是人所共知的。**这两种策略方针**在一切斗争的方法和手段上，在每一个斗争场合都有分歧，但是绝没有形成任何特殊的、为某种策略方针所特有的斗争方法。因此，如果用**革命**对**第一届**或**第二届杜马**的期望的破灭，即"合法的"、"强有力的"、"持久的"和"真正的"立宪制的破产，来证明抵制第三届杜马是正确的，或者由此提出这种抵制，那么这就是一种糟透了的孟什维主义。

六

我们把主张抵制的最有力的和唯一符合马克思主义的论据放在最后来研究。没有广泛的革命高潮，积极的抵制就没有意义。就算是这样吧。可是广泛的高潮是从不广泛的高潮发展而来的。现在已经有某种高潮的标志。我们应该提出抵制的口号，因为这个口号能保持、发展并扩大正在开始的高潮。

在我看来，这是一个多少能够清楚地说明社会民主党人中间为什么有赞成抵制的倾向的**基本**论据。同时，那些最接近直接的无产阶级工作的同志，看问题不是从按一定的类型"确定的"论据出发，而是从他们同工人群众的接触中所得到的印象的总和出发的。

　　我国革命发展长期停顿的原因问题,似乎是社会民主党两派至今还没有发生过分歧的不多几个问题之一。"无产阶级没有恢复元气",这就是原因。的确,10—12月的斗争几乎完全是由无产阶级**一个**阶级承担的。只有无产阶级一个阶级经常地、有组织地、不间断地在为全民族而奋斗。在无产阶级占人口比例最小(与欧洲各国相比)的国家中,无产阶级会因进行这样的斗争而弄得精疲力竭,这是不足为怪的。况且,在12月以后,正是无产阶级受到了反动的政府和反动的资产阶级联合势力的猛烈攻击,而且此后不断地受到这种猛烈攻击。在一年半的时间里,警察的迫害和处决使无产阶级人数锐减,而一连串的同盟歇业——从"惩罚性地"关闭官办工厂到资本家以阴谋对付工人——使工人群众的贫困达到了空前未有的地步。而现在,有些社会民主党的工作者说,在群众中已经出现了情绪高涨和无产阶级积蓄力量的标志。对这个不十分明确、不易完全捉摸到的印象作补充的还有一个更有力的论据:在某些工业部门中确实出现了复苏。对工人的需求的增长,必然会加强罢工运动。工人必将设法弥补他们在受迫害和同盟歇业时期所遭到的巨大损失,至少也得弥补一部分。最后,第三个论据也是最有力的论据,就是现在指出的并不是没有把握的、仅仅预期可能发生的罢工运动,而是各工人组织已经决定举行的一次最大的罢工。1万纺织工人的代表们早在1907年初就曾讨论过自己的处境,并拟定了加强这个工业部门的工会的措施。第二次来开会的,已经是2万纺织工人的代表了,他们决定在1907年7月举行纺织工人的**总罢工**。直接卷入这次运动的工人会有40万。这次运动是从莫斯科地区,即俄国最大的工人运动中心和最大的工商业中心开始的。正是在莫斯科,而且也只有在莫斯科,群众性的工人运动才最有希望成为具有决定性政治意义的广泛的人民运动。而纺织工人是所有工人群众中报酬最低、思想最落后、参加前几次工人运动最少、同农民的联系最密切的部分。这些工人的主动精神可以说明,卷入这次运动的无产阶级阶层将比过去广泛得多。而罢工运动同群众革命高潮之间是有联系的,这在俄国革命史上,已经不止一次地得到了证明。

社会民主党的直接责任就是要全神贯注、全力以赴地推进这一运动。这方面的工作同十月党人杜马的选举比较起来,无疑具有首要的意义。应该使群众确信,必须把这一罢工运动变成对专制制度的全面和广泛的冲击。抵制的口号就意味着把注意力从杜马转移到直接的群众斗争上来。抵制的口号就意味着使新的运动充满政治的和革命的内容。

某些确信必须抵制第三届杜马的社会民主党人,他们的思路大致就是如此。这是赞成抵制的论据,它无疑是符合马克思主义的,而同一味重复脱离特殊的历史条件的口号毫无共同之处。

然而,不管这个论据多么有力,在我看来,它终究还不足以使我们**立即**接受抵制的口号。这个论据所强调的东西,对曾经思考过我国革命教训的俄国社会民主党人说来本来是不容置疑的,这就是:我们不能拒绝实行抵制,我们应该准备在适当时机提出这个口号,我们对抵制这个问题的提法,同自由主义的、庸俗空虚的、没有任何革命内容的提法——规避还是不规避①?——毫无共同

---

① 见前社会民主党刊物的撰稿人、现自由派报纸撰稿人尔·马尔托夫在《同志报》上提出的典型的**自由主义**论断。

之处。

我们姑且把社会民主党内拥护抵制的人所说的工人情绪的变化、工业的复苏和纺织工人的七月罢工,全都当做是已经得到证实和完全符合事实的吧。

从这一切可以得出什么结论呢?我们看到某种具有革命意义的局部的高潮正开始出现。① 我们应不应该全力以赴地支持并发展这个高潮,竭力使它成为普遍的革命高潮,然后再变成一种进攻性的运动呢?当然应该。在社会民主党人中(也许只有为《同志报》撰稿的人除外)对此是不会有分歧意见的。但是**在目前**,在局部的高潮刚刚开始,在它还没有最后成为普遍的高潮以前,为了使运动向前发展,是否需要提出抵制的口号呢?这个口号是否能够促进当前运动的发展呢?这是另外一个问题,我认为对这个问题只能作否定的回答。

要把局部的高潮发展成为普遍的高潮,可以而且应该提出直接的论据和口号,而不必涉及对第三届杜马的态度。12月以后事态的发展,完全证实了社会民主党人对君主立宪的作用、对直接斗争的必要性的看法。我们要说,公民们,要是你们不愿意俄国的民主事业像1905年12月以后立宪民主党人先生们把持民主运动时期那样每况愈下、一落千丈的话,那就请你们来支持刚刚开始的工人运动的高潮,支持直接的群众斗争吧。离开直接的群众斗争,俄

---

① 有人认为,纺织工人的罢工是一种使工会运动脱离革命运动的新式的运动。但是对这种观点我们可以不去理睬,因为第一,从悲观方面去解释一切复杂的现象的征兆,可以说是一种危险的方法,常常会把许多没有完全"在马鞍上坐稳的"社会民主党人引上歧途;其次,如果纺织工人的罢工具有这些特点,那么我们社会民主党人无疑应该竭力为消除这些特点而斗争。一旦我们斗争成功,问题必将会像我们所提的那样。

国的自由就没有也不可能有保证。

这样的鼓动无疑将是完全彻底的革命的社会民主党的鼓动。是否一定还要补充说：公民们，你们不要相信第三届杜马，要学习我们社会民主党人，用抵制杜马来表示我们的抗议！

在当前情况下，作这样的补充不仅没有必要，甚至可以说是荒唐可笑的。其实本来就没有人相信第三届杜马，也就是说，那些能够促进民主运动的居民阶层，过去无疑普遍地迷恋于**第一届**杜马，热衷于在俄国建立**立宪**机关（只要是立宪的，不管什么样的都行）的**最初的**尝试，现在却不迷恋于、也不可能迷恋于第三届杜马这个立宪机关了。

1905年和1906年初广大居民的注意力都集中在**第一个**代表机关上，即使它是建立在君主立宪的基础上的。这是事实。社会民主党人当时必须反对这种代表机关，而且要用最明确的态度表示反对。

现在情况不同了，当前的特征不是迷恋于**第一个**"议会"，不是相信杜马，而是**对高潮缺乏信心**。

在这样的情况下过早提出抵制的口号，丝毫不能加强运动，不能消除运动中的实际障碍。不仅如此，这样做甚至还有削弱我们的鼓动力量的危险，因为抵制是一个与已经形成的高潮同时出现的口号，而现在最糟糕的是广大的居民对高潮缺乏信心，看不见高潮的力量。

首先应该注意使这个高潮的力量**在实际上**得到证实，过后我们什么时候都来得及提出间接反映这种力量的口号。不过也还有一个问题：为了开展进攻性的革命运动，是否需要提出特别的口号**来转移**对……第三届杜马的注意。也许没有必要。为了不去注意某个重要的和确实能够使没有经验的、还没有见过议会的群众迷恋的东西，也许有必要**抵制**这个不应该去注意的东西。但是为了不去注意完全不能使当今民主主义或半民主主义群众迷恋的机关，就不一定要宣布实行抵制。现在关键不在于抵制，而在于直接努力把局部的高潮变为普遍的高潮，把工会运动变为革命的运动，把对同盟歇业的防御变为对反动派的进攻。

七

我们来简要地归纳一下。抵制的口号是特殊的历史时期的产物。1905 年和 1906 年初的客观形势提出了一个让斗争着的各种社会力量来解决的问题，即选择下一步发展道路的问题：走直接革命的道路还是向君主立宪转变。在抵制方面进行鼓动的内容主要是同立宪幻想作斗争。广泛的、普遍的、急剧的和强大的革命高潮是抵制成功的条件。

从所有这几个方面来看，1907 年秋季以前的形势说明完全不必提出这样的口号，也没有理由提出这样的口号。

我们在继续进行准备选举的日常工作、不事先拒绝参加最反动的代表机关的同时，应该把全部宣传鼓动都用来向人民说明十二月失败同接踵而来的对自由的摧残和对立宪制的亵渎之间的联系。我们应该使群众坚信，不进行直接的群众斗争，这样的亵渎势必继续下去并且会变本加厉。

在出现高潮、迫切需要提出抵制的口号时，我们决不拒绝采用这个口号，目前我们则应竭尽全力，通过直接的影响，把工人运动的一些局部的高潮发展成为普遍的、广泛的、革命的和对整个反动派、对反动派基石进攻的运动。

1907 年 6 月 26 日

载于 1907 年 7 月底圣彼得堡出版的
《论抵制第三届杜马》小册子

译自《列宁全集》俄文第 5 版
第 16 卷第 1—36 页

纪念葛伊甸伯爵

（我国非党的"民主主义者"教导人民什么?)[32]

（1907 年 6 月）

"彼·亚·葛伊甸伯爵的逝世使俄国遭到重大的损失,所有的进步报刊都对此表示深切的哀悼。彼得·亚历山德罗维奇的卓越的形象,感召着不分党派的一切正人君子。如此幸运实属罕见!!!"接下来是从右翼立宪民主党的《俄罗斯新闻》[33]上摘来的一大段引文。在引文中,对这位"完人"的毕生业绩深表感动的,是多尔戈鲁科夫家族的一员——帕·德·多尔戈鲁科夫公爵,而多尔戈鲁科夫家族的代表已经直截了当地承认他们的民主主义思想源远流长! 宁可同农民和平解决,也不要等他们自己动手夺取土地……"凡是习惯于尊重人的人,不管他以哪个党派的面目出现,对于葛伊甸伯爵的逝世无不感到悲痛,我们也深有同感。而已故的葛伊甸首先正是一个人。"

1907 年 6 月 19 日星期二的《同志报》第 296 号就是这样说的。

《同志报》的政论家们不仅是我国合法报刊中最热忱的民主主义者,他们还自命为社会主义者——当然是批判的社会主义者。他们都是一些准社会民主党人。在这家用普罗柯波维奇先生、库斯柯娃女士、波尔土加洛夫先生和其他的"前马克思主义者"的署名来点缀版面的《同志报》上,普列汉诺夫、马尔托夫、斯米尔诺夫、佩列亚斯拉夫斯基、唐恩等孟什维克都备受青睐。总之,《同志报》的政论家们是我国"有学识的"、绝对不搞狭隘的地下活动的、"民主主义的"以及如此等等的社会中的最"左翼"代表,这是丝毫不用怀疑的。

当在报上看到上面引的那几行文字时,禁不住要对这些先生大声喊道:我们布尔什维克显然不属于《同志报》这伙**正人君子**之列,该是多么幸运啊!

俄国有学识的民主派的"正人君子"先生们! 你们在愚弄俄国人民,使他们染上卑躬屈节和奴颜婢膝的恶习,在这方面你们要胜过普利什凯维奇、克鲁舍万、杜勃洛文这些臭名远扬的黑帮分子百倍,而你们却在进行一场反对这些黑帮分子的如此热心、如此自由主义、如此廉价、对你们如此有利又如此保险的战争。你们听到如此"荒谬的奇谈怪论",会耸耸肩膀,和你们社会里的所有"正人君子"一起报以轻蔑的讥笑吧? 是的,不错,我们很清楚,世界上无论什么也改变不了你们庸俗的自由派的自满自足。我们之所以感到很高兴,是因为我们的全部活动像一道铜墙铁壁,使我们能同俄国有教养的社会的这伙正人君子划清界限。

能不能找出几个说明黑帮分子使比较广大一点的居民阶层受到腐蚀并走入歧途的例子呢? 找不出来。

无论是他们的报刊、他们的社团、他们的会议、第一届或第二届杜马的选举,都不能提供这样的例子。黑帮分子制造有警察和军队参加的暴行和兽行,激起了人们的愤怒。黑帮分子施展欺骗、捣鬼和收买的手段,引起了人们对他们的憎恨和蔑视。黑帮分子用政府的经费,组织了一帮听从警察驱使的酒徒。所有这一切,丝毫也不会对广大一点的居民阶层产生什么危险的思想影响。

　　另一方面,同样毫无疑问的是,我国合法的、自由主义的和"民主主义的"报刊却产生了这样的影响。第一届和第二届国家杜马的选举、各种会议、各种社团、教学事务等无不证明这一点。而《同志报》在葛伊甸逝世问题上的言论,清楚地表明了这是一种怎样的思想影响。

　　"……重大的损失……卓越的形象……幸运……首先是一个人。"

　　地主葛伊甸伯爵在十月革命[34]以前高尚地充当一个自由主义者。在人民取得了第一次胜利以后,即在 1905 年 10 月 17 日以后,他毫不犹豫地立刻投靠反革命阵营,投靠十月党,投靠这个痛恨农民、痛恨民主派的地主和大资本家的政党。这位贵族在第一届杜马时拥护政府,在第一届杜马解散后为参加内阁进行过谈判(但没有谈妥)。这就是这位典型的反革命地主的生涯中几个最主要的阶段。

　　于是一批衣冠楚楚、有学识有教养的先生出场了,他们高谈自由主义、民主主义、社会主义,口口声声同情自由事业,同情农民争取土地、反对地主的斗争,实际上这些先生在报刊上,在各种社团中、在各种会议和选举中垄断了合法反对派的地位,就是这些人举目望天,向人民说教:"如此幸运实属罕见! ……已故的伯爵首先是一个人。"

　　不错,葛伊甸不仅是一个人,而且是一个既善于理解本阶级的共同利益、又善于非常聪明地维护这些利益的公民。而你们这些有学识的民主派先生,不过是可怜的傻瓜,你们在用装疯卖傻的自由派行径掩盖自己的无能,你们只会替地主阶级充当文化奴仆,此外便别无所长。

地主对人民的影响并不可怕。他们要使比较广大一点的工人群众甚至农民群众在比较长一点的时间内受他们的欺骗，那是永远也办不到的。但是有**一些知识分子**，他们不直接参加剥削，练就了搬弄空泛词句和概念的本领，热衷于种种"谆谆"教诲，有时还出于真诚的愚蠢把自己所处的跨阶级地位奉为超阶级政党和超阶级政策的**原则**——这样的资产阶级知识分子对人民的影响是危险的。这一点，也只有这一点，才是能带来真正恶果的对广大群众的毒害，需要社会主义运动全力以赴来同这种毒害作斗争。

自由派和民主派的无耻之徒，自命超越任何"党派"，持"全人类"的观点，他们上气不接下气地说："葛伊甸是一个有教养、有文化、讲人道和能宽容的人。"

可敬的先生们，你们错了。这不是全人类的观点，而是全体奴才的观点。意识到自己的奴隶地位而与之作斗争的奴隶，是革命者。没有意识到自己的奴隶地位而过着默默无言、浑浑噩噩、忍气吞声的奴隶生活的奴隶，是十足的奴隶。对奴隶生活的种种好处津津乐道并对和善的好主人赞赏不已以至垂涎欲滴的奴隶是奴才，是无耻之徒。《同志报》的诸位先生，你们正是这样的无耻之徒。你们以极其恶劣的宽容态度为之感动的是：那位支持反革命政府的反革命地主竟是一个有教养、讲人道的人。你们不明白，你们不是在把奴隶变成革命者，而是在把奴隶变成奴才。你们关于自由和民主的言论，只不过是故弄玄虚的高论，是陈词滥调，是时髦的空话或欺人之谈。这是一块粉饰得并不高明的招牌。而你们自己就是粉饰的坟墓[35]。你们的灵魂是卑劣透顶的，你们的文化和学识统统不过是一种熟练的变相卖淫。这是因为你们在出卖自己的灵魂，不过你们出卖灵魂不仅是出于生活需要，而且是出于

"对艺术的爱好"!

你们感动地说:"葛伊甸是一个坚定的立宪主义者。"你们这是在撒谎,要么就是已经完全被葛伊甸之流所蒙蔽。在人民面前公开地把一个建立政党来支持维特、杜巴索夫、哥列梅金和斯托雷平政府的人说成是坚定的立宪主义者,这无异于把某个红衣主教说成是反对教皇的坚定战士。你们这些民主主义者不去教导人民正确理解立宪制,却在自己的著作中把立宪制说成是姜汁鲟鱼[36]。毫无疑问,对反革命的地主说来,立宪制正是姜汁鲟鱼,是尽力改进掠夺和制服庄稼汉以至全体人民群众的各种手段的一种方式。如果说葛伊甸是一个坚定的立宪主义者,那么杜巴索夫和斯托雷平也是坚定的立宪主义者了,因为**他们的**政策**实际上**也得到了葛伊甸的支持。要是没有十月党人其中也包括葛伊甸的支持,杜巴索夫和斯托雷平就不成其为杜巴索夫和斯托雷平,也推行不了他们的政策。请问"正人君子"中英明之至的民主主义者,到底应该根据什么来判断一个人的政治面貌("立宪主义者")呢?是根据他的言论,根据他的捶胸顿足,根据他的鳄鱼的眼泪呢,还是根据他在社会舞台上的实际活动?

在葛伊甸的政治活动中,什么是具有代表性和典型性的呢?是第一届杜马解散后他未能就参加内阁的问题同斯托雷平达成协议呢,还是在这一事件之后他**前去**同斯托雷平进行谈判?是他从前某个时候发表过某种自由派言论呢,还是在10月17日以后他马上成了十月党人(=反革命者)?你们在把葛伊甸称做坚定的立宪主义者时,教导人民说,前者是具有代表性和典型性的。这就是说,你们连民主主义的**起码知识**也不懂,却在那儿毫无意义地跟着重复民主主义口号的片言只字。

正派社会中的正人君子们，你们要记住，所谓民主就意味着同反革命地主对国家的统治作斗争，而葛伊甸先生所支持的以及他的整个政治生涯所体现的，却正是这样的统治。

"葛伊甸是一个有教养的人，"我们的沙龙民主主义者感动地说。是的，这一点我们已经承认了，而且也乐意承认，他比民主主义者们更有教养，**更有头脑**（这倒不一定同受教育有关），因为他对**本**阶级的利益和**他**那反革命社会活动的利益的理解，比你们这些《同志报》的先生对解放运动的利益的理解要高明。这位有教养的反革命地主善于巧妙而狡猾地维护本阶级的利益，熟练地用冠冕堂皇的词句和表面上的绅士风度来掩饰农奴主的追逐私利的意图和贪得无厌的野心，他坚持（在斯托雷平之流面前）用阶级统治的最文明的方式来保护这一利益。葛伊甸之流把自己的"教养"全都用来为**地主阶级的**利益服务。在一个真正的民主主义者而不是俄国激进派沙龙中的"正派的"无耻之徒看来，这倒可以作为政论家用以表现现代社会中将教养用于**卖淫勾当**的极好题材。

"民主主义者"一谈到有教养时，总想使读者联想到丰富的知识、开阔的视野、高尚的智慧和心灵。对葛伊甸这班先生说来，教养就是薄薄的一层脂粉，就是训练有素的本领，就是"练就"一套以绅士风度来从事最粗暴、最肮脏的政治投机的功夫。这是因为葛伊甸的十月主义，他的"和平革新派**37**思想"，以及他在第一届杜马解散后同斯托雷平的各次谈判，其本质统统无非是从事最粗暴、最肮脏的勾当，无非是设法以更稳妥、更狡猾、更巧妙、更隐蔽、更不外露的手法来维护高贵的俄国贵族榨取千百万"乡巴佬"血汗的**权利**。这些乡巴佬无论在 1861 年以前还是在 1861 年，无论在 1861 年以后还是在 1905 年以后，都始终不断地遭受这些葛伊甸的掠夺。

从前,涅克拉索夫和萨尔蒂科夫就教导俄国社会要透过农奴主-地主有教养这种傅粉施朱的外表,认清其掠夺的需要,教导人们憎恨这等人的虚伪和冷酷。然而,那些以民主主义遗产的保护者自诩、参加立宪民主党①或者成为立宪民主党应声虫的现代俄国知识分子,却教导人民要奴颜婢膝,并以自己作为非党民主主义者能不偏不倚而扬扬得意。这种表演怕是比杜巴索夫和斯托雷平的业绩更加令人生厌吧……

沙龙民主主义者得意得上气不接下气地说:"葛伊甸是'人'。葛伊甸是讲人道的。"

葛伊甸的人道精神所引起的这种感动,使我们不仅想起了涅克拉索夫和萨尔蒂科夫,而且也想起了屠格涅夫的《猎人笔记》。在我们的面前,是一个文明的、有教养的地主,他举止文雅,待人和蔼,有西欧风度。地主请客人饮酒,高谈阔论。他问仆役说:"为什么酒没有温热?"仆役没有作声,脸色变得苍白。地主按了一下铃,轻声地对进来的仆人说:"费多尔的事……去处理吧。"**38**

请看,这就是葛伊甸式的"人道精神"或葛伊甸之流的人道精神的典范。屠格涅夫笔下的地主,比起萨尔特奇哈来……也是"讲人道"的人,他是如此人道,以致没有亲自到马厩去看看鞭挞费多尔的事是否很好地处理了。他是如此人道,以致没有去过问鞭挞费多尔的树条是否在盐水里浸泡过。他这个地主自己对仆役不打不骂,他这个有教养的人,只是站得远远地"处理",温文尔雅又充满人道精神,不吵不嚷又不"公开出面"……

---

① 立宪民主党人在评价葛伊甸时所表现的奴才相,较之《同志报》的先生们更甚百倍。我们把《同志报》的先生们看做俄国"社会"中"正人君子"的"民主主义"典范。

　　葛伊甸的人道精神也正是如此。他自己没有同卢热诺夫斯基和菲洛诺夫之流一起参与拷打和折磨农民。他也没有同连年坎普夫和美列尔-扎科梅尔斯基之流一起去进行讨伐。他没有同杜巴索夫一起去血洗莫斯科。他是如此人道，以致没有去建立这类业绩，而让全俄"马厩"中的这类英雄去"处理"，自己却坐在宁静雅致的书斋里领导着支持杜巴索夫之流的政府的政党——这个政党的领袖们为征服莫斯科的杜巴索夫举杯祝贺……　"费多尔的事"派杜巴索夫之流去"处理"，自己不到马厩去，难道这不是确确实实的人道精神吗？在主持我国自由派和民主派报刊政治栏的老懦夫们看来，这是人道精神的典范……　"他是个连苍蝇也不肯伤害的大好人！"支持杜巴索夫之流，坐享杜巴索夫之流镇压的成果，而又不必替杜巴索夫之流承担责任，"如此幸运实属罕见"。

　　沙龙民主主义者认为，抱怨一通葛伊甸之流为什么没有来治理我们，就算是登峰造极的民主主义（因为这位沙龙笨伯根本想不到这是葛伊甸和杜巴索夫之流之间的"自然"分工）。请听：

　　"……真可惜，现在正是他〈葛伊甸〉最有用的时候，他却去世了。否则他现在会同极右分子进行斗争，发挥他最好的精神素质，以他所固有的毅力和机智捍卫立宪原则。"（6月22日星期五《同志报》第299号刊登的普斯科夫省通讯《纪念葛伊甸伯爵》）

　　真可惜，有教养、讲人道的和平革新党人葛伊甸，竟未能以他关于立宪的漂亮空话来掩盖第三届杜马即十月党人杜马的真相，来掩盖破坏杜马的专制制度的真相！"民主主义者"政论家的任务不是去撕破虚伪的外衣，把压迫人民的敌人赤裸裸地暴露在人民面前，而是为失去了美化十月党人的老奸巨猾的伪君子感到惋惜……　什么是庸人？一根空肠子，充满恐惧和希望，乞求上帝发慈悲![39] (Was ist der Philister? Ein hohler Darm，voll Furcht und Hoffnung，dass Gott erbarm!)什么是立宪民主党阵营的或接近立宪民主党阵营的俄国自由派和民主派庸人？一根空肠子，充满恐惧和希望，乞求反革命地主发慈悲！

1907 年 6 月

载于 1907 年 9 月初圣彼得堡出版的
《生活之声》文集第 1 集

译自《列宁全集》俄文第 5 版
第 16 卷第 37—45 页

关于社会民主工党对
第三届杜马的态度问题的报告提纲

（报告在 7 月 8 日彼得堡市代表会议上宣读）[40]

1. 俄国革命的经验表明：如果抵制杜马的确是积极的抵制，也就是说，如果它所代表的是广泛的、普遍的革命高潮直接转入对旧政权进行直接冲击（即武装起义）的力量，那么在这样的历史条件下，抵制杜马才是革命的社会民主党的唯一正确的决定。如果抵制的内容是无产阶级警告全体人民不要像小资产阶级那样盲目迷恋于立宪幻想和旧政权恩赐的、最初建立的所谓立宪机关，那么抵制就是在完成伟大的历史任务。

2. 如果认为没有广泛的、普遍的、强大的、急剧的革命高潮这个条件，没有旨在推翻旧政权的全民的直接冲击这个条件，脱离同人民对恩赐的立宪制的迷恋作斗争这一任务，抵制手段本身就能起作用，那就是感情用事，而不是理智地行动。

3. 因此，如果根据有利于十月党人的选举法取代了有利于立宪民主党人的选举法这一事实，根据公开的十月党人的杜马正在代替第二届杜马（第二届杜马说的是立宪民主党人的话，做的是十月党人的事，社会民主党人参加了，对革命事业也不无益处）这一事实，根据这些便宣布抵制杜马，那不仅是以革命的冲动来代替坚韧不拔的革命工作，而且也暴露出社会民主党人自己对立宪民主党杜马和立宪民主党的立宪活动还普遍抱有糟透了的幻想。

4. 革命的社会民主党的整个鼓动工作的焦点,应该是向人民说明,1907年六三政变是1905年十二月起义失败的直接的和绝对不可避免的结果。俄国革命的第二个时期的教训,即1906年和1907年的教训就是:在人们普遍相信立宪制、普遍采用所谓立宪斗争手段的情况下,在无产阶级遭到失败,还没有积聚力量、恢复元气、更加广泛得多地投入旨在推翻沙皇政权的更坚决更有力的革命冲击以前,在这一整个时期内,反动派的不断进攻、革命的不断退却都是势所必然的。

5. 目前罢工运动在莫斯科工业区如火如荼,并开始波及俄国其他地区,我们应该把这种形势看做是不久的将来可能出现的革命高潮的最有力的保证。因此,社会民主党不仅应该竭尽全力支持并发展无产阶级的经济斗争,而且应该竭尽全力把这一目前还只是工会性质的运动变成广泛的革命高潮,变成工人群众同沙皇政府武装力量的直接斗争。只有社会民主党在这方面的努力获得成功,只有在采取攻势的革命运动已经发生的基础上,与对群众的直接号召(号召他们举行武装起义,推翻沙皇政权,代之以临时革命政府,以便在普遍、直接、平等和无记名投票的基础上召开立宪会议)密切结合起来的抵制口号,才具有重大的意义。

1907年7月印成单页　　　　　　　译自《列宁全集》俄文第5版
　　　　　　　　　　　　　　　　第16卷第46—48页

俄国社会民主工党第三次代表会议
("第二次全国代表会议")文献[41]

(1907年7月)

1

关于参加第三届国家杜马
选举问题的决议草案

(7月14日和23日〔7月27日和8月5日〕之间)

鉴于:

(1)俄国革命的经验表明,只有在广泛、普遍、急剧的革命高潮发展成为武装起义的形势下,只有同在旧政权召开第一次代表会议的情况下产生的立宪幻想作斗争这一思想任务联系起来,积极的抵制才是社会民主党的正确策略;

(2)没有上述这些条件,即使革命时代的一切条件均已具备,革命的社会民主党的正确策略也要求像第二届杜马时期一样参加杜马选举;

(3)社会民主党一向指出立宪民主党在实质上就是十月党,指出立宪民主党的选举法(1905年12月11日颁布的)在专制制度下是靠不住的,社会民主党没有任何理由因十月党的选举法取代

了立宪民主党的选举法便改变自己的策略；[42]

（4）目前在俄国中部工业区日益发展的罢工运动是不久的将来可能出现的革命高潮的最有力的保证，它同时要求进行不屈不挠的工作，把目前还只是工会性质的运动发展成为政治运动和势必发动武装起义的直接的革命运动；

代表会议决定：

（一）第三届杜马的选举也要参加；

（二）向群众说明1907年六三政变同1905年十二月起义的失败、同自由派资产阶级的叛变的关系，同时论证单靠工会斗争是不够的，要努力把工会罢工运动变成政治运动和群众通过起义推翻沙皇政府的直接革命斗争；

（三）向群众说明，对杜马的抵制本身不能把工人运动和革命斗争提到更高的阶段，抵制的策略只有在我们使工会运动的高潮变成革命冲击的努力获得成功的条件下才是恰当的。

载于1933年《列宁文集》俄文版
第25卷

译自《列宁全集》俄文第5版
第16卷第51—52页

2

关于全俄工会代表大会决议草案的初稿

（7月21日和23日〔8月3日和5日〕之间）

代表会议认为：全体党员有义务努力贯彻伦敦代表大会[43]关于工会的决议；在建立各工会同社会民主党的组织上的联系或者在工会承认社会民主党的领导时，要考虑各地的各种条件；在任何情况下都要首先注意使工会中的社会民主党人不是一味消极地迁就形形色色的资产阶级民主主义派别（立宪民主党人、非党进步派[44]、社会革命党人等）最喜欢的"中立"立场，而是始终不渝地坚持社会民主党的全部观点，始终不渝地促使工会承认社会民主党在思想上的领导，并且同工会建立经常的实际的组织上的联系。

载于1933年《列宁文集》俄文版
第25卷

译自《列宁全集》俄文第5版
第16卷第53页

3

关于反对抵制的发言

（7 月 21 日和 23 日〔8 月 3 日和 5 日〕之间）

报　道

列宁在**反对抵制**时，主要强调两点理由，这就是：只有当群众运动广泛兴起，武装起义提上日程的时候，实行抵制才是恰当的。这时，抵制才是破除立宪幻想的斗争手段。那种认为抵制本身仿佛能够激发群众斗志的意见是完全错误的，因为抵制的策略不可能是别的，而只能是已经兴起的群众运动的唯一体现而已。社会民主党抵制布里根杜马也好，抵制第一届国家杜马也好，都不过是**从属于人民群众反对旧制度的积极斗争的一个现象**。在社会民主党的手中，抵制只是防止群众沉溺于立宪幻想并促使他们去进行直接斗争的一种手段。可是现在既没有群众的积极斗争，也没有立宪幻想，因此，抵制的策略就失掉了任何根据。

载于 1907 年 8 月 12 日《斗争报》（拉脱维亚）第 82 号　　　　　译自《列宁文集》俄文版第 38 卷　第 23—24 页

政论家札记

(1907 年 8 月 22 日〔9 月 4 日〕)

第二届杜马解散以后，消沉、悔过、变节成了政论界的显著特点。从司徒卢威先生开始，到《同志报》，直到许多接近社会民主党的著作家，都抛弃了革命，抛弃了革命的传统，抛弃了革命的斗争方法，想方设法向右转。为了说明现在某些社会民主党人都发表了一些什么言论，我们随手举出最近报刊上发表的他们的两篇著作:《教育》杂志[45]第 7 期上涅韦多姆斯基先生的文章和《同志报》第 348 号上弗·哥尔恩先生的文章。

米·涅韦多姆斯基先生在文章的一开始就对第二届杜马中的立宪民主党人进行了最尖锐的批评，为社会民主党左派联盟的策略和行动作了最坚决的辩护。他的文章的结尾是这样的:

"用陈述式来说，我觉得，有一点是任何社会民主党人都应该很清楚的:在我们所处的政治演进阶段，社会党的活动归根到底只不过是为资产阶级政党开辟道路，为它们暂时的胜利作准备。

由此得出这样的命令式:不论这个'善变的'("忽而是黑头发的，忽而是淡黄头发的")立宪民主党是什么样的，只要它是唯一的反对党，就得使社会党的活动与它的活动协调起来。这是节约力量的原理所决定的…… 总之，可以一点不含讥讽地说〈米·涅韦多姆斯基先生必须预先作这样的声明，因为他写起文章来总是离不开矫揉造作、转弯抹角，把读者和作者自己都搞得晕头转向〉，米留可夫的这句话完全正确地确定了政党之间相互关系的本质特点……〈这里指的是米留可夫下面这句话:"要用人民的干涉来威胁，就必须先作好进行干涉的准备，因此，凡是觉得杜马本身的权力不足以完成其巨大任务的人，都应该致力于这种准备工作"；涅韦多姆斯基先生对这句话的解释是正确的，他说：让左派去准备和发起运动吧，"而立宪民主党人先生们和杜马对此是会考虑的"〉……　这句话出自对此考虑的政党的代表之口，也许未免有点恬不知耻，但是当普列汉诺夫这样的人这样来提出问题，那就不过是正确地、现实主义地规定了社会民主党的行动方针和它利用自由主义反对派力量的方法。"

我们可以设想，当这班先生亲切地拍拍普列汉诺夫的肩膀时，普列汉诺夫一定会感到——说得温和点——有些难为情。但是普列汉诺夫自己提出了诸如社会民主党同立宪民主党纲领一致、维护杜马之类的立宪民主党式的口号，别人当然就有权这样**利用**他的话了。

现在请听听弗拉·哥尔恩先生是怎么说的吧。

"显然，要战胜它〈即土地占有者和大资产者根据六三选举法结成的反民主同盟〉，必须具备两个条件。第一，所有的民主阶层，包括无产阶级在内，必须协调一致，结成一个同盟来和这一个同盟相对抗；第二，进行斗争**不是靠想出一些最坚决的口号，以便排除不够革命的分子和加快分明是少数的革命者参加的运动**〈黑体是哥尔恩先生用的〉，而是靠能够吸引群众的同反民主同盟的具体措施进行的现实的、具体的斗争。要建立民主的同盟，并不需要合并，所必需的只是在斗争的途径和斗争的直接目标上达成协议。只要群众自觉的代表者〈各个政党〉站在争取实际改变社会生存条件的立场上，而不是仅仅出于鼓动观点，那么在这些方面达成协议是完全可能的。"

从这两段摘录中难道还不能清楚地看出，我们这两位满口都是立宪民主党时髦话的英雄所说的其实都是一回事吗？只是哥尔恩先生稍微坦率一点，稍微赤裸裸一点而已，但是他同涅韦多姆斯基先生的差别，并不比司徒卢威先生同纳波柯夫先生或马克拉柯夫先生的差别大。

政治有它内在的逻辑。有人多次指出过，社会民主党人和自由派之间达成**技术上的**协议是可能的,但这丝毫也不会导致一切社会民主党人(我们在这里所指的不是非党的社会民主主义者,也不是玩弄两面手法、在党内说一套、在"自由的"非党报纸上另说一套的人)所一贯抵制的**政治联盟**。但是现实生活总不断粉碎这些美妙的理论和善良的愿望,因为在达成"技术上的"协议的掩盖下,建立政治联盟的思想就会不断冒出来。在小资产阶级国家里,在资产阶级革命时期,在工人政党内部小资产阶级知识分子人数很多的情况下,这种要无产阶级在政治上服从自由派的倾向有着最现实的根源。而这种植根于客观形势的倾向,就是**冒牌**社会主义者在同立宪民主党人建立同盟这个问题上玩弄的一切政治手腕的实际内容。哥尔恩先生这个知识分子,只会说些社会民主主义的词句,而他的意愿、他的思想实质、他的"内心"却全都纯粹是自由主义的或小市民气的,他天真地鼓吹的恰好就是政治联盟,即**"民主的同盟"**。

很能说明问题的是,哥尔恩先生**不得不**加上一句:"并不需要合并!"他加的这一句,只是暴露了他残存的一点玷污了的社会主义良心。这是因为他说"并不需要合并,而只要达成协议",就等于对这种"协议"作了一番描述,给"协议"的**内容**下了一个定义,而这番描述和这个定义就淋漓尽致地暴露出他背叛了社会民主主义。问题并不在于字眼,并不在于把它说成是"合并"还是"达成协议"。问题在于这种**"结合"**的实际内容是什么。问题在于你把社会民主工党送给自由派做姘妇时**要价多少**。

价钱定得很清楚。

(1)放弃鼓动观点。

(2)不要去"想出"一些坚决的口号。

（3）不要排除不够革命的分子。

（4）不要"加快"分明是少数的革命者参加的运动。

谁能为这种无以复加的、最卑鄙的背叛行为制定出一个更明白、更确切的纲领，我就给他发奖。哥尔恩先生与司徒卢威先生不同的地方只是司徒卢威先生清楚地看到自己的道路，并且在一定程度上"独立地"决定自己的行动。而哥尔恩先生则完全被养育他的立宪民主党牵着鼻子走。

"放弃鼓动观点"，第二届杜马中的立宪民主党人一直就是这样教导人民的。这就是说，不要提高工人群众和农民的觉悟，**也不要使他们有更高的要求**，而要降低、抑制、扑灭这种觉悟和要求，鼓吹社会和平。

"不要去想出一些坚决的口号"，这就是说，要我们像立宪民主党人那样，不去宣传社会民主党人早在革命以前很久就提出的口号。

"不要排除不够革命的分子"，这就是说，不要在群众面前对立宪民主党的伪善、谎言和反动作任何批评，要同司徒卢威先生亲热拥抱。

"不要加快分明是少数的革命者参加的运动"，这实质上就是说，要我们放弃革命的斗争方法，因为完全不容置辩的是，自始至终参加了1905年的革命行动的，**分明是少数的革命者**。正因为参加斗争的虽然也有群众，但毕竟是只占少数的群众，所以他们在斗争中就没有取得完全成功。然而俄国解放运动的一切胜利，这个解放运动的一切成就，**完完全全、毫无例外地**就是靠只占少数的群众进行的这一斗争取得的。这是第一点。其次，自由派及其应声虫所谓的"加快了的运动"，是**唯一**由群众（可惜是第一次，而且只占少数)独立地而不是通过代理人参加的运动,是唯一**不害怕**人民、表达了群众的利益、得到没有直接参加革命斗争的广大群众的同情(这点已由第一届、特别是第二届杜马的选举证明了)的运动。

哥尔恩先生的"加快分明是少数的革命者参加的运动"这种说法,是一种最流行的、纯粹布勒宁式的对事实的歪曲。布勒宁的报纸**46**在第二届杜马时期同阿列克辛斯基争论时,总是把事情说成这样:它敌视阿列克辛斯基不是由于阿列克辛斯基进行争取政治自由的斗争,而是由于阿列克辛斯基要求有……砸玻璃、爬路灯杆等等的自由。现在《同志报》的这位政论家也正是在学黑帮分子的这种故技。他力图把事情说成这样:妨碍社会党人同自由派达成协议的,根本不是社会党人一向主张而且永远主张提高群众的革命觉悟和革命积极性,而只是社会党人在**加快**,也就是在支持、在人为地激化运动,在煽动**分明是**没有希望的运动。

对这些胡说我们的回答很简单。在第一届和第二届杜马时期,一切社会主义的报刊,不论孟什维克的还是布尔什维克的,都斥责任何"加快"运动的做法……　立宪民主党人在第一届和第二届杜马中向社会民主党人开火,不是因为社会民主党人加快了运动,而是因为他们**提高了**群众的革命觉悟,使他们有更高的要求,**揭露了**立宪民主党人的反动性,揭露了立宪幻想不过是空中楼阁。这些人所共知的历史事实绝不是在报上耍弄一套把戏就回避得了的。至于说到哥尔恩先生发表意见的方式,在我们这个"有教养的社会"放弃革命,沉湎于色情作品的时代,是很有代表性的。以社会民主党人自居的人物,为了要在广大的公众面前发表关于工人政党在"加快""分明是"少数人参加的运动这一类新时报式的言论,竟然投到非党报纸方面去了!在我国,背叛情绪也造成了背叛风气。

＊　　　＊　　　＊

现在我们从另一方面来研究一下。得到那些假社会民主党人宣扬的涅韦多姆斯基先生和哥尔恩先生之流的观点令人十分反感，这些观点无疑是我国广大资产阶级知识界、自由主义化"社会"、愤愤不平的官吏等的极其典型的和自然而然的观点。把这些观点仅仅看做是政治上没有主见、萎靡不振、动摇不定的小资产阶级的表现是不够的。还应该从我国革命发展的当前形势的角度来加以说明。

为什么正是现在，在第三届杜马召开的前夕，某些小市民会产生这样一些观点呢？因为这些人随着政府政策的每个转折都乖乖地改变自己的信念，他们相信十月党人杜马，也就是说，认为十月党人杜马的使命是可以完成的，于是便急急忙忙去适应"十月党人的改革"，急急忙忙寻找理论上的根据来证明自己迎合十月党言行的做法是正确的。

按政府的意图，十月党人杜马的使命是：通过旧政权同地主和大资产阶级在微小的立宪改革的基础上的直接勾结来结束革命。抽象地说，这并不是绝对不可能的，因为在西欧，许多资产阶级革命都以确立"十月党式的"立宪制度而告结束。问题只在于，能够阻止革命的十月党人的"改革"在当前的俄国是否行得通？由于我国革命的深刻，十月党人的"改革"是否也注定会像立宪民主党人的"改革"那样遭到破产呢？十月党人杜马会不会也像立宪民主党人杜马那样，成为恢复黑帮分子和专制政府的统治的过程中一个小小的插曲呢？

我们经历了群众直接革命斗争的时期（1905 年），获得了一些自由的成果。后来我们又经历了这一斗争陷于停顿的时期(1906年和1907年的半年)。在这一时期,反动派取得了一系列的胜利,革命却从未取胜过,而且还丧失了第一个时期所获得的成果。第二个时期是立宪民主党时期,是立宪幻想时期。群众对专制制度下的"议会活动"多少还有些相信,而专制政府也懂得清一色黑帮分子的统治是危险的,于是企图同立宪民主党人达成协议,它进行了试验,**试**了各种式样的立宪外套,看看改革到什么程度是俄国的"主人"即大地主老爷们所能接受的。虽然立宪民主党人在第二届杜马中完全是按十月党人方式行事的,他们不仅没有抨击政府,没有挑动群众反对政府,而且还不断地安抚群众,同"左派",即同无产阶级的和农民的政党进行斗争,公开坚决支持现政府(预算等),他们那个党的立宪试验还是以失败告终了。总而言之,立宪民主党的立宪试验之所以没有成功,并不是因为立宪民主党人或政府没有善良的愿望,而是因为俄国革命的客观矛盾**太深了**。这些矛盾**原来**如此之深,以至立宪民主党的小桥无法跨越这一深渊。试验表明,甚至在群众斗争暂时被完全镇压下去、旧政权可以在选举中恣意舞弊等等的情况下,农民群众(资产阶级革命的成败主要取决于农民)依然提出了一些重大的要求,作为调停人的立宪民主党纵然用尽一切外交手腕也**无法**使这些要求迎合特权地主的统治。现在司徒卢威先生对劳动派[47](对社会民主党人就不用说了)抱有敌意,《**言语报**》[48]对他们大张挞伐,这并不是偶然的,也不单纯是资产阶级辩护士因为庄稼汉拒绝他们的效劳而产生的一种怨恨。这是立宪民主党人演进过程中必然采取的一个政治步骤。无法使地主同劳动派和解,**那就是说**(对资产阶级的知识分子来说,只能得出这样的结论)不应该发动更广大的群众来反对地主,而应该**降**

低劳动派的要求,向地主作更多的让步,像司徒卢威和《言语报》所说的那样,"丢掉革命的空想",或者像立宪民主党人的新奴仆哥尔恩先生所说的那样,不要去想出一些坚决的口号,不要去加快运动。

政府为了迎合地主,就把选举完全交给他们主持,实际上剥夺了农民的选举权。立宪民主党人为了迎合地主,就攻击劳动派的革命精神和不肯让步的态度。像《同志报》的撰稿人、特别是哥尔恩先生这样的非党的政客们,为了迎合地主,就号召无产阶级和农民使自己的政策同立宪民主党的政策"保持一致"(照涅韦多姆斯基先生的说法是"协调起来"),同立宪民主党人建立"民主的同盟",放弃"坚决的口号",等等,等等。

政府干得很有步骤。它一步一步地把"加快了的运动"所取得的成果以及在这一运动沉寂下去后没有得到保护的东西都夺去了。它一步一步地摸索,看地主老爷可能赞同什么样的"改革"。立宪民主党人没能办到这一点吗?是由于左派的干扰,立宪民主党人尽管真诚希望、拼命努力也没能办到吗?那就是说,必须削减"左派"的选举权,把决定权交给十月党人,只有在连这个试验也失败了的情况下,才不得不完全屈从于"贵族联合会"[49]。

政府的行动是有用意、有步骤、有逻辑的。这是地主的阶级利益的逻辑。要捍卫这些利益,不管怎么说也要保护俄国资产阶级的发展。

为了实现政府的这些计划,必须用暴力压制群众的利益和群众的运动,剥夺他们的选举权,把他们交给13万人[50]去摆布。这些计划能不能实现,这个问题现在谁也解答不了。这个问题只有斗争才能解答。

我们社会民主党人是用**自己的**斗争来解答这个问题的。立宪民主党人则是用**反左派的……斗争**来解答这个问题的。立宪民主党人**争取由政府**解答这个问题，他们在第二届杜马的议会讲坛上有步骤地这样做了。现在他们还在有步骤地通过反社会民主党人和反劳动派的思想斗争来这样做。

当然，在俄国普通的知识分子以及任何有点教养的小市民听来，这是奇谈怪论：自命为民主主义者、满口自由主义词句的立宪民主党人，竟在争取由政府解答这个问题！这显然是不合情理的！既然是民主主义者，那就该统统都归到"民主的同盟"中去！对政治上头脑简单的人来说，这是一个很明白的结论，甚至两年的俄国革命也没有使这些人学会在**各阶级的斗争**中去寻找政府的措施和自由派的空话的真正的实质。我国知识分子的阵营中，有多少"马克思主义者"，信仰的是阶级斗争原则，而实际上在谈到立宪民主党人、谈到杜马的作用、谈到抵制时，却完全像是自由派！究竟还要经过多少次立宪民主党的预算表决，这些政治上的傻瓜才能弄明白一个在欧洲早已为人熟知的现象：自由派发表演说时反对政府，而在每个重大问题上却是支持政府的。

第三届杜马代替第二届杜马，就是由靠立宪民主党人帮助的十月党人来代替像十月党人那样行事的立宪民主党人。操纵第二届杜马的是资产阶级知识分子的政党，这些知识分子以民主主义者自居时利用人民，支持政府时则依靠资产阶级。操纵第三届杜马的必定是地主和大资产者的政党，他们雇用一批表面上当反对派、实际上为他们效劳的资产阶级知识分子。这个简单的道理已经被立宪民主党的全部政治行动、特别是第二届杜马所证实。这个简单的道理现在连普通人也开始懂得了：日尔金先生就是一个例证，如果怀疑他同情布尔什维主义或者怀疑他对立宪民主党人怀着刻骨仇恨，那就太可笑了。

日尔金先生在今天的《同志报》第351号上，转述了一个"精神抖擞的"（原文如此！日尔金先生对"精神抖擞"的理解同哥尔恩或涅韦多姆斯基的理解大致相同）乡巴佬的印象：

"同我谈话的那些十月党人中的地主这样讲：'可以选举立宪民主党人。他们好在哪里呢？好在肯让步。在第一届杜马里，他们提出很多要求。在第二届杜马里，他们就让步了。甚至连纲领也作了删减。在第三届杜马里他们一定会作更多的让步。看着吧，他们还会达成什么交易。况且，说老实话，十月党人中还没有哪一个我们能保证他一定当选。

……就让立宪民主党人当选吧。我们之间没有多大差别。他们在第三届杜马中会更加向右转……　我们同十月党人友好相处是出于需要……　他们的演说家或大人物在哪里呢？'"

谁要是只按政党的名称、纲领、诺言和演说来判断政党，或者谁要是只满足于拙劣的、伯恩施坦化了的"马克思主义"，一味重复支持资产阶级民主派进行资产阶级革命这个老生常谈，他才会对左派同立宪民主党人在第三届杜马中结成民主的同盟抱有希望。但是谁要是还有一点点革命嗅觉，对我国革命的教训还抱有一点点慎重的态度，谁要是确实能遵循阶级斗争的原则，能按政党的阶级性质来判断政党，他对资产阶级知识分子的政党只配给大资产者政党当奴仆这一点就不会感到奇怪了。哥尔恩先生和涅韦多姆斯基先生之流居然认为立宪民主党人同民主派的分歧是例外，而他们同十月党人的分歧则是常规。情形恰好相反。立宪民主党人按阶级本性来说是十月党人真正的本家。立宪民主党的民主主义是一种装潢，是对群众的民主主义的一种暂时的反映，或者说是一场公开的骗局，俄国的伯恩施坦分子和小市民，特别是《同志报》的那些人,却上了它的当。

所以,如果你从这方面来看看我们所关心的问题,如果你明白了立宪民主党人这些帮助地主用少得可怜的改革来满足庄稼汉要求的资产阶级知识分子的真正的历史作用,那你就会看出哥尔恩先生和涅韦多姆斯基先生之流劝无产阶级同立宪民主党人**一致**行动的高深学问! 十月党给我们许下的"改革"一清二楚。地主叫庄稼汉感到"满意",叫他们如此满意,以致不用讨伐队,不鞭笞农民,不枪杀工人,就不能迫使居民接受改革。立宪民主党的教授充当反对派:他从现代法学的观点论证讨伐队条例必须得到宪法的确认并谴责警察的过分热心。立宪民主党的律师充当反对派:他论证根据法律应当鞭打60下而不是200下,论证应当拨款给政府购买笞杖,条件是应当恪守法律。立宪民主党的医生准备数一数受笞刑者的脉搏,并写出一份关于必须把鞭打数目的最高限额减少一半的调查书。

第二届杜马中的立宪民主党反对派难道不是这样做的吗? 十月党人地主为了有这样的反对派,不仅要把立宪民主党人选入杜马,而且还同意付给立宪民主党人以教授的薪俸或者别的什么薪俸,这难道还不清楚吗?

社会党人同立宪民主党人在第二届杜马中,在第二届杜马后或在第三届杜马时建立的民主的同盟,由于客观形势,实际上就是把工人政党变成自由派的盲从而可怜的附属品,就是社会党人对无产阶级利益和革命利益的彻底背叛。涅韦多姆斯基先生和哥尔恩先生之流很可能并不明白自己干的是什么。这些人的信念往往只限于在嘴上说说而已。实质上他们力求同工人阶级的独立政党,同社会民主党断绝往来。懂得自己的任务的社会民主党应当同这些先生断绝往来。遗憾的是，我们有些人至今还对资产阶级革命这个范畴理解得太片面。例如，我们有些人忽略了：这个革命应该向无产阶级表明，而且也只有这个革命才能第一次向无产阶级表明，**本国的资产阶级事实上究竟怎么样**，在各该**国家的**这场资产阶级革命中资产阶级和小资产阶级的**民族**特点是什么。只有当**本**国的历史向无产阶级揭示了作为一个阶级、作为一个政治整体的资产阶级的**整个面貌**，揭示了作为一个阶层、作为在某些公开的广泛政治活动中有所表现的一定的思想和政治力量的小市民的整个面貌，无产阶级才能真正地、最终地、广泛地成为一个独立的阶级，同所有资产阶级政党相抗衡。我们应该不倦地向无产阶级阐明资本主义社会中资产阶级和小资产阶级的阶级利益的实质这些理论上的道理。但是真正广大的无产阶级群众要深刻领会这些道理，只有使他们看到并体会到某些阶级政党的所作所为，也就是说，无产阶级除了对这些政党的阶级本性有清楚的认识，还要对资产阶级政党的全部面貌有直接的感受。恐怕世界上没有哪个国家的资产阶级在资产阶级革命中会像我国的资产阶级这样反动野蛮，同旧政权这样紧密勾结，对文明、对进步、对维护人类的尊严这样"超脱"，连一点点哪怕近似于真诚的同情也没有——愿我国无产阶级通过俄国资产阶级革命将倍加憎恨资产阶级，将倍加坚决地同它作斗争。大概世界上没有哪个国家的小资产阶级（从"人民社会党人"[51]和劳动派直到钻进社会民主党内的知识分子）在斗争中会这样怯懦，这样没有气节，背叛情绪会这样可耻地泛滥，对崇拜资产阶级风尚的英雄或反动暴力的英雄会这样刻意逢迎——愿我国无产阶级通过我国资产阶级革命将倍加蔑视小资产阶级的软弱和动摇。无论我国革命今后如何发展，无论无产阶级有时还会经历怎样艰苦的时期，这种憎恨和蔑视必将团结无产阶级的队伍，必将使无产阶级摆脱出身于其他阶级的坏人，增强无产阶级的力量，锻炼无产阶级，使他们将来能给整个资产阶级社会以毁灭性的打击。

载于1907年9月初圣彼得堡出版的
《生活之声》文集第1集

译自《列宁全集》俄文第5版
第16卷第54—66页

关于斯图加特代表大会
《军国主义和国际冲突》决议的注释[52]

(1907 年 8 月下半月)

因此,代表大会认为工人阶级的责任,特别是工人阶级在议会中的代表的责任,是注意到资产阶级社会的阶级性质,全力以赴地反对各国的侵略政策,拒绝这方面的拨款,**并用社会主义精神和各民族兄弟般的团结的思想教育工人阶级的青年** * 。
⋯⋯

＊俄国的修正案中原来还有一个论点:"使统治阶级不敢利用他们(青年)作为巩固其阶级统治、反对战斗的无产阶级的工具。"这句话被委员会删去了,并不是因为有人在原则上不同意,而是因为德国人认为这些话不合法、会给解散德国社会民主党组织提供口实。决议有关条文的基本思想并没有因这一删节而改变。
⋯⋯

在遇到战争危险时,各有关国家的工人阶级及其在议会中的代表有责任依靠国际局的支持,竭尽所能,采用他们认为合理的一切**手段阻止宣战**,至于**采用哪一种手段,这将取决于阶级斗争尖锐化的程度和总的政治形势** * 。
⋯⋯

＊在俄国的修正案中说,这些手段(阻止战争的手段)视阶级斗争尖锐化的程度等而改变和**加强**(sich ändern und **steigern**)。

委员会删去了"加强",只留下"改变"二字。[53]

载于1907年9月初圣彼得堡出版的
《生活之声》文集第1集

译自《列宁全集》俄文第5版
第16卷第75—76页

斯图加特国际社会党代表大会[54]

（1907 年 8 月和 10 月之间）

不久以前闭幕的斯图加特代表大会是无产阶级国际的第十二次代表大会。头五次代表大会是在第一国际时期（1866—1872年）召开的，马克思领导了第一国际，他试图（照倍倍尔的恰当说法）自上而下地确立战斗的无产阶级的国际团结。在各国社会党没有团结起来、巩固起来以前，这种尝试是不会成功的，但是第一国际的活动对所有国家的工人运动作出了很大的贡献，留下了深远的影响。

第二国际是在 1889 年巴黎国际社会党代表大会上宣布成立的。以后在布鲁塞尔（1891 年）、苏黎世（1893 年）、伦敦（1896年）、巴黎（1900 年）和阿姆斯特丹（1904 年）举行的历次代表大会上，这个新的国际依靠各国坚强的党，完全巩固下来了。参加斯图加特代表大会的代表共 884 人，他们来自欧洲、亚洲（日本，部分来自印度）、美洲、澳洲、非洲（来自南部非洲的代表 1 人）的 25 个民族。

斯图加特国际社会党代表大会的伟大意义，就在于它标志着第二国际已经完全巩固，标志着国际代表大会已经变为解决实际问题的会议，对全世界社会主义运动的性质和方向正在产生极其重大的影响。国际代表大会的决定在形式上对各国并没有约束

列宁自己保存的一本载有列宁《斯图加特国际社会党代表大会》
一文的《1908 年大众历书》的封面
（按原版缩小）

力,但在道义上却意义重大,以至不遵守决定的情况实际上可以说是绝无仅有的,恐怕比各国党不遵守本党代表大会决定的情况还要罕见。阿姆斯特丹代表大会使法国社会党人联合了起来,大会反对内阁主义的决议[55]真正体现了全世界觉悟的无产阶级的意志,确定了各国工人政党的政策。

斯图加特代表大会在这方面又迈进了一大步,在许多重要问题上成了确定社会主义运动政治路线的最高机关。斯图加特代表大会比阿姆斯特丹代表大会更加坚定地确定了这条反对机会主义的革命的社会民主主义路线。关于这一点,克拉拉·蔡特金主编的德国社会民主党人女工的刊物《平等》杂志(《Die Gleichheit》)[56]说得对:"在所有问题上,某些社会党的种种机会主义倾向由于各国社会党人的合作已经得到了纠正,这些党已开始采取革命的路线。"

这里有一个值得注意的令人痛心的现象,就是一向捍卫马克思主义革命观点的德国社会民主党,这次却动摇不定或者说采取了机会主义的立场。斯图加特代表大会证实了恩格斯关于德国工人运动的一个深刻的见解。1886 年 4 月 29 日,恩格斯在给第一国际老战士左尔格的信中写道:"特别是在德国人选出了这么多庸人参加帝国国会(不过这也难免)以后,有人出来同他们争夺一下国际社会主义运动的领导权,一般说来是件好事。德国在平静时期一切都变得庸俗了。在这种时候,法国的竞争的刺激是绝对必要的,而这种刺激是不会没有的。"①

在斯图加特,并不缺乏法国竞争的刺激,而且这种刺激确实必

---

① 参看《马克思恩格斯全集》第 1 版第 36 卷第 471 页。——编者注

要,因为德国人当时表现得很庸俗。对俄国社会民主党人来说,注意到这一点是很重要的,因为我国的自由派(而且不仅是自由派)正在拼命把德国社会民主党最不体面的东西说成值得仿效的榜样。德国社会民主党最有头脑最杰出的思想领袖们自己看到了这一点并且丝毫不顾面子坚决地指出来,引以为戒。克拉拉·蔡特金的刊物写道:"在阿姆斯特丹,德累斯顿的决议是全世界无产阶级的议会上一切争论的革命主旨,而在斯图加特代表大会上,福尔马尔在军国主义问题委员会上的发言、佩普洛夫在侨居问题委员会上的发言和大卫〈我们还要加上伯恩施坦〉在殖民地问题委员会上的发言,都是些刺耳的机会主义的不谐和音。这一次德国代表在大多数委员会内,在大多数问题上都成了机会主义的首领。"卡·考茨基在评价斯图加特代表大会时写道:"德国社会民主党在第二国际中一向所起的实际上的领导作用,这次丝毫没有表现出来。"

现在来探讨一下代表大会上讨论过的一些问题。关于殖民地问题,委员会内未能消除意见分歧。机会主义派和革命派之间的争论是由大会自己解决的:127 票赞成,108 票反对,10 票弃权,革命派获得多数。我们顺便指出一个可喜的现象,俄国社会党人在**所有**的问题上**都**一致本着革命的精神投了票。(俄国共有 20 票,其中俄国社会民主工党 10 票,波兰代表除外;社会革命党人 7 票;工会代表 3 票。其次,波兰共有 10 票:波兰社会民主党[57] 4 票,波兰社会党[58]和波兰非俄属部分 6 票。最后,芬兰两个代表共有 8 票。)

在讨论殖民地问题的时候,委员会内形成了机会主义多数派,在决议草案中出现了这样的离奇古怪的句子:"大会并不在原则上和在任何时候都谴责任何殖民政策,殖民政策在社会主义制度下可以起传播文明的作用。"这个论点实际上等于直接向资产阶级政策倒退,向替殖民战争及野蛮行为辩护的资产阶级世界观倒退。有一位美国代表说,这是倒退到罗斯福那里去了。用"社会主义殖民政策"和在殖民地进行切实的改良工作之类的任务来替这种倒退辩护的尝试是十分不妥当的。社会主义从来不反对在殖民地也要进行改良,但是这同削弱我们反对对其他民族征服、奴役、施加暴力和进行掠夺的"殖民政策"这一原则立场,没有也不应有丝毫共同之处。一切社会党的最低纲领既适用于宗主国,也适用于殖民地。"社会主义殖民政策"这个概念本身就是极其混乱的。大会从决议中删去了这句话,而且比过去的决议更尖锐地谴责了殖民政策,这是完全正确的。

关于社会党同工会的关系问题的决议,对我们俄国人具有特别重大的意义。这个问题在我国已经提到日程上来了。斯德哥尔摩代表大会赞成**非党的**工会,即肯定了我国以普列汉诺夫为首的一批人主张工会**中立**的立场。伦敦代表大会在主张**党的**工会,**反对**工会中立方面前进了一步。大家知道,伦敦代表大会的决议在一部分工会中,特别在资产阶级民主派的报刊上引起了激烈的争论和不满。

在斯图加特代表大会上,实际上问题就是这样摆着的:工会应该中立呢还是应该同党更加接近?国际社会党代表大会表示赞成工会同党更加接近,对这点读者只要读一下大会的决议就会相信的。决议根本没有谈到工会应当中立,也根本没有谈到工会应当是非党的。考茨基在德国社会民主党内坚持工会同党接近,反对倍倍尔的中立主张,所以他向莱比锡工人作关于斯图加特代表大会的报告时(1907年《前进报》[59]第 209 号附刊),完全有权利宣布：

"斯图加特代表大会的决议把我们要谈的一切都谈到了。它**永远否定了工会中立的主张**。"克拉拉·蔡特金写道："已经没有人〈在斯图加特〉在原则上反对无产阶级的阶级斗争的基本历史趋势，即把政治斗争同经济斗争结合起来，把各种组织尽量紧密地团结成社会主义工人阶级的统一的力量。只有俄国社会民主党人的代表普列汉诺夫同志〈应当说是孟什维克的代表，是他们派普列汉诺夫到委员会里去为"工会中立"辩护的〉和法国代表团多数成员借口他们国家的特点，企图用一些根本不能成立的理由证明对这个原则作某些限制是正确的。与会的绝大多数人都赞成社会民主党和工会一致行动这一坚决的政策……"

应该指出，普列汉诺夫这个不能成立的(蔡特金说得对)论据，就这样发表在俄国各家合法报纸上。普列汉诺夫在斯图加特代表大会的委员会上借口说，"俄国有 11 个革命政党"；"工会到底应当同其中哪一个政党一致行动呢？"(引自《前进报》第 196 号附刊1)。普列汉诺夫这个借口，无论在事实上或在原则上都是不正确的。事实上，在俄国的每一个民族中，争取对社会主义无产阶级施加影响的都只有两个党：社会民主党和社会革命党，波兰社会民主党和波兰社会党，拉脱维亚社会民主党和拉脱维亚社会革命党(即所谓"拉脱维亚社会民主党人同盟")[60]，亚美尼亚社会民主党和达什纳克楚纯[61]等等。出席斯图加特大会的俄国代表团也立即一分为二了。11 这个数目字完全是随便编造的，是在蒙蔽工人。在原则上普列汉诺夫也是不正确的，因为在俄国，无产阶级的社会主义和小资产阶级的社会主义之间的斗争在任何地方，包括工会内部，都是不可避免的。例如，英国人虽然也有两个互相对立的社会主义政党:社会民主联盟(S.D.F.)[62]和"独立工党"(I.L.P.)[63],但是他们却没有想到要反对决议。

在斯图加特代表大会上遭到摒弃的中立思想已经给工人运动带来了不小的危害,这点从德国的例子中可以看得特别清楚。中立思想在德国传播最广,运用得也最多。结果,德国工会的机会主义倾向十分明显,以致像考茨基这样在这个问题上非常谨慎的人也公开承认了这种倾向。他向莱比锡工人作报告时直截了当地说:德国代表团在斯图加特所表现的"保守性","只要看一下代表团的构成就清楚了。其中有一半是工会的代表,这样,我们党'右翼'的力量,就显得比他们在党内的实际力量要大了"。

斯图加特代表大会的决议无疑会加速俄国社会民主党同我国自由派如此钟爱的中立思想彻底决裂。我们在保持必要的小心谨慎和循序渐进的态度、决不轻举妄动的同时,必须在工会中坚持不懈地进行工作,使工会与社会民主党日益接近。

其次,关于侨居问题,在斯图加特代表大会的委员会中非常明显地暴露了机会主义派和革命派之间的分歧。机会主义派鼓吹**限制**落后的没有觉醒的工人(特别是日本人和中国人)的迁徙权。狭隘的、行会式的闭关自守精神和工联主义的排他精神使这些机会主义者意识不到社会主义的任务:启发和组织无产阶级中那些还没有参加工人运动的阶层。大会拒绝了一切这类企图。甚至在委员会中,主张限制迁徙自由的人也寥寥无几,贯穿国际代表大会的决议的是所有国家的工人在阶级斗争中要团结一致的思想。

关于妇女选举权问题的决议也是一致通过的。只有来自半资产阶级的"费边社"[64]的一个英国妇女,主张可以不争取完全的妇女选举权,只要争取有限制的、有产妇女的选举权就行了。代表大会坚决否决了这种意见，主张女工在进行争取选举权的斗争时，不要同资产阶级中主张男女平权的妇女联合，而要同无产阶级的阶级政党联合。大会认为，在争取妇女选举权的运动中，必须完全坚持社会主义原则，坚持男女平权，不要贪图任何方便而歪曲这些原则。

在委员会内，在这方面发生了很有趣的意见分歧。奥地利人（维克多·阿德勒、阿德尔海德·波普）为自己在争取男子的普选权的斗争中的策略辩解，他们认为，为了取得这个权利，方便的做法是，在鼓动时不把妇女也有选举权的要求提到首要地位。德国的社会民主党人，特别是蔡特金，早在奥地利人开展争取普选权的运动时就反对这种主张。蔡特金在报刊上写道：无视妇女选举权的要求在任何情况下都是不应该的；奥地利人为了贪图方便，采取机会主义的态度，牺牲了原则；如果他们也能同样坚决捍卫妇女选举权，他们就不会削弱、而只会扩大鼓动的规模和加强人民运动的力量。在委员会里完全赞成蔡特金的，还有一位卓越的德国女社会民主党人齐茨。阿德勒间接为奥地利人的策略进行辩护的修正案（在这个修正案中只谈到要进行不断的斗争来争取全体公民确实都有选举权，而没有谈到在进行争取选举权的斗争的同时必须始终坚持男女平权的要求）以 12 票对 9 票**遭到否决**。上面提到的齐茨在国际妇女社会党人代表会议（这次代表会议与国际社会党代表大会同时在斯图加特举行）上的发言，最确切地表达了委员会和代表大会的观点，她说："我们在原则上应当要求我们认为正确的一切，只有在斗争力量不足时，我们才接受可以得到的东西。这是社会民主党一贯的策略。我们的要求愈低，政府的让步也就愈小……"读者从奥、德两国女社会民主党人的这次争论中可以看出，优秀的马克思主义者对于稍微背离坚定的原则性的革命策略的言行，态度是多么严厉。

大会的最后一天，讨论了大家最关心的军国主义问题。声名狼藉的爱尔威为他的完全站不住脚的论点辩护，他不善于把战争同整个资本主义制度联系起来，不善于把反军国主义的鼓动同社会主义运动的整个工作联系起来。爱尔威的草案——用罢工和起义来"回答"任何战争——表明他完全不懂得，采取某一种斗争手段并不取决于革命者事先的决定，而取决于战争所引起的经济危机和政治危机的客观条件。

爱尔威固然轻率、浅薄，热衷于华丽的词句，但如果只是教条式地讲些社会主义的空泛道理去反驳他，那目光也就太短浅了。这个错误以福尔马尔犯得最重（倍倍尔和盖得也没有完全避免）。他这个人非常自满，醉心于老一套的议会活动，他大骂爱尔威，却不知道正是他自己的狭隘刻板的机会主义**迫使**人们承认，**尽管**爱尔威本人对问题的提法在理论上是荒谬可笑的，但是在其思想中有一线有生命力的东西。在运动处于新的转折时，理论上的荒谬往往掩盖着某种实际的真理。问题的这一方面，正是革命的社会民主党人，特别是罗莎·卢森堡在发言中所强调指出的，他们号召人们不要只重视议会斗争方式，号召根据未来战争和未来危机的新情况来行动。罗莎·卢森堡和俄国社会民主党代表（列宁和马尔托夫，他们两人在这个问题上是一致的）一起对倍倍尔的决议案提出修正案，在修正案中强调指出：必须在青年中进行鼓动工作；必须利用战争所引起的危机加速资产阶级的崩溃；必须注意到斗争的方法和手段必然随着阶级斗争的加剧和政治形势的改变而改变。这样一改，倍倍尔原来那个教条主义的、片面的、僵化的、可以作福尔马尔式的解释的决议案终于面目为之一新。决议案重申了一切理论上的道理，以教训那些为了反军国主义而忘记社会主义的爱尔威分子。但是这些道理并不是要我们去为议会迷辩护，去一味推崇和平手段，歌颂当前相对和平与平静的局势，而是要承认一切斗争手段，要估计到俄国革命的经验，要发扬运动中有积极作用的和创造性的方面。

我们不止一次提到的蔡特金的刊物，正是十分正确地抓住了大会反军国主义的决议中这一个最出色最重要的特征。蔡特金在谈到反军国主义的决议时写道："这里，工人阶级的革命毅力（Tatkraft）和工人阶级对自己斗争能力的坚强信心终于一方面战胜了无能的悲观主义的说教和力图局限于旧的、单纯议会斗争方式的僵化思想，另一方面也战胜了法国半无政府主义者爱尔威之流的愚蠢的反军国主义的狂热。由委员会和各国将近900名代表最后一致通过的决议，用热烈的词句表述了从上次国际代表大会以来革命的工人运动的巨大高涨；决议作为一个原则，提出无产阶级的策略要有灵活性，要能够发展，能随着条件的成熟而更加**锐利**（Zuspitzung）。"

爱尔威思想被驳倒了，但是这并不说明机会主义是对的，而且也不是从教条主义和消极的观点来反驳的。迫切要求采取更坚决的和更新的斗争方法，这是国际无产阶级所完全承认的，同时也是与经济矛盾的日益尖锐、与资本主义所产生的危机的全部情况密切相关的。

不是进行空洞的爱尔威式的威胁，而是明确地意识到社会革命的不可避免，坚定不移地决心斗争到底，准备采取最革命的斗争手段，——这就是斯图加特国际社会党代表大会关于军国主义问题的决议的意义。

　　无产阶级大军在所有国家中正在日益坚强起来。他们的觉悟、团结和决心不是与日俱增，而是与时俱增。资本主义搞得自己危机四伏，有增无已，而这支大军必将利用这些危机来摧毁资本主义。

载于1907年10月圣彼得堡种子出版社出版的《1908年大众历书》

译自《列宁全集》俄文第5版第16卷第79—89页

克·蔡特金《斯图加特
国际社会党代表大会》一文的注释⁶⁵

(1907 年 8 月和 10 月之间)

斯图加特国际社会党代表大会[*]

……

　　[*] 本文是德国社会民主党双周刊《平等》杂志(《Die Gleich-heit》)一篇社论的译文,该刊由克拉拉·蔡特金主编,是德国女工运动的机关刊物。文中对斯图加特代表大会的评价很正确、很有见地,用简短鲜明的论点概括了代表大会的辩论和决议的丰富的思想内容。我们对这篇文章加几条注释,目的是告诉俄国读者一些从西欧社会主义报刊中得知的事实,这些事实大部分都被就斯图加特代表大会讲了不少谎话的、我国立宪民主党人和半立宪民主党人的报纸(如《同志报》)所歪曲。

……

　　关于社会民主党和工会的关系问题最清楚不过地表明了各国觉悟的无产者的同心同德。已经没有人在原则上反对无产阶级的阶级斗争的基本历史趋势,即把政治斗争同经济斗争尽量紧密地结合起来,并把各种组织尽量紧密地团结成社会主义工人阶级的统一的力量。只有俄国社会民主党人的代表普列汉诺夫和法国代表团多数成员借口他们国家的特殊条件,竭力用一些根本不能成立的理由[*] 证明对这个原则作某些限制是正确的。

……

＊俄国社会民主党出席斯图加特大会的代表团为了委派代表参加委员会，事先讨论过问题的实质。在工会同社会党关系问题委员会中，普列汉诺夫所代表的不是全体俄国社会民主党人，而是孟什维克。普列汉诺夫到委员会去是为"**工会中立**"这一原则辩护的。布尔什维克委派沃伊诺夫参加委员会，他捍卫了**党的观点**，即捍卫了符合伦敦代表大会精神的反对工会中立、主张工会同党密切接近的决议。因此，克·蔡特金认为"不能成立的"，**不是俄国社会民主工党代表的理由**，而是俄国社会民主工党内孟什维克反对派代表的理由。

……

这里，工人阶级的革命毅力和工人阶级对自己斗争能力的坚强信心终于一方面战胜了认为自己无能的悲观主义的说教和坚持局限于旧的、单纯议会斗争方式的保守主张，另一方面也战胜了法国半无政府主义者爱尔威之流的愚蠢的反军国主义的狂热。＊

……

＊文章的作者在对比遭到代表大会摒弃的两种背离社会主义的倾向，即爱尔威的半无政府主义和主张"单纯议会"斗争形式的机会主义时，没有提到这一机会主义的任何一个代表的名字。在斯图加特代表大会的委员会中，王德威尔得在反驳福尔马尔的机会主义的发言时，就军国主义问题也作了同样的对比。王德威尔得说：福尔马尔暗示要开除爱尔威，我反对这种做法，并且警告福尔马尔，因为开除极左派就会引起开除极右派的念头（福尔马尔是德国最"右的"机会主义分子之一）。

……

最后，在妇女选举权问题上，具有鲜明原则性的阶级观点也战胜了机会主义的资产阶级观点，前一种观点把妇女选举权只看做是无产阶级的阶级权利和阶级事业的有机部分，而后一种观点则指望通过讨价还价为妇女从统治阶级那里争得残缺不全的有限制的选举权＊。

……

　　＊在斯图加特代表大会上，只有 Fabian Society（"费边社"——坚持极端机会主义观点的英国知识分子的冒牌社会主义组织）的一个英国妇女为这种资产阶级观点辩护。

……

　　与此同时，代表大会在这方面确认国际妇女代表会议的决定是正确的，并明确声明，各国社会党在自己争取选举权的斗争中，应该提出并且坚持争取妇女选举权的原则要求，不要有任何"贪图方便的考虑"＊。

……

　　＊这是暗指奥地利社会民主党人而言的。在国际社会党妇女代表会议上和代表大会的妇女问题委员会中，德奥两国的女社会民主党人曾进行过论战。克·蔡特金早已在报刊上指责过奥地利社会民主党人，指责他们在争取选举权的鼓动中把**为妇女**争取选举权的要求推后了。奥地利人为自己所作的辩护很不成功，在这个问题上小心翼翼地推行"奥地利的机会主义"的维克多·阿德勒的修正案，在委员会中以 12 票对 9 票遭到否决。

载于1907年10月圣彼得堡出版的　　　　译自《列宁全集》俄文第5版
《闪电》文集第1集　　　　　　　　　　第16卷第90—92页

斯图加特国际社会党代表大会

（1907 年 9 月和 10 月之间）

今年 8 月在斯图加特召开的国际社会党代表大会，其特点是出席的人非常多，代表性很广泛。世界五大洲都派了代表，代表总数为 886 人。代表大会不但大规模展示了无产阶级斗争的国际团结，而且在确定各国社会党的策略方面起了突出的作用。大会就许多至今一直由各国社会党自行解决的问题作出了共同的决议。社会主义运动已经团结成一支国际力量，这一点特别明显地表现为需要各国在原则上一致解决的问题数量在增多。

现在把斯图加特各项决议的全文刊登于后。[66] 我们先来简略地谈一谈每一项决议，以便指出代表大会上有争议的主要各点和辩论的性质。

殖民地问题在国际代表大会上讨论已经不是第一次了。在此之前，历次国际代表大会的决议一直是把资产阶级的殖民政策作为掠夺和暴力的政策而坚决加以谴责的。这一次，在代表大会的委员会中，以荷兰人范科尔为首的机会主义分子在人数上占了上风。决议草案中塞进了这样的话：大会并不在原则上都谴责任何殖民政策，殖民政策在社会主义制度下可以起传播文明的作用。委员会中的少数（德国的累德堡、波兰和俄国的社会民主党人以及其他许多人）坚决反对这种看法。问题提到了代表大会上，两派力量不相上下,于是展开了空前激烈的辩论。

机会主义者一致拥护范科尔。伯恩施坦和大卫代表德国代表团多数人发言,肯定"社会主义殖民政策",并且猛烈地攻击激进派,说他们否定也没有用,说他们不懂得改良的意义,说他们没有一个切实的殖民纲领,等等。不过他们受到考茨基的反对,考茨基不得不敦促代表大会表示**反对**德国代表团的多数人。他正确地指出:根本不存在否定争取改良的斗争的问题,因为在决议的其他没有引起任何争论的部分中对这一点说得非常明确。问题在于我们是否应当向资产阶级现行的掠夺和暴力的制度让步。目前的殖民政策,应当在代表大会上加以讨论,而这一政策是以直接奴役未开化的民族为基础的:资产阶级实际上是在殖民地实行奴隶制度,使当地人遭受闻所未闻的侮辱和压迫,用提倡酗酒、传播梅毒来向当地人"传播文明"。在这种情况下,社会党人居然会含糊其词地说什么可以在原则上肯定殖民政策!这就是公开转向资产阶级的观点。这就是在使无产阶级服从资产阶级思想、服从目前特别嚣张的资产阶级帝国主义方面跨出的坚决的一步。

委员会的提案在代表大会上以 128 票对 108 票(10 票弃权(瑞士))遭到否决。应当指出,在斯图加特代表大会上进行表决时,各国第一次拥有不同的表决票数:由 20 票(各大国,包括俄国在内)到 2 票(卢森堡)。没有推行殖民政策或深受殖民政策之苦的小国的总数,超过了那些使无产阶级也沾染上一些侵略狂的国家。

这次就殖民地问题进行的表决,具有很重要的意义。第一,经不起资产阶级诱惑的社会党内的机会主义在这里特别明显地暴露了自己的真面目。第二,这里暴露出欧洲工人运动的一个缺点,这个缺点会给无产阶级事业带来不少危害，因此值得高度重视。马克思曾不止一次地谈到西斯蒙第的一句意义重大的名言：古代的无产阶级依靠社会过活，现代社会则依靠无产阶级过活。[1]

非有产者（然而是不劳动者）阶级是不能推翻剥削者的。只有养活全社会的无产者阶级才能够进行社会革命。而推行广泛的殖民政策的结果，使欧洲无产者**在一定程度上**陷入这样的境地：全社会**不是**靠他们的劳动、而是靠几乎沦为奴隶的殖民地人民的劳动来养活的。例如，英国资产阶级从印度和其他殖民地的亿万人民身上榨取来的收入，比从英国工人身上榨取来的收入更多。在这种情况下，在某些国家里便形成了使一国的无产阶级沾染上殖民沙文主义的物质经济基础。当然，这可能只是暂时的现象，但是，必须明确地意识到它的害处，了解它产生的原因，以便团结各国无产阶级去同这种机会主义进行斗争。这一斗争必然会取得胜利，因为在所有资本主义国家中，"特权"国家愈来愈少了。

关于妇女选举权问题，在代表大会上几乎没有引起争论。只有英国极端机会主义的"费边社"中的一位英国妇女，主张社会党人可以只争取有限制的妇女选举权（即不是普遍选举权，而是有资格限制的选举权）。这位女费边派分子是完全孤立的。她的观点的实质很简单，就是英国资产阶级的太太们只希望自己得到选举权，而不希望把选举权扩大到无产阶级妇女身上。

在国际社会党代表大会召开的同时，在斯图加特的同一座房子里召开了国际社会党妇女第一次代表会议。这次代表会议和代表大会的委员会在讨论决议案时，德奥两国社会民主党人之间发

————————

[1]　参看《马克思恩格斯文集》第2卷第467页。——编者注

生了很有意思的争论。奥地利社会民主党人在争取普遍选举权的时候,把男女平等的要求往后放:他们从实际主义出发,强调的不是普遍选举权的要求,而是男子选举权的要求。蔡特金和德国其他社会民主党人在发言中都向奥地利人正确地指出,他们做得不对,他们不大力提出男女均应享有选举权的要求,就是削弱群众运动的力量。斯图加特决议最后一句话("必须**同时**提出男子和妇女都享有普遍选举权的要求"),无疑是针对奥地利工人运动史上这个过分"实际主义"的插曲的。

关于社会党同工会的关系的决议对我们俄国人有特别重大的意义。俄国社会民主工党斯德哥尔摩代表大会主张**非党的**工会,从而采取了工会中立的立场。我国非党的民主主义者、伯恩施坦派[67]和社会革命党人都一贯坚持这个立场。与此相反,伦敦代表大会提出了另一个原则:使工会同党接近,直到承认工会(在一定条件下)是党的工会。在斯图加特,俄国小组社会民主党人分组(各国社会党人在国际代表大会上均组成独立的小组)在讨论这一问题时发生了分裂(在其他问题上没有分裂)。普列汉诺夫原则上主张工会中立,而布尔什维克沃伊诺夫捍卫伦敦代表大会和比利时决议(决议同德·布鲁凯尔的报告一起随代表大会文件印发;这个报告很快将用俄文发表)的反对工会中立的观点。克拉拉·蔡特金在她的《平等》杂志上正确指出,普列汉诺夫主张工会中立的论据,同法国人的论据一样,是不能成立的。而斯图加特代表大会的决议,正如考茨基所正确指出的和每一个仔细读过这个决议的人所确信的那样,否定了对"工会中立"的原则承认。决议只字未提工会的中立性或非党性。相反,倒是极其肯定地承认了工会同社会党保持密切联系和巩固这种联系的必要性。

俄国社会民主工党伦敦代表大会关于工会的决议现在有了斯图加特决议这个坚实的原则基础。斯图加特决议规定所有国家的工会都必须同社会党保持牢固的和密切的联系；伦敦决议指出，对于俄国来说，这种联系的形式在对此有利的条件下应当是使工会具有党性，党员应当为此而努力。

我们要指出，工会中立原则的害处在斯图加特暴露出来了：德国代表团中占半数的工会代表最固执地坚持机会主义观点。所以，例如在埃森，德国人是反对范科尔的（在埃森召开的只是党的代表大会，而不是工会的代表大会），而在斯图加特却拥护起范科尔来了。鼓吹工会中立对社会民主党内的机会主义有利，**事实上**已经给德国带来了恶果。这个事实今后所有国家都不能不考虑，俄国尤其要重视，因为在俄国，为无产阶级出主意、建议无产阶级保持工会运动"中立"的资产阶级民主派实在太多了。

关于侨居问题的决议我们只谈几句。在这个问题上，委员会中也有人企图维护狭隘的行会观点和通过禁止落后国家工人（来自中国等国的苦力）入境的决议。这也是某些"文明"国家的无产者中的贵族作风的表现，他们从自己的特权地位中得到了某些好处，所以便常常忘记了国际阶级团结的要求。代表大会上没有人出来为这种行会的和小市民的狭隘观点辩护。决议完全符合革命的社会民主党的要求。

现在我们来谈谈代表大会的最后一项恐怕也是最重要的一项决议：关于反军国主义问题的决议。轰动了法国和欧洲的声名狼藉的爱尔威在这个问题上维护半无政府主义的观点，他天真地提议以罢工和起义来"回答"任何战争。他不懂得，战争是资本主义的必然产物，无产阶级不能拒绝参加革命战争，因为这样的战争在资本主义社会中是可能发生的,而且也曾经发生过,这是一方面。另一方面,他也不懂得,能不能"回答"战争,取决于战争所引起的危机的性质。根据这些条件才能选择斗争手段,同时这一斗争的目的不应当是(这是爱尔威思想的第三个误解或考虑欠周的地方)单纯以和平来代替战争,而应当是以社会主义来代替资本主义。问题的实质不在于仅仅防止战争的爆发,而在于利用战争所产生的危机加速推翻资产阶级。但是,在爱尔威思想中尽管充斥半无政府主义谬论,却也包含了一个实际上正确的内容:促进社会主义运动的发展,这是指不要仅仅局限于议会斗争手段,要使群众进一步意识到在战争必然引起危机的时候必须采取革命的行动方式,最后,要使群众比较深切地意识到工人的国际团结,意识到资产阶级爱国主义的虚伪性。

由德国人提出的、在一切根本问题上同盖得决议案相一致的倍倍尔的决议案,其缺点恰恰在于它根本没有指出无产阶级的积极任务。这就使人们有可能戴着机会主义眼镜来看倍倍尔的正统的论点。福尔马尔立刻把这种可能性变成了现实。

所以,罗莎·卢森堡和俄国社会民主党代表对倍倍尔的决议案提出了修正。这些修正是:(1)说明军国主义是阶级压迫的主要工具;(2)指出在青年中进行鼓动工作的任务;(3)强调社会民主党的任务不仅是防止战争的爆发或尽快结束已经爆发的战争,而且还要利用战争造成的危机来加速资产阶级的崩溃。

所有这些修正,分委员会(由反军国主义问题委员会选举产生的)都已经吸收到倍倍尔的决议案中去了。此外,饶勒斯提出了一个很好的方案:不指出斗争手段(罢工、起义),而指出无产阶级反战斗争的历史范例,从欧洲的游行示威直到俄国的革命。经过这一番修改,决议固然太长,然而思想确实是丰富了,而且确切地指出了无产阶级的任务。这项决议既严密地作了正统的即唯一科学的马克思主义分析,又向各国工人政党介绍了一些最坚决最革命的斗争措施。这项决议,用福尔马尔的方式读不下去,用天真的爱尔威思想的小框框也装不进去。

　　总的说来,斯图加特代表大会在一系列最重大的问题上将国际社会民主党的机会主义派和革命派作了鲜明的对比,并且本着革命的马克思主义的精神解决了这些问题。经过这次大会辩论而得到了阐明的大会的各项决议,应当成为每一个宣传员和鼓动员的必备手册。斯图加特代表大会所做的工作必将有力地促进各国无产者策略的统一和革命斗争的统一。

载于1907年10月20日《无产者报》第17号

译自《列宁全集》俄文第5版第16卷第67—74页

《十二年来》文集序言[68]

(1907 年 9 月)

　　推荐给读者的这本文集，收集了 1895 — 1905 年这一时期的文章和小册子。这些著作都是论述俄国社会民主党的纲领问题、策略问题和组织问题的。在同俄国马克思主义思潮的右翼所作的斗争中，这些问题经常不断地被提出来进行研究。

　　起初，这场斗争是在纯理论领域中进行的，针对的是我国 90 年代合法马克思主义[69]的主要代表司徒卢威先生。1894 年底和 1895 年初是我国合法的政论界发生急剧转变的时期。当时马克思主义首次在我国政论文章中出现，介绍马克思主义的，不仅有在国外的"劳动解放社"[70]活动家，而且有在俄国的社会民主党人。著作界的活跃景象和马克思主义者同当时几乎完全主宰着进步著作界的民粹派老首领（如尼·康·米海洛夫斯基）所进行的激烈论战，是俄国大规模工人运动高涨的先声。俄国马克思主义者的写作活动是无产阶级奋起斗争，即 1896 年举行的有名的彼得堡罢工[71]的直接序幕。这些罢工为我们整个革命中最强大的因素即后来持续高涨的工人运动开辟了新纪元。

　　当时的写作条件迫使社会民主党人使用伊索式的语言，而且只限于谈那些同实践和政治相距很远的最一般的原理。这种情况使得各种各样的马克思主义者在反对民粹主义的斗争中特别容易

Вл. Ильинъ.

За 12 лѣтъ

СОБРАНІЕ СТАТЕЙ.

Томъ первый.

Два направленія
въ русскомъ марксизмѣ
и русской соціалдемократіи.

С.-ПЕТЕРБУРГЪ.
Типографія В. Безобразовъ и Ко. В. О., Большой пр., д. № 61.
1908.

列宁《十二年来》文集的扉页
（按原版缩小）

结成联盟。进行这一斗争的除了国外的和国内的社会民主党人，还有司徒卢威先生、布尔加柯夫先生、杜冈-巴拉诺夫斯基先生、别尔嘉耶夫先生等人。这些人都是资产阶级民主主义者，他们同民粹派决裂，就是从小市民社会主义（或者说农民社会主义）转到资产阶级自由主义，而不是像我们那样转到无产阶级社会主义。

　　现在，俄国革命的历史，其中包括立宪民主党的历史，尤其是司徒卢威先生的演变（几乎演变成十月党），使这个道理不言自明了，使它成了政论界人人皆知的普通常识。但在当时，即1894—1895年期间，还只能根据某个著作家稍稍偏离马克思主义的行为来证明这个道理，那时这个常识还刚开始被了解。因此，现在把我本人反驳司徒卢威先生的文章（《民粹主义的经济内容及其在司徒卢威先生的书中受到的批评》①，该文署名克·土林，载于被书报检查机关烧毁的《〈俄国经济发展问题的资料〉文集》1895年圣彼得堡版）重新全文发表，有三个目的。第一，由于读者已经读过司徒卢威先生的著作和民粹派在1894—1895年反对马克思主义者的文章，所以对司徒卢威先生的观点进行批评就是有意义的。第二，革命的社会民主党人**在**和司徒卢威先生共同反对民粹派的**同时**就向他提出的警告，对于回答那些一再指责我们同这些先生结成联盟的人，对于评价司徒卢威先生的引人注目的政治生涯，也都是有意义的。第三，过去同司徒卢威进行的在很多方面已经过时的论战，可以作为大有教益的借鉴。这个借鉴表明了理论上不调和的论战在实践上和政治上的价值。革命的社会民主党人无数次受到指责，他们被说成过分热衷于同"经济派"**72**、伯恩施坦派、孟

---

　　①　见本版全集第1卷第297—465页。——编者注

什维克进行这样的论战。现在这些指责在社会民主党内部的"调和派"和党外的半社会主义"同情者"中间很有市场。我们这里有人非常喜欢这样说：俄国人，其中包括社会民主党人，尤其是布尔什维克，过分热衷于论战和分裂。我们这里有人还喜欢忘掉这样一点：人们过分热衷从社会主义跳到自由主义，这是资本主义国家的条件，其中包括俄国资产阶级革命的条件，尤其是我国知识分子的生活条件和活动条件的产物。从这个角度来看看十年以前的情况，看看在理论上同"司徒卢威主义"当时已有哪些分歧，以及哪些不大（初看起来不大）的分歧造成了各政党在政治上的彻底分野，引起了在议会中、在许多报刊上和民众集会等场合的无情斗争，是很有好处的。

　　谈到反驳司徒卢威先生的这篇文章，我还应当指出，这篇文章的基础就是1894年秋天我在一个人数不多的、当时的马克思主义者的小组里所作的报告。在当时彼得堡进行工作的一批社会民主党人（一年后他们建立了"工人阶级解放斗争协会"[73]）中，参加这个小组的有斯塔·、拉·和我。当时的合法马克思主义著作家参加这个小组的有彼·伯·司徒卢威、亚·尼·波特列索夫和克·。在这个小组里，我作了一次报告，题目是：《马克思主义在资产阶级著作中的反映》。从题目可以看出，这次同司徒卢威的论战，比1895年春发表的那篇文章尖锐得多和明确得多（就社会民主主义的结论来说）。那篇文章里讲得比较温和，一方面是考虑到书报检查制度，另一方面是为了要同合法马克思主义结成"联盟"共同反对民粹主义。当时彼得堡的社会民主党人把司徒卢威先生"往左推"的做法，并不是毫无效果的，司徒卢威先生发表在被烧毁的文集（1895年）中的文章和发表在《新言论》杂志[74]（1897年）上的某些文章,清楚地证明了这一点。

此外,在读1895年反驳司徒卢威先生的文章时必须注意到,这篇文章在很多方面是后来的经济著作(特别是《资本主义的发展》)的纲要。末了,我要提请读者注意这篇文章的最后几页,在这几页中,着重指出了民粹派作为一个正处于资产阶级革命前夜的国家里的革命民主派别的**积极的**(在马克思主义者看来)特征和方面。这里从理论上对一些论点作了阐述,这些论点在过了十二三年以后的第二届杜马选举时的"左派联盟"和"左派联盟"的策略中,都在实践上和政治上得到了反映。反对无产阶级和农民的革命民主专政这一思想并坚持绝对不容许建立左派联盟的那部分孟什维克,在这方面背叛了《曙光》杂志[75]和旧《火星报》[76]所竭力维护的革命的社会民主党人的极其重要的老传统。不言而喻,有条件有限制地允许实行"左派联盟"的策略,必然还是以马克思主义在理论上对于民粹主义的那些基本看法为依据的。

紧接着反驳司徒卢威的文章(1894—1895年)之后,是1897年底根据社会民主党人1895年在彼得堡的工作经验写的《俄国社会民主党人的任务》[①]一文。那些在本文集所收的其他文章和小册子中以同社会民主党右翼论战的方式阐述的观点,在这本小册子中则是以正面方式阐述的。这里重印了《任务》一文的几篇序言,以便指明这篇文章同我们党发展的各个不同时期的联系(例如,阿克雪里罗得写的序言着重指出这本小册子同反对"经济主义"斗争的联系,而1902年的序言则着重指出民意党人[77]和民权党人[78]的演变)。

---

① 见本版全集第2卷第428—451页。——编者注

　　《地方自治机关的迫害者和自由主义的汉尼拔》①一文于1901年发表在国外出版的《曙光》杂志上。这篇文章可以说是勾销了社会民主党人同司徒卢威这个政治家的联系。1895年人们就警告过他,并谨慎地同他这样一个盟友保持距离。1901年又向他这个连纯民主的要求都不能比较彻底地加以坚持的自由派分子宣战。

　　1895年,即西欧出现"伯恩施坦主义"、而俄国许多"进步"著作家同马克思主义彻底决裂的前几年,我就指出司徒卢威先生是一个不可靠的马克思主义者,社会民主党人应该同他划清界限。1901年,即立宪民主党在俄国革命中出现和该党在第一届和第二届杜马中政治上遭到惨败的前几年,我就指出了那些后来在1905—1907年间的群众政治活动和政治行动中表现出的俄国资产阶级自由主义的特征。《自由主义的汉尼拔》一文批评的是一个自由派分子的错误论调,这个批评对于今天我国革命中最大的自由派政党的政策也几乎完全适用。有些人总以为我们布尔什维克在1905—1907年间同立宪幻想和立宪民主党进行无情斗争违背了社会民主党人对自由派的老政策,《自由主义的汉尼拔》这篇文章可以给这些人指明他们的错误。布尔什维克仍然忠于革命的社会民主党的传统,并未受资产阶级狂热的影响,这种狂热在"立宪的曲折道路"时代受到自由派的支持,并且一度模糊了我们党右翼的意识。

　　接下来是《怎么办?》②,这本小册子是1902年初在国外出版的。书中所批评的已经不是著作界的右翼,而是社会民主党组织中的右翼了。1898年召开了社会民主党人第一次代表大会**79**,这

---

①　见本版全集第5卷第18—64页。——编者注
②　见本版全集第6卷第1—183页。——编者注

次大会上成立了俄国社会民主工党。国外的"俄国社会民主党人联合会"[80]，其中也包括"劳动解放社"，成了党的国外组织。但是党的中央机关被警察所摧毁，没能恢复。党的统一实际上并不存在，那只不过是一种想法，一项指示。由于对罢工运动和经济斗争的迷恋，当时便产生了社会民主党内的机会主义的特殊形式，即所谓"经济主义"。当《火星报》小组 1900 年**底**开始在国外进行活动时，由此产生的分裂就已经成为事实。1900 年**春**，普列汉诺夫退出在国外的"俄国社会民主党人联合会"，单独成立了一个组织——"社会民主党人"[81]。

《火星报》开始工作时，表面上同这两个派别无关，实际上是同普列汉诺夫派一起反对"联合会"。合并的尝试（1901 年 6 月在苏黎世举行的"联合会"和"社会民主党人"代表大会）没有成功[82]。《怎么办？》这本小册子系统地阐述了意见分歧的原因和《火星报》的策略及组织活动的性质。

《怎么办？》这本小册子经常被布尔什维克目前的论敌孟什维克以及资产阶级自由主义阵营中的著作家（立宪民主党人、《同志报》中的"无题派"[83]等）提到。所以，我重印这本小册子时，只是将它稍加删节，省去一些有关组织问题的细节或论战中的零碎意见。关于这本小册子内容的实质，必须提请现在的读者注意以下几点。

目前同《怎么办？》这本小册子进行论战的人所犯的主要错误，就在于他们把这一著作同一定的历史背景、同那个在我们党的发展中早已成为过去的一定时期完全割裂开来了。例如，帕尔乌斯就明显地犯了这个错误（更不用说为数众多的孟什维克了），他在这本小册子出版多年以后写文章说，这本小册子中关于建立职业革命家组织这一思想是不正确的或者是夸大其词的。

今天,这种意见简直让人觉得可笑,因为人们似乎想把我们党的发展中的整整一个时期一笔抹杀,想把当时必须为之斗争、而现在早已巩固下来并且业已完成使命的成果一笔抹杀。

今天来说《火星报》夸大了(**在 1901 年和 1902 年!**)建立职业革命家组织这一思想,这等于是**在日俄战争以后**责难日本人,说他们夸大了俄国的兵力,说他们在战前对同这支兵力作战过于操心。当时日本人为了取得胜利,必须集中全部力量来对付俄国可能动员的最大数量的兵力。遗憾的是,现在有许多人是站在一旁评论我们的党,他们不了解情况,看不到建立职业革命家组织这一思想**现在已经**获得完全的胜利。但是当时如果不把这一思想提到**首要地位**,不"夸大其词地"向妨碍实现这一思想的人讲清楚这一思想,那么这一胜利是不可能取得的。

《怎么办?》一书是 1901 年和 1902 年火星派的策略、火星派的组织政策的**总结**。确切地说,是一份地地道道的"**总结**"。谁要是费神去读一读 1901 年和 1902 年的《火星报》,他肯定会确信这一点①。谁要是评论这部总结却又不知道火星派同当时**占优势的**"经济主义"的斗争,不理解这场斗争,那他就是信口开河。《火星报》为建立职业革命家组织进行了斗争,在 1901 年和 1902 年斗争得特别坚决,打败了当时占优势的"经济主义",在 1903 年最终**建立起**这个组织,虽然后来火星派发生了分裂,虽然在狂飙突进时期遭到过种种风浪,但是《火星报》还是保持住了这个组织,在整个俄国革命期间保持住了这个组织,从 1901 — 1902 年到 1907 年,始终保存了这个组织。

---

① 　本书第 3 卷**84**将转载《火星报》在这几年中刊载过的最重要的文章。

现在，争取建立这个组织的斗争早已结束，种子播下了，谷物成熟了，收割完毕了，这时有人居然出来宣称："建立职业革命家组织这一思想被夸大了！"这不是很可笑吗？

只要把整个革命前的时期和革命这最初的两年半（1905—1907年）作一个总的回顾，只要把我们社会民主党在这一时期所表现的团结性、组织性和政策的继承性同其他政党比较一下，那你一定会承认，**在这**方面我们党比其他**所有的**政党，比立宪民主党、社会革命党等等优越，**这是毫无疑义的**。社会民主党在革命前就制定了为全体党员正式承认的社会民主党纲领，在对纲领进行修改时并没有因为纲领而发生分裂。社会民主党尽管后来发生了分裂，但是它在1903—1907年（正式是在1905—1906年）仍然为公众提供了关于党内情况的最充分的资料（党的第二次全国代表大会[85]、布尔什维克的第三次代表大会、第四次统一代表大会即斯德哥尔摩代表大会的记录）。社会民主党尽管后来发生了分裂，但它还是比其他各政党更早地利用了昙花一现的自由时期，来建立一个公开组织的理想的民主制度：实行选举制和按有组织的党员人数选举代表大会的代表。这是无论社会革命党还是立宪民主党至今都还没有做到的，虽然立宪民主党是一个几乎合法的、组织得最好的资产阶级政党，它的经费比我们多得多，利用报刊的自由和公开存在的可能性也比我们大得多。有各个政党参加的第二届杜马的选举，难道不是很明显地证明了我们党和我们杜马党团在组织上的团结要比其他任何政党都强吗？

试问，我们党的这种高度的团结、巩固、稳定是由谁来实现，谁来实施的呢？是由主要在《火星报》参加下建立起来的职业革命家组织实现的。凡是清楚我们党的历史、亲身参加过党的建设的人，只要看一看我党任何一个派别的代表组成,例如出席伦敦代表大会的各派别的代表组成,他就会相信这一点,并且会马上看出其中有一批比其他党员更尽心竭力地培育了我们党的老骨干。当然,取得这一成就的基本条件是:由于客观的经济原因,在资本主义社会的所有阶级中,工人阶级(它的优秀分子建立了社会民主党)最有组织能力。没有这一条件,建立职业革命家组织就是一种儿戏,就是冒险行为,就是一个空招牌,所以《怎么办?》这本小册子再三强调:它所主张建立的组织只有同"真正革命的和自发地起来斗争的阶级"相结合才是有意义的。但是无产阶级联合成为阶级这一客观上极强的能力,是通过活生生的人来实现的,是只有通过一定的组织形式来实现的。在我国的历史条件下,在1900—1905年的俄国,除火星派组织外,其他任何组织都**不能**建立像现在已经建立起来的**这样一个**社会民主工党。职业革命家完成了他们在俄国无产阶级社会主义运动史中的使命。任何力量现在都破坏不了这个早已突破1902—1905年"小组"这种小框框的事业。有人埋怨那些当初只有通过斗争才能保证正确完成战斗任务的人夸大了战斗任务,任何这样的事后埋怨都抹杀不了既得成果的意义。

我刚才提到了旧《火星报》(从1903年底第51号起,《火星报》转向孟什维主义,并且宣称:"在旧《火星报》和新《火星报》之间有一道鸿沟,"——这是孟什维克的《火星报》编辑部所赞许的托洛茨基的小册子中说的一句话)的小组这种小框框的问题。关于这种小组习气,必须向现在的读者解释一下。无论在《怎么办?》这本小册子中还是在随后的《进一步,退两步》①这本小册子中,读者都会

---

① 见本版全集第8卷第197—425页。——编者注

看到**国外小组**之间所进行的激烈的、有时是狂暴而残酷的斗争。毫无疑问，这一斗争有许多令人不快的地方。毫无疑问，这场小组斗争是在这个国家的工人运动还很年轻、还不成熟时才有可能出现的现象。毫无疑问，俄国当代工人运动的当代活动家，必须同小组习气的种种传统断绝关系，必须忘掉和抛弃小组生活与小组纠纷的许多琐事，以便加紧完成社会民主党当前的任务。只有吸收**无产阶级**分子来扩大党，并且同公开的群众活动结合起来，才能消除过去遗留下来的一切不适合当前任务的小组习气的痕迹。布尔什维克曾在1905年11月的《新生活报》[86]上宣布，一旦有了公开活动的条件就立即向工人政党的民主组织过渡，这个过渡实质上就是同旧日小组习气中的过时的东西断然决裂……①

是的，正是"同过时的东西决裂"，因为一味责难小组习气是不够的，还必须善于了解它在过去那个时期的独特条件下所起的作用。当时小组是必不可少的，它们起了积极的作用。在一个专制制度的国家里，特别是在**俄国**革命运动的整个历史所造成的那种条件下，社会主义工人政党**只能**由小组发展而来。小组这种狭窄的、封闭的、几乎总是建立在个人友谊基础上的极少数人的结合，是俄国社会主义运动和工人运动发展中必经的阶段。随着这一运动的发展，才出现了把这些小组联合起来、建立小组之间的牢固联系和保持继承性的任务。要完成这一任务，就不能不在专制制度"所能顾及的范围以外"，**也就是在国外**建立稳固的作战基地。国外小组就是这样出于需要而产生的。各国外小组之间还没有联系，俄国党对它们还没有权威，因此，它们在对当前运动的基本任

① 见本版全集第12卷第77—87页。——编者注

务的理解上，也就是在对**究竟**应当**如何**建立一个作战基地、从哪一方面来促进全党的建设这个问题的理解上，必然会发生分歧。在这种条件下，这些小组之间的斗争就是不可避免的了。现在我们回顾过去，可以清楚地看到，究竟哪一个小组确实可以起到作战基地的作用。但是当时各个小组刚刚开始活动，这点谁也说不清，只有通过斗争才能解决争论。记得后来帕尔乌斯曾经指责旧《火星报》进行残酷的小组斗争，他在事后鼓吹调和主义的政策。不过事后这样说说容易，而这样说，也正暴露了他对当时情况的无知。首先，当时没有任何标准来衡量这个或那个小组的力量和**重要性**。许多小组徒有虚名，现在已被人忘掉，但当时它们却想通过斗争来证明自己有存在的权利。其次，各小组之间的分歧，是在于如何**进行**在当时还是新的工作。我当时就指出（在《怎么办？》里），分歧看来似乎很小，但实际上却有很大的意义，因为在新的工作开始的时候，在社会民主运动开始的时候，确定这一工作和这一运动的总的性质，对于宣传、鼓动和组织工作将产生极大的影响。后来社会民主党人之间的一切争论所涉及的，都是工人政党在某一情况下应该怎样进行政治活动的问题。而当时所涉及的，是确定**任何**社会民主主义政策的最一般的原则和最根本的任务。

　　小组活动完成了自己的使命，现在当然已经过时了。但是小组活动所以过时，正是因为而且仅仅因为小组斗争以最尖锐的方式提出了社会民主党的一些主要问题，并且以不可调和的革命精神解决了这些问题，从而为广泛的党的工作奠定了牢固的基础。

　　著作界曾就《怎么办？》一书提出一些枝节问题，我现在只谈以下两个问题。1904年，在《进一步，退两步》小册子刚出版不久，普列汉诺夫曾经在《火星报》上声明他在自发性和自觉性问题上同我

有原则分歧。我既没有对他的这个声明作答（如果不算日内瓦的
《前进报》上的一个附注[87]的话），也没有对孟什维克书刊上出现的
许多重复这一内容的文章作答，我没有作答，是因为普列汉诺夫的
批评显然是在吹毛求疵，断章取义，抓住我个别的表述得不完全恰
当或不完全确切的说法，完全无视小册子的总的内容和整个精神。
《怎么办？》是在1902年3月出版的。党纲草案（由普列汉诺夫起
草并经《火星报》编辑部修改过）是在1902年6月或7月发表的。
这个草案中关于自发性和自觉性的关系的表述，是得到《火星报》
编辑部的一致同意的（普列汉诺夫同我在纲领问题上的争论是在
编辑部内部进行的，但是争论的正好不是这个问题，而是关于大生
产排挤小生产以及对无产阶级以至劳动阶级的观点要作区分的问
题，在前一个问题上，我要求表述得比普列汉诺夫更明确些，在后
一个问题上，我主张给党的纯无产阶级性质下一个更严格的定义）。

　　因此，根本谈不到纲领草案和《怎么办？》之间在这个问题上有
什么原则区别。在第二次代表大会上（1903年8月），当时的"经
济派"马尔丁诺夫曾反驳我们在纲领中所表述的对自发性和自觉
性的看法。如我在《进一步，退两步》这本小册子中强调指出的那
样，所有火星派分子都反对马尔丁诺夫①。由此可见，意见分歧实
际上是发生在火星派和经济派之间，而经济派所攻击的正是《怎么
办？》和纲领草案中**共同的东西**。我在第二次代表大会上也没有特
意想把我在《怎么办？》中所作的表述当做一种构成特殊原则的"纲
领性的"东西。相反，我使用的是后来常常被引用的矫枉过正的说
法。我说在《怎么办？》中我是把经济派弄弯了的棍子直过来（见

---

① 参看本版全集第8卷第219—221页。——编者注

1904年日内瓦版《1903年俄国社会民主工党第二次代表大会记录》)。正因为我们使劲把弯的直过来，我们的"棍子"将永远是最直的①。

这些话的意思是很清楚的:《怎么办?》是用论战方式来纠正"经济主义"，因此离开小册子的这个任务来看它的内容是不对的。这里要指出:普列汉诺夫反驳《怎么办?》的文章并**没有**收入新《火星报》的文集(《两年》)，所以我现在不去谈普列汉诺夫的论据，只是向现在的读者说明一下问题的实质，因为他们会发现孟什维克的许多著作都提到过这个问题。

其次要指出的是关于经济斗争和工会问题。我对这个问题的观点常常被著作界曲解。因此必须强调指出,《怎么办?》中有许多篇幅是用来阐述经济斗争和工会的**重大**意义的。比如说，我当时曾经主张工会**中立**。同我的论敌的种种断言相反，从那时起，无论在小册子中或在报纸文章中，**我都没有改过口**。只是俄国社会民主工党伦敦代表大会和斯图加特国际社会党代表大会，才使我得出结论:**在原则上**坚持工会中立的主张是不行的。工会要同党密切接近——这是唯一正确的原则。竭力使工会同党接近并且同党联系在一起——这应该是我们的政策，而且必须在我们的一切宣传、鼓动和组织工作中坚决地加以贯彻，既不追求我们的政策得到别人简单的"承认"，也不把思想不一致的人逐出工会。

＊　　　＊　　　＊

《进一步，退两步》这本小册子是1904年夏天在日内瓦出版的。它叙述了孟什维克和布尔什维克之间在第二次代表大会

---

① 参看本版全集第7卷第253页。——编者注

（1903年8月）上开始出现的分裂的第一阶段。我把这个小册子删去了将近一半，因为关于组织问题斗争的细节，特别是关于党中央机关人选问题上的斗争细节，现在的读者绝对不会感兴趣，实际上也是应予忘记的。我认为，这里重要的是对第二次代表大会上有关策略观点和其他观点的斗争的分析以及反对孟什维克组织观点的那场论战。要了解孟什维主义和布尔什维主义这两个对工人政党在我国革命中的全部活动产生深刻影响的派别，就必须弄清这两点。

在社会民主党第二次代表大会上的许多争论中，我要指出的是关于土地纲领的争论。事实清楚地证明，我们当时的纲领（归还割地[88]）是过分狭窄了，**低估了革命民主主义农民运动的力量**——关于这一点我将在本书第2卷中去详谈。[1] 这里重要的是要强调指出：**就连这样一个过分狭窄的**土地纲领，当时社会民主党的右翼也觉得**太广泛了**。马尔丁诺夫和其他"经济派分子"反对这个纲领，理由是它似乎走得太远了！ 由此可见，旧《火星报》反对"经济主义"的整个斗争，即反对缩小和贬低社会民主党的政策的整个性质的斗争，具有多么重大的实际意义。

当时（1904年上半年）同孟什维克的意见分歧只限于组织问题。我曾把孟什维克的立场说成"组织问题上的机会主义"。帕·波·阿克雪里罗得反对这个说法，他在给考茨基的信里写道："我智力低下，不能理解'组织问题上的机会主义'是什么东西，它是作为一种独立的、跟纲领观点和策略观点没有有机联系的东西提出来的。"（1904年6月6日给考茨基的信，收入新《火星报》的《两

---

① 见本卷第221—223页。——编者注

年》文集第 2 卷第 149 页)

　　组织观点上的机会主义同策略观点上的机会主义之间有什么有机的联系,孟什维主义在 1905—1907 年的全部历史已经作了充分的说明。至于说到"组织问题上的机会主义"这个"不可理解的东西",那么实际生活已经非常出色地证实了我的评价,这是我自己也没有预料到的。只要提一下**孟什维克**切列万宁的例子就够了,连他现在也不得不承认(见他关于 1907 年俄国社会民主工党伦敦代表大会的小册子)阿克雪里罗得的组织计划(臭名远扬的"工人代表大会"[89]等等)只会造成危害无产阶级事业的分裂。不仅如此,这个孟什维克切列万宁在小册子中还说普列汉诺夫在伦敦曾经不得不在孟什维克派内部反对**"组织上的无政府主义"**。所以,既然切列万宁和普列汉诺夫在 1907 年都不得不承认有影响的孟什维克有"组织上的无政府主义",那么我在 1904 年反对"组织问题上的机会主义"就不是徒劳之举了。

　　孟什维克从组织上的机会主义发展到了策略上的机会主义。《地方自治运动和〈火星报〉的计划》[①]这本小册子(1904 年底,大概是 11 月或 12 月在日内瓦出版)就指出了他们在这条道路上所走的第一步。在现在的书刊中往往可以遇到这样一种看法,说在地方自治运动问题上的意见分歧是由于布尔什维克认为向地方自治人士示威不会有任何好处而引起的。读者可以看出,这种看法是完全错误的。意见分歧的产生,是因为孟什维克当时大谈什么不要引起自由派的**恐慌**,尤其是因为 1902 年罗斯托夫罢工[90]、1903 年夏季罢工和街垒战[91]发生之后,也就是在 1905 年 1 月 9 日的前

---

① 　见本版全集第 9 卷第 59—78 页。——编者注

夕,孟什维克把向地方自治人士的示威吹捧成了示威运动的**最高形式**。我们对孟什维克的"地方自治运动计划"的这个评价,已经由布尔什维克的《前进报》第 1 号(1905 年 1 月在日内瓦出版)上的一篇评论这个问题的小品文的标题表达出来了,那个标题是:《无产者的漂亮示威和某些知识分子的拙劣议论》①。

　　收入本文集的最后一本小册子《社会民主党在民主革命中的两种策略》②,是 1905 年夏天在日内瓦出版的。该小册子系统地叙述了同孟什维克的**基本**策略分歧。春天在伦敦召开的"俄国社会民主工党第三次代表大会"(布尔什维克)的决议和孟什维克在日内瓦召开的代表会议的决议把这些分歧完全固定下来了,并且使它们变成了从无产阶级的任务着眼对我国整个资产阶级革命所作的估计上的**根本**分歧。布尔什维克向无产阶级指出,应在民主革命中担任**领袖**。孟什维克则把无产阶级的作用归结为担当"极端反对派"的任务。布尔什维克从正面肯定了革命的阶级性质和阶级意义,说胜利的革命就是"无产阶级和农民的革命民主专政"。孟什维克总是把资产阶级革命的概念解释得极不正确,以至认为无产阶级在革命中要安于充当从属和依附于资产阶级的角色。

　　谁都知道这些原则性的意见分歧是怎样反映到实践活动上来的。布尔什维克抵制布里根杜马,孟什维克则动摇不定。布尔什维克抵制维特杜马,孟什维克也动摇不定,他们号召参加选举,但不参加选举杜马代表[92]。孟什维克在第一届杜马中支持立宪民主党内阁和立宪民主党的政策,而布尔什维克则坚决地揭露立宪幻想和立宪民主党的反革命性,同时宣传建立"左派执行委员会"的

---

　　①　见本版全集第 9 卷第 117—122 页。——编者注
　　②　见本版全集第 11 卷第 1—124 页。——编者注

主张[93]。再往后,在选举第二届杜马时布尔什维克主张建立左派联盟,而孟什维克则号召同立宪民主党人结成联盟,如此等等。

现在,俄国革命中的"立宪民主党时期"(这是1906年3月出版的《立宪民主党人的胜利和工人政党的任务》这本小册子中的说法)[①]看来已经结束了。立宪民主党人的反革命性已被完全揭穿。立宪民主党人自己开始承认他们一直是反对革命的,司徒卢威先生也坦率地倾吐了立宪民主党的自由主义衷肠。觉悟的无产阶级现在愈是仔细地回顾这整个立宪民主党时期,回顾这整个"立宪的曲折道路",就会愈加清楚地看到,布尔什维克事先对这个时期和对立宪民主党的实质所作的评价是完全正确的,孟什维克确实执行了错误的政策,这一政策的客观作用就是用使无产阶级受资产阶级自由主义支配的政策来代替独立的无产阶级政策。

*　　　　*　　　　*

如果对12年以来(1895—1907年)俄国马克思主义运动和俄国社会民主党内两派的斗争作一个总的回顾,那就不能不得出这样的结论:"合法马克思主义"、"经济主义"和"孟什维主义"是同一个历史趋势的不同的表现形式。司徒卢威先生之流的**"合法马克思主义"**(1894年)**是马克思主义在资产阶级著作中的反映。**"经济主义"作为1897年和随后几年的社会民主主义运动中的一个特殊派别,实际上实现了**资产阶级自由派的"信条":**工人进行经济斗争,自由派进行政治斗争。孟什维主义不仅是著作界的一个流派,不仅是社会民主主义运动中的一个派别,而且是一个派别组织,它在俄国革命的第一个时期(1905—1907年)所执行的,**实际上是使**

---

① 见本版全集第12卷第242—319页。——编者注

无产阶级受资产阶级自由主义支配的特殊政策①。

　　在一切资本主义国家里,无产阶级必然通过许多过渡环节同它的右邻——小资产阶级联系在一起。在一切工人政党中,必然要形成明显程度不同的右翼,这个右翼在观点、策略和组织"路线"上表现出小资产阶级机会主义倾向。在俄国这样的小资产阶级国家里,在资产阶级革命时期,在年轻的社会民主工党成立的初期,这些倾向不能不比欧洲的任何地方表现得突出得多、明确得多和鲜明得多。了解一下这种倾向在俄国社会民主党的不同发展时期的不同表现形式,对于巩固革命的马克思主义,对于俄国工人阶级在自己的解放斗争中得到锻炼,是十分必要的。

1907 年 9 月

载于 1907 年 11 月圣彼得堡种子出版社出版的《十二年来》文集

译自《列宁全集》俄文第 5 版第 16 卷第 95—113 页

---

　①　对党的第二次代表大会上各种派别和流派之间斗争的分析(见 1904 年出版的小册子《进一步,退两步》),无可争辩地证明了 1897 年和随后几年的"经济主义"同"孟什维主义"有直接的联系。关于社会民主党内的"经济主义"同 1895—1897 年的"合法马克思主义"或"司徒卢威主义"有联系这一点,我在《怎么办?》(1902 年)一书中已经指出了。合法马克思主义、经济主义、孟什维主义不仅有思想上的联系,而且有直接的历史继承关系。

反军国主义的宣传和
社会主义工人青年团体

(1907 年 10 月 8 日〔21 日〕)

众所周知,在斯图加特国际社会党代表大会上,讨论了军国主义问题,同时,与之相联系也讨论了反军国主义的宣传问题。在通过的有关决议中有一处提到,代表大会认为劳动阶级的责任是"促使工人青年受到各民族兄弟般的团结和社会主义精神的教育,促使他们具有充分的阶级自觉"。代表大会认为,这是使军队不再成为统治阶级手中可以任意支配的、随时能用来反对人民的盲目工具的保证。

在现役士兵中进行宣传是极为困难的,有时几乎是不可能的。军营生活、严密监视、很少外出,这一切使士兵和外界交往极端困难;军事纪律、令人不可思议的残暴的机械式训练,使士兵感到畏惧;军事长官竭力要把"灰色畜生"头脑中的活的思想和人的感情统统打掉,向他们灌输盲目服从的心理以及对"外部的"和"内部的"敌人毫无理性的疯狂的仇恨情绪…… 士兵们与世隔绝,孤独、愚昧而又胆怯,头脑里塞满了对周围事物极其荒谬的看法,接近他们要比接近役龄青年困难得多,后者生活在亲友中,共同的利益把他们与亲友们紧密地联系在一起。在工人青年中进行的反军国主义的宣传,到处都取得良好的效果。这具有巨大的意义。作为自觉的社会民主党人参加军队的工人,对当权者来说是靠不住的。

欧洲各国全都有社会主义工人青年团体。在有些国家,如比利时、奥地利、瑞典,这些团体都是担负着党的重要工作的庞大组织。当然,青年团体的主要宗旨是自学,是树立明确严整的社会主义世界观。不过与此同时,青年团体也在进行实际工作。他们在为改善学徒的生活状况而斗争,努力保护学徒不受老板贪得无厌的剥削。社会主义工人青年团体把更多的时间和注意力用于反军国主义的宣传。

为了这个目的,青年团体努力与青年士兵建立密切的联系。做法是这样的:一个青年工人还没有当兵的时候,他参加青年团体,交纳会费;当兵以后,青年团体继续和他保持经常的联系,定期给予少量的资助(这在法国叫做"士兵小捐"),这种资助尽管本身数目很小,对他却有重要意义。而从士兵这一方面来说,则有义务定期向青年团体报告他所在军营内发生的一切,谈他自己的感受。这样,士兵在入伍以后,也不会同他原来所在的那个组织失去联系。

士兵总是被尽量赶到离家乡远一些的地方去服役。这样做的用意是要使士兵和当地居民没有任何共同的利益,使他感到自己和当地居民漠不相关。这样就较为容易强迫他服从命令——向群众开枪。工人青年团体努力消除士兵和当地居民之间的这种隔膜。各青年团体之间是互有联系的。原是自己家乡青年团体成员的士兵一到新的城市,当地的青年团体就把他当成期待已久的客人来欢迎,使他很快和当地居民休戚相关,青年团体对他尽量帮助。他不再是异乡人,外来人。他还知道,如果他发生了什么不幸,肯定会得到帮助和支持。他意识到这一点,就勇气倍增,他在军营里就敢作敢为,敢于捍卫自己的权利和人格。

　　和青年士兵的密切联系,使青年团体有可能在士兵中进行广泛的反军国主义的宣传。这种宣传主要是借助反军国主义的书刊来进行的。青年团体大量出版和发行这种书刊,特别是在法国、比利时以及瑞士、瑞典等国。书刊的内容多种多样:印有反军国主义图画的明信片,士兵反军国主义的歌曲集(其中有许多歌曲在士兵中颇为流行),《士兵手册》(在法国发行量达 10 万份以上),各种各样的小册子、号召书、传单;为士兵出版的周报、周刊、双周报、双周刊和月报、月刊,其中有的还附有插图。《军营报》、《新兵》、《青年士兵报》、《皮尤皮尤》(青年新兵的亲昵外号)、《前进报》都发行很广。例如在比利时,《新兵》和《军营报》的发行量均达 6 万份。在招募新兵时,杂志出版得特别多。士兵报纸的专号分别按所有新兵的住址寄给他们。反军国主义的书刊给士兵送进军营,在街上递给他们,士兵在咖啡馆、小饭馆,凡是他们所到之处,都能得到这种书刊。

　　社会主义工人青年团体特别关心新兵。为他们隆重地送行。招募新兵的时候,要在城里组织游行。例如在奥地利,穿着丧服的新兵在送葬乐曲的伴奏下穿过全城。一辆用红布装饰起来的车子行驶在他们前面。墙上到处贴满红色标语,上面印着大字:"你们决不向人民开枪!"还举行欢送新兵的晚会,会上发表激烈的反军国主义的演说。总之,用一切办法唤起新兵的觉悟,预防他们受到军营里不择手段地灌输给他们的那些思想感情的毒害。

　　社会主义青年的工作没有白做。在比利时,士兵中已经有近 15 个士兵团体,这些团体大多靠拢社会民主工党,并且相互之间有着密切的联系。有些团里三分之二的士兵组织起来了。在法国,反军国主义的情绪十分普遍。在敦基尔欣、克勒佐、隆维、蒙索莱米讷发生罢工期间，调去镇压罢工工人的士兵声明，他们同罢工工人站在一起……

军队中的社会民主党人日益增多，军队愈来愈不可靠。一旦资产阶级不得不和组织起来的工人阶级面对面进行较量，军队将站在哪一边呢？社会主义工人青年正全力以赴，怀着青年所特有的满腔热情，努力争取做到使军队站在人民一边。

载于 1907 年 10 月 8 日《前进报》
第 16 号

译自《列宁全集》俄文第 5 版
第 16 卷第 114—117 页

革命和反革命

（1907 年 10 月 20 日〔11 月 2 日〕）

1905 年 10 月，俄国处于革命的最高潮。无产阶级把布里根杜马从前进的道路上一脚踢开，引导广大人民群众向专制制度作直接斗争。1907 年 10 月，我们则处于看来是公开的群众斗争的最低潮。不过，1905 年十二月失败以后开始的低潮时期，不仅使立宪幻想风靡一时，而且也使这种幻想完全破灭。在两届杜马被解散和六三政变以后召开的第三届杜马，明显地结束了相信专制政府同人民代表机关可以和平共处的时期，开辟了革命发展的新时代。

在当前这个时期，人们不由得会把俄国的革命同反革命、把革命冲击的时期（1905 年）同反革命玩弄立宪的时期（1906 年和1907 年）进行比较。要确定当前的政治路线，就免不了要作这种比较。把"革命的错误"或"革命幻想"同"有益的立宪工作"进行对比，这便是当前政治书刊的基调。立宪民主党人在竞选大会上叫嚷的是这个。自由派的报刊唱的、喊的、唠叨的也是这个。这里还有一位司徒卢威先生，他因为"妥协"的希望彻底破灭而穷凶极恶地拿革命者出气。这里还有一个米留可夫，尽管他一贯装模作样，狡诈善变，但事态的发展终于迫使他得出一个清楚的、准确的和——这是主要的——与事实相符的结论："敌人在左边"。这里还有一些和《同志报》气味相投的政论家，如库斯柯娃、斯米尔诺夫、普列汉诺夫、哥尔恩、约尔丹斯基、切列万宁等等,他们谴责10—12月斗争是轻举妄动,并不同程度地公开鼓吹同立宪民主党人结成"民主的"同盟。这股浊流中的真正的立宪民主党分子代表资产阶级的反革命利益,表现了知识分子小市民的无以复加的奴才相。那些还没有完全堕落到司徒卢威这一地步的人,主要的特点就是**不懂得**俄国的革命和反革命之间的联系,不能把我们所经历的一切看成按照自己的内在逻辑发展的完整的社会运动。

革命冲击时期**从实际上**表明了俄国居民的阶级构成和各个不同的阶级对旧专制政府的态度。事态使所有的人,甚至使那些同马克思主义格格不入的人现在都学会了把1905年1月9日,把属于一个特定**阶级**的**群众**的第一次**自觉的**政治运动,作为革命纪元的开始。社会民主党通过对俄国的经济现实进行分析,得出了无产阶级在我国革命中起领导作用、掌握领导权的结论,这样的说法在当时似乎是理论家死啃书本的结果。革命证实了我们的理论,因为它是唯一真正革命的理论。无产阶级实际上始终在领导革命。社会民主党实际上是无产阶级在思想上的先进部队。群众斗争在无产阶级的领导下,发展异常迅速,超过了许多革命家的预料。在一年的时间内,群众斗争就发展到了历史上革命冲击的最坚决的形式,发展到了群众性的罢工和武装起义。就在斗争的进程中,无产阶级群众的组织以惊人的速度不断发展。紧跟在无产阶级之后,组成革命人民战斗骨干的其他居民阶层也开始组织起来。各种职员这些半无产阶级群众组织起来了,接着农民民主派,职业知识分子等也都组织起来了。无产阶级的胜利时期是群众的组织性加强的时期,这种加强在俄国是空前的,即使以欧洲的标准来看也是巨大的。这个时期,无产阶级在自己的劳动条件上争得了许多改善。而农民群众争得的,是地主的专横"收敛"了,地租和地价降低了。整个俄国争得了相当程度的集会、言论和结社自由,使专制政府公开放弃了老一套做法,承认了立宪。

俄国解放运动迄今所获得的一切,完全是、纯粹是无产阶级领导下的群众革命斗争的结果。

斗争发展中的转折,是从十二月起义失败之后开始的。随着群众斗争的逐渐削弱,反革命步步转入进攻。第一届杜马时期群众斗争还显示出非常强大的威力:农民运动在加强,农奴主-地主的巢穴大批被捣毁,士兵不断起义。当时反动派进攻得很慢,不敢立即发动政变。直到1906年7月斯维亚堡起义和喀琅施塔得起义[94]被镇压下去以后,反动派才胆子大了起来,建立了战地法庭[95]制度,开始一点一点地剥夺选举权(参议院的说明[96]),最后终于用警察包围了第二届杜马,把臭名远扬的立宪全部推翻。当时一切自行发起的、自由的群众组织都没有了,只有在杜巴索夫之流和斯托雷平之流所解释的警察立宪范围内的"合法斗争"。原来起领导作用的是社会民主党人,这时起领导作用的则是操纵两届杜马的立宪民主党人。群众运动的低潮时期是立宪民主党的全盛时期。立宪民主党利用这个低潮,以立宪"斗士"的面目出现。它竭力使人民保持对这一立宪的信赖,并鼓吹必须以"议会"斗争为限。

"立宪民主党的立宪"的破产就是立宪民主党的策略和立宪民主党在解放斗争中的领导权的破产。只要把革命的这两个时期作一番比较,我国自由派关于"革命幻想"和"革命的错误"的种种议论的自私的阶级性质就昭然若揭了。无产阶级的群众斗争给全体人民带来的,是斗争的成果,而自由派对运动的领导,却只带来了失败。无产阶级的革命冲击不断提高群众的觉悟和他们的组织性,不断向他们提出更高的任务,促使他们日益独立地参加政治生活,教导他们怎样进行斗争。自由派在两届杜马时期的领导却降低了群众的觉悟,瓦解了他们的革命组织性,模糊了他们对民主主义任务的认识。

第一届和第二届杜马的自由派领袖们向人民精彩地表演了卑躬屈节的合法"斗争",斗争的结果是专制的农奴主大笔一挥抹去了自由派空谈家的立宪天堂,并且还肆意讥笑那些在大臣前厅里等待求见的人精明的外交手腕。在俄国的整个革命时期中,自由派毫无成果和成绩可言,也没有做过一点民主主义的工作来组织人民的力量进行争取自由的斗争。

在1905年10月以前,自由派对群众的革命斗争有时还采取同情的中立态度,但即使在当时他们也已经开始反对群众的革命斗争了,他们派遣代表团向沙皇无耻地进谗言,他们支持布里根杜马并不是由于考虑不周,而是出于对革命的毫不掩饰的仇恨。1905年10月以后,自由派的全部作为,就是无耻地出卖人民自由的事业。

1905年11月,他们暗中派司徒卢威先生去同维特先生密谈。1906年春,他们破坏革命的抵制,拒绝公开向欧洲表示反对借外债,从而帮助政府弄得数以十亿卢布计的金钱来征服俄国。1906年夏,他们私下同特列波夫就大臣职位问题讨价还价,并且在第一届杜马中同"左派"也就是同革命派进行斗争。1907年1月,他们又去向警察政权献殷勤(米留可夫晋谒斯托雷平)。1907年春,他们在第二届杜马中**支持**政府。革命派很快揭露了自由派,并且用事实表明了他们的反革命本质。

从**这**方面来说,抱立宪希望的时期对人民远远不是没有好处的。第一届和第二届杜马的经验，不仅使人懂得了自由派在我国革命中所起的作用是微不足道的。不仅如此，这个经验也在实际上打消了由那个只有政治上幼稚无知或者老朽昏聩的人才会认为是真正实行立宪"**民主**"的党领导民主运动的企图。

1905年和1906年初，俄国资产阶级民主派的阶级成分还不是人人都清楚的。当时希望把专制政府同真正能够代表比较广大的人民群众的代表机关结合起来的，不仅是穷乡僻壤的愚昧无知、备受压制的居民，就连专制政府的统治集团，也不是没有抱着这种希望的。为什么布里根杜马和维特杜马的选举法都给农民相当多的代表名额呢？[97]因为当时还相信农村存在拥护君主制的情绪。"乡巴佬会来搭救的"——1906年春政府报纸发出的这种感叹，表达了政府对农民群众的保守性寄予的希望。当时立宪民主党人不仅没有意识到农民的民主主义和资产阶级的自由主义之间的对抗，而且唯恐农民落后，他们唯一希望的，就是杜马将有助于把思想保守的或无动于衷的农民变成自由主义者。1906年春，司徒卢威先生表示了大胆的愿望，他写道："农民在杜马中将成为立宪民主党人。"1907年夏，同是这位司徒卢威先生，却举起了同劳动派政党或左派政党作斗争的旗帜，把这些政党看做是资产阶级自由派同专制政府进行勾结的主要障碍。在一年半的时间里，自由派的口号从为争取在政治上给农民启蒙而斗争，变成了为反对农民在政治上启蒙"过头"和要求"过高"而斗争！

口号的这一改变，再清楚不过地表明了自由主义在俄国革命中已经彻底破产。民主主义的农村居民群众同农奴主-地主之间阶级对抗之深刻，远远超出了胆小糊涂的立宪民主党人的想象。因此，他们指望在争取民主的斗争中掌握领导权的尝试很快就失败了,再也无法挽回。因此,他们想使小资产阶级的民主主义的人民群众同十月党人地主、黑帮地主和解的整个"路线"也遭到了破产。两届杜马的反革命时期一个很大的、尽管是消极的成果,就是变节的"人民自由"的"斗士"遭到破产。在下层进行的阶级斗争抛弃了这些大臣前厅里的英雄,使他们从觊觎领导权的人变成稍稍涂了一层立宪油彩的**十月主义的普通奴仆**。

自由派已经破产,已经实际考验了自己是否适合做一个民主斗士,或者至少做一个民主队伍中的斗士,如果有人直到现在还看不到这一点,那他就等于一点也不了解两届杜马的政治历史。这些人从毫无意义地重复早已背熟了的支持资产阶级民主派这一公式,转而开始发出反革命的长吁短叹。社会民主党人应该对立宪幻想的破灭毫不惋惜。他们应该讲一讲,马克思在谈到德国的反革命时是怎么说的,马克思说:人民赢得的就是他们丢掉了幻想[①]。俄国资产阶级民主派赢得的就是他们丢掉了不称职的领袖和没出息的同盟者。这样更有利于这个民主派在政治上的发展。

无产阶级的政党所要做的是设法使广大群众更深入地思索和更切实地领会我国革命和反革命的丰富的政治教训。向专制制度冲击的时期,使无产阶级展示了自己的力量,使它学会了革命策略的基本原理,并使它看清了唯一能争得切实改善的直接的群众斗争得以成功的条件。由于在长时期内对无产阶级的力量进行培养、教育和组织,数十万工人才奋起斗争,给了俄国的旧专制制度以致命的打击。由于进行了长期的、不显眼的工作(领导无产阶级进行了形形色色的阶级斗争),建立了巩固的坚定的政党,才爆发

---

① 参看《马克思恩格斯全集》第1版第6卷第162页。——编者注

了真正的群众斗争,这种爆发才有条件变成革命。现在,无产阶级作为人民的先进战士,必须加强自身的组织,清除自己身上知识分子机会主义的种种霉斑,团结自己的力量来进行同样坚定的顽强的工作。历史的进程和广大群众的客观处境向俄国革命提出的任务还没有完成。新的、全民的政治危机的因素不仅没有消除,反而更为加深和增多了。这个危机的到来又将使无产阶级担当起全民运动的领导者的使命。工人的社会民主党应当准备担当这个重任。在以1905年和随后几年的事态作肥料的土壤里播下种子,将获得高出十倍的好收成。1905年底,我们的党只有几千个自觉的工人阶级先进分子,却发动了上百万的无产者起来斗争;现在,我们的党已经拥有好几万经过革命考验而且在斗争中更加密切联系群众的工人社会民主党人,就一定能够带领上千万人去把敌人打垮。

在许多革命事件的影响下,俄国工人运动的社会主义任务和民主主义任务都显得无比突出、极其迫切了。同资产阶级的斗争正上升到更高的阶段。资本家结成了一个个全俄的联合组织,同政府勾结得更紧,更频繁地采取最极端的经济斗争手段,直到举行大规模的同盟歇业,以便"制服"无产阶级。但是迫害只能吓倒那些垂死的阶级;资本家老爷们成功得愈快,无产阶级的人数就愈多,团结就愈紧。无产阶级的不可战胜是以俄国和全世界的经济发展来作保证的。资产阶级在我国革命中第一次开始形成为一个阶级,形成为一支统一的和自觉的政治力量。这样,全俄国的工人也将更加顺利地组成为一个统一的阶级。资本世界和劳动世界之间的鸿沟将更为加深,工人的社会主义意识将更为明确。在无产阶级中进行的社会主义鼓动,从革命的种种试验中得到充实之后,将变得更加明确。资产阶级的政治组织是促进社会主义的工人政党最后形成的最好的推动力。

这个政党争取民主的任务,今后只会在准备倒向自由派的知识分子"同情者"中间引起争论。对于工人群众来说,在革命的烈火中,这些任务已经变得非常明确了。资产阶级民主派作为俄国的一种历史力量,它的基础、唯一的基础是农民群众,这一点无产阶级是根据经验知道的。无产阶级已经在全国范围内担负了领导农民群众进行反对农奴主-地主和沙皇专制制度的斗争的使命,现在没有任何力量能使工人政党离开这条正确的道路。立宪民主党人打着民主主义的旗帜,把农民置于十月主义的卵翼之下,他们已经起到了自由派政党的作用,而社会民主党不理睬那些孤独的怨天尤人的人,它将继续向群众说明自由派的这种破产,说明资产阶级民主派如果不彻底摆脱同十月主义奴仆的同盟,就不能完成自己的事业。

俄国资产阶级民主派今后的命运如何,现在谁也说不上来。也许立宪民主党人的破产会导致成立一个农民的民主主义的政党,即真正的群众性的政党,而不是像社会革命党那样的恐怖分子的组织。也许小资产阶级政治团结上的客观困难会使这样的政党不能成立,并使农民民主派长期处于目前这种松散的、不定型的、软弱无力的劳动派群众的状态。不论出现哪一种情况,我们的路线只有一条,即通过对一切动摇行为的严厉批评和不屈不挠的反对民主派同反革命本性暴露无遗的自由派合流的斗争来锻炼民主力量。

反动派走得愈远,黑帮地主就愈猖狂;黑帮地主把持专制政府愈厉害,俄国的经济发展和摆脱农奴制残余的过程也就愈缓慢。

这就是说：在城乡小资产阶级群众中，自觉的和战斗的民主主义将得到更加有力、更加广泛的发展。十月党人强加在农民身上的饥饿、暴力和凌辱所引起的群众性反抗将更为剧烈。社会民主党将设法使号称立宪民主党的这一伙自由派野心家在必然到来的民主主义斗争的高潮中，不能再次在民主派队伍中制造分裂和混乱。或者同人民一起，或者反对人民——二者必居其一，这是社会民主党早就向任何妄图在革命中担当"民主派"领袖的人提出的问题。迄今为止，并不是所有的社会民主党人都善于始终不渝地坚持这条路线；有些人自己就轻信了自由派的诺言，有些人对这些自由派同反革命的勾勾搭搭假装看不见。现在，最初两届杜马的经验已经使我们受到了教育。

革命使无产阶级学会了群众斗争。革命证明了无产阶级能率领农民群众进行争取民主的斗争。革命把小资产阶级分子从纯粹无产阶级政党中清除出去，使党团结得更加紧密。反革命使小资产阶级民主派放弃了从自由派中寻找领袖和同盟者的企图，因为自由派害怕群众斗争比害怕火还要厉害。我们依靠事变中取得的这些教训，可以大胆地向黑帮地主的政府说：你们就这样干下去吧，斯托雷平先生们！你们播下种子，我们将收获果实！

载于1907年10月20日《无产者报》第17号　　　　　　译自《列宁全集》俄文第5版第16卷第118—127页

"社会革命党人"是怎样编写历史的

(1907 年 10 月 20 日〔11 月 2 日〕)

社会革命党中央机关报《劳动旗帜报》⁹⁸第 5 号有一篇关于斯图加特代表大会的社论,其中充满了社会革命党人惯用的连篇累牍的空话和漫无节制的吹嘘。在转载的电文中,社会革命党中央委员会向欧洲宣布:"革命斗争要求社会革命党中央委员会坚守岗位。"声称该中央委员会对社会革命党代表在国际局里的"不懈努力"十分满意。《劳动旗帜报》断言:"社会党国际作出决议赞同我们一贯采取的对工会运动的观点。"代表大会不顾教条主义者考茨基的反对,在制定最低工资法问题上"站到了我们这一边"。三年来,"我们俄国社会党人""发展成为一个群众性的大党。国际也公开地、怀着敬意地(!!!)承认了这一点"。

总之,为了向社会革命党人表示敬意,欧洲派出过 3 万名信使⁹⁹。

然而可恶的社会民主党人却在俄国小组里要弄"小阴谋":他们反对社会革命党人所提出的社会民主党人和社会革命党人参加表决的票数应该相等的要求。社会民主党人要求给自己 11 票,给社会革命党 6 票,给工会 3 票。国际局决定给社会民主党 10 票,给社会革命党 7 票,给工会 3 票。"阿德勒和倍倍尔在投票反对我们的要求时声明,他们绝不愿意贬低社会革命党的作用,他们承认

该党是俄国社会主义运动和革命的重要因素。但是他们想主持公道,并且想要确定大体的力量对比关系。"(《劳动旗帜报》)

轻率啊,我们的赫列斯塔科夫[100]们真是太轻率了! 无论是社会革命党的作用也好,"重要因素"也好,国际局都没有谈到,也**不可能谈到**。一个党既然已获准参加代表大会和国际局,那么国际局及其成员就不会再对该党的作用和重要性进行估量了。国际局只会对各个党的**力量**进行估量,以便分配票数。倍倍尔和阿德勒同意我们社会民主党在国际局里的代表提出的论据,即社会民主党人和社会革命党人的力量**是不相等的**。他们既然同意这一论据,自然注意到,他们不是在评论原则和方针,不是来解决社会民主党纲领和社会革命党纲领之间的争论,而仅仅是对力量进行估量,以便分配票数。把这种不言而喻的附带说明当成承认社会革命党人是"重要因素",这是赫列斯塔科夫式的行径。

社会革命党人尤其轻率的是,他们在单凭记忆、不准确地转述倍倍尔和阿德勒的附带说明的意思时,对**问题的实质性论据**避而不谈。他们在讲倍倍尔的附带说明时夸大其词,而对我们实际的争论情况却闭口不谈。这是为什么呢?

实际上,我们的代表在国际局里是这样争论的。社会民主党代表提到了第二届杜马代表的人数,认为这是衡量各党力量最准确的标准,并且说明,选举法对农民比对工人更有利。社会革命党代表反驳说,在杜马中除了社会革命党党团以外,还有劳动派和人民社会党这些准社会革命党人。他说,应该把他们的这一部分力量算到社会革命党人中去! 此外,人民社会党人还拥有——这是社会革命党人的原话——"第一流的作家"("écrivains de premier ordre",鲁巴诺维奇语)。

社会民主党代表对此回答说：不错，人民社会党拥有"第一流的作家"，就像法国激进社会党和激进党[101]拥有克列孟梭一类作家（也是"第一流的作家"！）一样。可是，借用**别的**政党来证实自己有力量，对于一个独立的政党来说，这样做体面吗？既然连人民社会党的"第一流的作家"本人都不想请求准许他们参加代表大会，这样做体面吗？

我们再补充一句，在俄国把自己装扮成超级革命者，而在欧洲却死乞白赖地拉人民社会党人来帮忙，这样做体面吗？

载于1907年10月20日《无产者报》第17号

译自《列宁全集》俄文第5版第16卷第128—130页

俄国社会民主工党
圣彼得堡组织代表会议文献[102]

(1907 年 10 月 27 日〔11 月 9 日〕)

1
关于第三届国家杜马的报告

报　　道

　　报告人首先说明了第三届杜马的构成情况。政府简单地凭借经验拼凑了六三选举法,其结果是杜马中出现了**两个可能形成的多数**:十月党人—黑帮多数和十月党人—立宪民主党人多数。二者无疑都是反革命的。政府在推行反动政策时,将交替依靠其中的一个。同时,政府将侈谈纸上的"改革",以此来掩饰其专制农奴制的行径。立宪民主党人在行动上将执行反革命的叛卖政策,而在口头上却把自己说成是真正民主主义的反对党。

　　立宪民主党人在杜马中同十月党人勾结起来,这是必然的,他们已经开始这样做了,报告人用从立宪民主党和十月党的党报上摘录下的许多引文、用这两个党活动的一系列事实以及立宪民主党上一次代表大会以来的报道证明了这一点。立宪民主党同旧制度相勾结的政策,在第三届杜马中表现得比过去任何时候都更为明显，这一政策的真正性质，现在谁也不会再有什么怀疑了。

但是，无论前一个杜马多数还是后一个杜马多数，客观上都不能满足无产阶级、农民和城市民主派中较为广大的群众的迫切的经济要求和政治要求。同以往一样，代表人民中这些阶层的需要的，将首先是社会民主党。第三届杜马的构成和活动会给社会民主党提供丰富的和极好的宣传材料，这些材料应当用来反对黑帮政府、公开的农奴主-地主、十月党人和立宪民主党人。社会民主党的任务仍然是在最广大的人民群众中广泛宣传在普遍的……选举权的基础上召开全民立宪会议的主张。因此，根本谈不上在杜马中支持"左派"十月党人或者立宪民主党人的问题。不管社会民主党在第三届杜马中的席位多么少，它也应当利用杜马讲坛和质询权等等来贯彻独立的社会主义的和彻底民主主义的路线。只许同左派代表的集团达成某些协议（特别是由于必须有30人署名才能提出质询），而且只能以不违反社会民主党的纲领和策略为限。为此，必须组织一个情报局，它对任何人不具有约束力，而只是为社会民主党提供影响左派代表的机会。

报告人接着说，社会民主党中已经有人在叫嚷要支持"左派"十月党人（例如在选举主席团时）、同立宪民主党人一起组织情报局以及所谓"保护"我们的杜马党团。孟什维克关于支持十月党人的种种言论，最清楚不过地证明了孟什维克策略的彻底破产。当杜马为立宪民主党人所把持时，孟什维克叫嚷要支持立宪民主党人。斯托雷平刚一修改选举法、使之有利于十月党人，孟什维克又准备支持十月党人了。孟什维克沿着这条道路究竟要走到哪里去呢？

报告人认为同立宪民主党人一起成立情报局是不能容许的，

因为这就等于给公开的敌人提供情报。

报告人在谈到"保护"党团问题时说:党团确实应当保护。但这样做是为了什么呢? 只能是为了使党团在杜马中高高举起社会民主党的旗帜,只能是为了使党团在杜马中同形形色色的反革命分子——从参加同盟的人直到立宪民主党人——进行不调和的斗争。但绝对不是让党团去支持"左派"十月党人和立宪民主党人。党团的存在如果是以支持这些集团即支持同斯托雷平专制政府相勾结为前提的话,那还不如干脆体面地停止自己的活动,党团假如因此而被驱逐出杜马的话,那就要向全体人民讲清它被驱逐的原因。

列宁在结束报告时主要谈了孟什维主义的基本错误——"全国反对派"的思想。俄国资产阶级本身从来就不是革命的。原因很明显:这是由俄国工人阶级所处的地位和它在革命中的作用所决定的。列宁逐一分析了孟什维克其余的论点,提出了载于《无产者报》第 19 号的决议。

载于 1907 年 11 月 19 日《无产者报》　　　译自《列宁全集》俄文第 5 版
第 20 号　　　　　　　　　　　　　　　第 16 卷第 133—135 页

2

关于第三届国家杜马的决议

鉴于第三届杜马中的社会民主党党团必须遵循伦敦代表大会关于国家杜马的决议以及关于非无产阶级政党的决议,俄国社会民主工党圣彼得堡组织代表会议认为有必要提出如下几点,以进一步阐明这些决议:

1. 在第三届杜马中已经形成了两个多数:黑帮—十月党人多数和十月党人—立宪民主党人多数。前者是反革命的,他们坚决主张加紧镇压、主张保护地主特权,甚至力图完全恢复专制制度。后者无疑也是反革命的,但是他们喜欢用某些徒有虚名的、官僚式的"改革"来掩盖他们反对革命的斗争。

2. 杜马中的这种情况特别有利于政府和立宪民主党人玩弄两面的政治把戏。政府想在加紧镇压并继续用武力来"征服"俄国的同时,把自己装扮成立宪改革的拥护者。立宪民主党人投票时实际上同反革命的十月党人保持一致,却想把自己不仅装扮成反对派,而且还装扮成民主派的代表。在这种情况下,社会民主党就肩负着特别艰巨的任务:无情地向人民揭露这种把戏,既揭露黑帮地主和政府的暴力行为,也揭露立宪民主党人的反革命本质。社会民主党人对立宪民主党人直接或间接的支持(无论是投票支持右派立宪民主党人或"左派"十月党人参加主席团,还是组织有立宪民主党人参加的情报局以及同他们的政策协调行动等等），目前都会直接损害对工人群众进行阶级教育的事业和革命事业。

3.社会民主党在不折不扣地坚持自己的社会主义目标并从这一立场出发批判所有的、甚至最民主的、"劳动派的"资产阶级政党的同时，在自己的鼓动工作中应当首先向广大人民群众说明第三届杜马完全不符合人民的利益和要求，因而〔应当〕首先广泛地大力宣传在普遍、直接、平等和无记名投票的基础上召开立宪会议的主张。

4.社会民主党在第三届杜马中的主要任务之一是：揭露政府和自由派各项提案的阶级实质，同时要特别注意涉及广大人民群众的经济利益的问题（工人问题、土地问题、预算问题等等），何况第三届杜马的构成会给社会民主党的鼓动工作提供极为丰富的材料。

5.社会民主党在杜马中尤其必须利用质询权，为此必须在丝毫不违背社会民主党的纲领和策略、不缔结任何联盟的情况下，同比立宪民主党人左的其他集团协同行动。

为了避免再犯社会民主党在第二届杜马中所犯的错误，社会民主党党团应当立即建议杜马中的左派——只能是左派，即能够同立宪民主党人进行斗争的人——代表成立情报局，这个情报局对参加者没有任何约束力，但是能为工人代表提供经常以社会民主党政策的精神来影响民主派的机会。

载于1907年11月5日《无产者报》第19号

译自《列宁全集》俄文第5版第16卷第136—137页

3

关于社会民主党参加
资产阶级报刊问题的报告

报　道

列宁同志的第二个报告讲的是关于社会民主党参加资产阶级报刊的问题。报告人叙述了国际社会民主党两翼在这个问题上的观点,特别是德国社会民主党的正统派和修正主义者的观点。正统派在德累斯顿党代表大会[103]上同意允许参加不敌视社会民主党的报刊这一提法,理由是,这实际上等于完全不许参加,因为在目前发达的资本主义社会里,不敌视社会民主党的资产阶级报刊是没有的。

报告人坚持绝对不允许**在政治上**参加资产阶级报刊,特别是所谓非党报刊的观点。例如《同志报》这样的报刊,它们以隐蔽的伪善手法同社会民主党作斗争,给社会民主党带来的害处远远超过公开敌视社会民主党的资产阶级政党的报纸。在这方面,普列汉诺夫、马尔托夫、哥尔恩、科甘等在《同志报》上所发表的言论就是最好的例证。所有这些言论都是反对党的;实际上并不是社会民主党的同志们利用了资产阶级的《同志报》,而是这家报纸利用了上面这些同志来反对它所仇恨的俄国社会民主工党。迄今为止,《同志报》没有发表过一篇不合它的编辑部口味的社会民主党人的文章。

载于 1907 年 11 月 19 日《无产者报》
第 20 号

译自《列宁全集》俄文第 5 版
第 16 卷第 138 页

第三届杜马

(1907 年 10 月 29 日〔11 月 11 日〕)

政府正在利用它 6 月 3 日所犯下的反人民的无耻罪行的后果:一部不仅完全歪曲了人民的意志、甚至也歪曲了那些享有选举权的少数人的意志的,迎合一小撮地主和资本家的畸形的选举法,给沙皇政府带来了梦寐以求的果实。杜马应选 442 名代表,在写这篇文章的时候已经选出了 432 名,还有 10 名尚待选举,这样,总的选举结果已经相当清楚了。根据比较准确的统计,社会民主党人占 18 席[104],其他左派占 13 席,立宪民主党人占 46 席,同立宪民主党相近的党派占 55 席,十月党人占 92 席,同十月党人的主张近似的党派占 21 席,各种右派占 171 席(其中包括俄罗斯人民同盟[105]的 32 席),无党派人士占 16 席。

可见,除去少数无党派人士,其余的所有代表可以分成四派:极左派占全体代表的 7% 强,中派左翼(立宪民主党)占 23%,中派右翼(十月党)占 25.1%,右派占 40%;无党派人士不到 4%。

这四派中的任何一派单独都构不成绝对多数。这样的结果是否完全符合新选举法的鼓吹者和炮制者的愿望和期待呢?我们认为,对于这个问题的回答应当是肯定的,按照支持专制沙皇制度的统治集团的观点,俄国的新"议会"是一个名副其实的无双议院①。

---

① 无双议院是 1815 年路易十八对法国黑帮众议院[106]的称呼。

　　问题在于我国像任何一个专制或半专制的国家一样，实际上存在两个政府：一个是正式的政府——内阁，另一个是幕后的政府——宫廷奸党。宫廷奸党随时随地都依靠最反动的社会阶层即封建贵族（我国叫做黑帮贵族），封建贵族的经济力量来源于大地产以及与之有关的半农奴制经济。这个娇生惯养、腐化堕落的社会集团是最无耻的寄生虫的鲜明典型。他们堕落到了何等荒唐的地步，可以由柏林毛奇—哈尔登诉讼案[107]这场闹剧来说明，这一诉讼案揭露了半专制的德皇威廉二世的宫廷中权贵奸党是多么卑鄙龌龊。在我们俄国，这类人的类似的卑鄙行径也并非绝无仅有，这已经不是什么秘密了。第三届杜马中的大量"右派"——如果不是全部，至少是其中的绝大多数——所要维护的，正是黑暗的过去所遗留给我们的这些社会渣滓和"粉饰的坟墓"的利益。对于这些老顽固（因为"死硬派"这个称号对于他们是过于光荣了）来说，保存农奴制经济、贵族特权和专制贵族制度是个生死攸关的问题。

　　老顽固们通常利用自己那种廷臣的无限权力，竭力把正式的政府即内阁也完完全全控制起来。而内阁的相当一部分成员通常也就是他们的傀儡。但是，内阁的大多数就其成分而言往往不完全适合奸党的要求。农奴制时代的老朽的吸血鬼在这儿遇到了原始积累时期的吸血鬼的竞争，后者同样是野蛮的、贪婪的、寄生性的，不过是披上了一点文明的外衣，而主要的是，同样也希望通过保证金、津贴、租让和保护税率等方式来捞一把。原始积累时期的典型的农业和工业资产阶级这一阶层，在十月党和追随十月党的派别中得到了体现。他们有很多利益干脆同黑帮是一致的：经济上的寄生性、特权和克瓦斯爱国主义[108]，无论从十月党人的观点还是从黑帮的观点来看都是必需的。

这样，在第三届国家杜马中就形成了一个黑帮——十月党人多数：在432席中他们占了284席，这个可观的数字占全体代表的65.7%，即$^2/_3$强。

这个多数是一个堡垒，它保证政府能通过土地政策帮助破产的地主变卖自己的土地来赚钱，把少地农民榨取一空，保证政府能把劳工法变为资本最野蛮地剥削无产阶级的工具，通过财政政策使捐税的主要负担仍然落到人民大众的身上。这个多数是推行贸易保护主义和军国主义的堡垒。十月党人——黑帮多数的反革命性质是谁都不会否认的。

但是问题在于这并不是第三届杜马中唯一的多数。还有另外一个多数。

黑帮是十月党人的可靠同盟者，正如宫廷奸党在维护沙皇制度的问题上是内阁的可靠同盟者一样。但是，宫廷奸党表现出的本能的欲望，与其说是要同内阁联合，倒不如说是要控制内阁，同样，黑帮也渴望对十月党人实行专政，为所欲为，企图踩在他们的头上。

资本主义虽然也极其贪婪并且是寄生性的，但是它的利益不能允许农奴主土地占有制处于独占统治地位。这两个彼此有着血缘关系的社会集团都力图多捞到一点好处，因此它们在地方自治和中央国家政权组织的问题上也必然要发生分歧。黑帮在地方自治机关和市杜马内已别无他求，而在中央需要的就是"打倒万恶的立宪制"。十月党人无论在地方自治机关和在杜马内都需要扩大自己的影响，而在中央则需要"立宪制"，哪怕这个立宪制对群众来说是支离破碎的冒牌货。

这就难怪《俄国旗帜报》[109]要大骂"十月党"，而《莫斯科呼声报》[110]则认为第三届杜马中的右派过多了。

于是,客观形势逼迫十月党人去寻找这方面的同盟者。本来早就可以找到中派左翼(立宪民主党)这个同盟者,中派左翼早就宣布对立宪制是赤胆忠心的,但是问题在于立宪民主党现在所代表的资本主义积累时期的年轻的俄国资产阶级,保留了一些很不体面的旧朋友和一些令人讨厌的旧传统。不过政治方面的传统倒是容易放弃的:立宪民主党人早在第一届杜马以前就宣布自己是君主派;在第二届杜马中他们也曾默默地放弃过责任内阁;立宪民主党关于各种"自由"的草案,本身就设下了对付这些自由的重重障碍和陷阱,所以完全可以指望他们在这些方面会有长足的进步。对于起义和罢工,立宪民主党人本来就是加以指责的,起初是温和的指责,后来是沮丧的指责,到了1905年12月以后,这种指责一半变成了蔑视,而在第一届杜马解散以后,就变成毫不客气的否定和斥责。玩弄手腕、互相勾结、同当权者讨价还价——这就是立宪民主党策略的基础。至于那些不体面的朋友,很早以前立宪民主党人就把他们只是称做"邻居",而不久以前已经公开宣布他们是"敌人"了。

所以,达成协议是可能的,于是形成了一个新的、同样是反革命的多数——十月党人—立宪民主党人多数。这个多数固然暂且不到半数——在已选出的代表432人中占214人——但是,第一,无党派人士中即使不是全体,至少也有一部分肯定会去归附他们,第二,完全有理由相信,这个多数在今后的选举中人数一定会增加,因为还没有进行选举的城市和大部分省选举会议将要选出的人当中,绝大多数不是十月党人就是立宪民主党人。

政府认为自己能够左右局势。看样子自由派资产阶级也承认这是现实。在这种情况下，他们所进行的交易一定比任何时候都更带有最下流最具叛卖性的妥协的烙印，说得确切些，就是放弃一切哪怕带有一点民主主义的自由派阵地。很明显，不通过新的群众运动而采用这种搞交易的办法，多少民主一点的地方管理机关和中央立法机关是建立不起来的。这是十月党人—立宪民主党人多数所办不到的。那么，能够指望黑帮—十月党人多数，指望同资本家吸血鬼结盟的野蛮的地主会多少解决一点土地问题和改善一些工人的生活状况吗？对这个问题只能报以苦笑。

情况很明显，**我们的无双议院就连最马虎地完成客观存在的革命任务也办不到。**它一点都不能治好旧制度给俄国留下的开裂的伤口，它只能用一些微不足道的、无可奈何的、虚假的改革来遮盖这些伤口。

选举的结果再一次证实了我们的坚定信念：**俄国不可能通过和平的道路摆脱它目前的危机。**

在这种情况下，社会民主党当前的首要任务是十分明确的。社会民主党以社会主义的胜利为自己的最终目的，深信要达到这个目的必须有政治自由，同时注意到在目前情况下不通过公开的群众行动而通过和平道路是不能实现这种自由的，社会民主党现在仍然必须首先提出民主的和革命的任务，当然，一刻也不放弃宣传社会主义，不放弃维护狭义的无产阶级阶级利益。社会民主党作为现代社会最先进、最革命的阶级——无产阶级的代表（无产阶级在俄国革命中实际证明了它有能力担当群众斗争的领袖），必须千方百计地使无产阶级在这个即将到来的革命斗争的新阶段中，在这个与以往相比自觉性远远多于自发性的革命阶段中，仍然起领袖的作用。为了这个目的，**社会民主党必须全力以赴地争取对**

民主主义群众的领导权，使这些群众的革命毅力得到发挥。

这种努力会使无产阶级政党同其他的阶级政治组织发生激烈的冲突，这些政治组织出于他们所代表的集团的利益，憎恶和害怕民主主义革命，这不仅是由于害怕革命本身，而主要的是由于无产阶级掌握了民主主义革命的领导权，这就包含着社会主义的危险。

杜马中的两个多数——黑帮—十月党人多数和十月党人—立宪民主党人多数（斯托雷平政府打算轮流地依靠它们以保持平衡）——将各自以自己的方式在不同的问题上充当反革命的多数，这是非常明显的，不容怀疑的。这两个多数中的任何一个，甚至其中的任何一些个人，都根本不可能去同内阁进行**斗争**，去进行稍微有系统或者有计划的斗争。可能发生的只是个别的和暂时的冲突。这种冲突首先可能在第一个多数中的黑帮分子和政府之间发生。但是不要忘记，这些冲突不可能深刻，政府可以根本不改变它的反革命立场，依靠第二个多数便能轻而易举地在这些冲突中取胜。革命的社会民主党以及第三届杜马中其他一切倾向革命的分子尽管非常愿意利用这些冲突来促进革命，但他们所能做到的只是利用这些冲突达到纯粹的鼓动目的；这里根本谈不上对冲突的任何一方加以"支持"，因为这种支持本身就是反革命的行为。

也许第二个多数中的各个部分之间，例如以立宪民主党人为一方、十月党人和政府为另一方这两者之间可能发生的冲突，能更多、更好地加以利用。然而这方面的情况也是如此：不仅由于主观的情绪和意愿，而且也由于客观条件，这些冲突也将是不深刻的、暂时的，这些冲突只不过是一种手段，使政治贩子更容易按照表面上冠冕堂皇而实质上违反民主利益的条件去搞交易。所以，**社会民主党应当不拒绝利用这些冲突**，即使这些冲突并不深刻，并不经常发生；**应当不仅同政府、黑帮、十月党人，而且同立宪民主党人进行顽强的斗争，以实现民主的和革命的任务。**

这就是社会民主党应当在第三届国家杜马中给自己提出的基本**目标**。十分明显，这就是无产阶级政党在第二届杜马中给自己提出的那些目标。这些目标在伦敦代表大会关于国家杜马决议的第一项中已经表述得十分清楚。这一项说："社会民主党在杜马中的直接的政治任务是：（一）向人民说明，把杜马当做实现无产阶级和革命小资产阶级特别是农民的要求的工具，是完全不合适的；（二）向人民说明，只要实权还操在沙皇政府手中就无法通过议会来实现政治自由，说明人民群众必不可免地要同专制制度的武装力量进行公开的斗争，因为它能保证革命取得彻底胜利——政权转交到人民群众手中，并在普遍、平等、直接和无记名投票的基础上召开立宪会议。"①

这个决议，特别是结尾几句话，也阐明了社会民主党在第三届杜马活动中的极重要的**特殊的**任务，社会民主党的代表应当完成这一任务，以彻底揭露六三政变罪行的卑鄙龌龊。他们在揭露这个罪行时，当然不应当从自由派的立场出发说这是公然违反宪法的，而应当说明这是放肆地粗暴地违反了广大人民群众的利益，是露骨的、令人气愤的强奸民意。因此就需要向广大人民群众说明，**第三届杜马是完全不符合人民的利益和要求的，因而，要广泛地、有力地宣传在普遍、直接、平等和无记名投票的基础上召开全权立宪会议的主张。**

这个伦敦决议还在下面一段话里非常清楚地确定了社会民主

---

① 参看《苏联共产党代表大会、代表会议和中央全会决议汇编》1964 年人民出版社版第 1 分册第 202 页。——编者注

党在国家杜马中的工作性质:"应当把社会民主党杜马党团的批评、宣传、鼓动和组织的作用提到首位";"杜马斗争的总的性质应当服从于无产阶级在杜马外进行的整个斗争,同时,特别重要的是要利用群众的经济斗争,并且为这一斗争的利益服务"。[①] 十分清楚,杜马工作的这种性质同如上所述的社会民主党目前在杜马中应该给自己提出的那些目标,有着多么密切的、不可分割的联系。在有极大可能发生群众运动的情况下,社会民主党人在第三届杜马里进行和平的立法工作,不仅不适宜,不仅是可笑的唐·吉诃德精神,而且是对无产阶级利益的直接背叛。和平的立法工作必然会使社会民主党"降低它的口号,而这样做只能使社会民主党在群众心目中威信扫地,使社会民主党脱离无产阶级的革命斗争"。[②] 无产阶级在杜马中的代表不可能犯比这更大的罪行了。

　　社会民主党应当大张旗鼓地极其尖锐地开展批判,尤其是因为在第三届杜马中可供批判的材料将是非常丰富的。杜马中的社会民主党人应当彻底揭露杜马将要通过的政府或者自由派提出的措施和提案的阶级实质,而且必须完全按照代表大会的决议的精神,特别注意那些涉及广大人民群众的经济利益的措施和提案;其中包括工人问题、土地问题和预算问题等等。在所有这些问题上,社会民主党应当针对政府和自由派的观点提出自己的社会主义的和民主主义的要求,这些问题是人民生活中最敏感的神经,同时也是政府和杜马中两个多数所依靠的那些社会集团的最大痛处。

　　所有这些鼓动任务、宣传任务和组织任务,杜马中的社会民主

----

①　参看《苏联共产党代表大会、代表会议和中央全会决议汇编》1964 年人民出版社版第 1 分册第 202—203 页。——编者注

②　同上书,第 203 页。——编者注

党人除了通过在杜马讲坛上发表演说,还要通过提出法案和向政府提出质询来加以实现。但是这里有一个很大的困难:提出法案或者提出质询时至少要有**30名**代表署名。

第三届杜马里没有也不会有30名社会民主党人。这是毫无疑问的。那就是说,**单独一个**社会民主党,没有其他集团的协助,是既不能提出法案,也不能提出质询的。这无疑会使问题变得非常困难,非常复杂。

当然,这里说的是彻底民主主义性质的法案和质询。社会民主党能在这方面指望立宪民主党协助吗? 当然不能。立宪民主党现在已经完全准备赤裸裸地公开妥协了,连那些原来就被各种附带条件和例外弄得支离破碎、降到最低限度的纲领要求也一点不会提出来——难道这样的立宪民主党会用民主主义的质询去触怒政府吗? 我们都记得,早在第二届杜马中,立宪民主党的演说家在质询时所作的发言已经毫无生气,他们有时像小孩子那样嘟嘟囔囔,有时是客客气气、毕恭毕敬提出问题。杜马正在把对付人民的罗网编织得更牢固更可靠,使之变成锁链,它在这方面的"工作能力"现在已经成为话柄,大臣老爷阁下们可以高枕无忧了,因为立宪民主党是难得打扰他们的(当然啦,不是还要立法么!),即使要打扰一下,那也会是非常彬彬有礼的。米留可夫在竞选大会上保证"保住火种",并不是无缘无故的。难道只是米留可夫一个人吗? 唐恩坚决反对"打倒杜马"的口号是什么意思呢? 不也是"保住火种"吗? 普列汉诺夫在谈到"支持"把卑躬屈节当成"斗争"的"自由派资产阶级"时,不也正是劝社会民主党人要如此这般地"彬彬有礼"吗?

所以立宪民主党人根本不会对社会民主党人的立法提案附

议,因为这些法案将具有鲜明的鼓动性质,将充分地体现出彻底民主主义的要求,立宪民主党人当然会因此怒火中烧,他们的怒火一点也不会亚于十月党人,甚至不会亚于黑帮分子。

总之,在这方面也不应当把立宪民主党考虑在内。在提出质询和法案的问题上,社会民主党只能指望得到比立宪民主党左的集团的协助。看来,这些集团同社会民主党人加起来可以达到30人,所以也就具备了提出这方面动议的完备的合乎手续的条件。自然,这里所说的并不是什么同盟,而是一些"共同行动",这种共同行动,正如伦敦代表大会决议所说的,"决不应当违背社会民主党的纲领和策略,而只服务于同时向反动势力和自由派资产阶级叛卖性的策略进行总攻击的目的"。[①]

载于1907年10月29日《无产者报》第18号

译自《列宁全集》俄文第5版第16卷第139—149页

---

① 参看《苏联共产党代表大会、代表会议和中央全会决议汇编》1964年人民出版社版第1分册第200页。——编者注

关于普列汉诺夫的一篇文章¹¹¹

(1907 年 10 月 29 日〔11 月 11 日〕)

普列汉诺夫在 10 月 20 日《同志报》上的一篇文章中继续造谣，并对社会民主党的纪律加以嘲弄。例如，普列汉诺夫在反驳有人指责他成了普罗柯波维奇先生、库斯柯娃女士之流的经常撰稿人时，竟造谣说："大家都知道，《同志报》是左派联盟的机关报。"这是造谣。第一，《同志报》从来就不是左派联盟的机关报。左派联盟不可能有共同的机关报。第二，布尔什维克从来没有在《同志报》上进行过任何政治活动，从来没有在这样的报纸上反对过社会民主党内的同志。第三，布尔什维克建立了左派联盟，就**使**《同志报》**发生了分裂，赶走了**（诚然只赶走了一个星期）其中拥护立宪民主党的分子。¹¹² 而普列汉诺夫却**拉**无产阶级和小资产阶级民主派去向立宪民主党人摇尾乞怜。布尔什维克没有参加《同志报》，推动它向左转。普列汉诺夫参加了《同志报》，却拖着它向右转。不用说，他提左派联盟真是提得太妙了！

可见，普列汉诺夫避开了别人让他为资产阶级报纸写资产阶级所喜爱的东西这个问题，而以嘲弄工人政党的纪律来博得自由派更大的欢心。他大声叫嚷说："如果要我背叛原则，那我就不一定服从了！"

阁下，这是一句无政府主义的庸俗话，因为**党的**原则在两次代表大会之间是由中央委员会来维护和解释的。如果中央委员会违背了代表大会的意志,违背了党的章程等等,你有权利拒绝服从。但是在目前的情况下,没有一个人试图断言中央委员会关于选举的指示是违背了代表大会的意志的。可见,普列汉诺夫不过是用"背叛原则"这样的话来掩饰自己**背叛党的行为**。

最后,普列汉诺夫想挖苦圣彼得堡委员会,说在第二届杜马选举中它自己就没有服从中央委员会。我们的回答是:第一,圣彼得堡委员会曾拒绝履行使组织分裂的要求,也就是反对干涉**党章所保证的**、它应有的自治权。第二,孟什维克在第二届杜马选举中**分裂了组织**,关于当时冲突的这一面,普列汉诺夫在资产阶级报纸上绝口不谈! 普列汉诺夫的那些论据归结起来就是一条:孟什维克在第二届杜马选举中分裂了党的彼得堡组织,所以我现在就有权利分裂整个党了!! 这就是普列汉诺夫的逻辑,这就是普列汉诺夫的所作所为。大家都好好记住吧:**普列汉诺夫在制造分裂**。他所怕的只是直言不讳。

载于 1907 年 10 月 29 日《无产者报》
第 18 号

译自《列宁全集》俄文第 5 版
第 16 卷第 150—151 页

"可恶的狂饮节"在准备中

（1907 年 11 月 5 日〔18 日〕）

著名的德国马克思主义者弗兰茨·梅林，在评述社会民主党在俄国第二届杜马中的任务和俄国自由派的动向时，曾经写道：德国自由派在"有益的工作"这个口号的掩饰下，已经在可怜而可耻的道路上走了 60 年。1789 年夏天，当国民议会在一夜之间完成了法国农民的解放[113]的时候，天才的卖身求荣的冒险家米拉波，这位立宪民主派的最伟大的英雄曾经把这一事件比做"可恶的狂饮节"。但是在我们看来（在我们社会民主党人看来），这却是有益的工作。与此相反，普鲁士农民的解放，却像乌龟爬行一样，从 1807 年到 1865 年几乎拖了 60 年，并且无数的农民被残暴地夺去了生命，我国自由派认为这是"有益的工作"，而加以大肆宣扬。在我们看来，这却是"可恶的狂饮节"。

梅林就是这样说的。[114]现在，第三届杜马即将召开，十月党人想一本正经地开始这个可恶的狂饮节，立宪民主党人准备像奴才一样卖力地参与其事，社会民主党内也有（这真叫我们丢脸）一批普列汉诺夫分子打算替狂饮节出一把力。在这个时候，我们不能不回想起梅林的这番话来。让我们来仔细看看这些准备工作吧。

第三届杜马召开前夕，各政党都纷纷加紧开会讨论自己在杜马中的策略问题。十月党人在莫斯科会议上制定了十月十七日同盟议会党团的纲领草案,他们的发言人普列瓦科先生在莫斯科的一次宴会上打出了“俄国自由主义立宪党的旗帜”。立宪民主党用三四天的工夫开完了他们的所谓第五次“党”代表大会。左派立宪民主党人彻底垮台,被完全赶出了立宪民主党中央委员会(中央委员会由完全操纵“党”的38人组成)。右派立宪民主党人得到了完全的行动自由,即按照《关于第三届杜马中策略问题的报告》,按照这个替“可恶的狂饮节”作辩解的出色的“历史性的”辩护词的精神去行动的自由。社会民主党人在俄国社会民主工党中央委员会和圣彼得堡组织代表会议上,开始讨论第三届杜马中的策略问题。

十月党的议会纲领的特点,就是公开**赞同**立宪民主党人在第二届杜马中实际上也在执行的、只不过用了各种漂亮空话和托词来加以掩饰的反革命政策。例如,十月党人公开宣称,修改根本法和选举法是“不合时宜的”,因为首先需要实行“一系列刻不容缓的改革”,以便“安抚人心,消除各种由贪欲和阶级利益引起的斗争”。立宪民主党人嘴上没有这么说,然而他们在第二届杜马中恰恰就是这么做的。又如,十月党人主张“吸引尽可能广泛的人士参加自治”,同时又主张要“保证”贵族有“适当的代表权”。这种露骨的反革命主张比立宪民主党的政策诚实:立宪民主党口头上答应实行普遍、直接、平等和无记名投票,但是实际上它无论在第一届杜马或第二届杜马中,都拼命反对地方土地委员会按这种方式选举产生,并建议在这样的委员会中农民和地主各占一半,这同样也就是要“保证贵族的代表权”。再如,十月党人公开拒绝强制转让地主的土地。立宪民主党则表示“赞同”,但他们是这样来赞同的:当第二届杜马就是否要作出一项承认强制转让的一般规定以结束土地问题辩论进行表决时,立宪民主党便同右派站在一起投票反对劳动派和社会民主党。

十月党人以巩固反革命的"胜利"为条件,准备答应进行任何自由主义的改革。这里包括什么"扩大杜马预算权"(这可不是闹着玩的!),"扩大杜马对政权行动的合法性的监督权",保障法院的独立性,"不再限制成立工人经济组织和举行经济罢工"(指"不危及国家和社会利益的罢工"),"巩固正当的公民自由的原则",等等,等等。代表政府的"十月"党就像斯托雷平先生的政府本身一样,慷慨地说了一大堆"自由主义的"空话。

立宪民主党人在他们的代表大会上对关于对待十月党人的态度问题是怎么提的呢? 为数很少的左派立宪民主党人原来都是些空谈家,他们连有条有理地提出问题都不会。而为数众多的改头换面的十月主义的右派骑士,则紧紧地纠集在一起,以便最卑鄙无耻地掩盖真相。左派立宪民主党人的软弱无能,最突出地表现在他们的决议草案中:草案第1条建议立宪民主党"采取极端反对派的立场,不要接近同它(立宪民主党)的精神和纲领都格格不入的十月党"。第2条则号召"不要拒绝支持可以引导国家走向解放和民主改革的法案,不管这些法案来自何方"。这真是笑话,因为在第三届杜马中可以获得多数支持的法案除了来自十月党,**不可能**来自其他方面! 左派立宪民主党人先生们遭到失败完全是活该,因为他们是可怜的胆小鬼或傻瓜,他们不会明明白白、直截了当地指出,企图在这样一个杜马中行使立法权是有失体面的,同十月党人投一样的票就是支持反革命。看来,左派立宪民主党人中间有个别人是明白事理的,但是作为沙龙民主主义者,他们在代表大会上畏首畏尾。至少日尔金先生曾经在《同志报》上透露过立宪民主党人萨福诺夫的如下一段**私下**的谈话:"我认为,立宪民主党党团目前应当采取第一届杜马中的劳动团的立场。采取反对派立场，讲一些激烈的话，如此而已。**而他们却打算行使立法权。怎么行使呢？靠同十月党人**的交情和**联盟**吗？多么奇怪的右倾。全国都左，我们却在向右转。"(《同志报》第407号)看来，萨福诺夫先生也有感到羞愧、良心发现的时候……不过只是在私下里表露出来！

而米留可夫先生及其一伙却充分表现了他们恬不知耻、丧尽天良的野心家的一贯本色。他们通过的决议掩盖了问题的实质，为的是去欺骗广大的公众，在议会中出卖灵魂的自由派英雄们一直就是这样欺骗人民的。代表大会的决议("提纲")**对十月党人只字未提!!** 这是难于置信的，然而却是事实。立宪民主党代表大会的中心问题，就是立宪民主党人要不要同十月党人投一样的票。全部争论都是围绕着这个问题进行的。但是资产阶级政客的全部本领，就是**欺骗群众，掩盖**自己在议会中的勾当。立宪民主党代表大会10月26日通过的《关于策略的提纲》是一份经典性文件，它表明：第一，立宪民主党人怎样同十月党人勾结在一起；第二，自由派用来欺骗群众的决议究竟是怎样写成的。应当把这份文件同"十月十七日同盟"的"议会纲领"比较一下，也应当把它同米留可夫在立宪民主党代表大会上作的《关于策略问题的报告》(《言语报》第255号)对照一下。下面就是这个报告中最重要的几处：

"党虽然处于反对派的地位，但是〈正是"但是"!〉它决不会起不负责任的少数派的作用，所谓不负责任的少数派的作用，也就是党所形容的极左派在杜马中的那种行为。〈如果把这种议会腔调的话改成通俗易懂、直截了当的话，就是：十月党人先生们，行行好，给我们一席之地吧，我们实在只是挂名的反对派啊!〉 党不会把杜马当做准备开展杜马外的活动的工具，而是把它当做具有法律明文规定的那部分最高权力的最高国家机关。〈十月党人直截了当地宣称,修改根本法是不合时宜的,这不是更诚实吗?〉党在第三届杜马中也和在前两届杜马中一样,决心积极参加杜马的立法工作。党始终认为这种活动是党的主要的和根本的活动,以这一活动来同左派的鼓动目的和右派的秘密活动相抗衡。"得啦,先生们,说到"秘密活动",你们又在撒谎,因为在**上两届**杜马中,正是你们同大臣们或大臣的仆从们**在搞秘密活动**!而放弃鼓动就是彻底地永远地放弃**民主**。

要在第三届杜马中行使立法权,就必须以某种方式,直接或间接地同十月党人纠集在一起,完全站到反革命的和维护反革命胜利的立场上去。立宪民主党力图避而不谈这个显而易见的事实。但是他们在报告的另一个地方却说漏了嘴:"要行使立法提案权,应该事先弄清楚党的提案是否**真正通得过**。"而能不能通过,取决于十月党人。弄清楚是否通得过,就是说要在暗地里求助于十月党人。行使动议权要预先弄清楚提案是否通得过,就是说要阉割自己的提案**以讨好**十月党人,就是说要使自己的政策受"十月党"支配。

先生们,中间道路是没有的。要么做一个采取真正反对派立场的党,那样一来就是做不负责任的少数派。要么做一个积极参与反革命立法的党,那样一来就是在十月党人面前卑躬屈节。立宪民主党选择了后一条道路。据说,黑帮杜马因此把右派立宪民主党人马克拉柯夫选进主席团,以资奖励!马克拉柯夫对此是当之无愧的。

但是为什么直到现在还有一些社会民主党人主张支持立宪民主党呢? 这类社会民主党人是知识分子市侩习气和整个俄国生活

的市侩习气的产物。这类社会民主党人是由普列汉诺夫的庸俗马克思主义熏陶出来的。在社会民主党圣彼得堡组织代表会议上已经可以看出，孟什维克追随右派杜马，继续向右转。他们准备支持十月党，也就是支持**代表政府的**党！社会民主党人为什么不投比鲍勃凌斯基强的霍米亚科夫的票呢？这是一个是否恰当的问题！既然只能在鲍勃凌斯基和普利什凯维奇之间选择一个，那么为什么不投前者的票呢？既然马克思教导我们要支持资产阶级反对封建主①，那么为什么不支持十月党人反对黑帮分子呢？

是啊，说来惭愧，但不说也不对：普列汉诺夫把他那些孟什维克弄到使社会民主党蒙受奇耻大辱的地步。他像一个名副其实的套中人，老是重复"支持资产阶级"的陈词滥调，他**唠叨**得叫人发昏，使人再也弄不明白无产阶级在革命斗争中、在反对反革命的斗争中的特殊任务和特殊条件究竟是什么。马克思对革命时代的分析，全都是围绕着真正的民主派尤其是无产阶级同立宪幻想、同自由派的叛卖行为、同反革命的斗争来进行的。普列汉诺夫承认马克思，但是他承认的是被歪曲成司徒卢威的马克思。现在就让普列汉诺夫自食其果吧！

自由派在俄国革命中的反革命性质已经被10月17日以前特别是10月17日以后的全部事态的发展所证实。第三届杜马甚至能使瞎子也看清楚了。立宪民主党人同十月党人的接近是一个政治事实，任何托词和狡辩也掩盖不了。让低能的伯恩施坦派报纸《同志报》无可奈何地为此啜泣吧，让它一边啜泣，一边在政治上牵线，把立宪民主党人往十月党人那边推吧。社会民主党应当懂得

---

① 参看《马克思恩格斯文集》第2卷第65—66页。——编者注

俄国自由派的反革命性的阶级根源。社会民主党应当在杜马中无情地揭露立宪民主党人靠近十月党人的一切手段,揭露所谓民主自由派的种种卑鄙行径。工人政党一定会对所谓"保住火种"的种种见解嗤之以鼻,让社会主义的旗帜和革命的旗帜高高飘扬!

载于 1907 年 11 月 5 日《无产者报》
第 19 号

译自《列宁全集》俄文第 5 版
第 16 卷第 152—158 页

可是评判者是些什么人呢？[115]

(1907 年 11 月 5 日〔18 日〕)

  资产阶级报刊幸灾乐祸地嘲笑俄国社会民主工党内孟什维克和布尔什维克的分裂，尤其是嘲笑伦敦代表大会上的激烈斗争，这已是屡见不鲜的事了。没有人想到要去研究一下这些分歧，分析一下这两种倾向，向读者介绍一下分裂的历史和孟什维克同布尔什维克分歧的整个性质。《言语报》和《同志报》的政论家韦尔格日斯基之流、叶·库·之流、佩列亚斯拉夫斯基之流等等 penny-a-liner(文丐们)，纯粹捕风捉影，搜集饱食终日的沙龙清谈家们"津津乐道的""丑闻"细节，并且力图用有关我党斗争的乱七八糟的笑话来搅乱人们的头脑。

  社会革命党人也采取了这种庸俗嘲笑的态度。《劳动旗帜报》第 6 号的一篇社论，搬出切列万宁对伦敦代表大会上的争吵情况的描述，嘲笑"成千上万"的花费，兴致勃勃地大谈"俄国社会民主党当前内部状况的一幅满不坏的图景"。这样的开场白，自由派是用来为吹捧普列汉诺夫这类机会主义者作铺垫的，而社会革命党人则是用来为严厉斥责这些机会主义者作伏笔的(**现在**社会革命党人也在重复革命的社会民主党人反对召开工人代表大会的论据！他们到底醒悟过来了！)。但是无论前者或后者，对社会民主党内的严重斗争都同样采取了幸灾乐祸的态度。

我们先简单谈一下发动这场进攻的自由派英雄们，然后再详细谈谈"同机会主义作斗争"的社会革命党英雄们。

自由派嘲笑社会民主党内的斗争，是为了掩盖他们在立宪民主党问题上对公众一贯的**欺骗**。他们的欺骗是彻头彻尾的，立宪民主党本身的内部斗争以及立宪民主党人同当局的谈判都始终被掩盖了。谁都知道，左派立宪民主党人在指责右派，谁都知道，米留可夫之流、司徒卢威之流等等先生们曾谒见过斯托雷平之流先生们。然而确切的事实却被掩盖起来了。分歧被遮盖起来，关于司徒卢威先生们同左派立宪民主党人的争论只字未提。历次立宪民主党代表大会统统没有记录。无论是他们党的党员总数还是各组织的党员人数，自由派均未公布。各个委员会的倾向也无从知道。十足的一团漆黑，《言语报》十足的官方的造谣，谒见过大臣的人们对民主派的十足的欺骗——这就叫做立宪民主党。靠着议会活动向上爬的律师和教授们伪善地谴责地下活动，赞扬各政党的公开活动，而实际上是嘲弄公开性这一民主原则，向公众掩盖自己党内的各种不同的政治倾向。跪倒在米留可夫脚下的普列汉诺夫，看不出立宪民主党人这种粗暴的、肮脏的、包上一层文明外衣的对民主派的欺骗，他该有多么近视啊！

那么社会革命党人又如何呢？他们是否履行了正直的**民主派**（我们谈到社会革命党人时，不把他们叫做社会党人）的职责呢，就是说，他们是否**明白而真实地**向人民说明那些想带领人民前进的人们中间的各种政治倾向的斗争呢？

我们来看看事实吧。

社会革命党1905年十二月代表大会[116]，是第一次也是唯一的一次发表了记录的代表大会。中央机关报的代表图奇金先生大声说道："社会民主党人似乎曾经真心实意地确信，政治自由到来之日，即是我党政治上灭亡之时……　自由时代所证明的却是另一种情况。"（记录补充材料，第 28 页）得了，图奇金先生，是这样吗？自由时代真的证明了这一点吗？社会革命党在 1905 年、1906 年、1907 年的实际政策真的证明了这一点吗？

我们来看看事实吧！

社会革命党代表大会的记录（1905 年 **12** 月举行大会，**1906 年**公布记录！）中写道：一批在这次大会上只有发言权的著作家，10 月 17 日以后"**坚决要求社会革命党中央组织一个公开的党**"（记录第 49 页；以下引文均引自记录）。他们向社会革命党中央委员会"**建议成立的，不是公开的社会革命党组织，而是单独的与它平行的人民社会党**"（第 51 页）。中央拒绝了这个建议，并且把问题提交代表大会讨论。代表大会以多数票对 1 票（7 票弃权）**否决了**人民社会党人的提案（第 66 页）。图奇金先生拍着胸脯叫道："难道一个人可以同时参加两个党吗？"（第 61 页）而舍维奇先生暗示了一下人民社会党人近乎自由派，结果人民社会党人罗日杰斯特文斯基先生就**沉不住气了**（第 59 页），他声言"谁也没有权利"把他们叫做"**半自由派**"（第 59 页）①。

事实就是这样。1905 年社会革命党人同"半自由派"的人民社会党人**决裂了**。真的决裂了吗？

在 1905 年，报刊是党公开影响群众的最有力的手段。在十月的"自由日子"里，社会革命党人一直是**同人民社会党人结成联盟**

---

① 舍维奇先生看到这位沉不住气的人民社会党人受了**委屈**，便稍稍让了步，"**作了修正**"（第 63 页），"**以个人名义**〈！！〉解释"说："我并没有打算把讲演人列入自由派政党"。

来办报的，诚然，这是十二月代表大会以前的事。**从形式上看**社会革命党人在这个问题上是做得对的。但是实际上他们却在充分自由的时期，在最能公开影响群众的时期，向公众**掩盖了**党内两种不同的倾向。他们的分歧并不比社会民主党内的分歧小，不过社会民主党关心的是把分歧弄清楚，而社会革命党人关心的则是用外交手腕来掩盖分歧。1905 年的事实就是这样。

再看看 1906 年。这是第一届杜马的"小自由"时期。社会主义的报纸重整旗鼓。**社会革命党人又同人民社会党人结成联盟，他们的报纸是合办的。**难怪在代表大会上同"半自由派"的分裂是一种外交手腕了：高兴分裂就分裂，不高兴分裂就不分裂！提案被否决了，"同时参加两个党"的想法遭到了嘲笑，但是……但是人们继续一身跨着两个党，并且感恩不尽地叫道：感谢上帝，我们不像起内讧的社会民主党人！事实就是这样。俄国两个出版自由时期的标志是，社会革命党人同人民社会党人结成了联盟，用欺骗手法（"外交手腕"）向民主派掩盖了他们党内出现的两种迥然不同的倾向。

再看看 1907 年。在第一届杜马以后，人民社会党人正式建立了自己的政党。这原是不可避免的，因为在第一届杜马中，在各政党第一次对**全俄农民代表**发表演说时，人民社会党人和社会革命党人提出了**不同的**土地法案（104 人法案[117]和 33 人法案[118]）。人民社会党人当着劳动派代表的面，**击败了**社会革命党人，为自己的法案即自己的土地纲领征得的签名要多两倍多。而这个纲领，据社会革命党人维赫利亚耶夫认为（《我们的思想》文集第 1 集中的文章：《人民社会党和土地问题》圣彼得堡 1907 年版），同 1906 年 11 月 9 日的法令[119]"一样"，"将会否定村社土地使用制的根本原则"。这个纲领把"**自私自利的个人主义的表现**"合法化了(维赫利亚耶夫先生的文章,第 89 页),"**用个人主义脏水污染了思想的巨流**"(同上,第 91 页),走上了"**怂恿人民群众中的个人主义和利己主义思潮的道路**"(同上,第 93 页)。

好像是很清楚了吧? 农民代表**绝大多数**都表现出资产阶级个人主义。社会革命党人向全俄农民代表发表的首次演说,就出色地证实了社会民主党的理论,事实上使社会革命党人变成了小资产阶级民主派的极左翼。

不过,也许社会革命党人在人民社会党人离开了他们并在劳动团中通过了自己的纲领以后,总该同人民社会党人十分明确地划清界限了吧? 没有。彼得堡第二届杜马的选举所表明的情况正好与此相反。同立宪民主党人的联盟,是当时社会主义运动内的机会主义的最重大的表现。黑帮危险是一个幌子,它**掩盖着向自由派屈服的政策**。立宪民主党的报刊强调孟什维克和人民社会党人的"温和",就特别明白地揭示了这一点。社会革命党人采取什么态度呢? 我们的"革命党人"同人民社会党人和劳动派结成了联盟;建立这一联盟的条件对公众隐瞒起来了。**我们的革命党人完全同孟什维克一样,跟在立宪民主党人的后面跑。**社会革命党的代表向立宪民主党人建议结成联盟(1907 年 1 月 18 日的一次会议。参看尼·列宁的小册子《你会听到蠢人的评判……》1907 年 1 月 15 日圣彼得堡版。① 小册子指出,在协议的问题上,社会革命党人**在政治上是不老实的**,它一面同 1907 年 1 月 7 日向立宪民主党人宣战的社会民主党进行谈判,一面又**同立宪民主党人**进行谈

---

① 见本版全集第 14 卷第 272—290 页。——编者注

判)。社会革命党人参加左派联盟是**违背**自己的意愿的,是由于遭到立宪民主党人的拒绝的缘故。

总之,社会革命党人在同人民社会党人完全决裂以后,**实际上**执行了人民社会党人和孟什维克的政策,即机会主义者的政策。他们的"长处"就在于:他们把执行这一政策的动机和自己党内的思潮掩盖起来,蒙蔽世人耳目。

1907年2月间社会革命党的紧急代表大会[120]不仅没有提出这个同立宪民主党联盟的问题,不仅没有认清这样一项政策的影响,反而**确认了**这一政策!请想一想格·安·格尔舒尼在这次代表大会上发表的讲话吧。《言语报》当即对这篇讲话大加赞扬,就像它一贯称赞普列汉诺夫一样。格尔舒尼说,他仍然坚持"原来的意见:立宪民主党人现在还不是我们的敌人"(小册子《格·安·格尔舒尼在社会革命党紧急代表大会上的讲话》1907年版第11页。全书共15页,上面印着社会革命党的口号:"在斗争中争得自己的权利")。格尔舒尼警告反对派不要搞内部的相互争斗,他说:"人民会不会不再相信通过人民代表机关来管理国事这种可能性呢。"(同上)显然,社会革命党代表大会本着这位热爱立宪民主党的人的精神通过了一项决议,决议中说:

> "代表大会认为,在各个派别孤立行动以及各党团之间斗争激烈的情况下,在杜马中截然划分党派界限,会使反对派多数的活动完全陷于瘫痪,从而在劳动阶级心目中降低人民代表机关这一思想本身的威信。"(社会革命党《党内消息》杂志[121]1907年3月8日第6期)

这已经是彻头彻尾的机会主义了,比我们的孟什维主义还要恶劣。格尔舒尼迫使社会革命党代表大会重蹈**普列汉诺夫路线**的覆辙,不过他干得稍微笨拙些罢了。社会革命党杜马党团的全部活动,都反映了立宪民主党的这种关心全国反对派团结的策略的精神。社会民主党人普列汉诺夫和社会革命党人格尔舒尼的区别**仅仅**在于:前者所在的党并不掩饰这种颓废主义,而是揭露它,同它进行斗争;后者所在的党的一切策略原则和理论观点都是混乱不清的,而且用小团体的外交手腕的厚实帷幕对公众掩盖起来了。"家丑不可外扬",——社会革命党人先生们是精于此道的。他们的确**不能**把丑事外扬,因为除了丑事,就什么也没有了!他们是不能说出他们在1905年、1906年和1907年同人民社会党人的关系的全部真相的。他们不能吐露:一个**党**……一个党而不是一个小组……怎么能够今天以67票对1票通过一个极端机会主义的决议,而明天又声嘶力竭地高喊"革命"。

是的,"评判者"先生们,你们可以为社会民主党内的激烈斗争和分裂而欣喜若狂,对你们这种形式上的权利我们并不羡慕。不用说,在这场斗争中有许多令人不快的东西。在这种分裂中无疑有许多对社会主义事业极其有害的东西。尽管这样,我们一分钟也不想把这个沉重的真相换成你们那种"轻松的"谎言。我们党得的这场重病是一个**群众性的**政党在成长过程中的病症,因为如果没有完全弄清各种本质上的细微差异,没有各种倾向之间的公开斗争,不向**群众**介绍党的哪些活动家、党的哪些组织正在采取哪种路线,那就不可能有群众性的政党,阶级的政党。没有这些,就不可能建立起名副其实的党,而我们**正是在建立**这样的党。我们已经做到把我党两个派别的观点真实地、明白地和清楚地摆到大家面前。个人的偏激也好,派别的纠纷和争吵也好,内讧和分裂也好,所有这些都是微不足道的,与之相比,重要的是无产阶级群众和凡是能够自觉地对待政治的人,都能从**两种策略**的经验中真正学到一些东西。我们的争吵和分裂将会被人遗忘。我们的经过千锤百炼的策略原则将作为基石载入俄国工人运动和社会主义运动的史册。几年以后，也许甚至几十年以后，人们将根据数以百计的各种各样的实际问题去探究这个或那个派别的影响。俄国的工人阶级和全体人民**都知道**，当谈到布尔什维主义或孟什维主义时，究竟指的是什么人。

他们知道立宪民主党人吗？立宪民主党的全部历史是一场十足的政治把戏，它对最主要的东西避而不谈，始终关心的只是不惜任何代价来掩盖真相。

他们知道社会革命党人吗？社会革命党人明天会不会再同社会立宪民主党人结成联盟呢？社会革命党人是不是现在就在搞这样的联盟呢？他们是不让自己沾上劳动派的"个人主义脏水"呢，还是让这种脏水在自己党内日益泛滥？他们是否仍旧坚持全国反对派团结一致的理论呢？他们是否只是昨天才接受这个理论呢？他们会不会明天又把这个理论扔在一边，几个星期不予理会呢？这是谁也不知道的，连社会革命党人先生们自己也不知道，因为社会革命党的全部历史，就是一部始终一贯、接连不断地用空话和花言巧语来掩盖、混淆和粉饰分歧的历史。

为什么会这样呢？并非因为社会革命党人也像立宪民主党人一样，是资产阶级野心家。不，对他们这个小团体的真诚是**不能怀疑**的。他们的不幸就在于他们不可能建立起一个群众性的政党，不可能成为**阶级的**政党。客观的形势是：它只能成为农民民主派的**一翼**，成为不独立的、不平等的附属物，成为"隶属于"劳动派的一个"小组"，而不会成为一个独立的整体。狂飙突进时期未能帮助社会革命党人挺直腰杆，这个时期使他们同人民社会党人紧紧拥抱,紧得连分裂都没有把他们拆散。反革命进攻时期并没有加强他们同一定社会阶层的联系,只是引起了对农民的社会主义性的新的(现在社会革命党人正在竭力加以掩饰的)摇摆和动摇。现在当人们读到《劳动旗帜报》上那些热情洋溢地歌颂社会革命党从事恐怖活动的英雄们的文章时,就会情不自禁地自言自语道:先生们,你们的恐怖主义并不是你们的革命性的结果。你们的革命性仅仅限于恐怖主义。

　　不,这样的评判者要来评判社会民主党,还差得很远呢!

载于1907年11月5日《无产者报》第19号

译自《列宁全集》俄文第5版第16卷第159—166页

俄国社会民主工党第四次代表会议（"第三次全国代表会议"）文献[122]

（1907年11月5日和12日〔18日和25日〕之间）

1

关于第三届国家杜马中社会民主党党团的策略的报告

（1）

报　道

　　列宁同志的前提是：俄国革命的客观任务还没有完成，已经到来的反动时期向无产阶级提出了战胜普遍的动摇、特别坚决地捍卫民主事业和革命事业的任务。由此产生的看法就是：杜马应当用于革命目的，主要是用于广泛传播党的政治观点和社会主义观点，而不是用于进行立法"改革"，因为这种"改革"在任何情况下都只能是对反革命的支持和对民主派的肆意削弱。

　　用列宁同志的话来说，杜马问题的"关键"就是要阐明下述三点：（1）杜马的阶级成分怎样；（2）杜马的中派对革命和民主派应当采取、将会采取什么态度；（3）在俄国革命发展进程中杜马活动的意义如何。

在第一个问题上，列宁同志根据对杜马成分的分析（根据有关代表分属政党情况的材料）强调指出，要使第三届杜马接受声名狼藉的所谓"反对派"的观点，必须有一个条件，即至少要有 87 名十月党人同立宪民主党人和左派合作。立宪民主党人和左派要想在表决法案时取得必要的多数，还少 87 张票。就是说，必须有绝大多数十月党人参加，才能在杜马中进行真正的立法活动。这样的立法活动会产生怎样的结果，同十月党人一致行动会使社会民主党蒙受多么大的耻辱，这都是很清楚的。这里问题并不在于抽象的原则。抽象地说，可以而且有时甚至应该支持大资产阶级的代表。但是在目前情况下必须考虑到俄国资产阶级民主革命发展的具体条件。俄国资产阶级早就走上了反对革命而同专制制度妥协的道路。最近一次立宪民主党代表大会彻底撕下了米留可夫先生之流用来遮盖自己的遮羞布。这次大会是一起重大的政治事件，因为立宪民主党人已经厚颜无耻地声明说，他们要到十月党人——黑帮杜马中去行使立法权，而对"来自左面的敌人"则要进行斗争。这样，杜马中可能形成的两个多数，即十月党人——黑帮多数和立宪民主党人——十月党人多数，都将努力通过不同的途径收紧反动的套索：前者将竭力恢复专制制度；后者则会同政府搞交易，并且提出旨在掩盖资产阶级反革命企图的徒有虚名的改革。可见，社会民主党决不能采取支持立法改革的立场，因为那样就等于支持**代表政府的**十月党。在目前的政治基础上，在目前的力量对比情况下，"改革"的道路并不意味着改善群众的生活状况、扩大自由，而是意味着对群众的不自由和受奴役处境作出官僚式的详细规定。例如斯托雷平按根本法第 87 条颁布的土地改革法[123]就是如此。

这次改革是进步的,因为它在替资本主义扫清道路,但是没有一个社会民主党人打算支持这种进步。孟什维克老是重复一个死板公式:资产阶级的阶级利益**一定会**同专制制度发生冲突！但是这种庸俗的假马克思主义,没有一丝一毫符合历史真理。难道拿破仑第三和俾斯麦没有暂时满足过大资产阶级的贪欲吗？难道他们不正是利用他们的"改革"来勒紧劳动群众脖子上的绞索,一勒就是许多年吗？认为俄国政府在同资产阶级搞交易时就会同意实行另外一种改革,这有什么根据呢？

载于 1907 年 11 月 19 日《无产者报》第 20 号

译自《列宁全集》俄文第 5 版第 16 卷第 169—171 页

（2）

记　　录

　　列宁：问题的关键是弄清楚杜马的阶级成分，弄清楚这些阶级对资产阶级民主、对革命、对反革命持何种态度。这种分析不仅应当是党团的政策的基础，而且应当是党对杜马的态度的基础。杜马中有两个多数。这两个多数的情况如何？党的政策就是根据对这两个多数的分析制定的。下面我列举一些数字来进行这一分析。439 名杜马代表中包括：社会民主党人 16 名；左派 16 名；立宪民主党人 48 名；亲立宪民主党分子 45 名；无党派人士 8 名（自由派共 101 名）；十月党人 96 名；亲十月党分子 23 名；右派 187 名。从这些数字就可以看出杜马中存在着两个多数。自由派＋十月党人＝220 名。十月党人＋右派＝306 名。在彼得堡代表会议上有一位孟什维克同志说过，不可能形成十月党人—立宪民主党人多数。如果说立宪民主党人和十月党人现在还没有勾结起来的话，那他们是会勾结起来的，因为根据这两个党所代表的阶级的性质，这种结盟是可能的。十月党人代表原始积累时期的反革命资产阶级，立宪民主党人代表以后各个发展阶段的反革命资产阶级。反对革命这一点使十月党人同立宪民主党人接近起来。当有人建议我们支持立宪民主党人的时候，我们总是考虑到这个联盟。问题的关键是社会民主党人能不能支持十月党人—立宪民主党人联盟。其余的问题都是由此派生出来的。**必须从革命民主主义的观**

点，而不是从适宜与否的观点来研究这个问题。有人认为这个多数依靠的是资产阶级，而右派依靠的则是农奴主土地占有制。这是他们支持这个多数的依据。支持十月党人—立宪民主党人联盟的方针的实质就是如此。从社会民主党的观点来看，可不可以支持十月党人—立宪民主党人联盟呢？抽象地说，我们有时候并不是不可以支持十月党人。但这样的问题是不能抽象地解决的。不久前十月党人提出了扩大杜马预算权的决议案。如果这个要求能引起广泛的人民运动，那我们就要支持它。但是，事实上十月党人现在推行的是另外一种政策。**如果承认立宪民主党人代表资产阶级，那么根据抽象的推论**，社会民主党就得支持拿破仑第三的政策了，因为拿破仑第三违反土地占有者的意愿而推行资产阶级的政策。对俾斯麦的反对容克的政策也可以这样说。具体地说，十月党人和立宪民主党人所代表的是反对革命的资产阶级。**俄国资产阶级的整个性质使得他们要用一些改革来掩盖其反革命行径。**这一点，立宪民主党代表大会的资料可以作证。当立宪民主党人在1901年谈论借款时，我们就说他们正在以此进行背叛；可是当时有人对我们说，这样说还为时过早。关于他们背叛自己的土地纲领的事……　现在立宪民主党人认为民主主义的要求已经毫无希望了。有人对我们说，我们应当支持立宪民主党人的改革。这等于说，我们应当支持反革命。这就会使社会民主党不成其为社会民主党。**这是不能用我们支持资产阶级去反对农奴主-土地占有者来辩解的。**立宪民主党代表大会的报告说，立宪民主党人正在取得合法地位。可是，这是预先注定要同十月党人达成协议的，因为立宪民主党人谈的是实际通过这些提案，而不是在讲坛上进行宣传。同时立宪民主党人对于同十月党人结盟一事却只字不提。

报告的另一处说，一旦左派恢复自己的策略，立宪民主党人就要对此给予回击。这是同十月党人达成协议的条件。这几乎就是反革命行径了。如果社会民主党支持十月党人＋立宪民主党人，那么它将陷入何种境地呢？我们不妨回忆一下1861年的改革。当时自由派提出了一些与革命背道而驰的改革方案。社会民主党人在第二届杜马中谈到这次改革，说它加强了反革命势力。这是套在农民和工人脖子上的绞索。关于我们支持十月党人＋立宪民主党人的问题，也可以这样说。**杜马主席团问题给我们上了一课。**孟什维克是从适宜与否的观点提出这个问题的。关键在于选一个好一点的主席。立宪民主党人硬说，他们认为霍米亚科夫当主席要好些。这和第二届杜马中的主席问题相似。当时投了一个立宪民主党人的票，后来又反对他。霍米亚科夫当选之后，立宪民主党人听到他的演说中闭口不谈立宪问题；此后，立宪民主党人在《言语报》上说自己受骗了。这不是偶然的。在本届杜马中，支持霍米亚科夫是立宪民主党人的一个阴谋。对于出现一个反对他们的主席团，他们应负政治责任。资产阶级自由派的全部历史表明，他们是被地主牵着鼻子走的。资本家的统治使资产阶级自由派有了靠山。立宪民主党人的整个政策是听任反革命地主愚弄资产阶级自由派。社会民主党如果支持十月党人，那不仅从社会主义任务的观点来看，而且从民主主义任务的观点来看，都是错误的。我们的党团本应作出决定，并且告诉劳动派，说明对立宪民主党人＋十月党人的任何支持都是对革命的背叛，因为这种支持就等于跟着地主走。社会民主党本应告诉劳动派说，社会民主党是民主事业最彻底的捍卫者，可是它并没有这样做，于是11月3日劳动派出席了立宪民主党人的会议。我们今后的政策应该表现在行动上，而不是停留在口头上。马·说，必须分化立宪民主党人。但是要做到这一点，就需要有一条明确的政治路线。立宪民主党人尼科尔斯基在《同志报》上写道，他后悔投了十月党人的票。我们的坚定政策将把左派团结在我们的周围。委托书是会帮我们的忙的。社会民主党应对自己的代表在第二届杜马中提出的关于转入讨论当前事务以谴责第87条(？关于土地问题)的建议遭到失败一事坚决地发表意见＋社会民主党应当每次都向左翼民主派提出最后通牒。对社会民主党来说，最重要的是给立宪民主党人—十月党人联盟下一个原则性的定义——这个联盟是反革命的装饰品。甚至社会民主党的沉默也会成为依附自由派资产阶级的表现。

译自《列宁文集》俄文版第38卷
第25—27页

2

关于第三届国家杜马中社会民主党
党团的策略的报告的总结发言

列宁：李伯尔谈到无政府主义者、社会革命党人和其他这类人的情况。卡·考茨基说，莫斯科起义使他本人改变了看法，他原来认为无产阶级的使命已经完成。他还说，他认为无产阶级只有同农民结成联盟，才可能取得胜利。这是布尔什维克和孟什维克之间意见分歧的根源。李伯尔把提纲提出来了。**现在我用德国的例子来回答提纲的第1条。德国的革命表明，尽管资产阶级的工业发展迅速，但资产阶级却从来也没有掌握过政权。早在1848年的《宣言》中就说过，愈往东方，资产阶级胜利的条件就愈少。**梅林写道，德国自由派分子走的是一条可怜而又顺从的道路。马克思早在1875年就说过，在德国我们看到各种政治形式的军事专制制度……(?)**124**　　德国资产阶级政治革命的例子表明，我们所看到的是地主对资产阶级的改造。俾斯麦是按资产阶级方式改造德国的。李伯尔所提出的，斯托雷平都能办到——这就是俾斯麦主义，而在德国没有任何人说过要支持俾斯麦。李伯尔已经谈起改良主义来了。说什么我们应当支持十月党人—立宪民主党人联盟。在斯托雷平制度下的俄国，我们能这样做吗!? 李伯尔是俄国最大的最糟糕的改良主义者。难怪唐恩要同李伯尔划清界限。唐恩说得就比较巧妙。唐恩说，主要的是十月党人—右派联盟掩饰……李伯尔的地方。他把十月党人—立宪民主党人联盟说成某种还应该争取的力量。但这样一来，就会成了可能向左转的十月党人—立宪民主党人多数了。立宪民主党第五次代表大会是个大事件。**唐恩说，我们在重复伦敦决议。说得还不够。在我们的决议里还考虑到立宪民主党第五次代表大会。立宪民主党人在向右转，这个十月党人也在向右转。为了搞出李伯尔所想要的东西，他只得牺牲我们的纲领，因为这个纲领谈到各项改良措施。**社会民主党是支持反对派的，但是反对那些巩固警察官僚制度阵地的措施。在第一届杜马中，立宪民主党人提出过一些社会民主党人不能支持的法案。**我们在谈论十月党人—立宪民主党人联盟时，考虑到了立宪民主党第五次代表大会。我们比唐恩要实际。不，本应就选举霍米亚科夫的问题，同左派商谈……** 既然委托书对记名投票来说是违反民主的，那么黑帮就比立宪民主党人更乐于进行记名投票。第二届杜马的经验表明，委托书毫无用处。如果你们把委托书当成宝贝，你们就会放弃实际的政治。劳动派参加立宪民主党人的会议，这本来是会引起一番议论的。**唐恩说过，在某些问题上必须支持立宪民主党人。就拿根据第87条提出的土地法案来说，这是一个进步的法案。既然你们已经同农民发生了冲突，社会民主党还能支持这个法案吗？有斯托雷平式的资产阶级的发展，同时也有土地平分社的发展。俾斯麦也好，拿破仑第三也好，斯托雷平也好，社会民主党人任何时候都是不会支持的。**

译自《列宁文集》俄文版第38卷
第27—28页

3

关于第三届国家杜马中
社会民主党党团的策略的决议

俄国社会民主工党全国代表会议根据伦敦代表大会关于国家杜马和关于各非无产阶级政党的决议，认为有必要对这些决议作如下说明：

(1)在作为六三政变结果的第三届杜马中可能出现两个多数：黑帮—十月党人多数和十月党人—立宪民主党人多数。黑帮—十月党人多数主要代表农奴主-地主的利益，是反革命的，他们主要是主张维护地主的利益和加紧镇压，直至力图完全恢复专制制度。十月党人—立宪民主党人多数主要代表大资产阶级的利益，它无疑也是反革命的，但是喜欢用某些徒有虚名的、官僚式的改革来掩盖他们反对革命的斗争；

(2)杜马中的这种情况特别有利于政府和立宪民主党人玩弄两面的政治把戏。政府想在加紧镇压并继续用武力来"征服"俄国的同时，把自己装扮成立宪改革的拥护者。立宪民主党人投票时实际上同反革命的十月党人保持一致，却想把自己不仅装扮成反对派，而且还装扮成民主派的代表。在这种情况下，社会民主党就肩负着特别艰巨的任务：无情地向人民揭露这种把戏，既揭露黑帮地主和政府的暴力行为，也揭露立宪民主党人的反革命政策。社会民主党人对立宪民主党人直接或间接的支持——无论是组织有立宪民主党人参加的情报局,还是调整自己的行动以适应立宪民主党人的政策等等——目前都会直接损害对工人群众进行阶级教育的事业和革命事业;

(3)社会民主党人在坚持自己的社会主义目标并从这一立场出发批判一切资产阶级政党的同时,在自己的鼓动工作中应当首先向广大人民群众说明第三届杜马完全不符合人民的利益和要求,因而应当首先广泛地大力宣传在普遍、直接、平等和无记名投票的基础上召开立宪会议的主张;

(4)社会民主党在第三届杜马中的主要任务之一是:揭露政府和自由派各项提案的阶级实质,不断针锋相对地提出社会民主党的最低纲领(不打任何折扣)的要求,同时要特别注意涉及广大人民群众的经济利益的问题(工人问题、土地问题、预算问题等等),何况第三届杜马的构成会给社会民主党的鼓动工作提供极为丰富的材料;

(5)如果社会民主党在表决某一问题时同黑帮—十月党人联盟或者同十月党人—立宪民主党人联盟投同样的票,社会民主党党团应当特别注意不要使这种表面上的吻合被利用来作为对某一联盟的支持;

(6)社会民主党人在杜马中必须提出法案和行使质询权,为此在丝毫不违背社会民主党的纲领和策略、不缔结任何联盟的情况下,同比立宪民主党人左的其他集团协同行动。社会民主党党团应当立即向杜马左派代表建议组织情报局,这个情报局对参加者没有任何约束力,但是能为工人代表提供经常以社会民主党的政策的精神来影响民主派的机会;

　　(7)代表会议认为在社会民主党杜马党团首先要采取的具体步骤中,有必要特别着重指出的是,必须:(1)发表单独的宣言,(2)对六三政变提出质询,(3)在杜马中用最适宜的方式提出关于第二届国家杜马中的社会民主党党团被法庭审讯的问题[125]。

载于 1907 年 11 月 19 日《无产者报》
第 20 号

译自《列宁全集》俄文第 5 版
第 16 卷第 172—174 页

第三届国家杜马和社会民主党

(1907 年 11 月上半月)

1907 年 11 月 1 日,第三届国家杜马开幕了,它是根据沙皇在 1907 年 6 月 3 日第二届杜马解散后颁布的选举法召开的。1905 年 12 月 11 日颁布的旧选举法离实行普遍、直接、平等和无记名投票的选举权相去甚远,它歪曲了人民的意志,把杜马变成强奸民意的工具,在听命于沙皇专制制度的、由旧官吏和旧法官组成的参议院向第二届杜马"解释"这个选举法之后,尤其如此。6 月 3 日,沙皇把工人、农民和城市贫民原来享有的少得可怜的选举权也剥夺了。这样,专制政府又犯下了一条无耻的反人民的罪行,它伪造人民代表机关,把杜马交给了地主和资本家这些沙皇专制制度的支柱、世世代代压迫人民的人去控制。事先就可以预料到,他们将在杜马中占统治地位。结果正是这样。

现在,大家都已知道 439 名杜马代表的选举情况。如果不算 8 名无党派人士,其余的 431 人分成**四大派**:(1)最大的一派是**右派**,即黑帮代表,有 187 人;(2)其次,**十月党人**以及亲近他们的政党,有 119 人;(3)立宪民主党人以及和他们观点相似的,有 93 人;(4)左派,32 人(其中社会民主党人 16 至 18 人)。

什么叫黑帮分子,这是尽人皆知的。确实有一部分落后的不觉悟的工人、农民和城市贫民追随他们,但其主导部分则是地主–

农奴主。对于这些地主-农奴主来说，保持专制制度是唯一的生路，因为只有靠专制制度的帮助，他们才能掠夺国家财富，获得津贴、贷款、优厚的薪俸和种种施舍；只有靠专制制度的警察和军队，他们才能奴役饱受无地之苦的、被工役制[126]和无法偿清的债务与欠税束缚起来的农民。

十月党人有一部分也是地主，这主要是这样一些人，他们用自己田庄上的粮食进行大宗交易，需要专制政府的庇护，希望国外不会对这些粮食征收太高的关税，通过俄国铁路把粮食运往国外时可以少花一些运费，官方在搞酒类专卖时能以较高的价格收购许多地主在自己的酒厂里用马铃薯和粮食酿造的酒精饮料。但是，除了这些凶恶贪婪的地主之外，十月党人中还有不少同样凶恶贪婪的资本家、工厂主、银行家。他们也需要政府的庇护，希望能对进口商品征收重税，这样本国商品就可以卖得很贵，希望官方向资本家的工厂提出对资本家有利的订货，等等。他们需要警察和军队把工人也变成他们手下的奴隶，如同农民是地主-农奴主手下的奴隶一样。

很清楚，十月党人和黑帮分子是多么相似。杜马中要是谈到国家的收支，他们共同关心的就是怎样让捐税的全部重担压到农民、工人和城市贫民的身上，而让收入落到资本家、地主和大官吏的手里。要是谈到把土地分给农民或改善工人的生活状况，黑帮分子和十月党人就会一致行动，只把他们所不需要的那些土地高价出售，把本来就已极其贫困的农民榨取一空；他们将竭力束缚住在资本主义沉重剥削下痛苦不堪的工人们的手脚。黑帮分子和十月党人当然要力求有更多的警察和军队来保卫他们"宝贵的"生命和"神圣的"财产，因为他们像害怕火一样地害怕革命，害怕为自由和土地而奋起进行伟大斗争的工人和农民的强大冲击。**十月党人和黑帮分子加起来在第三届杜马中将占大多数——439 人中占 306 人**。这个多数可以为所欲为。这个多数是反对革命的，或者照通常的说法，是反革命的。

但是，十月党人可能会在一些问题上同大多数黑帮分子发生分歧。黑帮分子猖狂已极。他们相信，单凭警察的拳头、皮鞭、机枪和刺刀就可以消灭一切革命，扑灭人民对光明和自由的任何渴望。他们想依靠专制政府随心所欲地支配国家财富，从中谋取私利，把所有肥缺都据为己有，管理国家就像管理自己的田庄一样。十月党人没有忘记，地主和官吏迄今对国家的管理使他们得以把一切全都据为己有，给资本家留下很少东西。黑帮分子和十月党人这两头野兽为了一块肥肉，为谁能多得一点而争吵不休。十月党人不肯把肥肉全部或者大部分让给黑帮分子，因为不久前的日俄战争才教训过他们，这场战争表明，管理国家的黑帮分子极其昏庸无能，甚至连他们自己也遭到了损失，而资本家和商人遭到的损失就更大。因此，十月党人想掌握国家的部分权力，希望批准于自己有利、当然不是于人民有利的宪法。同时，十月党人想用各种法律欺骗人民，这些法律表面上好像对国家和人民的生活在作某些改革和改善，而实际上却在为富人的利益效劳。他们和黑帮分子一样，当然也准备依靠机枪、刺刀和皮鞭来对付革命，但与此同时，为了更加稳妥起见，并不反对用骗人的改革来蒙蔽人民群众。

为此，十月党人需要另一些同盟者，而不是黑帮分子。诚然，即使在这些问题上，他们也指望把一部分右派从"俄罗斯人民同盟"的极端黑帮分子那里争取过来，但这还不够。因此，不得不寻找另一些同盟者，这些同盟者也是革命的敌人，但同时又是黑帮分子的敌人，他们拥护骗人的或微不足道的改革，拥护对大资产阶级也许还在一定程度上对中等资产阶级有利的宪法。

这样的同盟者十月党人在杜马中很容易找到。这就是立宪民主党，即这样一部分地主、大资产阶级和中等资产阶级的政党，他们完全适应于经营类似西欧各国那种真正的、模范的资本主义经济，这种经济也是以剥削为基础的，即以压迫工人、农民和城市贫民为基础的，不过这种剥削巧妙、精明、手段高超，不是任何人都能一下子识破的。在立宪民主党内，有许多经营真正的资本主义经济的地主，也有经营这种经济的工厂主和银行家，有许多从富人那里领取高薪的律师、教授和医生。诚然，立宪民主党人在他们的纲领中是向人民许了一大堆愿的：又是普选权，又是各种自由，又是八小时工作制，又是给农民以土地。但所有这一切仅仅是为了笼络人心。而事实上，他们在前两届杜马中也根本没有提出过普选权问题；他们所提出的关于各种自由的法律，实际上都是为了尽可能少给人民自由；他们在第二届杜马中提出的不是八小时工作制，而是十小时工作制；他们准备给农民的土地仅仅是资本主义经济所不需要的那种土地，而且要收赎金，土地数量也有限，农民在得到这些土地以后，还是要到邻近的地主田庄去当雇工。这一切都是狡猾的骗局，工人根本没有上当，农民也很少受骗，只有城市贫民在某种程度上相信了立宪民主党人。而现在，在两届杜马解散以后，立宪民主党人完全老实了，开始巴结十月党人：宣称他们认为革命者、尤其是社会民主党人是他们的敌人，声明他们相信十月党人的宪制，选举杜马主席时他们投了十月党人的票。交易已经搞成。诚然，斯托雷平大臣看来不希望有持久的交易，他想压制立宪民主党人，并以此来影响十月党人，但**实际上十月党人和立宪民**

主党人仍将构成杜马中的第二个多数。他们加在一起有 212 人，略少于半数，但是还有 8 名无党派人士将拥护他们，这样就会构成多数；更何况右派中的一些人在某些问题上还可能同十月党人和立宪民主党人投一样的票。当然，这**第二个多数也将是反革命的**，将要同革命较量；它只会用一些可怜的或对人民毫无用处的改革来掩饰自己。

第三届杜马中的这两个多数能够战胜革命吗？

只要农民还没有获得足够数量的土地，只要人民群众还不能对国家管理施加主要的影响，伟大的俄国革命就不会停止。杜马中的两个多数能够做到这一切吗？ 提出下面这样的问题都是可笑的：难道农奴主-地主和资本家吸血鬼会给农民土地，会把主要权力让给人民吗？ 不会！ 他们会赏给饥饿的农民一口饭吃，却要先把农民抢劫一空，他们只会帮助富农和土豪安排妥帖，并把全部权力抓到自己手里，让人民仍旧处于被压迫和被奴役的地位。

显然，社会民主党人应当竭尽全力把人民的伟大事业——革命即争取自由和土地的斗争继续下去。

给十月党人充当后台的政府，还有立宪民主党人，它们在杜马中都想玩弄两面手法。政府一方面加紧迫害，用刺刀、绞架、监狱和流放征服俄国，另一方面又想把自己装扮成改革的拥护者。立宪民主党人实际上和十月党人抱成一团，却竭力表明自己是自由的真正保卫者。无论是前者还是后者都想欺骗人民和扼杀革命。

这是绝对办不到的！ 为全体人民的解放而奋斗的始终不渝的忠诚的战士——社会民主党人将撕下伪君子和骗子手的假面具。他们将在杜马中和在杜马外揭露黑帮地主和政府的暴力行为，揭穿立宪民主党人的骗局。他们一定会懂得，也应该懂得，现在不仅要和政府进行无情的斗争,而且不能直接或间接地支持立宪民主党人。

社会民主党人首先应当大张旗鼓地揭露沙皇 1907 年 6 月 3 日所犯下的卑鄙罪行。杜马中的无产阶级代表应当向人民讲清楚:第三届杜马是不可能为人民的利益服务,不可能实现人民的要求的;只有通过普遍、直接、平等和无记名投票选举出来的全权立宪会议才能做到这一点。

政府将提出一些新法令。十月党人、立宪民主党人和黑帮分子也会这样做。所有这些法令都将厚颜无耻地欺骗人民,都将粗暴地侵犯人民的权利和利益,嘲弄人民的要求,诬蔑人民在争取自由的斗争中所作的牺牲。所有这些法令都将维护地主和资本家的利益。这些法令中的每一项都将是暴力者和寄生虫准备用来奴役工人、农民和城市贫民的锁链中新的一环。这并不是人人都能一眼看穿的。但社会民主党人是知道和明白这一点的,因此他们会向受骗的人民大胆地揭露这一点。这里,他们应当特别注意那些涉及人民最迫切的需要的法令——土地法令、工人法令和国家收支法令。社会民主党人在揭露农奴主和资本家的暴力行为和欺骗行为的同时,必须向全体人民说明自己的要求——建立完备的民权制度(民主共和国)、实现不受限制的自由和平等、实行八小时工作制和改善工人的劳动条件、没收大的田庄和把土地交给农民。他们还应该指明全世界无产阶级给自己提出的伟大目标——实现社会主义,彻底消灭雇佣奴隶制。

在杜马中,同社会民主党人站在一起的还有为数不多的左派,主要是劳动派。社会民主党人应当号召他们跟社会民主党人走。当需要向野兽一般地在俄国胡作非为的政府提出质询的时候,这样做尤其必要。警察、宪兵这些沙皇政府的看家狗，以至大臣和省长这些最高当权者，每天都在横行霸道，为非作歹。必须揭露他们，痛斥他们。这要由社会民主党人来做。但是，提出质询需要有30名杜马代表的署名，而社会民主党的代表未必会超过18人。他们和其他左派加在一起有32人。社会民主党人应当拟好质询的问题并号召左派参加他们的质询。如果左派真正以伟大的自由事业为重，他们就应当参加。那样一来，政府就会受到沉重的打击，如像社会民主党人在第二届杜马中用自己的质询使政府受到沉重打击一样。

这就是社会民主党人在第三届国家杜马中的主要任务。在那里，我们的同志需要作出艰苦的努力。他们在那里将置身于凶恶的、势不两立的敌人之中。有人将封他们的嘴，肆意侮辱他们，还可能把他们开除出杜马，交付法庭审判，关进监狱和流放到外地。不管受到怎样的迫害，他们都应该坚强不屈，应该高高举起无产阶级的红旗，永远忠于争取全体人民解放的伟大斗争事业。而我们大家，工人同志们，也应该齐心协力地支持他们，应当注意倾听他们的每一句话并作出反应，在各种群众集会和会议上讨论他们的行动，以自己的同情和赞许来支持他们每一个正确的步骤，在为革命事业进行的斗争中，用一切人力和物力帮助他们。愿工人阶级万众一心支持自己的代表，并从而加强自身的团结，这种团结是他们进行伟大的斗争——将来进行"最后的斗争"时所必需的。

载于1907年11月《前进报》
第18号

译自《列宁全集》俄文第5版
第16卷第175—182页

沃伊诺夫(阿·瓦·卢那察尔斯基) 论党同工会的关系一书的序言[127]

(1907 年 11 月和 12 月 8 日〔21 日〕之间)

　　沃伊诺夫同志这本关于无产阶级社会主义政党同工会的关系问题的小册子,会引起许多的曲解。原因有两个:第一,作者只顾反对狭隘地、错误地理解马克思主义,反对忽视工人运动的新要求,反对不广泛深入地研究问题,往往就说得过于笼统。他抨击正统思想——诚然,他所抨击的只是带引号的正统思想,也就是假正统思想——或者抨击整个德国社会民主党,其实他所抨击的只是把正统思想庸俗化的人,只是社会民主党内的机会主义派。第二,作者是为俄国读者写的,但是他却很少考虑到,他所分析的这些问题,在俄国,提法上存在着各种细微的差别。沃伊诺夫同志的观点同俄国工团主义者、孟什维克以及社会革命党人的观点是有天壤之别的。但是不经心的或者别有用心的读者很容易抓住沃伊诺夫的个别词句或个别思想,因为作者直接针对的主要是法国人和意大利人,并没有把同俄国的形形色色的糊涂虫划清界限作为自己的任务。

　　举例来说,社会革命党人就是这样的糊涂虫。他们在《劳动旗帜报》第 5 号上以惯常的放肆态度宣布说:"社会党国际赞同我们〈!〉一贯〈!〉采取的对工会运动的观点。"再以"我们的思想"出版社出版的《论文集》第 1 集（1907 年）为例。维克多·切尔诺夫先生大骂考茨基，却**避而不谈**曼海姆代表大会[128]的决议和考茨基反对机会主义的中立主义者的斗争！遭到社会革命党骑手攻击的考茨基的文章，是在曼海姆代表大会前夕写成的。在曼海姆代表大会上，考茨基同中立主义者进行了斗争。曼海姆决议"给工会中立打开了一个大缺口"（考茨基语，见他关于曼海姆代表大会的一篇文章，载于 1906 年 10 月 6 日《新时代》杂志[129]）。但是**在 1907 年**出了一位批评家，他硬充革命者，把考茨基叫做"大教条主义者和践踏马克思主义的人"，他完全同机会主义的中立主义者一唱一和，责备考茨基别有用心地贬低工会的作用、力图使工会"从属于"党等等。我们可以再补充一点，社会革命党人一向主张工会的非党性，早在《劳动旗帜报》第 2 号（1907 年 7 月 12 日）上，一篇社论中就有"党的宣传应**在工会以外进行**"这样的话，这就使我们看清了社会革命党人的革命主义的全貌。

当考茨基对机会主义的中立主义进行斗争、并且进一步深入地阐明马克思主义理论、推动工会向左转时，这班先生就大骂考茨基，重弹机会主义者的老调，偷偷地继续为工会的非党性辩护。当**同一个考茨基**在斯图加特代表大会上修正了贝尔的决议，在决议中强调提出工联的社会主义任务，从而进一步把工会推向左转时，社会革命党人先生们就大喊大叫：社会党国际赞同我们的观点！

试问，这种方法是社会党国际的成员所应当采取的吗？这种批评岂不正好证明他们的无原则性和放肆吗？

深受自由派尊敬的前革命家普列汉诺夫，是社会民主党人中如此放肆的典型人物。他在《我们和他们》这本小册子的序言中不可一世地宣称：斯图加特决议（关于工会的）**经我修改以后**，就使伦敦决议(俄国社会民主工党伦敦代表大会决议)失去了意义。大概许多读者在读了我们这位出色的纳尔苏修斯[130]的声明以后,会真的相信在斯图加特代表大会上的斗争正是由普列汉诺夫的修正案引起的,真的相信这一修正案具有什么重要的意义吧。

其实,这个修正案("应当时刻注意经济斗争的统一")并没有什么重要的意义,甚至同斯图加特代表大会上**所争论的**问题的实质毫无关系,同国际社会主义运动中意见分歧的实质毫无关系。

其实,普列汉诺夫对"他的"修正案的赞美,起了非常庸俗的作用:使读者不去注意工会运动中**真正有争论的**问题,**把他们引入歧途,掩盖了**中立主义思想在斯图加特所遭到的失败。

孟什维克取得了胜利的俄国社会民主工党斯德哥尔摩代表大会(1906年),主张工会中立。俄国社会民主工党伦敦代表大会则采取了另一种立场,宣布必须竭力加强工会的党性。斯图加特国际代表大会通过了一项决议,照卡·考茨基的正确说法,这项决议**"永远否定了工会中立的主张"**[①]。普列汉诺夫到斯图加特代表大会委员会上去是为了捍卫中立的主张,关于这点沃伊诺夫作了详细的叙述。克拉拉·蔡特金在德国女工运动的机关刊物《平等》杂志上写道:**"普列汉诺夫企图用一些根本不能成立的理由**证明对这个原则〈即工会同党密切接近的原则〉作某些限制是正确的。"[②]

总之,普列汉诺夫所维护的中立原则已经破产了。他的论

---

① 1907年《前进报》第209号附刊。考茨基向莱比锡工人所作的关于斯图加特代表大会的报告。见种子出版社出版的《1908年大众历书》第173页上我那篇关于斯图加特国际社会党代表大会的文章。(见本卷第70页。——编者注)

② 见上述《大众历书》第173页以及《闪电》文集(1907年圣彼得堡版),该文集全文译载了《平等》杂志上的这篇文章。

据德国革命的社会民主党人认为是"不能成立的"。而普列汉诺夫却自我欣赏地宣称:"我的"修正案被接受了,伦敦的决议失去了意义!……

对啊,对啊! 不过这位受到自由派尊敬的社会党人的诺兹德列夫[131]式的放肆,看来一点也没有失去意义。

————

沃伊诺夫同志说,德国正统派认为冲击思想是有害的,正统思想"本来可以接受新经济主义的全部精神",我认为他的这种说法是不正确的。关于考茨基不能这样说,连沃伊诺夫同志自己也承认考茨基的观点是正确的。沃伊诺夫同志责备德国人"很少谈到工会作为社会主义生产的组织者的作用",他自己却又在另一个地方提到了**老李卜克内西**的意见,后者曾非常鲜明地承认了这一作用。沃伊诺夫同志还误信了普列汉诺夫的话,认为倍倍尔在他的贺词里**故意**不谈俄国革命,认为倍倍尔**不愿意**谈俄国。普列汉诺夫的这些说法,不过是这位深受自由派尊敬的社会党人拙劣的插科打诨,是根本不该认真对待的,甚至不该设想其中会有半句真话。我自己可以证明,当倍倍尔发言的时候,在主席团席位上坐在我旁边的社会党右翼代表范科尔,正是特别注意倍倍尔会不会提到俄国。倍倍尔刚刚把话讲完,范科尔就朝我露出惊讶的神情;他没有怀疑(代表大会的每一个严肃的代表也都没有怀疑)倍倍尔忘记谈俄国是**偶然的**。最出色最有经验的演说家也会有疏漏的时候。沃伊诺夫同志把上了年纪的倍倍尔的健忘说成是"有代表性的",我认为是极不公正的。而笼统地谈论**"今天的"**机会主义者倍倍尔,这同样是极不公正的。现在还没有根据作出这样的概括。

但是,为了不致产生误解,我要马上指出,如果有人试图利用沃伊诺夫同志的这些话来反对革命的德国社会民主党人，那就是别有用心的断章取义了。沃伊诺夫同志以他的**整本**小册子充分证明，他是站在德国革命马克思主义者（如考茨基）一边的，他**同他们一起**致力于消除旧的偏见，抛弃机会主义的死板公式和鼠目寸光的自负心理。正因为如此，在斯图加特代表大会上，我同沃伊诺夫同志对所有重大问题的看法也都是一致的，现在在他的革命批评的总的精神上我同他也是一致的。沃伊诺夫同志认为，现在我们不仅要向德国人学习，而且要**以德国人为借鉴**，这个说法是千真万确的。只有那些不学无术的人，那些直到现在还没有从德国人那里学到任何东西，因而连起码的常识都不懂的人，才会由此得出革命的社会民主党人内部"发生分歧"的结论。如果我们还想忠于马克思的精神，还想帮助俄国社会党人担当起工人运动当前的任务的话，我们就应当毫无顾虑地坦率地批评德国领袖们的错误。倍倍尔在埃森肯定也错了，他维护诺斯克也好，坚持把防御战和进攻战分开也好，攻击"激进派"同范科尔进行斗争的**方法**也好，否认（同辛格尔一起否认）参加斯图加特代表大会的德国代表团的策略的失败和错误也好，都是错误的。我们不应当掩饰这些错误，而应当以他们的错误为例子来说明，俄国社会民主党人应当学会避免犯这些错误，应当符合革命马克思主义的更为严格的要求。俄国的无政府主义者和工团主义者、自由派和社会革命党人，还是不要因为我们批评了倍倍尔而幸灾乐祸吧。我们要告诉这班先生：鹰有时比鸡飞得低，但鸡永远不能飞得像鹰那样高！

————

两年多以前，当时还拥护革命的司徒卢威先生，曾写文章谈到进行公开的革命活动的必要性，当时他要大家相信革命应当成为统治力量。就是这位司徒卢威先生在国外出版的《解放》杂志[132]第71期上写道:"和列宁先生及其各位同志先生的革命主义比较起来,倍倍尔以至考茨基的西欧社会民主党的革命主义就成为机会主义了。"当时我回答司徒卢威先生说:"我在什么地方和什么时候企图在国际社会民主运动中创立任何一种同倍倍尔和考茨基两人的派别不相同的特别派别呢?"(《两种策略》俄文版第50页)①

1907年夏天,我曾经在关于抵制第三届杜马问题的小册子中指出,把布尔什维主义同抵制主义或战斗主义混为一谈,这是根本错误的②。

现在在工会问题上,同样必须坚决强调指出,布尔什维主义在所有斗争领域和所有活动范围内都要实行革命的社会民主党的策略。布尔什维主义同孟什维主义的区别,并不在于布尔什维主义"否定"在工会或合作社等等组织中进行工作,而在于它在宣传、鼓动和组织工人阶级的工作中**执行另一条路线**。目前,在工会中进行的活动无疑具有很大的意义。我们同孟什维克的中立主义相反,应当本着使工会同党接近、提高工人的社会主义意识、使他们明白无产阶级革命任务的精神来进行这种活动。在西欧,革命工团主义在许多国家里是机会主义、改良主义和议会迷的直接的和必然的产物。在我国,最初的"杜马活动"也大大助长了机会主义以至孟什维克对立宪民主党人卑躬屈节。例如,普列汉诺夫在自己的日常政治活动中,实际上就已经同普罗柯波维奇先生和库斯柯娃女士之流**同流合污了**。在1900年,他曾经抨击他们犯了伯恩

---

① 见本版全集第11卷第48—49页。——编者注
② 见本卷第26页。——编者注

施坦主义,抨击他们死盯住俄国无产阶级的"后背"**133**(《〈工人事业〉杂志编辑部指南》1900 年日内瓦版)。到了 1906—1907 年,第一批选票就使普列汉诺夫投入这班如今死盯住俄国自由派的"后背"的老爷的怀抱。工团主义不能不在俄国发展起来,它是对"杰出的"社会民主党人的这一可耻行为的反应。

　　因此,沃伊诺夫同志采取号召俄国社会民主党人**以机会主义和工团主义的例子为借鉴**的方针是完全正确的。在工会中进行革命工作,把重心从玩弄议会手腕转向教育无产阶级、团结纯粹的阶级组织和展开议会外的斗争,善于利用(并培养群众学会卓有成效地利用)总罢工以及俄国革命中的"十二月斗争形式"**134**——所有这些都作为布尔什维克派的任务被极其尖锐地提了出来。俄国革命的经验可以大大有助于我们实现这一任务,它提供了极为丰富的实际启示,提供了大量历史材料,使我们能够十分具体地对新的斗争方法、群众性罢工和使用公开的暴力手段进行估量。对俄国布尔什维克和俄国无产阶级来说,这些斗争方法一点也不"新"。只有对于那些力图从西方工人的记忆中抹掉巴黎公社、从俄国工人的记忆中抹掉 1905 年十二月革命的机会主义者,这些斗争方法才是"新"的。加深这种记忆,科学地研究这个伟大的试验①,向群众宣传这次试验的教训,让群众了解这一试验必定会以新的规模再次进行——俄国革命的社会民主党人的这项任务为我们展开的

————————

① 现在立宪民主党人在津津有味地研究两届杜马的历史。他们把罗季切夫—库特列尔之流自由派的庸俗见解和变节行为当成精美的杰作。他们伪造历史,对自己同反动派的谈判等等闭口不谈。这些都是很自然的。不自然的倒是,社会民主党人并没有津津有味地去研究 1905 年 10—12 月的革命,尽管这个时期的每一天对于俄国各族人民、特别是对于工人阶级的命运来说,都比罗季切夫在杜马中发表的"忠诚的"空话有意义得多。

前景,其内容之丰富是工团主义者的片面的"反机会主义"和"反议会活动"所无法比拟的。

沃伊诺夫同志**对**工团主义这个特殊思潮提出了四大罪状(见他的小册子第19页及以下各页),一针见血地道破了它的虚伪本质。这四大罪状就是:(1)"组织上的无政府主义涣散性";(2)不去建立"阶级组织"的坚强"堡垒",而是刺激工人的神经;(3)其理想和蒲鲁东学说的市侩个人主义特点;(4)荒谬地"厌恶政治"。

这里同从前俄国社会民主党内的"经济主义"有不少相似之处。因此,我对转向工团主义的经济派同革命的社会民主党之间的"和解",不像沃伊诺夫同志那样乐观。我还认为沃伊诺夫同志关于建立能够起首席仲裁员作用的、有社会革命党人参加的"工人总委员会"的计划也是完全不切合实际的。这是把"将来的意图"同当前的组织形式混淆起来了。不过我丝毫也不害怕沃伊诺夫同志这样的设想:"使政治组织隶属于阶级的社会的组织"……"**但是这只有在**〈我往下引沃伊诺夫同志的话时,用黑体字标出重要的地方〉……**所有工会工作者都成为社会党人的时候才能实现**"。目前,俄国无产阶级群众的阶级本能**已经**开始极其有力地表现出来了。现在,这种阶级本能在反对社会革命党人的小资产阶级糊涂观念和反对孟什维克对立宪民主党人的卑躬屈节方面,已经成了有力的保证。现在我们就可以大胆地说,俄国的群众性**工人组织**(如果它成立起来了,哪怕只是因为选举、罢工和游行等等而暂时成立的)**一定**最接近布尔什维主义,最接近革命的社会民主党。

沃伊诺夫同志认为"工人代表大会"的冒险是"轻率"之举,这是很对的。我们要加紧在工会中进行工作,要在**所有的**活动领域内进行工作，以便向无产阶级传播马克思主义革命理论，建立**阶级**组织的"堡垒"。这样，其余的一切都可迎刃而解了。

载于 1933 年《列宁文集》俄文版
第 25 卷

译自《列宁全集》俄文第 5 版
第 16 卷第 183—191 页

社会民主党在1905—1907年俄国第一次革命中的土地纲领[135]

(1907年11—12月)

1905年秋天到1907年秋天这两年的革命,提供了大量有关俄国农民运动、有关农民争取土地的斗争的性质和意义的历史经验。几十年的所谓"和平"演进时期(即千百万人听任一万个上层分子宰割的时期),无论在农民群众同地主直接作斗争方面,还是在人民代表大会上稍微自由地表达农民要求方面,都不可能像这两年那样提供如此丰富的材料,来说明我国社会制度的内部机制。因此,根据这两年的经验来修改俄国社会民主党的土地纲领是绝对必要的,何况俄国社会民主工党现行的土地纲领是斯德哥尔摩代表大会在1906年4月通过的,即在全俄农民代表初次公开提出农民的土地纲领同政府的纲领和自由派资产阶级的纲领相抗衡的前夕通过的。

修改社会民主党的土地纲领必须拿有关俄国土地占有情况的最新材料作基础,以便尽量确切地判明当代各种土地纲领的经济背景究竟是什么,伟大的历史性斗争的目的究竟是什么。应该把实际斗争的这个经济基础同它在各阶级代表的纲领、声明、要求和理论中的思想政治反映作一对照。马克思主义者应该采取、也只应该采取这样的方法,马克思主义者和小资产阶级社会主义者不同,后者总是从"抽象的"正义,从"劳动原则"理论等等出发,马克思主义者和自由派官僚也不同,后者在任何一次变革中总是大谈改良实际可行,大谈"国家"观点,以此来掩饰其对剥削者的利益的维护。

———

第 一 章

俄国土地变革的经济基础和实质

1. 欧俄土地占有情况

1907 年中央统计委员会公布的《1905 年度地产统计》,使我们能够确切地了解欧俄 50 个省的农民和地主分别占有的土地面积。我们先举出一些总的材料。欧俄(50 个省)的总面积是 4 230 500 平方俄里,合 44 080 万俄亩(见 1897 年 1 月 28 日的调查材料)。1905 年度的地产统计只统计了 39 520 万俄亩,这些土地可以分为以下三大类:

	（单位百万俄亩）
(一)私有土地	101.7
(二)份地[136]	138.8
(三)官地、教会和其他机关土地	154.7
欧俄土地共计	395.2

从这个总数中首先应该除去远北方的官地,其中一部分是冻土带,一部分是最近还无法用于农业的森林。这种土地在"北方地

1930年上海平凡书店出版的列宁《社会民主党在
1905—1907年俄国第一次革命中的土地纲领》一书
（当时译《俄国农民问题与土地政纲》）中译本的封面和扉页

1907 年 11—12 月列宁《社会民主党在 1905—1907 年
俄国第一次革命中的土地纲领》一书手稿最后一页
（按原稿缩小）

区"(阿尔汉格尔斯克、奥洛涅茨和沃洛格达三省)有 10 790 万俄亩。不言而喻,我们如果把所有这些土地统统抛开不算,那就把不宜耕作的土地估计得太多了。我们只要指出以下一点就够了:像亚·阿·考夫曼先生这样一位谨慎的统计学家,就认为沃洛格达和奥洛涅茨两省有 2 570 万俄亩森林(已经除去占总面积 25% 的多林地区)可以补分给农民[①]。不过因为我们现在所讲的是全部土地,并没有把森林除开,在确定用于农业的土地资产时,最好谨慎一点。除去 10 790 万俄亩,还剩下 28 730 万俄亩。凑成整数,我们就算做 28 000 万俄亩,把一部分城市土地(共 200 万俄亩)和维亚特卡、彼尔姆两省的一部分官地(该两省的官地共为 1 630 万俄亩)抛开不算。

欧俄可耕地**总的**划分如下:

	(单位百万俄亩)
(一)私有土地	101.7
(二)份地	138.8
(三)官地和机关土地	39.5
欧俄共计	280.0

现在必须把小地产和大地产(尤其是最大的地产)的数字分别列出,以便具体地了解在俄国革命中农民争取土地的斗争的背景。不过这类数字是不完全的。在 13 880 万俄亩份地中,按地产大小划分的有 13 690 万俄亩。在 10 170 万俄亩私有土地中,按地产大小划分的有 8 590 万俄亩;其余 1 580 万俄亩属于各"村团和协作社"。我们研究一下后一类土地的构成,就会看到其中有 1 130 万俄亩土地是属于各农民村团和协作社的;就是说,总的说来这是小

[①] 见《土地问题》文集,多尔戈鲁科夫和彼特龙凯维奇印行,1907 年莫斯科版第 2 卷第 305 页。

地产,可惜没有按地产大小来划分。其次,有 370 万俄亩土地属于
1 042 个"工商业的、工厂的以及其他的"协作社。其中占有土地
1 000 俄亩以上的协作社有 272 个,共占有土地 360 万俄亩。这显
然是些地主的大地产。这种大地产主要集中在彼尔姆省。该省 9
个这样的协作社竟占有土地 1 448 902 俄亩! 大家知道,乌拉尔
的工厂有好几万俄亩土地,这是农奴制领主大地产在资产阶级俄
国的直接残余。

这样我们便从属于各村团和协作社的土地中划出 360 万俄亩
作为最大的地产。其余的土地虽然没有划分,但总的说来都是小
地产。

在 3 950 万俄亩官地及其他土地中,只有 510 万俄亩的皇族
土地[137]按地产大小划分。这也是半中世纪式的特大的地产。按
地产大小划分和未按地产大小划分的土地总数如下:

	按地产大小 划分的土地	未按地产大小 划分的土地
	（单位百万俄亩）	
（一)私有土地	89.5①	12.2
（二)份地	136.9	1.9
（三)官地和机关土地	5.1	34.4
共　　计	231.5	48.5
总　　计	280.0	

现在来看看份地按地产大小划分的情况。把我们的资料的数
字归纳为比较大的几类,其结果如下表:

---

① 8 590 万俄亩私有土地再加上 360 万俄亩属于工厂的和工商业的村团和协作
社的大地产。

农 户 类 别	户 数	份　　　地	
		共有土地 (单位俄亩)	平均每户有地 (单位俄亩)
5 俄亩以下 　（含 5 俄亩）	2 857 650 ⎫	9 030 333 ⎫	3.1 ⎫
5 俄亩以上—8 俄亩 　（含 8 俄亩）	3 317 601 ⎭	21 706 550 ⎭	6.5 ⎭
8 俄亩以下的共计 　（含 8 俄亩）	6 175 251	30 736 883	4.9
8 俄亩以上—15 俄亩 　（含 15 俄亩）	3 932 485	42 182 923	10.7
15 俄亩以上—30 俄亩 　（含 30 俄亩）	1 551 904	31 271 922	20.1
超过 30 俄亩	617 715	32 695 510	52.9
欧俄共计	12 277 355	136 887 238	11.1

从以上的材料可以看出，一半以上的农户（1 230 万户中有 620万户）每户只有 8 俄亩以下的土地，一般说来，这是绝对不够维持全家生活的。每户占有土地 15 俄亩以下的为 1 010 万户（他们共有土地 7 290 万俄亩），也就是说，在目前的农业耕作技术水平下，有$\frac{4}{5}$以上的农户过着半饥半饱的生活。中等的富裕农户（按私有土地数量来说）在 1 230 万户中占 220 万户，拥有 13 690 万俄亩土地中的 6 390 万俄亩。能称得上富有的只是拥有超过 30 俄亩土地的农户，这类农户一共只有 60 万户，占农户总数的$\frac{1}{20}$。它们拥有的土地则几乎占总数的$\frac{1}{4}$：在 13 690 万俄亩中占有 3 270 万俄亩。为了判断这类土地富有的农户包括哪几种农民，我们要指出，哥萨克[138]在其中占第一位。在每户拥有超过 30 俄亩土地的农户中，有 266 929 户是哥萨克农户，共有土地 14 426 403 俄亩，也就是说，这类农户在哥萨克农户中占绝大多数（在欧俄有 278 650 户哥萨克农民，共有土地 14 689 498 俄亩，平均每户 52.7 俄亩）。

要对各类农户的经营规模（而不是所占的份地多少）的大致情况作出判断，我们现在可以依据的全俄材料只有马匹的统计材料。根据1888—1891年最新的军马调查，欧俄48个省各类农户的情况如下：

贫苦农户	无马的	2 765 970 户
	有1匹马的	2 885 192 户
中等农户	有2匹马的	2 240 574 户
	有3匹马的	1 070 250 户
富裕农户	有4匹马或4匹以上的	1 154 674 户
共　　计		10 116 660 户

总之，贫苦农户占一半以上（在1 010万户中占560万户），中等农户约占 $\frac{1}{3}$（每户有2—3匹马的为330万户），富裕农户占 $\frac{1}{10}$ 强（在1 010万户中占110万户）。

现在再来看看私有地产分配情况。这方面的统计资料没有把最小的地产划分得十分清楚，却提供了关于特大地产的详细材料。

农户类别	户　数	欧俄私有地产分配情况	
		共有土地（单位俄亩）	平均每户有地（单位俄亩）
10俄亩和10俄亩以下	409 864	1 625 226	3.9
10俄亩以上—50俄亩（含50俄亩）	209 119	4 891 031	23.4
50俄亩以上—500俄亩（含500俄亩）	106 065	17 326 495	163.3
500俄亩以上—2 000俄亩（含2 000俄亩）	21 748	20 590 708	947
2 000俄亩以上—10 000俄亩（含10 000俄亩）	5 386	20 602 109	3 825
超过10 000俄亩	699	20 798 504	29 754
超过500俄亩的共计	27 833	61 991 321	2 227
欧俄共计	752 881	85 834 073	114

第一，我们从这里可以看到大地产占绝对优势，619 000 户小土地占有者（每户不到 50 俄亩）一共只占有 650 万俄亩土地。第二，我们看到有占地极多的大地产：699 个私有者，几乎每人占有 3 万俄亩土地！ 28 000 个私有者集中了 6 200 万俄亩土地，即平均每个私有者占有 2 227 俄亩土地。这些大地产绝大多数都属于贵族，在 27 833 户中他们占了 18 102 户，共占土地 44 471 994 俄亩，即占大地产总面积 70％以上。从这些数字中可以十分明显地看出中世纪农奴主-地主的土地占有情况。

2. 斗争是为了什么？

1 000 万个农户拥有 7 300 万俄亩土地。28 000 个贵族大地主和暴发户大地主却拥有 6 200 万俄亩土地。这就是农民争取土地的斗争的主要背景。在这一主要背景下，耕作技术惊人地落后，农业荒废不堪，农民群众备受压迫和折磨，农奴制的、徭役制的剥削形式花样百出，这些都是不可避免的。这些尽人皆知的事实，在有关农民经济的大量著作中已有极详细的描述，为了不离开本题，我们在这里只极简单地提一提。上述地产面积同农户规模是极不相符的。在清一色的俄罗斯人居住的省份中，资本主义大农业无疑居于次要地位。这里占主要地位的是大地产中的小农业：这里有形形色色农奴制盘剥性的租佃制、工役（徭役）经济、"冬季雇佣制"，以及用牲口毁苗作为借口或者利用割地来进行盘剥，如此等等。受尽农奴制剥削的农民群众都惨遭破产，其中有的把自己的份地出租给"殷实的"业主。为数甚少的富裕农民逐渐变成农民资产阶级，他们租赁土地，用以进行资本主义方式的经营，剥削数以十万计的雇工和日工。

考虑到俄国经济学界已经完全肯定的这些事实,在谈目前农民争取土地的斗争的问题时,我们应该把土地占有情况分为**四大类**:(1)大量受农奴制大地产压迫的农户,剥夺大地产同他们有直接的利害关系,他们可以从中直接获得最多的好处。(2)为数甚少的中等农民,他们现在占有的土地面积接近中等水平,勉勉强强可以维持经营。(3)为数甚少的富裕农民,他们正在变成农民资产阶级,并且通过一系列逐步的过渡同用资本主义方式经营的地产联系起来。(4)农奴制大地产,其规模之大远远超过现阶段俄国资本主义农庄,其大部分收入是靠盘剥农民和对农民进行工役制剥削得来的。

自然,根据现有的地产材料,只能大致地、约略地、概括地分出这四大类。但是我们至少必须这样来划分,不然的话,就不能勾画出俄国革命中争取土地的斗争的全貌。可以满有把握地预言,数字的局部修正,这一类或那一类上下限的局部变动,都**不会**使总的情况发生什么重大的改变。重要的不是这种局部的修正,重要的是把力求获得土地的小地产占有者同垄断大量土地的农奴制大地产占有者作一个鲜明的对照。无论是政府的(斯托雷平的)经济学或是自由派的(立宪民主党的)经济学,其主要的虚伪之处就是隐瞒或掩盖这种鲜明的对照。

我们假定上述四类土地占有情况如下:(1)15俄亩以下;(2)15—20俄亩;(3)20—500俄亩;(4)超过500俄亩。为了从整体上来看争取土地的斗争,我们自然要把每一类中的份地和私有地产算在一起。私有地产在我们的材料中分为10俄亩以下和10—20俄亩两类,因此把土地在15俄亩以下的都划为一类就只能是一种大致的划分。由于这种大略的算法和我们采用的凑成整数的办法而可能出现的误差是微不足道的（读者马上就会确信这一点），决不会改变我们的结论。

按照我们的分类，目前欧俄土地分配情况如下：

	户　数	土地俄亩数 （单位百万）	平均每户 土地俄亩数
（一）受农奴制剥削的破产农民	10.5	75.0	7.0
（二）中等农民	1.0	15.0	15.0
（三）农民资产阶级和资本主义地产	1.5	70.0	46.7
（四）农奴制大地产	0.03	70.0	2 333.0
共　　计	13.03	230.0	17.6
未按类别划分的土地	—	50	—
共　　计①	13.03	280.0	21.4

这就是产生农民争取土地的斗争的种种关系。这就是农民（平均每户 7—15 俄亩土地，加上盘剥性的租佃制等等）反抗特大地主（平均每个农庄有 2 333 俄亩土地）的斗争的**起点**。作为这一斗争的**终点**的客观趋势是什么呢？显然，这一趋势就是要消灭农奴制大地主土地占有制，把地主占有的土地（根据一定的原则）转交给农民。在受农奴制大地产盘剥的小**农业**占优势的

①　如上所述，本表的数字已经凑成整数。确切的数字如下。份地：（一）类 1 010 万户，共有 7 290 万俄亩土地；（二）类 874 000 户，共有 1 500 万俄亩土地。私有地产：10 俄亩以下的为 41 万户，共有 160 万俄亩土地，10—20 俄亩的为 106 000 户，共有 160 万俄亩土地。（一）（二）两类共 1 150 万户，共有土地 9 120 万俄亩。（三）类的确切数字是 150 万户，共有 6 950 万俄亩土地。（四）类的确切数字是 27 833 户，共有 6 199 万俄亩土地。上面已经说过，最后这类还要加上 510 万俄亩的皇族土地和 360 万俄亩属于大工厂大工商业的协作社的土地。上面所列未按类别划分的土地的确切数字是 4 850 万俄亩。读者从这里可以看出，我们的凑成整数的办法和大略的算法只会有极小的出入，丝毫也不会动摇结论。

情况下,这种客观趋势的产生是完全必然的。要像我们说明这场斗争的起点,即说明目前的情况那样,用直观的图表来表示这种趋势,就必须假设一个**可能发生的最好的**情况,即假定所有的农奴制大地产以及所有未按类别划分的土地都转交给破产农民。这是**所有**参加当前土地斗争的人多多少少都能清楚地设想到的最好的情况。政府说要"分地"给"穷人",自由派官吏(立宪民主党人也是这样)说要给少地农民补分土地,劳动派农民说要把占有的土地增加到"消费的"或"劳动的"土地份额,社会民主党人虽然在土地使用形式的问题上有不同的意见,但总的说来接受了民粹派关于分地给贫苦农民的设想(1907年5月26日,策列铁里在第二届杜马第47次会议上,同意民粹派分子卡拉瓦耶夫的估计,认为5 700万俄亩转让的土地价值65亿卢布,其中25亿由占有土地不到5俄亩的贫苦农民承担。见速记记录第1221页)。总之,尽管地主、官吏、资产阶级、农民和无产阶级对改革的任务和条件有种种不同的看法,但大家都指出同一个趋势,即大地主的土地将转让给最贫穷的农民。至于各阶级对转让土地的规模和条件有哪些根本不同的看法,我们下文另谈。现在,我们再列一个表格来说明斗争可能达到的终点,作为说明斗争起点的那张表格的补充。我们在前面已经指出了**目前**的情况,现在再来说明**到那时**可能出现的情况。我们假定3万个地主每个留下100俄亩土地,总共留下300万俄亩,其余的6 700万俄亩土地和5 000万俄亩未按类别划分的土地都转归1 050万户贫苦农民。结果如下:

	现 在			那 时		
	户 数	土 地俄亩数(单位百万)	平均每户土地俄亩数	户 数	土 地俄亩数(单位百万)	平均每户土地俄亩数
(一)破产的小农	10.5	75	7.0	—	—	—
(二)中等农民	1.0	15	15.0	11.5	207	18.0
(三)富裕农民和资产阶级	1.5	70	46.7	1.53	73	47.7
(四)农奴主-地主	0.03	70	2 333.0	—	—	—
共 计	13.03	230	17.6	13.03	280	21.4
未按类别划分的土地	—	50	—	—	—	—
共 计	13.03	280	21.4	—	—	—

这就是俄国革命中争取土地的斗争的经济基础。这就是这一斗争的起点和这一斗争的趋势即终点,也是(在斗争的参加者看来)最好的结果。

在研究这一经济基础及其思想(以及思想政治的)外衣之前,我们还要先讲一讲可能产生的误会和反对意见。

第一,有人会说,在我所描述的情况中只是假定了**分配**土地,却还没有研究土地地方公有化、土地分配、土地国有化和社会化等问题。

这是一种误会。在我所描述的情况中,土地占有制的**条件**是完全抛在一边的,土地转交农民的**条件**也完全没有涉及(是归农民所有,还是归农民按某种形式使用)。我只是**笼统地讲土地都转交给小农**,而我国土地斗争的这种趋势是不容怀疑的。小农正在斗争,争取土地转到**他们手中**。小农业(资产阶级的)正在反对大地产(农奴制的)[①]。土地变革在最好的情况下,除了我所描述的结

_____

① 我在括号中指出的这两点,是小资产阶级民粹主义思想家没有意识到或加以否认的。关于这点下面再谈。

果,**不可能有其他结果。**

第二,有人会说,我没有权利设想把全部被没收的土地(或被剥夺的土地,在我的叙述中还没有讲到剥夺的条件)统统转交给土地最少的农民。有人会说,由于经济上的必要,土地**应该**转归较为富裕的农民。然而这种反对意见也是一种误会。为了证明土地变革的资产阶级性质,我必须假设从民粹主义的观点来看的**最好的**情况,我必须**假定**斗争的参加者自己提出的目标已经达到。我必须假设最接近于所谓"土地平分"[139]的情况,而不谈土地变革以后的结果。如果群众在斗争中获得胜利,群众就会为自己取得胜利的果实。至于这些果实以后会落到谁的手里,那是另一个问题。

第三,有人会说,我所以能得出非常有利于贫苦农民的结果(把全体贫苦农民变成每户有 18 俄亩土地的中等农民),是由于我**夸大了**闲置土地总额。有人会说,**森林**不能作为分给农民的份地,应该把它除外。政府和立宪民主党营垒里的经济学家很可能甚至一定会提出这种反对意见,但这种意见是不正确的。(一)只有一辈子在农奴主–地主面前卑躬屈节的官吏才会以为农民不会合理经营森林,不会利用森林为**自己**(而不是为地主)取得收益。在警官和俄国自由派看来,问题是:怎样保证庄稼汉有份地? 在觉悟工人看来,问题是:怎样把庄稼汉从农奴制大土地占有制中解放出来? 怎样粉碎农奴制大地产?(二)我已经把**整个**北方地区(阿尔汉格尔斯克、沃洛格达、奥洛涅茨三省)以及维亚特卡和彼尔姆两省的一部分地区除外了,那些地方要想在最近的将来把森林地开发成农业用地是困难的。(三)单独计算森林面积,会使计算大大复杂化,而对结果不会有多大改变。例如考夫曼先生,他是个立宪民主党人,可见对待地主的土地是相当**慎重**的,他认为除去占土地面积 25％的多林地区,还有森林地可以用来弥补土地的不足,这样一来,44 个省提供的土地总数就有 10 170 万俄亩了。据我计算,47 个省约有土地 10 100 万俄亩,也就是 7 000 万俄亩农奴制大地产中的 6 700 万俄亩土地,以及 3 400 万俄亩的官地和其他机关的土地。如果把超过 100 俄亩的地产一律加以剥夺,那么总数还会增加 900 万—1 000 万俄亩[①]。

3. 立宪民主党的著作家们掩盖斗争的实质

上面所举的地主大产业对于俄国争取土地的斗争所起的作用的材料,还应该作一补充。我国资产阶级和小资产阶级的土地纲领的特征,就是用所谓"土地份额"的种种设想混淆了究竟**哪一个**阶级是农民最强大的敌人,**哪些地产**是剥夺的主要对象等问题。有些人(立宪民主党人和劳动派)主要谈按照某种"份额"分地给农民需要多少土地,而不谈更具体更实际得多的问题:究竟**有多少土**

---

① 我在文中把转让的限额定为 500 俄亩,纯粹是一种假设。如果我们把这个限额改为 100 俄亩(这也纯粹是一种假设),那么土地变革的情况如下:

	现 在			那 时		
	户　数 (单位百万)	土地俄亩数 (单位百万)		户　数 (单位百万)	土地俄亩数 (单位百万)	平均每户 土地俄亩数
(一)	10.5	75	(一)	—	—	—
(二)	1.0	15	(二)	11.5	217	18.8
(三)	1.4	50	(三)	1.53	63	41.1
(四)	0.13	90	(四)	—	—	—
	13.03	230 +50		13.03	280	21.4

在这两种情况下,关于土地变革的性质和实质的基本结论都是相同的。

地可供剥夺。前一种问题提法抹杀了阶级斗争，妄想用所谓"国家"观点来掩盖问题的实质。后一种问题提法把问题的重心完全放在阶级斗争上，放在最能代表农奴制倾向的土地占有者阶层的阶级利益上。

关于"土地份额"这一问题，我们在下面还要讲到。这里只先提一下劳动派中的一个"侥幸的"例外和一位典型的立宪民主党著作家。

在第二届杜马中，人民社会党人杰拉罗夫讲到转让土地究竟会触动百分之几的私有主（1907年5月26日，第47次会议）。杰拉罗夫所讲的正是转让土地（强制转让）问题，没有提出没收的问题，而且看来是采取了与我在表格中的假设相同的转让标准，即500俄亩。可惜，第二届杜马的速记记录（第1217页）把杰拉罗夫的这段话记错了，或者是杰拉罗夫先生自己弄错了。记录中写道：强制转让将涉及32％的私有主及其占总数96％的私有土地，据他说，其余的68％的私有主只有4％的私有土地了。其实，不是32％，而应该是3.7％，因为27 833个私有主只占总数752 881的3.7％，而他们的土地有6 200万俄亩，占8 580万俄亩的72.3％。不知道是杰拉罗夫先生说错了，还是他引用的数字不对头。但无论如何，在杜马的许多发言人中只有他一个人（如果我们没有弄错的话）谈到了斗争（最直接最具体的意义上的斗争）是为了什么。

那位立宪民主党著作家，就是谢·普罗柯波维奇先生，我们在谈这个问题的时候不能不提到他的"大作"。不错，他其实是个"无题派"，他同资产阶级《同志报》的大多数著作家一样，有时以立宪民主党人的身份出现，有时以社会民主党人孟什维克的身份出现。这是俄国资产阶级知识分子中一小撮彻头彻尾的伯恩施坦分子的典型代表人物,他们动摇于立宪民主党人和社会民主党人之间,他们(在大多数情况下)不参加任何政党,经常在自由派的刊物上唱一些比普列汉诺夫稍右的调子。这里要提一提普罗柯波维奇先生,因为他是最早在报刊上引用1905年地产统计数字的人之一,而且实际上采取了**立宪民主党**所主张的土地改革的立场。普罗柯波维奇先生在《同志报》(1907年3月13日第214号和4月10日第238号)上发表了两篇文章,同官方统计编制人佐洛塔廖夫将军进行论战,因为佐洛塔廖夫将军力图证明政府完全可以不采用任何强制转让的办法便把土地改革搞好,证明每一农户只要有5俄亩土地就能经营了! 而普罗柯波维奇先生**更具自由派特色**:他认为**每户要有8俄亩**。他不止一次说明,这个数目是"根本不够的",这样的计算是"最起码的"等等,然而在确定"土地的需要量"(普罗柯波维奇先生的上述两篇文章中的第一篇文章的标题)时,仍旧提出了这个数字。他解释说,他用这个数字是"**为了避免多余的争论**"……大概指的是同佐洛塔廖夫先生之流的"多余的争论"吧? 普罗柯波维奇先生就这样算出"明显少地"的农户占总数的一半,他正确地计算出,为了每户补足到8俄亩,需要1 860万俄亩土地,但是政府似乎总共只有900万俄亩,因此,"不采取强制转让的办法是不行的"。

　　这位孟什维克化的立宪民主党人或者说立宪民主党化的孟什维克先生,他的计算也好,论断也好,都绝妙地表现了自由派土地纲领的精神实质。关于农奴制大地产以至一切大地产的问题完全被抹杀了。普罗柯波维奇先生只引用了所有50俄亩以上的私有地产的材料。这样一来,斗争究竟是为了什么,这一点被掩盖起来了。一小撮(确确实实是一小撮)大地主的阶级利益被巧妙地掩饰起来了。这里并没有揭露大地主的阶级利益,而是向我们提出所谓靠官地"不行"的"国家观点"。假如靠官地就行的话,那么普罗柯波维奇先生——从他的论断可以得出这样的结论——是一点也不会反对农奴制大地产的……

农民靠这点份地(8俄亩)是要挨饿的。地主被"强制转让"的土地是微不足道的(1 800万－900万＝900万俄亩。500俄亩以上地产共有6 200万俄亩,而这只占900万俄亩!)。为了实现**这样的**"强制转让",就得让**地主**去强制农民,1861年的情形[140]就是这样!

普罗柯波维奇先生有意也好,无意也好,自觉也好,不自觉也好,他是**正确地**反映了立宪民主党土地纲领的**地主**实质。不过立宪民主党人是很谨慎很狡猾的:他们**究竟**想剥夺地主**多少**土地,关于这一点他们认为还是**绝口不谈**为好。

4. 土地变革的经济实质及其思想外衣

我们已经看到,目前土地变革的实质就是要消灭农奴制大地产,造就自由的和富裕的(在目前可能的范围内)农民,使他们不是勉强地混日子,不是在地里苦熬,而是能够发展生产力,提高农业经营水平。这种变革完全不触动,也不可能触动农业中的小规模**经营**、**市场**对生产者的统治即**商品生产**的统治,因为争取**重新分配**土地的斗争并不能改变这块土地经营中的生产关系。然而我们看到,这一斗争的特点就是:小农业在原属农奴制大地产的土地上蓬勃发展。

民粹派理论是当前这场斗争的思想外衣。全俄农民代表在第一届和第二届杜马中公开提出土地纲领,完全证实了民粹派的理论和纲领是农民争取土地的斗争的真正的思想外衣。

我们已经指出,农民所要争取的土地资产,其中主要的基本的部分就是农奴主的大领地。我们采取了 500 俄亩这一很高的剥夺标准。但是不难相信,不管怎样降低标准,比如降低到 100 或 50 俄亩,我们所作的结论仍然是完全有效的。现在我们把 20—500 俄亩这第三类再分为三小类:(1)20—50 俄亩;(2)50—100 俄亩;(3)100—500 俄亩。然后再看看这三小类农户各有多少份地和私有地产:

份	地		
类 别	户 数	土地俄亩数	平均每户土地俄亩数
20— 50 俄亩	1 062 504	30 898 147	29.1
50俄亩以上—100俄亩	191 898	12 259 171	63.9
100俄亩以上—500俄亩	40 658	5 762 276	141.7

私 有 土 地			欧 俄 共 计		
户 数	土地俄亩数	平均每户土地俄亩数	户 数	土地俄亩数	平均每户土地俄亩数
103 237	3 301 004	32.0	1 165 741	34 199 151	29.3
44 877	3 229 858	71.9	236 775	15 489 029	65.4
61 188	14 096 637	230.4	101 846	19 858 913	194.9

由此可见:第一,上面已经讲过,没收超过 100 俄亩的土地,能增加土地资产 900 万—1 000 万俄亩,如果按照第一届国家杜马的代表契热夫斯基的假设,超过 50 俄亩的土地一概没收,那土地资产就会增加 1 850 万俄亩。可见,在这种情况下,农奴制大地产也还是土地资产的**基本部分**。当代土地问题的“症结”就在这里。这种大地产同高级官僚的联系也是众所周知的。格·阿·阿列克辛斯基在第二届杜马中引用了鲁巴金先生的一项材料,说明俄国

高级官吏的田庄规模有多么巨大。第二，从这些材料可以看出，即使把**超过100俄亩**的份地和**田庄**除外，最大份地（以及小田庄）之间的差别还是很大的。变革时的农民，在占有的土地多少方面，尤其是在拥有的资本大小、牲畜数量、农具的数量和质量等方面，已经发生了分化。农民在份地范围以外的财产分化比份地方面的分化大得多，这一点，我国的经济学著作已经予以充分证实。

民粹派的理论多少正确地反映了农民对他们争取土地的斗争的看法，这种理论有什么意义呢？民粹派理论的实质就是两个"原则"："劳动原则"和"平均制"。这两个原则的小资产阶级性质是十分明显的，而且马克思主义著作多次对此作了十分详尽的论证，这里就不必再谈了。重要的是要指出这两个"原则"中俄国社会民主党人至今还没有给以应有评价的一个特点。这些原则以模糊的形式**确实**反映了当前历史时刻的某种现实的和**进步的**东西，即反映了反对农奴制大地产的殊死斗争。

请看上面那张表明我国农业制度从目前这种状况向当代资产阶级革命"最终目的"的演变情形的表格。你们可以清楚地看到，将来的"那时"和当前的"现在"的差别在于，那时的土地占有情况要"平均"得多，**新的**土地分配情况将更加符合"劳动原则"。这不是偶然的。在一个通过按资产阶级方向发展来挣脱农奴制束缚的农民国家里，情况只能如此。在这样的国家里，消灭农奴制大地产无疑是资本主义发展的要求。在小农业占统治地位的条件下，消灭农奴制大地产必然意味着土地占有较为"平均"。资本主义在粉碎中世纪大地产时，从土地占有较为"平均"**开始**，并且**由此**建立起新的大农业，在雇佣劳动、机器和高超的农业技术的基础上而不是在工役和盘剥的基础上建立起新的大农业。

一切民粹派的错误在于他们受到小业主的狭窄眼界的局限，看不到农民在挣脱农奴制枷锁以后所建立起来的社会关系的资产阶级性质。他们把**小资产阶级**农业的"劳动原则"以及"平均制"这两个消灭**农奴制**大地产的口号，变成一种绝对的、独立自在的、意味着某种特殊的非资产阶级制度的东西。

某些马克思主义者的错误在于，他们批评民粹派的**理论**时，忽略了这种理论**在反对农奴制的斗争中**所包含的从历史角度看来是现实的和合理的**内容**。他们批判了"劳动原则"和"平均制"这种落后的、反动的小资产阶级**社会主义**，也批判得对，但是他们却忘记了这种理论反映着先进的、革命的小资产阶级**民主主义**，忘记了这种理论是同农奴制旧俄国作最坚决斗争的旗帜。平等思想在反对旧的专制制度、尤其是反对旧的农奴主大土地占有制的斗争中是最革命的思想。农民小资产者的**平等**思想是合理的和进步的，因为它反映了反对封建的、农奴制的不平等现象的斗争。"平均"地产的思想是合理的和进步的，因为它反映了每户只有 7 俄亩份地、受尽地主剥削的 1 000 万户破产农民要求**分配**①平均占地 2 300 俄亩的农奴制大地产的愿望。在当前这个历史时刻，这种思想**确实**反映了农民的这种愿望，并且推动人们去进行彻底的**资产阶级**革命，同时又错误地用一些含混暧昧的、**冒牌社会主义的**空泛词句把这一点掩盖起来。一个马克思主义者在批判资产阶级口号的社会主义字句的虚伪性时，要是看不到这些最坚决的**资产阶级**口号在**反对农奴制**斗争中的历史上的进步意义，那他就是一个蹩脚的

---

① 这里讲的不是把土地分给农民作为私有财产，而是分给农民经营使用。这种分配是可能的，而且在小农业占统治地位的条件下，在一定时期内是不可避免的——无论在土地地方公有化还是土地国有化时都是如此。

马克思主义者。被民粹派看做"社会化"的变革，其实际内容是最
彻底地为资本主义扫清道路，最坚决地铲除农奴制度。我上面所
列的那张表格正是表明了在消灭农奴制方面的最高限度和由此所
能达到的"平均制"的最高限度。民粹派以为"平均制"能消除资产
阶级性，其实它恰恰**反映了**最激进的资产阶级的要求。除此以外，
"平均制"的其他一切东西都不过是小资产者思想上的**幻影**、空想
而已。

有些俄国马克思主义者对于民粹派理论在俄国资产阶级革命
中的意义作了眼光短浅的和非历史的评价，这是因为他们没有深
入考虑过民粹派所主张的"没收"地主地产的意义。我们只要清楚
地认识到在我国目前的土地占有制条件下这种变革的经济基础，
就不仅能懂得民粹派理论的虚妄，而且能懂得这种虚妄理论的现
实内容，即受到一定的历史任务局限的斗争的真谛，反农奴制斗争
的真谛。

5. 资产阶级的农业演进的两种方式

现在再往下讲。我们已经说过，民粹派的理论从反对资产阶
级、争取社会主义的角度来看虽是荒谬的、反动的，而在反对农奴
制度的这种资产阶级性质的斗争中，它却是"合理的"（就特定的历
史任务而言）和进步的。我们说俄国土地占有制和俄国整个社会
制度中的农奴制必然消亡，资产阶级民主主义的土地变革必然
发生，那么试问，这是不是说这一变革只能有一种确定的形式呢？
还是可能有不同的形式？

这个问题对于正确认识我国的革命，对于正确认识社会民主

党的土地纲领，具有最重要的意义。我们解决这个问题，应该拿上面引的那些关于革命的经济基础的材料作依据。

斗争的关键是农奴制大地产，因为这是俄国农奴制残余最突出的体现和最坚固的支柱。商品经济和资本主义的发展，绝对不可避免地会消灭这种残余。在**这**方面，俄国**只有**按资产阶级方向发展这**一条**道路。

但是发展的形式可能有两种。消灭农奴制残余可以走改造地主产业的道路，也可以走消灭地主大地产的道路，换句话说，可以走改良的道路，也可以走革命的道路。按资产阶级方向发展，占主导地位的可能是逐渐资产阶级化、逐渐用资产阶级剥削手段代替农奴制剥削手段的大地主经济，也可能是在用革命手段割除农奴制大地产这一长在社会肌体上的"赘瘤"之后按资本主义农场经济的道路自由发展的小农经济。

这两种客观上可能存在的按资产阶级方向发展的道路，可以叫做普鲁士式的道路和美国式的道路。在前一种情况下，农奴制地主经济缓慢地转化为资产阶级的容克经济[141]，同时分化出为数很少的"大农"，使农民遭受几十年最痛苦的剥夺和盘剥。在后一种情况下，地主经济已不再存在，或者已被没收和粉碎封建领地的革命所捣毁了。农民在这种情况下占优势，成为农业中独一无二的代表，逐渐演变成资本主义的农场主。在前一种情况下，演进的基本内容是农奴制转变为盘剥，转变为在封建主—地主—容克土地上的资本主义剥削。在后一种情况下，基本背景是宗法式的农民转变为资产阶级农场主。

在俄国经济史中，这两种演进方式都表现得十分明显。拿农奴制崩溃时代来说吧。当时地主和农民之间在实行改革的方法问题上有过一场斗争。双方都主张为资产阶级经济发展创造条件（虽然没有意识到这一点），但是前者主张这种发展能最大限度地保留地主产业，保留地主的收入和地主的（盘剥性的）剥削手段。后者的利益却要求这种发展在当时经营水平许可的范围内最大限度地保证农民的福利，消灭地主的大地产，消灭一切农奴制的和盘剥性的剥削手段，扩大自由的农民土地占有制。不言而喻，同按地主的办法实行的农民改革相比，在后一种情况下，资本主义的发展和生产力的发展较广泛较**迅速**①。只有同马克思主义作斗争的民粹派所极力描绘的那种面目全非的马克思主义者，才会认为农民在1861年被剥夺土地是资本主义发展的保证。恰恰相反，这一事实可能成为而且确实成了**盘剥性的**即半农奴制租佃制的保证，成了大大阻碍俄国农业中的资本主义发展和生产力增长的工役经济即徭役经济的保证。农民同地主的利害冲突，不是什么"人民生产"或"劳动原则"同资产阶级的斗争（像我国民粹派过去和现在所想象的那样），而是一场争取美国式的资产阶级的发展道路、反对普鲁士式的同样是资产阶级的发展道路的斗争。

在俄国那些没有农奴制、农业完全由自由农民或主要由自由

① 关于这一点，我在《科学评论》杂志**142**（1900年第5期和第6期）上写过："……农民在解放时得到的土地愈多，为此而付出的钱愈少，俄国资本主义的发展就愈迅速、愈广泛、愈自由，人民的生活水平也就愈高，国内市场就愈大，生产中采用机器就愈迅速，总之，俄国的经济发展就会同美国的经济发展愈相似。我只指出两个我认为可以证明上述意见是正确的情况：(1)由于地少税重，在我国很大一部分地区，地主经济中的工役制度有所发展，这是农奴制的直接残余，而根本不是资本主义；(2)在我国边疆地区，农奴制根本不存在或者最薄弱，农民受地少、服工役和税重的痛苦最少，那里的农业资本主义也最发达。"（见本版全集第3卷第577—578页。——编者注）

农民经营的地方（例如在改革后才有移民的伏尔加左岸、新罗西亚以及北高加索一带的草原地区），生产力的发展和资本主义的发展比背着农奴制残余的重负的中部地区①要快得多。

如果说俄国中部农业区和边疆农业区，向我们表明了由这两种农业演进方式分别占优势的两种不同地区在所谓空间上或地理上的分布情形的话，那么这两种演进的基本特点，在地主经济和农民经济并存的**一切**地区同样可以看得很明显。民粹主义经济学的根本错误之一，就在于他们只是把地主经济看成是农业资本主义的根源，对于农民经济，却从"人民生产"和"劳动原则"的角度来观察（现在的劳动派、"人民社会党人"和社会革命党人同样如此）。我们知道，这是不对的。地主经济在循着资本主义道路演进，逐渐用"自由雇佣劳动"代替工役制，用集约化耕作代替三圃制，用地主农庄的改良农具代替农民的古老农具。农民经济**也在循着资本主义道路演进**，分化出农村资产阶级和农村无产阶级。"村社"**143**情况愈好，农民一般生活水平愈高，农民分化为资本主义农业中两个对抗阶级的过程也就**愈迅速**。所以，农业演进的两种潮流随处可见。贯穿俄国改革后的全部历史、作为我国革命最重要的经济基础的农民同地主的利害冲突，就是争取这种或那种资产阶级农业演进方式的斗争。

只有清楚地了解到这两种方式之间的区别以及**两者**的资产阶级性质，我们才能正确地说明俄国革命中的土地问题，才能正确理

---

① 关于俄国边疆地区作为资本主义发展时期的待垦土地的作用，我在《资本主义的发展》一书中已经详细谈过了（1899年圣彼得堡版第185、444页及其他许多页）。1908年圣彼得堡出了第2版。（见本版全集第3卷第221—222、495、522—526页。——编者注）下面谈到社会民主党的土地纲领时，再来专门讲这一点。

解各党派所提出的各种土地纲领的阶级意义①。再说一遍，斗争的关键是农奴制大地产。农奴制大地产要循着资本主义道路演进，这是丝毫不容争辩的，但是演进可能有两种形式：一种是农民-农场主用革命手段铲除和消灭这种农奴制大地产；一种是逐渐转变为容克式农场（并且相应地把受奴役的庄稼汉变成受奴役的雇农）。

6. 革命中土地纲领的两条路线

如果现在拿各阶级在革命中提出的土地纲领同上述经济基础作一番对照，我们马上可以看出这些纲领中同上述两种农业演进方式相应的两条路线。

拿右派地主和十月党人所赞同的斯托雷平纲领来说吧。这是公开的地主纲领。但是能不能说，它在经济上是反动的，是排斥或

---

① 关于俄国资产阶级的农业演进的两条道路问题，俄国社会民主党中不少人往往非常糊涂，彼·马斯洛夫就是一个例子。他在《教育》杂志（1907 年第 3 期）上指出了下面两条道路：（1）"正在发展的资本主义"；（2）"反对经济发展的无谓斗争"。他说："第一条道路把工人阶级以及整个社会引向社会主义；第二条道路则把工人阶级推到〈！〉资产阶级手中〈！〉，推到大私有者和小私有者之间的斗争中去，在这一斗争中工人阶级除了失败得不到任何东西。"（第 92 页）第一，"第二条道路"是一句空话，是一种幻想，而不是什么道路；这是一种虚妄的思想，而不是发展的实际可能性。第二，马斯洛夫没有看到，斯托雷平和资产阶级也引导农民走资本主义道路。可见，现实斗争并不是为了资本主义的问题，而是为了资本主义发展的方式问题。第三，认为俄国可能有某种不"把"工人阶级"推到"资产阶级统治下去的道路……　这纯粹是胡说八道。第四，认为在某种"道路"上可以没有小私有者和大私有者之间的斗争，那也是胡说八道。第五，马斯洛夫用欧洲的一般的范畴（小私有者和大私有者）抹杀了在目前革命中具有极重大意义的俄国历史特点——资产阶级小私有者同封建大私有者的斗争。

力图排斥资本主义发展的呢？能不能说它是不允许资产阶级的农业演进的呢？绝对不能这样说。相反，斯托雷平按根本法第87条颁布的有名的土地法贯穿着纯资产阶级的精神。毫无疑问，这项法律所遵循的是资本主义演进的路线，它促进和推动这一演进，加速对农民的剥夺，加速村社的瓦解，使农民资产阶级更快地形成。从科学的经济学来讲，这项法律无疑是进步的。

这是不是说，社会民主党人应该"支持"这项法律呢？不是。只有庸俗的马克思主义才会作出这样的推论，目前普列汉诺夫和孟什维克正在加紧散播这种庸俗马克思主义的种子，他们又唱又叫，又喊又闹，说应该支持资产阶级同旧制度作斗争。不！为了促进生产力的发展（这是社会进步的最高标准），我们应该支持的不是地主式的资产阶级演进，而是农民式的资产阶级演进。前一种演进意味着最大限度地保留盘剥制和农奴制（按照资产阶级方式加以改造了的农奴制），意味着生产力的发展最为缓慢、资本主义的发展放慢速度，意味着广大农民群众，自然还有广大无产阶级群众遭受更加深重的灾难、痛苦、剥削和压迫。后一种演进则意味着生产力的发展最为迅速，意味着农民群众获得最好的（在商品生产条件下可能的范围内）生活条件。社会民主党在俄国资产阶级革命中的策略，并非如机会主义者所认为的那样，决定于支持自由派资产阶级这一任务，而是决定于支持斗争中的农民这一任务。

再拿自由派资产阶级即立宪民主党的纲领来说吧。他们恪守"有何吩咐？"[144]（即看地主老爷有何吩咐）这个信条，在第一届杜马提出了一个纲领，在第二届杜马又提出了另一个纲领。他们同欧洲一切无原则的资产阶级野心家一样，可以轻而易举、不声不响地变换纲领。在第一届杜马中革命势力显得强大，于是自由派纲领就从革命势力方面剽窃了主张国有化的片言只语（"全国土地资产"）。在第二届杜马中反革命势力显得强大，于是自由派纲领就把国家土地资产的说法抛到一边，接受了斯托雷平巩固农民地产的主张，增加和扩大不强制转让地主土地的例外情况。对自由派的这种两面派手法我们在这里只是顺便指出罢了。这里重要的是要指出另外一点，即自由派土地纲领**两种"面目"共同**的原则基础。这一共同的原则基础就是：(1)主张赎买；(2)保留地主产业；(3)在实行改革时保留地主特权。

　　赎买是社会发展所承担的一种贡赋，是交给农奴制大地产占有者的一种贡赋。赎买就是用官僚警察手段，通过资产阶级"一般等价物"的形式来保证实现农奴制的剥削方法。其次，可以看出，立宪民主党的两个纲领都主张**在某种**程度上保留地主产业，尽管资产阶级政客竭力对人民隐瞒这一事实。再其次，在立宪民主党对于根据普遍、直接、平等和无记名投票的原则选举地方土地委员会这一问题所持的态度上，十分明显地表现出他们主张在实行改革时保留地主特权。详细情况①本书其他地方还要谈到，这里就

---

① 见1906年5月24日第一届杜马第14次会议的记录，当时立宪民主党人科科什金和科特利亚列夫斯基同（当时的）十月党人葛伊甸一起，用最卑鄙的诡辩反对成立地方土地委员会的主张。在第二届杜马中，立宪民主党人萨韦利耶夫转弯抹角地反对成立地方委员会(1907年3月26日第16次会议)，而立宪民主党人塔塔里诺夫则是明目张胆地加以反对(1907年4月9日第24次会议，记录第1783页)。1906年5月25日《言语报》第82号转载了米留可夫的一篇出色的社论(原载《斗争的一年》第117篇，第457—459页)。下面就是这位乔装打扮的十月党人所写的最重要的一段话："我们认为，用普遍选举的办法成立这种委员会，那就不是要它们用和平手段解决当地的土地问题，而是完全为了其他某种目的。改革的总方针应该由国家来掌握…… 各地方委员会应该尽可能平均地〈原文如此！〉代表有利害冲突的各方的利益，使之彼此达到调和，而不致破坏国家在这种改革中的作用，不致把这种改革变为

不多讲了。这里我们只是要确定立宪民主党土地纲领的**路线**是什么路线。在这方面必须指出，地方土地委员会的成分问题具有**最重要的**意义。只有政治上幼稚的人，才会受立宪民主党"**强制转让**"这一口号的迷惑。问题在于谁强制谁：是地主强制农民（出很高的价钱买沙地），还是农民强制地主。立宪民主党人说什么"平均地代表有利害冲突的各方的利益"，不宜使用"单方面的暴力"，这最清楚不过地表明了问题的实质，就是说，立宪民主党的所谓强制转让是地主强制农民！

立宪民主党的土地纲领所遵循的是斯托雷平式的即地主式的资产阶级进步路线。这是事实。有些社会民主党人像某些孟什维克那样，认为立宪民主党的土地政策比民粹派的土地政策进步，他们的根本错误就是不明白这一事实。

我们看到，农民的代言人，即劳动派、人民社会党人和一部分社会革命党人，**尽管**有过多次的犹豫和动摇，但是他们在两届杜马中都有十分明确的**反对**地主、维护农民利益的路线。例如，劳动派纲领在赎买问题上有过动摇，但是首先，他们往往把赎买说成是对丧失劳动能力的地主的社会救济①；其次，你们在第二届杜马记录中可以看到许多极其典型的**农民**的发言，他们**反对**赎买，提出全部

单方面的暴力行动……"（第459页）在立宪民主党出版的《土地问题》第2卷中，库特列尔先生提出了自己的法律草案，这个草案**保证**地主（加上官吏）在全国的和各省各县的土地委员会中**都**能取得对农民的**优势地位**（第640—641页），而亚·丘普罗夫先生（"自由派"！）在原则上拥护这一欺骗农民的卑鄙的地主计划（第33页）。

①　参看《〈农民代表消息报〉和〈劳动俄罗斯报〉论文集》（1906年圣彼得堡版）（第一届杜马中的劳动派代表在**报纸**上发表的文章汇编），如《是补偿而不是赎买》（第44—49页）及其他许多文章。

土地归全体人民的口号①。在地方土地委员会的问题上，在谁强制谁这一极重要的问题上，农民代表是通过普遍选举产生地方土地委员会的倡议者和拥护者。

我们暂且既不谈劳动派和社会革命党人土地纲领的内容，也不谈社会民主党人土地纲领的内容。我们首先应该确认一个不容争辩的事实，即在俄国革命中公开活动的**所有**政党和阶级，它们的土地纲领明显地分为同两种资产阶级农业演进方式相适应的**两种**基本类型。"右派"和"左派"的土地纲领的分界线，并不是如孟什维克所经常完全错误地设想的那样，存在于十月党人和立宪民主党人之间（孟什维克被"立宪民主"这个响亮的字眼给震昏了，因而用对党派名称的分析代替了阶级分析）。分界线存在于立宪民主党人和劳动派之间。决定这条分界线的是俄国社会中为争取土地而斗争的**两个主要阶级的利益**，即地主的利益和农民的利益。立宪民主党人主张保留地主土地占有制，主张文明的、欧洲式的、然而又是**地主式的**资产阶级农业演进。劳动派（和社会民主党工人代表）即农民代表和无产阶级代表，则主张**农民式的**资产阶级农业演进。

应该把各种土地纲领的思想外衣及其种种政治上的细节等等同这些纲领的经济基础严格区别开来。现在的困难不在于弄清地主**和农民**各自提出的土地要求和土地纲领的资产阶级性质，这项

---

① 参看**右派**农民彼得罗琴科在第二届杜马中的发言（1907 年 4 月 5 日第 22 次会议）。他说，库特列尔提出的条件是很好的……"当然，他是个有钱人，他要的价太高；我们这些贫苦农民付不起这么多钱"（第 1616 页）。**右派**农民比玩弄自由主义的资产阶级政客还要**左一些**。再请参看**无党派**农民谢苗诺夫的一篇充满农民自发革命斗争气息的发言（1907 年 4 月 12 日）及其他许多发言。

工作早已由马克思主义者在革命以前完成，而且已为革命所确认。困难在于如何明白地了解**在**资产阶级社会和资产阶级演进的**基础上**两个阶级进行斗争的根源。如果不把这场斗争看做资本主义俄国经济发展的客观趋势，那就无法理解这一斗争是合乎规律的社会现象。

上面我们说明了俄国革命中两种类型的土地纲领同两种资产阶级农业演进方式之间的联系，现在来研究问题的另一个极其重要的方面。

7. 俄国的土地面积。垦殖问题

上面已经说过，经济分析要求我们在谈论俄国资本主义问题时必须把中部农业区和边疆地区区分开来，前者保存着大量农奴制残余，后者没有或者很少有这种残余，带有自由农民资本主义演进的特点。

边疆地区指的什么呢？显然是指的无人居住或者人烟稀少、尚未充分用来发展农业的土地。现在我们应该从欧俄转而来谈整个俄罗斯帝国，以便对这些"边疆地区"的情况及其经济意义有一个确切的概念。

在普罗柯波维奇和梅尔特瓦戈两位先生合写的《俄国有多少土地和我们怎样使用这些土地》（1907年莫斯科版）这本小册子中，后一位作者试图把书刊上所有关于**全俄**土地面积和已知的耕地面积的统计材料归纳到一起。为了清楚起见，我们把梅尔特瓦戈先生所作的比较列成一张表，并且加进1897年人口调查材料。

	全俄土地面积									人口（根据1897年的调查）	
	土地总数		其中		其中农业用地						
	单位千平方俄里	单位百万俄亩	无统计材料的土地（单位百万俄亩）	有统计材料的土地（单位百万俄亩）	耕地	草地	森林	总计（单位百万俄亩）		共计（单位千）	每一平方俄里的人口
波兰王国10省	111.6	11.6	—	11.6	7.4	0.9	2.5	10.8		9 402.2	84.3
伏尔加河以西38省	1 755.6	183.0	—	183.0	93.6	18.7	34.0	146.3		—	—
伏尔加河以北以东12省	2 474.9	258.0	—	258.0	22.3	7.1	132.0	161.4		—	—
欧俄50省总计	4 230.5	441.0	—	441.0	115.9	25.8	166.0	307.7		93 442.9	22.1
高加索	411.7	42.9	22.1	20.8	6.5	2.2	2.5	11.2		9 289.4	22.6
西伯利亚	10 966.1	1 142.6	639.7	502.9	4.3	3.9	121.0	129.2		5 758.8	0.5
中亚细亚	3 141.6	327.3	157.4	169.9	0.9	1.6	8.0	10.5		7 746.7	2.5
亚俄总计	14 519.4	1 512.8	819.2	693.6	11.7	7.7	131.5	150.9		—	—
俄罗斯帝国①共计	18 861.5	1 965.4	819.2	1 146.2	135.0	34.4	300.0	469.4		125 640.0	6.7

① 芬兰除外。

　　这些数字清楚地说明俄国有多么辽阔的土地,说明我们对边疆地区土地及其经济意义还知之甚少。当然,如果认为这些处于目前状况下的土地现在就能满足俄国农民的土地需要,那就大错特错了。反动著作家①经常所作的这种计算,都没有什么科学价值。亚·阿·考夫曼先生在这一点上是完全正确的,他嘲笑了那种根据平方俄里的材料为移民寻找闲置土地的做法。他还十分正确地指出,目前俄国边疆地区适宜于移民的土地很少,那种认为移民可以解决俄国农民少地问题的意见是完全错误的②。

　　但是,自由派考夫曼先生的这些正确论断也有一个极其重大的错误。考夫曼先生说,"就目前这批移民来看,就他们目前的生活水平和文化水平来看"(上述著作第 129 页),要靠移民来满足俄国农民的需要,土地绝对不够。他为立宪民主党土地纲领辩解说,因此必须在欧俄强制转让私有土地。

　　这是我国经济学家的常见的自由派的和自由主义民粹派的论断。从这一论断所得出的结论是:只要有足够数量的适宜于移民的土地,就可以不去触动农奴制大地产了! 立宪民主党先生们以及诸如此类的政治家们满脑子都是好心肠的官吏的观点,总自以为是超阶级的,是超越阶级斗争之上的。照他们这样说来,要消灭农奴制大地产并不是因为这种大地产意味着千百万当地居民受到

---

① 还有反动的代表们。在第二届杜马中,十月党人捷捷列文科夫引用了舍尔比纳的调查数字(草原边疆区有 6 500 万俄亩土地,阿尔泰有 3 900 万俄亩土地),以此证明在欧俄不必实行强制转让。这是同农奴主-地主联合、按斯托雷平精神共同"进步"的资产者典型(见第二届杜马速记记录,1907 年 5 月 16 日第 39 次会议,第 658—661 页)。

② 见《土地问题》,多尔戈鲁科夫和彼特龙凯维奇印行,第 1 卷,考夫曼先生的文章《移民及其在土地纲领中的作用》。并见该作者的另一著作:《移民与垦殖》(1905 年圣彼得堡版)。

农奴制剥削和盘剥、生产力的发展受到阻碍,而是因为现在无法把数百万农户打发到西伯利亚或土耳其斯坦去!重点不是放在俄国大地产的农奴制的阶级性质上,而是放在阶级调和即不触犯地主而满足农民要求的可能性上,总之,是放在所谓"社会和平"的可能性上。

考夫曼先生及其在俄国知识分子中的无数志同道合者的论断,必须倒过来说才是正确的。**正因为**俄国农民受着农奴制大地产的压迫,**所以**,无论是居民在俄国境内自由迁徙,还是经济上合理利用俄国边疆地区的大量土地,都受到极大的阻碍。**正因为**农奴制大地产使俄国农民处于备受压制的状态,**正因为**农奴制大地产通过工役制和盘剥制使最落后的土地经营方法一成不变,**所以**,农民群众的技术进步也好,他们的智力发展、主动性、教育程度和创造性的提高也好,都遇到了困难,而这一切的发展和提高对于经济上利用比目前已利用的要多得多的俄国土地储备是必要的。这是因为农奴制大地产的存在以及盘剥制在农业中占统治地位这一事实,意味着存在相应的政治上层建筑,意味着黑帮地主在国家中占统治地位,居民处于无权地位,行政机关盛行古尔柯—利德瓦尔之道[145],如此等等。

俄国中部农业区的农奴制大地产,对整个社会制度、整个社会发展、整个农业状况,对农民群众的整个生活水平都具有极其有害的影响,这是众所周知的。这里我只提一下,俄国有大量的经济著作都证明在俄国中部地区占统治地位的仍然是工役制、盘剥制、盘剥性租佃制、"冬季雇佣制"以及诸如此类美妙的中世纪制度。①

---

① 参看《资本主义的发展》一书第3章,关于徭役经济向资本主义经济的过渡以及工役制度的盛行。(见本版全集第3卷第160—220页。——编者注)

农奴制的崩溃,为居民离开农奴主余孽长期盘踞的巢穴**逃往**各处创造了条件(这点我在《资本主义的发展》一书中已作了详细说明)。中部农业地带的居民有的逃到各工业省份,有的逃到两个首都,有的逃到欧俄南部和东部的边疆地区,在一向荒无人烟的土地上定居下来。梅尔特瓦戈先生在上述小册子中说得很对,他说不宜耕作的土地这一概念是会很快改变的。

他写道:"塔夫利达草原,'就其气候和水源不足的情形来说,将**永远**是最贫瘠最不宜耕作的土地。'贝尔院士和格尔梅尔院士这两位权威的自然观察家在 1845 年曾经这样说过。当时塔夫利达省的人口比现在少一半,生产谷物 180 万俄石……　60 年过去了,人口只增加了 1 倍,而 1903 年谷物的产量是 1 760 万俄石,差不多增加了 9 倍。"(第 24 页)

不仅塔夫利达省的情形如此,欧俄南部和东部边疆地区的许多省份也都是如此。南方草原区和伏尔加左岸各省的谷物产量,在 60 年代和 70 年代比中部黑土地带省份低,到 80 年代却**超过了**这些省份(见《资本主义的发展》第 186 页)[1]。1863 年至 1897 年,整个欧俄人口增加了 53％,其中乡村人口增加了 48％,城市人口增加了 97％。同一时期,新罗西亚、下伏尔加和东部各省的人口却增加了 92％,其中乡村人口增加 87％,城市人口增加 134％(同上,第 446 页)[2]。

梅尔特瓦戈先生接着写道:"我们毫不怀疑,目前官方对我国土地储备的经济意义的估计,也同 1845 年贝尔和格尔梅尔先对塔夫利达省的估计一样错误。"(同上)

这话说得很对。但是梅尔特瓦戈先生没有看到贝尔的错误和

---

① 见本版全集第 3 卷第 225—227 页。——编者注
② 同上书,第 519 页。——编者注

一切官方估计的错误的**根源**。这些错误的根源在于**他们**只注意当时的技术和经营水平,而没有估计到这一水平的提高。贝尔和格尔梅尔先没有预见到**在农奴制崩溃以后**可能发生的技术上的变化。现在丝毫不容怀疑,**在欧俄农奴制大地产崩溃之后**,生产力必将蓬勃发展,技术和经营水平必将大大提高。

许多评论俄国土地问题的人,往往错误地忽视了问题的这一方面。欧俄农民真正获得自由和完全摆脱农奴制的压迫,这是广泛利用俄国大量待垦土地的条件。目前这些土地有相当一部分还不适用,这与其说是由于这些或那些边疆地区土地的**自然**特点,还不如说是由于俄罗斯内地经济的**社会**特点,正是这些社会特点使技术停滞不前,使居民陷于无权、受压、愚昧、无援的境地。

考夫曼先生正是忽略了问题的这个极其重要的方面,他说:"我预先声明,我不知道移民能移多少,是 100 万,300 万还是1 000 万。"(同上,第 128 页)他指出,所谓土地不宜耕作是个相对的概念。他说:"盐沼地不仅不是毫无指望的土地,而且在采用一定的技术措施以后,可以变成很肥沃的土地。"(第 129 页)在平均每平方俄里只居住 3.6 人的土耳其斯坦,"辽阔的土地仍然无人居住"(第 137 页)。"土耳其斯坦的'不毛之地',许多地方是有名的中亚细亚黄土地,只要得到充分的灌溉,土地是非常肥沃的…… 至于有没有可灌溉的土地,这个问题根本不必提出:无论你往哪一方向横穿这个地区,都可看到许多几百年前的村落和城镇的废墟,其周围几十平方俄里的土地上曾经用来灌溉的大小渠道往往交织成网,而有待人工灌溉的黄土荒地,其总面积无疑有数百万俄亩。"(同上,第 137 页)

土耳其斯坦以及俄国其他许多地方的数以千百万俄亩计的土

地,不仅"期待着"灌溉和各种土壤改良设施,而且"期待着"俄国农业人口摆脱农奴制残余,摆脱贵族大地产的压迫,摆脱国家的黑帮专政。

猜测俄国究竟有多少"不宜耕作的"土地能够变成可耕地,这是毫无益处的。但是,必须清楚地意识到为俄国的全部经济史所证实的、构成俄国资产阶级革命一大特点的事实。这一事实就是俄国拥有大量的待垦土地,整个农业技术的每一进步,俄国农民摆脱农奴制压迫方面的每一进步,都将使这些土地日益适于居住,适于耕作。

这一情况是俄国农业按美国模式实行资产阶级演进的经济基础。我国有些马克思主义者往往不加思考就死板地拿西欧各国同俄国作比较,殊不知那里的全部土地,在资产阶级民主革命时代早就有人耕种了。那里,农业技术的每一进步所创造的新东西,仅仅是出现了将更多的劳动和资本投入土地的可能性。而俄国的资产阶级民主革命则是在下面这样的情况下发生的,这里农业技术的每一进步和扩大居民的真正自由方面的每一进步,不仅创造了在原有土地上追加投入劳动和资本的可能性,而且创造了利用邻近的"一望无际的"新土地的可能性。

8. 第一章经济结论的小结

现在我们对几个经济结论作一个小结,这些结论应该作为我们重新研究社会民主党土地纲领问题的引子。

我们看到,我国革命中土地斗争的"关键"就是农奴制大地产。农民争取土地的斗争,首先是和主要是争取消灭这些大地产的斗争。消灭这些大地产,使之完全转到农民手中,这无疑是符合俄国农业资本主义演进的趋势的。这样的资本主义演进道路,就意味着生产力得到最迅速的发展,居民群众享有最好的劳动条件,资本主义在自由农民变为农场主的情况下获得最迅速的发展。但是也有可能走另一条资产阶级农业演进道路,那就是地主产业和大地产在农奴主盘剥的地主产业缓慢地转变为容克农场的情况下保留下来。各阶级在俄国革命中提出的两种类型的土地纲领,其基础就是这两种可能的资产阶级的演进方式。但是俄国拥有大量待垦土地这一特点,是可能按"美国式"道路演进的经济基础之一。这种土地丝毫不能使欧俄农民摆脱农奴制压迫,但是,俄国内地的农民愈自由,生产力发展的天地愈广阔,这种土地就会愈广泛、愈容易被利用起来。

第 二 章
俄国社会民主工党的土地纲领及其在
第一次革命中所受到的检验

现在来研究社会民主党的土地纲领。俄国社会民主党人对土地问题的观点的发展的主要历史阶段,我在《修改工人政党的土地纲领》一书的第一节①已经谈过了。这里,我们应该稍微详细地说明一下俄国社会民主党过去的土地纲领,即1885年和1903年的土地纲领究竟错在什么地方。

---

① 见本版全集第12卷第215—220页。——编者注

1. 俄国社会民主工党过去的土地纲领
究竟错在什么地方？

1885 年公布的"劳动解放社"的纲领草案中，土地纲领是这样表述的："彻底改变我国的土地关系，即改变赎买土地和把土地分给农民村社的条件。农民有权自由放弃份地和退出村社，等等。"

整个条文就是这样。这个纲领的错误并不在于其中有什么错误的原则或错误的局部要求。不是的。纲领的原则是对的，它所提出的唯一的局部要求（有权放弃份地）也完全是无可争辩的，甚至现在已经通过独特的斯托雷平法案实现了。这个纲领的错误在于它太抽象，对问题没有任何具体的看法。其实，这不是什么纲领，而是一项极笼统的马克思主义的声明。纲领起草人是初次阐述这些著名的原则，而且远在工人政党成立之前，因此把这个错误归咎于起草人，当然是很荒谬的。相反，应当特别着重指出，这个纲领早在俄国革命爆发前 20 年就已经认定"彻底改变"农民改革事业势在必行了。

在理论上发展这个纲领，就应该说明我们土地纲领的经济基础是什么，说明**彻底**改变（不同于不彻底的改良主义的改变）的要求可以而且应该以什么为依据，最后，还应该用无产阶级的观点（与任何激进派的观点根本不同的观点）来具体确定这一改变的内容。在实践上发展这个纲领，就应该吸取农民运动的**经验**。没有群众性的以至全国性的农民运动的经验，社会民主工党的纲领就**不可能**具体化，因为，我国农民的资本主义分化程度究竟如何，农民究竟有多大能力进行革命民主主义的变革，这些问题单靠理论上的设想，是很难解决甚至不可能解决的。

1903年，我们党的第二次代表大会通过了俄国社会民主工党的第一个土地纲领，当时我们同样缺乏有关农民运动的性质、规模和深度方面的经验。1902年春季的南俄农民起义[146]，仍然是一次个别的爆发。因此，社会民主党人在制定土地纲领时持审慎态度是可以理解的。这是因为替资产阶级社会"拟定"土地纲领，根本不是无产阶级的事情，而无产阶级理应支持的农民反对农奴制残余的运动究竟能发展到什么程度，还无从知道。

1903年的纲领试图具体确定社会民主党人在1885年只是笼统地谈到的"改变"有哪些内容，需要具备哪些条件。这一尝试表现在纲领关于"割地"的那一段主要的条文中，它的出发点是想把用于农奴制盘剥式经营的土地（"1861年从农民那里割去的土地"）和按资本主义方式经营的土地大致地区分开来。这种大致的区分是完全错误的，因为实际上农民群众运动的矛头不可能指向某几种地主土地，而只会指向整个地主土地占有制。1903年的纲领提出了1885年还没有提出的问题，即在全体社会民主党人认为必然要改变的土地关系发生改变时农民同地主的利害冲突问题。但是1903年的纲领对这个问题的解决是不正确的，它不是把实现资产阶级变革的两种方式——彻底的农民方式和彻底的容克方式——对立起来，而是人为地杜撰某种中间办法。诚然，这里也应该考虑到，当时还没有公开的群众运动，因而无法根据确切的材料来解决问题，难免像社会革命党人那样靠纸上谈兵、凭着天真的愿望或小市民的空想来解决问题。当时，谁也不能有把握地预先断言，在地主局部地放弃工役制、改用雇佣劳动的影响下，农民会分化到什么程度。谁也无法估计1861年改革后形成的农业工人阶层究竟有多大,他们的利益同破产农民的利益差别有多大。

1903 年土地纲领的基本错误,至少是对于在俄国资产阶级革命过程中土地斗争为什么可能而且一定会开展起来这一问题缺乏确切的认识,对于在这种或那种社会力量在这一斗争中取得胜利的情况下客观上可能出现的几种资本主义农业演进的**方式**缺乏确切的认识。

2. 俄国社会民主工党的现行土地纲领

斯德哥尔摩代表大会所通过的社会民主党的现行土地纲领同上一个纲领相比,在一个重要问题上前进了一大步。那就是社会民主党承认要没收地主土地①,从而坚决走上了承认**农民的**土地革命的道路。纲领中"支持农民的革命行动,直到没收地主土地……"这番话十分明确地表达了这一思想。在斯德哥尔摩代表大会上,普列汉诺夫是报告人之一,他同约翰一起提出这个纲领,他在讨论中公开地说,必须不再害怕"**农民土地革命**"(见普列汉诺夫的报告,《斯德哥尔摩代表大会记录》1907 年莫斯科版第42 页)。

既然承认我国在土地关系方面的资产阶级革命是"**农民**土地革命",那么社会民主党人在土地纲领问题上的重大意见分歧,似乎应该从此结束了。然而,事实上在下面一个问题上又发生了意见分歧:社会民主党人究竟应该主张把地主土地分给农民归农民私有呢,还是主张地主土地地方公有化或全部土地国有化。所以,

---

① 　在纲领的正文(第 4 条)中讲到**私有**土地。在纲领所附的决议中(土地纲领第二部分)讲到没收**地主**土地。

我们首先应该肯定社会民主党人常常忘记的一条原则，即这些问题只有从俄国**农民**土地革命的观点出发，才能得到正确解决。当然，问题并不是要社会民主党放弃独立地确定无产阶级作为一个不同的阶级在这场农民革命中的利益。不是的。问题是要明白了解，农民土地革命作为资产阶级革命的一种形式，它的性质和意义是什么。我们不能"臆造出"什么特别的改革"方案"。我们应该研究清楚在按资本主义道路发展的俄国，农民土地变革的客观条件是什么，根据这种客观的分析把某些阶级的错误思想同经济变革的现实内容区分开来，并且确定，在这些实际的经济变革的基础上，生产力发展的利益和无产阶级阶级斗争的利益所要求的究竟是什么。

俄国社会民主工党的现行土地纲领赞成（以一种特殊的形式赞成）把没收来的土地变成公有财产（森林、水域和移民所需的土地国有化，私有土地地方公有化），至少在"革命胜利发展"的情况下应该如此。在"形势不利"的情况下，赞成把地主土地**分给**农民，归农民私有。无论在什么情况下，都赞成农民以至一切小土地占有者现有的土地仍然归他们所有。可见，纲领规定革新后的资产阶级俄国存在**两种**土地制度：土地私有制以及（至少在革命胜利发展的情况下）以地方公有和国有为形式的公有制。

纲领起草人用什么理由来解释这种两重性呢？他们的主要理由就是要顾到农民的利益和要求，担心同农民分裂，担心引起农民反对无产阶级和反对革命。纲领起草人及其拥护者提出**这样的**理由，就是采取了承认**农民**土地革命、认为无产阶级应该支持农民一定的要求的立场。而且提出这一理由的，正是以约翰同志为首的最有影响的纲领拥护者！这一点，只要看一下斯德哥尔摩代表大会的记录,就可以相信了。

约翰同志在报告中直率而坚决地提出了这个理由。他说:"如果革命像列宁同志所建议的那样,要把农民的份地或被没收的地主土地收归国有,那么这不仅会在边疆地区、而且会在中部地区引起反革命运动。那时就不仅会出现一个旺代暴动[147],而是会发生一场反对国家干涉对农民**私有**〈黑体是约翰用的〉份地的支配、反对私有土地国有化做法的农民总暴动。"(见《斯德哥尔摩代表大会记录》第40页)

这看来是很清楚了吧?农民**私有**土地的国有化竟会引起农民总暴动!为什么伊克斯提出的最早的地方公有方案,**不仅**主张把私有土地交给地方自治机关,而且主张"可能时"把全部土地交给地方自治机关(我在《修改工人政党的土地纲领》这本小册子中引证过这一点①),而马斯洛夫提出的代替伊克斯方案的地方公有方案,却**把农民土地除外**,其原因就在这里。确实,怎么能不考虑到1903年以后发现的必然会爆发反对全盘国有化的农民暴动这件事呢?怎么能不接受另一位著名的孟什维克科斯特罗夫的观点呢?科斯特罗夫在斯德哥尔摩大声疾呼:

"带着这个主张〈国有化主张〉到农民中去,就等于把农民推开。农民运动就会避开我们或者反对我们,我们就会被革命所抛弃。国有化会削弱社会民主党的力量,使它同农民隔绝,从而也就削弱了革命的力量。"(第88页)

不可否认,这个论据的确有说服力。在农民土地革命中竟然试图违反农民意志,把他们的**私有**土地收归国有!斯德哥尔摩代表大会既然听信了约翰和科斯特罗夫的话,那么否决国有化主张

---

① 见本版全集第12卷第217—218页。——编者注

就是毫不奇怪的了。

但是，代表大会听信他们两人的话真有道理吗？

鉴于这是关系到爆发反对国有化的全俄旺代暴动的重大问题，这里不妨稍微回顾一下历史。

3. 实际生活对地方公有派的主要论据的检验

我方才引用的约翰和科斯特罗夫两人的措辞坚决的讲话，是在1906年4月即第一届杜马召开前夕发表的。我曾经论证农民是拥护土地国有化的（见我的小册子《修改工人政党的土地纲领》[①]）。有人反驳我说，农民协会[148]代表大会的决定不足为凭，这些决定是由社会革命党的思想家搞出来的，农民群众决不会拥护这样的要求。

后来，第一届和第二届杜马已经用文件解决了这个问题。来自全俄各地的农民代表都在第一届杜马，特别是在第二届杜马中发表过意见。只有《俄国报》[149]或《新时报》的政论家，才会否认农民**群众**的政治要求和经济要求在两届杜马中已经表达出来这一事实。现在，农民代表已经在其他政党面前独立地发表了自己的意见，农民土地国有化这一主张，似乎应该被彻底埋葬了吧？约翰和科斯特罗夫的拥护者们似乎可以轻而易举地煽动杜马中的农民代表发出不许实行国有化的叫嚷了吧？孟什维克领导的社会民主党人似乎真的能把势必引起反革命的全俄旺代暴动的国有化拥护者们同革命"隔绝"开来了吧？

---

① 见本版全集第12卷第215—241页。——编者注

然而事实并非如此。在第一届杜马，为农民**私有**（黑体是约翰用的）土地操心的是斯季申斯基和古尔柯。在两届杜马中，主张土地私有制的是一些极右分子，他们同政府代表一起，反对任何形式的土地公有制，地方公有化也好，国有化也好，社会化也好，都一概加以反对。在两届杜马中，来自全俄各地的农民代表都主张**国有化**。

马斯洛夫同志在1905年写道："土地国有化作为解决〈？〉土地问题的手段，目前在俄国是不会被承认的，首先〈请注意这"首先"二字〉因为这是一种无谓的空想。土地国有化要求把**一切**土地交给国家。但是，农民特别是个体农民，会自愿同意把自己的土地交给什么人吗？"（彼·马斯洛夫《对土地纲领的批评》1905年莫斯科版第20页）

总之，在1905年，国有化"首先"是一种无谓的空想，因为农民不会同意。

到了1907年3月，同一位马斯洛夫又写道："一切民粹主义集团〈劳动派、人民社会党人和社会革命党人〉都主张这种或那种形式的土地国有化。"（1907年《教育》杂志第3期第100页）

看，这就是新的旺代暴动！这就是全俄农民反对国有化的总暴动！

但是，彼·马斯洛夫不去想一想，在经过两届杜马之后，那些说过和写过农民会举行反对土地国有化的旺代暴动的人，陷入了多么可笑的境地，他也不去追究自己在1905年犯错误的原因，却去效法健忘的伊万[150]。他认为还是**忘记**我所引用的他的上述文字和他在斯德哥尔摩代表大会上的发言为好！不仅如此。他在1905年轻率地断定**农民不会同意**，而现在他又同样轻率地说起**相**

反的话来了。他说：

> "……反映小私有者的〈听听吧！〉利益和希望的民粹派，不得不主张国有化。"（《教育》杂志第 100 页）

看，这就是我们那些地方公有派的科学的老实态度的典范！**在**全俄农民代表发表政治主张**以前**，他们解决这个困难问题时**替**小私有者说的是一套，而**在**农民代表在两届杜马中发表意见**之后**，他们替同样这些"小私有者"说的却又是截然相反的另外一套。

这里应该指出一件十分滑稽的事情，马斯洛夫认为俄国农民倾向于国有化，并不是由于农民土地革命的特殊条件，而是由于资本主义社会中小私有者的**一般特性**。这真是难以置信，然而这是事实。

马斯洛夫郑重地说："小私有者最怕大私有者的竞争和统治，最怕资本的统治……" 马斯洛夫先生，您搞错了！把大（**农奴制的**）土地私有者和资本所有者相提并论，那就是重复市侩的偏见。农民之所以如此坚决地反对农奴制大地产，因为他们在当前这个历史时刻是农业的资本主义自由演进的代表者。

> "……小私有者没有能力在经济方面同资本作斗争，便指望政权来帮助小私有者反对大私有者…… 如果说俄国农民若干世纪以来一直希望中央政权保护他们免遭地主和官史之害，如果说法国拿破仑依靠农民扼杀了共和国，那么这都是因为农民希望得到中央政权的援助。"（《教育》杂志第 100 页）

彼得·马斯洛夫说得妙极了！第一，如果说俄国农民在当前这个历史时刻所表现的特性和拿破仑时代法国农民所表现的一样，那么这和土地国有化又有什么相干呢？法国农民在拿破仑时代从来没有拥护过国有化，也不可能拥护。马斯洛夫先生，您这不是生拉硬扯吗？

第二，这与同资本作斗争又有什么相干呢？这里讲的是农民土地私有制同包括农民土地在内的全部土地国有化之间的比较。法国农民在拿破仑时代死死抱住小私有制不放，认为这是抵御资本的壁垒，而俄国农民呢……　可敬的先生，请让我再问一次，您的话前后又怎么连得起来呢？

　　第三，马斯洛夫讲到对政权的指望时，竟把事情说成这样，似乎农民都不了解官僚制度的危害，不了解自治制度的意义，只有他这位先进的彼得·马斯洛夫才重视这一点。这样来批评民粹派，未免太简单化了！我们只要查一查劳动派在第一届和第二届杜马中提出的有名的土地法案（104 人法案），便可以看出马斯洛夫的论断（或暗示？）是错的。**恰恰相反**，事实说明，在劳动派的法案中，自治原则和反对用官僚手段解决土地问题的态度，比在按马斯洛夫意见写成的社会民主党的纲领中表现得**更加鲜明**！我们党的纲领只讲到地方机关选举的"民主原则"，而劳动派的法案（第 16 条）则准确地直截了当地提出通过"普遍、平等、直接和无记名投票"选举地方自治机关。不仅如此，该法案还提出成立地方土地委员会（大家知道，这一点得到社会民主党人的支持），这种委员会也应该用上述方式选举产生，它应负责组织土地改革问题的讨论，并进行改革的准备工作（第 17—20 条）。主张用官僚主义办法实行土地改革的是**立宪民主党人**，而不是劳动派；是自由派资产者，而不是农民。为什么马斯洛夫硬要歪曲这些尽人皆知的事实呢？

　　第四，马斯洛夫在说明小私有者为什么"不得不主张国有化"的那段绝妙的"解释"中，强调庄稼汉指望得到**中央**政权的保护。这是地方公有化区别于国有化的地方：一个靠地方政权；一个靠中央政权。这是马斯洛夫十分欣赏的思想，关于这种思想的经济意义和政治意义的实质，我们到下面再作详细的分析。这里只是指出，马斯洛夫**回避了**我国革命历史向他提出的问题，即为什么农民**不怕自己的**土地收归国有。这是问题的关键！

　　然而这还不是问题的全部。特别有趣的是，马斯洛夫在试图说明劳动派不主张地方公有化而主张国有化的阶级根源时，**竟向读者隐瞒了民粹派也是**主张由**地方自治机关**直接支配土地这一事实！马斯洛夫说庄稼汉"**指望**"**中央**政权，这不过是知识分子对庄稼汉的诽谤。请看劳动派提交两届杜马讨论的土地法案第 16 条。该条原文如下：

　　"全民土地资产应由经普遍、平等、直接和无记名投票选出的地方自治机关主管，地方自治机关在法律规定的范围内独立进行活动。"

　　试把这一条同我们党的土地纲领中相应的要求作个比较："……俄国社会民主工党要求：……（4）没收除小地产以外的私有土地，并将其转交给根据民主原则选举出来的大的地方自治机关〈根据第 3 项，包括城区和乡区的机关〉支配……"①

　　从中央政权和地方政权的权限来看，这里有什么区别呢？"主管"和"支配"有什么不同呢？

　　为什么马斯洛夫讲到劳动派对国有化的态度时，要向读者（可能也向他自己？）隐瞒第 16 条的内容呢？因为这一条**完全**粉碎了他那荒谬的"地方公有化"主张。

　　读者只要看看马斯洛夫向斯德哥尔摩代表大会提出的地方公有化主张的理由，只要读一读这次代表大会的记录，就可以看出，他口口声声强调不能镇压各民族，不能压迫各边疆地区，不能忽视

―――――――――

①　参看《苏联共产党代表大会、代表会议和中央全会决议汇编》1964 年人民出版社版第 1 分册第 150 页。——编者注

不同的地方利益,等等,等等。早在斯德哥尔摩代表大会以前我就
向马斯洛夫指出(见《修改工人政党的土地纲领》第18页①),**所有**
这些论据"完全是误会",我当时说,我们的党纲既承认了各民族的
自决权,也承认了**广泛的**地方自治和**区域**自治。所以在**这**方面,不
必要也不可能再想出任何防止过分集中、防止官僚化和防止规章
过死的补充"保证",因为这种"保证"要么毫无内容,要么会被人解
释成反无产阶级的联邦制的办法。

劳动派向地方公有派证明了我的看法是正确的。

现在马斯洛夫也该承认,**所有代表农民的利益和观点的集团,**
都主张**这样一种形式的**国有化,即它们所主张的地方自治机关的
权利和权力并不比马斯洛夫所要求的少!规定地方自治机关权限
的法律应当由中央议会颁布,这一点马斯洛夫闭口不谈,但是任何
把脑袋藏在翅膀底下的做法都无济于事,因为现在根本不能设想
会有什么别的办法。

"**转交给……支配**"这几个字把问题弄得十分糊涂。不知道究
竟谁是被没收的地主土地的**所有者**②!既然不知道,那么所有者
就**只能是国家**。"支配"的内容是什么,它的范围、形式和条件怎
样,——这又要由**中央**议会来决定。这是不言而喻的,况且我们党
的纲领还专门分出"有全国意义的森林"和"移民所需的土地"。显
然,只有中央国家政权才能从全部森林中**分出**"有全国意义的"森
林,从全部土地中分出"移民所需的土地"。

---

① 见本版全集第12卷第228页。——编者注
② 孟什维克在斯德哥尔摩代表大会上**否决了**把"支配"改为"所有"的修正案
（《记录》第152页）。只是在**策略决议**中提到,在"革命胜利发展"的情况
下……交给……"所有",而根本没有比较明确地交代"革命胜利发展"是什么
意思。

　　总之,现在特别不伦不类地成了我们党的纲领的马斯洛夫纲领,同劳动派的纲领相比,显得**十分荒谬**。无怪乎马斯洛夫讲到国有化问题时要扯到拿破仑时代的农民,他为的是不让大家知道,我们提出这种糊涂的"地方公有化"主张,已在资产阶级民主派代表面前,使自己落到多么荒谬可笑的境地!

　　两个纲领唯一的区别,十分现实的、毫无疑问的区别,就是对待农民份地的态度不同。马斯洛夫把这种土地除外,是因为他害怕"旺代暴动"。结果却是,参加第一届和第二届杜马的农民代表嘲笑了尾巴主义的社会民主党人的恐惧心理,主张把**自己的**土地全部国有化!

　　地方公有派现在不得不去**反对**劳动派农民,向他们**证明**,他们不应该让自己的土地实行国有化。历史开了一个玩笑,用马斯洛夫、约翰·科斯特罗夫之流的论据打了他们自己的耳光。

4. 农民的土地纲领

　　现在我们来探讨彼·马斯洛夫感到束手无策的一个问题,就是为什么所有反映小私有者的利益和希望的政治集团,都不得不主张国有化。

　　首先来分析一下,104人土地法案,即第一届和第二届杜马的劳动派的土地法案,在多大的程度上真正反映了全俄农民的要求。两届杜马的代表成分,以及不同阶级利益的代表在"议会"讲坛上就土地问题所开展的政治斗争的性质,都能够说明这一点。关于土地私有制、特别是关于农民土地私有制的主张,在杜马中不仅没有被推到次要地位,恰恰相反,经常被某些政党提到首要地位。政府通过斯季申斯基、古尔柯和所有的大臣先生,通过所有的官方报刊,专门向农民代表表示赞成这个主张。右派政党,由第二届杜马中"大名鼎鼎的"斯维亚托波尔克-米尔斯基带头,也喋喋不休地对农民大讲农民土地私有制的好处。这个问题上力量的实际配置情况已由大量的材料说明,因而对于这一情况的正确性(从阶级利益来看)便没有任何怀疑的余地了。在第一届杜马中,当时自由派认为革命人民是一种力量并向革命人民献殷勤,立宪民主党由于大势所趋,也曾主张土地国有化。大家知道,立宪民主党人在第一届杜马提出的土地法案中提到"国家土地储备",凡是可转让的土地都算做这类土地,它将交给农民长期使用。当然,立宪民主党人在第一届杜马提出这个要求,并不是出于某种原则——说立宪民主党有什么原则是很可笑的。不是的,自由派提出这一要求,那不过是农民群众的要求引起的微弱反响。农民代表早在第一届杜马就立即成了一个独立的政治集团,"104 人"土地法案,是全俄农民这一觉悟的社会力量的主要和基本的政纲。农民代表在第一届和第二届杜马的发言、"劳动派"报纸(《农民代表消息报》和《劳动俄罗斯报》[151])上刊登的文章,都说明 104 人法案如实反映了农民的利益和希望。因此,关于这个法案应该比较详细地来谈一谈。

　　看一看在这个法案上签字的代表的构成情况是很有意思的。第一届杜马的时候,在法案上签字的有 70 名劳动派分子,17 名无党派人士,8 名政治派别不明的农民,5 名立宪民主党人[①],3 名社会民主党人[②]和 1 名立陶宛自治派。在第二届杜马中,在"104 人"

---

　① 加甫·祖勃琴科、季·沃尔柯夫和马·格拉西莫夫三人都是农民;还有医生谢·洛日金和神父阿法纳西耶夫。

　② 彼尔姆省的工人安东诺夫、喀山省的工人叶尔绍夫和莫斯科省的工人瓦·丘留科夫。

法案上签了 99 个名字,把重复的除外,共有 91 人签名,其中 79 名劳动派分子,4 名人民社会党人,2 名社会革命党人,2 名哥萨克集团分子,2 名无党派人士,1 名比立宪民主党人稍左的分子(彼得松),1 名立宪民主党人(农民奥德诺科佐夫)。在签名者中间农民占多数(第二届杜马 91 人中不少于 54 人;第一届杜马 104 人中不少于 52 人)。有意思的是:彼·马斯洛夫对那些他认为不会同意国有化的个体农民(见前面的引文①)所抱的**特别的**期望,也被两届杜马中的农民代表全部推翻了。例如,波多利斯克省几乎全体农民都是**个体**农民(1905 年,个体农户共有 457 134 户,村社农户只有 1 630 户)。而波多利斯克省代表在"104 人"土地法案上签名的,第一届杜马中有 13 人(大部分是种地的农民),第二届杜马中有 10 人! 有个体农户拥有地产的其他省份如维尔纳省、科夫诺省、基辅省、波尔塔瓦省、比萨拉比亚省和沃伦省,这些省的代表也在 104 人法案上签了名。只有持有民粹派偏见的人才会认为,从土地国有化的角度来看,村社农民和个体农民的差别是极其重要的。顺便说一句,全俄农民代表第一次提出土地纲领,已使这种偏见遭到极其沉重的打击。事实上,提出土地国有化的要求,并不是由于特殊的土地占有制形式,也不是由于农民的"村社习惯和本能",而是由于全部小农地产(村社地产和个体农户地产都在内)都受农奴制大地产压迫这个总的情况。

在第一、第二两届杜马中提出 104 人国有化法案的有全俄各地的代表,其中不仅有中部农业区和非黑土地带工业省的代表,不仅有北部边疆地区(在第二届杜马中有阿尔汉格尔斯克和沃洛格

---

① 见本卷第 227 页。——编者注

达两省的代表)、东部边疆地区和南部边疆地区(阿斯特拉罕、比萨拉比亚、顿河、叶卡捷琳诺斯拉夫、库班、塔夫利达、斯塔夫罗波尔等省和州)的代表,而且有小俄罗斯各省、西南各省、西北各省、波兰(苏瓦乌基省)和西伯利亚(托博尔斯克省)的代表。显然,在俄国中部农业区表现得最厉害最直接的农奴制地主土地占有制对小农的压迫,在全俄各地都有表现,致使各地的小农都支持争取土地国有化的斗争。

这一斗争的性质带有明显的小资产阶级个人主义特征。在这方面,必须特别着重指出我国社会主义报刊经常忽视的一个事实,即社会革命党人的"社会主义"遭到最沉重的打击,是在农民提出独立的土地纲领,第一次登上公开的全俄政治舞台的时候。只有**少数**先进的农民代表赞成社会革命党人的土地社会化法案(第一届杜马中的"33 人"法案)。大**多数**代表都站在 **104 人**方面,拥护**人民社会党人**的法案。社会革命党人自己把人民社会党的纲领叫做**个人主义的**纲领。

例如,在社会革命党人的《论文集》中("我们的思想"出版社,1907 年圣彼得堡版第 1 集),有潘·维赫利亚耶夫先生的一篇题为《人民社会党和土地问题》的文章。作者批评人民社会党人彼舍霍诺夫,并且还引了他的一段话:"104 人法案反映了我们〈人民社会党人〉对于用什么方法可以取得土地的观点。"(见该《论文集》第81 页)社会革命党人直截了当地说,104 人法案"将会否定村社土地使用制的根本原则",同斯托雷平的土地法,同 1906 年 11 月 9日的法令"**一模一样**"(原文如此!)(同上,第 86 页。我们下面再来说明社会革命党人的偏见是如何妨碍他们去认清斯托雷平的道路和劳动派道路之间实际的经济区别的)。社会革命党人把彼舍霍诺夫的纲领观点看成是"自私自利的个人主义的表现"(第89页),是"用个人主义脏水污染了思想的巨流"(第91页),是"怂恿人民群众中的个人主义和利己主义思潮"(同上,第93页)。

所有这些说法都是对的。不过问题的实质根本不在于彼舍霍诺夫先生之流的机会主义,而是在于**小农**的个人主义,社会革命党人想用"有力的"言词来掩盖这一事实是徒劳的。问题不在于彼舍霍诺夫之流污染了社会革命党的思想的巨流,而在于**多数先进农民代表**暴露了民粹主义的真实的经济内容,暴露了小农的真实的意图。社会革命党的主张在广泛的、真正是全俄的农民群众代表中遭到了破产。这就是第一届和第二届杜马的104人土地法案向我们表明的情况。①

劳动派在主张土地国有化时,通过自己的法案十分清楚地表露出小农"利己主义和个人主义"的要求。他们主张把份地和小块私有土地留在现在的占有者手里(104人土地法案第3条),条件只是要采取立法措施来保证"这些土地逐步转为全民财产"。把这句话译成能说明真实经济关系的语言,那就是说:我们是从真正**业主**的利益出发的,是从真正的而不只是名义上的农民的利益出发的,但是我们希望他们的经济活动能在国有化②土地上完全自由

---

① 从第二届杜马的速记记录可以看出,社会革命党人穆申科提出了一项由105名代表签名的土地法案[152]。可惜我没能弄到这个法案。我手头有关杜马的材料中,只有劳动派在第二届杜马中再次提出的104人法案。有了劳动派的这两份(第一届和第二届杜马的)104人法案,社会革命党的105人法案因此至多也只能表明某些农民动摇于人民社会党人和社会革命党人之间,却推翻不了我在文中所谈到的问题。

② 附带说明一点。亚·芬-叶诺塔耶夫斯基在对农民协会的以至全体农民的国有化要求的严肃性和自觉性提出异议时,引用了弗·格罗曼先生的说法,说什么农民代表大会的代表"没有预见到使用土地要付什么代价",不了解级差

地开展起来。法案第 9 条规定"本地人比外来人享有优先权,农业人口比非农业人口享有优先权",这再次说明劳动派把小业主的利益放在首要地位。"平等的土地权"是一句空话;由国家给"没有足够资金购置经营所必需的一切资料的人们"发放贷款和补助金(104 人土地法案第 15 条)——这是一种天真的愿望,其实得利的必然只是那些现在**能成为**殷实业主、能从受盘剥的农民变为自由而富裕的农民的人。自然,无产阶级的利益要求支持那些可以最有力的促使俄国农业从农奴主-地主的手中,从受盘剥的、愚昧的、贫困的、因循守旧的农民手中转到农场主手中的措施。而"104人"法案无非是一个争取把受盘剥的农民中的一部分殷实户变成自由农场主的纲领。

5. 中世纪土地占有制和资产阶级革命

现在要问,在俄国资产阶级民主主义土地变革的经济条件下,有没有使得小私有者要求土地国有化的物质基础,或者这一要求也不过是一句空话,不过是无知庄稼汉的天真愿望,是宗法式的农民的一种空想?

地租应该交给整个集体(亚·芬《土地问题和社会民主党》第 69 页)。104 人法案第 7 条和第 14 条说明,这种看法是**错误的**。在这两条中,劳动派既预见到使用土地要付代价(土地税随着份地扩大而提高),又预见到级差地租将转交给国家("限制"对土地"增值部分的权利,因为土地增值不取决于土地占有者的劳动和**资本**〈这一点请注意!劳动派并不反对资本!〉而取决于社会条件")。诚然,关于城市土地和其他土地,第 7 条说:"在这些财产没有变为全民财产之前",土地占有者的权利等等应该受到限制。不过这大概是一种失言吧,不然的话,就成了劳动派从私有者那里征收地租,却又把地租交还给租种全民土地的占有者!

　　我们要回答这个问题,首先应该更具体地设想一下农业中任何资产阶级民主变革的条件,然后拿这些条件同我们上面所说的俄国可能出现的资本主义农业演进的**两条道路**作一比较。

　　马克思在《剩余价值理论》(《Theorien über den Mehrwert》)(1905年斯图加特版第2卷第2册)中非常清楚地说明了,从土地占有关系来看,农业中资产阶级变革的条件是什么。

　　马克思分析了洛贝尔图斯的观点,提示了这位波美拉尼亚[153]地主的理论的全部局限性,并且详细列举了他的愚钝的种种表现(同上,第2卷第1册第256—258页,洛贝尔图斯先生的第一个谬论到第六个谬论),此外还分析了李嘉图的地租理论(同上,第2卷第2册第3节b《李嘉图理论的历史条件》)。①

　　马克思谈到李嘉图和安德森时说:"他们两人都是从一种在大陆上看来非常奇怪的观点出发的,这就是:(1)根本不存在妨碍对土地进行任意投资的土地所有权;(2)从较好的土地向较坏的土地推移(在李嘉图看来,如果把由于科学和工业的反作用造成的中断除外,这一点是绝对的;在安德森看来,较坏的土地又会变成较好的土地,所以,这一点是相对的);(3)始终都有资本存在,都有足够数量的资本用于农业。

　　说到(1)、(2)两点,大陆上的人们一定会感到非常奇怪:在这样一个他们看来最顽固地保存了封建土地所有权的国家里,经济学家们——安德森也好,李嘉图也好——却从**不存在**土地所有权的观点出发。这种情况可用以下两点来解释:

　　第一,英国的'公有地圈围法'(《law of enclosures》)[154]〈即圈

---

　　①　参看《马克思恩格斯全集》第1版第26卷第2册第94—97、262—267页。——编者注

围村社土地的法令〉有它的特点，同大陆上的瓜分公有地毫无类似之处；

第二，从亨利七世以来，资本主义生产在世界任何地方都不曾这样无情地处置过传统的农业关系，都没有创造出如此完善的〈适合自己的〉条件，并使这些条件如此服从自己支配。在这一方面，英国是世界上最革命的国家。从历史上遗留下来的一切关系，不仅村落的位置，而且村落本身，不仅农业人口的住所，而且农业人口本身，不仅原来的经济中心，而且这种经济本身，凡是同农业的资本主义生产条件相矛盾或不相适应的，都被无情地一扫而光。举例来说，在德国人那里，经济关系是由村社土地〈Feld-marken〉的传统关系、经济中心的位置和居民的一定集中点决定的。在英国人那里，农业的历史条件则是从15世纪以来由资本逐渐创造出来的。联合王国的常用术语‘clearing of estates’〈直译是清扫领地或清扫土地〉，在任何一个大陆国家都是没有的。但是什么叫做‘clearing of estates’呢？就是毫不考虑定居在那里的居民，把他们赶走，毫不考虑原有的村落，把它们夷平，毫不考虑经营建筑物，把它们拆毁，毫不考虑原来农业的类别，把它们一下子改变，例如把耕地变成牧场，总而言之，一切生产条件都不是按照它们传统的样子接受下来，而是按照它们在每一场合怎样最有利于投资历史地**创造出来**。因此，就这一点来说，**不存在土地所有权**；土地所有权让资本——租地农场主——自由经营，因为土地所有权关心的只是货币收入。一个波美拉尼亚的地主，脑袋里只有祖传的〈angestammten〉村社土地、经济中心和农业公会等等，因而对李嘉图关于农业关系发展的‘非历史’观点就会大惊小怪。而这只说明他天真地混淆了波美拉尼亚关系和英国关系。可是决不能说，这里从英国关系出发的李嘉图同那个在波美拉尼亚关系范围内进行思考的波美拉尼亚地主一样狭隘。因为英国关系是现代土地所有权即被资本主义生产**改变了形态的**土地所有权借以在其中得到充分〈十分完善的〉发展的唯一关系。在这里,英国的观点对于现代的即资本主义的生产方式来说具有经典意义。相反,波美拉尼亚的观点却是按照历史上处于较低阶段的、还不充分的〈不合适的〉形式来评论已经发展了的关系。"(第5—7页)①

这是马克思的一段极其深刻的论断。我们的"地方公有派"是否曾经思考过呢?

马克思早在《资本论》第3卷(第2册第156页)中就指出过,资本主义生产方式产生时遇到的土地所有权形式,是同它**不相适应的**。同它相适应的形式,是它**自己**从封建地主、农民村社、克兰等旧的土地占有制形式中**创造出来的**。② 在上面引证的那一部分,马克思把资本在创造适合自己的土地占有制形式时所采用的**各种方式**作了比较。在德国,中世纪土地占有形式的改造是通过所谓改良的方式来进行的,迁就旧习惯,迁就传统,迁就缓慢地变为容克农场的农奴主领地,迁就那些正艰难地由徭役制农民变为雇农和大农的懒惰的农民③所习惯的地块。在英国,这种改造是通过革命的方式、暴力的方式来进行的,但是这种暴力有利于地主,暴力手段的对象是农民群众,农民苦于苛捐杂税的盘剥,被赶出农村,离乡背井,家破人亡,流落国外。在美国,这种改造是通过

---

① 参看《马克思恩格斯全集》第1版第26卷第2册第263—264页。——编者注
② 参看《马克思恩格斯文集》第7卷第696页。——编者注
③ 参看《剩余价值理论》第2卷第1册第280页:农业中的资本主义生产方式的条件是"懒惰的农场主被实业家(Geschäftsmann)所取代"。(参看《马克思恩格斯全集》第1版第26卷第2册第116页。——编者注)

对南部各州奴隶主农庄施行暴力的方式来进行的。在那里,暴力是用来对付农奴主-地主的。他们的土地被分掉了,封建的大地产变成资产阶级的小地产①。对于美国许多"空闲"土地说来,为新生产方式(即为资本主义)创造新的土地关系这一使命,是由"美国土地平分运动",由40年代的抗租运动(Anti-Rent-Bewegung),由宅地法155等等来完成的。当德国共产主义者海尔曼·克利盖在1846年鼓吹美国的土地平分时,马克思嘲笑了这种冒牌社会主义的社会革命党人的偏见和市侩的理论,但他同时也充分**估计到美国反对土地私有制**②运动的历史意义,认为这是代表美国生产力发展的利益、代表美国资本主义利益的进步运动。

6. 为什么俄国小私有者不得不主张国有化?

用上述观点来考察一下19世纪下半叶以来俄国的农业演进情况吧。

我国"伟大的"农民改革,割取农民土地,强迫农民迁往"沙

---

① 见考茨基《土地问题》(德文本第132页及以下各页)中有关美国南方由于奴隶制崩溃而引起小农场的发展的部分。

② 见1905年《前进报》第15号(4月7日(20日)日内瓦出版)上的《马克思论美国的"土地平分"》一文(见本版全集第10卷第50—56页。——编者注)(梅林编《马克思恩格斯文集》第2卷)。马克思在1846年写道:"我们完全承认美国民族改良派运动的历史合理性。我们知道,虽然这个运动所力求达到的结果在目前或许会促进现代资产阶级社会工业制度的发展,但它既然是无产阶级运动的成果,是对一般土地所有制的攻击,特别是对美国现存条件下土地所有制的攻击,其结果必然会导向共产主义。克利盖同侨居纽约的德国共产主义者一起参加过抗租运动(Anti-Rent-Bewegung),他竟以自己惯用的那些激昂慷慨的词句来掩盖这个简单的事实,而不去考察运动的实际内容。"(参看《马克思恩格斯全集》第1版第4卷第9页。——编者注)

地",依靠武力、枪杀和体刑来施行新的土地制度,这一切究竟是怎么回事呢? 这是为了农业中正在产生的资本主义的利益而对农民所采取的第一次大规模的暴力。这是用地主方式为资本主义"清扫土地"。

按根本法第87条颁布的斯托雷平的土地法,这种对富农掠夺村社的怂恿,这种以群众迅速破产为代价、为着一小撮富裕业主的利益对旧的土地关系的破坏,又是怎么回事呢? 这是为了资本主义的利益而对农民施行大规模暴力的第二个重大步骤。这是第二**次用地主方式**为资本主义"清扫土地"。

劳动派在俄国革命中提出土地国有化主张,这是怎么回事呢?

这是用农民方式为资本主义"清扫土地"。

我国地方公有派的一切荒唐主张的基本根源,就在于他们不了解俄国可能出现的两种资产阶级土地变革的**经济**基础,即地主式的资产阶级变革和农民式的资产阶级变革的经济基础。不"清扫"中世纪的(部分是封建式的,部分是亚细亚式的)土地关系和土地制度,农业中的资产阶级变革便**不可能**发生,因为资本**必须**(就经济的必要性来说)为自己创造**新的**、适应自由的商业性农业这一新条件的土地制度。在土地关系方面,首先是在旧的土地占有制方面"清扫"中世纪废物,主要应涉及到地主的土地和农民的份地,因为这两种土地占有制在目前的状态下都只适合于工役制,适合于徭役制的残余,适合于盘剥制,而不适合于按资本主义方式自由发展的经济。斯托雷平式的"清扫",无疑是遵循俄国资本主义进步发展的路线的,只是这种清扫完全迎合地主的利益:让富裕农民付给"农民"银行(应读做:地主银行)高价,我们就给他们以自由——他们可以掠夺村社,用暴力剥夺群众,扩大地块,强迫贫苦农民搬走,破坏整个整个村庄的生活基础,不惜任何代价,不顾一切,也不管有多少"历来的"份地农民的经济和生活受到破坏,划出新的单独的地块,创立资本主义新农业的基础。这条路线无疑是具有经济意义的,它**如实**反映了**在**逐渐变为容克的地主的**统治下**应有的**现实**发展进程。

另一条路线,即农民路线,又是怎样的呢? 要么这条路线在经济上不可能实现,那样一来有关农民没收地主土地、农民土地革命等等的议论,都不过是招摇撞骗或想入非非。要么这条路线在资产阶级社会某一种成分战胜资产阶级社会另一种成分的条件下,在经济上可能实现,那么我们就应该明确地认识到并且明确地向人民指出这一发展的具体条件,即农民按照新的方式,按照资本主义的方式改造旧的土地占有关系的条件。

这里自然会产生一种想法,即认为这条农民路线就是把地主土地**分给**农民,归农民私有。好极了。但是,要使这种分配适合农业中真正新的资本主义的条件,就必须按照新的方式、而不是按照旧的方式来进行。作为这种分配的基础的,不应该是旧有的份地,即早在100年前按地主指定的总管或亚细亚式专制政府的官吏的意志分给农民的份地,而应该是自由的商业性农业的要求。为了满足资本主义的要求,土地应在**农场主**中进行分配,而不是在"懒惰的"农民之间进行分配,后者绝大多数都是按旧习惯、旧传统来经营的,只适合于宗法经济的条件,而不适合于资本主义的条件。按照旧的土地份额即按照旧的份地占有制来实行分配,那就不是**清扫**而是**永远保存**旧的土地占有制,那就不是为资本主义开辟道路,而是用许多无法成为农场主、从来不能适应环境的"懒汉"来**加重**资本主义的**负担**。进步的分配必须是建立在种地的农民**新的**分化的基础上，建立在农场主从废物中分化出来的基础上。这种新的分化就是土地国有化，就是完全消灭土地私有制，就是经营土地的充分自由，就是农场主可以从旧式农民中自由地产生。

请想象一下现代的农民经济以及份地占有制即旧的农民土地占有制的性质吧。"农民被村社联合成为行政兼征税性的和土地占有者的极小联合体，但他们同时是分散的，被大量按份地面积、纳税数额等形形色色的方法划分成各种等级和类别。姑且拿萨拉托夫省地方自治局统计汇编来说吧。这里的农民分为以下各种等级：有赐地的农民、私有农民、完全私有农民、国家农民、有村社地产的国家农民、有切特维尔梯地产的国家农民、原属地主的国家农民、皇族农民、租种官地的农民、无地农民、前地主农民中的私有农民、赎买了宅院的农民、前皇族农民中的私有农民、常住私有农民、移居农民、前地主农民中的有赐地农民、前国家农民中的私有农民、脱离农奴籍的农民、免缴代役租的农民、自由耕作农、暂时义务农、前工厂农民等等，此外还有注册农民、外来农民等等。**156** 所有这些等级，都有不同的土地关系史、份地面积、纳税数额等等。而且在这些等级内部又有很多类似的区分：有时甚至同一乡村的农民分为完全不同的两类，如'前某某老爷的农民'和'前某某太太的农民'。所有这些五花八门的类别，在中世纪……是很自然的和必要的。"①如果**重新**分配地主土地，还是按照这种封建土地占有制来进行，那么无论是补足到统一的土地份额，即实行平均分配，还是按照新旧之间的某种比例或是按照其他标准来分配，都是一样的，都不但不能保证分配的地块符合资本主义农业技术的要求，反

---

① 见《资本主义的发展》第5章第9节；《关于我国农村前资本主义经济的几点意见》，第293页。（见本版全集第3卷第343—344页。——编者注）

而会**巩固**这种显然**不相符合的情形**。这样的分配将使社会的演进**遇到困难**，不是把新事物从旧事物**中间**解放出来，而是使新事物受旧事物的束缚。**只有**实行土地国有化才是真正的解放，才能**造就**农场主，才能使农场主经济在不受旧经济束缚，不受中世纪份地占有制任何牵连的情况下**形成起来**。

在改革后的俄国，中世纪的农民份地上的资本主义演进过程表现在进步的经济成分**逐渐摆脱**份地的决定性的影响。一方面是无产者得到解放，他们出租自己的份地，或者抛弃份地，让土地荒芜起来。另一方面是**业主**得到解放，他们买地租地，用中世纪旧土地占有制下的**各种土地**建立起**新的**农场。目前俄国殷实一点的农民，即在对革命有利的结局下确实能够成为自由的农场主的农民，他们所经营的土地一部分是自己的份地，一部分是从邻近的村社农民那里租来的份地，一部分也许是长期租用的官地，按年租赁的地主土地，向银行买来的土地，等等。资本主义要求把**所有**这些类别一概取消，要求土地上的任何经营一律适应市场的新条件和新要求，适应农业技术的要求。土地国有化就是用革命的农民的办法来实现这一要求，一下子使人民完全摆脱**种种**形式的中世纪土地占有制**这类**腐朽货色。无论是地主土地占有制**还是份地**占有制都不应该存在，应该存在的只是新的自由的土地所有制。这就是激进农民的口号。这一口号最忠实、最彻底、最坚决地表达了资本主义的要求（尽管激进农民出于幼稚，画着十字来抵御资本主义的侵袭），表达了在商品生产条件下尽量发展土地生产力的要求。

根据这点就可以判断彼得·马斯洛夫的机智程度了，他的土地纲领同劳动派农民的土地纲领的**全部**差别，就在于他要**巩固**旧的中世纪的份地占有制！农民份地好比一种犹太人居住区[157]，农民在里面被禁锢得透不过气来，急切地想得到自由的①土地。可是，彼得·马斯洛夫却无视农民对自由土地即国有化土地的要求，要永远保存这种犹太人居住区，巩固旧制度，把从地主那里没收来的、转归公共使用的优等地置于旧土地占有制和旧经济条件的支配之下。劳动派农民**行动上**是最坚决的资产阶级革命家，口头上却是市侩空想家，以为"土地平分"是和谐和博爱②的起点，而不是资本主义农场经济的起点。彼得·马斯洛夫行动上是个反动分子，他因为害怕将来反革命的旺代暴动而要巩固目前旧土地占有制的反革命成分，要永远保存农民的犹太人居住区；他在口头上说的却是生吞活剥、死记硬背下来的有关资产阶级进步的词句。至于俄国农业中真正自由资产阶级式的而不是斯托雷平资产阶级式的进步的实际条件，马斯洛夫之流是一窍不通的。

　　彼得·马斯洛夫的庸俗马克思主义同马克思实际运用的那些研究方法之间的区别，在对待民粹派（其中也包括社会革命党人）的小资产阶级空想的态度上，可以看得最清楚。1846 年间，马克思无情地揭露了美国社会革命党人海尔曼·克利盖的市侩思想，当时克利盖主张在美国实行真正的土地平分，并且把这种分配称

---

① "社会革命党人"穆申科先生在第二届杜马中最完整地叙述了该党的观点，他直截了当地宣布说："**我们举起土地解放的旗帜**。"（1907 年 5 月 26 日第 47 次会议，第 1174 页）只要不是瞎子，就不但能看到这面所谓"社会主义的"旗帜实际上的**资本主义**性质（这一点彼得·马斯洛夫也看到了），而且也能看到**这种**土地革命同斯托雷平—立宪民主党的主张相比，具有经济上的进步性（这一点彼得·马斯洛夫却**没有**看到）。

② 参看"人民社会党人"沃尔克-卡拉切夫斯基关于"平等、博爱、自由"的演说，他在演说中幼稚地表述了这一资产阶级革命观点（1907 年 3 月 26 日第二届杜马第 16 次会议，第 1077—1080 页）。

为"共产主义"。马克思的辩证的和革命的批判,剥掉了市侩学说的外壳,**显露出**"抨击土地私有制"和"抗租运动"的健康的内核。而我国的庸俗马克思主义者在批评"平分土地"、"土地社会化"、"平等的土地权"的时候,却**局限于**推翻这种学说,从而暴露了他们蠢笨的学理主义观点,他们不能透过僵死的民粹主义理论看到活生生的农民革命的现实。这种蠢笨的学理主义表现在"地方公有派"纲领中就是主张巩固最落后的中世纪土地所有制,而马斯洛夫和其他孟什维克对这种蠢笨的学理主义大加发挥,竟然在第二届杜马中以社会民主党的名义说出了确实十分可耻的话:"……在转让土地的方法问题上,我们〈社会民主党人〉同这些〈民粹派〉党团比同人民自由党党团接近得多,而在土地使用的形式问题上,我们却离前者要远一些。"(1907 年 5 月 26 日第 47 次会议,速记记录第1230 页)

的确,在农民土地革命中,孟什维克同革命农民的国有化主张离得较远,而同自由派地主保存份地所有制(并且不只是份地所有制)的主张却比较接近。保存份地所有制,也就是保存愚昧、落后和盘剥。自然,自由派地主渴望着赎买,竭力主张保存份地所有制①……同时也保存绝大部分的地主所有制! 而让"地方公有派"弄糊涂了的社会民主党人不懂得,话说完就消失了,事实却终归是

---

①　顺便说几句。孟什维克(其中包括策列铁里同志,他的发言我已经引用过了)以为立宪民主党人多少能彻底地维护农民的**自由**所有权,其实是大错特错了。事实**并非如此**。库特列尔先生代表立宪民主党在第二届杜马发表演说,赞成私有权(这同立宪民主党人在第一届杜马中提出的关于国家土地储备的法案不同),但同时又说:"**我党认为只〈!〉对他们〈农民〉的转让权和抵押权加以限制**,也就是防止将来土地买卖的盛行。"(1907 年 3 月 19 日第 12 次会议,速记记录第 740 页)这是乔装打扮成自由派的**官僚**提出的**极反动的**纲领。

事实。关于平均制和社会化等等的话语是会消失的，因为在商品生产下**不可能**有什么平均制。然而**事实**终归是事实，在资本主义可能达到的范围内尽量破除旧的封建制度，破除中世纪的份地占有制，破除种种陈规和传统，这一事实不会改变。人们说："平分土地不会有任何结果"，马克思主义者应该这样来理解这句话："不会有任何结果"**只是**就社会主义任务而言，只是说这种办法不能消除资本主义。然而这种分配的做法，甚至这种分配的想法却会产生**许许多多**有利于资产阶级民主变革的**结果**。

这是因为这种变革要么是通过地主比农民占优势的道路来实现，这就要求保存旧的所有制并且完全依靠卢布的力量对它进行斯托雷平式的改良；要么是通过农民战胜地主的道路来实现，由于资本主义经济客观条件的关系，不彻底消灭中世纪的地主土地所有制和农民土地所有制，就无法做到这一点。要么是斯托雷平式的土地改革，要么是农民革命的国有化。只有这两种解决办法在经济上才是现实的。一切中间的办法，从孟什维克的地方公有化到立宪民主党人的赎买，统统是市侩的局限性，统统是对学说的愚蠢的歪曲，统统是拙劣的臆造。

7. 农民和民粹派论份地的国有化

废除份地所有制，是建立符合资本主义新条件的自由的农民经济的前提，这一点农民自己也十分清楚地意识到了。格罗曼先生详细而确切地描述了农民代表大会上的讨论情况[①]，引用了一

[①] 《农民问题材料》(全俄农民协会代表大会记录，1905 年 11 月 6—10 日，格罗曼作序，1905 年圣彼得堡新世界出版社版第 12 页)。

位农民的精辟见解：

> "在讨论赎买问题时，一位代表说：'有人说，要是不用赎买办法，许多用血汗钱买地的农民就会吃亏。这样的农民很少，地也不多，**他们在分配土地时反正可以分到土地。**'这番话并没有受到实质性的反驳。这就是愿意把份地和购买地的所有权一概放弃的原因。"

过了没几页（第 20 页），格罗曼先生又把这话当做农民的共同见解重复了一遍。

"在分配土地时反正可以分到土地"！这个论据出于何种**经济**必要性，难道不清楚吗？包括地主土地和份地在内的全部土地重新进行分配，$^9/_{10}$（确切些说，是 99％）的农民占有的土地将不会少于原有的土地；根本不必害怕。重新分配之所以需要，是因为它使真正的、名副其实的业主能够根据新的条件，根据资本主义的要求（从个别生产者说来，是根据"市场的命令"）来规划自己的土地怎样使用，而不受那些决定份地大小、份地位置和份地分配情况的中世纪关系的支配。

彼舍霍诺夫先生是一个讲求实际、头脑冷静的"人民社会党人"（应读做社会立宪民主党人），正如我们所看到的，他能够迎合全俄为数众多的小业主的要求，把这个观点表达得更加明确。

他写道："份地是生产方面最重要的一部分土地，可是它被固定于一个等级，更糟糕的是被固定于等级中的一些小集团，被固定于单个的农户和村庄。这样一来，即使在份地的范围内，农民大抵都不能自由迁徙…… 这种人口**分布状况**是不合理的，是**不符合市场要求的**〈请注意这一点！〉…… 应该取消关于官地的禁令，**应该使份地摆脱私有制的束缚**，应该**废除**私有土地的**地界**。应该把俄国人民的土地归还给俄国人民，这样他们能根据自己经济的需要在这片土地上自由居住。"（阿·瓦·彼舍霍诺夫《农民运动提出的土地问题》1906 年圣彼得堡版第 83、86、88—89 页，黑体是我们用的）

希望自立的农场主在借这位"人民社会党人"之口讲话,这难道不是一清二楚的吗?为了重新分布人口,为了造成"符合市场要求"即符合**资本主义农业**要求的新地块,农场主的确需要"使份地摆脱私有制的束缚",这难道不是一清二楚的吗?我们再提醒一句,彼舍霍诺夫先生头脑很冷静,他摒弃任何社会化、任何适应村社制度的主张(难怪社会革命党人骂他是个人主义者!),他**摒弃任何禁止农民经济中的雇佣劳动的规定!**

在农民**这样**要求国有化的情况下拥护农民份地所有制,其反动本质是十分明显的。亚·芬在他的小册子中引用了彼舍霍诺夫先生的上述某些论断,批评他是民粹派,并且向他证明说,资本主义必然会从农民经济中,在农民经济的内部发展起来(见上述小册子第14页及以下各页)。这种批评是不能令人满意的,因为亚·芬只讲到资本主义发展的一般问题,而忽略了一个具体问题,忽略了资本主义农业在**份**地上更加自由地发展的条件!亚·芬只是**笼统**提出资本主义问题,轻而易举地战胜了早已被打败的民粹主义。但这里讲的是比较具体的[①]问题,即用地主方式与用农民方式来为资本主义"废除地界"(彼舍霍诺夫先生的说法)、"清扫"土地。

---

① 亚·芬十分正确地自问自答说:"彼舍霍诺夫的这种劳动经济最终会导向什么呢?会导向资本主义。"(上述小册子第19页)这一无可怀疑的真理的确必须对民粹派讲清楚,但还应该**进一步**阐明,在农民土地革命的情况下,资本主义的要求有哪些特殊的表现形式。可是,亚·芬没有这样做,反而**倒退了一步**,他写道:"试问,为什么我们要往回走,要沿着某些独特的道路打圈子,而最终再回到我们已经在走的道路呢?彼舍霍诺夫先生,这是白费劲!"(同上)不,这不是白费劲,也不是"最终"回到资本主义,而是**最直接、最自由、最迅速地沿着资本主义道路前进**。亚·芬没有认真想一想,俄国斯托雷平式的资本主义农业演进同俄国农民革命式的资本主义农业演进相比,各有什么特点。

社会革命党的正式发言人穆申科先生，在第二届杜马中就土地问题作了结论性的发言，他同彼舍霍诺夫先生一样明确地表明了土地国有化的**资本主义**实质，小市民社会主义者是喜欢把土地国有化称为"社会化"，称为"平等的土地权"等等的。

穆申科先生说："只有在废除地界之后，只有在土地私有制原则对土地所造成的一切障碍被铲除之后，才有可能合理地散居。"（1907 年 5 月 26 日第 47 次会议，速记记录第 1172 页）正是如此！"合理的"人口分布正是市场即资本主义所要求的。而妨碍"合理的"业主的"合理"分布的，不但有地主土地占有制，**而且还有份地**占有制。

对于农民协会代表的言论的另一考察，也很值得我们注意。格罗曼先生在上面提到的小册子中写道：

> "作为新旧民粹主义思想基石的有名的'村社'问题，根本没有人提出过，并且被默默地否决了：第一次和第二次代表大会的决议都规定，土地应该交给个人和协作社使用。"（第 12 页）

可见，农民明确而坚决地反对旧的村社，拥护自愿结合的协作社，拥护个人使用土地。毫无疑问，这确实是全体农民的呼声，因为连劳动团的 104 人法案也**根本没有提到村社**。而村社是共同占有份地的联合体！

斯托雷平要用暴力消灭村社，是为了有利于一小撮有钱人。农民想消灭村社，是要代之以自由的**协作社**和"个人"使用**国有化**份地的权利。马斯洛夫之流主张资产阶级进步，却又在违反这种进步的基本要求，维护中世纪的土地占有制。我们可千万不能要这样的"马克思主义"！

8. 主张分配的 M.沙宁等人的错误

M.沙宁在他写的小册子[1]中从稍微不同的角度来考察这个问题,结果却违反自己的本意,再次证实了他所十分仇视的国有化主张是正确的。M.沙宁以爱尔兰为例,分析了资产阶级**改良**在农业方面的条件,以此只证明了一点,即土地私有制原则同土地公有制或国有制是不相容的(要证明这一点,还应该作总的理论分析,可是这种分析沙宁连想也没有想到);其次他似乎还证明了,在按资本主义方式发展的农业方面进行任何国家改良活动,都必须承认私有权。然而,沙宁这一切论证都是无的放矢。在资产阶级改良的条件下,当然**只有**土地私有制才是可能的;既然联合王国保存着绝大部分土地的私有制,那么,作为联合王国一部分的爱尔兰,除了土地私有制以外,当然不可能有其他的道路。但这跟俄国"农民土地革命"有什么关系呢? M.沙宁可说是指出了一条正确的道路,但他指出的是斯托雷平式土地改革的正确道路,而不是农民土地革命的正确道路[2]。M.沙宁根本不了解这两者的区别。而没弄

---

① M.沙宁《土地地方公有还是分归私有》,1907 年维尔纳版。

② 沙宁引用爱尔兰的例子来证明私有制比租佃制(而不是比全部土地国有化)优越,这也并不新鲜。"自由派"教授亚·伊·丘普罗夫先生,**也完全一样地**引用爱尔兰的例子来论证农民土地**私有制**的优越性(《土地问题》第 2 卷第 11 页)。至于这位"自由派",甚至可以说是"立宪**民主派**"的真面目,看他的文章第 33 页就清楚了。丘普罗夫先生在那里恬不知耻地(只有俄国自由派才做得出来)要农民在**所有**土地规划委员会中服从**地主的多数**!! 5 个委员是农民,5个委员是地主,而主席"由地方自治会议指定",也就是说,由**地主会议**指定。在第一届杜马中,**右派分子**德鲁茨基—柳别茨基**公爵**也曾经援引爱尔兰的例子来证明土地私有制的必要性,反对立宪民主党的法案(1906 年 5 月 24 日会议,速记记录第 626 页)。

清这一区别就来谈论社会民主党在俄国革命中的土地纲领，那是可笑的。M.沙宁不用说是从最善良的动机出发，反对赎买，拥护没收，然而他却没有指出任何历史前途。他忘记了，在资产阶级社会里，没收土地即不付赎金地剥夺土地，也像土地国有化一样，是同**改良**绝对不相容的。又要讲没收土地，又要容许采用改良的办法而不是采用革命的办法来解决土地问题，这无异于向斯托雷平递送呈文，祈求消灭地主土地占有制。

沙宁这本小册子的另一方面就是特别强调我国的农业危机是**农业技术**的危机，强调绝对必须过渡到更高的经营形式，必须提高俄国目前极低的农业技术，等等。沙宁把这些正确的论点作了片面到极点的发挥，完全避而不谈消灭农奴制大地产和改变土地占有关系是这种技术变革的条件，这样，前途就完全是虚假的了。这是因为斯托雷平的土地改革也会导致农业技术的提高，而且从地主利益的角度来看这是正确的途径。1906年11月9日的法令等等强迫拆散村社，另建独立农庄，资助独立田庄经济，这决不是像某些夸夸其谈的民主派记者有时所讲的那种海市蜃楼，这是在保存地主政权和地主利益的基础上经济进步的现实。这是一条发展极其缓慢的道路，对于广大农民群众、对于无产阶级来说，它又是一条极其痛苦的道路，但是，**如果**农民土地革命不能取胜的话，这条道路在资本主义俄国是唯一可能的道路。

请从**这样**的革命的观点来看一下沙宁提出的问题吧。新的农业技术要求改造份地上那种祖传的、落后的、不开化的、不文明的、贫穷不堪的农民经济的**一切**条件。三圃制、原始的劳动工具、宗法制下的那种农民一文不名的状况、因循守旧的畜牧业、对于市场情况和市场要求的幼稚无知等等，这些都应当一概加以抛弃。那又怎么样呢？在保留旧土地占有制的条件下，经营可能发生这样的革命性变化吗？而在目前的份地所有者中间分配土地，那就是把中世纪的土地占有制保留了一半①。如果土地分配能巩固**新的**经济和**新的**农业技术，能把旧的东西完全抛掉，那它可能是进步的。而既然这种分配是以旧的份地所有制为基础的，那就不可能起到促进新农业技术的作用。主张分配土地的波里索夫同志在斯德哥尔摩代表大会上说："我们的土地纲领是革命发展时期的纲领，是破坏旧制度、创立新的社会政治制度时期的纲领。这就是纲领的基本思想。社会民主党不应该用必须支持某种经济形式的决议来束缚自己。在这场新的社会力量反对旧制度基础的斗争中，应该采取快刀斩乱麻的坚决手段。"（《记录》第125页）这些话都讲得非常正确非常精彩。这些话都说明要实行国有化，因为只有国有化才能真正"破坏"一切旧的中世纪的土地占有制，只有国有化才真正是快刀斩乱麻，使新农场能够在国有化土地上充分自由地创立起来。

试问，究竟用什么标准可以断定新农业已经充分形成，已经足以使土地的分配**和它**相适应，而不至于去巩固妨碍新经济的旧障碍呢？这种标准只能有一个，那就是实践。世界上任何统计都无法估计出某一国家农民资产阶级成分是否已经"巩固"到了足以使土地占有制适应这种土地上的经济的程度。这一点**只有**广大的业主自己才能估计到。农民群众在我国革命中提出了土地国有化纲领，这也**证明**目前要作这种估计是不可能的。在全世界，小农向来同自己的田产结合得很紧（当然要真正是**他自己的**田产，而不是在

---

① 我在上面已经说过，在欧俄的28 000万俄亩土地资产中有一半，即有13 880万俄亩是份地。（见本卷第187页。——编者注）

俄国常见的那种工役制地主经济的小块土地），以致他们对土地私有制的"狂热"坚持，在一定的历史时期、一定的时间内是不可避免的。但是，**在目前这个时期**，大多数俄国农民摒弃了私有者的狂热，即一切当权阶级和一切自由派资产阶级政治家所煽起的狂热，普遍地和坚决地要求土地国有化，如果认为这是由于受了《俄国财富》杂志[158]的政论家或者切尔诺夫先生那些小册子的影响，那未免太幼稚，太书呆子气了。这种情形所以发生，是由于小农即农村小业主的现实生活条件向他们提出的经济任务，不是用把土地分归私有的办法来巩固业已形成的新农业，而是为了在"自由的"即国有化的土地上创立（由现有的成分创立）新农业**扫清**地基。私有者的狂热到一定的时候可能而且一定会出现，那是已经**破壳而出的农场**主为保障自己的经济而提出的要求。在俄国革命中，土地国有化本来应该成为农民群众的要求，成为**渴望啄破**中世纪蛋壳的农场主的口号。因此，当农民群众刚要进入最后的"分野"，刚要分化出能够建立资本主义农业的农场主的时候，社会民主党人向一心要国有化的农民群众**鼓吹**分配土地，是未免太不识时务，太看不准具体历史时机了。

我们社会民主党人中的"分配派"芬、波里索夫、沙宁等同志，没有像"地方公有派"那样陷入理论上的二元论，没有像他们那样对马克思的地租理论进行庸俗的批评（下面将要谈到这点），却犯了另一种错误，在历史前途问题上犯了错误。他们在理论方面的立场总的说来是正确的（在这一点上他们和"地方公有派"不同），但是他们重犯了我们党1903年的"归还割地的"纲领的错误。1903年的错误的根源在于，我们当时正确地判明了发展的**方向**，却没有正确地判明所处的发展**时机**。我们以为资本主义农业成分在俄国已经完全形成了,既在地主经济中(盘剥性的"割地"除外,由此提出了归还割地的要求),也在农民经济中完全形成了,以为农民经济已经分化出了强有力的农民资产阶级,因此就没有进行"农民土地革命"的可能。这一错误纲领的产生,并不是由于我们"害怕"农民土地革命,而是由于我们对俄国农业中资本主义发展的**程度估计过高**。当时我们觉得农奴制残余不过是很小的局部现象,觉得份地和地主土地上的资本主义经济已经十分成熟和巩固了。

革命揭露了这个错误。革命证实了我们所判明的发展方向是正确的。对于俄国社会各阶级所作的马克思主义的分析,已经被整个事态的发展、尤其被头两届杜马极好地证实了。这样一来,非马克思主义的社会主义便彻底崩溃了。然而乡村中的农奴制残余比我们所想象的要厉害得多,这种残余引起了全国性的农民运动,把**这一**运动变成了整个资产阶级革命的试金石。革命的社会民主党历来都向无产阶级指出它在资产阶级解放运动中的领导作用,现在必须说得更确切一些:这就是带领**农民**前进的领袖的作用。带领农民干什么呢?带领农民进行最彻底、最坚决的资产阶级革命。这里所说的改正错误,就是我们应当提出**同整个旧农业制度**作斗争的任务,而不是提出只同农业制度中的**旧残余**作斗争的局部任务。我们提出了**消灭**地主经济而不是清扫地主经济。

在发人深省的事态发展的影响下我们改正了错误,但是,这并没有使我们当中的许多人把对俄国农业中资本主义发展程度作出的新判断思索到底。既然没收全部地主土地的要求从历史的角度来说是正确的(这种要求从历史的角度来说无疑是正确的),那就是说资本主义的广泛发展要求有新的土地占有关系,就是说为了在革新了的小经济基础上广泛而自由地发展资本主义，可以而且应该牺牲地主经济中的资本主义萌芽。赞成没收地主土地的要求，也就是承认在资本主义制度下小农业经济有革新的可能和必要。

这能容许吗？在资本主义制度下支持小经济不是冒险吗？**革新小农业不是一种空想吗？**这种"对农民的诱骗"（Bauernfang）不是蛊惑人心吗？有许多同志无疑就是这样想的。但是他们错了。如果历史任务还是反对前资本主义制度的话，那么在资本主义制度下革新小经济也是可能的。美国就是这样革新小经济的，那里用革命手段粉碎了奴隶主大地产，创造了资本主义最迅速最自由发展的条件。在俄国革命中，争取土地的斗争无非就是争取发展资本主义的革新道路的斗争。这种革新的彻底的口号就是土地国有化。把份地排除在国有化范围之外，在经济上是反动的（关于这种做法在政治上是反动的，我们还要专门来讲）。"分配派"则**超越**了当前革命的历史任务，把刚刚开始的群众性农民斗争所争取的东西当做已经解决的问题。他们不是去推动革新的进程，不是去向农民解释彻底革新的条件，而是替已经革新的心满意足的农场主裁剪长袍①。

---

① 分配派常常引证马克思的下面这段话："自耕农的自由所有权，对小生产来说，显然是土地所有权的最正常的形式…… 土地的所有权是这种生产方式充分发展的必要条件，正如工具的所有权是手工业生产自由发展的必要条件一样。"（《资本论》第3卷第2册第341页（见《马克思恩格斯文集》第7卷第911—912页。——编者注））由此只能得出一个结论：自由农业要完全胜利，可能需要私有制。然而现在的小农业是不自由的。官田"与其说是农民手中的工具，还不如说是地主手中的工具；与其说是供农民自由劳动的工具，还不如说是地主实行工役制的工具"。摧毁一切形式的封建土地占有制，实现自由迁徙，是建立自由小农业的必要条件。

"凡事各有其时。"社会民主党不会发誓永远不赞成分配土地。在另一个历史时期,在农业演进的另一阶段,这种分配也许是不可避免的。但是,用土地分配来表述1907年俄国资产阶级民主革命的**任务**,那就完全不正确了。

第 三 章

国有化和地方公有化的理论基础

在土地纲领问题上,几乎所有社会民主党报刊的一大缺点,尤其是斯德哥尔摩代表大会上几次讨论的缺点,都是实践上考虑多,理论上考虑少;政治上考虑多,经济上考虑少。[①] 当然,对我们大多数人来说,这是可以原谅的,因为我们是在党的工作十分紧张的情况下来讨论革命中的土地问题的:起初是在1905年1月9日以

---

① 我在斯德哥尔摩代表大会上竭力维护的《修改工人政党的土地纲领》这本小册子,十分确定地(不过很简短,整个小册子就很简短)指出了马克思主义土地纲领的**理论**前提。我在书中指出,"干脆否定国有化"就是"从理论上对马克思主义的歪曲"(该小册子旧版第16页,新版第41页)。(参看本版全集第12卷第226—227页。——编者注)再请参看我关于斯德哥尔摩代表大会的《报告》旧版第27—28页(新版第63页)。(见本版全集第13卷第27页。——编者注)"根据严格的学术观点,根据一般的资本主义发展条件的观点,如果我们不愿意背离《资本论》第3卷,我们无疑应该说,在资产阶级社会中土地国有化是可能的,它会有助于经济发展,促进竞争,使资本更好地流入农业,使粮食价格降低等等。"另外在同一报告第59页(同上书,第61页。——编者注)上又说:"他们〈社会民主党右翼〉违背了自己的诺言,恰巧没有'从逻辑上'把农业中的资产阶级民主改革进行到底,因为在资本主义制度下,'从逻辑上'(**和从经济上**)把这种改革进行到底,那就只有实行消灭绝对地租的土地国有化。"

后,在革命爆发之前的几个月(1905年春,布尔什维克在伦敦举行的"俄国社会民主工党第三次代表大会"以及同时在日内瓦举行的少数派代表会议),然后是在十二月起义的第二天[159]和在第一届杜马前夕召开的斯德哥尔摩代表大会上。但是这个缺点现在无论如何应当纠正,至于对国有化和地方公有化问题从理论上进行分析,那就尤其必要了。

1. 什么叫做土地国有化?

上面我们引用了目前公认的一种流行的说法:"所有的民粹主义派别都主张土地国有化"。事实上,这种流行的说法很不确切,如果指各政治派别的代表对这种"国有化"的认识的真正一致,那么这一说法包含的"公认的"东西是很少的。受尽农奴制大地产压迫的农民群众只是自发地要求土地,根本没有把土地转归人民同任何稍微确切的经济学概念联系起来。农民只有一种十分迫切的、可以说是饱经苦难、长期受压迫而悟出来的要求,要求革新、加强、巩固和扩大小农业,使它居于统治地位,如此而已。农民所想象的只是把地主大地产转到他们自己手中;农民用所谓土地归人民所有的词句来表达全体农民群众在这场斗争中态度一致这一模糊思想。农民按业主的本能行事,但是遇到了以下的障碍:中世纪的土地占有制形式在目前层出不穷,只要这种花样繁多的中世纪的土地占有制还完全保存下去,农民就无法完全根据"业主的"要求来耕种土地。在经济上必须消灭地主土地占有制,**同时也消灭份地占有制的"羁绊"**,——**农民的**国有化思想所包含的就是这些**否定的**概念。对于所谓"消化了"地主大地产的革新了的小经济来说,将来究竟需要哪些土地占有形式,这一点农民并没有想到过。

在反映农民的要求和希望的民粹主义思想中,占主导的无疑也是国有化概念(或者说模糊思想)所包含的否定方面。消除旧障碍,赶走地主,"废除"地界,摆脱份地占有制的羁绊,巩固小经济,用"平等、博爱、自由"来代替"不平等"(地主大地产)——民粹主义思想中十分之九都是这些东西。平等的土地权、平均使用土地、社会化,这一切都不过是同一种思想的不同的表现形式,这一切多半都是否定的概念,因为民粹主义者无法想象作为社会经济关系某种结构的新制度。在民粹主义者看来,目前的土地变革就是从农奴制、从不平等、从一切压迫过渡到平等和自由,如此而已。这是资产阶级革命者的典型的局限性,他们看不到自己所缔造的新社会的资本主义属性。

同民粹主义的幼稚观点相反,马克思主义研究的是正在形成的新制度。农民经济获得最充分的自由,在全民的或者说不属于谁的或者说属于"上帝的"土地上经营的小业主相互之间完全平等,——这就是商品生产的制度。市场把小生产者联系起来,使他们受市场的支配。产品的交换造成了货币的权力,随着农产品变为货币,劳动力也变为货币。商品生产成为资本主义生产。这一理论并不是什么教条,而是对目前俄国农民经济中所发生的事情的一种简单描述和概括。这种经济愈少受土地的牵掣,愈彻底地摆脱地主的压迫,摆脱中世纪土地占有关系和土地占有制度的压抑,摆脱盘剥和专横现象,农民经济自身中的资本主义关系就能愈蓬勃地发展起来。这是俄国改革后的全部历史所确凿证明了的事实。

由此可见,以**经济现实**为依据的土地国有化概念,是商品社会和资本主义社会的范畴。这个概念所包含的现实内容，并不是农民所想的或者民粹派所说的东西，而是由当前社会的经济关系产生的。在资本主义关系下实行土地国有化，无非就是把地租交给国家。什么是资本主义社会的地租呢？这决不是从土地上得到的任何收益。这是除去资本的平均利润所剩下的那一部分剩余价值。可见，地租的先决条件是农业中采用雇佣劳动，农民变成农场主、企业主。土地国有化（纯粹的国有化）的先决条件就是国家从农业企业主那里收取地租，而这些企业主付给雇佣工人工资并获得自己资本的平均利润，即对本国或若干国家的所有农业企业和非农业企业来说是平均的利润。

土地国有化的理论概念就是这样同地租理论不可分割地联系在一起的，这里说的地租是指资本主义社会里特种阶级（土地占有者阶级）的特种收入——资本主义地租。

马克思的理论把地租分为两种：级差地租和绝对地租。级差地租是由于土地有限，土地被资本主义农场占用而产生的，它同是否存在土地私有制、同土地占有形式完全无关。由于土地肥沃程度不同，地块离市场的远近不同，往土地上追加的投资的生产率不同，各个农场之间必然会产生种种差别。简单说来，这些差别（不过不要忘记这些差别的来源不同）可以概括为优等地和劣等地的差别。其次，农产品的生产价格不是由中等土地的生产条件来决定，而是由劣等地的生产条件来决定的，因为光靠优等地的产品满足不了需求。个别生产价格同最高生产价格之间的差额便构成了级差地租。（这里提醒一句，马克思所说的生产价格是指资本用于生产产品的费用加上资本的平均利润。）

在资本主义农业中，即使土地私有制已全部废除，级差地租还是不可避免地要形成的。在土地私有制存在的情况下,这笔地租由土地占有者获得,因为资本的竞争迫使农场主(租地者)只能获得资本的平均利润。在土地私有制被废除的情况下,这笔地租就由国家获得。只要资本主义生产方式存在,**这种地租就不可能消灭**。

绝对地租是由土地私有制产生的。这种地租包含有垄断成分,垄断价格的成分①。土地私有制妨碍自由竞争,妨碍利润的平均化,妨碍在农业企业和非农业企业中平均利润的形成。同工业相比,农业的技术水平较低,资本构成中可变资本所占的比重比不变资本更大,农产品的**个别价值**也就高于平均价值。因此,土地私有制阻碍农业企业的利润同非农业企业的利润彼此自由拉平,使人们能够不是按最高的生产价格,而是按更高的产品个别价值来出卖农产品(因为生产价格是由资本的平均利润决定的,而绝对地租借助垄断保持了比平均价值更高的个别价值,使"平均利润"无法形成)。

级差地租因此是一切资本主义农业所固有的。绝对地租却不是任何资本主义农业所固有的,而只是在土地私有制的条件下,只是在历史上②形成的、凭借垄断保持下来的农业落后状况下才

---

① 马克思在《剩余价值理论》第2卷第2册中揭示了"各种地租理论的实质":农产品垄断价格理论和级差地租理论。他指出了这两种理论的正确之处,**因为绝对地租包含有垄断成分**。参看第125页对亚当·斯密理论的评语:说地租是一种垄断价格"完全正确",因为土地私有权保持着比平均利润更高的利润,妨碍了利润的平均化。(参看《马克思恩格斯全集》第1版第26卷第2册第389—390页。——编者注)

② 参看《剩余价值理论》德文本第2卷第1册第259页:"在农业中,手工劳动还占优势,而使工业的发展快于农业则是资产阶级生产方式所固有的。不过这是**历史的**差别,是会消失的。"(并见275页以及第2卷第2册第15页)(参看《马克思恩格斯全集》第1版第26卷第2册第96、110—111、270—271页。——编者注)

有的。

　　考茨基在以下这段文字中把这两种地租作了比较，并且特地谈到了这两种地租同土地国有化的关系：

　　"级差地租是由竞争产生的。绝对地租则是由垄断产生的……　实际上，我们所看到的地租并没有分为两个部分；我们无法知道，其中哪一部分是级差地租，哪一部分是绝对地租。此外，土地占有者所耗费的资本的利息，也常常同地租掺杂在一起。如果土地占有者同时又是农村业主，地租总是同农业利润结合在一起的。

　　然而，这两种地租的差别还是有着极其重要的意义。

　　级差地租产生于生产的资本主义性质，而不是产生于土地私有制。

　　即使在主张〈在德国〉进行土地改革、同时保留农业的资本主义经营方式的人所要求的土地国有化实行以后，这种地租也仍然会保留下来。只不过那时候这种地租不是交给私人而是交给国家了。

　　绝对地租产生于土地私有制，产生于土地占有者的利益同社会其他人的利益的对立。**实行土地国有化就能消灭这种地租，降低相当于这种地租总数的农产品价格**〈黑体是我们用的〉。

　　其次，级差地租和绝对地租的第二个差别在于，前者并不作为价格组成部分影响农产品的价格，而后者则影响到这种价格。前者是从生产价格中产生的，后者是从市场价格超过生产价格的部分中产生的。前者是由于土地较为肥沃或位置较好因而劳动生产率较高所得来的盈余即超额利润。后者并不是从某几种农业劳动的附加收入中得来的，而全靠从现有的价值量中，从剩余价值额中**扣除**一部分给土地占有者，也就是说，或者靠降低利润，或者靠克扣工资。如果粮食价格上涨，工资也跟着提高，那么资本的利润就会降低。如果粮食价格上涨，工资不提高，那么工人就会受到损失。最后，还可能发生这样一种情况（这种情况甚至应该认为是一般的常规），就是绝对地租使工人和资本家共同受到损失。"①

　　由此看来，资本主义社会的土地国有化问题分为两个本质上不同的部分：级差地租问题和绝对地租问题。国有化更换级差地租的占有者，并根本消灭绝对地租。因此，国有化一方面是资本主

----

　　①　《土地问题》德文本第 79—80 页。

义范围内的局部改良（更换一部分剩余价值的占有者），另一方面是取消阻碍整个资本主义充分发展的垄断。

分不清级差地租国有化和绝对地租国有化这两个方面，就不能理解俄国国有化问题的全部经济意义。不过这里我们看到了彼·马斯洛夫对绝对地租理论的否定。

2. 彼得·马斯洛夫修改
卡尔·马克思的草稿[160]

1901年，我在国外出版的《曙光》杂志上谈到马斯洛夫发表于《生活》杂志的那些文章时，曾经指出他对地租理论的理解是不正确的[①]。

我已经说过，在斯德哥尔摩代表大会之前以及在代表大会上的讨论，过于偏重问题的政治方面。然而斯德哥尔摩代表大会之后，米·奥列诺夫在《论土地地方公有化的理论基础》（1907年《教育》杂志第1期）一文中，分析了马斯洛夫论述俄国土地问题的著作，特别着重指出，马斯洛夫根本否认绝对地租的**经济理论**是不正确的。

马斯洛夫在《教育》杂志第2期和第3期上发表了反驳奥列诺夫的文章。他斥责自己的论敌，骂他"无理取闹"、"横冲直撞"、"肆无忌惮"，等等。事实上，在**马克思主义理论**方面，彼得·马斯洛夫才是无理取闹、愚蠢透顶的骑士，坚持自己旧错误的马斯洛夫自以为是地"批评"马克思，很难想象还有什么比这更愚蠢的了。

---

① 见《土地问题》1908年圣彼得堡版第1册《土地问题和"马克思的批评家"》一文第178—179页的注释。（见本版全集第5卷第106页。——编者注）

马斯洛夫先生写道:"绝对地租理论同第3卷所论述的全部分配理论之间的矛盾实在太明显,因此只能作这样的解释:第3卷是在作者死后出版的,把作者的草稿也收进去了。"(《土地问题》第3版第108页的注释)

只有对马克思地租理论一窍不通的人才能写出这样的东西来。超群绝伦的彼得·马斯洛夫对草稿作者的那种故作大度的藐视态度,实在是无可比拟的!这位"马克思主义者"认为,为了教训别人,**不必熟悉**马克思的著作,甚至也不必钻研1905年出版的《剩余价值理论》,然而这部著作可以说已经反复地解释了地租理论,连马斯洛夫之流也该懂了!

请看马斯洛夫用来反驳马克思的论据:

"据说绝对地租是由于农业资本的构成低下而产生的……　资本构成既不影响产品价格,也不影响利润率,不影响剩余价值**在各企业主之间**的分配,所以它不可能产生任何地租。即使农业资本构成低于工业资本构成,级差地租仍然是从农业中获得的剩余价值中提取的,这对于地租的**形成**是没有什么作用的。可见,资本'构成'即使发生变化,也丝毫不会使地租受到影响。地租的大小丝毫不取决于地租起源的性质,而完全取决于上面所说的劳动生产率在不同条件下的差别。"(上述著作第108—109页,黑体是马斯洛夫用的)

恐怕资产阶级的"马克思的批评家"也从来没有轻率到这样的地步吧?我们这位超群绝伦的马斯洛夫老是乱搅和,甚至在**叙述**马克思的理论时也是如此(不过,这也是布尔加柯夫先生和其他所有攻击马克思主义的资产阶级分子的特点,但他们有一点比马斯洛夫诚实,即他们并不自称为马克思主义者)。说马克思认为绝对地租是由于农业资本构成低下而产生的,这是不对的。绝对地租是由土地私有制产生的。这种私有制造成一种特殊的垄断,这种垄断和资本主义生产方式毫无共同之处,资本主义生产方式无论在村社土地上或国有化土地上都可以存在。① 土地私有制造成的非资本主义垄断,使那些遇到这种垄断障碍的生产部门之间的利润平均化受到阻碍。要使"资本构成不影响利润率"(应该补充一句:个别资本构成或个别工业部门的资本构成;马斯洛夫在这里叙述马克思的理论时也在乱搅和),就是说,要形成**平均**利润率,必须使各企业和各工业部门中的利润**平均化**。而平均化来自竞争自由、来自向所有生产部门任意投资的自由。有非资本主义垄断存在的地方,能有这种自由吗? 不,不可能有。土地私有权的垄断**妨碍**投资自由,妨碍竞争自由,妨碍高得不相称的(农业资本构成低下所造成的)农业利润平均化。马斯洛夫的反驳意见十分浅薄,在过了两页(第111页)谈到……**烧砖业**的时候,这一点表现得尤其明显。烧砖业的技术也很落后,资本有机构成也同农业一样低于中等水平,而那里并没有地租!

可尊敬的"理论家",烧砖业不可能有什么地租,因为绝对地租的产生并不是由于农业资本构成的低下,而是由于土地私有权的垄断,这种垄断妨碍竞争把"构成低下的"资本的利润拉平。否认绝对地租,就是否认土地私有权的经济意义。

马斯洛夫用来反驳马克思的第二个论据是:

"从'最后一次'投入的资本所取得的地租,即洛贝尔图斯所说的地租和马克思所说的绝对地租,一定会消失,因为只要资本除通常的利润外还能提供别的东西,租地者总是能够把'最后一次'投资变为'倒数第二次'投资。"(第112页)

---

① 参看《剩余价值理论》第2卷第1册第208页,马克思在该处解释说,土地占有者对于资本主义生产完全是多余的人物;如果土地属于国家,资本主义生产的目的也是"完全可以达到的"。(参看《马克思恩格斯全集》第1版第26卷第2册第38页。——编者注)

彼得·马斯洛夫把问题搅乱了，简直是"无理取闹"。

第一，在地租问题上，把洛贝尔图斯同马克思相提并论，这就是十足的无知。洛贝尔图斯理论的根据就是假设资本家-农场主也一定会重复这位波美拉尼亚地主的错误计算（"不算"农业中作为原料的产品！）。洛贝尔图斯的理论中丝毫没有**历史主义**，也丝毫没有历史现实性，因为他讲的是笼统的、超越时间和空间的农业，是任何国家、任何时代的农业。而马克思谈的是资本主义发展工业技术比发展农业技术更快的特殊历史时期。马克思谈的是受到**非资本主义**土地私有制限制的**资本主义**农业。

第二，说租地者"总是能够"把最后一次投资变为倒数第二次投资，这表明超群绝伦的彼得·马斯洛夫不仅不懂得马克思的绝对地租，**而且也**不懂得马克思的**级差地租**！这是难以置信的，然而这是事实。在租赁期内，**既然**租地者"把最后一次投资变为倒数第二次投资"，说得简单和（我们马上就可看到）正确一些，既然他把新的资本投到土地上去，那他"总是能够"并且总是在把**一切**地租**攫为己有**。在租约有效期间，土地私有权对于租地者是不存在的：他付出了租金，也就"赎得了"不受这种垄断限制的自由，这种垄断权已经不能妨碍他了。[①] 所以，当租地者在他经营的地块上新投入的资本既提供新的利润**又**提供**新的地租**时，得到这种地租**的不是土地占有者，而是租地者**。只是在旧租契期满，新租契签订以后，土地占有者才能得到这种新增加的地租。那么，是什么机制把新增的地租从农场主的口袋转到土地占有者的口袋中去呢？是自由竞争的机制，因为租地者不仅获得平均利润而且还获得超额利

---

① 如果马斯洛夫稍微用心地读过第3卷"草稿"，那他不能不看到马克思常常反复地解释这一点。

润(＝地租)这一情况,会把资本吸引到特别有利可图的企业中去。由此可以理解,在其他条件相同的情形下,为什么订长期租契对租地者有利,而订短期租契对土地占有者有利。另一方面也可以理解,为什么英国的土地占有者在英国废除谷物法以后,在租约上要农场主每英亩至少付 12 英镑租金(约合 110 卢布)而不再是 8 英镑的租金。土地占有者就是这样把谷物法废除以后社会必要的农业技术的进步考虑在内了。

现在要问,在租约有效期间,租地者攫为己有的究竟是哪种新地租呢? 仅仅是绝对地租呢,还是也有级差地租? 两者都有。如果彼得·马斯洛夫在可笑地"批评草稿"之前去设法领会一下马克思的理论的话,他就会知道,不仅不同的土地地块会产生级差地租,而且**同一地块**上不同的投资额也会产生级差地租。①

第三,(请读者原谅,我们列出马斯洛夫每一句话的错误,列了长长一串,会使读者感到厌倦,但是我们遇到的是德国人所说的那种"硕果累累的"(Konfusionsrat)"糊涂顾问",又有什么办法呢?)马斯洛夫关于最后一次投资和倒数第二次投资的论断,是以有名的"土地肥力递减规律"为根据的。马斯洛夫同资产阶级经济学家一样承认这个规律("为了显示自己了不起",甚至把这种愚蠢的捏造称为事实)。马斯洛夫和资产阶级经济学家一样,把这个规律和地租理论联系起来,他由于理论上一窍不通而大胆宣称:"要是没有最后投入的资本生产率降低这一事实,那就没有地租了。"(第

---

① 马克思把由于土地优劣不等所获得的级差地租称为级差地租第一形式,把同一块土地上由于追加投资的生产率不同所获得的级差地租称为级差地租第二形式。第 3 卷"草稿"对这一区别分析得非常详细(第 6 篇,第 39—43 章)。只有布尔加柯夫先生这样一些"马克思的批评家"才"看不见"这一点。(见《马克思恩格斯文集》第 7 卷第 731　834 页。——编者注)

114页）

有关这种庸俗资产阶级提出的"土地肥力递减规律"的批判，读者请看我在1901年批判布尔加柯夫先生时说过的话①。在这个问题上，布尔加柯夫同马斯洛夫两人没有**任何实质上的**差别。

为了补充我对布尔加柯夫的批判，这里再从第3卷"草稿"中引证一小段，这段话特别鲜明地显示出马斯洛夫——布尔加柯夫的批判是多么超群绝伦！

"人们不去研究地力枯竭的现实的合乎自然规律的原因（所有对级差地租有所论述的经济学家，由于当时农业化学的状况，都不认识这些原因），而竟然求助于一种肤浅的见解：在一块空间有限的土地上，并不是任何数量的资本都可以投入。例如《威斯敏斯特评论》(《Westminster Review》)在反驳理查·琼斯(Jones)时写道，不能靠耕种索霍广场②来养活整个英国……"③

这一反驳是马斯洛夫和其他拥护"土地肥力递减规律"的人们的唯一论据。他们说，如果没有这个规律，如果后投入的资本也能和先投入的资本有同样的生产效率，那就用不着扩大耕地面积，只要增加对土地的新投资，就能从一块极小的土地上获得任何数量的农产品，也就是说，"光靠耕种索霍广场"就可以"养活整个英国"，或者说"全世界的农业就可以容纳在一俄亩土地上了"④等等。所以，马克思分析的是维护土地肥力递减"规律"的**主要**论据。

---

①　见本版全集第5卷第87—98页。——编者注

②　伦敦的一个广场。

③　参看《马克思恩格斯文集》第7卷第882页。——编者注

④　见《土地问题和"马克思的批评家"》一文对土地肥力递减规律的批判。马斯洛夫也说过这样的蠢话，他说，"如果新投资能产生同样的利润，那么，企业主就会把自己所有的〈！〉资本连续地投到一俄亩的土地上去"（第107页）等等。

马克思接着写道:"……如果把这看做农业的一种特别的缺陷,那么,事实的真相却正好相反。在农业中,各个连续的投资是会有成果的,因为土地本身是作为生产工具起作用的。而就工厂来说,土地只是作为地基,作为场地,作为操作的空间基地发生作用,所以情况就不是这样,或只在很狭窄的界限内才是这样。当然,和分散的手工业相比,人们可以在一个狭小的空间内集中巨大的生产设施,大工业就是这样做的。但是,在生产力发展的既定阶段上,总是需要有一定的空间,并且建筑物在高度上也有它一定的实际界限。生产的扩大超过这种界限,也就要求扩大土地面积。投在机器等等上的固定资本不会因为使用而得到改良,相反地,它会因为使用而受到磨损。新的发明在这里也会引起一些改良,但在生产力的既定发展阶段上,机器只会日益陈旧。在生产力迅速发展时,全部旧机器必然会被更有利的机器所取代,也就是说,必然会丧失作用。与此相反,土地只要处理得当,就会不断改良。土地的优点是,各个连续的投资能够带来利益,而不会使以前的投资丧失作用。不过这个优点同时也包含着这些连续投资在收益上产生差额的可能性。"(《资本论》第3卷第2册第314页)①

马斯洛夫宁愿重复资产阶级经济学关于土地肥力递减规律的陈词滥调,却不愿意仔细想想马克思的批判。马斯洛夫在这些问题上歪曲了马克思的理论,却还有脸以马克思主义的阐述者自居!

马斯洛夫用他对土地肥力递减这一"自然规律"所持的彻底资产阶级的观点,究竟把地租理论丑化到了什么地步,从下面这段马斯洛夫用黑体刊出的话中也可以看得很清楚,他说:"如果在同一

---

① 见《马克思恩格斯文集》第7卷第882—883页。——编者注

块土地上连续投资,实行集约经营,能够有同样的生产效率,那么争夺新土地的竞争就会马上消失,因为除了生产费用外,运输费用也是要加在粮食价格上的。"(第 107 页)

这样说来,海外竞争只有靠土地肥力递减规律才能得到解释!简直同资产阶级经济学家如出一辙! 不过要是马斯洛夫读不懂或者说理解不了《资本论》第 3 卷的话,那他至少也应该读读考茨基的《土地问题》或帕尔乌斯论农业危机的小册子。马斯洛夫看了这些马克思主义者的通俗解释,也许能够理解,资本主义在增加工业人口的同时**抬高**地租。而地价(=资本化的地租)则把大大抬高了的地租**保持下来**。级差地租的情况也是这样,我们在这里再次看到,马斯洛夫甚至对于马克思所讲的最简单的地租形式也是一窍不通的。

资产阶级经济学用"土地肥力递减规律"来解释"争夺新土地的竞争",那是因为资产者有意无意地忽视问题的社会历史方面。社会主义经济学(即马克思主义)认为海外竞争的原因是海外那些不用付地租的土地在破坏过分昂贵的粮食价格,而这种粮价过去是欧洲各古老国家的资本主义靠极大地抬高地租来保持的。资产阶级经济学家不懂得(或者是故意瞒着自己和别人)土地私有制所造成的昂贵的地租是农业进步的**障碍**,而把这一切归咎于土地肥力递减这一"事实"所造成的"天然"障碍。

3. 要推翻民粹主义就必须推翻马克思的理论吗?

在彼得·马斯洛夫看来,必须这样。他在《教育》杂志上继续"发挥"自己的糊涂"理论",教训我们说:

"如果连续投入同一块土地的劳动的生产率会不断降低这一'事实'不存在的话,那也许还能实现社会革命党人和人民社会党人所描绘的那种美景,即每个农民可以使用他应得的一小块土地,随心所欲地投入自己的劳动,而且他'投入'多少劳动,土地就会'偿给'他多少产品。"(1907 年第 2 期第 123 页)

总之,如果马克思的理论不被彼得·马斯洛夫推翻,那么民粹派也许就是正确的了!我们这位"理论家"竟然抛出了这样的奇谈怪论。我们根据马克思主义的观点一向简单地认为:小生产万古长存的美梦并不是被资产阶级荒谬的"土地肥力递减规律"打破的,而是被商品生产的事实,被市场的统治,被资本主义大农业对小农业的优越性等等打破的。马斯洛夫却把这一切都改了样!马斯洛夫发现,如果没有那条被马克思推翻了的资产阶级臆造的规律,民粹派就是正确的了!

不仅如此,这样的话,修正主义者也是正确的了。请看我们这位不大高明的经济学家的另一个论断吧:

"如果我没有记错的话,我〈彼得·马斯洛夫〉曾经第一个〈看,我们怎么样!〉特别强调农艺措施和技术进步对于经济发展有不同的作用,尤其对于大生产和小生产的斗争有不同的作用。如果说农业集约化即更多地投入劳动和资本,在大小经济中同样会出现生产效率降低的结果,那么,能提高农业劳动生产率的技术进步,也同在工业中一样,会使大经济具有极大的优越性。这种优越性几乎完全取决于技术条件……" 最可爱的先生,你是在乱搅和。应当说,大生产在商业方面的优越性具有重要的意义。

"……相反,农艺措施通常可以同样地在大经济和小经济中采用……" 农艺措施"可以"采用。

见解深刻的马斯洛夫显然知道有一种可以不采用农艺措施的

经济。"……例如,用多圃制代替三圃制、增加肥料以及深耕等措施,无论在大经济或小经济中,同样可以采用,而且同样影响劳动生产率。但是,像采用收割机这类措施,只有在较大的农场中才能提高劳动生产率,因为小块粮田用人工收割更方便……"

是的,马斯洛夫无疑是"第一个"把问题搅得如此乱的人! 真难以设想:蒸汽犁(深耕)是"农艺措施",收割机是"技术"。按照我们这位举世无双的马斯洛夫的学说,蒸汽犁就**不是**技术,采用收割机就**不是**更多地投入劳动和资本了。施用人造肥料,采用蒸汽犁,种植牧草,这是"集约化"。采用收割机和其他"大部分农业机器",则是"技术进步"。马斯洛夫"不得不"编出这套蠢话来,因为他总得给自己和那个被技术进步**推翻了**的"土地肥力递减规律"找到脱身之计。过去布尔加柯夫的脱身之计是:硬说技术进步是暂时的,停滞则是经常的。现在马斯洛夫的脱身之计是极其可笑地把农业的技术进步分为"集约化"和"技术"。

什么是集约化? 就是更多地投入劳动和资本。根据伟大的马斯洛夫的发现,采用收割机**不是**投入资本。采用条播机也**不是**投入资本! "用多圃制代替三圃制"的办法在大小经济中都能**同样**采用吗? 不对。采用多圃制也需要追加投资,因此在大经济中采用的**多得多**。关于这一点,请看上面有关德国农业的材料(《土地问题和"马克思的批评家"》)①。俄国的农业材料也证明了这一点。只要稍微动一下脑筋就可以知道,多圃制决不能**同样**在大经济和小经济中采用。增加肥料的办法也不能在这两种经济中"同样采用",因为(1)大经济的大牲畜多,这有极重要的意义;(2)它的牲畜

---

① 见本版全集第5卷第158—160页。——编者注

喂养得好,不那么"爱惜"草料等等;(3)它有较好的贮存肥料的设备;(4)它施用的人造肥料较多。马斯洛夫真是在"无理取闹地"歪曲人所共知的现代农业材料。最后,就是深耕也**不可能**在大经济和小经济中**同样**采用。只要指出两个事实就够了:第一,大经济愈来愈多地使用蒸汽犁(参看上面关于德国的材料①;现在大概还使用电犁)。也许,连马斯洛夫也会明白蒸汽犁不能"同样"在大经济和小经济中采用。在小经济中,把**牝牛**当耕畜用的情况却愈来愈常见了。伟大的马斯洛夫,请想一想,这能说是同样可以采用深耕吗?第二,即使大小经济都使用同样种类的耕畜,小经济的耕畜**比较瘦弱**,因此在深耕方面不可能有相等的条件。

总而言之,凡是马斯洛夫拼命想表现出"理论"思维的词句,其中不可思议的糊涂话和最令人吃惊的无稽之谈真是多得数不胜数。然而马斯洛夫一点也不害臊,竟在结尾说道:

> "谁弄清了农业发展的上述**两个**方面(改进农艺和改进技术)的区别,他就能够轻而易举地推翻修正主义——在我国就是民粹主义——的全部论据。"(1907年《教育》杂志第2期第125页)

是啊!是啊!马斯洛夫所以是非民粹主义者,所以是非修正主义者,**仅仅**是因为他能超出马克思的草稿以致"弄清了"陈腐的资产阶级经济学的陈腐偏见。真是旧调新唱!伯恩施坦和司徒卢威曾经大叫:马克思反对马克思。马斯洛夫则郑重宣布:不推翻马克思的理论就不能推翻修正主义。

最后,还有一件很能说明问题的小事。如果创立绝对地租理论的马克思错了,如果没有"土地肥力递减规律"就不会有地租,如

---

① 见本版全集第5卷第110页。——编者注

果没有这个规律民粹派和修正主义者就会是正确的,那么在马斯洛夫的"理论"中,他对马克思主义所作的**"修改"**似乎应该占主要地位了。是的,这种"修改"是占着主要的地位。但是马斯洛夫宁愿把这些"修改"隐藏起来。不久前,他的《俄国土地问题》一书德译本出版了。我有意看了一看,马斯洛夫究竟**采用什么形式**把自己那套庸俗不堪的理论介绍给欧洲的社会民主党人。原来**什么也没有介绍**。马斯洛夫在欧洲人面前把**自己的"全部"理论都隐藏了起来**。他把有关否认绝对地租、有关土地肥力递减规律等等的话统统删掉了。说到这里,我不由地想起了一个故事,说的是一个陌生人初次参加古希腊罗马哲学家的座谈会,他自始至终一言不发。当时有一位哲学家对他说:如果你很聪明,那你做得很愚蠢;如果你很愚蠢,那你做得很聪明。

4. 否认绝对地租同地方公有化纲领有没有联系?

无论马斯洛夫怎样充分认识到自己在政治经济学理论方面的卓越发现的重要性,对于这种联系是否存在的问题,他好像还是有所怀疑的。至少在这里所引的那篇文章中(《教育》杂志第 2 期第 120 页),他否认地方公有化同土地肥力递减这一"事实"的联系。这就奇怪了:"土地肥力递减规律"同否认绝对地租有联系,同反对民粹主义的斗争也有联系,但是同马斯洛夫的土地纲领却似乎没有联系!其实一眼就可以看出,认为马斯洛夫的整个土地理论同他的俄国土地纲领没有联系的见解是不正确的。

否认绝对地租就是否认资本主义制度下土地私有制的经济意义。谁只承认级差地租的存在,谁就必然要得出如下的结论:资本主义经济的条件和资本主义发展的条件，丝毫不会因为土地属于国有或是属于私人所有而有所改变。按照否认绝对地租的理论，在这两种情况下都只存在级差地租。显然，这种理论**必然会**否定国有化这一措施具有任何加速资本主义发展、为资本主义发展扫清道路等等的作用。这是因为，肯定国有化具有这种作用的观点，是从承认两种地租出发的：一种是资本主义地租，即在资本主义制度下即使是在国有化土地上也废除不了的地租（级差地租）；另一种是**非**资本主义地租，即由资本主义不需要的并且妨碍资本主义充分发展的垄断所造成的地租（绝对地租）。

因此，马斯洛夫从自己的"理论"出发必然得出结论说："称它〈地租〉为绝对地租也好，级差地租也好，反正都一样"（《教育》杂志第 3 期第 103 页），问题**只**在于这种地租是交给地方机关还是交给中央政权。不过这种看法是出于理论上的无知。由废除土地私有制而引起的资本主义经济和资本主义发展的一般条件的改变的问题，是个深刻得多的问题，它同地租将交给谁、将用于何种政治目的的问题完全无关。

这个纯粹经济性质的问题，马斯洛夫根本没有提出过，他没有认识到这个问题，并且由于否认绝对地租，他也不可能认识到这个问题。由此产生了他那种荒谬的、片面的、甚至可以说是"**政客式的**"态度，竟把没收地主土地的问题仅仅归结为谁得到地租的问题。由此产生了纲领中荒谬的**二元论**，虽然这个纲领指望着"革命胜利发展"（这是斯德哥尔摩代表大会附在马斯洛夫纲领后面的策略决议所用的说法）。资产阶级革命**胜利**发展的首要前提是实现基本的**经济**改造，切实把一切封建残余和中世纪垄断的残余一扫而光。但是从地方公有化中看到的却是真正的**土地关系上的复本**

位制：一方面是保存最古老的、陈旧过时的中世纪份地所有制；另一方面又废除土地私有制，想建立资本主义社会中最先进、理论上最理想的土地关系。这种土地关系上的复本位制在理论上是荒谬的，从纯粹经济观点来看是无法实现的。这里，土地私有制同公有制的结合完全是生拉硬扯的，是被人"臆造出来的"，这种人看不到资本主义经济制度本身在土地私有制存在或不存在的情况下会有任何差别。在这样的"理论家"看来，问题仅仅在于地租的转手，"称它为绝对地租也好，级差地租也好，反正都一样"。

事实上，在一个资本主义国家里，要保留一半土地（28 000 万俄亩中的 13 800 万俄亩）在私人手里是办不到的。二者必居其一。要么土地私有制的确是当前经济发展阶段所要求的，的确符合资本主义土地经营者阶级的根本利益。这样的话，土地私有制作为按某种方式形成的资产阶级社会的**基础**，不可避免地会在各处存在。

要么土地私有制并不是资本主义发展的当前阶段所必需的，并不是由农场主阶级利益必然产生的，甚至是同这个阶级的利益相抵触的，那就不可能原封不动地保存这种陈旧的所有制。

在**一半**耕地面积上保存垄断，为小业主一个阶层建立特权，企图在自由资本主义社会中永远保存把私有者和公有土地租赁者分开的"**犹太区**"[161]，这就是同马斯洛夫的荒谬经济理论密切联系的荒谬主张。

现在我们应当来考察一下被马斯洛夫及其拥护者①放在次要

---

①　在斯德哥尔摩代表大会上，普列汉诺夫也是拥护者之一。历史竟开了这样的玩笑，使这位貌似严正的正统维护者**没有发现或不愿发现**马斯洛夫对马克思的经济理论的歪曲。

地位的国有化的**经济**意义。

5. 从发展资本主义着眼对土地私有制的批判

绝对地租是在资本主义收入中实现土地私有制的一种形式，错误地否认绝对地租，结果使社会民主党有关俄国革命中的土地问题的书刊和整个社会民主党在这个问题上的立场产生了一个重大的缺点。我们的一些社会民主党人不是自己担当起批判土地私有制的任务，不是把这一批判建立在经济分析、对某种经济演进的分析的基础上，却跟在马斯洛夫的后面把这一批判任务交给了民粹派。这样一来，就在理论上把马克思主义弄得庸俗不堪，歪曲了在革命中宣传马克思主义的任务。他们在杜马的演说以及各种宣传鼓动文字等等中，**只是**用民粹主义的即市侩的冒牌社会主义的观点来批判土地私有制。马克思主义者还不善于从这种小资产阶级的意识形态中提取现实的内核，因为他们不了解自己应该在研究问题时考虑到历史因素，应该用无产阶级的观点（对新兴的资本主义社会中反对土地私有制这一斗争的真实根源的看法）代替小资产者的观点（关于平均制、正义等等的抽象观念）。民粹主义者以为否定土地私有制就是否定资本主义。这是不对的。对土地私有制的否定表达了最彻底地发展资本主义的要求。所以，我们必须使马克思主义者重新记起马克思从资本主义经济的条件着眼批判土地私有制的那些"被忘记的言论"。

马克思的批判不仅针对大土地占有制，而且也针对小土地占有制。小农的自由土地私有制，在一定的历史条件下是农业小生产的必要的伴侣。亚·分在反驳马斯洛夫时强调指出这点，是完全正确的。但是，承认这种已经被**经验**证实的历史必要性，并不是说马克思主义者就不必全面地来评价小土地私有制。没有土地买卖的自由，这种私有制的真正自由是不可想象的。土地私有制就意味着必须投资购买土地。关于这一点，马克思在《资本论》第3卷中写道："小农业在它和自由的土地所有权结合在一起的地方所特有的弊病之一，来自于耕者必须投入一笔资本购买土地。"(《资本论》第3卷第2册第342页)"资本在土地价格上的支出，势必夺去用于耕种的资本。"(同上，第341页)①

"为购买土地而支出货币资本，并不是投入农业资本。这其实是相应地减少了小农在他们的生产领域本身中可以支配的资本。这相应地减少了他们的生产资料的数量，从而缩小了再生产的经济基础。这使小农遭受高利贷的盘剥，因为在这个领域内，真正的信用一般说来是比较少的。这种支出是农业的一个障碍，即使进行这种购买的是大田庄，也是如此。这种支出实际上和资本主义生产方式是矛盾的，对资本主义生产方式来说，土地所有者是否负债，他的土地是继承来的，还是买来的，这是完全没有关系的。"(第344—345页)②

土地私有制是资本自由渗入农业的障碍，抵押土地和高利贷可以说都是资本**绕过**这些障碍的方式。在商品生产的社会里，没有资本就无法经营。农民和他们的民粹派思想家都不能不意识到这一点。可见，问题归根到底在于，资本是能够完全自由地直接流入农业呢，还是要经过高利贷者和信贷机关。农民和民粹主义者一方面没有认识到资本在现代社会中已占完全的统治地位，一方

---

① 见《马克思恩格斯文集》第7卷第912—913页。——编者注
② 同上书，第916页。——编者注

面听凭幻想和空想的支配,不愿看见不愉快的现实,总想获得外来的资助。104 人土地法案第 15 条写道:"凡是领得全民土地而无足够的资金购置为经营所必需的一切资料者,国家应以贷款和补助金的形式给予帮助。"当然,一旦胜利的农民革命对俄国农业进行改造时,这种资助无疑是必需的。考茨基在《俄国土地问题》一书中十分正确地强调指出了这一点。但是,我们现在讲的是所有这些"贷款和补助金"的社会经济意义究竟是什么,这是民粹主义者没有看到的。国家只能做一个资本家的钱款的经手人,它本身只能从资本家那里取得钱款。所以在国家援助组织得最好的情况下,资本的统治也丝毫不会受到触动。问题仍然是:资本用于农业有哪几种可能的形式。

探讨这个问题必然导致马克思主义对土地私有制的批判。这种所有制是阻挠向土地自由投资的**障碍**。要么是这种投资有充分的自由,那就要废除土地私有制,即实行土地国有化。要么是保存土地私有制,那就是资本用**迂回**的形式渗入农业,即地主和农民抵押土地,农民受高利贷者盘剥,土地出租给拥有资本的租地者。

马克思说:"对小农业来说,土地价格,即土地私有权的形式和结果,表现为对生产本身的限制。对大农业和以资本主义生产方式为基础的大地产来说,这种所有权也是一种限制,因为它会限制租地农场主所进行的、最终不是对他自己有利而是对土地所有者有利的生产投资。"(《资本论》第 3 卷第 2 册第 346—347 页)①

可见,废除土地私有制就是在资产阶级社会可能做到的范围内,尽量铲除一切阻挠资本自由地投入农业、阻挠资本自由地从一

---

① 　见《马克思恩格斯文集》第 7 卷第 918 页。——编者注

个生产部门转入另一生产部门的障碍。让资本主义获得自由、广阔和迅速的发展，让阶级斗争有充分的自由，不让任何把农业变得同"血汗制"工业相似的多余的中介人插手——这就是在资本主义生产条件下的土地国有化。

6. 土地国有化和"货币"地租

主张土地分配的亚·芬用一个很有趣的经济论据来反对国有化。他说，国有化和地方公有化都是把地租转交给一定的社会集体。但是试问，这里讲的是什么地租呢？这里讲的不是资本主义地租，因为"农民通常从自己土地上得到的不是资本主义地租"（《土地问题和社会民主党》第77页，参看第63页），这里讲的是**前资本主义的**货币地租。

马克思说的货币地租是指农民用货币形式把全部剩余产品交给地主。在前资本主义的生产方式下，农民对地主的经济依赖形式最初是工役租（Arbeitsrente）即徭役租，然后是产品地租或实物地租，最后是货币地租。亚·芬说，这种地租"直到现在还是我国最普遍的地租"（第63页）。

毫无疑问，农奴制盘剥性的租佃制在我国是非常普遍的。按照马克思的理论，在这种租佃制下农民所付的地租相当大一部分是货币地租，这也是毫无疑问的。究竟是什么力量提供了从农民身上榨取**这种**地租的可能性呢？是资产阶级的力量和新兴的资本主义的力量吗？根本不是。是农奴制大地产的力量。既然农奴制大地产将被摧毁（而这是农民土地革命的出发点和基本条件），那就用不着讲前资本主义的"货币地租"了。可见，芬的反驳只有一个意义，就是又一次强调了在革命的土地变革的情况下把农民份地同其他土地**分开**是十分荒谬的，因为份地周围往往都是地主土地，而**目前**这样划分农民土地和地主土地又产生盘剥，所以保存这种划分是**反动的**。而地方公有化同土地分配和国有化都不同，它正是要保存这种划分情况。

小地产的存在，确切些说，小经济的存在，当然会使资本主义地租的理论的一般原理有某些改变，但决不会推翻这种理论。例如，马克思曾经指出过，在主要是为了满足耕作者本人需要的小农业中，真正的绝对地租通常是不存在的（第 3 卷第 2 册第 339、344 页）[①]。但是，商品经济愈发展，经济理论的**一切**原理就愈适用于农民经济，因为农民经济也进入了资本主义世界的环境。不要忘记，任何土地国有化，任何土地平均使用制，都消灭不了俄国的富裕农民已经在按资本主义方式经营这一既成的事实。我在《资本主义的发展》一书中指出，根据上一世纪 80 年代和 90 年代的统计材料来看，将近⅕的农户集中了**近一半**的农民农业生产以及远不止一半的**租地**，这些农民的经济现在多半是商品经济，而不再是自然经济了，**这种农民没有上百万的雇农和日工，就无法生存**。[②] 在**这种农民**中早已有了**资本主义**地租的成分。**这种农民**借彼舍霍诺夫先生之流的口表达了自己的利益。这班先生们"很清醒"，既反对禁止雇佣劳动，也反对"土地社会化"；他们清醒地坚持正在抬头的农民经济个人主义的观点。我们如果把民粹派空想中的现实经济成分同虚假的思想严格分开，那我们马上可以看到，实行土地分配也好，实行国有化也好，实行地方公有化也好，从消灭农奴制大

---

① 见《马克思恩格斯文集》第 7 卷第 910、916 页。——编者注

② 参看本版全集第 3 卷第 112—115 页。——编者注

地产中获利最多的正是资产阶级农民。国家发放的"贷款和补助金",也同样不可能不使这种农民首先获得好处。"农民土地革命"无非是让整个土地占有制适应能使这些农场发展和繁荣的条件。

货币地租是正在消逝、也不可能不消逝的昨天。资本主义地租则是正在诞生的明天,它无论在斯托雷平主张的剥夺贫苦农民("按照根本法第 87 条")的条件下,或者在农民剥夺最富有的地主的条件下,都不可能不发展起来。

7. 在怎样的条件下才能实现国有化?

不少马克思主义者有这样一种看法,即认为国有化只有在资本主义高度发展的阶段,只有在资本主义已经为"土地占有者脱离农业"(通过出租和抵押)完全创造好条件的时候,才可能实现。他们认为在实现取消地租而又不触动经济机体的土地国有化之前,资本主义大农业**已经**形成了。①

这种观点对不对呢? 它在理论上找不到根据;直接援引马克思的言论也不能给它以支持;实际经验的材料更是否定了这种观点。

从理论上来说,国有化就是资本主义在农业中得到"理想的"彻底发展。至于历史上是否经常出现这样的环境和力量对比关系,可以在资本主义社会中实行国有化,那是另外一个问题。然而

---

① 主张土地分配的波里索夫同志在下面这段话中十分确切地表达了这种观点。他说:"……将来,当小资产阶级经济日渐退化、资本主义在农业中夺取了巩固的阵地、俄国已不再是农民国家的时候,历史就会提出这个要求〈土地国有化的要求〉。"(《斯德哥尔摩代表大会记录》第 127 页)

国有化不仅是资本主义迅速发展的结果，而且也是资本主义迅速发展的条件。认为国有化只是在农业资本主义高度发展时才能实现，那就等于否认国有化是**资产阶级**进步的措施，因为无论在什么地方，到了农业资本主义高度发展的时候，"农业生产的社会化"，即社会主义变革的任务就提上了日程（到一定时候其他国家也必然会提出这一任务）。资产阶级进步的措施既然是资产阶级措施，那它在无产阶级和资产阶级的阶级斗争极其尖锐的条件下就不可能实行。这种措施在"年轻的"资产阶级社会中还比较可能实现，因为"年轻的"资产阶级社会还没有充分发展自己的力量，还没有彻底暴露自己的矛盾，还没有造成十分强大的、直接追求社会主义变革的无产阶级。马克思曾经设想过、甚至直接主张过国有化，他不仅主张在1848年德国资产阶级革命时期实行国有化，而且主张在1846年的美国实行国有化，当时他十分明确地指出美国的"工业"发展还**刚刚开始**。各资本主义国家的经验都没有向我们展示过比较彻底的土地国有化。在年轻的资本主义民主国家新西兰可以看到类似比较彻底的土地国有化的情况，那里还谈不上有高度发达的农业资本主义。在美国也有过这种类似的情况，国家颁布过宅地法，把地块发给小业主，小业主交纳名义地租。

不，认为国有化是高度发达的资本主义时代的事情，那就等于否认它是资产阶级进步的措施。否认这一点是同经济学理论直接相抵触的。据我看来，在下面这段引自《剩余价值理论》的论断中，马克思所拟定的实现国有化的条件和人们通常所设想的**不同**。

马克思指出，土地占有者对于资本主义生产完全是多余的人物，如果土地属于国家，资本主义生产的目的"完全可以达到"。他接着写道：

"因此,激进的资产者在理论上发展到否定土地私有权……然而,他们在实践上却缺乏勇气,因为对一种所有制形式——一种劳动条件私有制形式——的攻击,对于另一种私有制形式也是十分危险的。况且,资产者自己已经弄到土地了。"(《剩余价值理论》第2卷第1册第208页)①

这里马克思并没有指出农业资本主义不发达是实现国有化的障碍。他指出了其他**两个障碍**,这两个障碍更能说明国有化在**资产阶级革命**时代是可能实现的。

第一个障碍:激进的资产者害怕社会主义攻击一切私有制,即害怕社会主义变革,因此**缺乏**向土地私有制进行攻击的**勇气**。

第二个障碍:"资产者自己已经弄到土地了"。显然,这里马克思所指的是资产阶级生产方式已经在土地私有制下巩固起来了,也就是说,这种私有制已经更多地是资产阶级性质而不是封建性质的了。当资产阶级作为一个阶级**已经**在广泛的、占优势的范围内同土地占有制联系起来的时候,当它**已经**"自己弄到土地了","定居在土地上",使土地占有制完全服从于它的时候,就**不可能**有争取国有化的真正的资产阶级**社会**运动了。道理很简单,因为没有一个阶级会自己起来反对自己。

总的说来,这两个障碍**只有**在资本主义开始的时代而不是在资本主义终结的时代,只有在**资产阶级**革命时代而不是在社会主义革命前夜才可以消除。认为只有在资本主义高度发达的条件下才能实现国有化的见解,不能称做是马克思主义的见解。它既同马克思理论的大前提相抵触,也同马克思的上述言论相抵触。国

---

① 参看《马克思恩格斯全集》第1版第26卷第2册第39页。——编者注

有化作为某些势力和某些阶级所推行的措施,有它的具体历史环境,然而这种见解却**把国有化的具体历史环境问题简单化**了,把问题弄成公式化的、纯粹的抽象概念。

"激进的资产者"在资本主义十分发达的时代是**不可能有勇气**的。在这样的时代,这种资产者必然大都已经成为反革命。在这样的时代,资产阶级必然是几乎全都已经"弄到土地了"。相反,在资产阶级革命时代,**客观**条件迫使"激进的资产者"很有勇气,因为在完成当时的历史任务时,就整个阶级来说,他们还不会害怕**无产阶级**革命。在资产阶级革命时代,资产阶级**自己还没有弄到土地**:在那样的时代土地占有制还带有极浓厚的封建主义的色彩。于是就可能出现这样的现象:**大批**资产阶级的耕作者即农场主起来为废除**主要的**土地占有形式而斗争,进而实现资产阶级的**彻底的**"土**地解放**",**即国有化**。

在所有这几个方面,俄国资产阶级革命都处在特别有利的条件下。从纯粹经济的观点来看,我们无疑应该承认:无论在俄国地主土地占有制或农民份地占有制中,都最大限度地保存了封建残余。在这样的条件下,工业中比较发达的资本主义和农村中骇人听闻的落后状态之间的矛盾,已经到了触目惊心的地步,由于种种客观原因,这种矛盾推动人们去进行最深入的资产阶级革命,去创造农业取得最迅速进步的条件。土地国有化正是我国农业中资本主义取得最迅速的进步的条件。在我们俄国,这种自己还没有"弄到土地"、目前还不会害怕无产阶级"攻击"的"激进的资产者"是有的。这种激进的资产者就是俄国农民。

从上述观点出发,就完全可以理解为什么广大俄国自由派资产者和广大俄国农民对土地国有化抱着不同的态度了。自由派地主、律师、大工业家和商人都已经自己"弄到了"足够的"土地"。他们不会不害怕无产阶级的攻击。他们不会不倾心于斯托雷平—立宪民主党的道路。真叫人难以置信,"农民"银行[162]发给那些受惊的地主的亿万卢布竟像一条金河,源源地流入地主、官吏、律师和商人的腰包！如果实施立宪民主党人的"赎买"办法,这条金河的流向也许会稍有改变,流量也许会稍微减少,但它还是流入这班人的腰包,数量还是有好多亿卢布。

以革命手段废除**一切**旧的土地占有形式,官吏和律师从中一个戈比也捞不到。至于商人,他们多半没有远大的眼光,他们不会放弃马上从老爷那里捞一把的机会,却去等待将来国内农民市场的扩大。只有被旧俄折磨得要死的农民,才能做到彻底革新土地占有制。

8．国有化是向土地分配的过渡吗？

如果把国有化看做最有可能在资产阶级革命时代实现的措施,那么这种观点必然会使人以为国有化可能只是向土地分配的一种过渡办法。迫使农民群众去争取实现国有化的那种现实的经济需要,就是必须根本革新一切旧的土地占有关系,也就是"清扫"一切土地,使之适应新的农场主经济。既然如此,那么很清楚,适应了新环境、革新了**全部**土地占有制的农场主就会要求**巩固**这种**新**土地制度,即要求把他们从国家那里租来的地块变成自己的财产。

不错,这是完全无可争辩的。我们得出国有化的结论,并不是根据抽象的考虑,而是根据对具体时代的具体利益所作的具体估计。当然,如果认为大批的小业主都是"理想主义者",如果认为在他们的利益要求实行土地分配的时候他们会对土地分配望而却步,那是很可笑的。因此,我们必须研究一下:(1)他们的利益会不会要求分配土地;(2)在什么条件下会有这个要求;(3)这对无产阶级的土地纲领会有怎样的影响。

对于第一个问题,我们已经作了肯定的回答。对第二个问题目前还不能作明确的答复。在用革命手段实现国有化的时期过去之后,由于力图尽最大可能巩固符合资本主义要求的新的土地占有关系,可能产生土地分配的要求。由于**那时的**土地占有者力图借牺牲社会其他成员的利益以增加自己的收入,也可能产生这种要求。最后,由于力图"安抚"(说得简单明了一点,就是扼杀)无产阶级和半无产者阶层,也可能产生这种要求,因为土地国有化会成为"激发"无产阶级和半无产者阶层实行全部社会生产社会化的"欲望"的一种因素。所有这三种可能都是在同一个经济基础上产生的,因为新的农场主要巩固新的资本主义的土地占有制,自然会产生反无产阶级的情绪,他们也自然会力图**为自己**造成新的特权,即新的所有权。由此可见,问题正是由这种经济上的巩固引起的。妨碍这种巩固的一个经常的对抗因素将是资本主义的发展,资本主义的发展将会加强大农业的优越性,并要求小农场地块能够随时很容易"结合"成大农场。全俄的待垦土地将是一个暂时的对抗因素,因为巩固新经济就意味着提高耕作技术。而上面我们已经说过,耕作技术的每一个进步都会从俄国待垦土地中不断地"开辟出"新的耕地。

分析了我们提出的第二个问题之后,应当作出一个结论:要想确切地预料到究竟在什么条件下新农场主要求分配土地的趋势会压倒一切对抗的影响，是不可能的。而估计到资本主义进一步的发展必然会在资产阶级革命成功之后造成这种条件，却是必要的。

至于最后一个问题，也就是工人政党对新农场主可能提出的分配土地的要求应该采取什么态度的问题，我们倒可以作出十分明确的答复。当资产阶级在同封建制度作真正革命的斗争的时候，无产阶级可以而且必须支持勇于战斗的资产阶级，但是无产阶级决不应该支持安于现状的资产阶级。如果说俄国资产阶级革命不实行土地国有化就不可能获胜是确定无疑的，那么，接下去转向分配土地不可能不引起某种"复辟"，不可能不使农民（确切些说，从未来的关系来看，就是农场主）转向反革命方面，这就更是确定无疑的了。无产阶级将坚持反对所有这类要求的革命传统，而不是支持这种要求。

如果认为国有化在新农场主转向分配土地的情况下就会成为没有多大意义的转瞬即逝的现象，那无论如何是大错特错了。国有化在任何情况下都有巨大的意义，既有巨大的物质意义，又有巨大的精神意义。物质意义就在于无论什么办法都不能像国有化那样彻底地扫除俄国的中世纪残余，那样彻底地革新在亚洲式制度中几乎腐烂了的农村，那样迅速地推动农艺上的进步。用任何其他办法解决革命中的土地问题，都不能为进一步的经济发展提供那样有利的起点。

革命时代的国有化的精神意义，就在于无产阶级帮助打击"一种私有制形式"，这种打击必然会在全世界引起反响。无产阶级主张实行最彻底最坚决的资产阶级变革，主张为资本主义的发展造成最有利的条件，这样就能最有效地抵制资产阶级不会不表现出来的犹豫动摇、萎靡不振、意志薄弱、消极被动等种种特性。

第 四 章

土地纲领问题方面的
政治上和策略上的考虑

上面已经说过，正是这种考虑在我们党关于土地纲领的争论中占的比重过于大了。我们的任务是尽量系统又尽量简要地来研究一下这两种考虑，指出各种政治措施（以及观点）同土地变革的经济基础之间的相互关系。

1.“防止复辟的保证”

在关于斯德哥尔摩代表大会的《报告》中，我凭记忆谈到了当时的讨论情况，并且对这一论据作了分析。[①] 现在我们已经有准确的记录稿了。

普列汉诺夫在斯德哥尔摩代表大会上大声叫道：“我的看法的关键就是指出复辟的可能。”（第115页）现在就来仔细看一看这个关键吧。下面是普列汉诺夫在第一次发言中第一次提到这个关键的地方：

“列宁说：‘我们要消除国有化的弊端。’但是要消除国有化的弊端，就必须找到防止复辟的保证，而这种保证是没有的，也不可能有。回顾一下法国的历史吧，回顾一下英国的历史吧。这两个

---

① 见本版全集第13卷第11—21页。——编者注

国家在波澜壮阔的革命以后都发生过复辟。我国也可能出现这种情况。因此我们党的纲领应当是一种在实施后可以把复辟带来的危害减少到最低限度的纲领。我们的纲领应能消灭沙皇制度的经济基础，但是在革命时期实行土地国有化却不能消灭这个基础。所以我认为，国有化的要求是反革命的要求。"（第 44 页）"沙皇制度的经济基础"究竟是什么呢，普列汉诺夫在同一次发言中说："我国的情况是土地和农民都受到国家的奴役，而俄国的专制制度就是在这种奴役的基础上发展起来的。要推翻专制制度，就必须消灭它的经济基础。所以我反对现在提出国有化。"（第 44 页）

　　请先看看这一段关于**复辟**的论断的**逻辑**吧。第一，"防止复辟的保证是没有的，也不可能有"！第二，要"把复辟带来的危害减少到最低限度"。这就是说，**要想出**一种防止复辟的保证，尽管这种保证是不可能有的！而在下一页即第 45 页上（同一次发言），普列汉诺夫完全想出了这种保证，他直截了当地说："一旦发生复辟，它〈地方公有化〉是不会把土地〈请听！〉交给旧制度的政治代表人物的。"防止复辟的保证找到了，尽管这种保证是"不可能有"的。戏法变得真漂亮，孟什维克的书刊对这位魔术师手脚的灵巧赞不绝口。

　　普列汉诺夫发言的时候，挖苦取笑，吵吵闹闹，一串串漂亮话就像轮转烟火那样叫人晕头转向。但是，如果这样的演说家把自己的发言逐字逐句记下来，事后人们再从逻辑上去加以分析，那就糟了。

　　什么是复辟？复辟就是国家政权落到旧制度的政治代表手里。防止这种复辟的保证可能有吗？不，这种保证是不可能有的。**因此**我们就想出**这样**一种保证，即实行地方公有化，地方公有化

"不会把土地交给"……   请问,地方公有化给"交出土地"设置的障碍究竟是什么呢? 无非是革命的议会颁布一道法律宣布某些土地(过去地主的土地和其他土地)归地方议会**所有**罢了。而法律又是什么呢? 法律就是取得胜利并掌握国家政权的阶级的意志的表现。

这样的法律就是在国家政权转归"**旧制度的代表**"时也"不会把土地交给""旧制度的代表",现在你们总该明白了吧?

斯德哥尔摩代表大会以后,有些社会民主党人竟在宣扬这种愚蠢已极的思想,甚至还拿到杜马讲坛上去宣传![①]

讲到所谓"防止复辟的保证"问题的实质,必须指出如下几点。既然我们不可能有防止复辟的保证,那么在讨论土地纲领时提出这个问题,就等于**转移**听众的注意力,**搅乱他们的思想**,把辩论弄得乱七八糟。我们不能凭自己的愿望引起西欧的社会主义变革,然而这一变革才是防止在俄国复辟的唯一的绝对的保证。至于相对的和有条件的"保证",即尽量给复辟**造成困难**,那就是在俄国尽量深入、彻底、坚决地进行革命性变革。革命愈深入,复辟旧制度就愈困难,即使发生复辟,保留的成果也会愈多。革命把旧地基刨得愈深,复辟旧制度就愈困难。在政治方面,建立民主共和国是比实行民主地方自治更为深刻的变革,建立民主共和国需要(并且能发挥)广大人民群众更大的革命毅力、更高的觉悟和组织性,而且会留下更加难以消除的传统。所以当代社会民主党人高度评价法国革命的伟大成果,尽管后来发生过多次的复辟。在这一点上他们同那些情愿把君主制下的民主地方自治机关作为"防止复辟的

---

① 策列铁里在 1907 年 5 月 26 日的演说,见第二届杜马速记记录第 1234 页。

保证"的立宪民主党人(以及立宪民主党人化的社会民主党人?)是不一样的。

在经济方面,国有化在资产阶级土地变革的条件下是最彻底的手段,因为它能摧毁**整个**中世纪土地占有制。**现在**农民在经营一小块私有的或租来的份地,在经营一小块向地主租来的土地,等等。实现国有化就能最彻底地摧毁土地占有制方面的**一切**障碍,为符合资本主义要求的**新经济**"清扫"全部土地。诚然,即使经过这样的清扫,也不会有防止旧制度复辟的保证,向人民许诺这种"防止复辟的保证",那就等于骗人。但是这样清扫旧**土地占有制**,会使**新经济**大大巩固,从而使旧土地占有制的恢复遇到极大的困难,因为资本主义的发展是任何力量也**不能阻止**的。而实行地方公有化后,旧土地占有制却**比较容易**恢复,因为地方公有化会使"犹太区",即分隔中世纪地产和新的地方公有的土地的地界**永远保存下来**。土地收归国有以后,要搞复辟,要恢复旧土地占有制,就必须摧毁数以百万计的新兴的资本主义(农场主)农场。土地收归地方公有以后,要搞复辟,不必摧毁任何农场,不必重新划定地界,简直只要写一张字据把某一"地方自治机关"的土地**拨归**某某贵族地主所有,或者把"地方公有"土地的地租转交给地主就行了。

上面谈到了普列汉诺夫在复辟问题上的逻辑错误,谈到政治概念上的混乱,现在再来分析一下复辟的经济实质。斯德哥尔摩代表大会的《记录》完全证实了我在《报告》中所讲的话,即普列汉诺夫不可宽恕地把法国在资本主义基础上发生的复辟同"我国半亚洲式的旧制度"的复辟混为一谈(见斯德哥尔摩代表大会《记录》第116页)。所以我没有必要就这个问题对《报告》中已经讲过的话再作什么补充了。我们只谈谈"消灭专制制度的经济基础"的问题。下面就是普列汉诺夫发言中与此有关的最重要的一段话：

> "复辟〈在法国〉没有恢复封建制度的残余,这是事实;但是在我国与这种封建制度残余相应的,是我国土地和农民受国家奴役的旧制度,是我国旧有的独特的土地国有化。既然你们自己要求土地国有化,既然你们原封不动地保存我国半亚洲式的旧制度的遗产,那我国的复辟势力就更加容易恢复这种〈原文如此!〉国有化了。"(第116页)

总之,复辟势力"更加容易"恢复**这种**国有化,即半亚洲式的国有化,因为列宁(和农民)**现在**要求国有化! 这算什么呢? 是历史唯物主义的分析呢,还是纯粹唯理论的"文字游戏"?① 使半亚洲式的制度容易恢复的是"国有化"这个**字眼**呢,还是某种**经济变动**? 要是普列汉诺夫考虑过这一点,那他就会明白,土地地方公有和土地分配只能消灭亚洲式制度的**一个**基础,即消灭中世纪地主土地占有制,却要保留另外一个基础,即中世纪份地土地占有制。因此,就**实质**来说,就变革的**经济实质**来说(而不是就表示变革的某一术语来说),正是国有化能**更加彻底得多地**消灭亚洲式制度的**经济**基础。普列汉诺夫的"戏法"就是他把中世纪那种人身依附、交纳贡赋、有服兵役义务的**土地占有制**称为"独特的国有化",而跳过了**这一**土地占有制的**两种**形式,即份地土地占有制和地主土地占有制。这样断章取义的结果就**歪曲**了一个实际的历史问题,即这种或那种土地变革措施究竟会消灭哪种形式的中世纪土地占有制。普列汉诺夫的这种障眼法太不高明了!

普列汉诺夫在复辟问题上为什么糊涂到这样几乎不可思议的地步,其真正的原因有两个。第一,普列汉诺夫讲到"农民土地革命"时,完全不了解它是**资本主义**演进这一特点。他把民粹主义这

---

① 施米特同志在斯德哥尔摩代表大会上的发言**163**,见大会《记录》第122页。

种认为可能有**非资本主义**演进道路的学说同马克思主义认为**资本主义**农业演进可能有**两种**形式的观点混为一谈了。普列汉诺夫随时都隐约地表现出"对农民革命的恐惧心理"（我在斯德哥尔摩代表大会上已经对他说过这一点，见第106—107页[①]），害怕这一革命会成为经济上反动的东西，不会走向美国式的农场制度，而会走向中世纪农奴制度。其实，这在经济上是不可能的。农民改革和改革后的演进情况就是明证。在农民改革中，封建制度（地主封建制度以及马尔丁诺夫在斯德哥尔摩代表大会上跟着普列汉诺夫所说的那种"国家封建制度"）的外壳是很强大的。但是经济演进的力量却**更加强大**，它在这个封建制度的外壳里装满了**资本主义的**内容。尽管有中世纪土地占有制的障碍，农民经济和地主经济都**在沿着资产阶级道路**发展，虽然发展得非常缓慢。如果普列汉诺夫害怕恢复亚洲式制度是有道理的，那么国家农民（80年代以前）或前国家农民（80年代以后）的土地占有制就应该是最纯粹的"国家封建制度"了。事实上这种土地占有制却比地主土地占有制自由，因为在19世纪下半叶进行封建剥削已经不可能了。在"地多的"[②]国家农民中间，盘剥情况要少一些，农民资产阶级发展得要快一些。目前在俄国只有两种可能，要么是普鲁士容克式的缓慢而痛苦的资产阶级演进，要么是美国式的迅速而自由的演进。其余一切都不过是主观幻想而已。

　　某些同志头脑中产生"复辟的糊涂观念"的第二个原因，就是1906年春季的形势还很不明朗。当时农民总的说来还没有最后

---

① 参看本版全集第12卷第329—331页。——编者注
② 当然，我国的前国家农民只有同前地主农民相比才是"地多的"农民。据1905年的统计，前者每户平均有份地12.5俄亩，后者有6.7俄亩。

表明自己的态度。当时还可以认为农民运动和农民协会都没有最终地表示出绝大多数农民的真正意图。专制政府的官僚和维特还没有失去最后的希望,仍然以为"乡巴佬会来搭救的"(维特的《俄罗斯国家报》[164]在 1906 年春所用的警言),即以为农民会向右转。因此 1905 年 12 月 11 日的杜马选举法规定的农民代表名额很多。当时许多社会民主党人还觉得专制政府可能利用农民"宁可全部土地归沙皇,只是不要归地主"的思想来采取某种冒险举动。但是两届杜马的经过、1907 年六三法令和斯托雷平的土地法,应当使大家醒悟过来了。专制制度为了**挽救**可以挽救的一切,只得用暴力破坏村社来建立土地私有制,也就是说使反革命势力不是依靠农民关于土地国有化的含混不清的言论(土地"归大伙"等等),而是依靠**唯一**可能保持地主政权的**经济**基础,即依靠普鲁士式的**资本主义**演进。

现在形势完全明朗了,害怕"亚洲式制度"可能在农民反对土地私有制的运动的基础上复辟的隐隐约约的恐惧心理,应该永远抛掉了。①

2. 地方自治是"抵御反动势力的支柱"

普列汉诺夫在斯德哥尔摩代表大会上说:"……在掌握土地的社会自治机关中,它〈土地地方公有化〉能造成抵御反动势力的支柱。而且这将是很强大的支柱。拿我国哥萨克来说吧……"(第

---

① 用复辟进行恐吓是资产阶级反对无产阶级的政治武器,这一点我在这里就不谈了,因为在这方面需要讲的在《报告》中全都讲到了。(参看本版全集第 13 卷第 19—20 页。——编者注)

45 页)好吧,我们马上"拿我国哥萨克"来作例子,看看把哥萨克搬出来究竟有什么意义。不过我们先来分析一下认为地方自治机关能够成为抵御反动势力的支柱的观点的总的根据吧。这种观点已经被我们那些地方公有派引用过无数次了,除了普列汉诺夫的说法,只要再从约翰的讲话中引上一段就行了。约翰说:"既然我们承认土地国有化和土地地方公有化都可能实现,并且同样和政治制度民主化有关,那么两者的区别究竟在什么地方呢? 区别就在于地方公有化能够更好地巩固革命成果,巩固民主制度,并且能成为民主制度进一步发展的基础,而国有化却只能巩固国家政权。"(第 112 页)

孟什维克骨子里是先否认有防止复辟的保证,然后又像个吞刺剑的魔术师在观众面前把"保证"和"支柱"变了出来。地方自治机关怎么能成为抵御反动势力的支柱,怎么会巩固革命成果呢,各位先生总得稍微想想吧! 能够成为抵御反动势力的支柱、能够巩固革命成果的只有一件东西,那就是无产阶级和农民群众的觉悟和组织性。在一个并不是根据官僚的意志而是顺应不可遏止的经济发展的要求而集中统一起来的资本主义国家里,这种组织性就应当表现为大家团结成一支全国统一的力量。没有集中的农民运动,没有集中的无产阶级所率领的农民在全国范围内进行的集中的政治斗争,**就不可能有任何值得"巩固"的重大的"革命成果"**,就不可能有任何"抵御反动势力的支柱"。

不彻底推翻地主政权和消灭地主土地占有制,要实行真正带一点民主的地方自治是**不可能的**。孟什维克在口头上也承认这一点,但是他们非常轻率地拒绝考虑这在实际上是什么意思。实际上,革命阶级如果不在全国范围内夺得政权,这种自治是不可能实现的,而两年革命的经验似乎应该使最固执的"套中人"也认识到了,在俄国只有无产阶级和农民才能成为这种革命阶级。先生们,你们所说的"农民土地革命"作为名副其实的农民革命,要想获得胜利,就应该成为全国范围中的中央政权。

民主自治机关只能是这种民主派农民中央政权的**组成部分**。只有同农民的地方分散性**作斗争**,只有宣传、训练和组织全国性的即全俄的集中的运动,才能算真正致力于"农民土地革命",而不至于助长农民那种乡巴佬的偏狭落后和地方上的闭塞愚昧。普列汉诺夫先生和约翰先生,你们宣传地方自治能够成为"抵御反动势力的支柱"、能够"巩固革命成果"这样一种荒谬的极其反动的思想,就是在助长这种闭塞愚昧。俄国两年革命的经验十分清楚地说明,失败的最主要原因恰恰就是农民运动(士兵运动是农民运动的一部分)的地方分散性。

提出"农民土地革命"的纲领,但**只是**把它同地方自治机关民主化而不是同中央政权民主化联系起来,并且把地方自治机关当做真正的"支柱"和"巩固"的手段,——这实际上无非是立宪民主党人同**反动派搞交易**①。立宪民主党人一味强调地方"民主"自治,不愿触及或者害怕触及**更重要的**问题。孟什维克没有想一想,他们在肯定"农民土地革命"是当代的任务时,用了多么堂皇的字

————
① 我在《报告》中已经更为详细地发挥了这一点。(见本版全集第13卷第17—18页。——编者注)这里我再加上我在代表大会上没有听到的(见《报告》)孟什维克诺沃谢茨基的讲话,他的话有力地证实了这一点。诺沃谢茨基反对把"民主国家"改为"民主共和国",他说:"……有了真正民主的地方自治机关,目前通过的纲领**即使在中央政府的民主化没有达到可以称为最高程度的民主化的情况下**也可能实现。**即使在所谓相对民主化的条件下**,地方公有化也**是无害而有益的**"。(第138页。黑体是我们用的)这里讲得再清楚不过了。不推翻专制制度的农民土地革命,——这就是孟什维克极其反动的主张。

眼,他们在说明对自己的土地纲领的政治考虑时,却对地方上的偏狭落后推崇备至。

请看约翰的一段议论:

"列宁同志担心反动派会从地方自治机关手里夺走已被没收的土地。如果对于落到国家手中的土地可以这么说的话,那么对于地方公有土地就根本不能这么说。甚至俄国专制政府也没有能夺去亚美尼亚自治机关的土地,因为它引起了居民的激烈反抗。"(第113页)

说得妙极了,不是吗? 专制制度的全部历史就是一部不断掠夺各地方、各区域、各民族的土地的历史,而我们那些聪明人却来安抚那些住在穷乡僻壤的愚昧无知的人民,说什么"甚至专制政府"也没有夺去亚美尼亚**教会**的土地,尽管它已经开始掠夺,尽管实际上**只是**由于有了全俄革命才没有能夺去…… 在中央是专制制度,在地方上是"谁也不敢夺取的""亚美尼亚土地"…… 我们社会民主党内怎么会有这么多的小市民的蠢见呢?

再看看普列汉诺夫所说的哥萨克吧。

"拿我国的哥萨克来说吧。论行为他们是十足的反动分子,但是如果〈专制〉政府忽然想侵占他们的土地,那他们会万众一心地起来为土地而斗争。可见,地方公有化的好处,就在于它甚至在发生复辟时也是有用的。"(第45页)

的的确确,是用了"可见"二字! 如果专制制度起来反对专制制度的维护者,那么专制制度的维护者就会起来反对专制制度。这是多么深刻的思想啊! 但是哥萨克的土地占有制不单在复辟时有用,并且对于保持复辟以前就应该加以推翻的东西也是有用的。施米特在反驳普列汉诺夫的时候注意到了地方公有化的这一很有意思的方面:

"……我要提醒一点,就是专制政府早在一个月以前就给了哥萨克一些优待,可见,它并不怕地方公有化,因为哥萨克土地目前就是用同地方公有化相当近似的方式进行管理的…… 它〈地方公有化〉会起反革命的作用。"(第123—124页)

普列汉诺夫听了这番话十分激动,竟一度打断发言人的讲话(是为了一个无关紧要的问题:究竟他讲的是不是奥伦堡的哥萨克),并且试图不按会议的规则,要求让他优先发表声明。下面就是他后来提出的书面声明:

"施米特同志把我提到哥萨克的那段话转述得不确切。我根本没有提到过奥伦堡的哥萨克。我只是说:看看哥萨克吧;他们的行为是极端反动的,但是,如果政府想侵占他们的土地,那他们人人都会起来反对政府。将来革命把没收来的地主土地交给区域机关以后,如果遇到类似的企图,这些区域机关也会程度不同地采取同样的行动。它们的这种行动在一旦发生复辟时就是抵御反动势力的一个保证。"(第127页)

这自然是一个在不触动专制制度的情况下推翻专制制度的妙不可言的计划:从专制制度手里夺取某些区域,然后再让它试着设法夺回去。这几乎同主张用储蓄银行剥夺资本主义的主意一样妙不可言。但是现在问题不在这里。问题在于革命胜利以后"应该"起奇妙作用的区域地方公有化,**现在**起的却是反革命的作用。这就是普列汉诺夫避而不谈的问题!

哥萨克的土地现在是真正地方公有的土地。有好几个大区域属于各哥萨克部队,如奥伦堡军、顿河军等等。哥萨克**每户**平均有**52俄亩**土地,而农民每户平均只有11俄亩。此外,属于奥伦堡军的还有150万俄亩部队土地,属于顿河军的还有190万俄亩,如此等等。在这种"地方公有化"的基础上发展起来的是纯粹封建的关系。这种实际存在的地方公有化意味着农民的等级和地区的封闭状态,他们由于占有土地和纳税的多少不同,由于享受中世纪俸禄制土地使用权的条件等等不同而四分五裂。"地方公有化"无助于一般民主运动,反而是促使这种运动分散,促使那种只有作为集中的力量才能获得胜利的运动因分散各地而失去力量,造成各个区域互相隔绝。

于是我们看到,在第二届杜马中,**拥护斯托雷平**(说斯托雷平在自己的宣言中也容许用强迫手段改动地界)的**右派哥萨克**卡拉乌洛夫,也同普列汉诺夫一样**大骂**国有化的主张,**并且公开主张按区域实行地方公有化**(1907 年 3 月 29 日第 18 次会议,速记记录第 1366 页)。

右派哥萨克卡拉乌洛夫比马斯洛夫和普列汉诺夫正确千倍地抓住了问题的本质。区域分散性是**防止革命的保证**。如果俄国农民(在集中的而不是"区域的"无产阶级运动帮助之下)不能冲破自己那种区域隔绝状态,不能组织全俄性的运动,那么革命**总是**会被处境优越的个别区域的代表人物所击溃的,因为旧政权中央集权的势力会根据需要利用这些人物去作斗争。

地方公有化是个**反动的**口号,它把各个区域中世纪式的各自为政理想化,模糊农民对于进行集中的土地革命的必要性的认识。

3. 中央政权和巩固资产阶级国家

地方公有派最反感的就是中央政权。在分析有关的论断之前,我们应该先说明一下从政治司法方面来看国有化是什么意思(上面我们已经说明了它的经济内容)。

土地国有化就是全部土地收归国家**所有**。所谓归国家所有,就是说国家政权机关有权获得地租、有权规定全国**共同的**土地占有和土地使用的规则。在国有化的情况下,这种共同的规则肯定包括禁止一切中介行为,即禁止转租土地,禁止将土地让给并不亲自经营的人等等。再者,如果这里讲的国家是真正民主的(并不是像诺沃谢茨基所说的那种孟什维克意义上的民主),那么国家土地所有制丝毫不排斥在全国性法律允许的范围内把土地转交地方和区域自治机关**支配**,反而**要求**这样做。我在《修改工人政党的土地纲领》这本小册子中已经说过,我们党的最低纲领在谈到民族自决权、谈到广泛的区域自治等等的时候,**直接**提出了这样的**要求**。①因此,规定因地制宜的细则、实际拨给土地或者在各个户主或各个协作社之间分配土地等等事宜,**必然**要交给**地方**国家政权机关,即地方自治机关办理。

　　如果关于这一切还可能产生什么误会,那要么是由于不了解所有权、占有权、支配权、使用权等概念的区别,要么是由于蛊惑人心地玩弄省区自治和联邦制②。地方公有化和国有化的基本区别并不在于中央和地方之间权限的划分,更不在于中央的"官僚主义"(只有十分无知的人们才会有这样的想法和说法),而在于实行

----

① 见本版全集第12卷第228页。——编者注
② 马斯洛夫就玩弄过这种手法。他在《教育》杂志(1907年第3期第104页)上写道:"……某些地方的农民也许会同意交出自己的土地,但只要有某一个大地区(例如波兰)的农民拒绝交出自己的土地,全部土地国有化的方案就会成为无稽之谈了。"这就是庸俗论据的典型,其中没有任何**思想**,而只有字句的堆砌。条件特殊的一个地区表示"拒绝",不会改变总的纲领,也不会使这个纲领变为无稽之谈。有的地区也可能"拒绝"地方公有化。然而这个并不重要。重要的是在统一的资本主义国家里,土地私有制和大规模的国有制这两种制度是不可能并存的。其中必有一个要占上风。工人政党的任务就是要维护较为优越的、能加速生产力的发展、能保证自由地开展阶级斗争的制度。

地方公有化后还会保存某一类土地的私有制，实行国有化后则完全废除了这种私有制。基本区别在于前一种纲领容许"土地关系上的复本位制"，而后一种纲领却能加以消除。

如果你们从中央政权可能**恣意妄为**等等的观点（庸俗的地方公有化拥护者往往想利用这个观点）来考察**现行**纲领，你们就可以看出，现行纲领在这方面极其混乱极其模糊。只要指出下面这点就行了：现行纲领规定既要把"移民所需的土地"、又要把"有全国意义的森林和水域"交归"民主国家掌握"。显然，这些概念是非常模糊的，这里可能引起无限的纠纷。拿立宪民主党出版的《土地问题》文集第 2 卷考夫曼先生最近的一篇文章（《关于补充份地的份额问题》）来看吧。作者在文章中把 44 省所有可以按 1861 年最高份额补发给农民的土地储备作了一个统计。"非份地的土地资产"一项，起初没有把森林计算在内，以后又把森林（除去 25％的多林地区）计算在内。谁来决定哪些森林是"有全国意义"的呢？ 当然只有中央国家政权；由此可见，孟什维克纲领是主张把大量的土地（据考夫曼计算，44 省有 5 700 万俄亩土地）交给中央政权掌握。谁来决定哪些是"移民所需的土地"呢？ 当然只有资产阶级的中央政权。只有它才能决定，比如奥伦堡哥萨克所占有的 150 万俄亩部队土地或顿河哥萨克所占有的 200 万俄亩土地算不算**用于全国需要的**（因为哥萨克每户平均有 52.7 俄亩）"移民所需的土地"。显然，问题完全不是像马斯洛夫和普列汉诺夫之流所提出的那样。问题并不在于用一纸决定来捍卫地方区域自治，使它们不受中央政权的侵犯，这样的事情不但靠一纸空文办不到，就是靠大炮也办不到，因为资本主义的发展趋势是在走向集中化，要把大权集中在资产阶级中央政权手中，"区域"在**任何时候都是无力**与之对抗的。

问题在于**同一个阶级**应当既在中央又在地方掌握政权，在中央和地方都要完全彻底地实行同样**程度**的民主制，以保证（比如说）大多数居民即农民**完全占统治地位**。这才是防止中央"过分"侵犯地方、侵犯地方"合法"权利的唯一**实际的保证**。孟什维克杜撰的其他一切保证都统统是愚蠢的想法，是地方上的庸人用以抵御被资本主义集中在中央政权的权力的纸帽子。诺沃谢茨基也同现行纲领一样持有这种庸人的蠢见，**竟认为**地方自治机关要完全民主化，而中央政权可以"不是最高"程度的民主化。中央政权不完全民主化，就意味着中央政权**不归大多数居民掌握，不归**那些在地方自治机关中占优势的分子掌握，而这就意味着不仅可能发生、而且**必然发生冲突**，由于经济发展规律的作用，冲突的结果一定是**不民主的中央政权获得胜利！**

从问题的这一方面来说，拿"地方公有化"当做区域与中央政权相抗衡的某种"保证"，纯粹是庸人的妄想。如果这可以叫做同集中的资产阶级政权作"斗争"的话，那么这只能是**反犹太主义者**同资本主义所进行的那种"斗争"：同样是一些引诱愚昧无知的群众上当的大吹大擂的诺言，这些诺言**在经济上和政治上同样都不可能兑现**。

拿地方公有派反对国有化的一个最"流行的"论据来说吧。据说国有化会加强资产阶级的国家（记得约翰有一句妙言："只会巩固国家政权"），会增加反无产阶级的资产阶级政权的收入，**然而**（确实是这样说的：**然而**）地方公有化却能提供满足人民需要、满足无产阶级需要的收入。居然提出这样的论据，真要使人替社会民主党感到羞耻了，因为这**纯粹是反犹太主义的蠢见和反犹太主义的妖言**。我们不拿受普列汉诺夫和马斯洛夫迷惑的某个"小角色"

作例子,就拿马斯洛夫"本人"来说吧:

他教训《教育》杂志的读者说:"社会民主党总是希望它的计划和任务在最坏的情况下也能够被证实是正确的……　我们应该设想到,带有种种缺点的资产阶级制度将在社会生活的各个方面占统治地位。自治机关也会像整个国家制度一样是资产阶级性的,那里也同西欧的市政局一样,会有尖锐的阶级斗争。

自治机关和国家政权的区别究竟是什么呢? 为什么社会民主党力求不把土地交给国家,而要交给地方自治机关呢?

为了确定国家和地方自治机关的任务,我们把两者的预算作一比较。"(1907 年《教育》杂志第 3 期第 102 页)

接着他作了比较:在最民主的共和国之一的美利坚合众国,陆海军军费占预算支出的 42%。法、英等国的情况也是如此。俄国"地主的地方自治机关"的预算支出中,医疗费占 27.5%,国民教育费占 17.4%,修路费占 11.9%。

"我们把最民主的国家的预算同最不民主的地方自治机关的预算作了比较以后可以看到,就各自的职能来说,前者是为统治阶级的利益服务的,国家的资金耗费在**压迫的工具**上面,耗费在镇压民主的工具上面;反之,最不民主、最坏的地方自治机关却不得不为民主服务(虽然服务得不好,毕竟是在服务),不得不满足本地的需要。"(第 103 页)

"社会民主党人不应该太幼稚,比如说,不应该因为国有土地上的收入供养的是**共和国**的军队就同意土地国有化……　相信奥列诺夫那种说法的读者是十分幼稚的,奥列诺夫硬说,马克思的理论只'允许'把土地国有化的要求,也就是把地租(叫它绝对地租也好,级差地租也好,反正都一样)用于陆海军的要求列入纲领,而不容许实行土地地方公有化,也就是不容许把地租用于居民的需要。"(第 103 页)

好像是很清楚了吧? 国有化是为了供养陆海军。地方公有化是为了满足居民需要。犹太人是资本家。打倒犹太人就是打倒资本家!

好心的马斯洛夫没有考虑到,地方自治机关的文化开支只是在次要开支部分中占了较高的百分比。为什么是这样呢? 因为地方自治机关的管辖范围和财政权限还是由那个中央国家政权规定的,而且按照这个规定,应把巨额的款项用于军费和其他费用,而把小小的零头用在"文化"方面。在资产阶级社会里必定这样分配吗? 必定这样分配,因为在资产阶级社会里,资产阶级要是不用巨额的款项来保证本阶级的统治,把剩下的零头用做文化费用,那它就不能进行统治。只有马斯洛夫这样的人才会产生这个神妙的想法:我要是把**另一笔巨额款项**宣布为地方自治机关的财产呢? 我不就**绕过了**资产阶级的统治吗! 如果无产者都像马斯洛夫这样来考虑问题,那他们的任务就再简单不过了:只要要求把铁路、邮电和酒类专卖方面的收入不"收归国有"而是"收归地方公有",这些收入就不会用到陆海军方面,而会用在文化方面了。完全用不着推翻中央政权或者对它进行根本改造,只要做到把一切大宗收入款项都"收归地方公有",就万事大吉了。啊,真聪明!

在欧洲和任何一个资产阶级国家里,市政局的收入都是(愿好心的马斯洛夫记住这一点吧!)资产阶级中央政权同意用于文化目的的收入,**因为这些收入是次要的收入**,而且中央要征收这些钱也很不方便,同时资产阶级和资产阶级统治的主要的、根本的、基本的需要已经由**巨额款项**来加以保证。因此替人民出主意,说人民可以从地方公有土地上得到另一笔数以亿计的巨额款项,可以把这笔巨款交给地方自治机关(而不是交给中央政权)以保证用于文化事业,这种主意是骗人的。在资产阶级国家里,资产阶级真正用于文化目的的**只能是小小的零头**,因为巨额的款项它需要用来保证资产阶级的阶级统治。为什么中央政权自己拿$9/10$的土地税、商业税和其他捐税,而只许地方自治机关得到$\frac{1}{10}$,并且用法律规定地方自治机关征收的附加税不得超过某一极低的百分比呢? 因为巨额款项需要用来保证资产阶级的阶级统治,它既然是资产阶级,它就只能把小小的零头用于文化事业。①

欧洲社会党人把这种一方面是零头一方面是巨款的分配情况看做既成的事实,他们很清楚,在资产阶级社会里只能如此。他们把这种分配情况看做既成的事实,他们说,我们不能参加中央政权,因为它是压迫的工具;而市政局我们可以参加,因为那里在将小小的零头用在文化事业上。如果有人劝工人政党去进行鼓动,要求把真正巨额的收入,把地方上的全部地租,把地方邮政机关、地方铁路等等的全部利润都归欧洲的市政局所有,那欧洲的社会党人听了会对这种人说些什么呢? 他们会认为,这种人不是疯子,就是误入社会民主党的"基督教社会主义者"。

有些人在讨论俄国目前的(即资产阶级性的)革命任务时,说

---

① 从考夫曼的极为详尽的著作(理·考夫曼《地方财权》1906年莱比锡版第2卷第2部,由弗兰肯施泰恩创始、由海克尔续编的国家科学手册和教程丛书第5册)(Kaufmann R.«Die Kommunalfinanzen»,2 Bände.Lpz.1906,II Abt.5.Band des Hand-und Lehrbuches der Staatswissenschaften, begr. von Frankenstein, fortges. von Heckel)中可以看出,就地方开支和中央国家开支间的分配情况来说,英国地方自治机关所占的比重比普、法两国**大一些**。在英国,由地方机关支出的有30亿马克,由国家中央政权机关支出的有36亿马克;在法国分别为11亿和29亿;在普鲁士分别为11亿和35亿。单拿情况最好的(从地方公有派的观点来看)英国用于教育事业的**文化**经费来说吧。我们可以看出,在15 160万英镑的地方开支(1902—1903年)中,教育费占1 650万英镑,即占$\frac{1}{10}$强。按1908年的预算(见《哥达年鉴》),中央政权的支出总数是19 860万英镑,其中教育费占1 690万英镑,即不到$\frac{1}{10}$。陆海军军费为5 920万英镑。这里还要加上国债支出2 850万英镑,法院和警察局的费用380万英镑,外交费用190万英镑,税务机关费用1 980万英镑。由此可见,资产阶级花在文化事业上的只是**零头**,用于保证本阶级统治的则是**巨额款项**。

我们不应该巩固资产阶级国家的中央政权，这正好暴露出他们完全没有思考的能力。德国人可以而且应该这样来考虑问题，因为他们面对的只有容克-资产阶级的德国，而且在实现社会主义以前决不会再有另外一个德国。而我国当前群众革命斗争的全部内容就是：俄国是成为容克-资产阶级的俄国（这是斯托雷平和立宪民主党人所向往的），还是成为农民-资产阶级的俄国（这是农民和工人所向往的）。要参加这样的革命，就不能不支持资产阶级中的一个阶层去反对另一个阶层，不能不支持资产阶级演进的一种方式去反对另一种方式。由于客观的经济原因，在我国目前的革命中，要么是成立农民-农场主的中央集权的资产阶级共和国，要么是成立容克地主的中央集权的资产阶级君主国，此外没有也不可能有其他的"抉择"。把群众的注意力引到"我们只要有比较民主一点的地方自治机关就行了"，以回避上述困难的"抉择"，那是最鄙俗的庸人的做法。

4. 政治变革的规模和土地变革的规模

我们说"抉择"很困难，那当然不是指主观的抉择（哪个更合心意），而是指解决历史问题的各种社会力量彼此斗争的客观结局。有些人说我在土地纲领中把共和国同土地国有化联系在一起是太乐观了，他们根本没有思考过：要得到对农民有利的结局，"困难"究竟在什么地方呢？下面就是普列汉诺夫在这个问题上的议论：

"列宁用一些乐观的假设回避了问题的困难。这是常见的空想思维的方法；比如，无政府主义者说：'不需要任何强制性的组织'。我们反驳说，如果没有强制性的组织,那社会的个别成员就可能危害这整个社会,只要他们想这样做的话,于是无政府主义者便回答说:'这不可能'。在我看来,这就是用一些乐观的假设回避了问题的困难。列宁也是这样做的。他用许多乐观的'假如'来掩饰他提出的办法可能产生的种种后果。如列宁对马斯洛夫的责难就是证明。列宁在他那本小册子第 23 页①上说:'其实,马斯洛夫草案是默然假定我们最低政治纲领的要求不会充分实现,人民专制不会得到保障,常备军不会取消,官员民选制度不会实行等等,——换句话说,就是假定我们的民主革命,也像欧洲大多数民主革命一样不会进行到底,也像所有这些革命一样被弄得残缺不全,受到歪曲,"被拖向后退"。马斯洛夫的草案是专门给半途而废的、不彻底的、不完全的或者被反动派弄得残缺不全和"不致为害的"那种民主革命设计的。'就假定他对马斯洛夫的责难是有根据的吧,但是上面这段引文表明,列宁自己的草案只有在他提出的种种'假如'全都实现的情况下才是好的。如果这些'假如'不能实现,那实现他的草案②就会是有害的。我们不需要这种草案。我们的草案应该在四只脚都钉上马掌,就是说应该准备应付种种'假如'未能实现的情况。"(斯德哥尔摩代表大会《记录》第44—45 页)

　　我把这段议论全文照录,因为它很清楚地表明了普列汉诺夫的错误。他根本不懂得把他吓坏了的那种乐观态度。所谓"乐观主义"并不是假定官吏由人民选举等等,**而是假定农民土地革命获得胜利**。真正的"困难"在于:在一个至少从 1861 年起就是按容克-资产阶级式道路发展的国家里要使**农民**土地革命获得胜利。既然您承认**经济方面的**这种基本困难,那您把实现政治民主制的困难看成同无政府主义差不多,就未免太可笑了。忘记土地改革规模同政治改革规模之间不能不相适应,忘记**经济**变革必须以**相应的**政治上层建筑为前提,那是很可笑的。普列汉诺夫在这个问题上的基本错误,就在于他不懂得**我们共同的**(既是孟什维克的也

---

① 见本版全集第 12 卷第 233 页。——编者注
② 不过在那种情况下它就不再是**我的**草案了! 普列汉诺夫的议论不合逻辑!

是布尔什维克的)土地纲领持"乐观"态度的根源是什么。

请具体地设想一下，**没收**地主地产的"**农民土地革命**"在现代的俄国究竟是什么意思。毫无疑问，半个世纪以来资本主义**通过**地主经济为自己开辟了道路，这种地主经济在目前总的说来无疑比农民经济强，不但在收成方面是如此（这方面的部分原因是由于地主的地好），而且在广泛采用改良农具和轮作制（种植牧草）①方面也是如此。毫无疑问，地主经济不但同官僚而且同资产阶级有着千丝万缕的联系。没收土地将会损害大资产阶级的许多利益，而农民革命——正如考茨基所正确指出的那样——将使国家趋于破产，也就是说，不但损害俄国一国资产阶级的利益，而且损害整个国际资产阶级的利益。当然，在这样的条件下，农民革命的胜利、小资产者对地主和大资产者的胜利，就需要有各种情况特别有利的凑合，需要实现非同寻常的、在庸人或庸俗历史学家看来是"乐观的"种种假设，需要大大发挥农民的主动性、革命毅力、觉悟、组织性和丰富的人民创造力。这是无可争辩的。普列汉诺夫讲到"人民创造力"这个字眼时开了一个庸俗的玩笑，这无非是一种想回避严肃问题的廉价遁词。② 由于商品生产不会使农民联合起来，集中起来，而是使他们分化和涣散，资产阶级国家里的**农民**革命只有在无产阶级领导下才能实现。这一情况使全世界的十分强

---

① 参看考夫曼在《土地问题》第2卷中所综合的关于地主经济在推广种植牧草方面比农民经济优越的大批新资料。

② 普列汉诺夫在斯德哥尔摩代表大会上嘲笑说，"人民创造力"就是"民意主义"。这种批评正好像从前有人对《乞乞科夫奇遇记》的批评一样，这种人拿"乞乞科夫"这个姓开玩笑："乞乞科夫……啊嚏……啊嚏……啊，真可笑！"**165** 只有那些认为承认反资产阶级、反地主的农民革命就是民意主义的人，才会严肃地把关于俄国革命需要"人民创造力"、需要有新的斗争形式和新的农民组织形式的思想看做民意主义。

大的资产阶级更加要起来反对这样的革命了。

这是不是说，马克思主义者应该完全抛弃关于农民土地革命的思想呢？不是。只有那些把拙劣模仿马克思主义的自由主义当做自己世界观的人，才会得出这样的结论来。由此只能得出以下结论：第一，马克思主义不能把俄国社会主义的命运同资产阶级民主变革的结局联结在一起；第二，马克思主义应该估计到俄国农业可能有两种方式的资本主义演进，并且向人民明确说明每一种可能性的条件和意义；第三，马克思主义应该坚决反对那种认为在俄国没有激进的政治变革也可能实现激进的土地变革的观点。

(1)社会革命党人也同所有比较彻底的民粹派一样，不懂得农民革命的资产阶级性质，而把自己的整个冒牌社会主义同这一革命连在一起。在民粹派看来，农民革命的有利结局就是民粹派的社会主义在俄国的胜利。其实这样的结局将是民粹派（农民）社会主义最迅速、最彻底的破产。农民革命的胜利愈完全愈彻底，农民就会愈快地变为自由的资产阶级农场主，而这种农场主是会请民粹派的"社会主义""引退"的。反之，不利的结局倒会使民粹派的社会主义苟延残喘一段时间，使那种以为批判地主资产阶级式的资本主义变种就是批判整个资本主义的幻想还能勉强保持下去。

社会民主党是无产阶级的政党，它决不把社会主义的命运同资产阶级革命的这种或那种结局联结在一起。这两种结局都意味着资本主义的发展和无产阶级受压迫，无论在保存土地私有制的地主君主国或者在尽管实现了土地国有化的农场主共和国都是如此。因此，只有绝对独立的、纯粹无产阶级的政党才能够"在实行民主土地改革的任何情况下"①捍卫社会主义的事业,这正是我在自己提出的土地纲领的末尾部分所说的(这一部分已经列入斯德哥尔摩代表大会的策略决议)。

(2)但是土地变革**两种**结局的资产阶级性质,决不意味着社会民主党人对于争取这种或那种结局的斗争可以采取无所谓的态度。工人阶级的利益无疑要求工人阶级最坚决地支持农民革命,不仅如此,而且要求它在农民革命中起领导作用。我们在争取农民革命有利的结局时,应该使广大群众十分清楚地了解到,保持地主式的农业演进道路意味着什么,这样会给全体劳动群众带来怎样无穷无尽的祸害(这种祸害不是来自资本主义,而是来自资本主义不够发达)。另一方面,我们还应该说明农民革命的小资产阶级性质,说明把"社会主义的"希望寄托在这一革命上面是毫无根据的。

既然我们不把社会主义的命运同资产阶级变革的这种或那种结局联结在一起,我们的纲领在形势有利和"形势不利的情况"下决不能都是一样的。普列汉诺夫说我们不需要有专门预察到这两种情况的(也就是由许多"假如"构成的)草案,他不过是在信口开河。正是从他的观点出发,从很可能产生最坏的结局或必须估计到这种结局的观点出发,才尤其需要像我提出的纲领那样把纲领分成两个部分。必须指出,在目前的地主资产阶级的发展道路上,工人政党一方面主张采取某些措施,另一方面竭尽全力帮助农民完全消灭地主土地占有制,从而有可能得到更广泛更自由的发展的条件。关于问题的这个方面,我在《报告》中已经谈得很详细(关

---

① 见本版全集第12卷第241页。——编者注

于租佃的条文,在纲领中必须有这一条,以应付"最坏的情况";马斯洛夫的纲领中没有这一条)①。现在我只补充一点,正是在目前,在社会民主党人的活动眼下所处的条件同乐观的假设相差最远的时候,普列汉诺夫的错误更为明显。第三届杜马决不会使我们想到停止争取农民土地革命的斗争,但是在一段时间内我们不得不在目前这种保证地主能够进行最野蛮剥削的土地关系的基础上进行活动。正是这位特别关心最坏情况的普列汉诺夫现在却拿不出一个能应付最坏情况的纲领!

(3)既然我们把促进农民革命当做自己的任务,就应该清楚地认识到任务的艰巨性,认识到政治改革同土地改革必须**相适应**。否则就会把土地问题上的"乐观"(没收土地加上地方公有化,或者加上土地分配)同政治上的"悲观"(如诺沃谢茨基所说的:中央政权"相当程度的"民主化)捏合在一起,而这在学术上是站不住脚的,在实践上则是反动的。

孟什维克很像是违心地承认农民革命的,而且不愿意让人民清清楚楚地看到这一革命的全貌。他们的言论贯穿着孟什维克普季岑在斯德哥尔摩代表大会上表述得无比天真的那种观点,他说:"革命的骚乱过去以后,资产阶级生活又会重新进入常轨,如果西欧不发生工人革命,我国资产阶级必然会上台执政。这一点是列宁同志不会否认、也否认不了的。"(《记录》第91页)结果是,资产阶级变革这一肤浅的抽象概念遮盖了作为资产阶级变革的一种形式的农民革命问题! 所有这一切都不过是"骚乱",只有"常轨"才是现实的。这里最清楚不过地表现出庸人的观点,表现出对在我

---

① 见本版全集第13卷第23—24页。——编者注

国资产阶级革命中斗争究竟是为了什么这个问题的无知。

农民要实现土地变革,就不可能不铲除旧政权、取消常备军和官僚制度,因为这一切都是地主土地占有制最可靠的支柱,都同地主土地占有制有着千丝万缕的联系。所以,那种认为只要有地方机关的民主化、不必彻底粉碎中央机关就可以实现农民变革的想法,在学术上是站不住脚的。这种想法在实践上是反动的,因为它助长小资产阶级的愚钝和小资产阶级的机会主义,这种机会主义把事情看得"很简单":土地是需要的,至于政治嘛,天晓得是怎么回事! 土地要全部夺到手,至于是否要夺取全部政权,能不能夺取全部政权,怎样夺取,农民是不去考虑的(或者说直到两届杜马被解散的事实开导他们以前没有考虑过)。所以"农民立宪民主党人"彼舍霍诺夫先生的观点是极其反动的,他早在《土地问题》一书中就说过:"目前对土地问题作出肯定的回答,比对共和国这类问题作出肯定回答要迫切得多。"(第114页)大家知道,这种政治上的装疯卖傻(干反动勾当的老手瓦·沃·先生的遗风)在"人民社会党人"的全部纲领和全部策略中都表现出来了。农民不了解激进的土地改革同激进的政治改革之间的相互联系,"人民社会党人"不是去克服农民的这种无知,反而**迁就**这种无知。他们觉得"这样比较实际",其实这种做法就使得农民土地纲领必然遭到失败。不用说,激进的政治变革是困难的,但土地变革也是困难的。后者同前者不可能没有联系,社会党人不应该向农民隐瞒这一点,不应该像我们土地纲领那样,用"民主国家"这类不很明确的、半立宪民主党式的词语来蒙蔽农民,而应该把话说明白,应该教导农民,如果在政治上不取得彻底胜利,就休想没收地主的土地。

这里重要的不是纲领中有没有"假如"。重要的是指出土地改革同政治改革应该彼此**适应**。可以不用"假如"而用别的说法来表达同一个思想，比如这样说："党说明，在资产阶级社会里最好的土地占有方式是取消土地私有制，实行土地国有化，即把土地收归国家所有，但是要实施这种办法，使之产生实际效果，就不仅一定要有地方机关的彻底民主化，而且一定要有全部国家机构的彻底民主化，直至成立共和国，消灭常备军，官吏由人民选举，等等。"

我们没有把这种说明写进我们的土地纲领，于是就向人民灌输了一种**错误的**思想，似乎中央政权不彻底民主化也可能没收地主土地。这样我们就降低到了小资产阶级机会主义者即"人民社会党人"的水平，因为在两届杜马中他们的纲领（104 人法案）和我们的纲领都是把土地改革**仅仅**同**地方**机关民主化联系在一起的。这种观点是市侩的蠢见，1907 年的六三政变和第三届杜马的教训应该使许多人、首先是社会民主党人抛弃这种想法了。

5. 农民革命不需要由农民夺取政权吗？

俄国社会民主党的土地纲领是在一场以消灭农奴制残余、消灭我国土地制度中一切中世纪成分为目的的农民革命中的无产阶级纲领。我们看到，孟什维克在理论上也承认这个论点（见普列汉诺夫在斯德哥尔摩代表大会上的发言）。但是孟什维克完全没有仔细考虑过这一论点，没有看到这一论点同社会民主党在俄国资产阶级革命中所采取的策略的总原理有不可分割的联系。这种考虑不周的毛病在普列汉诺夫的著作中恰恰表现得最为明显。

在整个社会经济都是资本主义性质的条件下，任何反对中世纪制度的农民革命都是资产阶级革命。然而并非任何资产阶级革命都是农民革命。如果在一个农业已经完全按照资本主义方式组织起来的国家里,农业资本家在雇佣工人的帮助下完成了土地革命,比如说消灭了土地私有制,那么这就是资产阶级革命,但决不是农民革命。如果在一个土地制度已经同整个资本主义经济联成一体,以致不消灭资本主义就不能消灭这种土地制度的国家里发生了革命,比如说工业资产阶级代替专制官僚掌握了政权,那么这就是资产阶级革命,但决不是农民革命。换句话说,可能有一种没有农民的资产阶级国家,也可能有发生在这种国家里的没有农民参加的资产阶级革命。在农民人口很多的国家中可能发生资产阶级革命,但它并不是农民革命,就是说它并不在只同农民有关的土地关系方面进行革命,并不把农民当做进行革命的、比较积极的社会力量。由此可见,马克思主义的"资产阶级革命"这个一般概念所包含的某些原理无疑适用于新兴的资本主义国家发生的任何农民革命,但是这个一般概念丝毫没有说明,某一国家的资产阶级革命为了获得完全的胜利,是否一定要(就客观必要性来说)成为农民革命。

普列汉诺夫和追随他的孟什维克在俄国革命第一个时期(即1905—1907年)所采取的整个策略路线,其错误的根本原因就在于,他们完全不懂得一般资产阶级革命和农民资产阶级革命之间的这种相互关系。孟什维克的书刊说什么布尔什维克不了解当前革命的资产阶级性质,这种常有的吓人的叫嚣[①]不过是对这种无知的掩饰。其实,社会民主党两个派别中的任何一个人,无论在革

---

① 在普列汉诺夫《论策略和不策略的新信札》(格拉戈列夫出版社,圣彼得堡版)一书中这种叫嚣简直滑稽可笑。通篇是吓人的字眼、对布尔什维克的谩骂和装腔作势的调子,而思想却一点也没有。

命以前或在革命期间，都没有放弃如下的马克思主义观点：目前的革命是资产阶级革命。只有故意把派别意见分歧"简单化"、庸俗化的人才会持相反的意见。然而有一部分马克思主义者，即党内的右翼，总是用资产阶级革命这一笼统、抽象、死板的概念来敷衍搪塞，不懂得当前资产阶级革命的**特点**，即它是一场农民革命。因此发生以下情况就是十分自然和必然的了：社会民主党内的右翼无法理解我国资产阶级在俄国革命中起反革命作用的原因，无法明确地肯定究竟哪些阶级能够在这场革命中获得完全的胜利，而且不能不陷入一种错误的见解，认为在资产阶级革命中无产阶级应该支持资产阶级，资产阶级革命中的主要人物应该是资产阶级，如果资产阶级被吓跑了，革命的声势便会减弱，如此等等。

相反，早在1905年春天和夏天革命刚刚开始，当无知的或愚蠢的人还根本没有像现在这样普遍地把布尔什维主义同抵制主义、冲击主义等等混为一谈的时候，布尔什维克就清楚地指出了我们在策略上意见分歧的**根源**，划分出作为资产阶级革命一种形式的农民革命这个概念，并规定实现"无产阶级和农民的革命民主专政"才是农民革命的胜利。从那以后布尔什维主义在国际社会民主主义运动中获得的一个极大的**思想上的**成就，就是考茨基发表的关于俄国革命的动力的文章（《俄国革命的动力和前途》1907年莫斯科新时代出版社版，俄译本由列宁校阅并作序[①]）。大家知道，在1903年布尔什维克同孟什维克开始分裂的时候，考茨基是站在孟什维克方面的。到了1907年，考茨基观察了他曾多次论述过的俄国革命，他立即看出给他寄去有名的调查表的普列汉诺夫

　　[①]　列宁的序言见本版全集第14卷第220—226页。——编者注

的错误。在这张调查表上,普列汉诺夫**只**问到俄国革命的资产阶级性质,没有划分出农民资产阶级革命这一概念,没有超出"资产阶级民主"和"资产阶级反对党"这些一般提法的范围。考茨基在回答时纠正了普列汉诺夫这个错误,他说:资产阶级不是俄国革命的动力;就**这个**意义上来说,资产阶级革命时代已经过去了;"在整个革命斗争时期,只有无产阶级和农民之间才存在着利益的牢固的共同性"(上述小册子第30—31页),"正是它〈这种持久的共同利益〉应该成为俄国社会民主党全部革命策略的基础"(同上,第31页)。这里十分清楚地表明了同孟什维克策略**相反**的布尔什维克策略的**基础**。普列汉诺夫在《……新信札》中对这一点大为恼火。但是他的恼怒只是更加清楚地表明他的论据软弱无力。普列汉诺夫断言目前我们所经历的危机"毕竟还是资产阶级性的危机",骂布尔什维克"没有知识"(第127页)。这种谩骂是色厉内荏的表现。普列汉诺夫不懂得农民资产阶级革命同非农民资产阶级革命有什么区别。普列汉诺夫说考茨基"夸大了我国农民发展的速度"(第131页),说"我们〈普列汉诺夫和考茨基〉的看法不同只能是细微的差别"(第131页)等等,这些都是最可怜最怯懦的遁词,因为任何一个肯动一点脑筋的人都会看出,事实正好相反。这里不是"细微的差别",不是发展的速度问题,也不是普列汉诺夫所叫喊的"夺取"政权的问题,而是对能够成为俄国革命动力的**阶级**的**基本**看法问题。普列汉诺夫和孟什维克**必然**有意无意地陷入支持资产阶级的机会主义立场,因为他们不了解资产阶级在农民资产阶级革命中的反革命性。布尔什维克则从一开始就确认,这个革命要取得胜利,一般的、基本的阶级条件就是无产阶级和农民的民主专政。就实质上来说,考茨基在《俄国革命的动力和前途》一文中也有同样的见解,并且在他的《社会革命》一书**第2**版中又重申了这一见解。他说:"它〈俄国社会民主党在最近将来的胜利〉只能是无产阶级和农民联盟(einer Koalition)的事业。"(卡·考茨基《社会革命》,1907年柏林第2版第62页)(因为篇幅有限,我们无法再谈考茨基在第2版中所作的另一个补充,即他对于1905年12月的教训所作的评价[166],这个评价同孟什维主义有着**根本的**分歧。)

由此可见,普列汉诺夫完全解决不了如下问题:在一场只有作为农民革命才能获得胜利的资产阶级革命中,社会民主党总的策略**基础**究竟是什么。我在斯德哥尔摩代表大会上(1906年4月)曾经说[①]普列汉诺夫反对农民在农民革命中夺取政权,从而使孟什维主义变得荒谬已极,我的这番话在后来的书刊中得到了最充分的证实。而策略路线方面的这一基本错误不能不反映在孟什维克的土地纲领中。上面我已经不止一次地说过,地方公有化无论在经济方面或政治方面都不能充分表达农民革命取得真正胜利的条件,也就是无产阶级和农民真正夺取政权的条件。在经济方面,这样的胜利同巩固旧份地占有制是不相容的;在政治方面,这样的胜利同仅仅地方机关民主化而中央政权不完全民主化这种情形也是不相容的。

6. 土地国有化是不是相当灵活的手段?

约翰同志在斯德哥尔摩代表大会上说:"土地地方公有草案是

---

① 见本版全集第12卷第329—331页。——编者注

更可取的,因为它更灵活,它估计到形形色色的经济条件,它能够在革命过程中就得到实现。"(见《记录》第111页)上面我已经指出地方公有化在这方面的根本缺点就在于把份地固定为私有财产。国有化在这方面却灵活得多,因为它使人们可以更加自由得多地在"废除了地界的"土地上组织新农场。约翰还提出其他一些比较小的理由,这里也需扼要地谈一谈。

约翰说:"土地分配在某些地方会重新建立起旧的土地关系。在某些地区,每户平均会得到200俄亩的土地,这样一来,我们就会在像乌拉尔这样的地方造成新的地主阶级。"这正是责备他们自己那套理论的典型的论据! 而在孟什维克的代表大会上就是靠这种论据来决定问题的! 其实正是地方公有化,也只有地方公有化才有上述那种毛病,因为只有地方公有化才把土地永远归各个地区所有。同犯了可笑的逻辑错误的约翰所想象的相反,这不能怪土地分配,而要怪地方公有派的地方主义。按照孟什维克的纲领,乌拉尔土地收归地方公有之后,仍然要归乌拉尔人"占有"。这就是说会造成**新的**反动的哥萨克,其所以反动,是因为这些享有特权的小农有了比所有其他农民群众多9倍的土地,就不可能不起来抗拒农民革命,不可能不起来保护土地私有制特权。完全可以预料,按照同一个纲领,"民主国家"可能把乌拉尔几千万俄亩的森林宣布为"有全国意义的森林",或宣布为"移民所需的土地"(立宪民主党人考夫曼不是认为占总面积25%的多林地区中的乌拉尔森林可以作这样的用途吗,这样在维亚特卡省、乌法省和彼尔姆省就能得到2 100万俄亩的土地!),并以此为理由,把这些土地收归国家"占有"。地方公有化的特点不是灵活,而是混乱,如此而已。

其次,我们来看看在革命过程中如何实现地方公有化吧。在这方面,有人攻击我提出的"农民革命委员会",说这是一种等级机关。孟什维克在斯德哥尔摩代表大会上学着自由派的腔调说:"我们赞成不分等级!"真是廉价的自由主义!我们那些孟什维克却没有想一想,要实现不分等级的自治,必须先取得胜利,先剥夺作为斗争对象的特权等级的权力。在约翰所说的"革命过程中",即在驱逐地主的过程中,在孟什维克的策略决议所说的"**农民采取革命行动**"的过程中,能建立起来的恰恰只有农民委员会。实行不分等级的自治在我们的政治纲领中已经作了规定,而在胜利以后,在全体居民不得不承认新秩序的时候,这种作为**管理**组织的自治机关必然会成立起来,也应该成立起来。我们的纲领说要"支持农民的革命行动,直到没收地主土地",如果这不是一句空话,那就必须设法组织群众**来采取这些**"行动"!孟什维克的纲领却没有想到这一点。这个纲领写得就是要便于把它完全变成一项跟各资产阶级政党提出的法案一样的议会法案,而这些资产阶级政党要么仇视任何"革命行动"(如立宪民主党人),要么用机会主义态度来回避有步骤地促进和组织这种行动(如人民社会党人)。但是这样来写纲领,是同一个主张农民土地革命的工人政党不相称的,因为工人政党所追求的目的,不是要安抚大资产阶级和官僚(如立宪民主党人那样),也不是要安抚小资产阶级(如人民社会党人那样),而只是要在广大群众反对农奴制俄国的斗争过程中提高他们的觉悟和主动性。

请回忆一下,哪怕是大致地回忆一下 1905 年春天和秋天以及 1906 年春天俄国发生的无数次农民"革命行动"吧。我们要不要答应支持这种行动呢?如果不答应支持,那我们的纲领就没有讲真话。如果答应支持,那么纲领对于怎样组织**这些**行动的问题,显然**没有作出**指示。对这些行动的组织只能在斗争的当地直接进行,这种组织只能由直接参加斗争的群众来建立,也就是说它一定是农民委员会这种类型的组织。在这样的革命行动中等待建立大的区域自治机关,那简直是可笑的。扩大已经取得胜利的地方委员会,扩大它们的权力范围以及它们对于邻村、邻县、邻省、邻市、邻区**以至对于全国**的影响,那当然很理想,也很必要。在纲领中指出这种扩大的必要,这是无可非议的,但那时就决不能局限于区域,应当把中央政权也包括在内。这是第一。第二,那时候就不是什么**自治机关**的问题了,因为这个术语表明管理组织对国家**制度**的**依附关系**。"自治机关"是按照中央政权所制定的规章、所规定的范围活动的。而我们现在所讲的斗争着的人民的组织,则应该完全不依附于旧政权的一切机关,应该为建立新的国家制度而斗争,应该是行使人民的无限权力(或人民专制)的工具和保证这种权力的手段。

总之,从"革命过程本身"来说,孟什维克的纲领在各方面都是不能令人满意的,因为它反映出孟什维克在临时政权等等问题上的糊涂观念。

7. 土地地方公有化和地方公有社会主义

把这两者相提并论的是在斯德哥尔摩代表大会上提出土地纲领并获得通过的孟什维克自己。我们只要举出科斯特罗夫和拉林这两个著名的孟什维克就行了。科斯特罗夫在斯德哥尔摩代表大会上说:"有些同志好像是第一次听到地方公有制的说法。我可以告诉他们,在西欧有整整一个流派〈!正是!〉叫做'地方公有社会主义'〈英国〉,它主张扩充市政局和乡政局的财产,我们的同志也拥护这种主张。许多地方自治机关拥有不动产,这同我们的纲领并不矛盾。现在我们有可能无偿地〈!!〉为地方自治机关弄到〈!〉不动产,我们应该利用这种不动产。被没收的土地当然应该收归地方公有。"(第 88 页)

认为"有可能无偿地弄到财产"这种幼稚观点在这里表现得淋漓尽致。但是发言人在把英国的地方公有社会主义当做例子举出来时,却没有想一想,地方公有社会主义这个"流派"作为主要是英国的一个特殊流派为什么是**极端机会主义**的流派? 为什么恩格斯在给左尔格的信中评论英国费边社这种知识分子的极端机会主义时,指出他们那种"地方公有派的"要求带有市侩性质呢?[①]

拉林同科斯特罗夫一唱一和,他在解释孟什维克的纲领时说:"也许在某些地方,地方人民自治机关可以自力经营这些大农场,就像市杜马经营有轨马车公司或屠宰场一样,那时从这些大农场获得的全部〈!!〉利润就会归全体〈!〉居民支配"[②],而不会归当地资产阶级支配,亲爱的拉林,是这样吗?

西欧地方公有社会主义市侩英雄的市侩幻想在这里一下子都表现出来了。他们既忘记了资产阶级占据统治地位的事实,也忘记了只有在**无产阶级**居民占很大百分比的城市里才能从市政局那儿为劳动者争得一点残羹冷炙! 不过这只是附带提到的。"地方公有社会主义的"土地地方公有化主张的主要谬误还在下面。

西欧资产阶级知识分子如英国费边派分子之流,所以要把地方公有社会主义思想奉为一个特殊"流派",正是因为他们幻想社

---

① 参看《马克思恩格斯文集》第 10 卷第 643—644 页。——编者注
② 《农民问题和社会民主党》第 66 页。

会和平,幻想阶级调和,企图把公众的注意力从整个经济制度和整个国家**制度**的根本问题转移到地方**自治**这些细小问题上去。在前一种问题方面,阶级矛盾最为尖锐;我们已经指出,正是这一方面的问题触及资产阶级阶级统治的基础本身。所以正是在这个方面,局部实现社会主义,这种市侩反动空想尤其没有希望。于是便把注意力转移到细小的地方性问题上面,这里问题并不关系到资产阶级的阶级统治,并不关系到这一统治的基本工具,而只是关系到怎样利用富有的资产阶级丢下来供**"人民需要"**的那点**残羹冷炙**。既然突出的是关于怎样利用一笔微不足道的(同剩余价值总量和资产阶级的国家支出总额相比起来是微不足道的)款项这样的问题,而这笔钱又是**资产阶级自己同意**用在人民保健事业(恩格斯在《论住宅问题》一文中指出,城市中的流行病使资产阶级自己感到害怕[①]),用在国民教育事业(资产阶级需要有训练有素的、能够适应高度技术水平的工人!)等等方面的,那么在**这样的**小问题方面,当然可以就"社会和平"、就阶级斗争的危害等等夸夸其谈了。既然资产阶级自己花钱来满足"人民需要",举办医疗和教育事业,那还会有什么阶级斗争呢? 既然通过地方自治机关就可以逐渐地、一点一点地扩大"集体所有的财产",就可以把可敬的尤·拉林凑巧说到的有轨马车公司和屠宰场这些行业实行"社会化",那还要社会革命干什么呢?

这一"流派"的小市民机会主义就在于他们忘记了所谓"地方公有社会主义"(实际上是地方公有资本主义,正如英国社会民主党人驳斥费边社分子时所正确指出的那样)的**狭小范围**。他们忘

---

① 见《马克思恩格斯文集》第3卷第272页。——编者注

记了，只要资产阶级还在实行阶级统治，它就不会容许别人触动（哪怕是从"地方公有"的方面）这一统治的真正的**基础**。他们忘记了，如果说资产阶级容许、容忍"地方公有社会主义"，那正是因为这种"社会主义"并不触动它的统治**基础**，并不侵犯它的**重要的**财源，而只是涉及资产阶级自己**交给**"居民"支配的、范围很小的地方开支。只要稍微了解一下西欧的"地方公有社会主义"，就可以知道，**社会主义**市政局只要试图稍微超出通常的经营范围，即超出狭小的、无足轻重的、不能使工人生活得到**重大**改善的经营范围，只要试图稍微触动一下**资本**，随时都会而且一定会遭到资产阶级国家中央政权的严厉禁止。

我们那些地方公有派所承袭的正是西欧费边派分子、可能派[167]和伯恩施坦派的这种基本的错误思想，这种市侩机会主义思想。

"地方公有社会主义"是**地方管理**问题方面的社会主义。凡是超出**地方**利益范围，超出国家**管理**职能范围，即触及统治阶级收入的基本来源，触及保证其统治的基本手段的问题，凡是不涉及国家管理而涉及国家**制度**的问题，**同时也就**超出了"地方公有社会主义"的范围。而我们那些聪明人把土地问题这一具有全国意义的、直接触及统治阶级根本利益的问题**算做**"地方管理问题"，从而回避了这一问题的尖锐性！俄国浅薄的知识分子推论道，既然西欧把有轨马车公司和屠宰场收归地方公有，那我们为什么不可以把全部土地中最好的一半收归地方公有呢？这既可用以对付复辟，又适用于中央政权民主化不彻底的情况！

结果就成了资产阶级革命中的农业社会主义，而且是市侩气最足的社会主义，它以**削弱**在**尖锐**问题上的阶级斗争为目的，其方法就是把这些问题**算做**只涉及地方管理的细小问题。事实上,关于一半优等地上的经营问题既不可能是地方性问题,也不可能是管理问题。这是关系到全国的问题,不仅关系到地主国家制度,而且关系到资产阶级国家制度。所以如果用一种幻想去诱骗人民,似乎在实现社会主义变革以前在农业中发展"地方公有社会主义"是可能的,那就是在进行最不可容忍的蛊惑宣传。马克思主义允许将国有化写进资产阶级革命的纲领,因为国有化是资产阶级性的措施,因为绝对地租妨碍资本主义的发展,因为土地私有制对资本主义是个障碍。但是,要把将大地产收归地方公有的措施列入资产阶级革命的纲领,那除非把马克思主义变成费边社知识分子的机会主义。

这里我们正好可以看出资产阶级革命中小资产阶级的方法和无产阶级的方法之间的区别。小资产阶级,即使是最激进的小资产阶级(包括我国的社会革命党人在内),预见到的是**在**资产阶级革命**以后**不会有阶级斗争,大家都安居乐业、太平无事。所以他们预先就"为自己营造安乐窝",主张在资产阶级革命中实行小资产阶级改良主义的计划,大谈各种不同的"土地份额",大谈"调节"地产、巩固劳动原则和巩固小劳动经济等等。小资产阶级的方法就是要建立尽可能是社会和平的关系。无产阶级的方法**完全**是为了扫除**阶级斗争**道路上的一切中世纪制度的障碍。所以无产者可以让小业主们去讨论各种地产"份额";无产者感到兴趣的只是消灭地主大地产,消灭土地私有制这一在农业中开展阶级斗争的**最后**障碍。在资产阶级革命中,我们感到兴趣的不是市侩的改良主义办法,不是苟且偷安的小业主们的未来的"安乐窝",而是无产阶级同任何在资产阶级基础上苟且偷安的市侩心理作斗争的条件。

地方公有化给**资产阶级**土地革命的纲领带来的,正是这种反无产阶级的精神,因为,同孟什维克极其错误的见解相反,地方公有化并不是扩大阶级斗争,激化阶级斗争,而是**削弱**阶级斗争。说它削弱,一是它认为在中央不彻底民主化的条件下地方可以民主化。二是它包含有"地方公有社会主义"思想,因为这种社会主义在资产阶级社会中只有**离开了**斗争的大道,只有在细小的、无足轻重的、地方性的问题上才是**可以想象的**,在这些问题上,**甚至**资产阶级也能够让步,也能够容忍,而不会丧失保持自己阶级统治的可能性。

工人阶级应当向资产阶级社会提出最纯粹、最彻底、最坚决的资产阶级变革的纲领,直至提出资产阶级土地国有化的纲领。在资产阶级革命中,无产阶级鄙弃小市民改良主义办法,因为我们感到兴趣的是进行斗争的自由,而不是享受市侩幸福的自由。

工人政党内的知识分子机会主义者自然是竭力采取另一条路线。他们所注意的不是资产阶级变革的广泛的革命纲领,而是市侩的空想:在中央的非民主制的条件下保住地方的民主制;躲开大规模的"骚乱",为细小的改良弄到一小块地方公有经济的地盘;用反犹太主义者的老办法,即用那种把全国性的大问题化为地方性的小问题的办法,来回避由土地引起的异常尖锐的冲突。

8. 地方公有化造成的混乱思想举例

"地方公有派"纲领把社会民主党人的思想搞得十分模糊,把宣传员和鼓动员弄得手足无措,这从如下几件怪事中可以得到证明。

尤·拉林无疑是著作界的一个颇有名气的孟什维克。从斯德哥尔摩代表大会的记录可以看出，为了让这次大会通过土地纲领，他在会上十分活跃。他那本已编入"新世界"丛书的小册子《农民问题和社会民主党》，几乎是对孟什维克纲领所作的一个正式注解。请看这位作注解的人写的是什么吧。他的小册子的最后几页对土地改革问题作了总结。作者预料这种改革可能有三种结局：第一种结局是有偿地把份地补分给农民，归农民私有，这是"对工人阶级、下层农民和整个国民经济的发展最为不利的结局"（第103页）；第二种结局是最好的结局；第三种结局（虽则是不大可能的）就是"用正式文件宣布必须平均使用土地"。看来，我们可以预期，按照这位地方公有派纲领的拥护者的意见，第二种结局应该是实行土地地方公有化了吧。然而不是。请听：

> "也许，一切没收来的土地**以至一切土地**都会被宣布为**国家公有财产**，交给地方自治机关支配，以便**无偿地**⟨??⟩分发给所有真正在这些土地上经营的人去使用，当然这不一定要在全俄范围内实行平均使用的办法，不必禁止使用雇佣劳动。我们已经看到，这种解决问题的办法既能最好地保证无产阶级眼前的利益，又能最好地保证社会主义运动的一般利益，保证劳动生产率的提高——劳动生产率是俄国生活中的基本问题。所以社会民主党人应当主张和实行的正是这种性质的土地改革⟨?⟩。当社会发展的自觉因素在达到高度发展的革命中变得十分强大时，这种改革便将实现。"（第103页，黑体是我们用的）

如果尤·拉林或其他孟什维克认为这里所叙述的是土地地方公有化纲领，那这种错误真叫人啼笑皆非。**一切**土地转归国家所有，这就是**土地国有化**，至于土地的支配问题，那只能由在全国性法律的范围内行事的地方自治机关来处理。对于这样的纲领（当然不是"改良"的纲领，而是革命的纲领）我是完全赞成的，但是"无偿地"把土地分发给那些甚至使用雇佣劳动的经营者这一条除外。代表资产阶级社会来许这样的愿——这应该是反犹太主义者做的事情，而不是社会民主党人做的事情。马克思主义者决不会设想在资本主义发展的范围内可能有这样的结局，那种认为地租最好交给农场主-企业主的想法也是没有根据的。然而，除了这一条以外（这一条多半是作者偶然的失言吧），孟什维克的通俗小册子无疑是将**土地国有化**作为革命高度发展时的最好结局来加以宣传的。

这位拉林在讲到怎样处理私有土地的问题时又写道：

> "至于那些生产率高的资本主义大农场所占用的私有土地，社会民主党人根本不认为没收这种土地是为了要分给小农户。在俄国，自己有地或租地经营的小农经济的平均生产率，每俄亩还不到 30 普特，而资本主义农业的平均生产率，却是 50 普特以上。"（第 64 页）

拉林这样说，实际上是抛弃了**农民**土地革命的思想，因为他说的单位面积产量的平均数字是指**所有**地主土地而言的。如果不认为摆脱了农奴制束缚的小农业会更广泛、更迅速地提高劳动生产率，那么所有关于"支持农民的革命行动，直至没收地主土地"的议论都没有意义了。还有一点，拉林忘记了，关于"社会民主党人认为没收资本主义农场是为了什么"的问题，斯德哥尔摩代表大会已经作出了决定[168]。

是斯特卢米林同志在斯德哥尔摩代表大会上提出了一项修正案，他建议在（决议中）"经济发展"这几个字后面加上："因此坚决主张，凡是没收来的资本主义大农庄，今后仍然要按照资本主义方式、并且为了全民的利益、在最充分地保证农业无产阶级的需要的条件下来经营"（第 157 页）。这个修正案在**全体反对、一票赞成**的情况下被否决了(同上)。

虽然如此,人们还是不顾大会的决定在群众中进行了宣传!地方公有化纲领主张保留份地私有制,这样一来纲领就变得混乱不堪,使人们对这个纲领的解释会不由自主地同大会的决定背道而驰。

卡·考茨基的言论往往被人毫无道理地引用来为这个或那个纲领辩护(说毫无道理,是因为他总是坚决拒绝对这一问题确切地表示意见,而只是说明某些一般的道理),有人像开玩笑似的甚至把他拉来为地方公有化的主张辩护,其实他在 1906 年 4 月给 M.沙宁的信中就说过:

> "显然,我对地方公有的理解和您不同,可能和马斯洛夫也不同。我的理解是这样:大地产被没收以后,这些土地将由村社〈!〉或者由更大的组织来进行大规模的经营,或者是租给各生产协作社。我不知道这在俄国能否办到,我也不知道农民是否会同意这样做。我并不是说,我们应该提出这个要求,不过我想:**如果**别人提出这个要求,我们是完全可以同意的。这将是一种很有趣的试验。"①

看来,这些引文足以说明,那些曾经完全同情或现在还同情斯德哥尔摩代表大会纲领的人,正在用自己的解释**推翻**这个纲领。这要怪纲领中那些混乱不堪的思想,这个纲领在理论上同否定马

---

① M.沙宁《土地地方公有还是分归私有》1907 年维尔纳版第 4 页。M.沙宁对能否把考茨基算做地方公有化的拥护者表示怀疑,反对孟什维克拿考茨基做广告(如 1906 年孟什维克出版的《真理》杂志**169**),这是有道理的。在马斯洛夫公布的考茨基的来信中,考茨基直截了当地说道:"我们可以让农民来决定,从大土地占有者手中夺来的地产应该采取什么所有制**形式**。我认为在这方面想强迫农民接受某种办法是错误的。"(马斯洛夫、考茨基《论土地纲领问题》1906 年莫斯科新世界出版社版第 16 页)考茨基的这个十分明确的声明,恰恰把孟什维克**强加给**农民的地方公有化排除在外。

克思的地租理论一脉相承，在实践上是为了适应中央政权非民主化而地方实行民主化这一不可能有的"中间"情况，在经济上是把冒牌社会主义的小资产阶级改良主义掺入资产阶级革命的纲领。

第　五　章

各阶级、各政党在第二届
杜马讨论土地问题时的表现

我们觉得从稍微不同的角度再来考察一下工人政党在俄国资产阶级革命中的土地纲领问题，不是没有好处的。我们已经分析了变革的经济条件以及主张这个或那个纲领的政治上的考虑，还应该补充描绘一下表明各阶级、各政党的斗争的图景，尽可能把各方面的利益直接进行对比。只有这样一幅图景才能使我们对所考察的现象（俄国革命中争取土地的斗争）有一个**完整的**概念，才能排除某些意见的片面性和偶然性，并且用有关者自己的实际体验来检验理论上的结论。各政党、各阶级的任何代表，作为个人是可能犯错误的，但是当他们在公开的舞台上向全国人民表明态度的时候，个别的错误必然会被同斗争有关的相应集团或阶级纠正的。阶级是不会犯错误的：总的说来，每个阶级都是根据斗争条件和社会演进条件来规定自己的利益和自己的政治任务的。

为了描绘出这样一幅图景，我们在两届杜马的速记记录中可以找到非常好的材料。我们只引用第二届杜马的记录，因为这届杜马无疑是更充分、更彻底地反映了俄国革命中的阶级斗争，因为第二届杜马的选举没有受到任何一个有影响的政党的抵制。第二

届杜马的代表在政治上的分野更加明确得多,各杜马党团更加团结,它们同相应的政党的联系也更为密切。第一届杜马的经验已经提供不少的材料,帮助了各政党更缜密地决定自己的路线。由于所有这些原因,主要地应该用第二届杜马的材料。关于第一届杜马的讨论情况,只有在需要对第二届杜马中的某些声明作出补充或解释时,我们才加以引述。

为了充分地确切地说明各阶级、各政党在第二届杜马讨论时的斗争情况,必须把每个重要的、各具特色的杜马党团单独列出,摘引它们就土地问题的主要议题的主要发言来说明它们各自的特点。至于次要发言人的发言,没有可能也没有必要全部加以引用,我们只是指出其中哪些人提出了某个新意见或者对问题的某一方面作了值得注意的说明。

在讨论土地问题时,杜马代表显然有以下几个主要的集团:(1)右派和十月党人(下面我们就会看到,两者在第二届杜马中并没有表现出多大的区别);(2)立宪民主党人;(3)右派的和十月党的农民,下面我们就会看到,他们比立宪民主党人要左一些;(4)无党派农民;(5)民粹派或劳动派知识分子,他们比较右;(6)劳动派农民;(7)社会革命党人;(8)"民族代表",即非俄罗斯民族的代表;(9)社会民主党人。至于政府的立场,我们将在讲到同政府的观点实质上相同的杜马集团时附带加以说明。

1. 右派和十月党人

右派在土地问题上的立场,无疑在鲍勃凌斯基伯爵1907年3月29日(第二届杜马第18次会议)的发言中表达得最为清楚。这位伯爵首先同左派神父提赫文斯基争论圣经和圣经劝人服从当局的训诫问题,接着又提到"俄国历史上最纯洁、最光辉的一页"(第1289 页)①,即农民的解放(这一点下面我们要专门讲到),然后他就"光明正大地"讲到了土地问题。"大约在 100—150 年以前,西欧的农民几乎到处都像我国农民现在这样过着贫困的、逆来顺受的、不文明的生活。那里也有过像我们俄国这样的按人口分配土地的村社,这是典型的封建制度的残余。"(第1293 页)发言人接着说,现在西欧农民却过着丰衣足食的生活。试问,是什么奇迹把"贫困的、逆来顺受的农民变成了富裕的、既尊重自己也尊重别人的、有益的公民"呢?"这里只有一个回答:这个奇迹是由农民个人所有制创造的,这种所有制在这里受到左派的深恶痛绝,然而我们右派将利用自己的智慧和真诚信念的全部力量来维护这种所有制,因为我们知道,个人所有制是俄国的力量和未来。"(第1294页)"从上一世纪中叶起,农业化学在植物营养方面有了惊人的……发现,外国农民——小私有者和大私有者并驾齐驱地〈??〉——利用了这些科学发现,应用人造肥料,使收成有了更大的提高。目前我国在最肥沃的黑土地带每俄亩只收获 30—35 普特的谷物,有时连种子也收不回来,而国外在不同国家和不同的气候条件下,每年平均收获 70—120 普特不等。请看,这就是解决土地问题的办法。这不是梦想,也不是幻想。这是很有教益的历史上的先例。俄国农民不会步普加乔夫、斯捷潘·拉辛的后尘,高喊'上船头去!'**170**〈哎呀,伯爵,可别打这个保票!〉他们会走上一切文明民族已经走上的唯一正确的道路,也就是走西欧邻邦和波兰

----

① 以下注明的页码,凡未另加说明的,均为速记记录的页码。

弟兄的道路,走俄国西部农民的道路,这些农民已经充分认识到村社所有的土地和农户所有的土地犬牙交错的情况有多大的害处,并且在有些地方已经开始采用独立农庄的经营方式。"(第1296页)接着鲍勃凌斯基伯爵又说,并且说得很对:"这条道路在1861年农奴解放时就已经指出来了。"他建议不惜花上"几千万",以"造成富裕的农民私有主阶级"。他说:"先生们,这就是我们土地纲领的概要。这不是带有竞选的鼓动性诺言的纲领。这不是破坏现存的社会准则和法律准则的纲领〈这是用暴力逼千百万农民去死的纲领〉,这不是带有危险幻想的纲领,而是完全可以实现的〈这还是一个问题〉和经受过考验的〈这倒真是实话实说〉纲领。关于俄国人民可能有某种独特的经济道路的梦想早就该抛弃了……　但是,为什么像劳动派的和人民自由党的这些根本实现不了的法案竟会提到庄严的立法会议上来呢?世界上任何议会从来也没有听说过把全部土地收归国有,或者把伊万的土地拿来交给彼得……　这些法案的出现是不知所措的结果〈解释得真好!〉……　这样,俄国农民们,你们要在两条道路中选择一条:一条是宽阔的、看来很好走的道路,也就是有人在这里号召你们走的那条夺取土地和强制转让土地的道路。这条道路开头很诱人,是下坡路,但它的尽头却是悬崖峭壁〈对地主来说吧?〉,这对农民和整个国家说来都是一条死路。另一条是荆棘丛生的羊肠小道,是上坡路,但是这条道路能引导你们到达真理、权利和长久幸福的高峰。"(第1299页)

读者可以看到,这就是政府的纲领。斯托雷平按根本法第87条颁布的有名的土地法就是要实现这个纲领。普利什凯维奇在土地问题提纲中(1907年4月2日第20次会议,第1532—1533页)所表述的也是这个纲领。十月党人,从讨论土地问题第一天(3月

19 日）发言的斯维亚托波尔克-米尔斯基，一直到卡普斯京（他说：
"农民需要的是土地归个人所有，而不是有人提议的土地归农民使
用。"1907 年 4 月 9 日第 24 次会议第 1805 页。卡普斯京的发言
博得了右派"和一部分中派"的掌声），他们逐章逐节地为之辩护
的，也是这个纲领。

　　在黑帮分子和十月党人的纲领中，丝毫没有提到要维护前资
本主义的经济形式，比如丝毫没有赞扬宗法式的农业等等。不久
以前在高级官僚和地主中间还有不少人热烈拥护村社，现在他们
对村社已经不再拥护，而是深恶痛绝了。黑帮分子也完全赞成资
本主义的发展了，他们所描述的无疑是经济上进步的欧洲式的纲
领。这一点必须特别强调指出，因为在我们中间对地主反动政策
的性质普遍有一种庸俗的、简单化的看法。自由派常常把黑帮分
子形容成小丑和傻瓜，其实这样来形容立宪民主党人倒要恰当得
多。我国反动派的阶级意识是非常鲜明的。他们很清楚，他们要
的是什么，他们在往哪里走，他们可以指靠的是什么力量。他们一
点也不模棱两可、犹豫不决（至少在第二届杜马中是如此。在第一
届杜马中，鲍勃凌斯基先生之流曾经有过"不知所措"的表现！）。
令人明显地感到他们同一个十分确定的阶级的联系，这个阶级已
经习惯于发号施令，已经**正确地**估计到在**资本主义**环境中保持自
己统治的条件，并且肆无忌惮地在维护自己的利益，即使千百万农
民会加速死亡、受尽压迫、流离失所也在所不惜。黑帮纲领的反动
性并不表现在要永远保存什么前资本主义的关系或制度（在这方
面，所有的政党在第二届杜马时期实际上都已经采取了承认资本
主义是既成事实的立场），而表现在要按**容克**式道路发展资本主
义，**以便**加强地主的权力和增加地主的收入，以便将专制制度的大

厦建立在新的更为坚固的基础之上。这班先生没有言行不一的地方。拉萨尔曾说德国的反动派和自由派不同,反动派是"讲究实际的人"[171],我国的反动派也是"讲究实际的人"。

这些人对于土地国有化的主张抱什么态度呢?比方说,对于立宪民主党人在第一届杜马要求实行的、有赎买条件的、部分的国有化(就是同孟什维克一样,主张保留小地块私有制并且把其他土地变成国家土地储备),究竟抱什么态度呢?他们是不是把国有化的主张看做巩固官僚制度、巩固反无产阶级的资产阶级中央政权、恢复"国家封建主义"和"中国式制度"[172]的机会呢?

恰恰相反,任何有关土地国有化的暗示都会使他们勃然大怒,他们反对土地国有化的那些论据,好像是从普列汉诺夫那里搬来的。请听右派贵族地主韦奇宁是怎么说的吧。他在1907年5月16日第39次会议上说:"我认为从法律的观点来看,对于强制转让的问题应该作否定的回答。拥护这一主张的人们忘记了,侵犯私有者权利的现象是处在社会和国家发展低级阶段的国家所固有的特点。我们只要回顾一下莫斯科国时期就行了,当时沙皇常常把私有者的土地夺过来,然后再赐给他的亲信和寺院。政府采取这种态度的后果怎么样呢?后果是很可怕的。"(第619页)

你看,普列汉诺夫说的"莫斯科罗斯的复辟"竟有了怎样的用途!而且不是韦奇宁一个人唱这个调子。在第一届杜马中,地主尼·李沃夫(在选举时曾经是立宪民主党人,后来向右转,在第一届杜马解散以后,同斯托雷平谈过担任大臣职位的问题)这家伙也完全是这样提出问题的。他谈到立宪民主党人在第一届杜马提出的法案时说:"在42人法案中,令人惊异的就是它仍然有那种力图使一切都平均化的旧官僚主义专制的痕迹。"(1906年5月19日第 12 次会议,第 479—480 页)他完全同马斯洛夫一样地"祖护"非俄罗斯民族,他说:"怎样能使整个俄国,使小俄罗斯、立陶宛、波兰、波罗的海沿岸边疆区都贯彻这一点〈平均制原则〉呢?"(第 479 页)他威胁说:"你们不得不在圣彼得堡成立一个庞大的地政机关……在每个地方都得派上一整批官吏。"(第 480 页)

这种说国有化主张会造成官僚主义和奴役的叫嚣,即我国那些不合时宜地抄袭德国模式的地方公有派发出的叫嚣,竟成了所有右派发言的基调。比如十月党人施德洛夫斯基,他反对强制转让,责备立宪民主党人鼓吹"农奴制"(1907 年 3 月 19 日第二届杜马第 12 次会议,第 752 页)。比如舒利金,他大叫私有制神圣不可侵犯,说强制转让是"文化和文明的坟墓"(1907 年 3 月 26 日第 16 次会议,第 1133 页)。舒利金也举出 12 世纪的中国作例子(不过没有说这是不是从普列汉诺夫的《日志》[173]中看来的),说当时中国国有化的试验结果很可悲(第 1137 页)。又如斯基尔蒙特在第一届杜马中的发言,他说,国家将成为所有者!"这对埃尔多拉多[174]官僚制度又将是一个福音"(1906 年 5 月 16 日第 10 次会议,第 410 页)。又比如十月党人坦佐夫,他在第二届杜马中大声叫道:"把这种责备〈关于农奴制的责备〉加在左派和中派头上更有道理。实际上,这些为农民准备的法案,无非是要把农民束缚在土地上,无非仍旧是农奴制度,只是形式不同而已,把地主换成高利贷者和官吏罢了。"(1907 年 5 月 16 日第 39 次会议,第 653 页)

当然,一眼就可以看出这些关于官僚主义的叫嚣的虚伪性,因为正是要求国有化的农民提出了用普遍、直接、平等和无记名投票选举成立地方土地委员会的出色主张。但是黑帮地主**不得不**抓住一切理由来反对国有化。阶级嗅觉告诉他们,在 20 世纪的俄国实行国有化同成立农民共和国是密不可分的。在其他国家里，由于客观条件的关系，不可能有农民土地革命，情形就自然不同了。例如在德国，那里卡尼茨之流会同情国有化计划，那里社会党人对于国有化连听都不要听，那里争取国有化的资产阶级运动只是局限于知识分子的宗派活动。**右派**为了扼杀农民革命，不得不在农民面前扮演维护**农民私有权**、反对土地国有化的角色。我们看到，鲍勃凌斯基就是一个例子。韦奇宁也是一个例子，他说："这个问题〈土地国有化问题〉当然应该加以否定，因为它甚至不会得到农民的同情，农民希望根据所有权而不是根据租佃权占有土地。"(第39次会议，第621页)只有地主和大臣才会**这样替**农民说话。这是众所周知的事实，所以古尔柯先生、斯托雷平先生以及诸如此类拼命维护私有权的英雄们的发言，我看就用不着再引用了。

右派中唯一的例外，就是上面我们已经提到过的捷列克州的哥萨克卡拉乌洛夫。[①] 卡拉乌洛夫也部分地赞同立宪民主党人盛加略夫的意见，说哥萨克军队是一个"庞大的土地村社"(第1363页)，说"应该废除的是土地私有制"而不是村社，他拥护"实行广泛的土地地方公有化，把土地转归各个区域所有"(第1367页)。同时，他又埋怨官僚的无理挑剔，埋怨"我们不能成为自己财产的主人"(第1368页)。哥萨克对地方公有化的同情有什么意义，我们在上面已经说过了。

2. 立宪民主党人

在第二届杜马中，立宪民主党人也同其他政党一样极充分、极

---

① 见本卷第301页。——编者注

完整地表明了自己真正的本性。他们"认识到自己的使命",采取了中派立场,从"国家观点"出发既批评右派也批评左派。立宪民主党人公然向右转,从而暴露了自己的反革命本质。他们在土地问题上向右转的标志是什么呢? 就是他们把残存的一点土地国有化思想都彻底抛弃了,完全放弃了"国家土地储备"的计划,主张土地归农民**私有**。目前俄国革命中的局势的确是如此:所谓向右转,也就是转到土地私有制方面去!

立宪民主党在土地问题上的正式发言人前任大臣库特列尔,一下子就转过来批评左派(1907年3月19日第12次会议)。这位维特和杜尔诺沃的可尊敬的同僚大声喊道:"既然谁也没有提议消灭一切私有权,那就必须无保留地承认土地私有权的存在。"(第737页)这种论据同黑帮的论调是完全吻合的。黑帮分子克鲁平斯基也同立宪民主党人库特列尔一样叫嚣:"要分就统统分。"(第784页)

这位名副其实的官吏库特列尔特别详尽地说明了"分地"给农民的不同份额。这位自由派知识分子和玩弄自由主义的官吏不依靠任何一个利益一致的阶级,**他避而不谈**地主土地**究竟有多少、可以剥夺的有多少**的问题。他宁可大**谈**"份额",装出一副从国家的高度看问题的样子而**把问题搞得模糊不清**,隐瞒立宪民主党人主张**保留**地主经济的事实。库特列尔先生说:"甚至政府也主张扩大农民的土地使用权。"(第734页)就是说,立宪民主党人那个同样是官吏性质的方案就没有什么不能实现的了! 这位立宪民主党人在坚持认为自己的方案切实可行时,自然就掩盖了下面这一事实,即他的标准是否能劝得地主同意,换句话说,就是能否使自己的方案符合地主的利益,在阶级调和的堂皇的幌子下**巴结黑帮分子**。

库特列尔说："诸位先生,我觉得,使土地国有化法案获得法律效力的政治条件是可以设想的,但是我不能设想在最近的将来会有使这项法律真正付诸实现的政治条件。"(第 733 页)说得干脆一点就是:推翻黑帮地主政权一般是可以设想的,但我现在却设想不出,所以我要讨好现政权。

库特列尔先生坚持说农民土地所有制比劳动派的方案,尤其比"平均使用"原则更好,他的理由是:"如果为了这个〈为了平均土地〉将任命专职官吏,那就会产生闻所未闻的、不堪设想的专制和对人民生活的干预。当然,这件事可以交给地方自治机关,交给居民自己选出的人员去办理,但是能不能认为这样就可以完全保证这些人员不对居民恣意妄为呢,能不能认为,这些人员总是会按照居民的利益行事,居民根本不会吃他们的苦头呢? 我想在座的农民都知道,他们自己选出来的人,乡长和村长,往往同官吏一样压迫老百姓。"(第 740 页)难道还有比这更卑鄙的伪善吗? 立宪民主党人自己提议成立地主占优势的土地委员会(地主的和农民的代表各占一半,由官吏或地主任主席),同时却警告农民说,农民选出的人员有办事专制和恣意妄为的危险! 只有恬不知耻的政治骗子才会**这样**来反对平均土地,因为这些人既没有社会主义原则(社会民主党人有这种原则,他们虽然证明平均土地是不可能实现的,但是完全赞成由选举产生的地方委员会),也没有那种认为地主私有制是唯一救星的原则(鲍勃凌斯基之流有这样的原则)。

立宪民主党的计划既不同于右派,也不同于左派,能够说明它的特点的并不是立宪民主党人所说的那些东西,而是他们避而不谈的那些东西,即土地委员会的成分问题,这些委员会要**强迫**农民

接受"第二次解放",也就是花高价得到"沙地"。为了抹杀问题的
这一**实质**,立宪民主党人在第二届杜马中(同在第一届杜马中一
样)采取了十足的欺骗手段。请看盛加略夫先生的手法。他装做
进步人士,重弹流行的反对右派的自由主义论调,他照例痛哭流
涕,抱怨暴力和无政府状态,说法国曾为此"付出一百年剧烈动荡
的代价"(第 1355 页)。但是在土地规划委员会的问题上,请看他
用了怎样的脱身之计:

> 他说:"叶夫列伊诺夫代表在土地规划委员会问题上向我们提出反驳。①
> 我不知道〈原话如此!!〉他的反驳的根据是什么;到目前为止我们根本没有谈
> 过这一点〈撒谎!〉;我不知道他讲的是哪个法案,也不知道为什么他要提到不
> 信任人民的话。这样的法案还没提到国家杜马中来,看来他的反驳是出于误
> 会吧。我完全同意左派的两位代表乌斯宾斯基和沃尔克-卡拉切夫斯基的意
> 见,他们谈到暂行条例,谈到必须设立地方土地规划机关。我想这样的机关
> 是会建立起来的,也许最近几天内人民自由党就会提出相应的法案,那时我
> 们将要讨论这个法案。"(第 1356 页)

看,难道这不是欺骗吗? 难道这个家伙真的既不知道第一
届杜马中讨论地方委员会问题的情况,也不知道当时《言语报》
上的文章吗? 难道他会不明白叶夫列伊诺夫的十分清楚的声

---

① 社会革命党人叶夫列伊诺夫在同一次会议上(1907 年 3 月 29 日第 18 次会
　议)说道:"按照人民自由党的意图,这些〈土地〉委员会应该由同等数量的地
　主和农民组成,调解人则由官吏充任,这些官吏无疑会使非农民方面获得优
　势。为什么标榜'人民自由'的人民自由党,不信任用民主方式而不是用官吏
　方式选举出来的委员会? 大概是因为,这些委员会如果用这种方式选举,
　那么农民即代表农民利益的人一定会占绝大多数。那么我要问,在这种情况
　下人民自由党是不是信任农民呢? 我们记得,1858 年政府要实行土地改革的
　时候,把这个问题交给各地方,即交给各委员会去决定。诚然,这些委员会是
　贵族的委员会,可是政府并不是人民自由党,政府是有钱人和一切有产阶级
　的代表。它依靠贵族,并且信任这些贵族。人民自由党呢,它想依靠人民,却
　又不信任人民。"(第 1326 页)

明吗？

你们会说，他已经答应"最近几天内"就提出法案。但是第一，答应交回骗去的东西，并不能消除欺骗这一事实。第二，请看"最近几天内"发生了什么事。1907年3月29日盛加略夫先生发了言。1907年4月9日立宪民主党人塔塔里诺夫也发了言，他说："诸位，我还要讲一个问题，我觉得〈只是"觉得"！〉这个问题会引起大的争论，这就是比我们左的所有各政党提出的地方土地委员会的问题。所有这些政党都提议必须在普遍、平等、直接和无记名投票的基础上成立地方土地委员会来解决各地的土地问题。在这方面，我们去年就十分坚决地表示反对这样的委员会，现在还是坚决表示反对。"（第1783页）

由此可见，在立宪民主党主张的"强制转让"的**实际**条件这一**极其重要的**问题上，两位立宪民主党人说的话是不同的，他们在左派政党打击下动摇不定，这些左派政党把立宪民主党人想保守秘密的东西公开出来了！盛加略夫先生起先说"我不知道"，后来说"我同意左派的意见"，后来又说"最近几天内就会提出法案"。塔塔里诺夫先生却说："我们过去和现在都坚决反对。"他还补充说，不能把一个杜马分为一千个杜马，不能把土地问题拖到实行政治改革的时候，拖到采用普遍……的选举制的时候再解决。然而这又是一种遁词。问题完全不在于实行这种或那种办法的时机，在这点上，第二届杜马中的左派不会有任何怀疑。问题在于立宪民主党人**真正的计划**究竟是什么：他们说的"强制转让"，是谁强制谁？是地主强制农民，还是农民强制地主？对于这个问题，只有土地委员会的组成才能作出回答。立宪民主党人在《言语报》的社论（米留可夫写的）中，在库特列尔的方案中，在丘普罗夫的文章（上面已引录过了)中①,已经确定了委员会的组成,但是**立宪民主党人在杜马中却闭口不谈这个组成**,没有回答叶夫列伊诺夫直截了当提出的问题。

必须坚决指出,一个政党的代表在议会里采取这种行为,就是**自由派对人民的欺骗**。未必有人会受鲍勃凌斯基和斯托雷平之流的骗。至于立宪民主党人,许许多多不愿意分析或者不能理解政治口号和政治用语的真实含义的人,就会受他们的骗了。

总之,立宪民主党人反对任何形式的土地公用原则②,反对无偿地转让土地,反对农民占优势的地方土地委员会,反对革命,尤其反对农民土地革命。他们对于1861年农民"改革"的态度,可以说明他们在左派和右派之间看风使舵的立场(目的是把农民出卖给地主)。左派(这一点我们在下面就可以看出)讲到这次"改革"时全都带着反感和愤懑的心情,把它看做地主套在农民脖子上的绞索。立宪民主党人却同右派沆瀣一气,对这样的改革感激涕零。

鲍勃凌斯基伯爵说:"这里有人玷污了俄国历史上最纯洁最光辉的一页……　解放农民这一事业是无可非难的……　1861年2月19日是一个伟大的光辉的日子。"(3月29日,第1289页和第

---

①　见本卷第210—211页。——编者注

②　在这方面,第一届杜马就33人土地法案的方针(即关于废除土地私有制的问题)所展开的讨论特别值得注意。立宪民主党人(彼特龙凯维奇、穆哈诺夫、沙霍夫斯科伊、弗连克尔、奥夫钦尼科夫、多尔戈鲁科夫、科科什金)疯狂地反对**把这样的**法案提交委员会审议,而且得到葛伊甸的全力支持。立宪民主党人的理由对于稍微有一点自尊心的自由主义者来说都是很不体面的。这是反动政府的奴仆用警察式的官腔在支吾搪塞。例如彼特龙凯维奇先生说,提交委员会就是承认这个法案的观点在某种程度上有采纳的"可能"。日尔金先生挖苦立宪民主党人说(1906年6月8日第23次会议),他可以把这个法案和极右派的法案一并提交委员会审议。但是立宪民主党人和右派以140票对78票否决了把这个法案提交委员会审议的提案!

1299 页)

库特列尔说:"1861 年伟大的改革……以大臣会议主席为代表的政府正在摒弃俄国历史,摒弃俄国历史上最出色最光辉的一页。"(5 月 26 日,第 1198—1199 页)

对实际进行的强制转让的这一评价,比立宪民主党人为了掩盖自己想法而写的一切法案和发言稿都更能说明立宪民主党的土地纲领。既然人们认为地主剥夺农民土地、农民用贵两倍的价钱赎买"沙地"、政府用军事刑罚实施规约[175]等等是最光辉的一页,那就很明显,他们是在力求实行"第二次解放",力求再次用赎买的手段盘剥农民。鲍勃凌斯基和库特列尔对 1861 年改革的评价是一致的。不过鲍勃凌斯基的评价直接地、如实地反映了地主的真正利益,因此它能澄清广大群众的阶级意识。鲍勃凌斯基之流赞不绝口,那就是说地主得到了好处。库特列尔的评价表现出一个毕生在地主面前卑躬屈节的小官吏的智力不足,充满了伪善,因而会模糊群众的意识。

说到这里,我们还要指出立宪民主党在土地问题政策上的另一个方面。所有的左派都公开站在作为斗争力量的农民方面,阐明进行斗争的必要性,指出政府是地主的政府。立宪民主党人却同右派一起站在"国家观点"方面,否定阶级斗争。

库特列尔声明说不必"根本改造土地关系"(第 732 页)。萨韦利耶夫警告不要"触动大宗的利益",他说:"完全否定私有制的原则未必妥当,而且运用这一原则时会遇到极其复杂的情况,如果我们注意到拥有 50 俄亩以上土地的大土地占有者的土地很多,共有 7 944 万俄亩,那情况就尤其复杂了。"(1907 年 3 月 26 日,第 1088 页。农民提到大地产,是为了证明必须消灭这些大地产;自由派提

到大地产,是为了证明必须屈从大地产。)盛加略夫认为,要是人民
自己夺取土地,那是"最大的不幸"(第 1355 页)。罗季切夫则像夜
莺那样唱道:"我们不来激起阶级仇恨,我们愿意忘记过去。"(1907
年 5 月 16 日,第 632 页)卡普斯京也是这样,他说:"我们的任务是
要到处传播和平和正义,而不是传播和煽起阶级仇恨。"(4 月 9
日,第 1810 页)克鲁平斯基对社会革命党人季明的发言表示愤慨,
因为这个发言"充满了对有产阶级的憎恨"(3 月 19 日,第 783
页)。总之,在谴责阶级斗争方面,立宪民主党人和右派是一致的。
不过右派知道自己在做什么。鼓吹阶级斗争,对于作为斗争对象
的阶级只能是有害的和危险的。右派忠实地维护农奴主-地主的
利益。而立宪民主党人呢? 他们**在进行斗争**——他们说他们在进
行斗争! ——他们想"强制"掌握政权的地主,同时他们又谴责阶
级斗争! 难道真正进行斗争而不是在地主面前摇尾乞怜的资产阶
级,例如法国的资产阶级,是这样干的吗? 难道它没有号召过人民
起来斗争,没有激发过阶级仇恨,没有创立阶级斗争的理论吗?

3. 右派农民

在第二届杜马中,真正的右派农民是绝无仅有的,也许只有列
缅奇克(明斯克省代表)一人,他根本不知道什么是村社和"土地资
产",并且坚决拥护私有制(在第一届杜马中有许多波兰农民代表
和俄国西部农民代表是拥护私有制的)。连这位列缅奇克也主张
"按公道的价格"(第 648 页)转让土地,这就是说,他实际上是一个
立宪民主党人。我们把第二届杜马中的其他"右派农民"划为一个
特别的集团,因为他们无疑比立宪民主党人要左。就拿彼得罗琴

科(维捷布斯克省代表)来说。他开头说他"至死也要保卫沙皇和祖国"(第1614页)。右派都拍手叫好。但是接着就讲到"缺地"问题,他说:"不管你们怎么讨论,你们总造不出另外一个地球来。就是说,得把现有的土地交给我们。这儿有一位发言人说,我们的农民愚昧无知,给他们那么多土地没有必要,也没有用,反正土地不会给他们什么好处。从前土地给我们的好处自然不多,因为我们没有土地。至于说到我们愚昧无知,那么我们要求的只是土地,就让我们这些笨人来翻地吧。我个人认为让贵族去种地当然是很不体面的。这儿还有个说法:按照法律私有土地是不能触动的。我当然同意要遵守法律,不过为了消除缺地现象,需要制定一项法律,使这一切都合法化。为了不让任何人吃亏,库特列尔代表提出了一些很好的条件。当然,他是个有钱人,他出的价钱太贵;我们这些穷庄稼汉付不起这么多钱。至于我们应该怎么过活,是搞村团,是各户占有土地,还是搞独立农庄,我看还是让大家爱怎么过就怎么过吧。"(第1616页)

这些右派农民同俄国自由派是根本不同的。前者口头上忠于旧政权,行动上是在争取土地,在同地主作斗争,不同意照立宪民主党人的标准付赎金。后者口头上说为人民的自由而斗争,行动上却在策划让地主和旧政权再次盘剥农民。后者只可能向右转,从第一届杜马到第二届杜马,从第二届杜马到第三届杜马都是在向右转。前者等待人家把土地"交给"他们,然而大失所望,因此会走向另一面。看来,跟我们同路走的将是"右派"农民,而不是"自由派的"、"民主派的"立宪民主党人……

再请看农民希曼斯基(明斯克省代表)。他说:"我到这里来是为了保卫宗教、沙皇和祖国,是为了要求土地…… 当然不是用抢劫的办法,而是用和平的办法,按公道的价格……　所以我代表全体农民请杜马的地主代表上台来表示他们愿意按公道的价格把土地让给农民,这样我们农民当然会感激他们,我想沙皇老爹也会感激他们。至于不同意这样做的地主,我向国家杜马提议,对他们的土地征收累进税,到时候他们也一定会向我们让步,因为他们会认识到,东西大了不好吞。"(第1617页)

这位右派农民所说的强制转让和公道价格,其含义同立宪民主党人所说的完全不同。立宪民主党人不但欺骗左派农民,而且**也欺骗右派农民**。右派农民要是知道了立宪民主党人提出的建立土地委员会的计划(按库特列尔或丘普罗夫的办法,见《土地问题》第2卷),他们对这个计划会抱什么态度,这一点可以从农民梅利尼克(十月党人;明斯克省代表)的下列建议中看出。他说:"我认为有责任使〈土地〉委员会中有60％的委员是实际了解农民疾苦〈!〉、熟悉农民等级状况的农民,而不是那些也许只是徒有农民称号的人。这是事关农民以至一切穷人的福利的问题,这里没有任何政治意义。应该选那些能够在实际上而不是在政治上解决这个问题以造福人民的人。"(第1285页)一旦反革命势力向这些右派农民表明"穷人福利问题"的政治意义,他们是会向左走得很远的!

为了说明君主派农民代表同君主派资产阶级代表彼此有多大的距离,可以从有时代表农民协会和劳动团讲话的"进步人士"提赫文斯基神父的发言中摘录几段。他说:"我国广大农民是爱戴皇上的,我恨不得能戴上隐身帽,踏着飞毯,飞到皇上宝座的前面,禀告皇上说:陛下的头号敌人,也是人民的头号敌人,就是不负责任的内阁……　劳动农民要求的只是严格遵守'全部土地归全体人民……'的原则〈关于赎买问题:〉……　右派先生们,别害怕,指靠我们人民吧，人民不会让你们受苦的。（右边高喊："多谢！多谢!"）现在我要讲一讲人民自由党报告人的发言。他说人民自由党的纲领同农民和劳动团的纲领相差不远。不！先生们，相差很远。我们听到报告人说：'就假定我们的法案不够公正吧，但是它比较实际。'先生们，有人为了实际起见竟不惜牺牲公正!"（第789页）

拿这位代表的政治世界观来说，他同立宪民主党人不相上下。但是，这种乡下人的纯朴同律师、官吏和自由派新闻记者中的"生意人"有着多大的差别啊！

4. 无党派农民

无党派农民反映了乡村中觉悟最低、组织程度最差的广大群众的意见，对他们应该特别注意。因此我们把所有无党派农民①的发言都摘引一下。这样的农民并不多，只有萨赫诺、谢苗诺夫、莫罗兹、阿法纳西耶夫这几个人。

萨赫诺（基辅省代表）说："各位人民代表先生！农民代表要走上这个讲坛来反驳有钱的地主老爷是很困难的。现在农民生活非常贫困，因为他们没有土地……农民在吃地主的苦头，地主在无情地压迫他们……为什么地主可以有很多土地，农民却只有进天国的份呢？……各位人民代表先生，所以农民派我到这里来的时候都嘱咐我，要我坚持他们的要求，要求给他们土地和自由，要求把一切官地、皇室土地、皇族土地、私有土地和寺院土地都无偿地强制转让……各位人民代表先生，你们要知道，一个饿肚子的人看

---

①　我们在确定第二届杜马的代表属于哪个党派时，利用了国家杜马刊印的按党派列出的代表名单这一正式文件。有些代表常从这一政党转到另一政党，但是无法根据报上的消息将这种变动考虑进去。再说，在这个问题上利用各种不同的材料，只会引起混乱。

到当局不顾他的痛苦,站在地主老爷那边,他是不可能安安稳稳地坐下去的。他不可能不要求土地,虽然这是违法的事;是贫困迫使他这样做的。一个饿肚子的人是什么都做得出来的,因为贫困迫使他顾不得一切,因为他挨饿,他贫穷。"(第1482—1486页)

无党派农民谢苗诺夫(波多利斯克省农民代表)的发言也同样地开诚布公、简洁有力:

"……最伤心的就是农民没有土地、终身受苦。200年来他们一直盼望天上给他们掉下点财富来,但是始终没有掉下来。财富在大地主老爷那里,他们同我们的祖父和父亲一起获得了这些土地,但是土地是上帝的,而不是地主的…… 我很清楚,土地是属于耕种这些土地的全体劳动人民的…… 普利什凯维奇代表说:'革命了,救命啊!'这是什么话? 如果强制他们转让土地,那闹革命的将是他们,而不是我们,我们大家都是战士,是很客气的人…… 难道我们像神父一样每人有150俄亩的土地吗? 寺院和教会要这些土地干什么呢? 先生们,够了,不能再把宝贝搜括起来藏在口袋里了,要切实生活才是。先生们,国家会弄明白的,我什么都很清楚,我们是诚实的公民,我们不搞政治,前面有个发言人已经说过了…… 他们〈地主〉只是游手好闲,靠吸我们的血、榨取我们的脂膏把自己养肥了。我们不会忘记他们,我们不会委屈他们,我们也要给他们土地。如果计算一下,我们每户可以分摊到16俄亩土地,大地主老爷每户还会剩下50俄亩…… 千百万人民在受苦受难,老爷们却在花天酒地…… 我们知道,农民当兵要是有了病,人家就说:'他家乡有土地。'他的家乡在什么地方呢? 根本没有家乡。他的家乡只是在花名册上才有,那里写着他生在什么地方,注明他信什么宗教,可土地他是没有的。我现在对大家说:人民叫我来要求把教会的、寺院的、官家的、皇族的土地,还有强制地主转让的土地,都交给将来耕种这些土地的劳动人民,而且要在当地交给农民,那里会把土地分好的。我告诉诸位,人民派我到这里来,是为了要求土地、自由和完全的公民自由。这样我们大家都将活下去,不去指明谁是老爷,谁是农民,那时我们大家都是人,而且每个人都是各得其所的主人。"(第1930—1934页)

读读"不搞政治的"农民的这样的发言,就会十分清楚,不仅实现斯托雷平的土地纲领,就是实现立宪民主党的土地纲领也需要有几十年工夫来对农民群众不断施行暴力，不断用鞭笞、酷刑、监狱和流放来对付一切向往和试图自由行动的农民。斯托雷平懂得这一点，并且正在采取相应的行动。立宪民主党人在某种程度上不懂得这一点，那是由于自由派官吏和自由派教授所特有的迟钝，在某种程度上则是在伪善地掩饰这一点，"羞羞答答地默不作声"，他们对 1861 年和以后一些年实行的军事刑罚就是抱的这种态度。如果这种一贯的、不顾一切的暴力手段因碰到国内或国外的某种障碍而遭到挫折，那么"不搞政治的"、无党派的诚实农民便会把俄国建成为农民共和国。

农民莫罗兹在简短的发言中干脆说："必须剥夺神父和地主的土地"（第 1955 页），接着他引用了福音书（资产阶级革命家从福音书中找到自己的口号，在历史上已经不是第一次了）……　他说："要是不给神父面包和半俄升烧酒，他就不会给小孩举行洗礼……而他们还讲什么福音书，并且念道：'你们祈求，就给你们寻找，就寻见。叩门，就给你们开门。'我们一求再求，但是什么也没有给我们，我们一叩再叩，还是什么也没有给我们。是不是得把门撞破去抢呢？先生们，不要弄到把门撞破吧，请你们自愿地拿出来，这样就会有自由了，这样对你们对我们都好。"（第 1955 页）

再请听无党派农民阿法纳西耶夫的言论，他不是从哥萨克的观点，而是从"差不多是外来人"的观点来评价哥萨克的"地方公有化"的。"先生们，我首先要告诉你们，我是顿河州的农民代表，那里有 100 多万农民，代表他们到这里来的却只有我一个人。这一点就可以说明，我们在那里差不多是外来人……　我觉得非常奇怪：难道是彼得堡在养活农村吗？不是的，恰恰相反。我曾经在彼得堡干了 20 多年，那时我就发现，不是彼得堡在养活农村，而是农村在养活彼得堡。现在我也看到这一点。所有这些最漂亮的建筑,所有这些高楼大厦,所有这些富丽堂皇的房屋——所有这一切,跟25年前一样,都是农民建造起来的……　普利什凯维奇举例说,哥萨克每人有20多俄亩土地,但还是挨饿……　他为什么不说这些土地在什么地方呢? 土地是有的,俄罗斯也有土地,但是占有土地的是谁呢? 如果他知道那里有多少土地而不说出来,那他就是个不公正的人;如果他不知道,那就不应该提起这件事。也许他真的不知道,那么先生们,让我来告诉他土地在什么地方,一共有多少,占有土地的究竟是谁吧。要是把土地算一下,就可以知道,在顿河军屯州,私人养马场有753 546俄亩土地。这里我还要提一提卡尔梅克的养马场,也就是所谓游牧场。那里总共有165 708俄亩土地。其次,富人临时承租的土地有1 055 919俄亩。所有这些土地都不在普利什凯维奇列举的那些人手中,而是在压迫我们的富农、有钱人手中;他们得到耕畜,就要榨取我们一半的收成,每俄亩要交一个卢布,我们租一头牲口耕地又要交一个卢布,可是我们总得养活自己的儿女,养活老婆孩子呀。所以我们那里就要闹饥荒。"这位发言人又讲到,每个租地者交8匹"军马"可以得到2 700俄亩土地;农民是可以比他们交出更多的军马的。"我讲给各位听,我想说服我国政府,让它知道不这样做是非常错误的。我给《农村通报》[176]编辑部写过信,要他们发表。但是他们答复我说,教训政府不是我们该做的事。"由此可见,在交归地方所有的"地方公有"土地上,"不民主的中央政府"事实上在造成新的地主,而据普列汉诺夫发现,地方公有化是防止复辟的保证……

　　"政府通过农民银行为我们获得土地大开方便之门——这是1861年套在我们身上的枷锁。政府想要把我们迁到西伯利亚去……要是让那些有几千俄亩土地的人搬到西伯利亚去,把地留下,许多人就可以靠这片土地解决温饱问题了,这样做不是更好吗?(左面鼓掌,右面高喊:"老一套,老一套")……在跟日本打仗的时候,我带领一批应征的士兵通过我刚才讲过的那些〈地主的〉土地。我们骑马走了两天两夜多才到达集合地点。士兵问我:'你把我们往哪儿带?'我说:'去打日本。'——'为什么要打仗?'——'保卫祖国呗。'我自己是个军人,我觉得应当保卫祖国。但是士兵对我说:'这算什么祖国? 这都是利谢茨基、别祖洛夫、波德科派洛夫他们的土地。这里有什么是我们的呢? 我们什么也没有。'他们对我讲的这些话,两年多来我一直没法从我的心中抹掉……　　所以,各位先生……总括起来我应该说,在我们俄国现行的一切法律中,从公爵、贵族、哥萨克到小市民(根本不要提农民这个字眼)大家都应该成为俄国公民,都应该有权使用土地,凡是在土地上劳动、在土地上出力、珍惜和爱护土地的人,都有权使用土地。谁劳动,谁流汗,谁就使用土地。谁不愿靠土地生活,不愿在土地上劳动,不愿在土地上出力,那他就没有权利使用土地。"(第1974页)(1907年4月12日第26次会议)

"根本不要提农民这个字眼"! 这是从一个农民"内心深处"迸发出来的一句绝妙的名言,这位农民想打破土地占有制的等级性("我们俄国现行的一切法律"),想根本消灭农民这一最低等级的名称。"让大家都成为公民。"劳动者享有平等的土地权——这无非是把**业主**的观点彻底地用于土地方面。除了**业主**享有的对土地的权利,除了"珍惜"土地的理由,除了在土地上"出力"的关系之外,**不应该有任何其他**占有土地的**根据**(如哥萨克"因服役"而占有土地等等),不应该有任何其他的理由,不应该有任何其他的关系。农场主肯定会这样看问题,因为他们想在自由的土地上自由经营,想消除一切局外的、有阻碍作用的旧东西,消除**一切原有的土地占有形式**。如果马克思主义者劝这样的业主拒绝国有化,教他们懂得份地私有制的好处,那岂不是在愚蠢地运用不够成熟的学说吗?

在第一届杜马中,农民梅尔库洛夫(库尔斯克省代表)也对农民份地国有化问题表明了同样的想法,这种想法我们在上面引用农民协会代表大会的材料时已经提到了。梅尔库洛夫说:"有人吓唬人说,农民也不愿同现在占有的小块土地分开。关于这一点我想说:谁要剥夺他们的土地呢? 即使全盘国有化,也只有不是业主自己耕种、而是靠雇佣劳动耕种的土地才要交出来。"(1906 年 5 月 30 日第 18 次会议,第 822 页)

讲这话的是一个自称有 60 俄亩私有地的农民。当然,要在资本主义社会里消灭或禁止雇佣劳动,这是一种幼稚的想法,但是我们要消除错误的想法,应该从产生错误的根源,从所谓的"社会化"和禁止雇佣劳动等方面①着手,而不应该从国有化着手。

梅尔库洛夫这位农民还反对立宪民主党的 42 人法案,这个法案和地方公有化相同的地方,就是份地仍然私有,地主土地交给农民使用。这是"从一种制度到另一种制度的某种过渡阶段……结果不是一种占有制而是两种占有制:土地私有制和租地使用制,这两种土地占有制形式不但合不到一起,而且是截然相反的"(第 823 页)。

5. 民粹派知识分子

应该把民粹派知识分子的发言中,特别是民粹派的机会主义者人民社会党人的发言中的两股潮流分开:一方面是真心实意地保护农民群众的利益,在这方面他们的发言自然远不及"不搞政治的"农民的发言给人的印象那么深;另一方面,是有某种立宪民主党人的味道,有某种知识分子市侩气息,总想用国家观点来处理问题。自然,他们**和农民不同**,他们是有某种**学说**的:他们进行斗争

---

① 这种错误思想**我们**甚至用不着去"消除",因为以"冷静的"彼舍霍诺夫先生之流为首的"冷静的"劳动派自己**已经把它消除了**。

不是为了消除直接感觉到的贫穷困苦,而是为了贯彻某种学说,即贯彻一整套歪曲斗争内容的观点。

卡拉瓦耶夫先生在他第一次发言中宣称:"土地归劳动者",他说斯托雷平按根本法第87条颁布的土地法是要"消灭村社",是抱有"政治目的"的,即要"造成一个特殊的乡村资产者阶级"。

> "我们知道,这些农民的确是反动派的首要支柱,是官僚制度可靠的后盾。但是政府打这个算盘,是大大失算了,因为与此同时还将出现农民无产阶级。我不知道究竟哪个好:是农民无产阶级好呢,还是目前少地而采取某些措施之后可能获得足够数量土地的农民好。"(第722页)

这段话流露出瓦·沃·先生那种反动的民粹主义思想:对于谁来说"好"呢? 是对于国家吗? 对于地主国家,还是对于资产阶级国家? 为什么无产阶级就不"好"呢? 是因为少地农民"可能获得"土地,也就是说可能比无产阶级更容易安抚,更容易被拉进维护秩序的营垒中去吗? 从卡拉瓦耶夫先生的言论中一定会**得出**这样的**结论**:似乎他要为斯托雷平之流提供更可靠的**防止**社会革命的"保证"!

如果卡拉瓦耶夫先生确实是对的,马克思主义者就不能支持在俄国没收地主土地的主张。但是卡拉瓦耶夫先生错了,因为斯托雷平的"道路"同农民革命相比,会延缓资本主义的发展,会造成比无产者更多的贫民。卡拉瓦耶夫自己也说,而且说得很对:斯托雷平政策是使**目前**一半还是按农奴制方式经营的地主发财致富(而不是使新的资产阶级分子、农场主-资本家发财致富)。1895年,通过"农民"银行出卖的土地,价格为每俄亩51卢布,在1906年则为126卢布(卡拉瓦耶夫在1907年5月26日第47次会议上的发言,第1189页)。卡拉瓦耶夫先生的党内同僚沃尔克-卡拉切夫斯基先生和杰拉罗夫先生把这些数目字的意义说得更加明显。
杰拉罗夫指出："截止到 1905 年,在农民银行开办以后的 20 多年
内,一共只收买了 750 万俄亩土地";而从 1905 年 11 月 3 日至
1907 年 4 月 1 日这段时期内,该银行共收买了 380 万俄亩土地。
每俄亩土地的价格 1900 年为 80 卢布,1902 年为 108 卢布,1903
年,在土地运动和俄国革命爆发以前,成了 109 卢布。现在是 126
卢布。"当全俄国因革命而遭到重大损失的时候,俄国大地主却**发
了大财**。在这段时间内人民有 6 000 多万卢布的金钱落入他们手
中。"(第 1220 页——这是按 109 卢布的"正常"地价计算的)但沃
尔克-卡拉切夫斯基先生的计算要准确得多,他不承认什么"正常"
价格,而是简单明了地指出,从 1905 年 11 月 3 日以后,政府拿农
民买地的款项付给地主 5 200 万卢布,同时又自己出钱付给地主
24 200 万卢布,总共**"有 29 500 万卢布的人民金钱付给了贵族地
主"**(第 1080 页,黑体都是我们用的)。当然,这只是俄国为容克-
资产阶级式的农业演进所付出的代价的极小部分,这是为了农奴
主和官僚的利益向生产力发展收的**贡赋**! 立宪民主党人也主张保
留这种为俄国的自由发展而付给地主的贡赋(赎金)。反过来说,
在新制度下,农场主的资产阶级共和国将不得不用这笔款项去发
展农业生产力[①]。

---

①　参看**考茨基**在《俄国土地问题》一书中提出的必须将大量资本用于改进农民
　　农作技术的论断[177]。"地方公有派"在这里可能提出反驳,说资产阶级共和国
　　会把钱用于共和国的军队,而民主的地方自治机关却…… 最可爱的地方公
　　有派先生们,不民主的中央政权会从民主的地方自治机关那里把钱夺走的!
　　况且在不民主的中央政权下,要成立这种地方自治机关是根本办不到的,这
　　不过是市侩的天真愿望。只有拿资产阶级共和国(同其他的国家相比,这种
　　国家用于发展生产力的开支最多,例如美国)同资产阶级君主国(向容克地主
　　付几十年的**贡赋**,例如德国)作对比才是现实的。

最后，无疑应该提到民粹派知识分子的一个长处，即他们和鲍勃凌斯基、库特列尔之流不同，知道人民在1861年受了骗，他们没有把臭名昭著的改革称为伟大的改革，而是称为"为地主利益实行的改革"（卡拉瓦耶夫语，第1193页）。卡拉瓦耶夫先生谈到改革后的时期时正确地指出，现实"比"那些在1861年捍卫农民利益的人所作的"最悲观的预言还糟"。

讲到农民土地**所有制**问题时，卡拉瓦耶夫先生公开针对政府对这种所有制的关心，向农民提出问题："各位农民代表先生，你们是人民的代表。你们的生活是农民的生活，你们的意识是农民的意识。当你们启程来开会的时候，你们的选民是不是抱怨过，说他们对占有土地没有信心呢？他们是不是提出过，你们在杜马中的第一个任务、第一个要求就是'设法巩固土地私有制，不然你们就是没有履行我们的委托'。你们一定会说：我们并没有受到这样的委托。"（第1185页）

农民没有驳斥这一声明，而是用自己发言的全部内容证实了这一声明。这当然不是因为俄国农民是"村社拥护者"，是"反私有主义者"，而是因为经济条件**现在**要求他们消灭一切旧的土地占有制形式，以便建立新的经济。

民粹派知识分子的短处就是他们侈谈农民土地占有制的"土地份额"。卡拉瓦耶夫先生声明说："我想大家都会同意这一点，就是要妥善解决土地问题必须有下列的材料：首先是为维持生活所需要的土地份额，即消费土地份额，再就是使用全部劳动量所需要的土地份额，即劳动土地份额。必须确切知道农民有多少土地，这样就能算出究竟缺多少土地。还应该知道可以拨给的土地有多少。"（第1186页）

我们根本不同意这种意见。我们**根据农民在杜马中的声明**可以断定,这里有**同农民格格不入的**知识分子官僚主义的成分。农民不讲什么"土地份额"。土地份额是官僚主义者臆造出来的,是1861年农奴制改革的可恶的遗毒。农民凭正确的阶级直觉,把重点放在消灭地主土地占有制上,而不放在什么"土地份额"上。问题不在于"需要"多少土地。上面提到的那位无党派农民说得再好不过了:"你们总造不出另外一个地球来。"问题在于如何消灭**起压迫作用的**农奴制大地产,即使不做到这一点就能达到"土地份额",也应该消灭这种大地产。照民粹派知识分子看来,似乎只要"土地份额"一达到,也许就用不着去触动地主了。农民的思路却不是这样的。"农民们,**打倒他们**〈地主〉!"——农民皮亚内赫(社会革命党人)在第二届杜马中这样说道(1907年3月26日第16次会议,第1101页)。要打倒地主并不是因为"土地份额"不够,而是因为耕作者-业主不愿意让蠢驴和吸血鬼骑在他们头上。这两种见解真有"天壤之别"。

农民不讲什么土地份额,而是凭着极好的实际的直觉"抓住问题的关键"。问题是**谁来规定**这些土地份额。关于这一点,波亚尔科夫神父在第一届杜马中说得很好。他说:"计划要规定每个人应得的土地份额,试问**谁来规定这个土地份额**呢?如果由农民来规定,那他们当然不会让自己吃亏了,如果由地主和农民一同来规定,那么在制定土地份额时谁占上风,还是一个问题。"(1906年5月19日第12次会议,第488页)

这真是切中要害地道破了关于土地份额的种种空谈的实质。

从立宪民主党人说来,这不是空谈,而是直接把农民**出卖**给地主。好心肠的乡村神父波亚尔科夫先生大概在自己乡下看清了自由派地主的真面目，于是就本能地明白了毛病出在什么地方。

这位波亚尔科夫还说："另外，有人还担心会产生很多官吏！农民自己会把土地分配好的！"（第488—489页）问题的关键就在这里。"土地份额"的确有官僚气味。农民却不这样，他们说：我们自己来就地分配土地。由此产生了成立地方土地委员会的主张，这种主张反映了农民在革命中的正当利益，理所当然地引起自由派坏蛋的憎恨①。实现了**这样的国有化**计划，国家要做的只是决定哪些土地可以作为**移民所需的土地**，或者需要进行特别的干预（如我们现行纲领中所说的，"有全国意义的森林和水域"），也就是说，**要做的只是连**"地方公有派"**也认为必须交给**"民主国家"（应该说是共和国）**办理的事情**。

把关于土地份额的议论同实际的经济情况加以对照，我们就立刻可以看出，农民是讲究实际的人，民粹派知识分子则是讲空话的人。"劳动"土地份额只有在试行禁止雇佣劳动的情况下才可能有**重大**意义。但是大多数农民抛弃了这种做法，人民社会党人也认为这种做法是行不通的。既然如此，"土地份额"的问题就不存在了，剩下的只是在现有的业主之间分配土地。"消费"土地份额是贫困的土地份额，在资本主义社会里，农民总是会为了逃避这种"土地份额"而跑到城市里去（这一点下面还要专门讲到）。可见，这里的问题也完全不在于"土地份额"（它是随着文化和技术的变化而变化的），而在于现有业主之间的土地分配，在于两种业主之

------

① 城市中的工人政府，农村中的农民委员会（到一定时候会变为按普遍……投票方式选出的机关）——这就是胜利的革命即无产阶级和农民专政的唯一可能的组织形式。自由派对争取自由的阶级的这些组织形式如此深恶痛绝是不足为奇的！

间的"分解"：一种是能够（用劳动和资本）"珍惜"土地的真正的业主，另一种是不能留在农业中（硬要留下他们是反动的）的不中用的业主。

为了表明民粹派先生们的民粹主义**理论**有多么荒谬，我们来谈一谈卡拉瓦耶夫先生引用的**丹麦**的例子。你们要知道，欧洲"都以私有制为依靠"，而我国的村社"有助于解决合作社问题"。"丹麦在这方面是个光辉的例子。"对于驳斥民粹派来说，那确实是个**光辉的**例子。丹麦有既集中了产乳牲畜（见《土地问题和"马克思的批评家"》第 10 章①）又集中了土地的最典型的**资产阶级农民**。在丹麦的所有农户中，68.3％的农户每户有地不到 1 哈尔特康，即大约不到 9 俄亩。他们拥有的土地总数占全部土地的 11.1％。另一个极端是，占总数 12.6％的农户每户有地 4 哈尔特康以上（**36 俄亩以上**）。他们拥有的土地总数占全部土地的 62％（**尼·斯**·《土地纲领》新世界出版社版第 7 页）。这里不用再作解释了。

有趣的是，自由派分子赫尔岑施坦在第一届杜马中把丹麦当做一张王牌，而右派（在两届杜马中）则反驳说：在丹麦是农民**所有制**。我国需要实行土地国有化，好让旧的农场能在"废除了地界的"土地上"按丹麦方式"进行改造，至于把租佃权变为所有权的问题，只要农民自己有这个要求是可以办到的，因为全体资产阶级和官僚随时都会支持农民**这样做**的。此外，在国有化的条件下，资本主义的发展（"按丹麦方式"的发展）将因土地私有制的废除而**更加迅速**。

---

① 见本版全集第 5 卷第 200—211 页。——编者注

6. 劳动派(民粹派)农民

　　劳动派农民、社会革命党人农民同无党派农民实质上是**没有区别的**。只要把两者的发言比较一下,你们就可以很清楚地看到,他们的需要相同,要求相同,世界观也相同。不过有党派的农民觉悟更高,表达方式更清楚,对问题各个方面之间的联系了解得更全面。

　　劳动派农民基谢廖夫在第二届杜马第 26 次会议上(1907 年 4 月 12 日)的发言,要算是最出色的发言了。同自由派小官吏的"国家观点"相反,他直截了当地着重指出:"我国政府的、**实际上**受到地主-土地占有者左右的全部对内政策,其目的是把土地保留在目前的占有者手里。"(第 1943 页)这位发言人指出,正因为如此,有人要使人民处于"十足的愚昧状态"。他还讲到了十月党人斯维亚托波尔克-米尔斯基公爵的发言。"各位当然没有忘记他说的那些骇人听闻的话,说什么'应该彻底抛掉扩大农民土地占有面积的想法。应该保留和支持私有主。我国那些愚昧无知的农民群众没有地主,就像羊群没有牧人一样'。农民同志们,难道还要作什么补充,你们才能明白我们的这些恩人、这些老爷心里怀着怎样的欲望吗?难道你们还不明白他们至今仍在怀念农奴制度吗?牧人老爷们,够了……　我只希望全俄罗斯的愚昧的农民、全俄罗斯的人民都牢牢记住这位留里克宗族的子孙说的话,希望这些话能激起每个农民心中的怒火,能比太阳更明亮地照出横在我们同这些自封的恩人之间的鸿沟。够了,牧人老爷们……　够了,我们需要的不是牧人而是领袖,没有你们,我们也能找到领袖,我们将同领袖们

一起找到通向光明、通向真理的道路，找到通向乐土的道路。"（第1947页）

这位劳动派完全站在革命资产者的立场上，这种革命资产者向往土地国有化能造成"乐土"，他们为**当前的**革命奋不顾身地斗争，对削弱革命声势的想法深恶痛绝，他说："人民自由党拒绝公正地解决土地问题……　各位人民代表先生，难道像国家杜马这样一个立法机关在自己的活动中可以照顾实际而牺牲公正原则吗？难道你们会颁布你们预先就知道是不公正的法律吗？……　难道你们认为我国的官僚赏赐给我们的不公正的法律还嫌太少，我们自己还要制定一些这样的法律吗？……　你们很清楚，出于安抚俄罗斯这种实际考虑，派出了许多讨伐队，全俄各地都宣布处于非常状态；出于实际考虑到处设立了战地法庭。请告诉我，我们中间有谁赞赏这种照顾实际的精神呢？诸位不是都诅咒这种精神吗？不要像这里有些人那样来提出问题吧。〈这里，发言人大概是影射立宪民主党人地主塔塔里诺夫，此人在4月9日第24次会议上说过："先生们，公正是一个很相对的概念"，"公正是我们大家追求的理想，但是这个理想始终"（对于立宪民主党人来说）"不过是一个理想，将来能不能实现，我看还是一个问题。"第1779页〉公正是什么呢？人就是公正。一个人生了下来，公正就要求让他能够生活；要让他能够生活，公正就要求让他能够用劳动挣得一块面包……"

请看，这位农民思想家采取了典型的18世纪法国启蒙运动者的立场。他不了解**他**那种公正的历史局限性和历史确定的内容。但是他**要求彻底扫除**中世纪的一切残余，而且他所代表的阶级也**能够**为了这种抽象的公正这样去做。这一提法的**现实**历史内容就是：绝对不许为了"实际"起见而损害公正。这应该理解为：绝对不许向中世纪制度、向地主和旧政权让步。这是法国国民公会活动家的口气。对自由派分子塔塔里诺夫来说，资产阶级自由这一"理想始终不过是一个理想"，他不愿意切实地为这一理想而斗争，不愿意为实现这一理想而牺牲一切，却宁愿同地主搞交易。基谢廖夫们能够领导人民去进行胜利的资产阶级革命，塔塔里诺夫们却只会出卖人民。

> "……人民自由党为了实际起见，主张不要规定任何对土地的权利。它担心这种权利会吸引大批人从城市迁往乡村，结果每个人只能得到很少的土地。我首先想问一问，什么是对土地的权利？对土地的权利就是劳动的权利，就是吃饭的权利，就是生活的权利，这是每个人不可剥夺的权利。试问我们怎么能剥夺某一个人的这种权利呢？人民自由党说，如果让全体公民都享有这种权利，把土地分给他们，那每个人得到的土地就会很少。但是，有权利同实际行使权利完全是两回事。比如说吧，在座的各位都有权住在丘赫洛马，然而你们却住在这里；反过来说，住在丘赫洛马的人也有权住在彼得堡，然而他们还是待在他的老家。所以，担心让所有愿意耕种土地的人都享有对土地的权利就会吸引大批城市居民迁往乡村，这是毫无根据的。只有那些至今还没有同乡村断绝联系的人，只有不久前到城里来的人才会跑到乡下去……凡是在城里确有固定而有保证的收入的人，是不会到乡下去的…… 我想只有彻底地、永远地废除土地私有制……等等……只有这种解决办法才能使我们满意。"(第1950页)

这一段典型的劳动派议论给我们提出了一个有趣的问题：**这种**关于劳动权利的言论同1848年法国小资产阶级民主派关于劳动权利的言论有没有区别？二者无疑都是资产阶级民主派**模糊地**表述了斗争的实际历史内容的宣言。不过劳动派的宣言**模糊地**表述出来的，是客观上可能实现的**资产阶级**革命(就是说，在20世纪的俄国农民土地革命是可能实现的)的真正**任务**，而1848年法国小资产者的宣言，却是模糊地表述了在上一世纪中叶的法国不可能实现的**社会主义**革命的任务。换句话说,19 世纪中叶法国工人要求劳动的权利,是希望根据合作制和社会主义等原则革新**整个**小生产,**这在经济上**是办不到的。20 世纪的俄国农民要求劳动的权利,则是希望**在国有化**土地上革新**农业小生产**,**这在经济上**是完全可以办到的。在 20 世纪俄国农民对"劳动的权利"的要求中,除了虚假的社会主义理论,还有现实的资产阶级的内容。在 19 世纪中叶法国小市民和工人对劳动的权利的要求中,除了虚假的社会主义理论就**一无所有了**。我国许多马克思主义者常常忽视的就是这个区别。

　　劳动派自己表明了自己理论的**现实**内容:尽管人人都"有平等的权利",却并**不是人人都会去种地的**。显然**只有业主才会去种地**或者说在土地上定居下来。废除土地私有制就是排除妨碍**业主**在土地上定居下来的一切障碍。

　　无怪乎对农民革命抱有无限的信心、立志为农民革命效忠的基谢廖夫以蔑视的口吻谈到立宪民主党人,谈到他们主张不必转让全部土地而只要转让一部分土地、强迫支付地价、把事情交给"某种土地机关"办理的思想,总之,谈到"人民自由党把小鸟的羽毛拔光的办法"(第 1950—1951 页)。无怪乎司徒卢威之流特别在第二届杜马以后**要痛恨劳动派**,因为只要俄国农民还是劳动派,立宪民主党的计划就不能得逞。然而到俄国农民不再是劳动派的时候,立宪民主党人同十月党人之间的区别也就完全消失了!

　　这里再简单地谈谈其他几名发言人。农民涅奇泰洛说:"那些喝足农民的血、吸够农民脑浆的人把农民叫做愚民。"(第 779 页)戈洛文插了一句:地主可以侮辱农民,但是庄稼汉可以侮辱地主吗?"这些土地是属于人民的,有人却对我们说,要花钱买地。难道我们是从英国、法国等国家来的外国人吗? 我们都是本地人,为什么我们要花钱买自己的土地呢? 我们流的血汗、花的金钱已经可以把这些土地赎回十次了。"(第 780 页)

农民基尔诺索夫(萨拉托夫省代表)说:"现在我们除了土地什么也不谈;有人又对我们说:土地是神圣不可侵犯的。我认为土地决不是不可侵犯的;**只要人民想要,什么东西都不是不可侵犯的**①。(右边喊道:"真的么!")是真的! (左边鼓掌)贵族老爷们,你们拿我们当过赌注,用我们去换过狗,你们以为我们不知道吗? 我们知道,这些东西曾经全都是你们神圣不可侵犯的私有财产…… 你们偷去了我们的土地…… 派我到这里来的农民这样说过:土地是我们的;我们来这里不是购买土地,而是收回土地。"(第 1144 页)②

农民瓦秀京(哈尔科夫省代表)说:"我们在这儿看到的大臣会议主席先生,他不是全国的大臣,而是 130 000 个地主的大臣。9 000 万农民在他的心目中算不了什么…… 你们〈他转过身子向右派说〉从事剥削,高价出租自己的土地,剥下农民身上最后一层皮…… 你们要知道,如果政府不能满足人民的需要,人民不会恳求你们同意,他们要夺取土地…… 我是乌克兰人〈他叙述了叶

---

① 这是普通农民用来表达人民专制这一革命思想的典型的说法。在我国革命中,除了农民,没有其他的资产阶级能实现无产阶级纲领中的这一要求。

② 劳动派农民纳扎连科(哈尔科夫省代表)在第一届杜马中说:"如果你们要议论农民对土地的看法,那我可以告诉你们,婴儿离不开母亲的奶,我们农民离不开土地。我们谈论土地只从这一点着眼。你们大概也知道,就在不久以前,老爷还逼迫我们的母亲用自己的奶去喂他们的小狗。现在也在这样干。不过现在老爷的小狗吮的不是生养我们的母亲的奶,它们吮的是养育我们的母亲——大地的奶。"(第 495 页)

卡捷琳娜如何赠给波将金一小片林地：27 000 俄亩土地和 2 000
个农民〉……　过去土地的卖价每俄亩不过 25—50 卢布，现在每
俄亩的租金就要 15—30 卢布，草场每俄亩要 35—50 卢布的租
金。这是在剥人的皮。（右边高喊："什么？剥皮？"笑声。）你们别害
臊，安静一些吧（左边鼓掌），我说这是剥下农民身上最后一层皮。"
（5 月 16 日第 39 次会议，第 643 页）

　　劳动派农民和农民知识分子的共同特点就是对农奴制记忆犹
新。他们都同样地切齿痛恨地主，痛恨地主国家。他们身上都有
一股革命热情在沸腾。他们有些人根本没有考虑他们将来建立的
是什么制度，而只是自发地竭尽一切力量来"打倒他们"。有些人
则在想入非非地描绘这种制度，但是他们都憎恨同旧俄国的妥协，
都在为彻底铲除万恶的中世纪制度而奋斗。

　　只要把革命农民在第二届杜马中的发言同革命工人的发言作
个比较，就可以马上看出如下的区别：农民直接的革命性要高得
多，他们渴望立刻打垮地主政权、立刻创立新制度的热情要高得
多。农民恨不得马上扑上去把敌人扼死。工人的革命性要抽象一
些，这种革命性好像是移到了较为遥远的目标上。这种区别是完
全可以理解的，是合乎情理的。农民要立即进行**自己的**资产阶级
革命，但看不到这场革命内部的矛盾，甚至想不到这种矛盾。社会
民主党工人却看到了这些矛盾，他们抱定的目标是要在全世界实
现社会主义，所以就**不可能把工人运动的命运同资产阶级革命的
结局连在一起**。不过不应由此得出结论说，工人在资产阶级革命
中应该支持自由派。应该由此得出这样的结论：工人**决不同**其他
任何阶级融合，但应该**用全力**帮助农民把这场资产阶级革命进行
到底。

7. 社会革命党人

社会革命党知识分子的发言(关于该党农民的发言,我们在上面谈劳动派农民时已经谈到过),也处处同样毫不留情地批评立宪民主党人并向地主猛烈开火。我们不再重复上面已经说过的话了,只是指出这一部分代表的**另外的**特点。人民社会党人不喜欢描绘社会主义理想,而喜欢描绘……丹麦的理想,农民则根本不谈什么学说,他们所反映的是把摆脱当前这种剥削形式当做直接理想的被压迫者的直接感觉,社会革命党人跟前两者都不同,他们在发言中加进了**自己的**"社会主义"学说。例如乌斯宾斯基和萨加捷良("达什纳克楚纯"分子,这个党与社会革命党很接近,其中"青年派"甚至还加入社会革命党)就提到过**村社**问题。萨加捷良相当天真地说:"我们不得不十分痛心地指出,人们在发挥土地国有化的高论的时候,没有特别着重指出现存的唯一可以作为前进的基础的有效的制度……　村社能防范所有这一切惨祸(欧洲的惨祸,小经济被破坏等等)。"(第1122页)

如果我们注意到他是讨论土地问题时的**第26个**发言人,那么这位可敬的村社骑士的"痛心"就是可以理解的了。

在他以前发言的至少有14个左派分子、劳动派等等,他们都并"没有特别着重指出现存的有效的制度"!眼看农民杜马代表同农民协会历次代表大会一样地对村社无动于衷,这怎么不令人"痛心"呢。萨加捷良和乌斯宾斯基抓住了村社,他们在不愿意承认旧土地团体的农民革命中是真正的宗派主义者。萨加捷良悲伤地说:"我真有点为村社担忧。"(第1123页)"正是现在要不惜一切代价挽救村社。"(第1124页)"这种形式〈即村社〉可以发展成为一种能够指出解决一切经济问题的办法的世界运动。"(第1126页)萨加捷良先生关于村社的这一切议论，显然是"悲伤的和不合时宜的"。而他的同僚乌斯宾斯基则在批评斯托雷平反对村社的法令时表示了一种"使地产转移现象减少到最低限度、缩减到最低程度"的愿望(第1115页)。

民粹派的这种愿望无疑是反动的。然而可笑的是，用自己名义在杜马中提出了这种愿望的社会革命党，却又主张废除土地私有制，殊不知这种办法会造成土地**最大的**转移，会使土地最自由地、最轻而易举地由这个业主手中转到另一个业主手中，使资本最自由地最轻而易举地渗入农业！把土地私有制和资本在农业中的统治混淆起来，是资产阶级土地国有派(包括乔治和其他许多人在内)的典型错误。社会革命党人在"减少转移现象"的要求上是同立宪民主党人一致的，立宪民主党的代表库特列尔在报告中公开说："人民自由党打算只对他们〈农民〉的转让权和抵押权加以限制，即防止将来土地买卖的盛行。"(1907年3月19日第12次会议，第740页)

立宪民主党人把这种反动愿望同这样一些解决土地问题的办法结合起来(即同地主和官僚统治制度结合起来)，这些办法可以保证颁布官吏的荒谬的禁令，保证用文牍主义的拖拉作风来帮助奴役农民。社会革命党人则把反动的愿望和根本排除官吏压迫的各种措施结合起来(即同按普遍……投票方式选出的地方土地委员会结合起来)。立宪民主党人的反动性表现在他们在资产阶级革命中的全部政策(官僚地主的政策)上。社会革命党人的反动性则表现在他们那种错误地强加给彻底的资产阶级革命的小市民

"社会主义"上。

关于社会革命党人的经济理论问题,值得注意的是他们的杜马代表有关土地改革对工业发展的影响的论断。在这里极其明显地表现出了用民粹主义学说稍加掩盖的资产阶级革命家的幼稚观点。例如,社会革命党人卡巴科夫(彼尔姆省代表)在乌拉尔是农民协会著名的组织者,是"阿拉帕耶夫斯克共和国[178]的总统",并且还被称为"普加乔夫"①。他纯粹按农民方式来论证农民对土地的权利,并且还拿农民从来没有拒绝保卫俄国免受敌人侵犯这一点作为根据(第1953页)。他大声疾呼:"份地制有什么用处呢?我们公开宣布说,土地应该是劳动农民的公共财产,农民自己能够就地分配土地,根本不需要什么官吏来干预,我们早就知道官吏没有给农民带来过任何好处。"(第1954页)"在我们乌拉尔有整批工厂停工了,原因是铁皮没有销路,而另一方面,俄国所有的农舍却都是草屋顶。本来这些农民的房屋早就该是铁皮屋顶了……　有市场,却没有买主。在我国谁是大宗买主呢? 一亿劳动农民,这就是基本的大宗买主。"(第1952页)

是的,这里正确地表述了在乌拉尔改变历来那种半封建式的"使用农奴的企业的"生产停滞状态、实现真正资本主义的生产的条件。无论是斯托雷平的还是立宪民主党的土地政策都不能使**群众**生活条件得到显著的改善,而做不到这点,乌拉尔的真正"自由的"工业是发展不起来的。只有农民革命才能迅速地把木头的俄罗斯变成钢铁的俄罗斯。社会革命党农民对于资本主义发展条件的理解,比那些资本的忠实奴仆来得正确和广泛。

---

① 见《第二届杜马代表名单》,无名氏编,私人出版,1907年圣彼得堡版。

另一个社会革命党农民赫沃罗斯图欣(萨拉托夫省代表)说道:"各位先生,人民自由党的人已经讲了很多,他们责备劳动团,说劳动团居然想把土地交给一切愿意耕种的人。他们说,那样一来许多人会离开城市,结果情况会更糟。可是,各位先生,我认为只有那些无事可做的人才会离开城市,至于那些有工作的人,他们都习惯了工作,既然有工作可做,他们就不会离开城市。其实何必要把土地给那些不愿意种地的人呢?……"(第774页)这个"社会革命党人"根本不想要什么普遍的土地平均使用制,而只是想要在自由的土地上造成平等的和自由的农场主,这难道还不清楚吗?"……无论如何要给全体人民,特别是给那些年复一年地受苦挨饿的人民放开经济自由。"(第777页)

不要以为这一**正确**表述了社会革命党思想**真实**内容的说法("放开经济自由"),**只是**农民措辞不当的结果。其实并不尽然。社会革命党首领、知识分子穆申科代表社会革命党对土地问题作总结发言时,他的经济观点比农民卡巴科夫和赫沃罗斯图欣还要幼稚得多。

穆申科说:"我们说,只有在废除地界之后,只有在土地私有制原则对土地所造成的一切障碍被铲除之后,才有可能合理地移居和散居。其次,大臣讲到我国人口的增殖问题…… 据他说,单是为了满足这一〈160万人口〉增殖的需要,就要有将近350万俄亩土地。他说:这样一来,如果你们想实行平均土地,那么你们从什么地方拿土地来满足这种人口增殖的需要呢? 然而我要问:哪个地方、哪个国家〈原文如此!〉增殖的全部人口都是由农业来吸收的呢? **那种按等级、按职业调节人口分布的规律,恰好是一种相反的规律。**〈黑体是我们用的〉如果一个国家、一个国度在工业上不是退化而是发展的,那就是说,在满足食品和原料的基本需要的农业这个基础上,正在盖起不断加高的经济建筑。需求日益增长,新的产品、新的生产部门不断出现;加工工业吸收的劳动力愈来愈多。城市人口比农业人口增长得更快,并且大部分增殖的人口都被城市吸收了。各位先生，有时农业人口不仅相对地减少，而且是绝对地减少。如果说这种<！>过程在我国进行得很缓慢，那是因为没有地基，无法不断加高经济建筑。农民经济这个基础太不稳固了；工业的市场太狭小了。在土地归人民使用的条件下，将形成健全的、人数众多的、充满生命力的农业人口，那时你们会看到，对工业品的需求将有多大，城市的工厂对劳动力的需求将有多大。"（第1173页）

这位把发展资本主义的纲领称为土地社会化纲领的"社会革命党人"不是说得很妙吗？他甚至没有料到城市人口增长较快的规律只能是**资本主义**生产方式的规律。他连想都没有想到，这个"规律"只有通过农民分化为资产阶级和无产阶级，通过农民之间的"分解"，即通过"真正的业主"排挤掉"穷光蛋"才起作用，才能起作用。这位社会革命党人在资本主义规律的条件下所描绘的那种经济上的和谐，真是幼稚得可怜。但这并不是一心想把劳动同资本的斗争掩盖起来的庸俗的资产阶级经济学家所讲的和谐。这是想把专制制度、农奴制度和中世纪制度的残余彻底消灭的不自觉的资产阶级革命家所讲的和谐。

我们现行的土地纲领所向往的**胜利的**资产阶级革命，只有通过**这样的**资产阶级革命家才能进行。因此，觉悟的工人为了社会的发展应该**支持他们**，但是自己一分钟也不要被民粹派"经济学家"的幼稚梦话所迷惑。

8."民族代表"

非俄罗斯民族代表在杜马中就土地问题发表过意见的有波兰人、白俄罗斯人、拉脱维亚人、爱沙尼亚人、立陶宛人、鞑靼人、亚美尼亚人、巴什基尔人、吉尔吉斯人、乌克兰人。请看他们是怎样叙述自己的观点的。

民族民主党人[179]德莫夫斯基在第二届杜马中"代表波兰王国及与其毗邻的我国西部地区的波兰人"（第742页）说道："虽然我们那里土地关系已在向西欧式的土地关系转变，然而我们那里还是存在土地问题，并且缺地还是我们实际生活中的症结。我们纲领中关于社会问题的首要条文之一就是增加农民占有的土地面积。"（第743页）

"在我们波兰王国曾经有过夺取地主土地的大规模的农民骚动，这只是在东部地区，即弗沃达瓦县发生的，那里有人对农民们说，他们既然是正教徒，就应该分得地主的土地。这种骚动只是发生在正教徒居民中间。"（第745页）

"……这里〈在波兰王国〉的土地事宜，也同其他一切社会改革一样……只有通过边疆区代表会议，即只有通过自治议会，根据实际情况的要求来办理。"（第747页）

波兰民族民主党人的这篇发言，引起了白俄罗斯右派农民（来自明斯克省的加甫里尔契克，还有希曼斯基、格鲁金斯基）对波兰地主的猛烈抨击，叶夫洛吉主教自然抓住这个机会，并以1863年俄国政策的精神作了一次狡狯的警察式的发言，说波兰地主压迫俄罗斯农民（4月12日第26次会议）。

民族民主党人格拉布斯基回答说："你看他想得多么简单！"（5月3日第32次会议）"农民将得到土地；俄国地主将仍然保留自己的土地；农民将像从前那样拥护旧制度，而波兰人却因为提出波兰议会问题将要受到应有的惩罚。"（第62页）发言人激烈地揭穿了俄国政府的无耻的蛊惑人心的宣传，要求"把我们那里的土地改革问题交给波兰议会去解决"（第75页）。

这里要补充说一点，上述那些农民要求补分份地作为**私产**（例如第 1811 页）。在第一届杜马中，波兰和西部的农民要求土地时也曾表示拥护私有制。纳科涅奇内于 1906 年 6 月 1 日说过："我是卢布林省的一个少地农民。在波兰也必须实行强制转让的办法。与其不定期占有 5 俄亩土地，倒不如永久占有 1 俄亩土地。"（第 881—882 页）波尼亚托夫斯基（沃伦省代表）代表西部边疆区（5 月 19 日，第 501 页）以及维切布斯克省代表特拉孙（1906 年 5 月 16 日，第 418 页）也这样说过。吉尔纽斯（苏瓦乌基省代表）还表示反对只建立全俄的土地资产，主张也建立地方的土地资产（1906 年 6 月 1 日，第 879 页）。梯什克维奇伯爵当时就指出，他认为建立全民的土地资产的主张是"不切实际和不无危险的"（第 874 页）。斯捷茨基也发表过同样的意见（他主张个人所有制而反对租佃制。1906 年 5 月 24 日，第 613—614 页）。

波罗的海沿岸边疆区代表在第二届杜马中发言的有尤拉舍夫斯基（库尔兰省代表），他要求取消大地主的封建特权（1907 年 5 月 16 日，第 670 页），主张要地主转让超过一定标准的土地。他说："我们承认在波罗的海沿岸边疆区，现在的农业在该地区原来实行的私有制或世袭租佃制基础上有所发展，但是，我们却不能不作出结论，要进一步调节农业关系，就必须立即在波罗的海沿岸边疆区实行建立在广泛的民主原则基础上的自治制。只有自治制才能够正确地解决这个问题。"（第 672 页）

爱斯兰省代表进步人士尤里涅，为爱斯兰省提出一个单独的法案（1907 年 5 月 26 日第 47 次会议，第 1210 页）。他主张"妥协"（第 1213 页），即主张"世袭的或永久的租佃制"（第 1214 页）。"谁使用土地，谁能更好地使用土地，谁就应该拥有土地。"（同上）尤里涅要求实行这个意义上的强制转让，反对没收土地（第 1215

页）。查克斯捷（库尔兰省代表）在第一届杜马中要求除地主的土地外还要把教会（教区）的土地转归农民（1906 年 5 月 4 日第 4 次会议，第 195 页）。捷尼松（里夫兰省代表）同意投票赞成强制转让的办法，认为"一切主张土地私有的人"（同上，第 209 页）都会这么做。克雷茨贝格（库尔兰省代表）代表该省农民要求"剥夺大地产"，并且一定要把土地"作为私产"分给无地和少地农民（1906 年 5 月 19 日第 12 次会议，第 500 页）。留特利（里夫兰省代表）要求实行强制转让等等。他说道："至于把土地变为国家土地资产，我们农民很清楚，这是又一种奴役农民的办法。所以，我们应该保护小农经济和劳动生产率，并使之不受资本主义的侵犯。可见，我们把土地变成国家土地资产，就会造成最大的资本主义。"（同上，第 497 页）奥佐林（里夫兰省代表）代表拉脱维亚农民发言，主张强制转让并主张私有制；他坚决反对建立全国土地资产，只同意建立各区域的土地资产（1906 年 5 月 23 日第 13 次会议，第 564 页）。

　　列昂纳斯，"苏瓦乌基省代表，即立陶宛族代表"（1907 年 5 月 16 日第 39 次会议，第 654 页），发言拥护他所在的立宪民主党的计划。该省的另一个代表、立陶宛的自治派分子布拉特对劳动派的意见表示赞成，但关于赎买等等问题，他主张留待各地方土地委员会讨论决定（同上，第 651 页）。波维柳斯（科夫诺省代表）代表"杜马中的立陶宛社会民主党集团"（同上，第 681 页，附录）提出了该集团拟定的措辞确切的土地纲领，这个纲领同我们俄国社会民主工党的纲领大致一样，**不同的**是他们主张把"**立陶宛境内的**地方土地资产"交给"立陶宛独立的自治机关"支配（同上，第 2 条）。

　　可汗霍伊斯基（伊丽莎白波尔省代表）代表穆斯林集团在第二

届杜马中说:"在俄国总人口中,我们穆斯林有2 000万以上,我们都敏感地注意着土地问题上的一切变动,迫不及待地期望这个问题得到圆满解决。"(1907年4月2日第20次会议,第1499页)他代表穆斯林集团表示赞成库特列尔的意见,赞成按照公道的价格强制转让(第1502页)。"但是这些已转让的土地应该归谁呢? 穆斯林集团认为这些已转让的土地不应该作为全国土地资产,而应该作为各该区域的土地资产。"(第1503页)"克里木鞑靼人代表"梅季耶夫(塔夫利达省代表)作了热情洋溢、充满革命精神的发言,要求"土地和自由"。他说:"讨论愈深入,人民提出的耕者有其田的要求就愈突出。"(1907年4月9日第24次会议,第1789页)发言人指出了"在我们边疆区神圣的土地私有制形成的情形"(第1792页),指出了巴什基尔人的土地被侵占的情形,说大臣、四等文官、宪兵署长官每人得到了2 000至6 000俄亩的土地。他举出了"鞑靼兄弟们"的一份委托书,他们对侵占卧各夫[180]土地一事提出控诉。他摘引了土耳其斯坦总督于1906年12月15日给一个鞑靼人的复函,说只有基督教徒才有权移居到官地上去。"难道这些文件不是带有上个世纪阿拉克切耶夫政策的霉臭味么?"(第1794页)

代表高加索农民发言的,除了下面就要说到的我们社会民主党人,还有上面已经提过的那位拥护社会革命党人立场的萨加捷良(埃里温省代表)。"达什纳克楚纯"的另一个代表捷尔-阿韦季克扬茨(伊丽莎白波尔省代表)也表示了同样的意思,他说:"土地应按村社所有制原则属于劳动者,即属于劳动人民,而不属于任何其他的人。"(1907年5月16日第39次会议,第644页)"我代表高加索全体农民声明……在紧急关头,全体高加索农民将和自己

的兄长俄国农民并肩携手，为自己争得土地和自由。"(第 646 页)
埃尔达尔哈诺夫"代表他那些选民——捷列克省土著居民——请
求在土地问题没有解决前制止一切侵吞天然资源的行为"(1907
年 5 月 3 日第 32 次会议，第 78 页)，可是侵吞土地的就是政府，它
夺取山区最肥沃的土地，掠夺库梅克人民的土地，宣布占有地下矿
藏(这事大概发生在斯德哥尔摩代表大会以前吧，可是普列汉诺夫
和约翰在代表大会上长篇大论地说非民主制国家政权无法侵犯地
方公有土地)。

　　哈萨诺夫(乌法省代表)代表巴什基尔人发言，他指出政府掠
夺了他们 200 万俄亩土地，要求把这些土地"收回"(1907 年 5 月
16 日第 39 次会议，第 641 页)。出席第一届杜马的乌法省代表瑟
尔特拉诺夫也提出过这种要求(1906 年 6 月 2 日第 20 次会议，第
923 页)。卡拉塔耶夫(乌拉尔州代表)代表吉尔吉斯—哈萨克人
民在第二届杜马中说："我们吉尔吉斯—哈萨克人……深深懂得和
感觉到我们农民兄弟缺少土地的痛苦，我们很愿意自己挤一挤"
(第 39 次会议，第 673 页)，但是"多余的土地很少"，而"现在移民，
随之而来的就是要把吉尔吉斯—哈萨克人民迁走"……"不是把吉
尔吉斯人从土地上迁走，而是把他们从他们的住房里迁走"(第 675
页)。"吉尔吉斯—哈萨克人对一切反对派党团始终表示同情。"(第
675 页)

　　1907 年 3 月 29 日在第二届杜马中代表乌克兰党团发言的有
波尔塔瓦省哥萨克赛科。他举出了哥萨克所唱的一支歌："嗨，卡
捷琳娜女皇！你干些什么呀？辽阔的草原、欢乐的地方，全都赏给
了地主公王。嗨，卡捷琳娜女皇！怜恤怜恤我们吧，发还给我们土
地、森林、欢乐的地方。"他赞同劳动派的意见，只是要求把 104 人

法案第 2 条中的"全民土地资产"几个字改为"应成为社会主义制度的起点的边疆区民族的〈原文如此！〉土地资产"。"乌克兰党团认为土地私有制是世界上最不公平的事情。"(第 1318 页)

波尔塔瓦代表契热夫斯基在第一届杜马中说:"我热烈拥护自治思想,尤其热烈拥护乌克兰自治,所以我很希望土地问题能由我们的人民来解决,很希望土地问题在我理想中的我国自治制度的基础上由各个自治单位来解决。"(1906 年 5 月 24 日第 14 次会议,第 618 页)同时,这个乌克兰自治派分子又承认国家土地资产是绝对必要的,并解释了被我国"地方公有派"搞得混乱不堪的问题。契热夫斯基说:"我们应当坚决地肯定地规定一个原则,就是国家土地资产的管理事宜应该完全由将来产生的地方自治机关或自治单位处理。诚然,如果'国家土地资产'在所有具体的场合都由地方自治机关来管理,那么'国家土地资产'这个名称又有什么意义呢? 我以为意义是很大的。首先……国家土地资产中的一部分应该由中央政府来支配……即我们全国的待垦土地…… 其次,建立国家土地资产的意义以及这一名称的意义就是:地方机关虽然可以自由地支配本地的这种土地,却毕竟是在一定的范围内。"(第 620 页)在由于经济的发展而日益集中的社会中国家政权究竟有什么意义,对此,这位小资产阶级自治派分子比我们那些孟什维克社会民主党人要明白得多。

顺便说说。提到契热夫斯基的发言,不能不谈谈他对"土地份额"的批评。他直截了当地说,"劳动土地份额是一句空话"。他举出了农业条件千差万别这一理由,还据此反对"消费"土地份额。"我觉得分地给农民不应该按什么份额,而应该是有多少分多少…… 凡是当地可以交出的土地,都应该交给农民",例如,在波尔塔瓦省,"要所有地主都转让土地,他们每户平均最多留下50俄亩"(第621页)。立宪民主党人空谈土地份额问题,是为了掩饰自己究竟打算转让多少土地,这有什么奇怪呢?契热夫斯基在批评立宪民主党人时还没有意识到这一点①。

　　上面我们扼要地叙述了"民族代表"在杜马中就土地问题所作的发言,从中可以得出的结论是显而易见的。这些发言充分证明,我在小册子《修改工人政党的土地纲领》第18页(第1版)上谈到地方公有化同各民族的权利的相互关系时,对马斯洛夫的反驳意见是正确的,我当时说这个问题是个**政治**问题,我党纲领的政治部分已经**包括了**这个问题,只是由于庸俗的地方主义作祟才硬把它加到土地纲领中去的。②

　　在斯德哥尔摩代表大会上,孟什维克费尽心机想"清除地方公有化纲领中的国有化"(这是斯德哥尔摩代表大会《记录》中孟什维克诺沃谢茨基的话,第146页)。诺沃谢茨基说:"某些历史上形成的区域,例如波兰、立陶宛,正好是一些民族聚居的地域,所以把土地交给这些区域,就可能促使民族主义联邦主义趋向大发展,这样实质上又会把地方公有化变成一部分一部分实行的国有化。"于是诺沃谢茨基同唐恩一起提出了一项修正案,并且使大会通过了这

---

①　契热夫斯基还非常明白地说出了不自觉的资产阶级劳动派提出的、我们已经很熟悉的论点:完成了彻底的农民革命,工业就会发展起来,流入土地方面的资本就会**减少**。"我们那里的农民,那些派我们到这里来的选民,曾经这样盘算过:'如果我们稍微富足一点,如果我们每家每年能花五六个卢布买糖吃,那么在每个产甜菜的县里,除了现有的糖厂外,就会再开办几个糖厂。'很自然的,要是开办了这些工厂,集约化的经营该需要多少劳动力啊!那时糖厂的产量就会增加"等等(第622页)。这正是在俄国造成"美国式"农场并使资本主义"按美国方式"发展的纲领。

②　见本版全集第12卷第228—229页。——编者注

一修正案：即把马斯洛夫法案中的"**区域**大自治组织"改成了"包括若干城乡的**地方**大自治机关"。

"清除地方公有化纲领中的国有化"，说得真是太巧妙了！把一个字眼换成另一个字眼，结果自然就会把"历史上形成的区域"打乱再重新划分，这难道还不清楚吗？

不，先生们，无论你们怎样改换字句，都不能清除地方公有化纲领所固有的"民族主义联邦主义的"糊涂思想。第二届杜马表明，"地方公有派的"主张**事实上只是助长**了各种资产阶级集团的民族主义趋向。**只有这些集团**（如果不算右派哥萨克卡拉乌洛夫的话）才"出面"保护过各种"边疆区的"和"区域的"土地资产。同时，民族代表还把归省区所有的（因为马斯洛夫实际上是主张把土地"交给"省，而不是交给"地方自治机关"，所以省区所有一语要确切一些）**土地问题**内容都**一笔勾销了**：预先什么也不决定，**一切事情**，无论赎买问题、所有权问题或其他问题都交给自治议会或区域等自治机关去处理。结果完完全全证实了我所说的话："对外高加索的土地实行地方自治机关所有的法令，反正须要彼得堡的立宪会议来颁布，因为马斯洛夫并不想使任何一个边区有权自由保存地主土地占有制。"（《修改工人政党的土地纲领》第18页）①

总之，事态已经证明，以各民族是否同意为理由来维护地方公有化，是一种庸俗的论据。我党纲领中的地方公有化主张是同情况极不相同的各个民族明确表示的意见相抵触的。

事态已经证明，地方公有化事实上无助于对全国规模的广大的农民运动实行领导，而是使这个运动按省和民族化整为零。马

---

① 参看本版全集第12卷第228—229页。——编者注

斯洛夫的建立区域土地资产的**主张**在**实际生活**中体现出来的**只是**民族自治的"地方主义"。

"民族代表"对**我国的**土地问题有点持旁观态度。我们革命的中心是独立的农民运动，然而许多非俄罗斯民族的情况并不是这样。因此，"民族代表"在他们的纲领中对**俄国的**土地问题有点持旁观态度，就是很自然的了。他们认为这与他们不相干，他们应该自己搞自己的。民族主义的资产阶级和小资产阶级持这种观点是必然的。

无产阶级持这种观点是不能容许的，而我们的纲领**实际上**却正是陷入了这种不能容许的资产阶级的民族主义。"民族代表"至多不过是赞同全俄运动，而不是力求以运动的团结和集中来大大地加强这个运动的力量；同样，孟什维克制定的纲领也只是一种**赞同**农民革命的纲领，而不是领导革命、团结革命力量和推动革命前进的纲领。地方公有化并不是农民革命的口号，而是一种臆造出来的小市民的改良主义计划，是从革命的角落里给革命硬加上去的计划。

社会民主主义的无产阶级不能根据个别民族"同意"与否来改变自己的纲领。我们的任务是宣传最好的道路，宣传资产阶级社会中最好的土地制度，同一切传统、偏见、顽固的地方主义等势力作斗争，从而把运动的一切力量团结和集中起来。小农"不同意"土地社会化，这不会改变我党主张社会主义革命的纲领。这只能迫使我们以**实例**来影响他们。资产阶级革命中的土地国有化问题也是如此。任何一个民族或几个民族表示"不同意"土地国有化，都不能迫使我们改变关于彻底摆脱中世纪土地占有制和废除土地私有制有利于全体人民这一学说。某个民族的相当一部分劳动群众"不同意"某种办法，这只能迫使我们通过实例而不是用其他的办法来影响他们。一方面是待垦土地国有化，森林国有化，俄国中部所有的土地国有化,另一方面又是国内某部分地区存在着土地私有制,这二者并存的局面是维持不了多久的(既然俄国的统一是由本国经济演进的基本趋势决定的)。这两种制度中总有一种要占上风。这点将由实际经验来决定。我们的任务就是要注意向人民阐明,哪些条件最有利于按资本主义道路发展的国家的无产阶级和劳动群众。

9. 社会民主党人

在第二届杜马讨论土地问题时,社会民主党人共有 8 次发言,其中只有两次发言是为土地地方公有化辩护的,而不只是提一下。这就是奥佐尔的发言和策列铁里的第二次发言。其余的发言差不多都是抨击整个地主土地占有制,从政治上来阐明土地问题。在这方面最有代表性的是右派农民彼得罗琴科的朴实的发言(1907年 4 月 5 日第 22 次会议),发言陈述了一位农村代表听了各个政党的发言后所得到的总的印象。"我不想重复这里已经讲过的东西来打扰你们。我只想对这个问题简单说几句。斯维亚托波尔克-米尔斯基代表在这里作了一次长篇发言。他这次发言大概是想告诉我们应该怎样做。简括地讲,他的意思就是说:属于我或由我占有的土地,你们是没有权利拿去的,而我也不会把它交出来。就这个问题,库特列尔代表回答说:'这样的时代已经过去了,应当交出来,你们交出来,就可以拿到钱。'德莫夫斯基代表说:'对土地随便怎么办都行,自治却是一定需要的。'与此同时,卡拉瓦耶夫代表却说:'两者都需要;但是要先合在一起,然后我们再来分配。'策列铁里说:'各位先生,不行,要分配是办不到的,因为只要政府还

是原来的政府,它就不会容许这样做。我们最好是先设法夺取政权,然后想怎么分就怎么分。'"(第1615页)

可见,这位农民抓住了在他看来是社会民主党人发言同劳动派发言的唯一的区别,就是社会民主党人说明了争取国家政权的斗争即"夺取政权"的必要性。其他的不同之处他没有抓到,因为在他看来这些都是不重要的! 策列铁里的第一次发言确实揭露了一个事实:"我国的官僚贵族同时又是地主贵族。"(第725页)发言人指出:"几个世纪以来,国家政权把属于全国的土地即属于全民所有的土地分归私人所有。"(第724页)他在发言快结束的时候代表社会民主党党团作了声明,重申了我党的土地纲领,但仍然没有说明理由,也没有把我党的土地纲领和其他"左派"政党的纲领进行对比。我们指出这点,并不是要责备谁(恰恰相反,我们认为策列铁里的第一次发言简短明了,集中地阐明地主政府的阶级性质,这一发言是非常成功的),我们只是想要说明,为什么右派农民根本看不出(大概所有农民也看不出)我党纲领独具的社会民主主义的特点。

社会民主党人在土地问题上的第二次发言,是由工人佛米乔夫(塔夫利达省代表)在杜马随后的一次"土地问题讨论会"上作的(1907年3月26日第16次会议),他在发言中常常说"我们农民"如何如何。佛米乔夫很激烈地驳斥了斯维亚托波尔克-米尔斯基的意见。斯维亚托波尔克-米尔斯基所谓农民没有地主就像"羊群没有牧人"这一句名言比"左派"的几次发言还更能鼓动农民代表。佛米乔夫说:"库特列尔代表在长篇发言中,发挥了强制转让而又支付赎金的思想。我们农民代表不能承认赎买办法,因为赎买是套在农民脖子上的又一条绞索。"(第1113页)佛米乔夫最后要求"根据策列铁里代表提出的那些条件把一切土地交归劳动者掌握"

（第 1114 页）。

随后发言的伊兹迈洛夫也是一个工人，他是诺夫哥罗德省农民选民团选出的（1907 年 3 月 29 日第 18 次会议）。他反对他的同乡、农民博加托夫所发表的意见，因为博加托夫以诺夫哥罗德农民代表的名义同意赎买的办法。伊兹迈洛夫愤怒地批驳了赎买办法。他叙述了诺夫哥罗德农民获得"解放"的情况，说他们在 1 000 万俄亩耕地中只获得了 200 万俄亩，在 600 万俄亩森林中只获得了 100 万俄亩。他描述了农民的贫困，说他们穷到不仅"几十年来就是拆自己房舍周围的篱笆当柴烧"，而且"把自己木屋的边角也锯下来当柴烧了"，"他们把旧的大木屋改为小木屋，为的是省出一抱生火用的劈柴"（第 1344 页）。"我们农民的处境这样，而右派先生们却为文化问题而苦恼。据他们说，庄稼汉没有文化。难道饥寒交迫的庄稼汉顾得上什么文化吗？右派先生们是希望农民要文化而不要土地；我在这一点上也信不过他们。我想他们也会同意出卖自己的土地，不过他们会讨价还价，要庄稼汉付出更高的地价。这就是他们表示同意的原因。各位先生，在我看来（农民尤其应该知道这一点）问题完全不在于土地。我想，可以有把握地说，在土地后面一定隐藏着某种其他的东西，某种其他的力量，而这种力量是农奴主贵族害怕交给人民的，害怕它会同土地一起失去的；各位先生，这种力量就是政权。他们会交出土地，也愿意交出土地，不过要我们照旧给他们当奴隶。只要我们欠着债，我们就总是挣脱不了地主-农奴主的权力的。"（第 1345 页）对立宪民主党计划的实质的揭露，很难想象还有比这个工人更鲜明更一针见血的了！

社会民主党人谢罗夫在 1907 年 4 月 2 日第 20 次会议上的发言，主要是批评了立宪民主党人作为"资本的代表"（第 1492 页）、

作为"资本主义土地占有制的代表"的观点。发言人引用一些数字
详细说明了1861年的赎买究竟是怎么一回事，驳斥了所谓公道价
格这一"橡皮原则"。库特列尔提出不没收资本便不能没收土地，
谢罗夫对库特列尔的这个理由给了一个从马克思主义观点看来是
十分正确的回答。"我们根本就不提那种认为土地不属于任何人、
土地不是人类劳动的创造物的论据。"（第1497页）"在这个会上由
社会民主党作为代表的无产阶级已经有了觉悟，它反对一切剥削，
既反对封建剥削，又反对资产阶级剥削。在无产阶级看来，并不存
在这两种剥削形式中哪一种更公正的问题。在它看来，问题始终
在于摆脱剥削的历史条件是否已经成熟。"（第1499页）"据统计学
家的计算，土地没收以后，地主不劳而获的、为数大约5亿卢布的
收入将归人民所有。农民当然会拿这笔款项去改善自己的经济，
扩大生产，增加自己的消费。"（第1498页）

　　在杜马第22次会议上（1907年4月5日）就土地问题发言的
有阿尼金和阿列克辛斯基。前者着重指出"高级官僚同大地产"的
联系，并且证明争取自由和争取土地这两种斗争是不可分割的。
后者在长篇发言中阐明了在俄国占优势的工役经济的农奴制性
质，叙述了马克思主义对于农民反地主土地占有制斗争的基本观
点，说明了村社的双重作用（既是"旧时代的残余"，又是"影响地主
庄园的机构"）以及1906年11月9日和15日颁布的两个法令的
意义（除地主外现在又加上富农这个"支柱"）。发言人用数字表明
"农民缺地就是贵族地多"，并说明了立宪民主党所主张的"强制"
转让等于是"强制人民做有利于地主的事情"（第1635页）。阿列
克辛斯基直接援引"立宪民主党的机关刊物《**言语报**》上所说的话"
（第1639页），该报承认立宪民主党人说了真话：他们所希望的那

种土地委员会是由地主构成的。在阿列克辛斯基发言后隔了一次会议才发言的立宪民主党人塔塔里诺夫,被驳得无话可说,这点我们已经讲过了。

奥佐尔在第 39 次会议(1907 年 5 月 16 日)上的发言是一个典型例子,它说明马斯洛夫对马克思地租理论所作的有名的"批判"以及对土地国有化概念所作的相应的歪曲,竟使得我们一部分社会民主党人去求助于对马克思主义者说来是多么不体面的论据。奥佐尔是这样反驳社会革命党人的,他说:他们的"草案在我看来是毫不中用的,因为它主张废除生产资料私有制,在这里所说的就是废除土地私有制,同时却又主张保存厂房私有制,不仅保存厂房私有制,甚至还保存住宅和建筑物私有制。草案第 2 页说到凡是建造在土地上面并且用资本主义方式经营的建筑物,都仍旧是私有财产。这样每个私有主都会说:请你们支付使用国有化土地以及铺设街道等等的一切费用吧,这些房屋的租金却由我来收。这不是什么国有化,只不过是以最发达的资本主义形式获得资本主义收入的更简易的方法而已"(第 667 页)。

看,这还不就是马斯洛夫的那一套! 第一,这是重复右派和立宪民主党人所谓不触动资产阶级剥削便不能消灭封建剥削的庸俗论据。第二,这暴露出了他在经济问题上惊人的无知,他竟认为城市住宅等等的"租金"绝大部分**是地租**。第三,我们这位"马克思主义者"也如马斯洛夫一样完全忘记了(或是否认?)绝对地租。第四,照他说来,**马克思主义者**否认社会革命党人所主张的"最发达的资本主义形式"是较好的形式! 这真是马斯洛夫的地方公有化主张最精彩的地方……

策列铁里在一次长篇总结发言中(1907 年 5 月 26 日第 47 次会

议)为地方公有化进行了辩护,他当然比奥佐尔想得周到;然而正是策列铁里为这一主张所进行的缜密的、深思熟虑的和一清二楚的辩护,特别突出地暴露了地方公有派所持的基本论据的虚伪性。

策列铁里在发言的开头对右派的批评,在政治上是完全正确的。他出色地反驳了那班用类似法国革命这样的动荡来恐吓人民的自由派骗子。他说:"他〈盛加略夫〉忘记了,法国正是在没收地主土地以后,正是由于没收了地主土地才重新强盛起来的。"(第1228页)策列铁里提出的"完全消灭地主地产和完全肃清地主官僚制度"(第1224页)的基本口号,也是完全正确的。但是,一谈到立宪民主党人,他那种错误的孟什维主义立场就开始表现出来了。策列铁里说:"强制转让土地的原则在客观上是解放运动的原则,然而并非所有赞成这一原则的人都意识到或都愿意承认从这一原则中必然得出的一切结论。"(第1225页)这是孟什维主义的基本观点,即认为我国革命中划分基本政治派别的"分水岭"是在立宪民主党的右面,而不是如我们所认为的那样是在立宪民主党的左面。这种观点是错误的,这从策列铁里的明确的表述中看得尤为清楚,因为有了1861年的经验之后,实行主要是保护地主利益、保存地主**政权**和巩固新盘剥制的强制转让,毫无疑义是完全可能的。策列铁里下面这个声明就更加不对了,他说:"在土地使用形式的问题上,我们〈社会民主党人〉同他们〈民粹派〉的距离"比我们同立宪民主党人的距离"更远"(第1230页)。发言人接着就批评劳动"土地份额"和消费"土地份额"。在这点上他说得完全正确,然而**正是在这个问题上**,立宪民主党人**丝毫也不比**劳动派**好**,因为立宪民主党人把"土地份额"一语用得更滥。不仅如此。立宪民主党人胡扯那些荒唐的"土地份额",是因为他们有官僚主义的思想,有**出**

卖庄稼汉的倾向。对庄稼汉说来,"土地份额"是民粹派知识分子
从外面带来的,我们从上面第一届杜马代表契热夫斯基和波亚尔
科夫的例子中,已经看到农村中的实际工作者如何一针见血地批
评了那些所谓的"土地份额"。如果社会民主党人把**这点**向农民代
表们解释清楚,如果他们对劳动派的法案提出否认土地份额的修
正案,如果他们在理论上说明与"土地份额"毫无共同之点的国有
化的意义,那么农民革命的领袖就会是社会民主党人,而不是自由
派了。而孟什维主义的立场就是要无产阶级屈从于自由派的影响。
特别奇怪的是居然在第二届杜马中说什么我们社会民主党人距离
民粹派远,因为立宪民主党人表示**赞成**限制土地的出卖和抵押!

　　策列铁里接着在批评国有化主张时举出了三条理由:(1)"官
吏成群",(2)"对待小民族极不公正",(3)"一旦发生复辟""武器会
落入人民的敌人的手中"(第1232页)。这是如实陈述了那些使我
党的纲领得以通过的人的观点,策列铁里既然是党的一员,他当然
不得不陈述这些观点。至于这些观点如何站不住脚,这种纯政治
上的批评是何等的肤浅,我们在上面已经指出过了。

　　策列铁里提出了赞成地方公有化的六条理由:(1)在实行地方
公有化时"可以保证把这些资金〈即地租〉真正用来满足人民的〈!〉
需要"(原文如此! 第1233页)——这是一种过分乐观的看法;(2)"地
方自治机关将努力改善失业者的生活状况"——例如在民主的和
非中央集权的美国就是如此(?);(3)"地方自治机关可以占有这些
〈大的〉农场,并组织示范农场";(4)"在农业危机时期……将无偿
地把土地租给无地农民和贫苦农民"(原文如此! 第1234页)。这
已经是比社会革命党人的宣传还糟糕的蛊惑人心的宣传了,这已
经是资产阶级革命中的小市民社会主义纲领了;(5)"是民主制度

的支柱"——哥萨克自治机关之类的东西;(6)"转让份地……可能引起可怕的反革命运动"——大概是违反一切主张土地国有的农民的意志吧。

社会民主党人在第二届杜马中的发言,总结起来就是:在赎买问题和地主土地占有制同当前国家政权的关系问题上起着领导作用,而在土地纲领问题上则堕落到立宪民主主义的立场,证明他们不了解农民革命的经济条件和政治条件。

第二届杜马关于土地问题的全部讨论,总结起来就是:右派地主对本阶级的利益认识最清楚,对于在资产阶级的俄国为维持本阶级的阶级统治所需要的经济条件和政治条件认识也最明确。自由派实际上是附和右派地主的,企图以最卑鄙最虚伪的方式把庄稼汉出卖给地主。民粹派知识分子使农民纲领具有官僚主义的味道和小市民那种夸夸其谈的味道。农民最激烈最直接地表现了他们反对一切中世纪残余和一切中世纪土地占有制形式的自发的革命性,但是他们对这场斗争的政治条件的认识还不十分明确,天真地把资产阶级自由的"乐土"理想化了。资产阶级的民族代表由于小民族所处的隔绝状态在颇大程度上持狭隘观点和偏见,所以他们参加农民斗争时总是有些胆怯。社会民主党人坚决维护农民革命,他们阐明了当前国家政权的阶级性质,但是由于党的土地纲领的错误未能始终一贯地领导农民革命。

结　束　语

土地问题是俄国资产阶级革命的根本问题,它决定了这场革命的民族特点。

这个问题的实质,是农民为了消灭地主土地占有制,为了消灭俄国农业制度中以至俄国整个社会政治制度中的农奴制残余而进行斗争。

欧俄1 050万农户共拥有7 500万俄亩土地。3万个大地主(主要是出身贵族的,也有一部分是暴发户)每户有500俄亩以上,总共拥有7 000万俄亩土地。这就是基本的背景。这就是农奴主-地主在俄国农业制度中以至整个俄国国家和俄国生活中占统治地位的基本条件。大地产占有者是经济意义上的农奴主:他们的土地占有制的基础是农奴制历史造成的,是名门贵族数百年来掠夺土地的历史造成的。他们目前的经营方式的基础是工役制(即徭役制的直接残余),是一种利用农民的农具、利用无数种盘剥小农的形式(如冬季雇佣制、年租、对分制地租、工役租以及利用债务、割地、森林、草地、饮马场等等来进行盘剥)的经济。最近半个世纪以来俄国的资本主义已大大向前发展了,农业方面再要保存农奴制度已经是**绝对**不可能了,消灭农奴制度的斗争已采取暴力性危机即全国规模的革命的形式。但是,在资产阶级国家里消灭农奴制可能有两条道路。

第一条消灭农奴制的道路,就是农奴主-地主农场缓慢地转变为容克-资产阶级农场,大批农民变成单身无靠的农民和雇农,用暴力保持群众贫穷的生活水平,同时分化出一小撮大农,也就是资本主义必然要在农民中间造成的资产阶级大农。黑帮地主及其大臣斯托雷平正是走的这条道路。他们已经认识到,如果不用暴力来摧毁陈腐不堪的中世纪的土地占有形式,就**不能**为俄国的发展扫清道路。因此,他们大胆采取了这种**有利于地主**的摧毁手段。

他们抛弃了不久以前还常见的官僚和地主对半封建式的村社的同情。他们避开一切"符合宪法的"法律,以便用暴力来摧毁村社。他们给富农以完全的行动自由,让他们去掠夺农民群众,去摧毁原来的土地占有制,使成千上万的农户破产;他们让有钱人去"任意洗劫"中世纪的农村。他们为了维持本阶级的统治**只能**这样做,因为他们已经意识到必须适应资本主义的发展,而不是同它作斗争。而他们为了维持自己的统治,就只能联合"暴发户",联合拉祖瓦耶夫和科卢帕耶夫[181]这班人去**反对**农民群众。他们别无出路,只有向科卢帕耶夫们大声疾呼:发财吧! 发财吧! 我们让你们有一本万利的发财机会,只要你们在这种新的情况下帮助我们挽救我们政权的基础! 为了走这条发展道路,就必须对农民群众和无产阶级连续不断地、有步骤地、毫无顾忌地施用**暴力**。于是反革命地主就急忙在各方面组织这种暴力。

第二条发展道路,我们称之为美国式的资本主义发展道路,以别于第一条道路,普鲁士式的道路。第二条道路也要求用暴力来摧毁旧的土地占有制,只有俄国自由派这些愚钝的小市民,才会梦想俄国的极其尖锐的危机有可能毫无痛苦地和平地结束。

但是,这种必要的和不可避免的摧毁也可能有利于农民群众而不是有利于一小撮地主。一大批自由的农场主可能成为资本主义发展的基础而根本不要什么地主经济,因为地主经济**整个说来**在经济上是反动的,而农场经济的因素通过我国以前的经济发展历史已经在农民中**形成**了。沿着这条资本主义发展的道路,我国的资本主义**一定会**随着国内市场大规模的扩大,**全体**居民的生活水平、干劲、主动精神和文化水平的提高而更广泛、更自由、更迅速地发展起来。俄国有辽阔的待垦土地,由于俄国内地的农民群众遭受农奴制的压迫，由于对土地政策采取了农奴主-官僚式的态度，这些土地极难得到利用，但是这些土地为深入而广泛地大规模发展农业和提高生产提供了经济基础。

这样的发展道路不只是需要消灭地主土地占有制。这是因为农奴主-地主的统治数百年来在国内**整个**土地占有制上都留下了自己的烙印，不仅在农民的份地上，而且在比较自由的边疆地区的移民的地产上也留下了这种烙印：贯穿专制政府的移民政策的是顽固的官吏进行的亚洲式的干涉，他们妨碍移民自由定居，把新的土地关系弄得非常混乱，把俄国中部农奴制官僚主义的毒素散布到俄国的边疆地区①。在俄国，不仅地主土地占有制是中世纪式的，而且农民份地占有制也是中世纪式的。这种占有制极其混乱。它把农民分为无数细小的中世纪式的类别和等级。它反映出数百年来中央和地方政权粗暴干涉农民土地关系的历史。它像把人赶入犹太人居住区那样，强迫农民参加具有纳税性质的中世纪式的小团体，参加共同占有份地的团体即村社。而俄国的经济发展**实际上**就是要使农民摆脱这种中世纪的状况，经济发展的结果，一方面造成份地的出租和撂荒现象，另一方面，又会把占有制形式极不相同的**小块土地**，把农民自己所有的份地、租来的份地、买来的私有土地、租来的地主土地、租来的官地等等凑在一起，建立未来的自由的农场主（或容克俄国的未来的大农）经济。

要在俄国建立起**真正**自由的农场主经济，必须"废除"**全部**土地——无论是地主的土地还是份地——的"地界"。必须摧毁**一切**

---

① 亚·考夫曼先生在《移民与垦殖》(1905年圣彼得堡版)一书中提供了移民政策史的概况。作者是个十足的"自由主义者"，他对于农奴主的官僚制度是极为尊重的。

中世纪的土地占有制，必须为自由的业主经营自由的土地铲除一切土地方面的特权。必须尽最大的可能保证自由交换土地、自由迁居、自由扩大地块，建立新的自由的协作社来代替陈旧的带纳税性质的村社。必须把一切土地上的中世纪垃圾全部"清扫"。

体现这种经济必要性的，就是土地国有化，废除土地私有制，将**全部**土地转归国家所有，就是完全摆脱农村中的农奴制度。正是这种经济必要性使俄国农民**群众**成了土地国有化的拥护者。大多数小私有农民在1905年农民协会代表大会上，在1906年第一届杜马中和在1907年第二届杜马中，即在整个革命第一个时期中，始终表示赞成国有化。他们之所以赞成国有化，并不是因为"村社"在他们中间培育出了什么特殊的"萌芽"，培育出了什么特殊的、非资产阶级的"劳动原则"。恰恰相反，他们之所以赞成土地国有，是因为实际生活要求他们**摆脱**中世纪式的村社和中世纪式的份地占有制。他们之所以赞成国有化，并不是因为他们想要建立或者能够建立社会主义的农业，而是因为他们过去和现在都想要建立而且能够建立真正资产阶级的小农业，也就是在最大程度上摆脱**一切**农奴制传统的小农业。

由此可见，在俄国革命中斗争着的各阶级对土地私有制问题持不同的态度，并不是什么偶然现象，也不是由于受了哪一种理论的影响（如有些目光短浅的人所认为的那样）。这种不同的态度，完全取决于俄国资本主义发展的条件以及资本主义在当前这个发展时期提出的要求。全体黑帮地主、整个反革命资产阶级（包括十月党人**和立宪民主党人**在内）都拥护土地私有制。全体农民和整个无产阶级则反对土地私有制。改良主义的道路就是建立容克-资产阶级俄国的道路，其必要的前提是保存旧土地占有制的基础，并且使这种基础适应资本主义,而这一适应过程是缓慢的,对多数居民来说是痛苦的。革命的道路是真正推翻旧制度的道路,它必然要求消灭俄国一切旧的土地占有形式以及全部旧的政治机构,以建立自己的经济基础。俄国革命第一个时期的经验已经彻底证明:俄国革命只有作为农民土地革命才能获得胜利,而土地革命不实行土地国有化是不能全部完成其历史使命的。

社会民主党作为国际无产阶级的政党,作为争取在全世界实现社会主义的政党,当然不能把自己和任何资产阶级革命的任何时期联结在一起,不能把自己的命运同某一资产阶级革命的某种结局联结在一起。无论结局怎样,我们都应当是独立的、纯粹无产阶级的政党,应当坚定不移地领导劳动群众去实现他们的伟大的社会主义目标。因此,我们根本不能担保资产阶级革命的一切成果都永远巩固,因为资产阶级革命的**一切**成果的不巩固和内部的矛盾是资产阶级革命本身内在的固有的现象。"臆造""防止复辟的保证"不过是糊涂的表现。我们的任务只有一个:为了团结无产阶级进行社会主义革命,要最坚决地支持一切反对旧制度的斗争,在新兴的资产阶级社会中尽量争取有利于无产阶级的一切条件。由此必然得出结论:我们社会民主党在俄国资产阶级革命中的纲领**只能**是土地国有化。正如我党纲领的任何其他**部分**一样,我们应该把土地国有化同政治改革的一定形式和一定阶段联系起来,因为政治变革和土地变革的规模不可能不一样。正如我党纲领任何其他部分一样,我们应该把土地国有化同小资产阶级的幻想、同官僚知识分子关于"土地份额"的废话、同巩固村社或平均使用土地这类反动的空话严格地区别开来。无产阶级的利益需要的不是为某一资产阶级变革臆造出特殊口号、特殊"计划"或"体系",而只需要**彻底地**表明这一变革的客观条件,清除对经济上不可抗拒的客观条件的幻想和空想。土地国有化不仅是彻底消灭农业中的中世纪制度的唯一方式,而且是在资本主义制度下可能有的最好的土地制度。

俄国社会民主党人所以暂时拒绝这个正确的土地纲领,有三个原因。第一,俄国"地方公有化"的倡导者彼·马斯洛夫"修改了"马克思的理论,摒弃了绝对地租理论,翻新了半陈腐的资产阶级学说,即关于土地肥力递减规律和这一规律同地租理论的联系等等的学说。否认绝对地租就等于根本否认土地私有制在资本主义制度下的经济意义,结果必然会歪曲马克思主义对于国有化的观点。第二,俄国社会民主党人还没有具体看到农民革命的**开始**,他们对这场革命的可能性不能不持谨慎的态度,因为要取得这场革命的胜利确实需要有许多特别有利的条件,需要有群众特别高涨的革命觉悟、革命劲头和革命首倡精神。俄国马克思主义者没有现成的**经验**,并且认为不能臆造出**资产阶级的**运动,他们自然就不可能**在革命开始以前**提出正确的土地纲领。然而,他们却犯了如下错误:甚至**在革命开始以后**他们也没有把马克思的理论**运用于俄国的特殊情况**(马克思和恩格斯一直教导我们说,我们的理论不是教条,而是**行动的指南**[182]),却毫无批判地重复别人在不同条件下、在**另一个时代**运用马克思的理论所得出的结论。例如,德国社会民主党人没有采纳马克思要求实行土地国有化的一切旧纲领,这本来是一件很自然的事,因为德国已经彻底成为一个容克-资产阶级的国家,那里在资产阶级制度基础上产生的一切运动都已经成为过去,那里没有而且也不可能有什么拥护国有化的人民运动。由于容克-资产阶级分子占优势,国有化计划**实际上变成了**

一种玩物,甚至变成了容克掠夺群众的工具。德国人拒绝谈论什么国有化,这是对的,但是把这个结论搬到俄国来(其实,我国那些看不出地方公有化思想同马斯洛夫修改马克思理论有什么联系的孟什维克正是这样做的),那就是不善于思考各个具体的社会民主党在其历史发展的特殊时期的任务。

第三,地方公有化纲领明显地表现出孟什维主义在俄国资产阶级革命中的整个错误的策略方针,即不了解只有"无产阶级和农民的联盟"①才能保证这一革命的胜利。不了解无产阶级在资产阶级革命中的领导作用,力图使无产阶级袖手旁观,使它去适应不彻底的革命结局,把它从领袖变为自由派资产阶级的帮手(其实是替自由派资产阶级当粗工和奴仆)。"工人们,不要迷恋吧,要适应情况,慢慢前进"——纳尔苏修斯·土波雷洛夫针对"经济派"(即俄国社会民主工党中第一批机会主义者)说的这句话[183],充分表达了我党现行土地纲领的**精神**。

我们同小资产阶级社会主义的"迷恋倾向"进行斗争,不应该缩小而应该扩大革命的规模和无产阶级所规定的革命任务。我们不应当鼓励"地方主义",不管这种思想在小资产阶级的落后阶层或享受特权的农民(哥萨克)中间有多么严重。我们不应当鼓励各民族彼此隔绝。不,我们应当向农民讲清楚统一对于胜利的意义,应当提出口号,使运动的范围扩大而不是缩小,将资产阶级革命**不能圆满完成**归咎于资产阶级的落后,而不是归咎于无产阶级的考虑不周。我们不应使自己的纲领去"适应""地方的"民主制,不应臆造那种在不民主的中央政权下不可能实现的荒谬的农村"地方

---

① 考茨基在《社会革命》一书第 **2** 版中就是这样说的。

公有社会主义"，不应用小市民社会主义的改良去迎合资产阶级革命，而应使群众的注意力集中于资产阶级革命获得胜利的真正条件，使他们了解到，要保证这种胜利不但需要有地方的民主制，而且一定要有"中央的"民主制，即国家中央政权的民主制，——不只是一般的民主制，而且一定要是最完全最高级形式的民主制，因为没有这样的民主制，俄国的农民土地革命就会成为**空想的**（就这个词的科学意义来说）革命。

不要认为在当前这种历史时刻，当黑帮死硬派在第三届杜马中疯狂叫嚣，反革命势力猖狂到了极点，反动势力对革命者、尤其对第二届杜马中的社会民主党代表野蛮地进行政治报复的时候，"不宜于"提出"广泛的"土地纲领。这种想法是同那些加入或赞成俄国社会民主党的广大的小市民知识分子的背叛变节、灰心丧气、四分五裂、颓废堕落一脉相承的。把这些垃圾从工人政党中彻底清除出去，只会有利于无产阶级。反动势力愈猖獗，实际上它就愈是阻碍必然的经济发展，就愈是有效地促进民主运动更大规模的高涨。所以，我们应该利用现在群众行动暂时沉寂的时期，有批判地对大革命的经验进行研究，进行检验，去掉其中的糟粕，并且把这种经验交给群众作为未来斗争的指南。

1907 年 11—12 月

1908 年由彼得堡种子出版社印成单行本

1917 年由彼得堡生活和知识出版社第二次印成单行本

译自《列宁全集》俄文第 5 版第 16 卷第 193—411 页

跋[184]

本书写于 1907 年年底。1908 年在彼得堡印好后，被沙皇书报检查机关抄获销毁了。保全下来的只有一本，书末还缺了几页（本版第 269 页以后的几页），这个结尾是现在补写的。

目前，革命提出的俄国的土地问题已经比 1905—1907 年间要广泛、深刻、尖锐得多了。我希望，了解我党在第一次革命中的纲领的历史，会有助于大家更正确地了解现在革命的任务。

特别要着重指出一点，就是战争使各交战国遭到空前的灾祸，但同时它又大大地加速了资本主义的发展，使垄断资本主义向国家垄断资本主义转化，以致无论是无产阶级还是革命的小资产阶级民主派**都不能**把自己的活动局限于资本主义范围之内了。

实际生活已经超出了这种范围，已经把在全国范围内调节生产和分配、实行普遍劳动义务制、强迫辛迪加化（合并成为联合组织）等等提到日程上来了。

在这样的情况下，土地纲领中的土地国有化问题也必然要有另一种提法。这就是说，土地国有化不仅是资产阶级革命的"最高成就"，而且是**走向社会主义的一个步骤**。不采取这样的步骤，就不能消除战争的灾祸。

领导贫苦农民的无产阶级，一方面必须把工作重心从农民代表苏维埃转到农业工人代表苏维埃上来，另一方面必须要求把地主田庄的耕畜和农具收归国有,并在这些田庄上成立由农业工人代表苏维埃监督的示范农场。

这里我当然不可能详细论述这些极其重要的问题了,只好请关心这些问题的读者去阅读目前出版的布尔什维克的书刊和我的两本小册子:《论策略书》①和《无产阶级在我国革命中的任务(无产阶级政党的行动纲领草案)》②。

作 者

1917 年 9 月 28 日

1917 年载于《社会民主党在 1905—1907 年俄国第一次革命中的土地纲领》一书

译自《列宁全集》俄文第 5 版第 16 卷第 412—413 页

---

① 见本版全集第 29 卷第 135—149 页。——编者注
② 同上书,第 150—185 页。——编者注

政 治 短 评

(1908 年 2 月 13 日〔26 日〕)

  沙文主义者正在活动。他们拼命散布日本人正在加紧武装的流言,说日本人在满洲集中了 600 个营,准备进攻俄国。又说土耳其也在积极武装起来,要在今年春季向俄国宣战。还说高加索正在准备暴动,企图脱离俄国(只差没有叫喊说波兰人有什么计划了!)。他们用芬兰正在武装的无稽之谈来加紧中伤芬兰,利用波斯尼亚修筑铁路的事实来拼命鼓动反对奥地利。俄国报刊还加紧攻击德国,说它唆使土耳其反对俄国。进行这种活动的,不仅有俄国报刊,而且也有法国报刊。不久前,一名社会民主党人在杜马中正好提到了法国报刊被俄国政府收买的事实。

  西欧严肃的资产阶级报刊并不认为这些活动是报界人士凭空捏造的产物,也不认为这是哗众取宠的人玩弄的把戏。不,显然是"统治集团"(应读为黑帮沙皇政府或声名狼藉的"明星院"[185]之类的秘密宫廷奸党)发出了一种十分明确的暗号,执行着一条有步骤的"路线",采取了某种"新方针"。外国报刊认为,杜马国防委员会的工作对所有未参加该委员会的杜马代表保密,即不仅对革命政党、而且对立宪民主党人保密,是同这种沙文主义活动有着直接联系的。有的甚至说,俄国政府为了彻底表明它对"立宪"的嘲弄,竟打算不向全体杜马代表而只向黑帮—十月党人把持的委员会请求用于加强边防的军事拨款。

下面请看西欧一些决非社会主义的、根本不可能对俄国革命持乐观态度的报纸上的两段话：

"有一次俾斯麦说过,德国对法国的胜利(1870年)激起了俄国军人的虚荣心,使他们也想去摘取建立战功的桂冠。由于政治、宗教和历史上的种种原因,土耳其似乎成了特别适宜于实现这一目的(1877—1878年间的俄土战争)的对象。显然,现在俄国那些忘记了日俄战争的教训而又不了解国家真正需要的人士,也持有这样的见解。既然在巴尔干已经不必解放什么'小兄弟',那么就得想些别的办法来影响俄国的社会舆论。而这些办法,老实说,要比以前的办法更加拙劣:他们竟想把俄国形容成一个受到内外敌人包围的国家。"

"俄国统治集团想用老办法来巩固自己的地位,即一方面用暴力镇压国内的解放运动,另一方面煽动民族主义的感情、制造一些后果无法预料的外交冲突来转移人民的视线,使他们不去注意国内的可悲局面。"

反革命专制政府政策中的这个新的沙文主义方针,究竟有什么意义呢? 在对马事件和沈阳事件[186]以后,只有感到自己彻底丧失了根基的人才会采取这样的政策。不管反动派怎样努力,两年反动的经验**并没有**为黑帮专制政府**造成**任何稍微可靠的内部支柱,并没有造成任何一种能在**经济上**复兴专制制度的新的阶级成分。而**没有这一点**,反革命无论怎样残暴和疯狂,都不能保住俄国现今的政治制度。

————

无论是斯托雷平、黑帮地主还是十月党人都懂得,他们不建立新的阶级支柱,就不能保住政权。因此,他们实行的政策是使农民完全破产,用暴力手段破坏村社,**不惜一切代价**在农业方面给资本主义扫清道路。在这一方面,那些最有学问、最有教养、最讲"人道"的俄国自由派,如《俄罗斯新闻》的教授们,要比斯托雷平之流蠢得多。该报 2 月 1 日的一位社论作者写道:"在决定 11 月的暂行条例的命运的时候,如果昨天还拥护村社的那些斯拉夫主义者竟然支持内阁通过把土地变为单个农户的私有财产的办法来破坏村社,那是没有什么值得奇怪的……　甚至可以设想,在杜马中占多数的保守派和内阁有着共同的防卫目的,这会使它们采取甚至比 1906 年的著名法令更带进攻性的办法……　结果就会出现一种令人吃惊的情况,即保守派政府在各保守政党代表的赞助下,为在最不易发生急剧变革的土地关系方面实行激进的改良作准备,而它决意采取这样激进的办法,是以一种占有制优于另一种占有制的抽象理由为根据的。"

　　教授先生,醒醒吧,把您身上的民粹派老祖宗档案库的灰尘抖一抖,看看两年革命时期内所发生的事情吧。斯托雷平战胜你们不仅靠的是体力,而且靠的是他正确地理解到经济发展中最实际的需要,理解到要用暴力手段摧毁旧的土地占有制。已由革命不可逆转地完成的一大"变动"就是:从前黑帮专制政府**可以**依靠中世纪的土地占有制形式,而现在却**被迫**(完全地不可逆转地被迫)用飞快的速度破坏这种占有制。这是因为它懂得,**不破坏**旧的土地制度,就**不能摆脱**构成俄国革命最深刻的原因的矛盾,即一方面是最落后的土地占有制和最野蛮的乡村,另一方面又是最先进的工业资本主义和金融资本主义!

　　这么说,你们是赞成斯托雷平的土地法喽?——民粹派会大吃一惊地质问我们。不是! 放心吧! 我们坚决反对俄国**一切**旧的土地占有制形式,既反对地主土地占有制,也反对农民份地占有制。我们坚决主张用暴力手段摧毁这个正在腐蚀和毒害一切新事物的腐朽的旧制度,我们主张资产阶级性的土地**国有化**,认为这是资产阶级革命唯一彻底的口号,唯一合乎实际的办法,这种办法把历史所要求的摧毁的矛头完全指向地主,促使农民群众中分化出经营土地的自由的业主。

俄国资产阶级革命的一个特点,就是黑帮和农民、工人在革命的基本问题即土地问题上都实行革命的政策。而自由派辩护士和教授却维护最没有生气、最荒谬、最不能实现的主张,即把两种互相对立、互相排斥的**摧毁**旧制度的手段调和起来,使旧制度根本摧毁不了。要么是农民起义获胜,彻底摧毁旧土地占有制,使因革命而得到新生的农民获得利益,也就是没收地主土地,建立共和国。要么是斯托雷平式的摧毁,这也能革新、而且确实是在革新旧土地占有制,使它适应资本主义关系,但这只是使地主获得利益,代价却是农民群众彻底破产,被用暴力赶出农村,流离失所,死于饥饿,青年农民的精华受到监禁、流放、枪杀和拷打而被消灭殆尽。由少数人来对多数人实行这种政策并不容易,但它在经济上不是不可能的。我们应当帮助人民认清这一点。企图用精心设计的改良办法,和平地、非暴力地摆脱俄国历史几百年来造成的错综复杂的中世纪矛盾,那是顽固的“套中人”的一种最愚钝的幻想。经济上的必要性一定会引起、而且一定会实现俄国土地制度中最“急剧的变革”。历史提出的问题只在于由谁来实现这一变革:是沙皇和斯托雷平领导下的地主呢,还是无产阶级领导下的农民群众。

————

“反对派的联合”是俄国政治报刊当前关注的问题。斯托雷平的警察报纸《俄国报》欢天喜地地说:“联合吗?那立宪民主党人也是革命家了;抓立宪民主党人!”立宪民主党的《言语报》充分表露出官吏的心理,它想证明立宪民主党人也能像十月党人一样温和,于是装腔作势地噘着嘴,对人家不怀好意地指责他们是革命党这一点竭力表示"道义上"的愤懑,并且说,我们当然欢迎反对派的联合,但是这个联合应当是"**从左向右**"的运动(2月2日的社论)。又说:"我们有政治上犯错误和失望的经验。反对派的联合,自然要以其中最温和的政党的最低纲领为基础。"

这个纲领是十分清楚的。立宪民主党人说,领导权归资产阶级自由派,这就是我的条件,这正像1871年法卢对当时向他求援的梯也尔所说的话:实行君主制,这就是我的条件。

《首都邮报》[187]意识到,直截了当地讲出这样的话来是不体面不光彩的,于是它表示"不同意"《言语报》的意见,而用"十月以前的情绪"这样含糊的暗示来支吾搪塞(可恶的书报检查制度使人不能提出明确的政治纲领!),其实是要大家来讲讲价钱,说什么《言语报》想领导,革命家也想领导(指领导新的联合),而对我这个诚实的经纪人就不该酬劳一番吗?

"联合"——我们热烈赞同这个口号,特别是当人们在这里暗示(哪怕只是暗示也好!)"十月以前的情绪"的时候。不过历史是不会重演的,可爱的政客老爷们!"三年历史"给我们的教训,是任何力量都不能从各阶级的意识中抹掉的。这些教训非常丰富,不但有很多正面的教训(1905年工农**群众**斗争的形式、性质和取得胜利的条件),也有很多反面的教训(两届杜马的破产,即立宪幻想和立宪民主党领导权的破产)。

谁想有系统地研究、思考、领会**这些**教训,并且让群众懂得**这些**教训,那我们欢迎之至,我们完全赞成"联合",完全赞成联合起来对革命的叛徒进行无情的斗争。你们不喜欢吗? 那我们就分道扬镳好了。

"十月以前的"旧口号（"立宪会议"的口号）是很好的，我们（请《我们的思想》文集的姆—德—姆别生气！[188]）不想抛弃它。但是这个口号还不够，太笼统了，没有反映出实际生活具体提出的各种尖锐问题。我们要用伟大的三年的伟大教训来充实它。我们的"最低纲领"，"我们联合的纲领"是简单而明了的：（1）没收一切地主土地；（2）建立共和国。为此我们就需要有可以用来达到这些目标的**那种**立宪会议。

两届杜马的历史，两届立宪民主党人杜马的历史，已经非常清楚地表明，各种社会力量的实际斗争，虽然并非总是被人们意识到，并非总是趋于表面化，却总是对一切巨大的政治事变的结局起着决定性的影响，总是把那些天真幼稚的和老奸巨猾的"立宪主义"门外汉的种种诡计一扫而光，这一斗争完完全全是上述两个"目标"所引起的。不是什么抽象的理论，而是我国人民群众在俄国地主专制制度现实条件下进行斗争的现实经验，在实际上向我们表明了这些口号的必要性。谁能领会这些口号，我们就向他提议"分进""合击"，打垮那个正在毁灭俄国、杀戮俄国成千上万优秀人物的敌人。

"你们提出这样的联合纲领，只会成为孤家寡人。"这个说法不对。

只要读一读无党派农民在头两届杜马中的发言，你们就会明白，我们的联合纲领不过是表达了他们的愿望、他们的需要以及从这种需要中得出的最必要的结论。至于不了解这种需要的人，从立宪民主党人一直到彼舍霍诺夫（据莫斯科来信说，他也在那里宣传"联合"），我们就要为了"联合"而同他们作战。

这将是一场顽强的战争。我们善于在革命以前长期进行工作。人们说我们坚如磐石，这不是没有原因的。社会民主党人已建立起无产阶级的党，这个党决不会因第一次军事进攻遭到失败而心灰意懒，决不会张皇失措，决不会热衷于冒险行动。这个党在走向社会主义，而没有把自己和自己的命运同资产阶级革命某个阶段的结局联结在一起。正因为如此，它就不会有资产阶级革命的种种弱点。这个无产阶级的党正在走向胜利。

载于 1908 年 2 月 13 日(26 日)
《无产者报》第 21 号

译自《列宁全集》俄文第 5 版
第 16 卷第 414—420 页

《无产者报》编辑部的声明

(1908 年 2 月 13 日〔26 日〕)

　　《新时代》杂志第 20 期刊载了亚·波格丹诺夫论恩斯特·马赫一文的译者序,译者姓名不详。序中有如下一段话:"遗憾的是,在俄国社会民主党内,出现了一种把对马赫的这种或那种态度变成党内派别划分问题的强烈倾向。布尔什维克和孟什维克的十分严重的策略分歧,由于这种在我们认为同策略分歧完全无关的问题(具体是:马克思主义在理论认识上是同斯宾诺莎和霍尔巴赫的学说相吻合,还是同马赫和阿芬那留斯的学说相吻合?)上的争论而更加严重了。"

　　《无产者报》编辑部作为布尔什维克派的思想上的代表者,认为有必要就此发表如下声明。这种哲学上的争论实际上并不是派别的争论,而且照编辑部的意见,这也不应当成为派别的争论;任何想把这种分歧当做派别分歧的企图,都是根本错误的。无论在这个或那个派别里,都有两种哲学流派的拥护者。

载于 1908 年 2 月 13 日(26 日)
《无产者报》第 21 号

译自《列宁全集》俄文第 5 版
第 16 卷第 421 页

新土地政策

（1908 年 2 月 20 日〔3 月 4 日〕）

2 月 13 日，星期三，尼古拉二世接见了第三届杜马的 307 名代表。沙皇同黑帮分子鲍勃凌斯基和切雷舍夫的亲切谈话，是专制政府同参加同盟的匪帮又一次接吻的滑稽表演。尼古拉的声明却严肃得多，他说杜马最近就要通过新的土地法，说任何强制转让的念头都应该打消，因为他，尼古拉二世，决不会批准这样的法律。《法兰克福报》[189]的记者报道说："沙皇的话使农民心情沉重。"

沙皇本人的"关于土地问题的声明"所起的鼓动作用，无疑是很大的，我们只能对这个有才干的鼓动家表示欢迎。但除了鼓动作用，这一反对强制转让的严厉举动还有重大的意义，它表明地主的君主制最终走上了土地政策的**新道路**。

按根本法第 87 条颁布的著名的杜马外的法令——1906 年 11 月 9 日的法令及此后的法令——开始了沙皇政府的这项新土地政策的时期。在第二届杜马中，斯托雷平确认了这项政策，右翼的和十月党的代表赞成这项政策，立宪民主党人（他们被奸党的前厅中传出的关于解散杜马的流言吓坏了）拒绝公开谴责这项政策。现在，在第三届杜马中，土地委员会已经在前几天接受了 1906 年 11 月 9 日法令的基本论点，而且走得更远，承认所有村社中 24 年来没有重新分配的农民地块归农民私有。农奴主-地主俄国的元首在2月13日接见时,高声地表示赞成这个政策,他大声疾呼(显然是为了让无党派的农民知道),说他决不会批准任何有利于农民的强制转让的法律。

沙皇、地主和大资产阶级(十月党人)的政府最终改行新的土地政策,这是具有巨大的历史意义的。俄国资产阶级革命(不仅是现在的革命,而且还有将来可能发生的民主革命)的命运**主要**取决于这一政策的成败。

这个转变的实质是什么呢?迄今为止,旧的中世纪的农民份地占有制和他们"自古以来的"村社的不可侵犯性,受到反动俄国的统治阶级的热烈拥护。农奴主–地主作为俄国改革以前的统治阶级,作为整个19世纪在政治上主宰一切的阶级,他们执行的完全是**保护**旧的村社的农民土地占有制的政策。

20世纪开始时,资本主义的发展彻底冲垮了这一制度。旧的等级制的村社,农民对土地的依附,半农奴制农村的因循守旧,这一切都同新的经济条件发生了极其尖锐的矛盾。历史的辩证法是:俄国农民在革命时期提出了破坏性最大的要求,直至提出没收地主土地和实行土地国有化(第一届和第二届杜马中的劳动派);而在其他国家,只要稍微整顿一下(从资本主义要求的观点出发)土地制度,农民就能成为制度的支柱。

产生这些激进的、甚至带有小市民社会主义思想色彩的要求的,绝不是庄稼汉的"社会主义",而是斩断农奴主土地占有制这团乱麻、为自由的农场主(农业企业主)经营没有任何中世纪障碍的土地扫清道路这种经济上的必然性①。

---

① 这里所叙述的见解同对我们党纲的批评有密切的联系。在《无产者报》第21号上,这一批评是作为个人的意见发表的;以后各号将详细研究这个问题。**190**

　　资本主义已经不可逆转地破坏了俄国旧土地制度的一切基础。不摧毁这个制度,资本主义就不能向前发展。资本主义必定要破坏这个制度,这是世界上没有任何力量能够阻挡得了的。但这个制度的破坏,可以按照地主的办法,也可以按照农民的办法,可能给地主资本主义扫清道路,也可能给农民资本主义扫清道路。按照地主的办法摧毁旧制度,就是用暴力破坏村社,就是大批贫穷的小业主加速破产和被消灭,使一小撮富农得到好处。按照农民的办法摧毁,就是没收地主的地产,把全部土地交给从农民中产生的自由农场主支配(民粹派先生们的"平等的土地权"其实就是**业主**得到消灭了一切中世纪障碍的土地的权利)。

　　反革命的政府明白了这一点。斯托雷平很正确地理解到:不摧毁旧的土地占有制,就不能保证俄国经济的发展。斯托雷平和地主勇敢地走上了革命的道路,最无情地摧毁了旧制度,让地主和富农任意洗劫农民群众。

　　现在,自由派和市侩民主派的先生们(开始是半十月党的"和平革新党",接着是《俄罗斯新闻》,最后是《俄国财富》杂志的彼舍霍诺夫先生)因政府破坏了村社而吵得不可开交,**指责**这个政府在搞革命!资产阶级自由派在俄国革命中采取的模棱两可的立场从来也没有表现得这样突出。不,先生们,为自古以来的基础被破坏而哭哭啼啼是于事无补的。三年来的革命使调和主义和妥协主义的幻想完全破灭了。问题已经很清楚。要么是勇敢地号召进行农民革命,直至建立共和国,并且同无产阶级结成联盟,从思想上和组织上全面地为进行**这样的**革命作准备。要么是在斯托雷平—地主—十月党人对村社的进攻面前无谓地长吁短叹,表现出政治上和思想上的软弱无力。

还有一点公民的勇气和对农民群众的同情心的人们,请作出选择吧! 无产阶级已经作出选择,社会民主工党现在将比任何时候都更加坚决地解释、宣传和在群众中传播农民同无产阶级一起举行起义这一口号,只有这样的起义才是不使斯托雷平"革新"俄国的办法得逞的**唯一**可能的手段。

我们不认为这种办法是不可能实现的(它在欧洲已经不止一次地在较小的范围内试验过了),但是我们要向人民讲清楚,要实现这种办法,只有靠少数人在几十年中对多数人肆无忌惮地施加暴力,靠大量杀害进步农民。我们不会把注意力集中在修补斯托雷平的革命计划、修正这些计划、削弱这些计划的作用等等上面。我们将以加强我们在人民群众中、特别是在和农民有联系的那些无产阶级阶层中的宣传鼓动工作来回答。农民代表,甚至那些过了警察好多道筛子的、那些由地主选出来的、那些被杜马中的死硬派吓怕了的农民代表,不久以前都表露了自己真正的意向。正如大家在报上看到的,一批无党派的、其中一部分属于**右派**的农民主张强制转让土地,主张建立由**全体居民**选举产生的地方土地机关! 难怪土地委员会中有一位立宪民主党人说,右派农民比立宪民主党人左。是的,在土地问题上,"右派"农民在所有这三届杜马中的表现都比立宪民主党人左,这就证明:庄稼汉的君主主义思想是一种即将消除的幼稚思想,它同那些自由派市侩的君主主义思想是不同的,自由派市侩是出于阶级私利的君主派。

农奴主的沙皇向无党派的农民叫喊,他决不准许实行强制转让。让工人阶级来回答,让他们向千百万"无党派的"农民高呼:无产阶级号召农民起来为推翻沙皇制度、为没收地主土地而进行群众性的斗争。

载于1908年2月20日(3月4日)　　　　译自《列宁全集》俄文第5版
《无产者报》第22号　　　　　　　　第16卷第422—426页

工会的中立[191]

(1908 年 2 月 20 日〔3 月 4 日〕)

我们在上一号《无产者报》登载了我们党中央关于工会的决议[192]。《我们时代报》[193]向读者报道这一决议时补充说,这一决议是中央委员会一致通过的,孟什维克也投票赞成,因为这一决议同布尔什维克原来的草案相比,已经作了一些让步。如果这个报道是真实的(已停刊的《我们时代报》对于有关孟什维主义的一切一向是非常熟悉的),那我们只有对社会民主党在工会这个重要领域里统一行动大有进步表示衷心欢迎。《我们时代报》所谈的那些让步完全是微不足道的,丝毫没有改变布尔什维克草案的基本原则(顺便提一句,这个草案登载在 1907 年 10 月 20 日《无产者报》第 17 号上,同时还登载了长篇的说明文章:《工会和社会民主党》)。[194]

可见,现在我们全党都承认,进行工会工作,不应当根据工会中立的精神,而应当根据使工会尽可能紧密地接近社会民主党的精神。同时也承认,工会要具有党性,只能通过社会民主党在工会内部做工作,社会民主党人应当在工会中建立团结一致的支部,既然合法的工会不可能存在,就应当建立秘密的工会。

毫无疑问,这次我们党内两派在工会工作性质问题上意见能够接近,是由于受到斯图加特代表大会的极大影响。正像考茨基在给莱比锡工人作报告时指出的,斯图加特代表大会的决议,否定了对工会中立的原则承认。阶级矛盾大大发展,近来各国国内阶级矛盾日益尖锐,德国多年的经验(在那里,中立政策助长了工会中的机会主义,丝毫也没能阻止特殊的基督教工会和自由派工会的出现),要求工会同政党采取一致行动的那种特殊的无产阶级斗争领域(例如俄国革命中的群众性罢工和武装起义,这些都是西欧无产阶级革命可能具有的形式的楷模)日益扩大,——这一切使中立论完全失去了存在的基础。

现在在各无产阶级政党里,工会中立的问题看来已经不会引起什么特别重大的争论了。至于我国的社会革命党人之类的非无产阶级的冒牌社会主义政党,那又另当别论了,他们实际上是知识分子和进步农民的革命资产阶级政党的极左翼。

极其值得注意的是,在斯图加特代表大会以后坚持中立**主张**的,在我国只有社会革命党人和普列汉诺夫。而且他们做得很不成功。

在社会革命党中央机关报《劳动旗帜报》最近一号(1907年12月第8号)上,有两篇谈工会运动问题的文章。社会革命党人在文章里首先嘲笑了社会民主党《前进报》[195]的声明,因为这一声明说,斯图加特的决议正是按照伦敦决议的意思,即本着布尔什维主义的精神解决了党同工会的关系问题。我们的回答是,社会革命党人自己在同一号《劳动旗帜报》上举出的**事实**,就雄辩地证明了这样的估计是正确的。

《劳动旗帜报》在谈到1905年秋天时写道:"就在这个时候(这也是一个值得注意的事实),俄国的三个社会主义派别即社会民主党孟什维克、社会民主党布尔什维克和社会革命党人第一次面对面地说明了自己对工会运动的看法。莫斯科局受委托抽出成员组成一个中央办事处来召集代表大会（工会的），它在奥林匹亚剧院组织了一次加入工会的工人的大会①。孟什维克对党的目标和工会的目标所作的划分是经典马克思主义的、严格正统的划分。'社会民主党的任务是建立一个消灭了资本主义关系的社会主义制度；工会的任务是在资本主义制度范围内改善劳动条件，以争取对劳动有利的出卖劳动力的条件'；工会因此具有非党性，它应该包括'本行业的全体工人'②。

布尔什维克论证说，目前不能把政治同职业严格地分开，他们并由此得出结论说：'社会民主党和工会应当紧密地团结，社会民主党应当领导工会。'最后，社会革命党人要求工会保持严格的非党性，以免造成无产阶级的分裂，但是反对任何把工会的任务和活动限制在某个狭小范围内的做法，并说明这个任务就是同资本展开全面的斗争，也就是说，既进行经济斗争，也进行政治斗争。"

《劳动旗帜报》自己就是这样来描述**事实**的！只有瞎子和完全丧失思维能力的人才会否认，在这三种观点中，只有主张社会民主党应同工会紧密团结的观点才是"建议党和工会紧密联系的斯图加特决议所确认的"③。

为了把这个极其清楚的问题搅糊涂，社会革命党人十分可笑

① 参加大会的将近1 500人。报告见1905年11月26日《劳动促进博物馆公报》**196**第2期（引文是《劳动旗帜报》的）。
② 不过应当说，孟什维克先生们对这个"非党性"的理解是相当独特的，例如，他们的报告人这样来说明自己的观点："党性问题在莫斯科印刷工会得到了正确的解决，印刷工会建议同志们以个人身份加入社会民主党。"（《劳动旗帜报》注）
③ 1905年11月孟什维克陈述的对中立的看法不是正统的而是**庸俗的**，请社会革命党人先生们记住这一点吧！

地把工会在经济斗争中的独立性同工会的非党性混为一谈。他们写道:"斯图加特代表大会也明确地主张工会的独立性(非党性),也就是说,既否定了布尔什维克的观点,也否定了孟什维克的观点。"这个结论是从斯图加特决议中下面这段话里得出来的:"这两个组织〈党和工会〉中,哪一个都有与自己的性质相适应的范围,它应当在这个范围里完全独立地活动。但同时还有一个日益扩大的范围"等等,如上所引。竟有这样好开玩笑的人,居然把工会在"与自己的性质相适应的范围内"保持"独立性"的要求同工会的非党性,或者同工会应该在政治和社会主义革命任务方面紧密接近党的问题**混为一谈**!

这样一来,我们的社会革命党人就把关于对"中立"论的估价这个基本的原则性的问题完全岔开了,这个"中立"论实际上是在加强资产阶级对无产阶级的影响。他们不谈这个原则问题,在目前存在着几个社会主义政党的情况下宁可只谈俄国的各种特殊关系的问题,并且**歪曲**斯图加特决议中的东西。《劳动旗帜报》写道:"这里不必借口说斯图加特决议模糊不清,因为普列汉诺夫先生以党的正式代表的身份在国际代表大会上的发言,已使所有模糊不清的地方和有怀疑的地方都一扫而光了,到目前为止我们还没有看到社会民主党中央委员会发表相应的声明,说'普列汉诺夫同志这样的发言是在瓦解统一的党的队伍'……"

社会革命党人先生们! 你们当然有权讽刺我们中央委员会要普列汉诺夫守规矩。你们有权认为,比方说那个**不公开斥责**给立宪民主党捧场的格尔舒尼先生的政党是可以尊敬的。但是为什么要公然撒谎呢? 普列汉诺夫在斯图加特代表大会上**并不**代表社会民主党,他只是社会民主党 33 个代表当中的一个。他所代表的不是社会民主党的观点,而是现今对社会民主党及其伦敦代表大会决议持反对态度的孟什维克观点。社会革命党人不会不知道这一点,这就是说,他们是**有意**在撒谎。

　　"……在研究工会和政党的相互关系问题的委员会上,他〈普列汉诺夫〉的原话是:'俄国有11个革命组织,工会到底应当同其中哪一个建立联系呢? …… 把政治上的分歧带到工会中去,在俄国是有害的。'对这一点,委员会的**全体**委员**一致**表示,不能这样来理解大会的决议,他们'**决不规定工会和工会会员必须是社会民主党的党员**',也就是说,他们也同决议所指出的一样,要求工会有'完全的独立性'。"(黑体是《劳动旗帜报》用的)

　　《劳动旗帜报》的先生们,你们弄错了! 在委员会里,有一个**比利时**同志问道,可不可以规定工会会员必须参加社会民主党,**大家**都回答他说,不能。而另一方面,普列汉诺夫对决议提出了一个修正案:"同时不应当忽视工会组织的统一",这个修正案被通过了,但不是一致通过的(代表俄国社会民主工党观点的沃伊诺夫同志投票赞成这一修正案,我们认为,投票赞成是对的)。情况就是这样。

　　社会民主党人在任何时候也不应当忽视工会组织的统一。这话完全正确。但是,这话也适用于社会革命党人,在工会组织宣布自己要同社会民主党建立紧密联系的时候,我们请社会革命党人考虑一下这个"工会组织的统一"! 至于"规定"工会会员"必须"参加社会民主党的问题,从来也没有人这样想过,这是社会革命党人由于害怕而产生的错觉。但是要说斯图加特代表大会曾经禁止工会宣布自己要同社会民主党建立紧密联系,或者禁止真正实现**这种联系**,那是瞎说。

　　《**劳动旗帜报**》写道:"俄国社会民主党人正在进行始终不渝的和最坚决的斗争来夺取工会,使工会服从他们党的领导。布尔什维克是直接地、公开地这样做的……　孟什维克选择了较为迂回的道路……"　社会革命党人先生们，说得对！为了工人国际的威信，你们有权要求我们有分寸地、有耐性地进行这场斗争，同时"不要忽视工会组织的统一"。我们十分乐意承认这一点，同时要求你们也承认这一点，但是我们决不放弃斗争！

然而普列汉诺夫可是说过把政治上的分歧带到工会中去是有害的呀……　不错，普列汉诺夫是说过这种蠢话，社会革命党人先生们自然会抓住这些话了，他们老是抓住一切最不值得仿效的东西。但是应当遵循的不是普列汉诺夫的话，而是代表大会的决议，执行这个决议就**不能**不"带来政治上的分歧"。这儿举一个小小的例子。代表大会的决议说，工会不应当遵循"劳资利益调和论"。我们社会民主党人肯定地说，要求在资产阶级社会中平分土地的土地纲领是以劳资利益调和论作根据的①。我们将永远反对由于这种分歧（甚至由于同君主派工人的分歧）而破坏罢工等等行动的统一，但是我们永远要"把这种分歧带到"工人中间去，特别是要带到**所有的**工人团体中去。

普列汉诺夫拿11个政党作借口，这也是不聪明的。第一，并不是只有俄国才有各种各样的社会主义政党。第二，在俄国只有两个比较认真地进行竞争的社会主义政党——社会民主党和社会革命党，因为把各民族的政党放在一起是十分荒谬的。第三，真正社会主义的政党的统一的问题，完全是另一个问题；普列汉诺夫把这个问题扯在一起，就把事情搅乱了。我们随时随地都应当坚决

① 现在连某些社会革命党人也认识到了这一点，从而向马克思主义迈出了坚决的一步。见菲尔索夫先生和雅科比先生的一本非常有趣的新书，我们很快就要同《无产者报》的读者详细谈谈这本书。**197**

主张工会同工人阶级的社会主义政党接近，而在某个国家、某个民族中，哪一个政党是真正社会主义的、真正工人阶级的政党，这是另外一个问题，这个问题不应由国际代表大会的决议来决定，而应由各民族政党之间的斗争进程来决定。

　　普列汉诺夫同志对这个问题的论断的错误的严重性，从他发表在 1907 年《现代世界》杂志[198]第 12 期上的一篇文章中可以看得特别清楚。普列汉诺夫在第 55 页上举出了卢那察尔斯基所说的话：工会中立是德国修正主义者坚持的。普列汉诺夫对此的回答是："修正主义者说'工会应当中立'，意思是说，应当利用工会来同正统的马克思主义作斗争。"于是普列汉诺夫推论说："取消工会的中立是毫无用处的。即便我们使工会在形式上紧紧地依从于党，而党内是修正主义者的'思想'占了上风，那么，取消工会中立就只会是'马克思的批评家'的一个新的胜利。"

　　这种议论就是普列汉诺夫最惯于使用的回避问题和避开争论实质这一手法的典型例子。如果修正主义者的思想在党内真的占了上风，那就不是工人阶级的社会主义政党了。问题完全不在于这样的党是怎样形成的，以及其中有着怎样的斗争和怎样的分裂。问题在于，每个资本主义国家都有社会主义政党和工会，而我们的任务是确定它们之间的基本关系。资产阶级的阶级利益必然要求把工会的活动限制在现行制度基础上的狭小范围以内，割断工会同社会主义运动的一切联系，而中立论就是这种资产阶级要求的思想外衣。社会民主党党内的修正主义者总是会以这种或那种方式在资本主义社会里为自己开辟道路的。

　　当然，在欧洲，在工人的政治运动和工会运动的初期，可以坚持工会中立，因为在无产阶级斗争比较不发达和资产阶级还没有经常不断地影响工会的时期,工会中立可以作为扩大无产阶级斗争的初步基础的手段。目前,从国际社会民主党的角度来看,坚持工会中立就完全不妥当了。普列汉诺夫断定说,"马克思要是还在世的话,也会主张德国工会中立",他忽略了马克思的言论的完整性和马克思的学说的整个精神,对马克思的"一段话"作了片面的解释从而得出这样的论据,我们看了只能一笑置之。

普列汉诺夫写道:"我主张中立,但这是倍倍尔所说的中立,而不是修正主义者所说的中立。"这样说话,就是在借助倍倍尔来赌咒发誓,结果还是往泥潭里爬。不用说,倍倍尔是国际无产阶级运动的一个大权威,是一个很有实践经验的领袖,一个对革命斗争的要求十分敏感的社会主义者,因而当他失足的时候,在百分之九十九的情况下都是自己从泥潭里爬出来的,而且还把愿意跟他走的人拉出来。倍倍尔在布雷斯劳(1895 年)同福尔马尔一起维护修正主义者的土地纲领,他坚持(在埃森)防御战和进攻战有原则性的区别,他准备把工会"中立"当做一条原则,这些都是错误的。**199**我们很乐意相信,如果普列汉诺夫只是同倍倍尔一起往泥潭里爬,那对普列汉诺夫来说,这种情况是不多见的而且是不会长久的。不过我们还是认为,不应当在倍倍尔犯错误的时候去仿效他。

有人说,需要中立是为了团结所有认为有必要改善自己的物质状况的工人——普列汉诺夫也特别强调这一点。但是说这种话的人忘记了,当阶级矛盾发展到目前的阶段,即使是在现代社会应该怎样争得物质生活改善这一问题上,也不可避免地必然会产生"政治上的分歧"。工会中立论与认为工会必须同革命的社会民主党紧密联系的理论不同,它必然倾向于采取缓和无产阶级阶级斗争的手段来争取这种改善。关于这一点,普列汉诺夫撰文维护中立的**那一期**《现代世界》杂志给我们提供了一个明显的例子(这个例子恰好牵涉到对最近工人运动中的一件极有趣的事情的估计)。在这一期杂志上,除了普列汉诺夫的文章,还有埃·皮·先生的一篇文章,他赞扬英国著名的铁路工人领袖理查·贝尔用妥协办法结束了工人同公司经理的冲突。贝尔被说成是"整个铁路工人运动的灵魂"。埃·皮·先生写道:"毫无疑问,贝尔以自己的稳健的、缜密的、坚定的策略赢得了铁路职工联合会的绝对信任,该会会员决心毫不动摇地处处跟着贝尔走。"(《现代世界》杂志第12期第75页)这种观点同中立主义的联系不是偶然的,而是实质性的,因为中立主义认为把工人团结起来主要是为了争取改善工人的生活状况,而不是为了进行能促进无产阶级解放事业的斗争。

但是,这种观点同英国社会党人的见解是完全不符合的,英国社会党人看到贝尔的赞扬者居然与著名的孟什维克如普列汉诺夫、约尔丹斯基之流在同一家杂志上发表文章而不受反驳,一定会感到非常惊讶。

英国社会民主党的报纸《正义报》[200]在11月16日的社论中谈到贝尔同铁路公司的协议时写道:"我们完全同意几乎所有的工联对这个所谓和平条约的谴责…… 这个条约完全破坏了工联存在的宗旨…… 这个荒谬的协议……束缚不住工人,如果工人拒绝这个协议,那他们就做对了。"在下一号,即11月23日的报上,伯内特在一篇题为《又出卖了!》的文章中谈到这个协议:"三个星期以前,铁路职工联合会还是英国最强大的工联之一,而现在它已降到互助会的水平了。""发生这种变化不是因为铁路员工进行斗争遭到了失败,而是因为他们的领袖蓄意或者是由于愚钝在斗争以前就把他们出卖给资本家了。"该报编辑部补充说,一个"米德兰铁路公司的雇佣工人"也给编辑部寄来了一封内容类似的信。

不过,这也许是"太革命的"社会民主党人的"特别爱好"吧?不是的。温和的、甚至不愿意称自己是社会主义政党的"独立工党"(I.L.P.)的机关报(《工人领袖》[201])在11月15日刊登了一个铁路工会会员的来信,他在回答所有资本主义报刊(从激进派的《雷诺新闻》[202]到保守派的《泰晤士报》[203])对贝尔的过分赞扬时说,贝尔所签订的协议是"工联运动史上最可鄙的一次协议",他并且把理查·贝尔称做"工联运动的巴赞元帅"[204]。另外有一个铁路员工要求"追究贝尔的责任",因为他签订了这个"要使工人受七年苦役"的倒霉协议。温和的机关报的编辑部也在同一天报上的社论中称这个协议是"不列颠工联运动的色当"[205]。"要在全国范围内显示有组织的劳动的力量,还从来没有过这样好的机会",在工人中充满了"空前的热情"和斗争的愿望。文章最后把工人的贫困同"正在准备设宴庆贺的劳合-乔治先生(给资本家当走狗的大臣)和贝尔先生"的胜利作了一个尖刻的对比。

只有极端的机会主义者费边派分子,纯粹知识分子的组织才**赞成**这个协议,这甚至使同情费边派分子的杂志《新世纪》[206]也感到羞耻,这家杂志不得不承认,虽然资产阶级保守派的《泰晤士报》全文转载了费边派分子的中央委员会的相应的声明,然而除了这些先生以外,"没有一个社会主义的组织、没有一个工联、没有一个杰出的工人领袖"(12月7日出版的那一期第101页)表示赞成这个协议。

这就是普列汉诺夫的同事埃·皮·先生运用中立原则的一个范例。问题并不涉及"政治上的分歧",而只涉及改善现社会的工人的生活状况。英国整个资产阶级、费边派分子和埃·皮·先生都主张以放弃斗争和接受资本家的恩赐来换得"改善",而所有社会党人和参加工联的工人则主张工人进行集体的斗争。难道普列汉诺夫现在还要继续鼓吹"中立",而不宣传工会同社会主义政党的紧密接近吗?

载于1908年2月20日(3月4日)
《无产者报》第22号

译自《列宁全集》俄文第5版
第16卷第427—437页

论葡萄牙国王事件

(1908年2月20日〔3月4日〕)

资产阶级报刊,甚至包括最具有自由主义和"民主主义"倾向的报刊,在谈到葡萄牙这个冒险家被刺事件[207]的时候,都不能不把黑帮的道德搬出来。

欧洲一家最优秀的资产阶级民主派报纸《法兰克福报》的一位特派记者就是一个例子。这位记者在报道的一开头半开玩笑地说,一大群记者在获悉耸人听闻的消息以后,就像扑向猎物一样,立即扑向里斯本。这位先生写道:"我恰巧和一位伦敦的名记者住在同一个房间里,这位记者大肆吹嘘起他的阅历。原来,他为这类事件已经到过贝尔格莱德,可以自认为是个'采访国王遇刺案的专职记者'了。"

……是啊,葡萄牙王的遇害确实是国王们的"职业性事故"。

因此,出现一些报道国王陛下职业性"事故"的专职记者,这是并不奇怪的……

然而,不管这班记者写的报道中如何突出廉价的和庸俗的耸人听闻的情节,真相有时还是掩盖不了的。"一位住在最繁华的商业区的商人"对《法兰克福报》记者讲了下面一段话:"我一听说出事,马上就挂旗志哀。但是,很快就来了一些买主和熟人,问我是不是发疯了,是不是打算同朋友们绝交。我问他们:难道谁都没有一点恻隐之心？先生，说来**您**简直不会相信，我招来了多大的报应啊！后来我只好把旗扯了下来。"

这位自由派记者讲了这件事情以后，就发表了一段议论：

"像葡萄牙人民这样天性温厚殷勤的人民，看来是学坏了，才会对去世的人也这样切齿痛恨。如果这是真话（这无疑是真话，我如果对此避而不谈，就是歪曲历史真相），如果不仅是这种无声的抗议宣告了对遇害的国王的判决，如果您随时随地都可以听到对受害者的谩骂，而且是出自'循规蹈矩的人'之口，那么自然不免使人想探究一下那种使人民心理变得如此不正常的罕见的错综复杂的情势。假如人民连死亡能赎取一切尘世罪恶这个古老的神圣权利都不承认了，那么这样的人民如果不是已经道德堕落，就是这种使他们不能清醒地、公正地评价问题的刻骨仇恨确实有着产生的原因。"

啊，自由派伪君子先生们！你们为什么不把那些法国学者和作家也宣布为道德堕落的人呢？他们不是直到现在不仅对1871年的公社活动家，甚至对1793年的活动家，不仅对无产阶级革命的战士，甚至对资产阶级革命的战士都是恨之入骨和肆意谩骂的吗？原因就是在**现代**资产阶级的"民主主义"奴仆看来，人民只有"温厚地"忍受戴王冠的冒险家们的胡作非为和横行霸道，才是"正常的"和"道德的"。

这位记者继续写道：不然（即如果不看这种特殊的情况），"就无法理解，为什么今天就有一家君主派报纸对人民中的无辜牺牲者表达了甚至在国王被杀时也没有表达过的哀思，为什么现在我们就看得十分清楚，人们竟开始编造起歌颂凶手的神话来了。几乎在每一次行刺案中，各个政党都急于表示自己与凶手无关，而葡萄牙的共和派却对他们中间出现'2月1日烈士和英雄'公开表示自豪……"

这位资产阶级民主派是过于热心了，他居然把葡萄牙公民对于为剪除嘲弄宪法的国王而牺牲的人所表示的尊敬,叫做"革命神话"!

另一家资产阶级报纸米兰《**晚间信使报**》**208**的一位记者,报道了国王遇刺案发生后葡萄牙书报检查机关无法无天的情景。电讯不准外发。诚实的资产者如此喜欢人民群众的"温厚",但是大臣和国王却不讲什么"温厚"!取代遇刺国王的葡萄牙冒险家们说得对:既然是战争,就要有作战姿态。消息传递之困难不亚于战时。必须绕道发消息,先寄到巴黎(也许是寄到某个私人通信处),然后再转到米兰。这位记者在 2 月 7 日报道说:"甚至在俄国,在热火朝天的革命时期,书报检查机关也从来没有像在目前的葡萄牙这样无法无天过。"

这位记者在公历 2 月 9 日报道说:"某些共和派报纸在今天〈国王安葬日〉使用的那些言词,我绝对不敢在电讯中重复。"在一篇于 2 月 8 日发出、但是比上述通讯晚到的报道中,记者引用了《**国家报**》就葬仪发表的一段评述:

> "人们抬着两个君主的腐烂尸体,抬着正在土崩瓦解的君主制的无用遗骸。这个君主制是依靠背信弃义和种种特权维持的,它的累累罪行玷污了我国两百年来的历史。"

> 这位记者又补充说:"当然,这是一家共和派报纸,但是在国王安葬日竟刊登说这种话的文章,这还不说明问题吗?"

不过我们也来补充一句:我们觉得应该惋惜的只有一点,就是葡萄牙的共和运动对一切冒险家的惩治还不够坚决,还不够公开。我们惋惜的是,葡萄牙国王事件中还明显地有密谋家采取的恐怖手段的因素,这种恐怖手段软弱无力,实际上达不到目的,即使那种为法国大革命增光的真正的、全民性的、确实能使国家焕然一新的恐怖手段,也还是软弱无力的。也许,葡萄牙的共和运动会更加高涨起来。社会主义无产阶级将永远同情反对君主制的共和派。但是直到目前为止,在葡萄牙只是杀死了两个君主,使君主制**受到惊吓**,而没有能够把它**消灭**。

欧洲各国议会中的社会党人,都以不同方式对葡萄牙人民和葡萄牙共和派表示了同情,对统治阶级(它们的代表竟谴责刺杀冒险家的行为并同情冒险家的继承人)表示厌恶。有些社会党人在议会中公开表明了自己的观点,有些社会党人在听到对"蒙难"君主制表示同情的发言时退出了会场。王德威尔得在比利时议会中选择了"中间"的(最坏的)道路,他挖空心思地想出了一句话,说他对"所有的死者"都表示敬意,就是说,既包括国王,也包括谋杀国王的人。但愿在全世界社会党人中间,这样的人只有王德威尔得一个。

欧洲社会党人的共和主义传统大大削弱了。这是不难理解的,在某种程度上也是情有可原的,因为**社会主义**革命的逼近势必使争取建立**资产阶级**共和国的斗争失去实际意义。但是削弱共和制的宣传,往往并不意味着更积极地追求无产阶级的彻底胜利,而是意味着对无产阶级的革命任务还认识得不够。无怪乎恩格斯在1891年批评爱尔福特纲领[209]草案时,向德国工人十分有力地指出了争取建立共和国的斗争的意义,指出在德国也可能把这一斗争提到日程上来。①

在我们俄国,争取建立共和国的斗争具有直接的实际意义。只有如人民社会党人之流和"社会民主党人"马利舍夫斯基(见《无

---

① 参看《马克思恩格斯文集》第4卷第413—418页。——编者注

产者报》第 7 号关于他的文章)这样的极端可怜的小市民机会主义者,才会从俄国革命经验中得出结论,说争取建立共和国的斗争在俄国已退居次要地位。相反,我国革命的经验正好证明,在俄国,争取废除君主制的斗争同为农民争取土地、为全民争取自由的斗争是紧密地联系在一起的。我国反革命的经验恰好证明,争取自由的斗争如果不触动君主制,就不能算是斗争,而只能算是小市民畏首畏尾和优柔寡断的行为,或者是资产阶级议会活动中的野心家对人民的公开骗局。

载于 1908 年 2 月 20 日(3 月 4 日)　　　译自《列宁全集》俄文第 5 版
《无产者报》第 22 号　　　　　　　　　　　第 16 卷第 438—442 页

关于扩大杜马预算权的辩论[210]

(1908 年 2 月 29 日〔3 月 13 日〕)

国家杜马在 1 月 12、15、17 日的三次会议上，就扩大杜马预算权问题展开辩论。立宪民主党由 40 名杜马代表署名提出了一个扩大杜马预算权的草案。各党派的代表都就此发表了意见。财政大臣代表政府作了两次冗长的发言。社会民主工党的代表也发表了意见。辩论结果是**一致**(1 月 18 日《**首都邮报**》用语)通过了**十月党人**的提案：把扩大国家杜马预算权的法案提交专门委员会，但是"**不涉及这种修改的范围**"，就是说，不涉及对 3 月 8 日发布的使国家杜马预算权大受限制的条例进行修改的范围。

怎么会发生这种怪事呢？十月党人的提案虽然实质上是符合政府愿望的，而且是**在预先策划好正是这样的结局的财政大臣第一次发言以后**提出的，但是在第三届杜马即在一个黑帮死硬派的杜马中，怎么会**一致**通过十月党人的这项提案呢？立宪民主党的草案实质上是不能接受的；但是在细节方面为什么不可以把法律改变一下呢。黑帮大臣就是这样说的。十月党人便根据大臣的这个意思，制定了自己的提案，强调指出**不涉及修改法律的范围**。

十月党人同黑帮大臣狼狈为奸，这是毫不奇怪的。立宪民主党人撤回了自己的提案(当然，提案中只字未提他们将**不涉及**自己所提出的修改的范围！)，对于一切知道立宪民主党的本性的人来说，这也是不足为奇的。然而社会民主党人的意见居然会同他们**一致**，这是令人难以置信的。我们真希望《**首都邮报**》的报道是不真实的，真希望社会民主党人没有投票赞成十月党人的决议。

但是这里有一个问题要比社会民主党人是否已投票赞成十月党人的问题更加重要，这就是社会民主党代表波克罗夫斯基第二无疑已经犯下的**错误**。因此我们就打算同读者谈谈这个错误和1月12、15、17日的辩论的实际政治意义。

俄国国家杜马是没有预算权的，因为"**按照法律规定**"，否决预算并不妨碍预算的执行。反革命政府在十二月起义失败后所颁布的这一法律（1906年2月20日颁布的所谓《根本法》），是黑帮分子、沙皇和地主对人民代表机关的**嘲弄**。1906年3月8日的《条例》则使这种嘲弄**更加突出了**，《条例》对杜马中的预算**审查**设下了一大堆烦琐的限制，甚至规定（在第9款中）："讨论国家预算案时，凡根据现行法律、编制、计划以及各种按最高管理程序发布的圣旨而编入草案的收支项目，一律不得取消**或更改**。"这难道不是嘲弄吗？凡是合乎法律、编制、计划以及圣**旨**的东西，一律不得作任何**改变!!** 既然如此，还谈论俄国国家杜马的预算权岂不十分可笑吗？

现在要问，在这种情况下，真正为自由而斗争的资产阶级民主派**当时**的任务**是**什么？工人政党的任务是什么？我们在**本**文中只谈谈有关政党的议会斗争的任务和议会代表的任务问题。

显然，杜马预算权问题**应该**在杜马中提出，**为的是**向俄国人民和全欧洲**彻底揭穿**沙皇政府的黑帮式的嘲弄，为的是证明杜马**毫无权力**。同时，提出进行这种揭露的直接和实际的目的（更不用说**每个**民主派向人民揭露真相、启发人民觉悟这个基本任务了），还因为有一个贷款问题。没有**国际资产阶级世界资本的援助**即贷款，沙皇黑帮政府就不可能在 1905 年 12 月以后支撑下去，现在的情形也是一样。世界资产阶级向显然已经破产的沙皇提供亿万贷款，这不仅是因为他们像所有高利贷者那样对高额利润感兴趣，而且还因为他们意识到俄国旧制度战胜革命对他们是有利的，因为领导这次革命的是无产阶级。

因此，在杜马中提出问题和进行辩论的**唯一目的**，只能是揭露全部真相。在当前时期和当前情况下，**民主派不**会把寻求实际的改良当做自己的目的，因为第一，在关于杜马预算权的现行根本法的基础上，改革显然是不可能的；第二，在由黑帮死硬派和莫斯科商人组成的杜马中提出扩大**这样一个杜马**的权利，是很荒谬的。俄国立宪民主党人（只有无知或头脑简单的人才把他们当做民主派）当然没有理解这项任务。他们一提出问题，**立刻就把问题置于局部**改革的虚幻的基础上。当然，我们并不否认，民主派和社会民主党人有时可能而且必须提出局部改革的问题。但是在像第三届杜马这样一个杜马里，在现在这样一个时候，在这样一个已经被**神圣不可侵犯的**根本法变成笑料的预算权问题上，指望实行改革就十分荒谬了。立宪民主党人可以提出局部改革，我们甚至也愿意作这样的让步，但是民主派决不能像立宪民主党人**那样**去对待这个问题。

他们强调问题的所谓**实际**方面，强调 3 月 8 日的条例的**种种不便**，强调这个条例甚至对政府也没有好处，强调布里根、维特等狐群狗党的白痴机关制定反对杜马的各种白痴法律的经过。盛加略夫先生的下面这段话最明显地体现了立宪民主党人提出问题的**精神**。他说："在我们所提出的草案中，没有任何蓄意犯上的行为

〈指限制君主的特权〉，没有任何不可告人的意思〈!!〉。它的用意只是**为了杜马工作的方便**，为了杜马的尊严，出于完成**我们有责任进行的**工作的必要性。"（黑体是我们用的；1908年1月15日会议的官方速记记录第1263页）

这个家伙不是在启发人民的觉悟，而是在**模糊**他们的意识，因为他讲的是露骨的谎言和废话。盛加略夫先生和他的所有立宪民主党政客同僚们虽然真心诚意地相信他们的"外交手腕"会带来"好处"，但是我们无论怎样也改变不了这个必然的结论。民主派应当向人民揭示议会权利和君主特权之间的**鸿沟**，而不应当模糊人民的意识，歪曲**政治斗争**，把政治斗争简化为**文牍主义式地修正法律**。立宪民主党人**这样**提出问题，就**在实际上**表明他们是沙皇官吏和十月党人的竞争者，而不是争取自由的战士，甚至也不是为大资产阶级一个阶级争取自由的战士。只有采取庸俗自由主义态度的官吏才会**这样**谈问题，**议会反对派**的代表决不会这样。

社会民主党代表波克罗夫斯基第二的发言显然体现了**另一种精神**，它以另一种**原则**提出了问题。我们应该高兴地承认这一点。这位社会民主党人直截了当地、明白地说，他认为第三届杜马这种人民代表机关是**骗局**（引自1月18日《**首都邮报**》，因为我们还没有收到这次会议的速记记录）。他强调的不是细节，不是法律成文的经过，而是千百万人民群众破产和受压迫的情况。他正确地指出，"谈国家杜马的预算权，只能是一种讽刺"，我们不仅要求有彻底修改整个预算的权利（在是否准许"彻底修改"、修改**范围多大**的问题上，捞到肥缺的官吏科科夫佐夫同没捞到肥缺的官吏盛加略夫和阿杰莫夫，在杜马中展开了最激烈的争论），而且要求有"改变整个财政制度"的权利,要求有"否决政府预算案"的权利。他最后提出了实行"充分的民权制度"的要求,这个要求同样正确,而且作为一个工人政党的党员也是必须提出的。在所有这些方面,波克罗夫斯基认真地和正确地坚持了社会民主党的立场。

　　但是与此同时,他犯了一个可悲的错误。按报纸上的消息看来,这是**整个社会民主党党团**的错误,因为它给自己的发言人作了这样的指示。波克罗夫斯基宣布:"**我们支持旨在扩大人民代表机关预算权的 40 人提案。**"

　　40 人提案分明是毫无原则的,极不完备的,在提案上签名的分明都是些无原则的和极不坚定的人,——宣布支持这样一项分明毫无实际价值的提案,究竟是为了什么呢? 这并不是支持正在斗争的资产阶级(有许多人总是喜欢拿这种说法来替自己缺乏政治气节作辩护),而是支持自由派十月党人资产阶级的**动摇**。事实立即就证明了这一点。立宪民主党人自己证明了这一点,他们**撤销了**自己的提案,而**附和**十月党人的提案:"提交委员会,**但是不涉及法律修改的范围**"(!)。谁"支持"立宪民主党人谁就要受骗,这种事情已经发生过成百次、上千次了。**事实**已经成百次、上千次地表明,支持自由派、立宪民主党**按照他们的路线**等等提出的提案,这种策略是极端空虚的,是完全不能允许的①。

　　立宪民主党人如果不去附和十月党人,而提出一项声明,明确

---

　　① "无头派的"《首都邮报》借某位萨图林先生之口说道:"反对派十分明智地⟨!⟩投了赞成票⟨赞成十月党人的决议⟩。于是修正案⟨即预先不确定修改范围的决议⟩就一致通过了。"(该报 1 月 18 日第 4 版;《来自会议厅的消息》)俄国的无头派的自由派同十月党人和黑帮沙皇大臣的一致万岁!

指出杜马在财政问题上是无能为力的,人民代表机关完全是骗局,专制制度已把国家弄得民穷财尽,财政注定要破产,民主派的代表拒绝对这种条件下的贷款承担责任,并且把这个声明**提付表决**,——如果立宪民主党这样做了,那将是资产阶级民主派的正直行动,将是一种斗争的行动,而不是糊里糊涂地给人家当走狗。对这样的行动我们有责任加以支持,但是也不要忘记另外单独地说明我们社会民主党的目标。这样的行动就会有助于教育人民和揭露专制制度。

如果杜马否决这项声明,如果黑帮大吵大闹反对这项提案,那将是民主派的历史功绩,那将可能出现一个争取自由的新的斗争阶段。但是现在立宪民主党人却一再**糟蹋**自己。杜马中的社会民主党人同志们! 你们要珍惜社会主义工人政党的荣誉,千万不能支持这种自由派,不能糟蹋自己!

————

有个狂妄的右派在杜马中抛弃了十月党人掩饰分歧、诱骗立宪民主党人妥协的策略。这就是黑帮分子科瓦连科。1月12日他在国家杜马中公开宣称,他反对把立宪民主党的提案提交委员会(速记记录第1192页)。不过这位英雄看来是投了十月党人的票。原来他只是一个口头上的英雄。他在自己的发言里**出色地**描述了**真实**情况,举出下述例子来证明需要有一种特殊的权限,他说:"就拿莫斯科暴动和调遣讨伐队来说吧。难道当时的政府有工夫去按照常规行动吗……"(第1193页)遗憾的是,社会民主党人并没能**抓住**黑帮嘴里这一星半点的实话。应当对他说:代表同事,您说得对。这里根本谈不上什么常规。我们不想说假话,我们承认我们所面临的并不是什么"常规",而是一场**国内战争**;政府不是在治理国家，而是在作战，俄国的局势是起义一触即发。真相就是这样，而经常提醒人民注意真相是有好处的！[211]

载于 1908 年 2 月《社会民主党人报》第 1 号

译自《列宁全集》俄文第 5 版第 16 卷第 443—449 页

《关于扩大杜马预算权的辩论》 一文的补遗

(1908 年 3 月 26 日〔4 月 8 日〕)

现在杜马已经进入预算本身的讨论。反动分子与背叛人民自由的冒牌反对派的同盟在辩论的第一天就大显身手。合法报刊上也是同样的情况:新时报分子欢迎除"左派狂热者"(应读做社会民主党人和劳动派)外的**所有人**的联合…… 一伙无头派办的《我们的报》[212]欢喜得不知如何是好。这真是一个使人们能"原谅""预算的个别项目审查中的缺点"的"工作"日……

"反对派"亦步亦趋地追随公开的反动派。在这种情况下,真正代表备遭掠夺的人民这一重大而光荣的使命,正好落在工人阶级的和民主派的代表的肩上了。不幸的是,我们的杜马中的同志在预算问题上所采取的最初行动,是极不妥当的,极端错误的。我们将在下一号《无产者报》上详细地分析这些错误,制定一套我们认为社会民主党人在预算辩论和表决时所必须采取的行动方针。[213]

载于 1908 年 3 月 26 日(4 月 8 日)
《无产者报》第 27 号

译自《列宁全集》俄文第 5 版
第 16 卷第 450 页

公社的教训²¹⁴

（1908 年 3 月 10 日〔23 日〕）

在标志着 1848 年革命结束的政变²¹⁵之后，法国沦于拿破仑帝制的桎梏之下达 18 年之久。拿破仑帝制不仅使法国经济陷于崩溃，而且使民族蒙受屈辱。举行起义反对旧制度的无产阶级肩负起两项任务：全民族的任务和阶级的任务，即一方面要驱逐德军，解放法国；另一方面要推翻资本主义，使工人获得社会主义的解放。两项任务的这种结合，是公社独具的特征。

当时资产阶级组成了"国防政府"²¹⁶，而无产阶级争取全民族独立的斗争只得在它的领导下进行。事实上这是一个"背叛人民"的政府，它的使命是镇压巴黎无产阶级。但无产阶级为爱国主义的幻想所迷惑，竟然没有看出这一点。爱国主义思想早在 18 世纪的大革命时期就已经产生；这种思想完全支配了公社的社会主义者，例如布朗基这位公认的革命家和社会主义的热烈拥护者，竟找不出比资产阶级高喊的口号**"祖国在危急中！"**更合适的名称来为自己的报纸命名。

把爱国主义和社会主义这两个互相矛盾的任务结合在一起，是法国社会主义者的致命错误。早在 1870 年 9 月，马克思在国际的宣言中就告诫过法国无产阶级不要迷恋于虚伪的民族思想²¹⁷，因为自大革命以来已经发生了深刻的变化，阶级矛盾已经变得尖锐了。如果说,从前同全欧洲反动势力的斗争团结了整个革命的民族,那么现在,无产阶级已经不能再把本阶级的利益同其他敌对阶级的利益结合在一起了。让资产阶级去对民族蒙受的屈辱承担责任吧,无产阶级的任务是争取社会主义的解放,使劳动挣脱资产阶级的桎梏。

果然,资产阶级"爱国主义"的本来面目很快就暴露出来了。凡尔赛政府同普鲁士人缔结了可耻的和约之后,就立即着手执行它的直接任务,去袭击使它胆战心惊的巴黎无产阶级的武装。工人们以宣布成立公社和进行国内战争作为回击。

虽然社会主义无产阶级分成许多派别,公社还是成了无产阶级能够齐心协力地去实现资产阶级只能空喊的各项民主任务的光辉典范。夺得了政权的无产阶级没有经过任何特别复杂的立法手续,就简单而切实地实行了社会制度的民主化,废除了官僚制度,实行了官吏由人民选举的制度。

但是两个错误葬送了这一辉煌胜利的成果。无产阶级在中途停了下来:没有去"剥夺剥夺者",而一味幻想在一个为完成全民族任务而联合起来的国家里树立一种至高无上的公理;没有接管像银行这样一些机构;蒲鲁东主义者[218]关于"公平交换"等等的理论还在社会主义者中占着统治地位。第二个错误是无产阶级过于宽大;它本来应当消灭自己的敌人,但却力图从精神上感化他们;它忽视纯军事行动在国内战争中的作用,没有向凡尔赛坚决进攻,使巴黎起义取得彻底胜利,而是迟迟不动,使凡尔赛政府有时间纠集黑暗势力,为五月流血周[219]作好准备。

虽然有这样一些错误,公社仍不失为19世纪最伟大的无产阶级运动的最伟大的典范。马克思高度评价公社的历史意义。他认为,如果在凡尔赛匪帮背信弃义地袭击巴黎无产阶级的武装的时候,工人不予抵抗,听任他们解除武装,那么,这种软弱行为给无产阶级运动造成的士气低落的致命后果,比起工人阶级为捍卫自己的武装而进行战斗所遭到的损失来,危害就会严重许多许多倍。①不管公社付出的牺牲多么巨大,它对无产阶级共同斗争所起的作用使这些牺牲得到了补偿:它在欧洲各地掀起了社会主义运动,它显示了国内战争的力量,它驱散了爱国主义的幻想,并破除了人们认为资产阶级追求的是全民族的目标的天真信任。公社教会了欧洲无产阶级具体地提出社会主义革命的任务。

无产阶级取得的教训是不会被忘记的。工人阶级将记取这一教训,例如俄国在十二月起义中就已经这样做了。

俄国革命发生前的革命准备时期同法国拿破仑统治时期有某些相似之处。在俄国,专制统治集团也已使国家惨遭经济崩溃和民族屈辱。但是,革命很久都没有能够爆发,因为当时的社会发展还没有给群众运动创造出条件,革命前向政府发起的孤立分散的进攻虽然十分英勇,却都因人民群众的漠不关心而遭到失败。只有社会民主党才坚持不懈地、有计划地进行工作,教育群众,使他们接受斗争的最高形式——群众性的行动和武装的国内战争。

社会民主党打破了年轻的无产阶级所持的"全民族的"和"爱国主义的"糊涂观念。无产阶级在社会民主党直接参加下迫使沙皇颁发了10月17日的宣言**220**之后,就着手积极地准备革命的下一个不可避免的阶段——武装起义。无产阶级丢掉了"全民族的"幻想,把本阶级的力量集中在工兵代表苏维埃等自己的群众性组

---

① 参看《马克思恩格斯文集》第 10 卷第 352—354 页。——编者注

织手中。尽管俄国革命在目的和任务方面与1871年法国革命有许多不同之处，俄国无产阶级当时还是必须采取巴黎公社首创的斗争方式——国内战争。俄国无产阶级记取了巴黎公社的教训，他们懂得无产阶级固然不可轻视和平的斗争手段，因为这些手段是为无产阶级的日常利益服务的，在革命的准备时期也是必要的，但是无产阶级一刻也不应当忘记，阶级斗争在一定的条件下就要采取武装斗争和国内战争的形式；往往出现这样的情况：无产阶级的利益要求公开进行搏斗来无情地消灭敌人。这一点已经由法国无产阶级在公社起义中首先表明，并且为俄国无产阶级的十二月起义光辉地证实了。

虽然工人阶级这两次声势浩大的起义都被镇压下去了，但新的起义一定会到来。在新的起义面前，无产阶级敌人的力量将表明是弱小的，而社会主义无产阶级一定会在新的起义中获得完全的胜利。

载于1908年3月23日《国外周报》第2号

译自《列宁全集》俄文第5版第16卷第451—454页

一场预先策划的
警察式爱国主义的表演

(1908 年 3 月 12 日〔25 日〕)

2 月 27 日的杜马"大议会日",博得我国各资产阶级政党的一致好评。从黑帮分子和《新时报》到立宪民主党人和《首都邮报》,大家都心满意足,兴高采烈,深受感动。《首都邮报》甚至赶在"临终之前"写道(2 月 28 日):

"总的印象〈对 2 月 27 日杜马会议的印象〉非常之好…… 在俄国的社会和国家生活中,政府第一次公开地向全国介绍了它在对外政策问题上的观点……"

我们也愿意承认,大议会日确实暴露了黑帮分子、政府、自由派和《首都邮报》之类的"民主派"都是一鼻孔出气的,暴露了他们在"社会和国家生活"的根本问题上的观点是一致的;这次暴露如果不是"第一次",那也是最突出的一次。因此我们认为,详细地介绍一下各政党在这一天和同这一天有关的问题上所持的立场,是绝对必要的。

古契柯夫先生是代表政府的十月党的领袖。他"请求政府代表"说明远东地区的真实情况。他站在高高的杜马讲坛上大谈其节约开支的重要性,说什么例如可以把驻东京大使的年薪从 60 000 卢布改为 50 000 卢布。我们是在进行改革,这可不是闹着玩的！他说，"在报刊上出现了"一些有关远东政局和即将对日开战的令人忧虑的消息。自然，关于俄国报刊被戴上笼嘴这一点，资本家的领袖是不会说的。为什么要说呢？在纲领中可以提出出版自由。这是"欧洲式的"政党所必需的。但是指望古契柯夫先生会真正起来为反对封住报刊的嘴而**斗争**，指望他会公开揭露俄国有影响的报刊的公然叛卖行为，就像指望米留可夫先生会这样做一样，是非常可笑的。不过在对外政策和对内政策之间的关系上，古契柯夫先生倒是说了真话，他无意中泄露了2月27日杜马演出的这出滑稽剧的真实背景。

他宣称："我们正沿着安抚和绥靖的道路迅速前进，这个事实定会向我们的敌人表明，〈俄国〉捍卫自身利益的尝试这一次一定能够成功。"黑帮分子和十月党人报以掌声。那是当然的啦！他们从一开始就很清楚，他们讨论的问题以及伊兹沃尔斯基先生代表政府所作的整个庄严的发言的**焦点**，就是要把我国穆拉维约夫式刽子手的反革命政策说成是为了绥靖和安抚。应当让欧洲和全世界看一看，出现在"外敌"面前的是一个"统一的俄国"，它正在绥靖和安抚一小撮叛乱者（总共只有1亿农民和工人！），以便保证"捍卫自身利益的尝试"得以成功。

是的，古契柯夫先生说出了**他**所要说的话，说出了沆瀣一气的地主和资本家要他说的话。

卡普斯京教授是个"左派"十月党人，是立宪民主党人的希望，是拥护社会同当局和解的人们的指靠，他赶忙跟着古契柯夫讲了一通谄媚的令人作呕的自由主义谎言，来美化古契柯夫的政策。"愿上帝保佑，让赞美声〈对杜马的〉响彻四方，赞美我们珍惜人民钱财的善举吧。"把大使的年薪改为50 000卢布，这岂不是就节省了整整 1 万卢布吗？这岂不是"我们那些意识到俄国正处在紧要关头的显贵大臣们将要作出的""良好范例"吗…… "我们正面临着国家生活各个领域的根本改革，而这就需要大批的资金。"

……同这位议员相比，连犹杜什卡·戈洛夫廖夫[221]也望尘莫及！这位教授站在杜马讲坛上，对显贵大臣的良好范例赞不绝口…… 既然连自由派和资产阶级民主派都还有与此相差无几的奴才相，那么十月党人就更不用说了。

再来谈谈外交大臣伊兹沃尔斯基先生的发言。当然，他只须抓住卡普斯京恭恭敬敬递上的话头就够了。大臣果然就大谈特谈必须缩减开支，或重新审查编制以帮助"经费匮乏"的使节。伊兹沃尔斯基强调指出，他这席话是得到尼古拉二世赞许的，他歌颂"俄国人民的力量、智慧和爱国主义"，称赞他们"把全部力量，无论物质力量或精神力量，都用来巩固俄国现有的亚洲领地和全面开发这些领地"。

大臣说，是奸党让他这样讲的。接着发言的是反对派首领米留可夫先生。他立刻宣布说："人民自由党以其参加会议的党团为代表，极满意地听取了外交大臣的讲话，并且认为有义务对大臣第一次向全国代表机关说明有关俄国对外政策问题的讲话表示欢迎。毫无疑问，在目前……俄国政府应当……依靠俄国社会舆论来实现自己的意图。"

的确，这是丝毫不用怀疑的。反革命政府为了实现自己的意图，必须依靠那种在国外可能被当做（或冒充为）俄国社会舆论的东西。为了取得贷款，尤其应当如此，而不取得贷款，沙皇政府的整个斯托雷平政策，即指望长期用持续的、大规模的暴力手段来对付人民的政策，就有崩溃和破产的危险。

米留可夫先生完全懂得伊兹沃尔斯基、古契柯夫先生之流隆重登台的真正意义。他们是在尼古拉二世黑帮小集团的预先策划下登台的。这场警察式爱国主义的表演的每一个细节，都是经过预先周密策划好的。杜马傀儡们在专制奸党的摆布下演了这出滑稽剧，因为没有西欧资产阶级的支持，尼古拉二世就维持不下去。应当让全俄国**所有的**资产阶级，不论是右派还是**左派**，都郑重地表示他们对政府的信任，相信它的"和平政策"，相信它坚如磐石，相信它进行绥靖和安抚的决心和能力。这如同在期票上签字一样地必要。为此，他们就让最为立宪民主党人"敬爱"的伊兹沃尔斯基先生出场了；为此，他们预先策划了这一整套恬不知耻的骗人把戏，谈什么珍惜人民钱财呀，实行改革呀，政府"公开""说明"对外政策呀，虽然人人都很清楚，他们根本不想说明什么，也没有说明什么。

于是自由主义反对派就俯首帖耳地充当了黑帮警察君主国手中的傀儡！当时，杜马中的资产阶级少数派如果能够毅然决然地说几句真话，无疑会起很大作用，会妨碍（或阻止）政府借贷亿万卢布去组织新的讨伐队、去设立绞刑台、修建监狱和强化警卫，而立宪民主党却"跪倒在"敬爱的君主陛下"膝前"，使劲地摇尾乞怜。米留可夫先生剖白了自己的爱国心迹，想以此得到赏识。他把自己装成精通对外政策的行家，因为他曾经在有些人家的前厅里收集到有关伊兹沃尔斯基的自由派观点的传闻。米留可夫先生代表整个立宪民主党郑重其事地对沙皇大臣表示"欢迎"，也就是自觉地在期票上签了字，他很清楚，全欧洲报纸第二天就会像听到一声号令似地同时报道说：杜马一致（社会民主党人除外）表示信任政府，赞同政府的对外政策……

俄国自由派只用三年就完成了从自由的拥护者到听命于专制制度的意志薄弱的下贱的帮凶的演变,而在德国,完成这一过程花了30多年,在法国甚至花了100多年。资产阶级在斗争中拥有一件特殊武器:他们可以握紧钱袋,制造资金的困难,阻断获取新的贷款的"巧妙的"门路。在俄国革命中,立宪民主党人本来有过许多次机会可以使用这件武器。但是,无论是1906年春天,或者是1908年春天,每次他们都亲自把自己的武器交给了敌人,向大暴行制造者献媚,发誓要效忠于他们。

司徒卢威先生及时地设法为这种实践活动找到坚实的理论基础。司徒卢威先生在《俄国思想》杂志[222](其实应当叫做《黑帮思想》杂志)上就鼓吹过"大俄罗斯"思想,鼓吹过资产阶级民族主义思想,谴责"知识界对国家的敌对态度",一千零一次地对"俄国革命主义"、"马克思主义"、"背叛行为"、"阶级斗争"、"庸俗激进主义"大张挞伐。

对于俄国自由派的这种思想演变,我们只能表示高兴。这是因为实际上这种自由主义在俄国革命中**早已成了**司徒卢威先生想系统地、完整地、缜密地、"哲学式地"加以论证的东西。既然已经存在完全成熟的并在国家生活的严重关头起了反革命作用的阶级,那么制定一套系统的反革命**思想体系**就是关键了。符合资产阶级的阶级地位和阶级政策的思想体系,将帮助每个人消除对立宪民主党的"民主主义"的最后幻想。消除这种幻想是有好处的。必须消除这种幻想,以使我们能在争取俄国民主化的真正群众性的斗争事业中向前迈进。司徒卢威先生希望有一种露骨的反革命自由主义。我们也希望有这样一种自由主义,因为"露骨的"自由主义对民主主义的农民和社会主义的无产阶级都将是一种最好的教育。

再回过来谈谈2月27日的杜马会议。应当指出,民主派的唯一诚实的和值得自豪的话,是由一位**社会民主党人**说出来的。齐赫泽代表上台声明社会民主党党团将投票**反对**法案,并且开始申述投反对票的理由。但是当他刚刚开始说到"我国在西欧所奉行的外交,一贯是反动势力和利益的支柱……"主席就制止了这位工人代表的发言。立宪民主党人低声嘟哝着:"议事规则规定可以陈述投票理由的啊!"被称为第三届杜马主席的那个暴徒回答说:"除了理由,方式也是重要的。"

在这个暴徒自己看来,他这样做是对的:既然现在已下了赌注,决心要通力合作进行一场预先策划的警察式爱国主义的表演,还顾得上什么议事规则呢?

这位工人代表在这个问题上是孤立的。因而他的功绩也就更大。无产阶级应当表明而且一定会表明,它能够不顾自由派的种种叛变和市侩的动摇,而坚持民主革命的传统。

载于1908年3月12日(25日)　　译自《列宁全集》俄文第5版
《无产者报》第25号　　　　　第16卷第455—460页

关于自由派对人民的欺骗

（1908 年 3 月 12 日〔25 日〕）

俄国社会民主工党最近一次代表大会即伦敦代表大会讨论了关于对资产阶级政党的态度问题，并通过了相应的决议。这项决议中谈到自由派**欺骗**人民的那一处，曾引起大会特别激烈的争论。① 在我们党内的右翼社会民主党人看来，这一处是极不正确的。他们甚至宣称，在决议中说自由派"欺骗"人民，即把某些阶层的人民加入某个（我们这里指的是立宪民主党）政党，说成不是出于这些阶层的阶级利益，而是由于某个议员、律师、记者等等的集团采取了"不道德的"政治手段，这样说不是马克思主义者应有的态度。

实际上，在这些冠冕堂皇的、披着貌似马克思主义的体面外衣的论据背后，隐藏着一种削弱无产阶级的阶级独立性、使之（事实上）屈从于自由派资产阶级的政策。这是因为，对于追随立宪民主党人的小资产阶级民主派的利益，这些先生根本不会认真地加以维护，而是通过奉行自己讨好和勾结政府、十月党人以及沙皇专制制度的"历史政权"的政策来加以**出卖**。

当前争取普鲁士邦议会的普选权的斗争，提供了用新的事实阐明这一问题（资本主义各国的社会民主党的策略中的一个基本

---

① 参看本版全集第 15 卷第 379—380 页。——编者注

问题)的很有意思的材料。德国社会民主党举起了这一斗争的旗帜。柏林的无产阶级以及继柏林之后德国各大城市的无产阶级,都走上街头,组织了几万人的声势浩大的游行示威,给广泛的群众运动奠定了基础,目前这一运动刚刚开始,就已经遭到立宪当局的暴力镇压,他们动用军队,屠杀赤手空拳的群众。以眼还眼,以牙还牙!革命无产阶级的领袖们不屈地英勇地回击这些暴行。但是这里出现了一个在争取选举权的斗争中如何对待民主派(和自由派)资产阶级的态度问题。德国革命的社会民主党人同机会主义者(在德国叫做修正主义者)之间在这个问题上的辩论,同我国在关于自由派欺骗人民这个问题上的争论是非常相似的。

　　德国社会民主工党的中央机关报《前进报》登载了一篇社论,这篇社论的内容和基本思想,在它的标题上就清楚地表现出来了:《争取选举权的斗争是一场阶级斗争!》。果然,这篇社论尽管只是用正面的形式阐述了人所共知的社会民主主义的道理,却被机会主义者当成是一种挑战。他们起来应战了。地方公有社会主义运动的著名活动家休特古姆同志坚决地出来反对这种"宗派主义者的策略"、反对"孤立无产阶级"、反对"社会民主党人支持黑帮分子"(德国人用了较为温和的字眼——反动分子)。这是因为德国机会主义者也认为,把阶级斗争搬到无产阶级和自由派的共同事业里来,就是支持黑帮分子!休特古姆写道,"在普鲁士实行普选权以代替现行的三个阶级的选举权,这不是某一个阶级的事情"。他并且指出,这是"城市居民反对大地主、民主派反对官僚、农民反对地主、西普鲁士反对东普鲁士"(即国内工业上先进的以至资本主义方面先进的部分反对经济上落后的部分)的问题。"现在的问题是要在这一点上把所有主张改革的朋友联合起来,而不管他们在别的问题上存在着什么样的分歧。"

　　读者可以看到，所有这些论据都是很熟悉的，这里也披上了一件严整的、正统的"马克思主义的"外衣，甚至还指出了资产阶级民主派某些分子（"城市民主派"、农民等）的经济状况和利益。至于德国自由派资产阶级的报刊几十年来一直在唱这个调子，它们责备社会民主党搞宗派主义、支持黑帮分子和不善于孤立反动派，那就没有必要再说了。

　　德国革命的社会民主党人是用什么**论据**来反驳这种论断的呢？这里我们把他们的主要论据列举出来，好让读者"平心静气和不偏不倚"地"从旁"判断德国的事态时能够看出，这里主要指的是特殊的地点和时间条件呢，还是马克思主义的一般原则。

　　《前进报》说：的确，我国的自由思想派[223]在自己的纲领中"要求"普选权。的确，现在他们谈起这一点来就特别卖力地说些漂亮话。然而，他们是不是在为争取改革而**斗争**呢？完全相反，真正的人民运动、街头游行示威、对群众的广泛鼓动和群众的激愤引起了他们难于掩饰的恐惧和反感，至少他们对此是无动于衷的（这样的情况极少），——我们看到的难道不就是这些吗？

　　应当把资产阶级政党的纲领、自由派的野心家们在宴会上和议会里的演说同他们实际参加真正的人民斗争分开。在所有议会制的国家中，各种各样的资产阶级政客，口头上总是大讲特讲民主，而同时却在背叛民主。

　　《**前进报**》说：的确，"**在**自由派〈自由思想派〉政党和中派的**内部**，普遍和平等的选举权对有些人**无疑**是有好处的"。但是，领导资产阶级政党的不是这些人，不是小手工业者，不是半无产者，不是半破产的农民。他们是跟着自由派资产者走的，自由派资产者竭力使他们脱离斗争,背着他们同反动派搞妥协,腐蚀他们的阶级意识,实际上并不维护他们的利益。

为了吸引这样一些人参加争取普选权的斗争,就应当启发他们的阶级意识,使他们脱离不坚定的资产阶级政党。"在自由派〈自由思想派〉政党的内部,他们这些从普选权中得到好处的人,只占微弱的少数,人家总是用种种诺言来哄他们,总是一次又一次地**欺骗**他们。这些人的政治热情完全消沉下去了。如果威胁自由思想派或中派,说要把他们手中的这些选民的选票夺走,如果采取这种办法真正能迫使他们对民主派让步的话,那么,削弱资产阶级政党的阶级斗争,就是推动动摇的资产阶级向左转的唯一方法。"

这是因为政治事实早已证明,在自由思想派看来反动派还不如社会民主党可恨。"所以我们不但要毫不留情地严厉斥责所有资产阶级政党的一切罪过,而且除此之外还要说明,他们在选举权问题上的种种背叛行为正是这些政党的阶级本性的必然结果。"

我国的立宪民主党人能不能为他们纲领中所提出的民主要求而"斗争",或者他们提出这些要求只是为了把跟着自由派走的小市民和农民出卖给十月党人,这个过去在革命过程中一再地出现过的问题,很快就会一次又一次地出现在俄国社会民主党人的面前。因此,我们党内的一些人不妨深思一下《**前进报**》的论据。

附言:当我们在《言语报》第52号(3月1日)上读到该报驻柏林记者克·德·先生的文章《德国自由主义的危机》时,本文已经付印了。这位作者在谈到《**前进报**》同休特古姆的论战时,用的是我国捏造事实的自由派惯用的口吻和手法。作者根本没有打算列举双方所叙述的论据和准确的引文,他只是说:"官方的《**前进报**》

立即对异教徒大泼污水，并在一篇口气放肆、咄咄逼人、简直令人败胃的社论中，责备他无知、不可饶恕地忘记了党的信条。"请读者判断一下，立宪民主党人这样来保护休特古姆，休特古姆本人是不是觉得"很开胃"呢。不过，任何一个国家的修正主义者的命运都是如此：他们的努力总是得到资产阶级的有力支持和热情"赞扬"。休特古姆同司徒卢威先生之流结盟——为了证明我们立场的正确，恐怕再也想不出什么比这更"开胃"的例子了。

载于1908年3月12日(25日)
《无产者报》第25号

译自《列宁全集》俄文第5版
第16卷第461—465页

国际自由派对马克思的评价

(1908 年 3 月 12 日〔25 日〕)

屠格涅夫作品中的一个主人公,把德国的一位大诗人的诗这样改了一下:

Wer den Feind will versteh'n,

Muss im Feindes Lande geh'n

意思是:"谁要了解敌人,就得深入敌巢"224,直接了解敌人的风俗、习惯、推理方法和行为方法。

马克思主义者也不妨看一看各国有影响的政治报刊,特别是自由派和"民主派"资产阶级的报纸对纪念马克思逝世二十五周年有何反应。这些报纸既能够影响广大的读者,同时又有权代表官方的、国家的、贵族的、教授们的学术界说话。

我们先来看《俄罗斯新闻》。这是一家教授们办的最稳重的(也是最枯燥的)、最注重学术的(也是最远离现实生活的)报纸。该报为纪念卡尔·马克思逝世二十五周年发表了一篇短文(3 月 1 日第 51 号),语调非常干涩呆板——用这些"额内教授"和"客座教授"的话来说,这叫"客观性"……文章的作者力求局限于列举大大小小的事实。作为一个不偏不倚的历史学家,他愿意给马克思以应有的评价,至少是评价他的过去,因为过去的已经过去,谈起来可以不动感情。《俄罗斯新闻》承认马克思是一个"非凡的人物"，是"科学界的伟大"人物，是"无产阶级的杰出领导者"和群众的组织者。但这只是指过去。至于现在，该报说"确实需要新的途径"，即与"旧马克思主义"不同的工人运动和社会主义运动新途径。这些新途径到底是什么呢，该报没有直截了当地说出来。对教授们来说，这个问题太现实了，对精于"谨言慎行"之道的能手们来说，谈这个题目是太"轻率了"。不过文章作了明显的暗示："他的〈马克思的〉理论，有许多已经被科学的分析和事实的无情批判所摧毁。在学者当中，几乎没有忠实于他的整个体系的信徒了；马克思的教子德国社会民主党，相当严重地离开了德国社会主义的奠基人所指出的那条革命道路。"瞧，作者没有讲出来的只有很少一点，他没有讲他想用修正主义来**纠正**马克思。

　　另一家有影响的报纸《言语报》，是在俄国自由派音乐会上担任第一小提琴手的政党的机关报，它对马克思的评价就生动得多。当然，它的倾向同**《俄罗斯新闻》**是一样的，但是**《俄罗斯新闻》**上的那篇好像是给大部头著作写的序言，而**《言语报》**上的这篇，却是在评价当前的各种事件和当代问题时对议会讲坛上的一系列发言作直接指导的政治口号。《卡尔·马克思和俄罗斯》一文（3月2日第53号）是著名的倒戈者伊兹哥耶夫先生写的。俄国有些知识分子，在25—30岁时"搞马克思主义"，在35—40岁时搞自由主义，之后就当了黑帮。伊兹哥耶夫先生就是这种知识分子的典型人物。

　　伊兹哥耶夫先生脱离社会民主党人而投靠自由派（他自己是这样说的，叛变大师司徒卢威先生谈到他时也是这样说的）的时候，恰好是革命的困难时期刚刚开始，这时革命在获得最初的惊人的胜利之后，开始了同逐渐得到加强的反革命势力进行长期而顽强的斗争。伊兹哥耶夫先生在这方面确实是极为典型的。他绝妙地说明了,教授们在评价马克思时的装腔作势**对谁有利**,这种贵族的"学术界"是在**为谁效劳**。伊兹哥耶夫在谈到马克思时激昂地说,"他是一个耍政客手腕的策略家,因而严重地妨碍他成为伟大的学者,并且使他犯了不少错误。"当然,基本的错误是,除了正确的、合理的、受到"大多数人"(大多数市侩?)赞同的"**进化的**马克思主义"以外,还出现了一个极有害的、不科学的、荒诞的和"用民粹派的家酿啤酒掺过假的"革命的马克思主义。特别使我国自由派感到气愤的是**这个**马克思主义在俄国革命中的作用。真难以设想:为了进行这场"资产阶级革命",竟谈起无产阶级专政来了,甚至还有"马克思主义者口中的十分荒诞的无产阶级和农民的专政"。"俄国各式各样的布尔什维克所掌握的那种形式的革命的马克思主义已经破产,这是不足为奇的"。"……必须考虑制定通常的'资产阶级的'〈伊兹哥耶夫先生在这里用引号表示讽刺〉宪法"。

你们看,这是一个思想上和政治上完全成熟的十月党人,他完全相信,遭到破产的是马克思主义和革命的策略,而不是立宪民主党的妥协、背叛和变节的策略!

我们接着往下谈。谈过了俄国的报刊,现在来谈德国的报刊。德国的报刊处在自由的气氛中,面对的是通过几十种每天出版的报纸表明自己观点的公开的社会主义政党。德国最富有、最有销路、最"民主的"资产阶级报纸之一**《法兰克福报》**,发表了长篇社论来纪念马克思逝世二十五周年(公历 3 月 16 日第 76 号晚上版)。德国"民主派"一下子就抓住了要害。他们对我们说:"社会民主党的报刊在这一天连篇累牍地纪念自己的导师,这是很自然的。可是,甚至一家有影响的民族主义自由派的报纸尽管有一些通常的保留，也承认马克思是一个伟大的人物。是啊，他当然伟大，不过他是一个伟大的诱惑者。"

　　这家报纸代表了所谓欧洲自由派这个思想黑帮的变种中的精华，它解释说，它丝毫也不怀疑马克思的人格。但是他的理论却带来了无穷的危害。马克思把必然性和规律性的概念用到了社会现象的领域，否定道德的作用，否定我们的知识的相对性、有条件性，创立了一种反科学的空想和一个拥有他自己教派信徒的真正的"教会"。他的最有害的思想，就是**阶级**斗争。这是万恶之源！马克思对**两个民族**（two nations）这个古老名言信以为真，认为每一个文明民族的内部都有"剥削者"和"被剥削者"（该报把这些不科学的说法放在引号里表示极端的讽刺）这两个民族。马克思忘记了一个不言而喻的、明显的、所有正常人都懂得的道理，就是在社会生活中"目的不是斗争，而是妥协"。马克思"使人民分裂成几部分，因为他硬向他自己的人灌输这样的思想，即他们同其余的人毫无共同之点，他们同其余的人是不共戴天的死敌"。

　　报纸问道："社会民主党在许多实际要求上同资产阶级中的许多人是一致的，它竭力要同这些人接近，这岂不是最自然不过的事情吗？然而，正是由于马克思主义理论的关系，这种情况并未出现。社会民主党自己使自己陷于孤立。有一段时间，本来可以认为这方面快要发生根本的改变了。那是在修正主义者开始活动的时候。但结果表明这是错误的，修正主义者与我们不同的地方，其中之一就是我们明白了这个错误，而他们却不明白。修正主义者过去认为，而且直到现在还认为，可以用某种方式抓住马克思不放，还同时能成为另外一个党。这真是妄想。要么把马克思整个吞下去，要么把他完全扔掉，采取模棱两可的态度是不会有任何结果的……"

　　说得对，自由派先生们！你们有时候也在无意中说出了真话！

　　"……只要社会民主党还尊重马克思，它就不会放弃阶级斗争的思想和其他一切使得我们和社会民主党很难相处的东西……　学术界同意这样一种说法：马克思主义的政治经济学理论没有一条是正确的……"

对，对！先生们！你们绝妙地表明了资产阶级学术界、资产阶级自由派和它的全部政策的实质。你们懂得马克思是不能一块一块地吞下去的。伊兹哥耶夫先生之流和俄国的自由派还不懂得这一点。他们很快也会懂得的。

最后，来看一下资产阶级共和国保守派的机关报《辩论日报》[225]。该报在3月15日就纪念马克思逝世一事写道，社会主义者这些"野蛮的平均主义者"，鼓吹对自己的伟大人物的迷信，这个"仇视资产阶级"的马克思，他的学说中危害最大的就是**阶级**斗争的理论。"他向工人阶级鼓吹的不是伴有休战的暂时冲突，而是打一场圣战，一场残杀和剥夺的战争，一场为了争得集体主义乐土而战的战争……　真是骇人听闻的空想……"

当资产阶级报纸真正被触到痛处的时候，它们是会写出好东西来的。当你看到全世界无产阶级的自由派敌人的思想一致在日渐形成和巩固的时候，生活就会变得更加愉快，因为这种一致是千百万国际无产阶级团结的一个保证，无产阶级将不惜任何代价去争得自己的乐土。

载于1908年3月12日（25日）　　　　译自《列宁全集》俄文第5版
《无产者报》第25号　　　　　　　　　第16卷第466—470页

附　　录

俄国社会民主工党第三次代表会议
（"第二次全国代表会议"）的材料

（1907 年 7 月 14 日和 23 日
〔7 月 27 日和 8 月 5 日〕之间）

1
反对抵制的发言提纲

1. 同意马克西莫夫的前几点。[226]

2. 分歧**在下面**：在第二届杜马以后呢？

> 群众会理解为"革命已告结束"[227]

3. 革命的传统和马克思主义者对它的态度。

　　（民族革命战争。）

4. 高潮和立宪幻想。革命道路的继续和**又一次**向革命转变。

　　重复革命的传统。

　　错误的策略。

5. 旧的抵制不存在了。新的抵制,即不积极的抵制,与革命的社会
　　民主党无关(李卜克内西和普鲁士邦议会)。

　　┌─────────────────────────────┐
　　│马克西莫夫:"革命力量的组织中心……"│
　　└─────────────────────────────┘

6. 中部工业区的群众罢工运动和对它的态度。把它变成政治运
　　动,等等。

7. 抵制是有害的,它混淆视听:要把工会运动的高潮变成政治和革
　　命的高潮。只有到那时才谈得上抵制。

忘了　补5:主张参加的论据都是些什么?? 把斯德哥尔摩决议和伦
　　敦决议比较一下。[228]

2

关于参加第三届国家杜马选举问题的
决议草案初稿①

根据:

1.抵制成功的条件和这个口号正确性的条件:

(α)广泛的、普遍的和急剧的革命高潮

(β)革命中同在旧政权召开第一次代表会议的情况下产生的立宪幻想作斗争这一思想任务。

2.保持革命传统的义务同时要求对运用革命传统的条件加以分析,而不是简单地重复那些在特殊条件下才有意义的革命口号。

3.因此,鉴于在新高潮发展起来之前反动势力的进攻还在继续,宣布抵制第三届杜马是没有根据的。②

4.纺织工人罢工和高潮的其他因素所需要的不是抵制的口号(＝武装起义的附带口号),而是政治和革命的发展。否则,抵制的口号就是**有害的**,它混淆视听。

结论:

(一)开展参加选举和参加第三届杜马的工作,坚持革命的社会民主党在选举运动中和在杜马本身活动中的全部口号。

---

① 该决议草案见本卷第45—46页。——编者注

② 手稿上的第二点和第三点均被勾掉。——俄文版编者注

　　(二)向群众说明 1907 年六三政变同 1905 年十二月起义、同资产阶级的叛变的关系,指出,单靠经济斗争是不够的,要把经济斗争变成政治的和革命的冲击,这种冲击应当向武装起义发展,并且只有在这种冲击的基础上,抵制的口号才具有重要的意义。

3

关于参加第三届国家杜马选举问题的
整个决议的提纲要点

一(1)革命任务没有完成,力量没有被破坏

(2)在沉寂的外壳后面,正在积聚力量

(3)抵制主义是革命情绪,是对第三届杜马反革命性质的正
确评价

——发展无产阶级的经济斗争和政治斗争,加强群众性
行动。

二(1)抵制只有在出现普遍高潮时或者同立宪幻想作斗争时
(如抵制第一届和第二届杜马时那样)才是正确的

(2)第二届杜马以来,没有发生本质上的变化……

(3)俄国革命第二个时期的教训。

——(a)参加

(b)既和反动派进行斗争,也和自由派进行斗争。

4

关于参加第三届国家杜马选举问题的
决议第二部分的第一点和第二点理由

但是另一方面，认为，(a)抵制策略只有在存在着广泛的、普遍的、急剧的、直接冲击旧政权的革命高潮时或是为了同流行的立宪幻想作斗争时(如抵制布里根杜马和维特杜马时那样)才是正确的；

(b)——同时认为，革命的社会民主党参加第二届杜马时的那种条件并没有发生本质上的变化，因为新选举法只是预示着要用公开的十月党人杜马来代替口头上是立宪民主党的、行动上是十月党的杜马。

5

关于工会代表大会问题的发言提纲要点

(1)斯德哥尔摩决议和伦敦决议**229**的"深刻矛盾"、"不可调和
　　的矛盾"。

(2)**以成功的发言**获得"承认","机械地"……

(3)**促进**(伦敦决议)。**伦敦决议的原文**。

┌───────────┐
│　"冒牌的"　│
└───────────┘

(4)维克多罗夫的机械决议案

　　┌─────────────────────┐
　　│"消除危害性"还是暗中抛弃?│
　　└─────────────────────┘

(5)在俄国是"中立"还是充满社会民主党的精神。

┌──────────────────────────────┐
│(6)"怎么办",不能**禁止**非社会民主党人。│
└──────────────────────────────┘

(7)社会革命党人**扰乱**,以非党性炫耀。

(8)追求声望……

(9)党和中央委员会在工会**代表大会**上的任务:用伦敦决议的
　　精神进行**思想**宣传。

载于1933年《列宁文集》俄文版　　　　译自《列宁全集》俄文第5版
第25卷　　　　　　　　　　　　　　　第16卷第473—478页

注　释

1 《反对抵制(摘自社会民主党政论家的札记)》一文载于1907年7月底出版的小册子《论抵制第三届杜马》。小册子刊载的另一篇文章是当时持相反观点的列·波·加米涅夫写的《赞成抵制》，该文所署时间是1907年6月28日(7月11日)。

这本小册子是社会民主党的彼得堡秘密印刷厂印刷的，但伪装成为合法的印刷品，封面上印的出版地点是莫斯科，印刷单位是虚构的哥里宗托夫印刷厂。1907年9月，小册子被沙皇当局没收。——1。

2 指全俄教师联合会第四次代表大会。

全俄教师联合会第四次代表大会于1907年6月19—24日(7月2—7日)在芬兰举行。出席这次代表大会的代表中有社会革命党人50名、社会民主党人23名、无党派人士18名，他们代表了大约2 000名有组织的俄国教师。代表大会通过了联合会的章程，并讨论了关于第三届杜马的选举、关于同其他职业性联合会的关系、关于对当前地方自治机关的态度、关于教师职业保障和互助等问题。联合会章程第1条规定，它除了为改善教师物质生活状况进行斗争外，还为争取学校自由而斗争。它既是教师工会，同时又是为争取学校自由而斗争的政治团体。因此列宁称它为政治性的职业联合会。在会议期间，社会民主党人代表和社会革命党人代表展开了激烈的思想交锋。

全俄教师联合会即全俄教师和国民教育活动家联合会，于1905年4月成立，领导层是资产阶级和小资产阶级政党的拥护者。联合会有单纯为职业利益斗争的倾向，但是在革命事件的影响下，也赞同革命民主派的口号，表示愿意参加人民争取土地、自由和政权的斗争。联合会对第一届国家杜马的选举进行了抵制，支持通过普遍、平等、直接和无记名投票的选举召集立宪会议的要求。联合会把根本改革俄国国民教育作为自己的基本任务之一,提出了实行普遍免费的和义务的初等教育以及免费的中等和高等教育、用本民族语言授课、协调各种类型的学校等要求。1906年6月6日(19日),列宁化名卡尔波夫向全俄国民教师代表大会部分代表作了关于土地问题的报告。社会革命党的报纸《呼声报》(1906年6月8日(21日)第15号)对此作了报道。教师联合会于1909年解散。1917年二月革命后曾恢复。十月革命时期,该会领导机构采取反苏维埃立场,参加了拯救祖国和革命委员会这一反革命组织,并企图组织教师罢工。共产党人和同情苏维埃政权的教师纷纷脱离该会,另组国际主义者教师联合会。1918年12月23日,全俄中央执行委员会颁布法令,解散了全俄教师联合会。——1。

3 社会革命党人是俄国最大的小资产阶级政党社会革命党的成员。该党是1901年底—1902年初由南方社会革命党、社会革命党人联合会、老民意党人小组、社会主义土地同盟等民粹派团体联合而成的。成立时的领导人有马·安·纳坦松、叶·康·布列什柯-布列柯夫斯卡娅、尼·谢·鲁萨诺夫、维·米·切尔诺夫、米·拉·郭茨、格·安·格尔舒尼等,正式机关报是《革命俄国报》(1901—1904年)和《俄国革命通报》杂志(1901—1905年)。社会革命党人的理论观点是民粹主义和修正主义思想的折中混合物。他们否认无产阶级和农民之间的阶级差别,抹杀农民内部的矛盾,否认无产阶级在资产阶级民主革命中的领导作用。在土地问题上,社会革命党人主张消灭土地私有制,按照平均使用原则将土地交村社支配,发展各种合作社。在策略方面,社会革命党人采用了社会民主党人进行群众性鼓动的方法,但主要斗争方法还是搞个人恐怖。为了进行恐怖活动,该党建立了事实上脱离该党中央的秘密战斗组织。

在1905—1907年俄国第一次革命中,社会革命党曾在农村开展焚烧地主庄园、夺取地主财产的所谓"土地恐怖"运动,并同其他政党一起参加武装起义和游击战,但也曾同资产阶级的解放社签订协议。在国家杜马中,该党动摇于社会民主党和立宪民主党之间。该党内部的不统一造成了1906年的分裂,其右翼和极左翼分别组成了人民社会党和最高纲领派社会革命党人联合会。在斯托雷平反动时期,社会革命党经历了思想上、组织上的严重危机。在第一次世界大战期间,社会革命党的大多数领导人采取了社会沙文主义的立场。1917年二月革命后,社会革命党中央实行妥协主义和阶级调和的政策,党的领导人亚·费·克伦斯基、尼·德·阿夫克森齐耶夫、切尔诺夫等参加了资产阶级临时政府。七月事变时期该党公开转向资产阶级方面。社会革命党中央的妥协政策造成党的分裂,左翼于1917年12月组成了一个独立政党——左派社会革命党。十月革命后,社会革命党人(右派和中派)公开进行反苏维埃的活动,在国内战争时期进行反对苏维埃政权的武装斗争,对共产党和苏维埃政权的领导人实行个人恐怖。内战结束后,他们在"没有共产党人参加的苏维埃"的口号下组织了一系列叛乱。1922年,社会革命党彻底瓦解。——1。

4 第三届杜马(第三届国家杜马)是根据1907年6月3日(16日)沙皇解散第二届杜马时颁布的新的选举条例在当年秋天选举、当年11月1日(14日)召开的,存在到1912年6月9日(22日)。这届杜马共有代表442人,先后任主席的有尼·阿·霍米亚科夫、亚·伊·古契柯夫(1910年3月起)和米·弗·罗将柯(1911年起),他们都是十月党人。这届杜马按其成分来说是黑帮——十月党人的杜马,是沙皇政府对俄国革命力量实行反革命的暴力和镇压政策的驯服工具。这届杜马的442名代表中,有右派147名,十月党人154名,立陶宛—白俄罗斯集团7名,波兰代表联盟11名,进步派28名,穆斯林集团8名,立宪民主党人54名,劳动派14名,社会民主党人19名。因此它有两个多数:黑帮—十月党人多数和十月党人—立宪民主党人多数。沙皇政府利用前一多数来保证推行斯托雷平的土地政策,在工人问题上采取强硬政策,对少数民族采取露骨的大国主义政策;而利用后一多数来通过微小的让步即用改良的办法诱使群众脱离革命。

第三届杜马全面支持沙皇政府在六三政变后的内外政策。它拨巨款给警察、宪兵、法院、监狱等部门,并通过了一个大大扩充了军队员额的兵役法案。第三届杜马的反动性在工人立法上表现得尤为明显,它把几个有关工人保险问题的法案搁置了3年,直到1911年在新的革命高潮到来的形势下才予以批准,但保险条件比1903年法案的规定还要苛刻。1912年3月5日(18日),杜马工人委员会否决了罢工自由法案,甚至不许把它提交杜马会议讨论。在土地问题上,第三届杜马完全支持斯托雷平的土地法,于1910年批准了以1906年11月9日(22日)法令为基础的土地法,而拒绝讨论农民代表提出的一切关于把土地分配给无地和少地农民的提案。在少数民族问题上,它积极支持沙皇政府的俄罗斯化政策,通过一连串的法律进一步限制少数民族的基本权利。在对外政策方面,它主张沙皇政府积极干涉巴尔干各国的内政,破坏东方各国的民族解放运动和革命。

第三届杜马的社会民主党党团,尽管工作条件极为恶劣,人数不多,在初期活动中犯过一些错误,但是在列宁的批评和帮助下,工作有所加强,在揭露第三届杜马的反人民政策和对无产阶级和农民进行政治教育等方面都做了大量的工作。——1。

5　出席全俄教师联合会第四次代表大会的俄国社会民主工党的代表是尼·亚·罗日柯夫。——1。

6　六三政变是指俄国沙皇政府在1907年6月3日(16日)发动的反动政变,史称六三政变。政变前,沙皇政府保安部门捏造罪名,诬陷社会民主党国家杜马党团准备进行政变。沙皇政府随之要求审判社会民主党杜马代表,并且不待国家杜马调查委员会作出决定,就于6月2日(15日)晚逮捕了他们。6月3日(16日),沙皇政府违反沙皇1905年10月17日宣言中作出的非经国家杜马同意不得颁布法律的诺言,颁布了解散第二届国家杜马和修改国家杜马选举条例的宣言。依照新的选举条例,农民和工人的复选人减少一半(农民复选人由占总数44%减到22%,工人复选人由4%减到2%),而地主和资产阶级的复选人则大大增加(地主和大资产阶级复选人共占总数65%,其中地主复选人占49.4%),这就保证了地主资产阶级的反革命同盟在第三届国家杜马中居统治地位。新的选举条例还剥夺了俄国亚洲部分土著居民以及某些省份的突厥民族的选举权,并削减了民族地区的杜马席位(高加索由29席减为10席,波兰王国由37席减为14席)。六三政变标志着

1905—1907 年革命的失败和反革命的暂时胜利,斯托雷平反动时期由此开始。——1。

7 布里根杜马是指沙皇政府宣布要在 1906 年 1 月中旬前召开的咨议性国家杜马。1905 年 8 月 6 日(19 日)沙皇颁布了有关建立国家杜马的诏书,与此同时,还颁布了《关于建立国家杜马的法令》和《国家杜马选举条例》。这些文件是受沙皇之托由内务大臣亚·格·布里根任主席的特别委员会起草的,所以这个拟建立的国家杜马被人们称做布里根杜马。根据这些文件的规定,在杜马选举中,只有地主、资本家和农民户主有选举权。居民的大多数——工人、贫苦农民、雇农、民主主义知识分子被剥夺了选举权。妇女、军人、学生、未满 25 岁的人和许多被压迫民族都被排除在选举之外。杜马只能作为沙皇属下的咨议性机构讨论某些问题,无权通过任何法律。布尔什维克号召工人和农民抵制布里根杜马。孟什维克则认为可以参加杜马选举并主张同自由派资产阶级合作。1905 年十月全俄政治罢工迫使沙皇颁布 10 月 17 日宣言,保证召开立法杜马。这样布里根杜马没有召开就被革命风暴扫除了。——2。

8 1 月 9 日是沙皇大规模枪杀彼得堡和平请愿工人的日子,史称"流血星期日"。1905 年 1 月 3 日(16 日),彼得堡普梯洛夫工厂爆发了罢工,1 月 7 日(20 日)罢工发展成全市总罢工。与俄国保安机关有联系的格·阿·加邦神父怀着挑衅的目的,建议工人列队前往冬宫向沙皇呈递请愿书。在讨论请愿书的工人集会上,布尔什维克进行解释工作,指出无产阶级只有进行革命斗争才能争得自己的权利。但工人对沙皇的信仰还很牢固,因此和平请愿未能被阻止。在这种情况下,布尔什维克通过了参加游行示威的决议。沙皇政府从外地调集 4 万名士兵和警察加强彼得堡的卫戍部队,并于 1 月 8 日(21 日)批准了驱散请愿队伍的计划。1 月 9 日(22 日),14 万工人手执圣像和沙皇像向宫廷广场进发。根据彼得堡总督弗拉基米尔·亚历山德罗维奇大公的命令,军队对手无寸铁的工人和他们的妻子儿女开枪,结果有 1 000 多人被打死,2 000 多人受伤。沙皇的暴行引起了工人的极大愤怒,当天,彼得堡街头就出现了街垒,工人同军警发生了武装冲突。1 月 9 日成了 1905—

1907 年俄国第一次革命的起点。——3。

9　指黑海舰队"波将金"号装甲舰的起义。

"波将金"号装甲舰的起义发生于 1905 年 6—7 月间。黑海舰队社会民主党组织中央委员会原准备在 1905 年秋天发动舰队所有舰只同时起义,但是"波将金"号在单独出航进行射击演习期间于 1905 年 6 月 14 日(27 日)过早地自发举行了起义。起义的导火线是该舰指挥官下令将带头拒绝吃用臭肉做的菜汤的水兵枪决。在起义中,水兵们杀死了最可恨的军官,但起义领导人、布尔什维克格·尼·瓦库连丘克在搏斗中牺牲。水兵们选出了以阿·尼·马秋申科为首的军舰委员会。6 月 14 日晚,"波将金"号悬挂红旗驶到正在举行总罢工的敖德萨。但是敖德萨社会民主党组织联络委员会未能说服"波将金"号的船们登岸来武装工人并与工人共同行动。该舰船员们只在 6 月 15 日(28 日)向市当局和军队所在地区开了两炮。6 月 17 日(30 日),沙皇政府派来两支舰队,企图迫使"波将金"号投降,或将其击沉,但是这些军舰不肯向"波将金"号开火,而且其中的"常胜者乔治"号还转到革命方面来。6 月 18 日(7 月 1 日),"常胜者乔治"号上的一些军士级技术员叛变,将该舰交给了政府当局。当晚,士气沮丧的"波将金"号偕同所属的第 267 号雷击舰离开敖德萨驶往罗马尼亚的康斯坦察。6 月 20 日(7 月 3 日),"波将金"号军舰委员会在那里发表了《告文明世界书》和《告欧洲各国书》,表明他们反对沙皇制度的决心。6 月 22 日(7 月 5 日),"波将金"号曾驶到费奥多西亚。由于始终得不到煤和食品的补给,水兵们被迫于 6 月 25 日(7 月 8 日)在康斯坦察把军舰交给了罗马尼亚当局。与此同时,"普鲁特"号教练舰于 6 月 19 日(7 月 2 日)为支持"波将金"号举行起义,选出了以布尔什维克 A. M. 彼得罗夫为首的军舰委员会。该舰立即开往敖德萨,但由于"波将金"号已经离开那里而未能与它会合。6 月 20 日(7 月 3 日),没有武器装备的"普鲁特"号被沙皇政府两艘雷击舰扣押。起义的水兵们遭到了沙皇政府的残酷镇压。

俄国社会民主工党中央委员会非常重视"波将金"号的起义。列宁曾委托米·伊·瓦西里耶夫-尤任前往领导起义,但他没有及时赶到。——3。

10　8 月 6 日的法令是指沙皇政府 1905 年 8 月 6 日（19 日）颁布的关于建立国家杜马的法令。参看注 7。——3。

11　维特杜马即第一届国家杜马。因为第一届国家杜马是根据沙皇政府大臣会议主席谢·尤·维特制定的条例于 1906 年 4 月 27 日（5 月 10 日）召开的，故有此称。

在 1905 年十月全俄政治罢工的冲击下，沙皇尼古拉二世被迫发表了 10 月 17 日宣言，宣布召开具有立法职能的国家杜马以代替布里根咨议性杜马，借以把国家引上君主立宪的发展道路。1905 年 12 月 11 日，沙皇政府公布了《关于修改国家杜马选举条例的命令》，这一命令原封不动地保留了为选举布里根杜马而制定的以财产资格和阶级不平等为基础的选举制度，只是在原来的三个选民团——土地占有者（地主）选民团、城市（资产阶级）选民团、农民选民团之外，新增了工人选民团。就分得的复选人数额来说，各选民团的权利不是平等的。地主的 1 票相当于城市资产阶级的 3 票、农民的 15 票、工人的 45 票。工人选民团的复选人只占国家杜马全部复选人的 4%。选举不是普遍的。全体妇女、不满 25 岁的青年、游牧民族、军人、学生、小企业（50 人以下的企业）的工人、短工、小手工业者、没有土地的农民都被剥夺了选举权。选举也不是直接的。一般是二级选举制，而为工人规定了三级选举制，为农民规定了四级选举制。

十二月起义失败后，沙皇政府一再限制曾经宣布过的杜马的权力。1906 年 2 月 20 日的诏书给了国务会议以批准或否决国家杜马所通过的法案的权力。1906 年 4 月 23 日（5 月 6 日）又颁布了经尼古拉二世批准的《国家根本法》，将国家政策的最重要问题置于杜马管辖之外。

第一届国家杜马选举于 1906 年 2—3 月举行。布尔什维克宣布抵制，但是没能达到搞垮这次选举的目的。当杜马终究召集起来时，列宁要求利用杜马来进行革命的宣传鼓动并揭露杜马的本质。

第一届国家杜马的代表共 478 人，其中立宪民主党 179 人，自治派 63 人（包括波兰、乌克兰、爱沙尼亚、拉脱维亚、立陶宛等民族的资产阶级集团的成员），十月党 16 人，无党派人士 105 人，劳动派 97 人，社会民主党 18 人。主席是立宪民主党人谢·安·穆罗姆采夫。

第一届国家杜马讨论过人身不可侵犯、废除死刑、信仰和集会自由、公民权利平等等问题,但是中心问题是土地问题。在杜马会议上提出的土地纲领主要有两个:一个是立宪民主党人于5月8日提出的由42名代表签署的法案,它力图保持地主土地占有制,只允许通过"按公平价格"赎买的办法来强制地主转让主要用农民的耕畜和农具耕种的或已出租的土地;另一个是劳动派于5月23日提出的"104人法案"(参看注117),它要求建立全民土地资产,把超过劳动土地份额的地主土地及其他私有土地收归国有,按劳动份额平均使用土地。

第一届国家杜马尽管很软弱,它的决议尽管很不彻底,但仍不符合政府的愿望。1906年7月9日(22日),沙皇政府解散了第一届国家杜马。——5。

12 马吃燕麦、伏尔加河流入里海一语出自俄国作家安·巴·契诃夫的短篇小说《文学教师》。小说描写一个名叫伊波利特·伊波利特奇的史地教师,他平时沉默寡言,而一开口总是说些诸如"人不吃东西就不能生存"之类的人所共知的"大道理"。"马吃燕麦,伏尔加河流入里海"是他临终时说的一句话,后来常被人们引用来譬喻空话、废话和老生常谈。——6。

13 套中人是俄国作家安·巴·契诃夫的同名小说的主人公别利科夫的绰号。此人对一切变动担惊害怕,忧心忡忡,一天到晚总想用一个套子把自己严严实实地包起来。后被喻为因循守旧、害怕变革的典型。——6。

14 罗兹的街垒战是指1905年6月9—11日(22—24日)波兰罗兹市工人的起义。1905年5—6月,在素称工人波兰心脏的罗兹市出现了罢工浪潮。6月8日(21日),参加游行示威的群众遭枪杀。6月9日(22日),在波兰王国和立陶宛社会民主党罗兹委员会号召下,全市举行了政治总罢工。工人们自发地同军警发生武装冲突,全市修筑了约50处街垒。经过三天激烈战斗,起义终于被沙皇军队镇压下去,起义者死伤约1 200人。——9。

15 斯德哥尔摩代表大会即俄国社会民主工党第四次(统一)代表大会。

俄国社会民主工党第四次(统一)代表大会于 1906 年 4 月 10—25
日(4 月 23 日—5 月 8 日)在斯德哥尔摩举行。出席这次代表大会的有
112 名有表决权的代表和 22 名有发言权的代表。他们代表了俄国社
会民主工党的 62 个组织。参加大会有发言权的还有波兰王国和立陶
宛社会民主党、拉脱维亚社会民主工党和崩得的代表各 3 名,乌克兰社
会民主工党、芬兰工人党的代表各 1 名。此外,还有保加利亚社会民主
工党的代表 1 名。加上特邀代表和来宾,共有 157 人参加大会。

为了召开这次代表大会,1905 年底布尔什维克和孟什维克两派领
导机构组成了统一的中央委员会。在两个月的时间里,各地党组织讨
论两派分别制定的纲领,并按 300 名党员产生 1 名代表的比例进行代
表大会代表的选举。由于布尔什维克占优势的工业中心的许多党组织
遭到摧残而严重削弱,因此代表大会的组成并未反映党内真正的力量
对比。在 112 张表决票中,布尔什维克拥有 46 票,孟什维克则拥有 62
票,而且拥有少数几票的调和派在基本问题上也是附和孟什维克的。

代表大会的议程是:修改土地纲领;目前形势和无产阶级的阶级任
务;关于对国家杜马选举结果和对杜马本身的策略问题;武装起义;游
击行动;临时革命政府和革命自治;对工人代表苏维埃的态度;工会;对
农民运动的态度;对各种非社会民主主义的党派和组织的态度;根据党
纲中的民族问题对召开特别的波兰立宪会议的要求的态度;党的组织;
与各民族的社会民主党组织(波兰王国和立陶宛社会民主党、拉脱维亚
社会民主工党、崩得)的统一;工作报告;选举。大会只讨论了修改土地
纲领、对目前形势的估计和无产阶级的阶级任务、对国家杜马的态度、
武装起义、游击行动、与各民族的社会民主党的统一、党的章程等问题。
列宁就土地问题、当前形势问题和对国家杜马的态度问题作了报告,就
武装起义问题以及其他问题发了言,参加了党章起草委员会。

大会是在激烈斗争中进行的。在修改土地纲领问题上提出了三种
纲领:列宁的土地国有化纲领,一部分布尔什维克的分配土地纲领和孟
什维克的土地地方公有化纲领。代表大会以多数票批准了孟什维克的
土地地方公有化纲领,但在布尔什维克的压力下对这一纲领作了一些
修改。大会还批准了孟什维克的关于国家杜马的决议案和武装起义的

决议案,大会未经讨论通过了关于工会的决议和关于对农民运动的态度的决议。代表大会通过了同波兰王国和立陶宛社会民主党以及同拉脱维亚社会民主工党统一的决定。这两个党作为地区性组织加入俄国社会民主工党,在该地区各民族无产阶级中进行工作。大会还确定了同崩得统一的条件。在代表大会批准的新党章中,关于党员资格的第1条采用了列宁的条文,但在党的中央委员会和中央机关报的相互关系问题上仍保留了两个中央机关并存的局面。

代表大会选出了由7名孟什维克(弗·尼·罗扎诺夫、列·伊·戈尔德曼、柳·尼·拉德琴柯、列·米·欣丘克、维·尼·克罗赫马尔、Б.А.巴赫梅季耶夫、帕·尼·科洛科尔尼科夫)和3名布尔什维克(瓦·阿·杰斯尼茨基、列·波·克拉辛、阿·伊·李可夫)组成的中央委员会和由5名孟什维克(尔·马尔托夫、亚·马尔丁诺夫、彼·巴·马斯洛夫、费·伊·唐恩、亚·尼·波特列索夫)组成的中央机关报编辑部。中央委员中的李可夫后来换成了亚·亚·波格丹诺夫。加入俄国社会民主工党的各民族社会民主党后来分别派代表参加了中央委员会。

列宁在《关于俄国社会民主工党统一代表大会的报告(给彼得堡工人的信)》这本小册子中对这次代表大会的工作作了分析(见本版全集第13卷)。——11。

16　第二届杜马(第二届国家杜马)于1907年1—2月选举、同年2月20日(3月5日)召开,共有代表518人。主席是立宪民主党人费·亚·戈洛文。尽管当时俄国革命处于低潮时期,而且杜马选举是间接的、不平等的,但由于各政党间的界限比第一届杜马时期更为明显,群众的阶级觉悟较前提高,以及布尔什维克参加了选举,所以第二届杜马中左派力量有所加强。按政治集团来分,第二届杜马的组成是:右派即君主派和十月党54名,立宪民主党和靠近它的党派99名,各民族代表76名,无党派人士50名,哥萨克集团17名,人民社会党16名,社会革命党37名,劳动派104名,社会民主党65名。

同第一届杜马一样,第二届杜马的中心议题是土地问题。右派和十月党人捍卫1906年11月9日斯托雷平关于土地改革的法令。立宪民主党人大大删削了自己的土地法案,把强制转让土地的成分降到最低限度。劳动派在土地问题上仍然采取在第一届杜马中采取的立场。
孟什维克占多数的社会民主党党团提出了土地地方公有化法案,布尔
什维克则捍卫全部土地国有化纲领。除土地问题外,第二届杜马还讨
论了预算、对饥民和失业工人的救济、大赦等问题。在第二届杜马中,
布尔什维克执行与劳动派建立"左派联盟"的策略,孟什维克则执行支
持立宪民主党人的机会主义策略。

　　1907 年 6 月 3 日(16 日)沙皇政府发动政变,解散了第二届杜马;
同时颁布了保证地主和大资产阶级能在国家杜马中占绝对多数的新
选举法。这一政变标志着俄国历史上斯托雷平反动时期的开始。
——13。

17　立宪民主党(正式名称为人民自由党)是俄国自由主义君主派资产阶级
　　的主要政党,1905 年 10 月成立。中央委员中多数是资产阶级知识分
　　子、地方自治人士和自由派地主。主要活动家有帕·尼·米留可夫、
　　谢·安·穆罗姆采夫、瓦·阿·马克拉柯夫、安·伊·盛加略夫、彼·
　　伯·司徒卢威、约·弗·盖森等。立宪民主党提出一条与革命道路相
　　对抗的和平的宪政发展道路,主张俄国实行立宪君主制和资产阶级的
　　自由。在土地问题上,主张将国家、皇室、皇族和寺院的土地分给无地
　　和少地的农民;私有土地部分地转让,并且按"公平"价格给予补偿;解
　　决土地问题的土地委员会由同等数量的地主和农民组成,并由官员充
　　当他们之间的调解人。1906 年春,曾同政府进行参加内阁的秘密谈
　　判,后来在国家杜马中自命为"负责任的反对派"。第一次世界大战期
　　间,支持沙皇政府的掠夺政策,曾同十月党等反动政党组成"进步同
　　盟",要求成立责任内阁,即为资产阶级和地主所信任的政府,力图阻止
　　革命并把战争进行到最后胜利。二月革命后,立宪民主党在资产阶级
　　临时政府中居于领导地位,竭力阻挠土地问题、民族问题等基本问题的
　　解决,并奉行继续帝国主义战争的政策。七月事变后,支持科尔尼洛夫
　　叛乱,阴谋建立军事独裁。十月革命胜利后,苏维埃政府于 1917 年 11
　　月 28 日(12 月 11 日)宣布立宪民主党为"人民公敌的党"。该党随之
　　转入地下,继续进行反革命活动,并参与白卫将军的武装叛乱。国内战
　　争结束后,该党上层分子大多数逃亡国外。1921 年 5 月,该党在巴黎

召开代表大会时分裂,作为统一的党不复存在。——13。

18 《同志报》(《Товарищ》)是俄国资产阶级报纸(日报),1906年3月15日(28日)—1907年12月30日(1908年1月12日)在彼得堡出版。该报打着"无党派"的招牌,实际上是左派立宪民主党人的机关报。参加该报工作的有谢·尼·普罗柯波维奇和叶·德·库斯柯娃。孟什维克也为该报撰稿。从1908年1月起《我们时代报》代替了《同志报》。——15。

19 指俄国社会民主工党中央委员会就六三政变问题发出的第一封《给各党组织的信》。信中说:"无产阶级和代表它的利益的革命社会民主党对政府的横暴行为不能不予以回答和抗议。"俄国社会民主工党中央委员会没有宣布立即采取行动,而是号召各党组织"支持正在掀起的群众运动,使之进行到底;在有把握得到广大群众的积极而坚决的支持的地方,要立即发起运动,并把情况报告中央委员会"。——18。

20 这里说的基辅起义是指沙皇军队第41谢连金步兵团和第21工兵营1907年6月4日夜在基辅举行的武装起义。当时社会革命党和俄国社会民主工党在这些部队里都有较强的力量。第二届国家杜马被解散的消息传来后,社会革命党军事组织召开会议决定举行起义。俄国社会民主工党基辅军事组织委员会不赞成起义,但在起义已不可能制止时也决定参加。这一起义很快就被扑灭了。

这里说的黑海舰队起义可能是指1907年5月底黑海舰队实习分舰队水兵起义未果一事。1907年5月22日,实习分舰队由塞瓦斯托波尔港起锚驶往坚德拉湾。在发现水兵有发动起义迹象后,分舰队奉命立即返航,于5月28日回到塞瓦斯托波尔港。随后有数十名水兵以鼓动起义的罪名被逮捕并交付军事法庭审判。——19。

21 宪章运动是19世纪30—50年代英国无产阶级争取实行《人民宪章》的革命运动,是世界上第一次广泛的、真正群众性的、政治性的无产阶级革命运动。19世纪30年代,英国工人运动迅速高涨。伦敦工人协会于1836年成立,1837年起草了一份名为《人民宪章》的法案,1838年5

月在伦敦公布。宪章提出六点政治要求：(一)凡年满21岁的男子皆有选举权；(二)实行无记名投票；(三)废除议员候选人的财产资格限制；(四)给当选议员支付薪俸；(五)议会每年改选一次；(六)平均分配选举区域,按选民人数产生代表。1840年7月成立了全国宪章派协会,这是工人运动史上第一个群众性的工人政党。宪章运动在1839、1842、1848年出现过三次高潮。三次请愿均被议会否决,运动也遭镇压。宪章运动终究迫使英国统治阶级作了某些让步,并对欧洲工人运动的发展产生了重大影响。马克思和恩格斯同宪章运动的左翼领袖乔·朱·哈尼、厄·琼斯保持联系,并积极支持宪章运动。——21。

22 幼年的罪孽一语出自《旧约全书·约伯记》,意指年轻时由于幼稚而犯的错误和过失。——21。

23 十月党人是俄国十月党的成员。十月党(十月十七日同盟)代表和维护大工商业资本家和按资本主义方式经营的大地主的利益,属于自由派的右翼。该党于1905年11月成立,名称取自沙皇1905年10月17日宣言。十月党的主要领导人是大工业家和莫斯科房产主亚·伊·古契柯夫、大地主米·弗·罗将柯,活动家有彼·亚·葛伊甸、德·尼·希波夫、米·亚·斯塔霍维奇、尼·阿·霍米亚科夫等。十月党完全拥护沙皇政府的对内对外政策,支持政府镇压革命的一切行动,主张用调整租地、组织移民、协助农民退出村社等办法解决土地问题。第一次世界大战期间,号召支持政府,后来参加了军事工业委员会的活动,曾同立宪民主党等结成"进步同盟",主张把帝国主义战争进行到最后胜利,并通过温和的改革来阻止人民革命和维护君主制。二月革命后,该党参加了资产阶级临时政府。十月革命后,十月党人反对苏维埃政权,在白卫分子政府中担任要职。——22。

24 莫尔恰林习气意思是阿谀逢迎,奴颜婢膝。莫尔恰林是俄国作家亚·谢·格里鲍耶陀夫的喜剧《智慧的痛苦》中的主人公,他热衷于功名利禄,一心依附权贵,为了得到赏识和提拔,在上司面前总是唯唯诺诺,寡言少语。他夸耀自己有两种长处："温和和谨慎"。——22。

25 巴拉莱金是俄国作家米·叶·萨尔蒂科夫-谢德林的讽刺作品《温和谨慎的人们》和《现代牧歌》中的人物,一个包揽词讼、颠倒黑白的律师,自由主义空谈家、冒险家和撒谎家。巴拉莱金这个名字后来成为空谈、撒谎、投机取巧、出卖原则的代名词。——22。

26 指马克思在《国际工人协会总委员会关于普法战争的第二篇宣言》中对法国工人的下述忠告:"在目前的危机中,当敌人几乎已经在敲巴黎城门的时候,一切推翻新政府的企图都将是绝望的蠢举。法国工人应该履行自己的公民职责,但同时他们不应当为民族历史上的1792年所迷惑,就像法国农民曾经为民族历史上的第一帝国所欺骗那样。"(见《马克思恩格斯文集》第3卷第127页)——23。

27 指俄国社会民主工党第四次(统一)代表大会《关于对国家杜马的态度的决议》和第五次代表大会《关于国家杜马的决议》。前者是根据孟什维克提出的草案通过的,后者则是根据布尔什维克提出的草案通过的(参看《苏联共产党代表大会、代表会议和中央全会决议汇编》1964年人民出版社版第1分册第153—155、209—210页)。——25。

28 《无产者报》(《Пролетарий》)是布尔什维克的秘密报纸,是根据党的第三次代表大会决定创办的俄国社会民主工党中央机关报(周报)。1905年5月14日(27日)—11月12日(25日)在日内瓦出版,共出了26号。根据1905年4月27日(5月10日)党的中央全会的决定,列宁被任命为该报的责任编辑,编委会的委员有瓦·瓦·沃罗夫斯基、阿·瓦·卢那察尔斯基和米·斯·奥里明斯基。参加编辑工作的有:娜·康·克鲁普斯卡娅、维·米·韦利奇金娜、维·阿·卡尔宾斯基、尼·费·纳西莫维奇、伊·阿·泰奥多罗维奇、莉·亚·福季耶娃等。弗·德·邦契-布鲁耶维奇、谢·伊·古谢夫、安·伊·乌里扬诺娃-叶利扎罗娃负责为编辑部收集地方通讯稿。克鲁普斯卡娅和福季耶娃负责编辑部同地方组织和读者的通信联系。该报继续执行《火星报》的路线,并保持同《前进报》的继承关系。《无产者报》发表了大约90篇列宁的文章和短评,印发了俄国社会民主工党第三次代表大会的材料。该报的发行量达1万份。1905年11月初列宁回俄国后不久停刊,报纸的最后两号是沃罗夫斯基编辑的。——26。

29　《无产者报》(《Пролетарий》)是俄国布尔什维克的秘密报纸,于 1906 年
8 月 21 日(9 月 3 日)——1909 年 11 月 28 日(12 月 11 日)出版,共出了
50 号。该报由列宁主编,在不同时期参加编辑部的有亚·亚·波格丹
诺夫、约·彼·戈尔登贝格、约·费·杜勃洛文斯基等。该报的头 20
号是在维堡排版送制型到彼得堡印刷的,为保密起见,报上印的是在莫
斯科出版。由于秘密报刊出版困难,从第 21 号起移至国外出版(第
21—40 号在日内瓦、第 41—50 号在巴黎出版)。该报是作为俄国社会
民主工党莫斯科委员会和彼得堡委员会的机关报出版的,在头 20 号中
有些号还同时作为莫斯科郊区委员会、彼尔姆委员会、库尔斯克委员会
和喀山委员会的机关报出版,但它实际上是布尔什维克的中央机关报。
该报共发表了 100 多篇列宁的文章和短评。该报第 46 号附刊上发表
了 1909 年 6 月在巴黎举行的《无产者报》扩大编辑部会议的文件。斯
托雷平反动时期,该报在保存和巩固布尔什维克组织方面起了卓越的
作用。根据俄国社会民主工党中央委员会 1910 年一月全会的决议,该
报停刊。——26。

30　布尔什维克第三次代表大会指 1905 年 4 月 12—27 日(4 月 25 日—5
月 10 日)在伦敦举行的俄国社会民主工党第三次代表大会。这次代表
大会是布尔什维克筹备的,在列宁领导下进行的。孟什维克拒绝参加
代表大会,而在日内瓦召开了他们的代表会议。

　　出席代表大会的有 38 名代表,其中有表决权的代表 24 名,有发言
权的代表 14 名。出席大会的有表决权的代表分别代表 21 个俄国社会
民主工党的地方委员会、中央委员会和党总委员会(参加党总委员会的
中央委员会代表)。列宁作为敖德萨委员会的代表出席代表大会,当选
为代表大会主席。

　　代表大会审议了正在俄国展开的革命的根本问题,确定了无产阶
级及其政党的任务。代表大会讨论了下列问题:组织委员会的报告;武
装起义;在革命前夕对政府政策的态度;关于临时革命政府;对农民运
动的态度;党章;对俄国社会民主工党分裂出去的部分的态度;对各民

族社会民主党组织的态度；对自由派的态度；同社会革命党人的实际协议；宣传和鼓动；中央委员会的和各地方委员会代表的工作报告等。列宁就大会讨论的所有主要问题拟了决议草案，在大会上作了关于社会民主党参加临时革命政府的报告和关于支持农民运动的决议的报告，并就武装起义、在革命前夕对政府政策的态度、社会民主党组织内工人和知识分子的关系、党章、关于中央委员会活动的报告等问题作了发言。

代表大会制定了党在资产阶级民主革命中的战略计划，这就是：要孤立资产阶级，使无产阶级同农民结成联盟，成为革命的领袖和领导者，为争取革命胜利——推翻专制制度、建立民主共和国、消灭农奴制的一切残余——而斗争。从这一战略计划出发，代表大会规定了党的策略路线。大会提出组织武装起义作为党的主要的和刻不容缓的任务。大会指出，在人民武装起义取得胜利后，必须建立临时革命政府来镇压反革命分子的反抗，实现俄国社会民主工党的最低纲领，为向社会主义革命过渡准备条件。

代表大会重新审查了党章，通过了列宁提出的关于党员资格的党章第1条条文，取消了党内两个中央机关（中央委员会和中央机关报）的制度，建立了党的统一的领导中心——中央委员会，明确规定了中央委员会的权力和它同地方委员会的关系。

代表大会谴责了孟什维克的行为和他们在组织问题和策略问题上的机会主义。鉴于《火星报》已落入孟什维克之手并执行机会主义路线，俄国社会民主工党第三次代表大会委托中央委员会创办新的中央机关报——《无产者报》。代表大会选出了以列宁为首的中央委员会，参加中央委员会的还有亚·亚·波格丹诺夫、列·波·克拉辛、德·西·波斯托洛夫斯基和阿·伊·李可夫。

俄国社会民主工党第三次代表大会是第一次布尔什维克代表大会，它用争取民主革命胜利的战斗纲领武装了党和工人阶级。列宁在《第三次代表大会》一文（见本版全集第10卷）中论述了这次代表大会的工作及其意义。——27。

31　指孟什维克日内瓦代表会议。

　　孟什维克日内瓦代表会议于俄国社会民主工党第三次代表大会同时于1905年4月举行。由于参加的人数很少(只有9个委员会的代表出席),孟什维克宣布自己的这次会议为党的工作者代表会议。代表会议就武装起义、农民中的工作、夺取政权和参加临时政府、对其他革命党派和反对派的态度等问题通过了决议。列宁在《倒退的第三步》、《社会民主党在民主革命中的两种策略》、《〈工人论党内分裂〉一书序言》(见本版全集第10卷和第11卷)等著作中揭露了日内瓦代表会议决议的机会主义性质,并对这些决议作了非常有力的批判。——27。

32　《纪念葛伊甸伯爵(我国非党的"民主主义者"教导人民什么?)》一文载于1907年9月初在圣彼得堡出版的布尔什维克的《生活之声》文集,并附有文集编辑部的如下按语:"这篇文章早在6月间《同志报》发表悼词之后随即写成,但由于某种与作者'无关的'原因而未发表。现在把这篇文章编入本文集,编辑部认为,虽然文章的写作缘由目前已失去意义,但它的内容还是完全有价值的。"文章没有署名,但文集目录中标明作者是尼·列·。

　　所谓"与作者'无关的'原因"一般是指警察当局与书报检查机关的阻挠,而此处也指当时布尔什维克文集成了唯一可以发表列宁文章的出版物这一客观情况。——34。

33　《俄罗斯新闻》(《Русские Ведомости》)是俄国报纸,1863—1918年在莫斯科出版。它反映自由派地主和资产阶级的观点,主张在俄国实行君主立宪,撰稿人是一些自由派教授。19世纪70年代中期成为俄国影响最大的报纸之一。80—90年代刊登民主主义作家和民粹主义者的文章。1898年和1901年曾经停刊。从1905年起成为右翼立宪民主党人的机关报。1917年二月革命后支持资产阶级临时政府。十月革命后被查封。——34。

34　指1905年10月的全俄政治罢工。——36。

35　粉饰的坟墓意思是虚有其表或表里不一,出典于圣经《新约全书》。传说耶稣指责言行不一的犹太教律法师和法利赛派是伪善者,说他们像粉饰的坟墓一样,外表富丽堂皇,而里面充满尸骨和污秽之物(见《马太福音》第23章)。——37。

36　姜汁鲟鱼是俄国上层社会享用的名贵菜肴。俄国作家米·叶·萨尔蒂科夫-谢德林在《文明人》等作品中曾用它来嘲讽俄国自由派人士,说他们不知要宪法好,还是要姜汁鲟鱼好。他们意在巧取豪夺。他们要宪法是为了便于巧取豪夺,就像用姜汁鲟鱼来满足他们的口腹之欲那样。——38。

37　和平革新派是俄国大资产阶级和地主的君主立宪主义组织和平革新党的成员。和平革新党由左派十月党人彼·亚·葛伊甸、德·尼·希波夫、米·亚·斯塔霍维奇和右派立宪民主党人尼·尼·李沃夫、叶·尼·特鲁别茨科伊等在第一届国家杜马中的"和平革新派"基础上组成的,1906年7月成立。该党持介乎十月党和立宪民主党之间的立场,主要是在策略上与它们有所不同,而其纲领则十分接近于十月党。和平革新党维护工商业资产阶级和按资本主义方式经营的地主的利益。在第三届国家杜马中,和平革新党同民主改革党联合组成"进步派",该派是1912年成立的进步党的核心。和平革新党的正式机关刊物是《言论报》和《莫斯科周刊》。——39。

38　费多尔的事……去处理吧出自俄国作家伊·谢·屠格涅夫的《猎人笔记》中的一个短篇小说《总管》。小说主人公阿尔卡季·巴甫雷奇·宾诺奇金是一个道貌岸然、举止文雅、不露声色地处罚下人的"文明"地主。有一天招待客人,他发现仆人费多尔没有把酒烫热,就镇静自若地按铃叫来另一个仆人,低声吩咐:"费多尔的事……去处理吧。"意即把费多尔拖进马厩鞭笞一顿。——40。

39　出自德国诗人约·沃·歌德格言诗集《酬唱集》中的《悭吝》一诗。在这首诗里,歌德劝诫年轻人不要犹豫不决,不要成为灵魂空虚的怯懦的庸人。——42。

40　这份提纲在1907年7月8日(21日)俄国社会民主工党彼得堡市代表

会议上宣读后,于当月印成了单页。

　　俄国社会民主工党彼得堡市代表会议于1907年7月8日和14日(21日和27日)在泰里约基(芬兰)举行。出席7月8日第一次会议的有61名有表决权的代表和21名有发言权的代表;出席8月14日第二次会议的只有50名有表决权的代表和16名有发言权的代表。会议上的报告没有保存下来。

　　这次会议着重讨论了关于参加第三届杜马选举问题和同彼得堡一些党组织中的抵制情绪作斗争的问题。列宁在会上作了关于对第三届杜马选举的态度问题的报告。代表会议就此问题展开了激烈的争论,最后赞同列宁在提纲和报告中坚持的反对抵制第三届杜马的路线。——43。

41　这是一组有关俄国社会民主工党第三次代表会议(第二次全国代表会议)的文献。有关这次代表会议的其他列宁文献见本卷《附录》和《列宁文稿》人民出版社版第12卷第386—394页。

　　俄国社会民主工党第三次代表会议(第二次全国代表会议)于1907年7月21—23日(8月3—5日)在芬兰的科特卡举行。出席会议的代表共26人,其中布尔什维克代表9人,孟什维克代表5人,波兰社会民主党代表5人,崩得代表5人,拉脱维亚社会民主党代表2人。列宁作为北方区的代表出席了代表会议。第五次(伦敦)代表大会选出的中央委员会委员和候补委员也出席了代表会议。

　　这次代表会议是在六三政变后的政治形势下紧急召开的。列入会议议程的有以下问题:参加第三届国家杜马选举问题;同其他政党达成选举协议问题;选举纲领问题;全俄工会代表大会问题。

　　关于参加第三届国家杜马选举问题,代表会议听取了3个报告:报告人分别是代表布尔什维克的列宁(反对抵制)和亚·亚·波格丹诺夫(赞成抵制)以及代表孟什维克的费·伊·唐恩。在表决中,布尔什维克抵制派的决议草案有9票赞成,15票反对;孟什维克的反抵制决议草案有11票赞成,15票反对。布尔什维克中的抵制派在其决议草案被否决以后投票赞成列宁的决议草案,结果列宁的决议草案有15票赞成,11票反对。会议最后通过了以列宁的草案为基础的决议,这一决议号召党参加选举运动,不仅同右派政党而且同立宪民主党人进行斗争(参看《苏联共产党代表大会、代表会议和中央全会决议汇编》1964年人民出版社版第1分册第219—220页)。

关于同其他政党达成选举协议的问题,代表会议作了如下决定:社会民主党人在选举的第一阶段不同其他政党达成任何选举协议;在重新投票时,允许同一切比立宪民主党左的政党达成协议;在选举的第二阶段和以后各阶段,允许同一切革命政党和反对党达成协议以反对右派政党;在工人选民团里,除了同未加入俄国社会民主工党的某些民族的社会民主党和波兰社会党达成协议外,不得同其他政党达成协议。

会议还就选举纲领问题通过了如下的决议:"代表会议建议中央委员会根据代表会议就参加选举和参加国家杜马问题所通过的决议来制定选举纲领。"(同上书,第224页)

会议关于全俄工会代表大会问题的讨论,实际上变成了关于工人阶级政党同工会之间关系问题的讨论。代表会议决定把就这个问题提出的四个决议草案都作为资料转交俄国社会民主工党中央委员会。其中布尔什维克的草案即第3个草案是以列宁提出的草案为基础拟定的。

这次代表会议的意义在于它制定了党在斯托雷平反动时期条件下的策略原则。会议的决议由中央委员会以《关于1907年7月21、22和23日党的代表会议的通告》形式公布。——45。

42 这里说的立宪民主党的选举法是指1905年12月11日(24日)颁布的国家杜马选举法,十月党的选举法是指1907年6月3日(16日)颁布的国家杜马选举法,分别见注11和注6。——46。

43 伦敦代表大会即俄国社会民主工党第五次代表大会,于1907年4月30日—5月19日(5月13日—6月1日)举行。代表大会原来打算在哥本哈根或马尔默(瑞典)、布鲁塞尔召开。由于沙皇政府施加压力,丹麦、瑞典、比利时都禁止在其国土上召开俄国社会民主工党代表大会。因此已汇集在哥本哈根的大会代表只得转移到马尔默,又从那里动身前往伦敦。

出席代表大会的代表有 342 名,代表约 15 万名党员,其中有表决权的代表 303 名,有发言权的代表 39 名。在有表决权的代表中,有布尔什维克 89 名,孟什维克 88 名,崩得代表 55 名,波兰王国和立陶宛社会民主党代表 45 名,拉脱维亚边疆区社会民主党代表 26 名。大工业中心的代表多数是布尔什维克。列宁作为卡马河上游地区(乌拉尔)组织的代表参加了代表大会并被选入了主席团。马·高尔基作为有发言权的代表参加了代表大会。

代表大会议程的讨论几乎占用了四次会议。布尔什维克和孟什维克、崩得分子就是否把主要的具有原则性的理论和政治问题列入代表大会议程展开辩论。布尔什维克在波兰和拉脱维亚社会民主党人的支持下,使一个最重要的具有总原则性质的问题即对资产阶级政党的态度问题列入了议程。大会通过的全部议程是:中央委员会的工作报告;杜马党团的工作报告和杜马党团组织;对资产阶级政党的态度;国家杜马;"工人代表大会"和非党工人组织;工会和党;游击行动;失业、经济危机和同盟歇业;组织问题;斯图加特国际代表大会(五一节,军国主义);军队中的工作;其他。由于时间和经费的关系,关于国家杜马、关于工会和党、关于游击行动的问题及组织问题只讨论了以各派名义在代表大会上提出的提案和决议案。关于失业、关于经济危机和同盟歇业、关于斯图加特国际代表大会等问题没有来得及讨论。

布尔什维克在代表大会上得到了波兰王国和立陶宛社会民主党及拉脱维亚边疆区社会民主党的代表的支持。布尔什维克用革命的纲领团结了他们,因而在代表大会上获得了多数。在一切基本问题上,代表大会都通过了布尔什维克的决议案。布尔什维克的策略被确定为全党的统一的策略。关于对资产阶级政党态度的问题通过了列宁起草的决议。这一决议对所有非无产阶级政党都作了布尔什维主义的评价,并规定了革命社会民主党对它们的策略。代表大会通过的关于国家杜马的决议,规定了社会民主党在杜马中的各项任务,指出社会民主党在杜马内的活动应该服从杜马外的活动,应该首先把杜马作为揭露专制制度和资产阶级妥协政策以及宣传党的革命纲领的讲坛。代表大会就"工人代表大会"问题通过的决议是以列宁为代表大会写的决议草案

《关于非党工人组织和无产阶级中的无政府工团主义思潮》为基础写成
的。在关于工会的决议中,代表大会批驳了工会"中立"的理论,认为必
须做到党对工会实行思想上和政治上的领导。代表大会通过了新的党
章。按照修改过的党章,在代表大会上只选举中央委员会,中央机关报
编辑部由中央委员会任命并在中央委员会监督下工作。党章规定定期
召开党的会议来讨论党内生活中最重要的问题。

代表大会选出了由布尔什维克5人(约·彼·戈尔登贝格、尼·
亚·罗日柯夫、约·费·杜勃洛文斯基、伊·阿·泰奥多罗维奇、维·
巴·诺根)、孟什维克4人(亚·马尔丁诺夫、诺·尼·饶尔丹尼亚、尼
基福尔、约·安·伊苏夫)、波兰社会民主党2人(阿·瓦尔斯基、费·
埃·捷尔任斯基)和拉脱维亚社会民主党1人(卡·尤·克·达尼舍夫
斯基)组成的中央委员会(另外3名中央委员由崩得和拉脱维亚边疆区
社会民主党在代表大会后选派)。代表大会还批准24名候补中央委
员,其中有列宁。鉴于新的中央委员会成分不一,中央的领导不可靠,
在代表大会结束时,布尔什维克在自己的会议上成立了以列宁为首的
布尔什维克中央,《无产者报》编辑部也加入布尔什维克中央。——47。

44 非党进步派是自由主义君主派资产阶级的一个政治集团。这一集团在
国家杜马选举中以及在杜马中,试图把形形色色的资产阶级地主政党
和派别的成员在"非党"的旗号下联合起来。

在第三届国家杜马中,进步派组成了一个有和平革新党和民主改
革党代表参加的集团。出于害怕爆发新的革命的动机,进步派批评沙
皇政府的"极端行为",认为政府不肯让步造成了左派革命力量活动的
条件。在1912年第四届国家杜马选举中,进步派同立宪民主党结成联
盟。进步派杜马代表在第三届杜马初期是28名,末期已增加到37名,
到了第四届杜马又进一步增至48名。

进步派于1912年11月11—13日在彼得堡召开代表大会,组成独
立政党——进步党。该党纲领要点是:制定温和的宪法,实行细微的改
革,建立责任内阁即对杜马负责的政府,镇压革命运动。列宁称这个纲
领为民族主义自由派纲领,认为进步党人按成分和意识形态来说是十
月党人同立宪民主党人的混合物,该党将成为德国也有的那种"真正

的"资本主义资产阶级政党(参看本版全集第 22 卷第 265、352 页)。进步派的创建人有著名的大工厂主亚·伊·柯诺瓦洛夫、帕·巴·里亚布申斯基、弗·巴·里亚布申斯基,大地主和地方自治人士伊·尼·叶弗列莫夫、格·叶·李沃夫、尼·尼·李沃夫、叶·尼·特鲁别茨科伊、德·尼·希波夫、马·马·柯瓦列夫斯基等。进步派在不同时期出版的报刊有《莫斯科周刊》、《言论报》、《俄国评论报》和《俄国晨报》。

第一次世界大战期间,进步党人支持沙皇政府,倡议成立军事工业委员会。1915 年夏,进步党同其他地主资产阶级政党联合组成"进步同盟",后于 1916 年退出。1917 年二月革命后,进步党的一些领袖加入了国家杜马临时委员会,后又加入了资产阶级临时政府。但这时进步党本身实际上已经瓦解。十月革命胜利后,原进步党领袖积极反对苏维埃政权。——47。

45 《教育》杂志(«Образование»)是俄国一种合法的文学、科普和社会政治性刊物(月刊),1892—1909 年在彼得堡出版。初期由瓦·德·西波夫斯基和瓦·瓦·西波夫斯基主编,从 1896 年起由亚·雅·奥斯特罗戈尔斯基负责编辑。在 1902—1908 年间,该杂志刊载过社会民主党人的文章。1906 年第 2 期发表了列宁的《土地问题和"马克思的批评家"》这一著作的第 5—9 章(见本版全集第 5 卷)。——49。

46 指《新时报》。维·彼·布勒宁从 1876 年起就参加了《新时报》编辑部的工作,是新时报派无耻文人的首领。所以列宁称《新时报》为布勒宁的报纸,并把不诚实的论战手法叫做布勒宁式的对事实的歪曲。

《新时报》(«Новое Время»)是俄国报纸,1868—1917 年在彼得堡出版。出版人多次更换,政治方向也随之改变。1872—1873 年采取进步自由主义的方针。1876—1912 年由反动出版家阿·谢·苏沃林掌握,成为俄国最没有原则的报纸。1905 年起是黑帮报纸。1917 年二月革命后,完全支持资产阶级临时政府的反革命政策,攻击布尔什维克。1917 年 10 月 26 日(11 月 8 日)被查封。——53。

47 劳动派(劳动团)是俄国国家杜马中的农民代表和民粹派知识分子代表组成的小资产阶级民主派集团,1906 年 4 月成立。领导人是阿·费·

阿拉季因、斯·瓦·阿尼金等。劳动派要求废除一切等级限制和民族限制,实行自治机关的民主化,用普选制选举国家杜马。劳动派的土地纲领要求建立由官地、皇族土地、皇室土地、寺院土地以及超过劳动土地份额的私有土地组成的全民地产,由农民普选产生的地方土地委员会负责进行土地改革,这反映了全体农民的土地要求,同时它又容许赎买土地,则是符合富裕农民阶层利益的。在国家杜马中,劳动派动摇于立宪民主党和布尔什维克之间。布尔什维克党支持劳动派的符合农民利益的社会经济要求,同时批评它在政治上的不坚定,可是劳动派始终没有成为彻底革命的农民组织。六三政变后,劳动派在地方上停止了活动。第一次世界大战期间,劳动派多数采取沙文主义立场。二月革命后,劳动派积极支持资产阶级临时政府,1917年6月与人民社会党合并为劳动人民社会党。十月革命后,劳动派站在资产阶级反革命势力方面。——55。

48　《言语报》(《Речь》)是俄国立宪民主党的中央机关报(日报),1906年2月23日(3月8日)起在彼得堡出版,实际编辑是帕·尼·米留可夫和约·弗·盖森。积极参加该报工作的有马·莫·维纳维尔、帕·德·多尔戈鲁科夫、彼·伯·司徒卢威等。1917年二月革命后,该报积极支持资产阶级临时政府的对内对外政策,反对布尔什维克。1917年10月26日(11月8日)被查封。后曾改用《我们的言语报》、《自由言语报》、《时代报》、《新言语报》和《我们时代报》等名称继续出版,1918年8月最终被查封。——55。

49　贵族联合会是农奴主-地主的组织,于1906年5月在各省贵族协会第一次代表大会上成立,存在到1917年10月。成立该组织的主要目的是维护君主专制制度,维护大地主土地占有制和贵族特权。贵族联合会的领导人是阿·亚·鲍勃凌斯基伯爵、Н.Ф.卡萨特金-罗斯托夫斯基公爵、Д.А.奥尔苏菲耶夫伯爵、弗·米·普利什凯维奇等人。列宁称贵族联合会为"农奴主联合会"。贵族联合会的许多成员参加了国务会议和黑帮组织的领导中心。——56。

50　13万人是指俄国的地主。根据1905年的统计材料,当时俄国拥有50

俄亩以上的地主总人数是 133 898 人,每人平均占有 594 俄亩土地(见本版全集第 15 卷第 116—117 页)。——56。

51　人民社会党人是 1906 年从俄国社会革命党右翼分裂出来的小资产阶级政党人民社会党的成员。人民社会党的领导人有尼·费·安年斯基、韦·亚·米雅柯金、阿·瓦·彼舍霍诺夫、弗·格·博哥拉兹、谢·雅·叶尔帕季耶夫斯基、瓦·伊·谢美夫斯基等。人民社会党提出“全部国家政权应归人民”,即归从无产者到资产阶级知识分子的全体劳动者,主张对地主土地进行赎买和实行土地国有化,但不触动份地和经营“劳动经济”的私有土地。在俄国 1905—1907 年革命趋于低潮时,该党赞同立宪民主党的路线,六三政变后,因没有群众基础,实际上处于瓦解状态。第一次世界大战期间,持社会沙文主义立场。二月革命后,该党开始恢复组织。1917 年 6 月,同劳动派合并为劳动人民社会党。这个党代表富农利益,积极支持资产阶级临时政府,十月革命后参加反革命阴谋活动和武装叛乱,1918 年后不复存在。——60。

52　这是斯图加特国际社会党代表大会《军国主义和国际冲突》决议在 1907 年 9 月初彼得堡出版的《生活之声》文集第 1 集上发表时列宁为它加的注释。

　　斯图加特国际社会党代表大会(第二国际第七次代表大会)于 1907 年 8 月 18—24 日举行。出席代表大会的有来自 25 个国家的 886 名社会党和工会的代表,其中英国 123 名,奥地利 75 名,匈牙利 25 名,波希米亚 41 名,意大利 13 名,波兰 23 名,法国 78 名,美国 20 名,德国 289 名,俄国 65 名。德国代表团中工会代表占多数。俄国代表团包括社会民主党人 37 名、社会革命党人 21 名和工会代表 7 名。俄国代表团共有 20 张表决票,分配情形是:社会民主党人 10 票(布尔什维克 4 1/2 票,孟什维克 2 1/2 票,崩得、拉脱维亚社会民主党人和亚美尼亚社会民主党人各 1 票),社会革命党人 7 票,工会代表 3 票。参加这次代表大会的布尔什维克代表有列宁、亚·亚·波格丹诺夫、约·彼·戈尔登贝格(维什科夫斯基)、波·米·克努尼扬茨、马·马·李维诺夫、阿·瓦·卢那察尔斯基、尼·亚·谢马什柯、米·格·茨哈卡雅等人。

列宁是第一次出席第二国际的代表大会。

代表大会审议了下列问题：军国主义和国际冲突；政党和工会的相互关系；殖民地问题；工人的侨居；妇女选举权。

在代表大会期间，列宁为团结国际社会党的左派力量做了大量工作，同机会主义者进行了坚决的斗争。代表大会的主要工作是在起草代表大会决议的各委员会中进行的。列宁参加了军国主义和国际冲突问题委员会的工作。在这个委员会讨论奥·倍倍尔提出的决议案时，列宁同罗·卢森堡和尔·马尔托夫一起对它提出了许多原则性的修改意见。其中最重要的是对决议案的最后一段的修改意见（见注53）。修改意见末尾提出的著名论点还为1910年哥本哈根代表大会所重申并写进了1912年巴塞尔代表大会的决议。列宁在1916年12月写的一篇关于对倍倍尔这一决议案的修改的短文中谈到了这一修改意见提出的经过（见本版全集第28卷第301页）。

代表大会在殖民地问题上也展开了尖锐的斗争。以荷兰社会民主党人亨利克·范科尔为首的殖民地问题委员会中的多数派，不顾少数派的抗议，提出了一份决议草案，认为代表大会不应在原则上谴责一切殖民政策，因为殖民政策在社会主义制度下可以起传播文明的作用。范科尔把荷兰的殖民政策说成典范，宣称即使在将来，社会党人也不但要带着机器和其他文化成就，而且要手持武器到"野蛮民族"那里去。这一机会主义决议草案得到德国代表团多数的支持。只是由于俄国、波兰的代表，德国、法国、英国的部分代表以及没有殖民地的各小国的代表的共同努力，才推翻了委员会的决议，通过了在实质上改变了决议内容的修正案。代表大会通过的关于殖民地问题的决议谴责了一切殖民政策。

在草拟工人侨居问题决议案的委员会中，一部分机会主义者反映了美国和澳大利亚工人贵族的狭隘行会利益，要求禁止中国和日本的无产者移居这些国家，说他们没有组织能力。持这种观点的人在全体会议上没有公开发言。因此，代表大会就这一问题通过的决议符合革命的社会民主党的要求，也符合对各国工人进行国际主义教育的要求。

在关于工会和工人阶级政党相互关系问题委员会中，卢那察尔斯基捍卫了关于工会应具有党性的列宁主义路线。代表大会就此问题通过了确认工会的党性原则的决议。

列宁在两篇题为《斯图加特国际社会党代表大会》的文章中对这次代表大会及其意义作了扼要的介绍和评述（见本卷第 64—75、79—85页）。——62。

53 这里说的就是斯图加特国际社会党代表大会《军国主义和国际冲突》决议最后一段修改的情况。根据 1907 年柏林前进出版社出的这次代表大会的记录，这一段在奥·倍倍尔的原决议案中是："一旦有爆发战争的危险，各有关国家的工人和他们的议会代表的责任就是全力以赴，利用他们认为最有效的手段来阻止战争的爆发，而如果战争仍然爆发了，则迅速结束战争。"

列宁等人对这一段的修改意见是："只要存在战争的威胁，各有关国家的工人及其在议会中的代表就有责任各尽所能，以便利用相应的手段来阻止战争的爆发。这些手段自然是根据阶级斗争和一般政治形势的尖锐化程度的不同而改变和加强。如果战争仍然爆发了的话，他们的责任是迅速结束战争，并竭尽全力利用战争引起的经济危机和政治危机唤醒各阶层人民的政治觉悟，加速推翻资产阶级的统治。"

在代表大会正式通过的决议中，这条修改意见除了个别文字改动外被完全采纳。正式通过的决议中这一段文字是："只要存在着战争的威胁，各有关国家的工人阶级及其在议会中的代表就有责任在国际局的促进团结的活动的支持下，各尽所能，以便利用他们认为最有效的手段来阻止战争的爆发，这些手段自然是根据阶级斗争的尖锐化程度和一般政治形势的尖锐化程度的不同而改变。如果战争仍然爆发了的话，他们的责任就是全力以赴迅速结束战争，并尽力利用战争引起的经济危机和政治危机来唤醒人民，从而加速资本主义的统治的崩溃。"

正文中引用的《生活之声》文集第 1 集发表的这部分决议的译文同上述决议的原文略有出入，可能是由于翻译造成的。——63。

54 本文是列宁应种子出版社之约，为《1908 年大众历书》撰写的。

《1908 年大众历书》的编印是种子出版社利用合法形式刊印不合

法材料的一次尝试。《历书》阐述了俄国的经济状况和政治形势、第二届国家杜马的活动、对外政策问题、工会活动、罢工运动以及农民状况，介绍了俄国工人运动的历史，提供了19世纪和20世纪初俄国革命斗争的大事记。为《历书》撰稿的除列宁外，还有米·斯·奥里明斯基、尼·亚·罗日柯夫、尼·尼·巴图林等人。《历书》印了6万册，只有几十册被警方没收，因而在工厂和军队中流传很广。——64。

55 指1904年8月14—20日在阿姆斯特丹举行的第二国际第六次代表大会通过的《社会党策略的国际准则》这个决议。决议禁止社会党人参加资产阶级政府，谴责掩盖现存的阶级矛盾从而促成同资产阶级政党接近的任何尝试。——67。

56 《平等》杂志（《Die Gleichheit》）是德国社会民主党的双周刊，德国女工运动的机关刊物，后来也是国际妇女运动的机关刊物，1890—1925年在斯图加特出版。1892—1917年克·蔡特金任该刊主编。——67。

57 波兰社会民主党的全称是波兰王国和立陶宛社会民主党。

波兰王国和立陶宛社会民主党成立于1893年7月，最初称波兰王国社会民主党，其宗旨是实现社会主义，建立无产阶级政权，最低纲领是推翻沙皇制度，争取政治和经济解放。1900年8月，该党和立陶宛工人运动中国际主义派合并，改称波兰王国和立陶宛社会民主党。在1905—1907年俄国革命中，波兰王国和立陶宛社会民主党提出与布尔什维克相近的斗争口号，对自由派资产阶级持不调和的态度。但该党也犯了一些错误。列宁曾批评该党的一些错误观点，同时也指出它对波兰革命运动的功绩。

1906年4月，在俄国社会民主工党第四次（统一）代表大会上，该党作为地区性组织加入俄国社会民主工党，保持组织上的独立。由于党的领导成员扬·梯什卡等人在策略问题上发生动摇，1911年12月该党分裂成两派：一派拥护在国外的总执行委员会，称为总执委会派；另一派拥护边疆区执行委员会，称为分裂派（见本版全集第22卷《波兰社会民主党的分裂》一文）。分裂派主要包括华沙和罗兹的党组织，同布尔什维克密切合作，赞同1912年俄国社会民主工党布拉格代表会议的决议。第一次世界大战期间,波兰王国和立陶宛社会民主党持国际主义立场,反对支持外国帝国主义者的皮尔苏茨基分子和民族民主党人。1916 年该党两派合并。该党拥护俄国十月社会主义革命,1918 年在波兰领导建立了一些工人代表苏维埃。1918 年 12 月,在该党与波兰社会党"左派"的统一代表大会上,成立了波兰共产党。——68。

58　波兰社会党是以波兰社会党人巴黎代表大会(1892 年 11 月)确定的纲领方针为基础于 1893 年成立的。这次代表大会提出了建立独立民主共和国、为争取人民群众的民主权利而斗争的口号,但是没有把这一斗争同俄国、德国和奥匈帝国的革命力量的斗争结合起来。该党右翼领导人约·皮尔苏茨基等认为恢复波兰国家的唯一道路是民族起义,而不是以无产阶级为领导的全俄反对沙皇的革命。从 1905 年 2 月起,以马·亨·瓦列茨基、费·雅·柯恩等为首的左派逐步在党内占了优势。1906 年 11 月在维也纳召开的波兰社会党第九次代表大会把皮尔苏茨基及其拥护者开除出党,该党遂分裂为两个党:波兰社会党"左派"和波兰社会党"革命派"("右派",亦称弗腊克派)。

波兰社会党"左派"反对皮尔苏茨基分子的民族主义及其恐怖主义和密谋策略,主张同全俄工人运动密切合作,认为只有在全俄革命运动胜利的基础上才能解决波兰劳动人民的民族解放和社会解放问题。在 1908—1910 年期间,主要通过工会、文教团体等合法组织进行活动。该党不同意孟什维克关于在反对专制制度斗争中的领导权属于资产阶级的论点,可是支持孟什维克反对第四届国家杜马中的布尔什维克代表。第一次世界大战爆发后,该党持国际主义立场,参加了 1915 年的齐美尔瓦尔德会议和 1916 年的昆塔尔会议。该党欢迎俄国十月革命。1918 年 12 月,该党同波兰王国和立陶宛社会民主党一起建立了波兰共产主义工人党(1925 年改称波兰共产党,1938 年解散)。

波兰社会党"革命派"于 1909 年重新使用波兰社会党的名称,强调通过武装斗争争取波兰独立,但把这一斗争同无产阶级的阶级斗争割裂开来。从第一次世界大战开始起,该党的骨干分子参加了皮尔苏茨基站在奥德帝国主义一边搞的军事政治活动(成立波兰军团)。1917 年俄国二月革命后,该党转而对德奥占领者采取反对立场,开展争取建立独立的民主共和国和进行社会改革的斗争。1918年该党参加创建独立的资产阶级波兰国家,1919年同原普鲁士占领区的波兰社会党和原奥地利占领区的加利西亚和西里西亚波兰社会民主党合并。该党不反对地主资产阶级波兰对苏维埃俄国的武装干涉,并于1920年7月参加了所谓国防联合政府。1926年该党支持皮尔苏茨基发动的政变,同年11月由于拒绝同推行"健全化"的当局合作而成为反对党。1939年该党解散。——68。

59 《前进报》(《Vorwärts》)是德国社会民主党的中央机关报(日报),1876年10月在莱比锡创刊,编辑是威·李卜克内西和威·哈森克莱维尔。1878年10月反社会党人非常法颁布后被查禁。1890年10月反社会党人非常法废除后,德国社会民主党哈雷代表大会决定把1884年在柏林创办的《柏林人民报》改名为《前进报》(全称是《前进。柏林人民报》),从1891年1月起作为中央机关报在柏林出版,由李卜克内西任主编。恩格斯曾为《前进报》撰稿,同机会主义的各种表现进行斗争。1895年恩格斯逝世以后,《前进报》逐渐转入党的右翼手中。它支持过俄国的经济派和孟什维克。第一次世界大战期间持社会沙文主义立场。俄国十月革命以后,进行反对苏维埃的宣传。1933年停刊。——69。

60 拉脱维亚社会民主党即拉脱维亚社会民主工党,于1904年6月在该党第一次代表大会上成立。在1905年6月党的第二次代表大会上通过了党的纲领并作出了必须同俄国社会民主工党统一的决议。1905年该党领导了工人的革命行动并组织群众准备武装起义。1906年,在俄国社会民主工党第四次(统一)代表大会上,拉脱维亚社会民主工党作为一个地区性组织加入了俄国社会民主工党。代表大会后改名为拉脱维亚边疆区社会民主党。

　　拉脱维亚社会革命党即拉脱维亚社会民主党人同盟,是1900年秋天在国外建立的。这个组织就其提出的要求来说接近于俄国社会革命党,并具有相当程度的民族主义倾向。1905年在部分农民中暂时有些影响,但很快被拉脱维亚社会民主工党排挤,以后再未起什么明显的作用。——70。

61　亚美尼亚社会民主党是指亚美尼亚社会民主工人组织("特殊派")。这个组织是亚美尼亚民族联邦主义分子在俄国社会民主工党第二次代表大会后不久建立的。它像崩得一样要求实行联邦制的建党原则,把无产阶级按民族分开,并宣布自己是亚美尼亚无产阶级的唯一代表。它借口"每个民族都有特殊的条件"来为自己的民族主义辩护。列宁在1905年9月7日写给俄国社会民主工党中央委员会的信中,坚决反对这个组织参加1905年9月召开的俄国社会民主主义组织代表会议,指出这个组织的成员是一帮在国外的著作家,同高加索没有什么联系,是崩得的亲信(参看本版全集第45卷第49号文献)。1907年俄国社会民主工党第五次代表大会通过了关于该党与亚美尼亚社会民主工人组织实行统一的决议。

　　达什纳克楚纯即亚美尼亚革命联盟,是亚美尼亚资产阶级民族主义政党,于1890年在梯弗利斯成立。党员中,除资产阶级外,民族知识分子和小资产阶级占重要地位,此外,还有部分农民和工人。在1905—1907年革命时期,该党同社会革命党接近。1907年,该党正式通过了具有民粹主义性质的"社会主义"纲领,并加入了第二国际。1917年二月资产阶级民主革命后,他们同孟什维克、社会革命党人和阿塞拜疆资产阶级民族主义政党木沙瓦特党人结成了反革命联盟,组织了外高加索议会。1918—1920年间,该党曾领导亚美尼亚的反革命资产阶级民族主义政府。1920年11月,亚美尼亚劳动人民在布尔什维克党的领导和红军的支持下,推翻了达什纳克党人的政府,建立了苏维埃政权。1921年2月,达什纳克楚纯发动叛乱,被粉碎。随着苏维埃政权的胜利,该党在外高加索的组织陆续被清除。——70。

62　社会民主联盟(S.D.F.)是英国的社会主义组织,于1884年8月在民主联盟的基础上成立。参加联盟的除改良主义者(亨·迈·海德门等)和无政府主义者外,还有一批革命的社会民主党人即马克思主义的拥护者(哈·奎尔奇、汤·曼、爱·艾威林、爱琳娜·马克思等),他们构成了英国社会主义运动的左翼。恩格斯曾尖锐地批评社会民主联盟有教条主义和宗派主义倾向,脱离英国群众性的工人运动并且忽视这一运动的特点。1884年秋联盟发生分裂,联盟的左翼在1884年12月成立了独立的组织——社会主义同盟。1907年,社会民主联盟改称英国社会民主党。1911年,该党与独立工党中的左派一起组成了英国社会党。1920年,社会党的大部分党员参加了创立英国共产党的工作。——71。

63　独立工党(I.L.P.)是英国改良主义政党,1893年1月成立。领导人有基·哈第、拉·麦克唐纳、菲·斯诺登等。党员主要是一些新、旧工联的成员以及受费边派影响的知识分子和小资产阶级分子。独立工党从建党时起就采取资产阶级改良主义立场,把主要注意力放在议会斗争和同自由主义政党进行议会交易上。1900年,该党作为集体党员加入英国工党。在第一次世界大战期间,独立工党领袖采取资产阶级和平主义立场。1932年7月独立工党代表会议决定退出英国工党。1935年该党左翼成员加入英国共产党,1947年许多成员加入英国工党,独立工党不再是英国政治生活中一支引人注目的力量。——71。

64　费边社是1884年成立的英国改良主义组织,其成员多为资产阶级知识分子,代表人物有悉·韦伯、比·韦伯、拉·麦克唐纳、肖伯纳、赫·威尔斯等。费边·马克西姆是古罗马统帅,以在第二次布匿战争(公元前218—前201年)中采取回避决战的缓进待机策略著称。费边社即以此人名字命名。费边派虽然认为社会主义是经济发展的必然结果,但只承认演进的发展道路。他们反对马克思主义的阶级斗争和无产阶级革命学说,鼓吹通过细微的改良来逐渐改造社会,宣扬所谓"地方公有社会主义"(又译"市政社会主义")。1900年费边社加入工党(当时称劳工代表委员会),但仍保留自己的组织。在工党中,它一直起制定纲领原则和策略原则的思想中心的作用。第一次世界大战期间,费边派采取社会沙文主义立场。关于费边派,参看列宁《社会民主党在1905—1907年俄国第一次革命中的土地纲领》第4章第7节和《英国的和平主义和英国的不爱理论》(本版全集第16卷和第26卷)。——71。

65　这是克·蔡特金的《斯图加特国际社会党代表大会》一文在1907年10月圣彼得堡出版的布尔什维克的《闪电》文集第1集上发表时列宁为它加的注释。列宁是在斯图加特国际社会党代表大会上和蔡特金第一次会面并相识的。蔡特金这篇文章的俄译文经列宁校订过。

　　《闪电》文集和当时出版的布尔什维克的其他文集曾是唯一可以刊登列宁著作的出版物。这是因为俄国社会民主工党中央委员会内的孟什维克在波兰社会民主党和崩得代表的支持下阻挠成立中央机关报编辑部,以致《社会民主党人报》的出版未能安排就绪,而布尔什维克的机关报《无产者报》也因召开伦敦代表大会而中断出版。直到 1907 年 10 月,在出版《社会民主党人报》的尝试失败以后,《无产者报》才恢复出版。——76。

66　登载列宁这篇文章的《无产者报》第 17 号发表了斯图加特国际社会党代表大会的各项决议。——79。

67　伯恩施坦派是国际工人运动中的修正主义派别,产生于 19 世纪末 20 世纪初。爱·伯恩施坦的《社会主义的前提和社会民主党的任务》(1899 年)一书是对伯恩施坦派思想体系的全面阐述。伯恩施坦派在哲学上否定辩证唯物主义和历史唯物主义,用庸俗进化论和诡辩论代替革命的辩证法;在政治经济学上修改马克思主义的剩余价值学说,竭力掩盖帝国主义的矛盾,否认资本主义制度的经济危机和政治危机;在政治上鼓吹阶级合作和资本主义和平长入社会主义,传播改良主义和机会主义思想,反对马克思主义的阶级斗争学说,特别是无产阶级革命和无产阶级专政的学说。伯恩施坦派得到德国社会民主党右翼和第二国际其他一些政党的支持。在俄国,追随伯恩施坦派的有合法马克思主义者、经济派等。——82。

68　这是列宁为种子出版社出版的他的《十二年来》文集写的序言。按种子出版社的计划,《十二年来》文集应出三卷,但实际上只出了第 1 卷和第 2 卷第 1 分册。

　　《十二年来》文集第 1 卷于 1907 年 11 月中旬出版(封面上印的是 1908 年)。这一卷不久即被没收,但有很大一部分被抢救出来,并继续秘密流传。第 1 卷包括下列著作:《民粹主义的经济内容及其在司徒卢威先生的书中受到的批评》、《俄国社会民主党人的任务》、《地方自治机关的迫害者和自由主义的汉尼拔》、《怎么办?》、《进一步,退两步》、《地

方自治运动和〈火星报〉的计划》以及《社会民主党在民主革命中的两种
策略》(见本版全集第1、2、5、6、8、9、11卷)。

　　预定编入第2卷的是关于土地问题的著作。鉴于沙皇政府书报检
查机关的迫害,第2卷改称《土地问题》文集而不再用《十二年来》文集
这一书名。第2卷分两册出版,第1分册于1908年初问世,收有《评经
济浪漫主义》、《1894—1895年度彼尔姆省手工业调查以及"手工"工业
中的一般问题》以及《土地问题和"马克思的批评家"》(第1—11章)(见
本版全集第2卷和第5卷)。第2分册是列宁刚刚写成而尚未发表的
著作《社会民主党在1905—1907年俄国第一次革命中的土地纲领》(见
本卷第185—397页)。这一分册未能问世,在印刷厂就被警方没收并
销毁了。

　　第3卷也因当局的查禁未能出版。按计划,编入该卷的将是列宁
在《火星报》、《前进报》、《无产者报》、《新生活报》等布尔什维克机关报
上发表过的一批纲领性和论战性文章。——86。

69　合法马克思主义即司徒卢威主义,是19世纪90年代出现在俄国自由
　　派知识分子中的一种思想政治流派,主要代表人物是彼·伯·司徒卢
　　威。合法马克思主义利用马克思经济学说中能为资产阶级所接受的个
　　别论点为俄国资本主义的发展作论证。在批判小生产的维护者民粹派
　　的同时,司徒卢威赞美资本主义,号召人们"承认自己的不文明并向资
　　本主义学习",而抹杀资本主义的阶级矛盾。合法马克思主义者起初是
　　社会民主党的暂时同路人,后来彻底转向资产阶级自由主义。到1900
　　年《火星报》出版时,合法马克思主义作为思想流派已不再存在。
　　——86。

70　劳动解放社是俄国第一个马克思主义团体,由格·瓦·普列汉诺夫和
　　维·伊·查苏利奇、帕·波·阿克雪里罗得、列·格·捷依奇、瓦·
　　尼·伊格纳托夫于1883年9月在日内瓦建立。劳动解放社把马克思
　　主义创始人的许多重要著作译成俄文,在国外出版后秘密运到俄国,对
　　马克思主义在俄国的传播起了巨大作用。普列汉诺夫当时写的《社会
　　主义与政治斗争》、《我们的意见分歧》、《论一元论历史观之发展》等著

作有力地批判了民粹主义,用马克思主义的观点分析了俄国社会的现实和俄国革命的一些基本问题。普列汉诺夫起草的劳动解放社的两个纲领草案——1883 年的《社会民主主义的劳动解放社纲领》和 1885 年的《俄国社会民主党人纲领草案》,对于俄国社会民主党的建立具有重要意义,后一个纲领草案的理论部分包含了马克思主义政党纲领的基本成分。劳动解放社在团结俄国社会民主党的力量方面也做了许多工作。它还积极参加社会民主党人的国际活动,和德、法、英等国的社会民主党都有接触。劳动解放社以普列汉诺夫为代表对伯恩施坦主义进行了积极的斗争,在反对俄国的经济派方面也起了重要作用。恩格斯曾给予劳动解放社的活动以高度评价(参看《马克思恩格斯文集》第 10 卷第 532 页)。列宁认为劳动解放社的历史意义在于它从理论上为俄国社会民主党奠定了基础,向着工人运动迈出了第一步。劳动解放社的主要缺点是:它没有和工人运动结合起来,它的成员对俄国资本主义发展的特点缺乏具体分析,对建立不同于第二国际各党的新型政党的特殊任务缺乏认识等。劳动解放社于 1903 年 8 月在俄国社会民主工党第二次代表大会上宣布解散。——86。

71 指 1896 年 5—6 月彼得堡纺织工人大罢工。19 世纪 90 年代,俄国工人运动高涨,1895—1896 年间相继爆发大罢工,如 1895 年雅罗斯拉夫尔纺织工厂的罢工、同年秋季彼得堡托伦顿工厂的罢工和 1896 年彼得堡纺织工人的大罢工。其中彼得堡纺织工人大罢工的影响最大。这次罢工开始于 5 月底,起因是工厂主拒绝向工人支付尼古拉二世加冕礼那几天假日的全额工资。罢工从俄罗斯纺纱厂(即卡林金工厂)开始,很快就席卷了所有纺织工厂,并波及机器、橡胶、造纸、制糖等工厂,参加者达 3 万多人。这次罢工是在彼得堡工人阶级解放斗争协会领导下进行的。该协会散发了传单和宣言,号召工人起来捍卫自己的权利。罢工的基本要求是:把工作日缩短为 $10\frac{1}{2}$ 小时,提高计件单价,按时发放工资等。列宁称这次罢工为著名的彼得堡工业战争。它第一次推动了彼得堡无产阶级结成广泛阵线向剥削者进行斗争,并促进了全俄工人运动的发展。在这次罢工的压力下,沙皇政府加速了工厂法的修订,于 1897 年 6 月 2 日(14 日)颁布了将工业企业和铁路工厂的工作日缩短为$11\frac{1}{2}$小时的法令。——86。

72 经济派是19世纪末—20世纪初俄国社会民主党内的机会主义派别，是国际机会主义的俄国变种。其代表人物是康·米·塔赫塔廖夫、谢·尼·普罗柯波维奇、叶·德·库斯柯娃、波·尼·克里切夫斯基、亚·萨·皮凯尔（亚·马尔丁诺夫）、弗·彼·马赫诺韦茨（阿基莫夫）等，经济派的主要报刊是《工人思想报》(1897—1902年)和《工人事业》杂志(1899—1902年)。

　　经济派主张工人阶级只进行争取提高工资、改善劳动条件等等的经济斗争，认为政治斗争是自由派资产阶级的事情。他们否认工人阶级政党的领导作用，崇拜工人运动的自发性，否定向工人运动灌输社会主义意识的必要性，维护分散的和手工业的小组活动方式，反对建立集中的工人阶级政党。经济主义有诱使工人阶级离开革命道路而沦为资产阶级政治附庸的危险。

　　列宁对经济派进行了始终不渝的斗争。他在《俄国社会民主党人抗议书》（见本版全集第4卷）中尖锐地批判了经济派的纲领。列宁的《火星报》在同经济主义的斗争中发挥了重大作用。列宁的《怎么办？》一书（见本版全集第6卷），从思想上彻底地粉碎了经济主义。——89。

73 指彼得堡工人阶级解放斗争协会。

　　彼得堡工人阶级解放斗争协会是列宁于1895年11月创立的，由彼得堡的约20个马克思主义工人小组联合而成，1895年12月定名为"工人阶级解放斗争协会"。协会是俄国无产阶级革命政党的萌芽，实行集中制，有严格的纪律。它的领导机构是中心小组，成员有10多人，其中5人（列宁、格·马·克尔日扎诺夫斯基、瓦·瓦·斯塔尔科夫、阿·亚·瓦涅耶夫和尔·马尔托夫）组成领导核心。协会分设3个区小组。中心小组和区小组通过组织员同70多个工厂保持联系。各工厂有收集情况和传播书刊的组织员，大的工厂则建立工人小组。协会在俄国第一次实现了社会主义和工人运动的结合，完成了从小组内的马克思主义宣传到群众性政治鼓动的转变。协会领导了1895年和1896年彼得堡工人的罢工，印发了供工人阅读的传单和小册子，并曾筹备出版工人政治报纸《工人事业报》。协会对俄国社会民主主义运动的发展产生了巨大影响,有好几个城市的社会民主党组织以它为榜样,把马克思主义小组统一成为全市性的“工人阶级解放斗争协会”。

　　协会一成立就遭到沙皇政府的迫害。1895 年 12 月 8 日(20 日)夜间,沙皇政府逮捕了包括列宁在内的协会领导人和工作人员共 57 人。但是,协会并没有因此而停止活动,它组成了新的领导核心(米·亚·西尔文、斯·伊·拉德琴柯、雅·马·利亚霍夫斯基和马尔托夫)。列宁在狱中继续指导协会的工作。1896 年 1 月沙皇政府再次逮捕协会会员后,协会仍领导了 1896 年 5 — 6 月的彼得堡纺织工人大罢工。1896 年 8 月协会会员又有 30 人被捕。接二连三的打击使协会的领导成分发生了变化。从 1898 年下半年起,协会为经济派(由原来协会中的“青年派”演变而成)所掌握。协会的一些没有被捕的老会员继承协会的传统,参加了 1898 年俄国社会民主工党第一次代表大会的筹备工作。——90。

74　《新言论》杂志(《Новое Слово》)是俄国科学、文学和政治刊物(月刊),1894—1897 年在彼得堡出版。最初是自由主义民粹派刊物。1897 年春起,在亚·米·卡尔梅柯娃的参加下,由合法马克思主义者彼·伯·司徒卢威等出版。撰稿人有格·瓦·普列汉诺夫、维·伊·查苏利奇、尔·马尔托夫和马·高尔基等。杂志刊载过恩格斯的《资本论》第 3 卷增补和列宁的《评经济浪漫主义》、《论报纸上的一篇短文》等著作。1897 年 12 月被查封。——90。

75　《曙光》杂志(《Заря》)是俄国马克思主义的科学政治刊物,由《火星报》编辑部编辑,1901—1902 年在斯图加特出版,共出了 4 期(第 2、3 期为合刊)。第 5 期已准备印刷,但没有出版。杂志宣传马克思主义,批判民粹主义和合法马克思主义、经济主义、伯恩施坦主义等机会主义思潮。——91。

76　旧《火星报》是指第 52 号以前的《火星报》。

　　《火星报》(《Искра》)是第一个全俄马克思主义的秘密报纸,由列宁创办。创刊号于 1900 年 12 在莱比锡出版,以后各号的出版地点是慕尼黑、伦敦(1902年7月起)和日内瓦(1903年春起)。参加《火星报》编辑部的有:列宁、格·瓦·普列汉诺夫、尔·马尔托夫、亚·尼·波特列索夫、帕·波·阿克雪里罗得和维·伊·查苏利奇。编辑部的秘书起初是因·格·斯米多维奇,1901年4月起由娜·康·克鲁普斯卡娅担任。列宁实际上是《火星报》的主编和领导者。他在《火星报》上发表了许多文章,阐述有关党的建设和俄国无产阶级的阶级斗争的基本问题,并评论国际生活中的重大事件。

《火星报》在国外出版后,秘密运往俄国翻印和传播。《火星报》成了团结党的力量、聚集和培养党的干部的中心。在俄国许多城市成立了俄国社会民主工党列宁火星派的小组和委员会。1902年1月在萨马拉举行了火星派代表大会,建立了《火星报》俄国组织常设局。

《火星报》在建立俄国马克思主义政党方面起了重大的作用。在列宁的倡议和亲自参加下,《火星报》编辑部制定了党纲草案,筹备了俄国社会民主工党第二次代表大会。这次代表大会宣布《火星报》为党的中央机关报。

根据俄国社会民主工党第二次代表大会的决议,《火星报》编辑部改由列宁、普列汉诺夫、马尔托夫三人组成。但是马尔托夫坚持保留原来的六人编辑部,拒绝参加新的编辑部,因此《火星报》第46—51号是由列宁和普列汉诺夫二人编辑的。后来普列汉诺夫转到了孟什维主义的立场上,要求把原来的编辑都吸收进编辑部,列宁不同意这样做,于1903年10月19日(11月1日)退出了编辑部。《火星报》第52号是由普列汉诺夫一人编辑的。1903年11月13日(26日),普列汉诺夫把原来的编辑全部增补进编辑部以后,《火星报》由普列汉诺夫、马尔托夫、阿克雪里罗得、查苏利奇和波特列索夫编辑。因此,从第52号起,《火星报》变成了孟什维克的机关报。人们将第52号以前的《火星报》称为旧《火星报》,而把孟什维克的《火星报》称为新《火星报》。

1905年5月第100号以后,普列汉诺夫退出了编辑部。《火星报》于1905年10月停刊,最后一号是第112号。——91。

77 民意党人是民意党的成员。

民意党是俄国土地和自由社分裂后产生的革命民粹派组织,于

1879年8月建立。主要领导人是安·伊·热里雅鲍夫、亚·德·米哈伊洛夫、米·费·弗罗连柯、尼·亚·莫罗佐夫、维·尼·菲格涅尔、亚·亚·克维亚特科夫斯基、索·李·佩罗夫斯卡娅等。该党主张推翻专制制度,在其纲领中提出了广泛的民主改革的要求,如召开立宪会议,实现普选权,设置常设人民代表机关,实行言论、信仰、出版、集会等自由和广泛的村社自治,给人民以土地,给被压迫民族以自决权,用人民武装代替常备军等。但是民意党人把民主革命的任务和社会主义革命的任务混为一谈,认为在俄国可以超越资本主义,经过农民革命走向社会主义,并且认为俄国主要革命力量不是工人阶级而是农民。民意党人从积极的"英雄"和消极的"群氓"的错误理论出发,采取个人恐怖方式,把暗杀沙皇政府的个别代表人物作为推翻沙皇专制制度的主要手段。他们在1881年3月1日(13日)刺杀了沙皇亚历山大二世。由于理论上、策略上和斗争方法上的错误,在沙皇政府的严重摧残下,民意党在1881年以后就瓦解了。——91。

78　民权党人指民权党的成员。

民权党是俄国民主主义知识分子的秘密团体,1893年夏成立。参加创建的有前民意党人奥·瓦·阿普捷克曼、安·伊·波格丹诺维奇、亚·瓦·格杰奥诺夫斯基、马·安·纳坦松、尼·谢·丘特切夫等。民权党的宗旨是联合一切反对沙皇制度的力量为实现政治改革而斗争。该党发表过两个纲领性文件:《宣言》和《迫切的问题》。1894年春,民权党的组织被沙皇政府破坏。大多数民权党人后来加入了社会革命党。——91。

79　指俄国社会民主工党第一次代表大会。

俄国社会民主工党第一次代表大会于1898年3月1—3日(13—15日)在明斯克秘密举行。倡议召开这次代表大会的是列宁领导的彼得堡工人阶级解放斗争协会;早在1895年12月列宁就在狱中草拟了党纲草案,并提出了召开代表大会的主张。由于彼得堡等地的组织遭到警察破坏,这次代表大会的筹备工作主要由基辅的社会民主党组织担任。出席代表大会的有6个组织的9名代表:彼得堡、莫斯科、基辅和叶卡捷琳诺斯拉夫的工人阶级解放斗争协会的代表各1名,基辅《工人报》小组的代表2名,崩得的代表3名。大会通过了把各地斗争协会和崩得合并为统一的俄国社会民主工党的决议。在民族问题上,大会承认每个民族有自决权。大会选出了由彼得堡工人阶级解放斗争协会代表斯·伊·拉德琴柯、基辅《工人报》代表波·李·埃杰尔曼和崩得代表亚·约·克列梅尔三人组成的中央委员会。《工人报》被承认为党的正式机关报。国外俄国社会民主党人联合会被宣布为党的国外代表机关。

中央委员会在会后以大会名义发表了《俄国社会民主工党宣言》。《宣言》宣布了俄国社会民主工党的成立,把争取政治自由和推翻专制制度作为社会民主工党当前的主要任务,把政治斗争和工人运动的总任务结合了起来。宣言指出:俄国工人阶级应当而且一定能够担负起争取政治自由的事业。这是为了实现无产阶级的伟大使命即建立没有人剥削人的社会制度所必须走的第一步。俄国无产阶级将摆脱专制制度的桎梏,用更大的毅力去继续同资本主义和资产阶级作斗争,一直斗争到社会主义全胜为止(参看《苏联共产党代表大会、代表会议和中央全会决议汇编》1964年人民出版社版第1分册第4—6页)。

这次大会没有制定出党纲和党章,也没有形成中央的统一领导,而且大会闭幕后不久大多数代表和中央委员遭逮捕,所以统一的党实际上没有建立起来。——92。

80 指国外俄国社会民主党人联合会。

国外俄国社会民主党人联合会是根据劳动解放社的倡议,在全体会员承认劳动解放社纲领的条件下,于1894年在日内瓦成立的。联合会为俄国国内出版书刊,它的出版物全部由劳动解放社负责编辑。1896—1899年联合会出版了不定期刊物《工作者》文集和《〈工作者〉小报》。1898年3月,俄国社会民主工党第一次代表大会承认联合会是党的国外代表机关。1898年底,经济派在联合会里占了优势。1898年11月,在苏黎世召开的联合会第一次代表大会上,劳动解放社声明,除《工作者》文集以及列宁的《俄国社会民主党人的任务》和《新工厂法》两个小册子外,拒绝为联合会编辑出版物。联合会从1899年4月起出版

《工人事业》杂志，由经济派分子担任编辑。1900年4月，在日内瓦举行的联合会第二次代表大会上，劳动解放社的成员以及与其观点一致的人正式退出联合会，成立了独立的"社会民主党人"革命组织。此后，联合会和《工人事业》杂志就成了经济主义在俄国社会民主党内的代表。1903年，根据俄国社会民主工党第二次代表大会的决议，联合会宣布解散。——93。

81　"社会民主党人"这个革命组织是国外俄国社会民主党人联合会分裂以后由劳动解放社成员以及与其观点一致的人于1900年5月成立的。该组织在号召书里宣布它的宗旨是扶持俄国无产阶级中的社会主义运动并同企图修正马克思主义的形形色色机会主义作斗争。该组织出版了《共产党宣言》和马克思、恩格斯的其他一些著作的俄译本以及格·瓦·普列汉诺夫等人的几本小册子。1901年10月，根据列宁的倡议，"社会民主党人"革命组织同《火星报》和《曙光》杂志的国外组织合并为俄国革命社会民主党人国外同盟。——93。

82　指俄国社会民主工党国外组织"统一"代表大会。

　　俄国社会民主工党国外组织"统一"代表大会于1901年9月21—22日(10月4—5日)在瑞士苏黎世举行。出席大会的有《火星报》和《曙光》杂志国外组织的6名成员(列宁(化名"弗雷")、娜·康·克鲁普斯卡娅、尔·马尔托夫等)、"社会民主党人"革命组织的8名成员(包括劳动解放社的3名成员：格·瓦·普列汉诺夫、帕·波·阿克雪里罗得和维·伊·查苏利奇)、国外俄国社会民主党人联合会的16名成员(包括崩得国外委员会的5名成员)和斗争社的3名成员，共33人。在代表大会召开以前，1901年春天和夏天，由斗争社倡议和从中斡旋，俄国社会民主工党各国外组织进行了关于协议和统一的谈判。为了筹备召开实现统一的代表大会，1901年6月在日内瓦举行了由上述各组织的代表参加的会议(即六月代表会议或日内瓦代表会议)，会上通过一项决议，认为必须在《火星报》的革命原则基础上团结俄国社会民主主义力量和统一社会民主党各国外组织，但是国外俄国社会民主党人联合会及其机关刊物《工人事业》杂志在代表会议以后却加紧宣扬机会主义,这突出地表现在1901年9月《工人事业》杂志第10期刊登的波·尼·克里切夫斯基的《原则、策略和斗争》和亚·马尔丁诺夫的《揭露性的刊物和无产阶级的斗争》两篇文章以及联合会第三次代表大会对六月代表会议决议的修正上。因此,在代表大会开幕以前就可看出,火星派同工人事业派的统一已不可能。在代表大会宣布了联合会第三次代表大会通过的对六月代表会议决议所作的修正和补充之后,《火星报》和《曙光》杂志国外组织以及"社会民主党人"革命组织的代表便宣读了一项特别声明,指出代表大会的机会主义多数不能保证政治坚定性,随即退出了代表大会。——93。

83 无题派是指1906年在彼得堡出版的《无题》周刊的组织者和参加者——谢·尼·普罗柯波维奇、叶·德·库斯柯娃、瓦·雅·鲍古查尔斯基、维·韦·波尔土加洛夫、瓦·瓦·希日尼亚科夫等人。无题派是一批原先信奉合法马克思主义和经济主义、后来参加了解放社的俄国资产阶级自由派知识分子,他们公开宣布自己是西欧"批判社会主义"的拥护者,支持孟什维克和立宪民主党人。列宁称无题派为孟什维克化的立宪民主党人或立宪民主党人化的孟什维克。无题派在《无题》周刊停刊后集结在左派立宪民主党的《同志报》周围。——93。

84 指《十二年来》文集第3卷。出版这一卷的计划没有能够实现。——94。

85 即俄国社会民主工党第二次代表大会。

俄国社会民主工党第二次代表大会于1903年7月17日(30日)—8月10日(23日)召开。7月24日(8月6日)前,代表大会在布鲁塞尔开了13次会议。后因比利时警察将一些代表驱逐出境,代表大会移至伦敦,继续开了24次会议。

代表大会是《火星报》筹备的。列宁为代表大会起草了一系列文件,并详细拟定了代表大会的议程和议事规程。出席代表大会的有43名有表决权的代表,他们代表着26个组织(劳动解放社、《火星报》组织、崩得国外委员会和中央委员会、俄国革命社会民主党人国外同盟、国外俄国社会民主党人联合会以及俄国社会民主党的20个地方委员会和联合会),共有 51 票表决权(有些代表有两票表决权)。出席代表大会的有发言权的代表共 14 名。代表大会的成分不一,其中有《火星报》的拥护者,也有《火星报》的反对者以及不坚定的动摇分子。

列入代表大会议程的问题共有 20 个:1. 确定代表大会的性质。选举常务委员会。确定代表大会的议事规程和议程。组织委员会的报告和选举审查代表资格和决定代表大会组成的委员会。2. 崩得在俄国社会民主工党内的地位。3. 党纲。4. 党的中央机关报。5. 代表们的报告。6. 党的组织(党章问题是在这项议程下讨论的)。7. 区组织和民族组织。8. 党的各独立团体。9. 民族问题。10. 经济斗争和工会运动。11. 五一节的庆祝活动。12. 1904 年阿姆斯特丹国际社会党代表大会。13. 游行示威和起义。14. 恐怖手段。15. 党的工作的内部问题:(1)宣传工作,(2)鼓动工作,(3)党的书刊工作,(4)农民中的工作,(5)军队中的工作,(6)学生中的工作,(7)教派信徒中的工作。16. 俄国社会民主工党对社会革命党人的态度。17. 俄国社会民主工党对俄国各自由主义派别的态度。18. 选举党的中央委员会和中央机关报编辑部。19. 选举党总委员会。20. 代表大会的决议和记录的宣读程序,以及选出的负责人和机构开始行使自己职权的程序。有些问题没有来得及讨论。

列宁被选入代表大会常务委员会,主持了多次会议,几乎就所有问题发了言。他还是纲领委员会、章程委员会和代表资格审查委员会的委员。

代表大会要解决的最重要的问题是:批准党纲、党章以及选举党的中央领导机关。列宁及其拥护者在大会上同机会主义者展开了坚决的斗争。代表大会否决了机会主义分子要按照西欧各国社会民主党的纲领的精神来修改《火星报》编辑部制定的纲领草案的一切企图。大会先逐条讨论和通过党纲草案,然后由全体代表一致通过整个纲领(有 1 票弃权)。在讨论党章时,会上就建党的组织原则问题展开了尖锐的斗争。由于得到了反火星派和"泥潭派"(中派)的支持,尔·马尔托夫提出的为不坚定分子入党大开方便之门的党章第 1 条条文,以微弱的多数票为大会所通过。但是代表大会还是基本上批准了列宁制定的党章。

　　大会票数的划分起初是:火星派 33 票,"泥潭派"(中派)10 票,反
火星派 8 票(3 名工人事业派分子和 5 名崩得分子)。在彻底的火星派
(列宁派)和"温和的"火星派(马尔托夫派)之间发生分裂后,彻底的火星
派暂时处于少数地位。但是,8 月 5 日(18 日),7 名反火星派分子(2 名
工人事业派分子和 5 名崩得分子)因不同意代表大会的决议而退出了
大会。在选举中央机关时,得到反火星派分子和"泥潭派"支持的马尔
托夫派(共 7 人)成为少数派,共有 20 票(马尔托夫派 9 票,"泥潭派"10
票,反火星派 1 票),而团结在列宁周围的 20 名彻底的火星派分子成为
多数派,共有 24 票。列宁及其拥护者在选举中取得了胜利。代表大会
选举列宁、马尔托夫和格·瓦·普列汉诺夫为中央机关报《火星报》编
委,格·马·克尔日扎诺夫斯基、弗·威·林格尼克和弗·亚·诺斯科
夫为中央委员会委员,普列汉诺夫为党总委员会委员。从此,列宁及其
拥护者被称为布尔什维克(俄语多数派一词音译),而机会主义分子则
被称为孟什维克(俄语少数派一词音译)。

　　俄国社会民主工党第二次代表大会具有重大的历史意义。列宁
说:"布尔什维主义作为一种政治思潮,作为一个政党而存在,是从
1903 年开始的。"(见本版全集第 39 卷第 4 页)——95。

86　《新生活报》(《Новая Жизнь》)是俄国布尔什维克的第一个合法报纸,
实际上是俄国社会民主工党的中央机关报。1905 年 10 月 27 日(11 月
9 日)—12 月 3 日(16 日)在彼得堡出版。正式编辑兼出版者是诗人
尼·明斯基,出版者是女演员、布尔什维克玛·费·安德列耶娃。从
1905 年 11 月第 9 号起,该报由列宁直接领导。参加编辑部的有:列
宁、弗·亚·巴扎罗夫、亚·亚·波格丹诺夫、瓦·瓦·沃罗夫斯基、
米·斯·奥里明斯基、阿·瓦·卢那察尔斯基和彼·彼·鲁勉采夫。
马·高尔基参加了《新生活报》的工作,并且在物质上给予很大帮助。
《新生活报》发表过列宁的 14 篇文章。该报遭到沙皇政府当局多次迫
害,在 28 号中有 15 号被没收。1905 年 12 月 2 日(15 日)该报被政府
当局查封。最后一号即第 28 号是秘密出版的。——97。

87　指列宁为 1905 年 3 月 10 日(23 日)《前进报》第 11 号上的瓦·瓦·沃

罗夫斯基的文章《蛊惑宣传的产物》加的附注(见本版全集第9卷第338页)。

《前进报》(《Вперед》)是第一个布尔什维克报纸,俄国社会民主工党多数派委员会常务局的机关报(周报),1904年12月22日(1905年1月4日)—1905年5月5日(18日)在日内瓦出版,共出了18号。列宁是该报的领导者,《前进报》这一名称也是他提出的。该报编辑部的成员是列宁、瓦·瓦·沃罗夫斯基、米·斯·奥里明斯基和阿·瓦·卢那察尔斯基。娜·康·克鲁普斯卡娅任编辑部秘书,负责全部通信工作。列宁在《俄国社会民主工党分裂简况》一文中写道:"《前进报》的方针就**是旧《火星报》的方针**。《前进报》为了捍卫旧《火星报》正在同新《火星报》进行坚决的斗争。"(见本版全集第9卷第217页)《前进报》发表过列宁的40多篇文章,而评论1905年1月9日事件和俄国革命开始的第4、5两号报纸几乎完全是列宁编写的。《前进报》创刊后,很快就博得了各地方党委会的同情,被承认为它们的机关报。《前进报》在反对孟什维克、创建新型政党、筹备召开俄国社会民主工党第三次代表大会方面起了卓越作用。第三次代表大会决定委托中央委员会创办名为《无产者报》的新的中央机关报,《前进报》因此停办。——99。

88　割地是指俄国1861年改革中农民失去的土地。按照改革的法令,如果地主农民占有的份地超过当地规定的最高标准,或者在保留现有农民份地的情况下地主占有的土地少于该田庄全部可耕地的$\frac{1}{3}$(草原地区为$\frac{1}{2}$),就从1861年2月19日以前地主农民享有的份地中割去多出的部分。份地也可以通过农民与地主间的特别协议而缩减。割地通常是最肥沃和收益最大的地块,或农民最不可缺少的地段(割草场、牧场等),这就迫使农民在受盘剥的条件下向地主租用割地。改革时,对皇族农民和国家农民也实行了割地,但割去的部分要小得多。要求归还割地是农民斗争的口号之一,1903年俄国社会民主工党第二次代表大会曾把它列入党纲。1905年俄国社会民主工党第三次代表大会提出了没收全部地主土地,以代替这一要求。——101。

89　指非党工人代表大会。召开非党工人代表大会的主张是帕·波·阿克雪里罗得于1905年夏首次提出的,得到了其他孟什维克的支持。这一主张概括起来说就是召开各种工人组织的代表大会,在这个代表大会上建立社会民主党人、社会革命党人和无政府主义者都参加的合法的"广泛工人政党"。这实际上意味着取消俄国社会民主工党而代之以非党的组织。召开非党工人代表大会的主张也得到了社会革命党人、无政府主义者以及立宪民主党人和黑帮工人组织(祖巴托夫分子等)的赞同。1907年俄国社会民主工党第五次(伦敦)代表大会谴责了这种主张(参看《苏联共产党代表大会、代表会议和中央全会决议汇编》1964年人民出版社版第1分册第201—202页)。与布尔什维克一起反对召开非党工人代表大会的有波兰和拉脱维亚社会民主党人。列宁对孟什维克召开非党工人代表大会思想的批判,见《革命界的小市民习气》、《孟什维主义的危机》、《知识分子斗士反对知识分子的统治》、《气得晕头转向(关于工人代表大会问题)》等文(本版全集第14卷和第15卷)。——102。

90　1902年11月2日(15日),罗斯托夫市铁路工厂锅炉车间为抗议厂方克扣工资开始罢工。11月4日(17日),俄国社会民主工党顿河区委员会发出传单,号召全体铁路工厂工人参加罢工,并提出实行九小时工作制、提高工资、取消罚款、开除最令人痛恨的工长等要求。11月6—7日(19—20日)罢工扩展到全市,并发展成为政治罢工。工人们在市外的一个小山谷里连续举行群众大会。11月11日(24日),警察和哥萨克袭击了集会的罢工工人,死6人,伤17人。罢工工人群众大会仍继续开了两个星期。罢工坚持到11月26日(12月9日)被迫停止,同一天俄国社会民主工党顿河区委员会印发了传单《告全俄公民》。这次罢工震动了全俄国,在西欧各国也引起了反响。——102。

91　指1903年夏天外高加索和乌克兰的政治总罢工。这次罢工由巴库开始。7月1日(14日),比比—埃巴特石油公司和巴库公司的机械厂工人率先罢工。到7月6日(19日)罢工发展成总罢工。工人向企业主提出实行八小时工作制、允许因参加政治活动而被开除的工人上工、开除工人所憎恨的管理人员和工长、提高工资、废除加班和计件工资制等要求。工人们表现得很有组织，十分坚定，甚至在企业主答应作出部分让步时也没有停止罢工。企业主依靠军队镇压了罢工。7月9日（22日），工人们被迫复工。

梯弗利斯的印刷工人、屠宰工人和面包工人在得到巴库罢工的消息后，于7月12日（25日）开始罢工。根据俄国社会民主工党梯弗利斯委员会的号召，7月14日（27日）所有的工厂工人和手工业工人都停止了工作。俄国社会民主工党梯弗利斯委员会同各工厂的工人代表协商后制定了罢工工人的共同要求。军队开进了梯弗利斯，工人与哥萨克发生了冲突。到7月21日（8月3日），政府使用军队摧毁了罢工。

7月17日（30日），巴统所有工厂的工人停止了工作。铁路工人和港口装卸工人也加入了罢工的行列。这次罢工持续到7月23日（8月5日）。在游行示威时工人同警察、哥萨克发生了冲突。

外高加索的总罢工在乌克兰几个大城市得到了响应。7月4日（17日）敖德萨大火车站和铁路工厂工人开始罢工，以抗议锅炉车间的一名工人被非法开除。当地的港口、采石场、水泥厂、软木厂、麻纺厂和其他一些工厂企业的工人很快都加入了罢工的行列。城市运输、发电厂、煤气厂、面包房和商业企业的工人也都停止了工作。这次罢工一直持续到7月23日（8月5日）。

伊丽莎白格勒、刻赤、基辅、叶卡捷琳诺斯拉夫、尼古拉耶夫等城市的工人也举行了罢工，来声援巴库、梯弗利斯、敖德萨以及其他城市的罢工工人。

发生在俄国南部的这场政治罢工是在各地俄国社会民主工党委员会领导下进行的，参加罢工的工人达20多万。这场罢工对提高俄国工人的阶级意识起了重大的作用，是1905—1907年俄国第一次革命的前兆。——102。

92 指孟什维克在第一届国家杜马（维特杜马）选举中提出的半抵制策略。孟什维克不同意布尔什维克的坚决抵制选举的策略，而提出社会民主党除不参加最后阶段选举外其余各个阶段选举都参加的口号，也就是说，社会民主党参加初选人和复选人的选举，而不参加杜马代表的选举。——103。

93　布尔什维克提出建立"杜马左派集团执行委员会"的口号,其目的是要在杜马中保证贯彻工人代表的独立的阶级路线、对农民代表的活动进行领导和使之不受立宪民主党的影响。孟什维克反对这个口号,而提出建立"全国反对派"即工人代表和农民代表支持立宪民主党人的口号。孟什维克把立宪民主党人同社会民主党人、社会革命党人和劳动派相提并论,全都算做左派。

　　1906年7月第一届杜马解散以后,"左派执行委员会"实际上以社会民主党的杜马党团为中心已经组织起来。在"左派执行委员会"倡议下发表了下面三个文件:社会民主党杜马党团委员会和劳动团委员会签署的《告陆海军书》,全俄农民协会、俄国社会民主工党中央委员会、社会革命党中央委员会、全俄铁路工会和全俄教师联合会签署的《告全国农民书》,以及俄国社会民主工党、社会革命党、波兰社会党、崩得签署的《告全体人民书》。这三个文件号召人民进行反政府的革命斗争,并提出了召开立宪会议的口号。——104。

94　斯维亚堡起义是指1906年7月17日(30日)深夜在赫尔辛福斯附近的斯维亚堡要塞卫戍部队开始的起义。这次起义在很大程度上是由于社会革命党人的挑动而过早地自发爆发的。俄国社会民主工党彼得堡委员会获悉斯维亚堡可能爆发武装起义的消息后,曾于7月16日(29日)通过了列宁起草的决定,试图说服群众推迟行动(见本版全集第13卷第324—327页)。布尔什维克在确信自发行动已不能制止之后,便领导了起义。俄国社会民主工党军事组织的两名布尔什维克阿·彼·叶梅利亚诺夫少尉和叶·李·科汉斯基少尉担任起义的领导人。积极参加起义的有7个炮兵连(共有10个)。起义者提出了推翻专制政府、给人民自由、把土地交给农民等口号。芬兰工人曾举行罢工支持起义。起义坚持了三天,终于因为准备不足,在7月20日(8月2日)被镇压下去。起义参加者被交付法庭审判。43人被判处死刑,数百人被送去服苦役或被监禁。

　　喀琅施塔得起义是指1906年7月19日(8月1日)爆发的喀琅施塔得水兵和士兵的起义。1906年春天和夏天,喀琅施塔得的布尔什维克在俄国社会民主工党彼得堡委员会的直接领导下,一直在进行武装起义的准备。1906 年 7 月 9 日(22 日)，俄国社会民主工党军事和工人组织大部分成员被捕,使武装起义的准备受到影响,但准备工作并未停止。7 月 18 日(31 日),斯维亚堡起义的消息传来,在喀琅施塔得积极活动的社会革命党人主张立即起义,布尔什维克鉴于起义的准备尚未完成而表示反对。可是在劝阻群众推迟行动已不可能时,布尔什维克根据彼得堡委员会的指示把领导士兵和水兵起义的任务担当起来。1906 年 7 月 19 日(8 月 1 日)夜 24 时左右,按照规定的信号,地雷连、工兵连、电雷连的士兵(1 000 余人)与海军第 1 和第 2 总队的水兵(约6 000 人)几乎同时发动起义。部分武装的工人(约 400 人)也参加了起义。但是政府通过奸细已得知起义的日期并预先作好了镇压起义的准备,社会革命党的瓦解组织的活动也阻碍了起义的顺利进行。到 7 月20 日(8 月 2 日)晨,起义被镇压下去。起义参加者有 3 000 多人被捕(其中有 80 名非军人)。根据战地法庭判决,36 人被枪决,130 人服苦役,1 251 人被判处不同期限的监禁。

　　俄国社会民主工党彼得堡委员会于 7 月 20 日(8 月 2 日)通过了关于举行政治总罢工来支持喀琅施塔得、斯维亚堡起义的决定。在得知起义已被镇压下去的消息后,取消了这一决定。——112。

95　战地法庭是沙皇政府为镇压革命运动而设立的非常法庭。沙皇俄国大臣会议于 1906 年 8 月 19 日(9 月 1 日)制定了战地法庭条例。该条例规定,在宣布戒严或处于非常警卫状态的地方设立战地法庭。设立战地法庭之权属于总督、在实施非常警卫时被授予全部行政权力的"长官"或其他有同等权力的人员,由他们确定设立战地法庭的地点,并向警备司令、驻军司令或港口司令提出相应的要求。战地法庭由主席 1人(将校级军官)和成员 4 人(陆军或海军军官)组成。开庭时禁止旁听,被告人不得委托他人辩护,也不得上诉。战地法庭的判决一般是死刑,宣判后立即生效,并且必须在一昼夜内执行。——112。

96　参议院的说明是指俄国执政参议院在第二届杜马选举前颁布的对1905 年 12 月 11 日(24 日)国家杜马选举法的解释。通过这些解释,参议院在这个选举法的规定之外,又剥夺了数万名工人、农民的选举权。

列宁称这种解释是"斯托雷平对'宪法实质'的绝妙的说明"(见本版全集第14卷第195页)。——112。

97 根据1905年8月6日(19日)颁布的国家杜马选举条例以及12月11日(24日)对这个条例的修改,农民选民团分配到的复选人数额在总额中占40%以上。这个选举条例还规定,在各个省的选举大会上,农民选民团的复选人先从自身中单独选出杜马代表1名,然后各选民团的复选人再一起选举本省其余的杜马代表。

1907年6月3日(16日)的选举条例大大削减了农民选民团的复选人数额(约一半),并且把各省农民选民团的复选人自选1名杜马代表的做法改为由省选举大会全体复选人先从农民选民团以及其他选民团的复选人中选杜马代表各1名,然后再选举本省其余的杜马代表。对于工人选民团,这种保证可以选出1名杜马代表的做法只限于6个工人比较集中的省,即彼得堡、莫斯科、弗拉基米尔、叶卡捷琳诺斯拉夫、科斯特罗马和哈尔科夫。——114。

98 《劳动旗帜报》(《Знамя Труда》)是俄国社会革命党的中央机关报,1907年7月10日(23日)—1914年4月出版,不定期。起初在俄国秘密出版,从1908年8月起在巴黎出版,共出了53号。参加该报编辑工作的有尼·德·阿夫克森齐耶夫、格·安·格尔舒尼、维·米·切尔诺夫等。——119。

99 3万名信使是俄国作家尼·瓦·果戈理的讽刺喜剧《钦差大臣》中的主人公赫列斯塔科夫说的吹牛话。他说,有个局长级的职位出了缺,许多将军争相担任此职,但都干不好,最后只好求他去干,为此派来的联络信使络绎不绝,足有35 000人之多。——119。

100 赫列斯塔科夫是俄国作家尼·瓦·果戈理的讽刺喜剧《钦差大臣》中的主角。他是一个恬不知耻、肆无忌惮地吹牛撒谎的骗子。——120。

101 指法国激进和激进社会共和党。

激进和激进社会共和党(简称激进社会党)是法国最老的资产阶级

政党,于 1901 年 6 月成立,作为派别则于 1869 年形成。该党宗旨是一方面保卫议会制共和国免受教权派和保皇派反动势力的威胁,另一方面通过政治改革和社会改革来防止社会主义革命。第一次世界大战以前,它基本代表中小资产阶级的利益。在第一次和第二次世界大战之间,党内大资产阶级的影响加强了。党的领袖曾多次出任法国政府总理。——121。

102 这组俄国社会民主工党圣彼得堡组织代表会议文献载于 1907 年 11 月 5 日和 19 日的《无产者报》第 19 号和第 20 号。

俄国社会民主工党圣彼得堡组织代表会议于 1907 年 10 月 27 日 (11 月 9 日)在芬兰泰里约基举行。出席代表会议的有 57 名有表决权的代表和 11 名有发言权的代表。列入会议议程的问题有:俄国社会民主工党彼得堡委员会关于第三届杜马选举运动的总结报告;关于俄国社会民主工党中央委员会的活动的报告;全国代表会议;第二届杜马中社会民主党团被法庭审讯的问题;失业问题;改选全市代表会议问题以及其他组织问题。

彼得堡委员会的报告指出,警察局在第三届杜马选举中残暴镇压工人选民,使社会民主党完全无法进行选举前的鼓动。报告还指出,在彼得堡有一个背着党而完全独立存在的以弗兰科-俄罗斯工厂委员会为首的孟什维克组织。

关于中央委员会活动的报告指出,中央委员会工作不得力是因为它没有一个稳定的多数。许多重要问题,如中央机关报的出版、工会问题决议的审批、杜马党团头几步活动的商讨等等,都由于孟什维克的干扰而未能作出任何决定。

列宁在这次代表会议上作了有关筹备全国代表会议的两个报告:关于社会民主党第三届杜马党团的策略的报告和关于社会民主党人参加资产阶级报刊问题的报告。会议通过了列宁提出的关于社会民主党杜马党团的策略问题的决议案。孟什维克反对这个决议案,提议在第三届杜马中支持"左派"十月党人,并在选举杜马主席团时投"左派"十月党人的票。代表会议还通过了布尔什维克提出的关于不容许社会民主党人参加资产阶级报刊的提案。在讨论第二届杜马中社会民主党党团被法庭审讯的问题时,列宁向大会通报说,他已把党团被审讯一事报告社会党国际局,社会党国际局将通过国际议员同盟向英国、德国和比利时议会提出质询,以引起国际工人阶级对这个问题的重视。代表会议决定在审讯开始之日发动彼得堡市和彼得堡省的工人罢工一天。代表会议选出两名布尔什维克为出席全国代表会议的代表。——122。

103 指德国社会民主党于1903年9月13—20日在德累斯顿举行的代表大会。会议的中心议题是党的策略和同修正主义作斗争的问题。大会批评了爱·伯恩施坦、保·格雷、爱·大卫、沃·海涅等人的修正主义观点,并通过了谴责修正主义者企图改变党的以阶级斗争为基础的策略的决议。代表大会还通过了在一定条件下允许党员参加资产阶级报刊任编辑和撰稿人的决议,这些条件是:所参加的资产阶级报刊不是敌视或恶意批评社会民主党的;参加这种报刊的党员不被强迫去写反对社会民主党的文章和对社会民主党进行攻击;对参加这种报刊的党员不能委以党的机要职位。——127。

104 据最后统计,社会民主党人在第三届杜马中共占19席,比第二届杜马时期少46席。这是1907年6月3日(16日)选举法大大限制本来就不充分的工人选举权(工人选民团复选人由237名减为112名;53省中只有44省的工人有选举权)和警察残酷迫害工人复选人的结果。

　　布尔什维克在工人选民团选举中占优势,但在整个社会民主党第三届杜马党团中居少数。按照选举法,有6个省的选举大会须从工人选民团复选人中选举1名杜马代表。选举结果,这6名工人杜马代表有4名是布尔什维克(彼得堡省的尼·古·波列塔耶夫,莫斯科省的米·瓦·扎哈罗夫,弗拉基米尔省的谢·亚·沃罗宁,科斯特罗马省的彼·伊·苏尔科夫),两名是孟什维克(叶卡捷琳诺斯拉夫省的格·谢·库兹涅佐夫和哈尔科夫省的瓦·叶·舒尔卡诺夫(后来成为奸细))。另外,在乌法省,布尔什维克瓦·叶·科索罗托夫由工人选民团提出、在农民复选人支持下当选。加上参加布尔什维克方面的伊·彼·波克罗夫斯基和拉脱维亚社会民主党人安·亚·普列德卡林,布尔什维克在党团中共7人。孟什维克在党团中居多数,但他们的杜马代表大多数不是由工人选民团而是由其他选民团如城市选民团、农民选民团甚至土地占有者选民团选出的。后来,党团内部两方面的力量渐趋平衡,这是因为有5名孟什维克脱离了党团,其中4名投靠了无党派人士集团,1名加入了穆斯林集团。而布尔什维克代表只有1名(科索罗托夫)因政治案件被捕入狱。同时还有一部分孟什维克代表属孟什维克护党派,他们在保存工人秘密政党这个最重要的问题上同布尔什维克是一致的。

社会民主党第三届杜马党团在初期活动中,犯了一系列严重的错误。党团对俄国社会民主工党中央委员会闹独立。党团中的孟什维克代表违背伦敦代表大会决议,以党团名义同立宪民主党和波兰代表联盟一起参加反对派会议。在讨论1907年11月16日(29日)的政府宣言时,党团否决了中央委员会拟的宣言草案,而发表了自己制定的宣言,其中删削了俄国社会民主工党的纲领性要求。俄国社会民主工党第五次代表会议(1908年12月)通过的决议对于改进杜马党团的工作起了重要的作用。在这届杜马后三次常会期内,杜马党团明显地改进了自己的工作,这表现在加强质询活动,制定自己的法案并提交杜马讨论,以及加强代表们在杜马外的活动。列宁在《工人阶级及其"议会"代表团(第三篇文章)》中对这届杜马党团的工作作了评价(见本版全集第22卷)。——129。

105　俄罗斯人民同盟是俄国黑帮组织,于1905年10月在彼得堡成立。该组织联合城市小资产阶级的代表、地主、部分知识界和宗教界人士、城市无业游民、一部分富农以及某些工人和农民,创始人为亚·伊·杜勃洛文、弗·安·格林格穆特、弗·米·普利什凯维奇等。1905年12月23日(1906年1月5日),沙皇尼古拉二世接见同盟代表团,接受了同盟成员的称号和徽章。同盟纲领以维护俄国的统一和不可分、保持专制制度、沙皇和人民通过咨议性的国民代表会议取得一致、大国沙文主义、反犹太主义等为基本内容,同时也包含一些蛊惑性的条文,如批评官僚制、保持村社土地所有制、各等级权利平等、国家为工人提供保险等。同盟的中央机构是由12人组成的总委员会,设在彼得堡。全国各城市、村镇所设的同盟分部在1905—1907年间达900个。同盟的主要机关报是《俄国旗帜报》。同盟通过宣传鼓动几次掀起俄国反犹太人大暴行的浪潮,同时也进行个人恐怖活动。它刺杀了第一届国家杜马代表米·雅·赫尔岑施坦、格·波·约洛斯,并两次对谢·尤·维特行刺。第二届国家杜马解散后,同盟于1908—1910年分裂为米迦勒天使长同盟、俄罗斯人民同盟、彼得堡全俄杜勃洛文俄罗斯人民同盟等几个互相敌对的组织。1917年二月革命后同其他黑帮组织一起被取缔。——129。

106 指法国波旁王朝复辟初期于1815年8月选出的议会众议院,当选的议员几乎清一色是贵族和教士。——129。

107 指因1906年德国政论家马·哈尔登在《未来》杂志上揭露德皇威廉二世的好友菲力浦·欧伦堡侯爵和赫尔穆特·毛奇伯爵搞同性恋而引起的诉讼案。后来欧伦堡和毛奇二人没有受到法律制裁,只是失去了威廉二世的宠信。——130。

108 19世纪20年代,俄国贵族中有一些人热衷于保持俄国生活方式。他们不喝外国饮料,只喝国产饮料克瓦斯,不穿西式服装,只穿俄国农民服装,并自诩为“热爱祖国”。后来,人们把这类思想和行为讥讽地称为“克瓦斯爱国主义”。——130。

109 《俄国旗帜报》(《Русское Знамя》)是黑帮报纸(日报),俄罗斯人民同盟的机关报,1905年11月在彼得堡创刊。该报的出版者是亚·伊·杜勃洛文,编辑是杜勃洛文和帕·费·布拉采尔等。报纸得到沙皇尼古拉二世的支持。1917年二月革命后,根据1917年3月5日(18日)彼得格勒苏维埃执行委员会的决议,该报被查封。——131。

110 《莫斯科呼声报》(《Голос Москвы》)是俄国十月党人的机关报(日报),1906年12月23日—1915年6月30日(1907年1月5日—1915年7月13日)在莫斯科出版。十月党人领袖亚·伊·古契柯夫是该报的出版者和第一任编辑,也是后来的实际领导者。参加该报工作的有尼·斯·阿夫达科夫、亚·弗·博勃里舍夫-普希金、尼·谢·沃尔康斯基、弗·伊·格里耶、费·尼·普列瓦科、亚·阿·斯托雷平等。该报得到俄国大资本家的资助。——132。

111 这篇短评是列宁以《无产者报》编辑部的名义为约·彼·戈尔登贝格（梅什科夫斯基）的《也是"论战"》一文写的编后记。

格·瓦·普列汉诺夫在俄国社会民主工党第五次代表大会后出了一本题为《我们和他们》的小册子，其中收入了他在代表大会上的发言，并附有长篇序言。他攻击布尔什维克在俄国第一次革命中的策略，特别是攻击布尔什维克对自由派资产阶级的不妥协态度。戈尔登贝格的文章是对普列汉诺夫上述攻击的回答。

在第三届杜马选举运动期间，普列汉诺夫维护孟什维克的同自由派资产阶级结成联盟的策略，同时在左派立宪民主党人的《同志报》上发表了一系列文章，批评俄国社会民主工党第三次代表会议（第二次全国代表会议）关于参加第三届杜马选举问题的决议，号召党不要执行这个决议。中央委员会谴责了他的错误行为。彼得堡委员会就此通过了支持中央委员会决议的决议。普列汉诺夫于1907年10月20日（11月2日）又在《同志报》第402号上发表了一篇题为《好的就是好的》的文章，对彼得堡委员会的决议作了回答。列宁针对普列汉诺夫的文章写了这篇短评。——139。

112 《同志报》编辑部由于在第二届国家杜马选举中与谁结成联盟的问题上有分歧而发生了分裂。编辑部中一部分人赞成支持左派联盟，布尔什维克在彼得堡选举中把这部分人争取了过来。另一部分人则赞成同立宪民主党人结成联盟，他们在彼得堡复选人选举前暂时被解除了编辑部的工作。1907年2月2日（15日）该报报道了这件事。——139。

113 1789年8月4日法国制宪议会（7月9日前称国民议会）彻夜开会讨论农民问题，次日公布了一项宣布完全废除封建制度的决议。——141。

114 以上引自弗·梅林的《德国自由派和俄国杜马》一文。该文发表于1907年3月6日《新时代》杂志第23期。列宁把它译成俄文，并在1907年4月写的《弗·梅林论第二届杜马》一文中完整地摘引了它的

第二部分(见本版全集第15卷)。——141。

115 可是评判者是些什么人呢? 这句话出自俄国作家亚·谢·格里鲍耶陀夫的喜剧《智慧的痛苦》,是剧中主角——具有先进自由思想的贵族青年恰茨基的一句台词(见该剧第2幕第5场)。当官僚法穆索夫指责他不识时务、不肯谋求功名利禄时,他用这句话作了有力的反诘,指出那些思想陈腐、荒淫无耻的贵族、农奴主根本没有资格评断是非。后来人们常引用这句话来反驳混淆是非、颠倒黑白的批评。——148。

116 指1905年12月29日—1906年1月4日(1906年1月11—17日)在芬兰举行的社会革命党第一次代表大会。代表大会批准了党纲和社会革命党组织章程,并通过了关于抵制国家杜马和关于拒绝参加选举运动的决议。——149。

117 104人法案即劳动派1906年5月23日(6月5日)在俄国第一届国家杜马第13次会议上提出的有104位杜马代表签名的土地法案。法案提出的土地立法的目标是:建立一种全部土地及地下矿藏和水流属于全体人民、农业用地只给自食其力的耕种者使用的制度。法案要求建立全民地产。全部官地和皇室土地、皇族土地、寺院土地、教会土地都应归入全民地产,占有面积超过当地规定劳动土地份额的地主土地及其他私有土地也强制转归全民地产,对私有土地的转让给予某种补偿。法案规定,份地和小块私有土地暂时保留在其所有者手里,将来也逐步转为全民财产。土地改革由经过普遍、直接、平等和无记名投票选举产生的地方委员会实施。这个法案虽然不彻底,并带有空想性质,但却是争取把备受盘剥的农民中的一部分殷实户变成自由农场主的纲领。列宁指出,104人法案"充满了小私有者的恐惧,害怕进行过分急剧的变革,害怕吸引太广泛太贫困的人民群众参加运动"(见本版全集第14卷第285页)。——151。

118 33人法案是指在第一届国家杜马中劳动团代表非正式会议制定的《土地基本法草案》,由33名代表(主要是劳动派)签名,于1906年6月6日(19日)提交国家杜马审议。法案是在社会革命党人直接参与下制定的,代表了他们关于土地问题的观点。"33 人法案"提出的主要要求是:立即完全废除土地私有制,没收地主土地,宣布所有公民都有使用土地的平等权利,实行村社使用土地的原则,按照消费份额和劳动份额平均重分土地。"33 人法案"遭到立宪民主党人的激烈反对。他们甚至不同意把它作为材料转交给杜马土地委员会。在 1906 年 6 月 8 日(21 日)杜马会议上,该法案以 78 票对 140 票被否决。——151。

119 指《关于农民土地占有和土地使用现行法令的几项补充决定》。参看注123。——151。

120 指 1907 年 2 月 12—15 日(25—28 日)在芬兰塔墨尔福斯召开的社会革命党第二次(紧急)代表大会。这次代表大会讨论了社会革命党在国家杜马活动期间的总策略、组织问题、对各民族社会革命党的态度、对最高纲领派社会革命党人联合会和立宪民主党的态度、社会革命党参加斯图加特国际社会党代表大会等问题。大会认为社会革命党在国家杜马中应作为单独的党团或派别出面活动,社会革命党的代表应与极左派集团达成长期协议,而在一般政治问题上应与整个杜马中的反对派即也与立宪民主党达成长期协议。由于参加了杜马,代表大会认为该党有必要暂时减少恐怖活动。代表大会还通过了该党章程。——153。

121 《党内消息》杂志(《Партийные Известия》)是社会革命党的机关刊物,1906 年 10 月 22 日(11 月 4 日)—1907 年 5 月 24 日(6 月 6 日)在彼得堡出版,共出了 10 期。

该杂志第 6 期在《关于社会革命党第二次(紧急)代表大会的通知》中正式公布了这次代表大会的决议。——153。

122 这是一组关于俄国社会民主工党第四次代表会议(第三次全国代表会议)的文献。

俄国社会民主工党第四次代表会议(第三次全国代表会议)是在第三届国家杜马选举结束后不久,于 1907 年 11 月 5—12 日(18—25 日)在赫尔辛福斯举行的。出席会议的代表共 27 名,其中布尔什维克代表

10名,孟什维克代表4名,波兰社会民主党代表5名,崩得代表5名,拉脱维亚社会民主党代表3名。

会议议程包括关于国家杜马中社会民主党党团的策略、关于派别中心和加强中央委员会同地方组织的联系以及关于社会民主党人参加资产阶级报刊等问题。列宁在会上作了关于第三届国家杜马中社会民主党党团的策略的报告。孟什维克和崩得分子发言不同意列宁对六三制度和党的任务的看法,主张支持杜马中的立宪民主党人和"左派"十月党人。代表会议以多数票通过了以俄国社会民主工党彼得堡市代表会议名义提出的布尔什维克的决议案,规定了社会民主党在杜马中的革命策略。代表会议还通过了布尔什维克提出的不容许社会民主党人参加资产阶级报刊的决议。这项决议是针对孟什维克的政论家们,特别是格·瓦·普列汉诺夫的,他曾在左派立宪民主党人的《同志报》上批评俄国社会民主工党第三次代表会议(第二次全国代表会议)的决议。鉴于孟什维克中心背着党中央委员会同地方委员会直接联系,大会通过了关于派别中心和加强中央委员会同地方组织关系的决议。代表会议还决定,社会民主党在国家杜马中的代表团称为社会民主党党团。

这次代表会议在一些基本问题上通过了列宁制定的决议,从而在反动时期争取群众的斗争中用马克思主义的策略武装了俄国社会民主工党。——157。

123 指由沙皇政府大臣会议主席彼·阿·斯托雷平主持拟定、沙皇政府于1906年11月颁布的土地法令,包括1906年11月9日(22日)《关于农民土地占有和土地使用现行法令的几项补充决定》(这个法令由国家杜马和国务会议通过后称为1910年6月14日法令)和1906年11月15日(28日)《关于农民土地银行以份地作抵押发放贷款的法令》。根据这两个法令,农民可以退出村社,把自己的份地变成私产,也可以卖掉份地。村社必须为退社农民在一个地方划出建立独立田庄或独立农庄的土地。独立田庄主或独立农庄主可以从农民土地银行取得优惠贷款来购买土地。沙皇政府大臣会议主席彼·阿·斯托雷平制定这些土地法令的目的是,在保留地主土地私有制和强制破坏村社的条件下,建立富农这一沙皇专制制度在农村的支柱。斯托雷平的土地政策通过最痛苦的普鲁士道路，在保留农奴主-地主的政权、财产和特权的条件下，加速了农业的资本主义演进，加剧了对农民基本群众的强行剥夺，加速了农村资产阶级的发展。

列宁称1906年斯托雷平土地法令是继1861年改革以后俄国从农奴主专制制度变为资产阶级君主制的第二步。尽管沙皇政府鼓励农民退出村社，但在欧俄部分，九年中（1907—1915年）总共只有250万农户退出村社。首先使用退出村社权利的是农村资产阶级，因为这能使他们加强自己的经济。也有一部分贫苦农民退出了村社，其目的是为了出卖份地，彻底割断同农村的联系。穷苦的小农户仍旧像以前一样贫穷和落后。斯托雷平的土地政策并没有消除全体农民和地主之间的矛盾，只是导致了农民群众的进一步破产，加剧了富农和贫苦农民之间的阶级矛盾。

这里所说的根本法第87条的条文是："在国家杜马停止活动期间，如遇非常情况，以致必须采取某种须按立法程序加以讨论的措施，大臣会议可就此直接向皇帝陛下提出……　在国家杜马恢复活动后两个月内，如果有关大臣或总局局长未向国家杜马提出已采取的措施的法案或该法案未被国家杜马或国务会议通过，则这种措施即停止生效。"（见《国家根本法汇编（1906年4月23日新编）》）上述土地法令都是在第二届杜马被解散而第三届杜马尚未选出的期间按照这一条款颁布的，也就是所谓杜马外法律。——158。

124 可能是指马克思1875年在《哥达纲领批判》里说的当时德国是"一个以议会形式粉饰门面、混杂着封建残余、同时已经受到资产阶级影响、按官僚制度组成、并以警察来保卫的军事专制国家"（见《马克思恩格斯文集》第3卷第446页）。——164。

125 第二届国家杜马中的社会民主党党团是1907年6月2日（15日）夜间以所谓军事阴谋的罪名被捕的。布尔什维克用了各种办法动员俄国工人阶级起来保卫自己的代表。

审讯是在1907年11月22日（12月5日）开始的。这一天，莫斯科、巴库、萨拉托夫、基涅什马等地工人举行了抗议罢工。彼得堡有 10 万工人参加罢工,林学院、工学院、工艺学院等院校的学生也举行了罢课。第三届杜马中的社会民主党党团在当天杜马会议开始时宣读了一份揭露专制制度的反人民政策的抗议书之后,退出了会场。

　　这次审讯于 1907 年 12 月 1 日(14 日)结束。在被逮捕和交付法庭审判的 37 名代表中,17 人被褫夺一切公权、流放西伯利亚服苦役 4—5 年、期满后留居西伯利亚,10 人被褫夺一切公权、流放西伯利亚边远地区居住,10 人被宣判无罪。关于沙皇政府迫害第二届杜马中的社会民主党党团的案件详情,见列宁 1911 年 11 月给社会党国际局的报告《关于第二届杜马的社会民主党党团。对整个案件的介绍》(本版全集第 20 卷)。——168。

126　工役制是指农民租种地主土地时用给地主干活来代替交纳地租的制度。它是农奴制的直接残余,而其最主要基础是割地。参看本版全集第 6 卷第 301—303 页。——170。

127　《沃伊诺夫(阿·瓦·卢那察尔斯基)论党同工会的关系一书的序言》写于 1907 年 11 月。在此之前列宁曾就该书手稿中的问题于 1907 年 11 月 2 日和 11 日之间给阿·瓦·卢那察尔斯基写了一封信(见本版全集第 45 卷第 81 号文献)。卢那察尔斯基的这本书没有出版。——176。

128　曼海姆代表大会即德国社会民主党于 1906 年 9 月 23—29 日在曼海姆举行的代表大会。这次大会的主要议题是群众性的政治罢工问题。1905 年的德国社会民主党耶拿代表大会在俄国革命运动的影响下曾承认群众性的政治罢工是政治斗争的最重要手段。当时德国工会总委员会中的机会主义领导人坚决反对群众性的政治罢工,认为这是无政府主义。1905 年科隆工会代表大会通过的有关决议就贯穿了这种精神。曼海姆代表大会通过的决议则把党宣布群众性政治罢工和工会总委员会的同意结合起来。这次代表大会没有公开谴责工会领导人的机会主义立场,而是建议全体党员都参加工会组织,工会会员参加社会民主党,以便在工会运动中贯彻社会民主党的精神。——177。

129　《新时代》杂志(《Die Neue Zeit》)是德国社会民主党的理论刊物，1883—1923 年在斯图加特出版。1890 年 10 月前为月刊，后改为周刊。1917 年 10 月以前编辑为卡·考茨基，以后为亨·库诺。1885—1895 年间，杂志发表过马克思和恩格斯的一些文章。恩格斯经常关心编辑部的工作，帮助它端正办刊方向。为杂志撰过稿的还有威·李卜克内西、保·拉法格、格·瓦·普列汉诺夫、罗·卢森堡、弗·梅林等国际工人运动活动家。《新时代》杂志在介绍马克思主义基本理论、宣传俄国 1905—1907 年革命等方面做了有益的工作。随着考茨基转到机会主义立场，1910 年以后，《新时代》杂志成了中派分子的刊物。第一次世界大战期间，杂志持中派立场，实际上支持社会沙文主义者。——177。

130　纳尔苏修斯是古希腊神话中的一个孤芳自赏的美少年。后来人们常用纳尔苏修斯来比喻高傲自大的人。——178。

131　诺兹德列夫是俄国作家尼·瓦·果戈理的小说《死魂灵》中的一个惯于信口开河、吹牛撒谎的无赖地主。当他的谎言被当面揭穿时，他也满不在乎，我行我素。——179。

132　《解放》杂志(《Освобождение》)是俄国自由派资产阶级反对派的机关刊物(双周刊)，1902 年 6 月 18 日(7 月 1 日)—1905 年 10 月 5 日(18 日)先后在斯图加特和巴黎出版，共出了 79 期。编辑是彼·伯·司徒卢威。该杂志反映资产阶级的立宪和民主要求，在资产阶级知识分子和地方自治人士中影响很大。1903 年至 1904 年 1 月，该杂志筹备成立了俄国资产阶级自由派的秘密组织解放社。解放派和立宪派地方自治人士一起构成了 1905 年 10 月成立的立宪民主党的核心。——181。

133　后背一词出自圣经中摩西见耶和华只能看到后背的传说(《旧约全书·出埃及记》第 33 章)。此处是借用这个典故来形容经济派的尾巴主义特征。——182。

134　指 1905 年 12 月莫斯科武装起义以及俄国其他地方的武装起义。——182。

135 《社会民主党在 1905—1907 年俄国第一次革命中的土地纲领》一书写于 1907 年 11—12 月间。列宁在 1907 年 11 月 23 日和 12 月 6 日之间给米·谢·克德罗夫的信、1908 年 1 月 14 日和 22 日之间给格·阿·阿列克辛斯基的信以及 1908 年 2 月 17 日给玛·伊·乌里扬诺娃的信中,分别谈到了这部著作的写作计划、具体内容和撰写进度等情况(见本版全集第 45 卷第 82、88 号文献,第 53 卷第 163 号文献)。这部著作在 1908 年被收入《十二年来》文集第 2 卷第 2 分册,但在印刷厂里就被警察没收和销毁了,只保存下来一本,而且缺了最后几页。1908 年 7 月 23 日(8 月 5 日)的《无产者报》第 33 号以《彼得·马斯洛夫是怎样修改卡尔·马克思的草稿的》为题发表了该书第 3 章的第 2 节和第 3 节。

　　1917 年,彼得格勒生活和知识出版社用《社会民主党在 1905—1907 年俄国第一次革命中的土地纲领》这一书名出版此书时,列宁在《结束语》最后缺页处,即在"改良主义的道路就是建立容克-资产阶级俄国的道路,其必要的前提是保存旧土地占有制的基础,"(见本卷第 391 页)这段文字之后补写了如下几句:"对农民群众缓慢地、有步骤地、极残酷地施行暴力。革命的道路就是建立农民资产阶级俄国的道路,它必要的前提是破坏一切旧土地占有制、废除土地私有制。"

　　后来在日内瓦的俄国社会民主工党的档案里发现了列宁这部著作的手稿,标题是《第一次俄国革命中的土地问题(论修改俄国社会民主党的土地纲领)》。1924 年,《无产阶级革命》杂志第 5 期首次按手稿发表了《结束语》全文。在《列宁全集》俄文第 5 版第 16 卷中,这部著作是按手稿刊印的,并根据此书 1917 年版作了核对,《跋》是按 1917 年版刊印的。——185。

136 份地是指 1861 年俄国废除农奴制后留给农民的土地。这种土地由村社占有,分配给农民使用,并定期重分。——186。

137 皇族土地是指俄国 18 世纪末—20 世纪初属于皇族而由皇族领地司(1826 年起属于宫廷事务部,1892 年改称皇族领地管理总署)管理的土地。这部分土地是根据 1797 年沙皇保罗一世颁布的《皇亲条例》从官地中连同耕种土地的农民一起划归皇族成员所有的。这些土地上的收入不列入国家财政预算,不受国家监督,只用来供养皇族成员(大公及其妻子、女儿等)。1863年改革中分了一部分给农民后,还有800万俄亩,其中很大一部分被租出。十月革命后,皇族土地按照《土地法令》全部被收归国有。——188。

138 哥萨克(原为突厥语,意思是好汉、自由人)原指莫斯科国边疆地区受雇用的自由人和服军役的人。15—16世纪,在俄国和波兰—立陶宛国家的边境(第聂伯河、顿河、伏尔加河、乌拉尔和捷列克河一带),出现了主要由逃亡农奴组成的所谓自由哥萨克的自治村社。它们有独特的武装组织,是16—17世纪乌克兰人民起义和17—18世纪俄国农民战争的主要动力之一。沙皇政府于18世纪降服了哥萨克,改哥萨克村社为哥萨克军,进而使之成为有特权的军人等级。按规定,男性哥萨克满18岁一律自备军服、装具、冷兵器和战马,在主要由骑兵构成的哥萨克军队里服役,凡服役者均赐与约30俄亩的土地供长期使用。至20世纪初,全俄国共有11支哥萨克军。1916年哥萨克居民共有443万多人,拥有土地6300万俄亩,服军役者285000人。哥萨克军队参加了18—20世纪俄国的历次战争。沙皇政府曾广泛利用哥萨克军队镇压民族解放运动和革命运动。十月革命后,在国内战争时期,哥萨克的富裕阶层站在白卫军一边作战,贫穷的哥萨克则支持苏维埃政权。1920年,哥萨克这一等级被废除。——189。

139 土地平分这一口号反映了农民要求普遍重分土地、消灭地主土地占有制的愿望。列宁在《俄国社会民主党的土地纲领》一文中指出,在"土地平分"这个要求中,除了要使小农生产永恒化这种反动的空想之外,也有革命的一面,即"希望用农民起义来铲除农奴制的一切残余"(见本版全集第6卷第310页)。后来,列宁在俄国社会民主工党第二次代表大会上说:"有人对我们说,农民不会满足于我们的纲领,他们要往前走,但是我们并不害怕这一点,我们有我们的社会主义纲领,所以我们也不怕重分土地……"(见本卷第264页)——196。

140 指俄国1861年废除农奴制的"农民改革"。这次改革是由于沙皇政府在军事上遭到失败、财政困难和反对农奴制的农民起义不断高涨而被迫实行的。沙皇亚历山大二世于 1861 年 2 月 19 日(3 月 3 日)签署了废除农奴制的宣言,颁布了改革的法令。这次改革共"解放了" 2 250 万地主农民,但是地主土地占有制仍然保存下来。在改革中,农民的土地被宣布为地主的财产,农民只能得到法定数额的份地,并要支付赎金。赎金主要部分由政府以债券形式付给地主,再由农民在 49 年内偿还政府。根据粗略统计,在改革后,贵族拥有土地 7 150 万俄亩,农民则只有 3 370 万俄亩。改革中地主把农民土地割去了 $\frac{1}{5}$,甚至 $\frac{2}{5}$。

在改革中,旧的徭役制经济只是受到破坏,并没有消灭。农民份地中最好的土地以及森林、池塘、牧场等都留在地主手里,使农民难以独立经营。在签订赎买契约以前,农民还对地主负有暂时义务。农民为了赎买土地交纳的赎金,大大超过了地价。仅前地主农民交给政府的赎金就有 19 亿卢布,而转归农民的土地按市场价格仅值 5 亿多卢布。这就造成了农民经济的破产,使得大多数农民还像以前一样,受着地主的剥削和奴役。但是,这次改革仍为俄国资本主义经济的发展创造了有利的条件。——200。

141 容克经济是指从封建制演化到资本主义的普鲁士贵族地主经济。容克是德文 Junker 的音译,即普鲁士的贵族地主阶级。容克从 16 世纪起就利用农奴劳动经营大庄园经济,并长期垄断普鲁士军政职位,掌握国家领导权。为适应资本主义关系的发展,普鲁士在 19 世纪前半期进行了一系列改革,主要是:1807 年废除了农奴制;1850 年 3 月颁布了新的《调整地主和农民关系法》,允许农民以高额赎金赎免劳役和其他封建义务。通过这些改革,容克不仅获得了大量赎金,而且掠夺了三分之一的农民土地;另一方面,广大农民群众则丧失了土地和牲畜,成为半无产者:这就为封建经济转变为资本主义经济创造了条件。在以大地产为基础的容克农场中越来越多地使用雇佣劳动和农业机器,但容克仍保留某些封建特权,包括对自己庄园范围内的农民的审判权。列宁称这种农业资本主义发展道路为普鲁士式的道路。——205。

142 《科学评论》杂志(《Научное Обозрение》)是俄国科学刊物,1903 年起是一般文学刊物。1894—1904 年在彼得堡出版。开始为周刊,后改为月

刊。杂志刊登各派政论家和科学家的文章,1900年曾把列宁列入撰稿
人名单,曾发表过列宁的《市场理论问题述评》、《再论实现论问题》、《非
批判的批判》等文章(见本版全集第4卷和第3卷)。——206。

143 村社是俄国农民共同使用土地的形式,其特点是在实行强制性的统一
轮作的前提下,将耕地分给农户使用,森林、牧场则共同使用,不得分
割。村社内实行连环保制度。村社的土地定期重分,农民无权放弃和
买卖土地。村社管理机构由选举产生。俄国村社从远古即已存在,在
历史发展过程中逐渐成为俄国封建制度的基础。沙皇政府和地主利用
村社对农民进行监视和掠夺,向农民榨取赎金和赋税,逼迫他们服
徭役。

村社问题在俄国曾引起热烈争论,发表了大量有关的经济学文献。
民粹派认为村社是俄国向社会主义发展的特殊道路的保证。他们企图
证明俄国的村社农民是稳固的,村社能够保护农民,防止资本主义关系
侵入他们的生活。早在19世纪80年代,格·瓦·普列汉诺夫就已指
出民粹派的村社社会主义的幻想是站不住脚的。到了90年代,列宁粉
碎了民粹派的理论,用大量的事实和统计材料说明资本主义关系在俄
国农村是怎样发展的,资本是怎样侵入宗法制的村社、把农民分解为富
农与贫苦农民两个对抗阶级的。

在1905—1907年革命中,村社曾被农民用做革命斗争的工具。地
主和沙皇政府对村社的政策在这时发生了变化。1906年11月9日,
沙皇政府大臣会议主席彼·阿·斯托雷平颁布了摧毁村社、培植富农
的土地法令,允许农民退出村社和出卖份地。这项法令颁布后的9年
中,有200多万农户退出了村社。但是村社并未被彻底消灭,到1916
年底,欧俄仍有三分之二的农户和五分之四的份地在村社里。村社在
十月革命以后还存在很久,直到全盘集体化后才最终消失。——207。

144 有何吩咐? 原来是沙皇俄国社会中仆人对主人讲话时的用语。俄国作
家米·叶·萨尔蒂科夫-谢德林在他的特写《莫尔恰林老爷们》中首次
把对专制政府奴颜婢膝的自由派报刊称为《有何吩咐报》。——209。

145 古尔柯—利德瓦尔之道是指俄国高级官吏和商人中盛行的贪污盗窃之

风。1906年,沙皇政府副内务大臣弗·约·古尔柯同瑞典大奸商埃·
莱·利德瓦尔签订了一项合同,规定由利德瓦尔在1906年10—12月
为俄国南方饥荒省份提供1 000万普特黑麦,并预支给利德瓦尔80万
卢布。这位瑞典商人把大约60万卢布装入自己的腰包和用于贿赂包
括古尔柯在内的各方面的官员。而到1906年12月中旬运到火车站的
黑麦还不到100万普特。古尔柯和利德瓦尔的舞弊行为使饥荒地区的
粮食供应状况严重恶化,激起了社会舆论的极大不满。沙皇政府被迫
在1907年10月演出了一场审讯古尔柯的闹剧。古尔柯除被撤职外,
未受其他处分。——216。

146　指1902年3月底—4月初波尔塔瓦和哈尔科夫两省的农民起义。这
　　　次起义席卷了拥有15万人口的165个村庄,是20世纪初俄国第一次
　　　大规模的农民运动。起义的原因是:这两省的农民的生活状况原来就
　　　极端困苦,遇到1901年歉收引起的饥荒,到1902年春季更加恶化。农
　　　民们群起夺取地主庄园中储存的粮食和饲料。受到农民袭击的地主庄
　　　园,在波尔塔瓦省有56个,在哈尔科夫省有24个。农民还要求重新分
　　　地。沙皇政府派军队镇压起义农民。许多农民遭杀害。许多村子的农
　　　民人人被鞭打。成百的农民被判处不同刑期的监禁。农民还被迫赔偿
　　　地主80万卢布"损失"。列宁在《告贫苦农民》这本小册子中分析了这
　　　次农民运动的性质和失败的原因(见本版全集第7卷)。——222。

147　旺代暴动即1793年3月法国西部旺代省的农民在贵族和僧侣的唆使
　　　和指挥下举行反对法国大革命的暴动,暴动于1795年被平定,但是在
　　　1799年和以后的年代中,这一地区的农民又多次试图叛乱。旺代因此
　　　而成为反革命叛乱策源地的代名词。——225。

148　农民协会(全俄农民协会)是俄国1905年革命中产生的群众性的革命
　　　民主主义政治组织,于1905年7月31日—8月1日(8月13—14日)
　　　在莫斯科举行了成立大会。据1905年10—12月的统计,协会在欧俄
　　　有470个乡级和村级组织,会员约20万人。根据该协会成立大会和
　　　1905年11月6—10日(19—23日)举行的第二次代表大会通过的决
　　　议,协会的纲领性要求是:实现政治自由和在普选基础上立即召开立宪

会议,支持抵制第一届国家杜马;废除土地私有制,由农民选出的委员会将土地分配给自力耕作的农民使用,同意对一部分私有土地给以补偿。农民协会曾与彼得堡工人代表苏维埃合作,它的地方组织在农民起义地区起了革命委员会的作用。农民协会从一开始就遭到警察镇压,1907 年初被解散。——226。

149　《俄国报》(《Россия》)是俄国黑帮报纸(日报),1905 年 11 月—1914 年 4 月在彼得堡出版。从 1906 年起成为内务部的机关报。该报接受由内务大臣掌握的政府秘密基金的资助。——226。

150　健忘的伊万意为忘记自己身世者或六亲不认、数典忘祖的人。在革命前的俄国,潜逃的苦役犯和逃亡的农奴一旦落入警察之手,为了不暴露真实姓名和身份,常常自称"伊万"(俄国最常见的名字),并声称忘记了自己的身世。因此在警厅档案中,他们便被登记为"忘记身世者"。这些人就被统称为"健忘的伊万"。——227。

151　《农民代表消息报》(《Известия Крестьянских Депутатов》)是俄国第一届国家杜马中的劳动派的机关报(日报)。1906 年 5 月 17—31 日(5 月 30 日—6 月 13 日)在彼得堡出版,共出了 11 号。该报编辑是国家杜马代表 С.И.邦达列夫,参加报纸工作的还有劳动派杜马代表 И.Е.索洛姆科、П.Ф.采洛乌索夫、伊·瓦·日尔金等。
　　《劳动俄罗斯报》(《Трудовая Россия》)是第一届国家杜马中的劳动派的机关报,1906 年 6 月在彼得堡出版。——233。

152　105 名代表签名的土地法案是社会革命党人伊·瑙·穆申科在 1907 年 5 月 3 日(16 日)第二届国家杜马第 32 次会议上以社会革命党党团的名义提出的。这个法案与第一届杜马的"33 人法案"基本相同。法案第 1 条说:"今后永远废除俄国境内的各种土地所有权。"——236。

153　波美拉尼亚原是波罗的海沿岸的一个公国(1170 年起),1815—1945 年是普鲁士的一个省。——238。

154　公有地圈围法是指 18 世纪英国议会根据地主的申请通过的一些圈地

法令。按照这些法令,圈地经许可后,被圈土地就要在土地占有者中间重新分配,使交错分散的土地集中起来。所谓重分,实际等于没收,受害者都是小农户。土地所有权的高度集中,使资本主义大农场迅速发展起来,而大部分小农则陷于破产,流向城市,加入雇佣工人的行列。马克思在《资本论》第1卷第24章《所谓原始积累》里对"公有地圈围法"作了评论(见《马克思恩格斯文集》第5卷第832—833页)。——238。

155 宅地法是美国国会于1862年5月20日通过的。根据这项法律,任何美国公民或声明愿意成为美国公民的人,在交付10美元登记费后,都可以从国有土地中领得160英亩(65公顷)土地。在所得的这份土地上耕种满5年或按每英亩交纳1.25美元者便成为这份土地的所有者。颁布宅地法是林肯政府以民主主义精神解决土地问题的重要措施,它促使南北战争发生了有利于北部的转折。——241。

156 俄国农民作为封建社会的一个阶级分为三大类:(1)私有主农民即地主农民,(2)国家农民即官地农民,(3)皇族农民。每一大类又分为若干在出身、占有土地和使用土地形式、法律地位和土地状况等等方面互不相同的等级和特殊类别。1861年的农民改革保留了五花八门的农民类别,这种状况一直持续到1917年。现将这里提到的主要农民类别解释如下:

有赐地的农民是指俄国1861年农民改革时获得赏赐份地的一部分前地主农民。沙皇亚历山大二世签署的2月19日法令规定,地主可以按照同农民达成的协议,以最高标准四分之一的份地赐给农民,不取赎金,而其余四分之三归地主所有。这种有赐地的农民主要是在土地昂贵的黑土地带。到20世纪初,由于人口的增加和由此而来的土地重分,有赐地的农民差不多完全失掉了自己的份地。

暂时义务农是指俄国农奴制度废除后,为使用份地而对地主暂时负有一定义务(交纳代役租或服徭役)的前地主农民。农民同地主订立了赎买份地的契约后,即不再是暂时义务农,而归入私有农民一类。1881年12月沙皇政府法令规定,从1883年1月1日起,暂时义务农必须赎得份地。

私有农民是指根据 1861 年改革法令赎回自己的份地，从而终止了暂时义务农身份的前地主农民。

完全私有农民是指提前赎回了自己的份地，因而取得土地的私有权的前地主农民。完全私有农民人数较少，是农村中最富裕的上层。

国家农民是按照彼得一世的法令由未农奴化的农村居民组成的一类农民。国家农民居住在官有土地上，拥有份地，受国家机关的管辖，并被认为在人身上是自由的。他们除交人头税外，还向国家或者官有土地承租人交纳代役租，并履行许多义务。国家农民的成分是各种各样的，他们使用和占有土地的形式也是各种各样的。

有村社地产的国家农民是按照村社土地占有制使用耕地及其他用地而没有土地私有权的国家农民。

有切特维尔梯地产的国家农民即切特维尔梯农民，是莫斯科国军人的后裔。这些军人（哥萨克骑兵、射击兵、普通士兵）因守卫边疆而分得若干切特维尔梯（一切特维尔梯等于半俄亩）的小块土地，供其暂时或永久使用，切特维尔梯农民即由此得名。从 18 世纪起，切特维尔梯农民开始称为独户农。独户农在一个时期内处于介乎贵族和农民之间的地位，享有各种特权，可以占有农奴。独户农可以把土地作为私有财产来支配，这是他们和土地由村社占有、自己无权买卖土地的其他国家农民不同的地方。1866 年的法令承认独户农的土地（即切特维尔梯土地）为私有财产。

原属地主的国家农民是官家从私有主手里购买的或私有主捐献给官家的农民。他们虽然列入国家农民一类，但不完全享有国家农民的权利。在 1861 年改革之前，即 1859 年，这类农民取得了平等权利，但他们和其他国家农民之间仍存在着某些差别。

皇族农民是 18 世纪末—19 世纪中沙皇俄国的一类农民。这类农民耕种皇族土地，除人头税外，还交纳代役租，并履行各种义务，承担供养沙皇家族成员的实物捐税。根据 1797 年的条例，皇族农民的地位介于国家农民和地主农民之间。在皇族农民中，废除农奴制的改革是按照 1858 年、1859 年、1883 年的法令实行的。皇族农民得到的土地多于地主农民,少于国家农民。

自由耕作农是指根据沙皇俄国1803年2月20日的法令而解除了农奴制依附关系的农民。这一法令允许地主以收取赎金等为条件释放农奴,但必须分给被释放农奴一份土地。

注册农民是沙皇俄国国家农民的一种。17世纪末—18世纪,沙皇政府为了扶持大工业和保证这种工业有廉价的、固定的劳动力,把大量国家农民编入俄国各地的手工工场。这种农民被称为注册农民。注册农民要为国有或私有手工工场做辅助工作(劈柴、备煤、碎矿、搬运等),以顶替代役租和人头税。他们名义上属于国家,实际上变成了工厂的农奴。从19世纪初开始,注册农民逐渐被解除工厂的劳动,直到1861年农民改革后才完全解脱出来。——244。

157 犹太人居住区是指中世纪西欧和中欧的城市中划分给犹太人居住的地区。起初它是中世纪行会制度的一种典型表现,从14—15世纪起变成了强制性的居住区,到19世纪上半叶基本消失。——246。

158 《俄国财富》杂志(《Русское Богатство》)是俄国科学、文学和政治刊物。1876年创办于莫斯科,同年年中迁至彼得堡。1879年以前为旬刊,以后为月刊。1879年起成为自由主义民粹派的刊物。1892年以后由尼·康·米海洛夫斯基和弗·加·柯罗连科领导,成为自由主义民粹派的中心,在其周围聚集了一批政论家,他们后来成为社会革命党、人民社会党和历届国家杜马中的劳动派的著名成员。在1893年以后的几年中,曾同马克思主义者展开理论上的争论。为该杂志撰稿的也有一些现实主义作家。1906年成为人民社会党的机关刊物。1914年至1917年3月以《俄国纪事》为刊名出版。1918年被查封。——255。

159 指俄国社会民主工党第一次代表会议上有关土地问题的讨论。这次会议于1905年12月12—17日(25—30日)在芬兰的塔墨尔福斯举行。列宁在会上作了关于土地问题的报告。这次会议通过的关于土地问题的决议说:"我党的土地纲领需要作如下的修改:取消关于割地的条文;增加这样的字句:党支持农民的革命措施,直到没收全部官家的、教会的、寺院的、皇族的、皇室的和私有的土地。党认为自己的主要的经常的任务是，建立农村无产阶级的独立的组织，向他们说明他们的利益和农村资产阶级的利益是势不两立的……　从土地纲领中删掉归还赎金和用所归还的赎金建立特别基金的要求。"（参看《苏联共产党代表大会、代表会议和中央全会决议汇编》1964 年人民出版社版第 1 分册第 119—120 页）——259。

160　《彼得·马斯洛夫修改卡尔·马克思的草稿》一节和下节《要推翻民粹主义就必须推翻马克思的理论吗?》以《彼得·马斯洛夫是怎样修改卡尔·马克思的草稿的》为题发表于 1908 年 7 月 23 日（8 月 5 日）《无产者报》第 33 号，后面附有列宁写的《编辑部的话》（见本版全集第 17 卷）。——264。

161　犹太区是沙皇俄国当局在 18 世纪末规定的可以允许犹太人定居的区域，包括俄罗斯帝国西部 15 个省，以及高加索和中亚细亚的一些地区，1917 年二月革命后被废除。列宁在这里借用"犹太区"这个词来形容限制农民的份地所有制。——277。

162　农民银行（农民土地银行）是俄国国家银行，1882 年设立，在各省有分行。设立农民银行的目的是向农民发放购置私有土地的贷款，贷款利率为年利 7.5%—8.5%。1895 年农民银行获得了向地主购买土地的权利。1895—1905 年共购买 100 万俄亩。每俄亩地价由 1898 年的 49 卢布涨至 1901 年的 111 卢布。1905—1907 年革命期间，农民银行抑制了地价的下跌，以每俄亩 107 卢布的价格买进了 270 万俄亩土地。斯托雷平土地改革期间，农民银行的活动促进了独立农庄和田庄的成立。1906—1916 年农民银行共买进 460 多万俄亩土地，总价为 5 亿卢布左右，在此期间卖出 380 万俄亩给个体农户。从 1906 年到 1915 年，农民从农民银行手中以及在它的协助下购买的土地共计 1 040 万俄亩。1917 年 11 月 25 日（12 月 8 日）苏维埃政权撤销了农民银行，其土地按照土地法令被收归国有并转交给了农民。——287。

163　指彼·彼·鲁勉采夫（施米特）在俄国社会民主工党第四次代表大会第 10 次会议上所作的修改土地纲领报告的总结发言中的一段话："普列

汉诺夫认为,列宁甚至没有试图去攻击他的主要堡垒,从而暴露了自己完全软弱无力。这个堡垒是什么呢? 就是国有化一旦实现就会造成未来复辟的基础这一论点。我认为,只凭发音相同和文字游戏才谈得上莫斯科罗斯的国有化和把这种国有化同列宁现在设计的国有化相比拟。"(见《俄国社会民主工党第四次(统一)代表大会。记录》1957 年俄文版第 148 页)——294。

164 《俄罗斯国家报》(《Русское Государство》)是俄国政府机关报,1906 年 2 月 1 日(14 日)—5 月 15 日(28 日)在彼得堡出版。——296。

165 这里是套用尼·加·车尔尼雪夫斯基《俄国文学果戈理时期概观》中的话。车尔尼雪夫斯基抨击当时所谓机智的批评家说,他们的"全部技能往往只是:抓住所评论的书的不正确的文句,然后重述它几遍;如果书的标题不完全恰当,那就连带嘲笑标题;如果可能,就挑选跟标题或作者姓氏音近或义近的词,重述几遍,同时掺和一起…… 总之,用这个十分简单的药方,对于《死魂灵》的机智的评论可以写成下面的样子。抄下书的标题《乞乞科夫奇遇记或死魂灵》之后,就干脆这么开始:'嚏! 嚏! 科夫的发冷(在俄语中"发冷"与"奇遇"谐音),——读者,您不要以为我在打喷嚏,我不过是把果戈理先生新长诗的标题念给您听,这位先生如此写作,只有黑格尔一个人懂得他。……'"——310。

166 卡·考茨基在 1906 年 10 月写的《社会革命》一书第 2 版序言中说:"我现在已经不能像 1902 年那样肯定地断言,武装起义和街垒战在未来的革命中不会起决定性作用。莫斯科巷战的经验十分清楚地说明不是这样,当时为数很少的人在街垒战中同整整一支大军相持了一个星期,如果不是其他城市的革命运动遭到失败,使敌人有可能派遣增援部队,最后集中了庞大的优势兵力来对付武装起义者,他们是几乎就会取得胜利的。当然,街垒战之所以能够取得一定的胜利,只是因为城市居民大力支持革命者,而军队的士气却十分低落。但是谁能够肯定地说,在西欧不可能发生这类情况呢?"——319。

167 可能派是 19 世纪 80 年代至 20 世纪初法国社会主义运动中以保·布

鲁斯等人为首的机会主义派别。该派起初是法国工人党中改良主义的一翼，1882年法国工人党分裂后称为社会主义革命工人党，1883年改称法国劳动社会联盟。该派否定无产阶级的革命纲领和革命策略，模糊工人运动的社会主义目的，主张把工人阶级的活动限制在资本主义制度下"可能"办到的范围内，因此有"可能派"之称。1902年，可能派同其他一些改良主义派别一起组成了以让·饶勒斯为首的法国社会党。——325。

168　这里是指俄国社会民主工党第四次(统一)代表大会通过的《关于土地问题的策略决议》。决议说："俄国社会民主工党支持农民的革命行动，直到没收地主土地，同时将一贯不变地反对任何阻碍经济发展进程的企图。俄国社会民主工党力图在革命胜利发展的情况下把被没收的土地交给民主的地方自治机关所有，而在没有这样做的顺利条件的情况下，将主张把那些实际上是经营着小经济的或为满足小经济所必需的地主的土地分配给农民。"(参看《苏联共产党代表大会、代表会议和中央全会决议汇编》1964年人民出版社版第1分册第150—151页)——329。

169　《真理》杂志(«Правда»)是俄国社会民主党的刊物(月刊)，主要登载艺术、文学和社会生活方面的文章，1904年1月—1906年4月在莫斯科出版。正式编辑兼出版者为В.А.科热夫尼科夫，他也是这个杂志的创办人。参加杂志工作的有费·伊·唐恩、尔·马尔托夫、彼·巴·马斯洛夫等。——330。

170　上船头去！传说是伏尔加河上强盗劫船时对被劫船只全体船员下的命令。——333。

171　出自斐·拉萨尔1862年4月16日在柏林区市民协会举办的集会上发表的演说《论宪法的实质》。演说中说："国王的仆人不是人民的仆人中常有的那种花言巧语之徒，而是认真办事的**讲究实际的人**，他们靠某种本能总是抓住问题的本质。"——336。

172　中国式制度是格·瓦·普列汉诺夫为了反对土地国有化纲领而造的一

个词。普列汉诺夫在《社会民主党人日志》第5期上发表了《论俄国的土地问题》一文。文中引用了法国无政府主义者埃·勒克律的地理学著作中所载的关于王安石的材料，认为王安石变法就是搞土地国有化。据此他进而把土地国有叫做"中国式制度"，而把俄国社会民主工党内主张土地国有化的人称为"俄国的王安石"。——336。

173　指《社会民主党人日志》。

　　《社会民主党人日志》(《Дневник Социал-Демократа》)是格·瓦·普列汉诺夫创办的不定期刊物，1905年3月—1912年4月在日内瓦出版，共出了16期。1916年在彼得格勒复刊，仅出了一期。在第1—8期(1905—1906年)中，普列汉诺夫宣扬极右的孟什维克机会主义观点，拥护社会民主党和自由派资产阶级联盟，反对无产阶级和农民联盟，谴责十二月武装起义。在第9—16期(1909—1912年)中，普列汉诺夫反对主张取消秘密党组织的孟什维克取消派，但在基本的策略问题上仍站在孟什维克立场上。1916年该杂志出版的第1期里则明显地表达了普列汉诺夫的社会沙文主义观点。——337。

174　埃尔多拉多是西班牙语 el dorado 的音译，意为黄金国。哥伦布发现美洲之后，欧洲就流传着新大陆有一个遍地是黄金珠宝的"黄金国"的传说。这种传说曾驱使西班牙殖民者在16—17世纪到南美洲的奥里诺科河和亚马孙河流域千方百计寻找这个黄金国。埃尔多拉多后被人们用做想象中的富庶神奇之邦的代称。——337。

175　规约是俄国废除农奴制的改革中规定农民与地主关系的一种文书。按照改革的法令，农民与地主订立赎地契约以前，对地主负有暂时义务。这种暂时义务农的份地面积以及他们为使用份地而对地主负担的义务，都规定在规约中。规约上还记载其他用地的分配、宅地的迁移等情况。规约由地主草拟，通过解决地主和农民之间纠纷的调停官订立。规约如被农民拒绝，也可以在未经农民同意的情况下得到批准。规约的订立，引起了农民的广泛抵抗。政府往往动用军队进行镇压。——344。

176 《农村通报》(《Сельский Вестник》)是附属于沙皇政府正式机关报《政府
通报》的一种向农村发行的通俗报纸(周报),1881—1917年在彼得堡
出版。——351。

177 显然是指卡·考茨基《俄国土地问题》中的这样一段话:"所有这些祸患
(指干旱、牲畜倒毙、森林消失、土壤侵蚀等等)应当消除,以便使俄国农
民农业摆脱目前这种悲惨处境。仅仅把大地主的土地分配给农民是非
常不够的,而且甚至能成为俄国农业彻底衰败的原因(如果上述其他因
素还在起作用的话),因为这一分配在这种情况下会导致那些合理经营
并购置了改良工具和机器的农场的消失。整个俄国农业会下降到贫苦
农户的水平。但是怎样消除这些祸患呢? 需要修建国民学校,扩大国
民教师的编制;需要供应农村公社以优良的农作工具和机器、数量充足
的牲畜,以便进行组合经营或者在农户之间分配;需要合理经营林业;
最后还需要使林木稀少地区的农民有可能使用石料、砖和铁来修建建
筑物。可是为了这一切就需要钱、钱、钱,只要资本主义经济继续存在。
从哪里弄到这些钱呢?"——355。

178 阿拉帕耶夫斯克共和国是沙皇政府官员给彼尔姆省上图里耶县阿拉帕
耶夫斯克乡起的诨名。Г. И. 卡巴科夫于1905年曾在那里组织一个群
众性的农民协会,会员达3万人。——368。

179 民族民主党人是波兰地主和资产阶级的民族主义政党民族民主党的成
员。该党成立于1897年,领导人是罗·德莫夫斯基、济·巴利茨基、
弗·格拉布斯基等。该党提出"阶级和谐"、"民族利益"的口号,力图使
人民群众屈服于它的影响,并把人民群众拖进其反动政策的轨道。在
1905—1907年俄国第一次革命期间,该党争取波兰王国自治,支持沙
皇政府,反对革命。该党在波兰不择手段地打击革命无产阶级,直到告
密、实行同盟歇业和进行暗杀。俄国社会民主工党第五次代表大会曾
通过一个专门决议,强调必须揭露民族民主党人的反革命黑帮面目。
在第一次世界大战时期,该党无条件支持协约国,期望波兰王国同
德、奥两国占领的波兰领土合并,在俄罗斯帝国的范围内实现自治。
1919年该党参加了波兰联合政府,主张波兰同西方列强结盟,反对苏

维埃俄国。——371。

180　卧各夫是阿拉伯语的译音,意为"宗教基金",指所有捐赠给伊斯兰教组织专供宗教事业使用的财产(包括土地)及其收益。——374。

181　拉祖瓦耶夫和科卢帕耶夫是俄国作家米·叶·萨尔蒂科夫-谢德林的特写作品《蒙列波避难所》中的人物。他们都是俄国 1861 年农民改革后新兴资产者的典型。——389。

182　见恩格斯 1886 年 11 月 29 日给弗·阿·左尔格的信。恩格斯在信中批评德国一些社会民主党人不懂马克思主义革命理论,而"用学理主义和教条主义的态度去对待它,认为只要把它背得烂熟,就足以满足一切需要。对他们来说,这是教条,而不是行动的指南"(见《马克思恩格斯文集》第 10 卷第 557 页)。——393。

183　这句话引自尔·马尔托夫的一首题为《现代俄国社会党人之歌》的讽刺诗。该诗载于 1901 年 4 月《曙光》杂志第 1 期。纳尔苏修斯·土波雷洛夫是马尔托夫发表此诗时使用的戏谑性笔名(意为骄矜的蠢猪)。诗中借用经济派的口吻嘲笑了经济派的观点及其对自发性的盲目崇拜。——394。

184　这篇《跋》是列宁在 1917 年《社会民主党在 1905—1907 年俄国第一次革命中的土地纲领》一书出版时写的。——396。

185　明星院是英国中世纪一个机构的名称,被人们借用来称呼由高官显贵组成的俄国宫廷集团。这一集团代表上层农奴主、地主和官僚的利益,反对革命和维护他们的一切特权,在 1905—1907 年革命时期以及随后的反动年代对尼古拉二世施加巨大的幕后影响。

　　英国的明星院存在于 15—17 世纪,起初是有司法职能的御前会议,因在天花板有星饰的厅里开会而得名,后来发展成为一种拥有特权的特别法院,曾是压迫议会和迫害清教徒的象征。——398。

186　指日俄战争中俄军遭到的两次重大的军事失败:1905 年 5 月俄国从波

罗的海调来增援的舰队在对马海峡被日本海军歼灭和 1905 年 3 月俄
军主力在沈阳附近被击溃。——399。

187　《首都邮报》(《Столичная Почта》)是俄国一家日报,1906 年 10 月—
　　　　1908 年 2 月在彼得堡出版。起初是左派立宪民主党人的报纸,1907 年
　　　　2 月起成为劳动团的论坛。1908 年 2 月被沙皇政府查封。——402。

188　可能是指载于 1907 年在维尔纳出版的《我们的论坛》文集第 1 集的《政
　　　　治随笔》一文。该文作者是崩得领导人弗·姆—德—姆(麦迭姆),他主
　　　　张在 1905—1907 年革命失败后,俄国社会民主党应当放弃召开立宪会
　　　　议这样的革命口号。——403。

189　《法兰克福报》(《Frankfurter Zeitung》)是德国交易所经纪人的报纸(日
　　　　报),1856—1943 年在美因河畔法兰克福出版。——406。

190　列宁指他发表在 1908 年 2 月 13 日(26 日)《无产者报》第 21 号上的《政
　　　　治短评》一文(见本卷第 398—404 页)。后来在 1908 年 7 月 23 日(8
　　　　月 5 日)《无产者报》第 33 号上刊载的《彼得·马斯洛夫是怎样修改
　　　　卡尔·马克思的草稿的》一文中,列宁更详细地阐明了党纲的问题。
　　　　——407。

191　《工会的中立》一文除在《无产者报》上发表外,还收入了 1908 年彼得堡
　　　　创造出版社出版的《论时代潮流》文集(略有删节),署名弗拉·伊林。
　　　　——411。

192　俄国社会民主工党中央委员会关于工会的决议载于 1908 年 2 月 13 日
　　　　(26 日)《无产者报》第 21 号。
　　　　　　党中央委员会在决议中建议党员在工会组织内成立党的小组,在
　　　　地方党的总部领导下在这些组织里进行工作。如果由于警察的迫害不
　　　　能组织或恢复被破坏的工会,就应当秘密地成立工会和工会支部。中
　　　　央委员会的决议还建议在互助协会、戒酒协会等合法组织中成立"社会
　　　　民主党的团结一致的小组,以便在尽可能广泛的无产阶级群众中进行
　　　　党的工作"。决议指出,无产阶级的有组织活动"不能只限于这些协会

的范围",工会的合法存在"不应当降低无产阶级工会组织的战斗任务"。——411。

193　《我们时代报》(《Наш Век》)是俄国左翼立宪民主党人机关报《同志报》的通俗版,1905—1908年在彼得堡出版。——411。

194　这个布尔什维克的决议草案在谈到工会和党性问题时说:"当前全部情况要求社会民主党加强在工会运动中的工作,但是这一工作应当本着伦敦决议和斯图加特决议的精神进行,这就是说,无论如何也不能从原则上承认工会的中立性和非党性,相反,要坚决使工会尽可能紧密地、持久地同社会民主党接近。应该通过社会民主党在工会内的宣传组织工作使工会是党的工会这一主张得到承认,而且只有在大多数工会会员紧紧地靠拢社会民主党时,才宜于宣布这种党性。"

　　俄国社会民主党中央委员会所通过的关于工会的决议,对上述问题的后半部分是这样表述的:"承认工会是社会民主党的工会,只应该是社会民主党在工会内进行宣传和组织工作的结果,并且不应该破坏无产阶级经济斗争的统一性。"中央委员会在关于工会工作问题给地方组织的信中解释了上述决议,重申了工会的党性原则,提出了"根据伦敦决议和斯图加特决议的精神指导社会民主党的整个鼓动工作的任务"。中央委员会还拟定了一些加强党组织同工会组织联系的措施:(1)召集在工会理事会工作的社会民主党人开会,预先讨论有关工会的以及有关党的最重要问题;(2)在党的会议上讨论工会工作中的重要问题。(1908年2月27日(3月11日)《无产者报》第23号)——411。

195　《前进报》(《Вперед》)是列宁领导的布尔什维克的群众性工人报纸,1906年9月10日(23日)—1908年1月19日(2月1日)由《无产者报》编辑部在维堡秘密出版,共出了20号。从第2号起作为俄国社会民主工党莫斯科委员会、彼得堡委员会和莫斯科郊区委员会的机关报出版,有些号同时作为彼尔姆委员会、库尔斯克委员会、喀山委员会或乌拉尔区域委员会的机关报出版。《前进报》用广大工农读者易懂的通俗语言宣传俄国社会民主工党的纲领,阐述第五次(伦敦)党代表大会以及党的全国代表会议和市、区代表会议的决议,解释布尔什维克的策略,同时揭露孟什维克和社会革命党的机会主义策略的危害。该报同工人读者联系密切。它广泛地阐述工人问题,同时也用相当的篇幅来解释布尔什维克在农民问题上的策略。《前进报》刊载过列宁的多篇文章。——412。

196　《劳动促进博物馆公报》(《Бюллетень Музея содействия труду»)是俄国技术协会莫斯科分会附属的机构劳动促进博物馆的出版物。某些工会工作者曾利用劳动促进博物馆这一合法机构开展活动,并在《公报》上刊登有关工会活动的材料。——413。

197　指德·菲尔索夫(Д.C.罗森布吕姆)和米·雅科比(米·雅·亨德尔曼)合著的《关于土地纲领的修改及其论证》一书。该书于 1908 年由时代出版社在莫斯科出版,但被没收。列宁在这里答应写的书评未见在《无产者报》上发表。——416。

198　《现代世界》杂志(《Современный Мир»)是俄国文学、科学和政治刊物(月刊),1906 年 10 月—1918 年在彼得堡出版,编辑为尼·伊·约尔丹斯基等人。孟什维克格·瓦·普列汉诺夫、费·伊·唐恩、尔·马尔托夫等积极参加了该杂志的工作。布尔什维克在同普列汉诺夫派联盟期间以及在 1914 年初曾为该杂志撰稿。第一次世界大战期间,《现代世界》杂志成了社会沙文主义者的刊物。——417。

199　这里说的是德国社会民主党于 1895 年在布雷斯劳和 1907 年在埃森举行的两次代表大会。前一次代表大会讨论了该党土地纲领草案,否决了修正主义者的土地纲领草案。后一次代表大会讨论了军国主义问题,通过了关于"保卫祖国"的沙文主义决议。古·诺斯克在帝国国会的发言在这次代表大会上引起了争论。这个发言说,在一场进攻性战争加于德国的情况下,社会民主党人将不落在资产阶级政党后面而"扛起枪来"。奥·倍倍尔对诺斯克的这个发言表示了赞同。——418。

200　《正义报》(«Justice»)是英国一家周报,1884 年 1 月至 1925 年初在伦敦出版。最初是英国社会民主联盟的机关报,从 1911 年起成为英国社会党的机关报。第一次世界大战期间,该报采取社会爱国主义立场,由亨·迈·海德门编辑。1925 年 2 月改名为《社会民主党人报》继续出版,1933 年 12 月停刊。——419。

201　《工人领袖》(《The Labour Leader》)是英国的一家月刊,1887 年起出版,最初刊名是《矿工》(《Miner》),1889 年起改用《工人领袖》这一名称,是苏格兰工党的机关刊物;1893 年起是独立工党的机关刊物;1894 年起改为周刊;在 1904 年以前,该刊的编辑是詹·基尔·哈第。1922 年该刊改称《新领袖》;1946 年又改称《社会主义领袖》。——420。

202　《雷诺新闻》即《雷诺新闻周报》(《Reynold's Weekly Newspaper》),是英国激进派的报纸,由接近宪章派的小资产阶级民主主义者乔治·威廉·麦克阿瑟·雷诺创办,1850 年起在伦敦出版。——420。

203　《泰晤士报》(《The Times》)是英国最有影响的资产阶级报纸(日报),1785 年 1 月 1 日在伦敦创刊。原名《环球纪事日报》,1788 年 1 月改称《泰晤士报》。——420。

204　弗朗索瓦·阿希尔·巴赞元帅在普法战争时期先后任法军第 3 军军长和莱茵集团军司令,1870 年 10 月 27 日率部 17 万余人在梅斯要塞向普军投降。——420。

205　色当是法国东北部的一个城市。1870 年 9 月 1—2 日,在这里进行了普法战争中决定性的一次会战。会战以法国帕·莫·麦克马洪元帅指挥的夏龙军团被击溃和投降、随军督战的法国皇帝拿破仑第三被俘而结束。这次交战决定了普法战争的结局和法兰西第二帝国的命运。——420。

206　《新世纪》杂志(《The New Age》)是英国的一家民主主义的政治、宗教、文学评论性刊物,1894—1938 年在伦敦出版。——420。

207　指 1908 年 2 月 1 日葡萄牙国王卡卢什一世和王储路易斯·菲力浦一起在里斯本遇刺殒命事件。——422。

208　《晚间信使报》(《Corriere della Sera》)是意大利资产阶级报纸,1876 年在米兰创刊。——424。

209　爱尔福特纲领是指 1891 年 10 月举行的德国社会民主党爱尔福特代表大会通过的党纲。它取代了 1875 年的哥达纲领。爱尔福特纲领以马克思主义关于资本主义生产方式必然灭亡和被社会主义生产方式所代替的学说为基础,强调工人阶级必须进行政治斗争,指出了党作为这一斗争的领导者的作用。它从根本上说是一个马克思主义的纲领。但是,爱尔福特纲领也有严重缺点,其中最主要的是没有提到无产阶级专政是对社会实行社会主义改造的手段这一原理。纲领也没有提出推翻君主制、建立民主共和国、改造德国国家制度等要求。对此,恩格斯在《1891 年社会民主党纲领草案批判》(见《马克思恩格斯文集》第 4 卷)中提出了批评意见。代表大会通过的纲领是以《新时代》杂志编辑部的草案为基础的。——425。

210　《关于扩大杜马预算权的辩论》一文最初发表于 1908 年 2 月俄国社会民主工党中央机关报《社会民主党人报》第 1 号。同年 3 月 26 日(4 月 8 日)《无产者报》第 27 号转载了此文。转载时附有列宁写的该文补遗(见本卷第 434 页)。——427。

211　《无产者报》编辑部在此处加了如下一条注释:"最早刊载本文的中央机关报编辑部'认为必须指出,作者所批评的杜马党团在扩大杜马预算权问题上采取的活动方式,是完全得到中央杜马委员会赞同的'。"在负责领导社会民主党党团的中央杜马委员会中,孟什维克占多数。——433。

212　《我们的报》(《Наша Газета》)是俄国一家半立宪民主党的报纸,1904—1908 年在彼得堡出版。——434。

213　1908 年 4 月 16 日(29 日)《无产者报》第 29 号刊载了俄国社会民主工党中央委员会就社会民主党杜马代表工作问题给地方组织的一封信。中央委员会在信中对第三届国家杜马的社会民主党党团的工作进行了认真分析之后说,杜马党团是根据党的第五次代表大会和第四次代表会议(第三次全国代表会议)的有关决议进行活动的。中央委员会在指出杜马党团工作中的某些成绩和错误后接着写道:"中央委员会认为,在某些为数还不多的组织中已经出现的召回第三届杜马党团的倾向,对党和无产阶级利益来说是完全不合时宜和有害的。社会民主党不知道、也不承认有包治百病的灵丹妙药——**独一无二的**政治斗争手段;党必须为无产阶级的利益运用**一切方法和一切手段**,第三届杜马就是这些手段之一。"——434。

214　《公社的教训》一文载于 1908 年 3 月 23 日日内瓦俄侨小组的报纸《国外周报》第 2 号,是列宁所作的一个报告的记录。该报编辑部在文前加了如下的按语:"3 月 18 日在日内瓦举行了国际大会,纪念无产阶级的三个纪念日:马克思逝世二十五周年、1848 年三月革命六十周年和巴黎公社纪念日。列宁代表俄国社会民主工党出席大会,作了关于公社的意义的报告。"——435。

215　指 1848 年革命后出任法兰西第二共和国总统的路易·波拿巴在 1851 年 12 月 2 日发动的政变。路易·波拿巴通过政变建立了军事独裁,1852 年 12 月 2 日进一步废除共和,改行帝制,号称拿破仑第三。——435。

216　国防政府即法兰西第三共和国的临时政府。普法战争中法军在色当惨败之后,1870 年 9 月 4 日巴黎爆发了革命,拿破仑第三被废黜,法兰西第三共和国宣告成立,由随即组成的"国防政府"临时执政。奥尔良派保皇党人路易·茹·特罗胥为政府首脑兼巴黎军事总督,共和派茹·法夫尔为外交部长,共和派莱·米·甘必大为内务部长。"国防政府"实际上是卖国和镇压人民的反动政府。——435。

217　指马克思在《国际工人协会总委员会关于普法战争的第二篇宣言》中对法国工人阶级的告诫:"法国工人应该履行自己的公民职责,但同时他们不应当为民族历史上的 1792 年所迷惑,就像法国农民曾经为民族历史上的第一帝国所欺骗那样。"(见《马克思恩格斯文集》第 3 卷第 127

页）。——435。

218　蒲鲁东主义者是以法国无政府主义者皮·约·蒲鲁东为代表的小资产
阶级社会主义的拥护者,产生于 19 世纪 40 年代。蒲鲁东主义从小资
产阶级立场出发批判资本主义所有制,把小商品生产和交换理想化,幻
想使小资产阶级私有制永世长存。主张建立"人民银行"和"交换银
行",认为它们能帮助工人购置生产资料,使之成为手工业者,并能保证
他们"公平地"销售自己的产品。蒲鲁东主义反对任何国家和政府,否
定任何权威和法律,宣扬阶级调和,反对政治斗争和暴力革命。马克思
在《哲学的贫困》(参看《马克思恩格斯全集》第 1 版第 4 卷)等著作中,
对蒲鲁东主义作了彻底批判。列宁称蒲鲁东主义为不能领会工人阶级
观点的"市侩和庸人的痴想"。蒲鲁东主义被资产阶级的理论家们广泛
利用来鼓吹阶级调和。——436。

219　五月流血周是指 1871 年 5 月 21—28 日凡尔赛军队对巴黎公社的血腥
镇压。——436。

220　10 月 17 日的宣言是指 1905 年 10 月 17 日(30 日)沙皇尼古拉二世迫
于革命运动高涨的形势而颁布的《关于完善国家制度的宣言》。宣言是
由被任命为大臣会议主席的谢·尤·维特起草的,其主要内容是许诺
"赐予"居民以"公民自由的坚实基础",即人身不可侵犯和信仰、言论、
集会、结社等自由;"视可能"吸收被剥夺选举权的阶层的居民(主要是
工人和城市知识分子)参加国家杜马选举;承认国家杜马是立法机关,
任何法律不经它的同意不能生效。宣言颁布后,沙皇政府又相应采取
以下措施:实行最高执行权力集中化;将德·费·特列波夫免职,由
彼·尼·杜尔诺沃代替亚·格·布里根为内务大臣;宣布大赦政治犯;
废除对报刊的预先检查;制定新的选举法。在把革命运动镇压下去以
后,沙皇政府很快就背弃了自己在宣言中宣布的诺言。——437。

221　犹杜什卡·戈洛夫廖夫是俄国作家米·叶·萨尔蒂科夫-谢德林的长
篇小说《戈洛夫廖夫老爷们》中的主要人物波尔菲里·弗拉基米罗维
奇·戈洛夫廖夫的绰号,犹杜什卡是对犹大的蔑称。谢德林笔下的犹

杜什卡是贪婪、无耻、伪善、阴险、残暴等各种丑恶品质的象征。——441。

222　《俄国思想》杂志（《Русская Мысль》）是俄国科学、文学和政治刊物（月刊），1880—1918年在莫斯科出版。起初是同情民粹主义的温和自由派的刊物。90年代有时也刊登马克思主义者的文章。1905年革命后成为立宪民主党右翼的刊物，由彼·伯·司徒卢威和亚·亚·基泽韦捷尔编辑。十月革命后于1918年被查封。后由司徒卢威在国外复刊，成为白俄杂志，1921—1924年、1927年先后在索非亚、布拉格和巴黎出版。——443。

223　自由思想派是指德国自由思想同盟和自由思想人民党的成员。1884年德国资产阶级自由派政党进步党同从民族自由党分裂出来的左翼合并组成德国自由思想党。1893年，自由思想党分裂为自由思想同盟和自由思想人民党两个集团。1910年这两个自由思想派组织又合并为进步人民党。自由思想派以德国社会民主党为主要敌人。——447。

224　这句话出自俄国作家伊·谢·屠格涅夫的长篇小说《处女地》。小说中人物巴克林劝那位"不愿同敌人来往"因而不想去大贵族西皮雅京家做家庭教师的涅日达诺夫说："说到敌人，我请你记住歌德的诗句：谁要了解诗人，就得深入诗人的国家…… 而我要说：谁要了解**敌人**，就得深入**敌巢**。躲避自己的敌人，不知道他们的习惯和生活方式，这是多么荒谬！"

　　上述约·沃·歌德的诗句出自他的《西东诗集》中的一首作为题词的诗。——450。

225　《辩论日报》即《政治和文学辩论日报》（《Journal des Débats politiques et littéraires》），是法国一家最老的报纸，1789—1944年在巴黎出版。七月王朝时期为政府的报纸，1848年革命时期，该报反映了反革命资产阶级的观点；1851年政变以后成了温和的奥尔良反对派的机关报；70—80年代该报具有保守主义的倾向。——454。

226　指亚·亚·波格丹诺夫(马克西莫夫)在俄国社会民主工党第三次代表
会议上作的关于抵制第三届国家杜马的报告中的几个论点。列宁作了
如下的摘记:

"马克西莫夫的前几个论点:

1.'革命的'基本'任务没有解决'(原因存在着)。革命运动的表现
没有被消除。

2.经济组织和政治组织的发展,——无产阶级的行动和觉悟的提
高——力量正在积聚起来等等。

3.抵制情绪是革命情绪和对杜马正确评价的表现。"(参看《列宁文
集》俄文版第 25 卷第 7 页;《苏联共产党代表大会、代表会议和中央全
会决议汇编》1964 年人民出版社版第 1 分册第 222 页)——455。

227　框内的这句话是亚·亚·波格丹诺夫(马克西莫夫)在俄国社会民主工
党第三次代表会议上提出的抵制第三届国家杜马选举的决议草案中的
第一个论据。该草案说:"社会民主党提出参加选举的号召,只能被群
众理解为,现在的革命已告结束,剩下的是转向为时多年的日常工作,
尽管这一号召具有最革命的理由。"(参看《苏联共产党代表大会、代表
会议和中央全会决议汇编》1964 年人民出版社版第 1 分册第 222—223
页)——455。

228　指俄国社会民主工党第四次(斯德哥尔摩)代表大会《关于对国家杜
马的态度的决议》和第五次(伦敦)代表大会《关于国家杜马的决议》
(参看《苏联共产党代表大会、代表会议和中央全会决议汇编》1964 年
人民出版社版第 1 分册第 153—155、209—210 页)的比较。列宁在
《反对抵制》一文中对这两个决议作了对比性的评述(见本卷第 25 页)。
——456。

229　指俄国社会民主工党第四次(斯德哥尔摩)代表大会和第五次(伦敦)代
表大会关于工会的决议。孟什维克占多数的斯德哥尔摩代表大会通过
了承认工会的中立性和非党性的决议。该决议说:代表大会认为,"党
应当支持工人希望有工会组织的要求,并用一切办法去帮助成立非党
的工会"(参看《苏联共产党代表大会、代表会议和中央全会决议汇编》

1964年人民出版社版第1分册第159页）。伦敦代表大会关于工会的
决议则排除了工会中立的思想而明确宣称："代表大会在重申统一代表
大会关于工会工作的决议的同时，提醒党的组织和在工会中工作的社
会民主党人注意：工会中社会民主党工作的基本任务之一，就是要促使
工会承认社会民主党的思想领导，以及努力建立工会和党的组织联系；
并应注意：在条件许可的地方，必须将这项任务加以实现。"（同上书，第
214页）——461。

人 名 索 引

A

阿德勒，维克多（Adler，Victor 1852—1918）——奥地利社会民主党创建人和领袖之一。早年是资产阶级激进派，19 世纪 80 年代中期参加工人运动。1883 年和 1889 年曾与恩格斯会晤，1889—1895 年同恩格斯有通信联系。是 1888 年 12 月 31 日—1889 年 1 月 1 日奥地利社会民主党成立大会上通过的党纲的主要起草人之一。在克服奥地利社会民主主义运动的分裂和建立统一的党方面做了许多工作。在党的一系列重要政策问题上（包括民族问题）倾向改良主义立场。1886 年创办《平等》周刊，1889 年起任奥地利社会民主党中央机关报《工人报》编辑。1905 年起为议员。第一次世界大战期间持中派立场，鼓吹阶级和平，反对工人阶级的革命发动。1918 年 11 月短期担任奥地利资产阶级共和国外交部长。——72、78、119、120。

阿法纳西耶夫，阿瓦库姆·格里戈里耶维奇（Афанасьев，Аввакум Григорьевич 生于 1859 年）——俄国农民，无党派人士，第二届国家杜马顿河军屯州代表。在杜马中参加土地委员会，就土地问题发过言。——348、350。

阿法纳西耶夫，克拉夫季·伊万诺维奇（Афанасьев，Клавдий Иванович 生于 1875 年）——俄国立宪民主党人，第一届国家杜马顿河军屯州代表，神父。1907—1916 年充当顿河保安处密探，密告过立宪民主党人、社会革命党人和国家杜马代表的活动。因给沙皇保安机关效过劳，1920 年被顿河州革命法庭判刑。——233。

阿杰莫夫，莫伊塞·谢尔盖耶维奇（Аджемов，Моисей Сергеевич 1878—1950）——俄国律师，立宪民主党人，第二届、第三届和第四届国家杜马代表；职业是医生。在杜马中是司法改革委员会、预算委员会及其他委员会的成员。曾为《法律学报》、《俄罗斯新闻》、《人民自由党通报》等报刊撰稿。

1917 年是立宪民主党中央委员，立宪会议代表候选人。十月革命后为流亡巴黎的白俄骨干分子。——430。

阿克雪里罗得，帕维尔·波里索维奇（Аксельрод，Павел Борисович 1850—1928）——俄国孟什维克领袖之一。19 世纪 70 年代是民粹派分子。1883 年参与创建劳动解放社。1900 年起是《火星报》和《曙光》杂志编辑部成员。这一时期在宣传马克思主义的同时，也在一系列著作中把资产阶级民主制和西欧社会民主党议会活动理想化。1903 年在俄国社会民主工党第二次代表大会上是《火星报》编辑部有发言权的代表，属火星派少数派，会后是孟什维主义的思想家。1905 年提出召开广泛的工人代表大会的取消主义观点。1906 年在党的第四次（统一）代表大会上代表孟什维克作了关于国家杜马问题的报告，宣扬无产阶级同资产阶级实行政治合作的机会主义思想。斯托雷平反动时期和新的革命高涨年代是取消派的思想领袖，参加孟什维克取消派《社会民主党人呼声报》编辑部。1912 年加入"八月联盟"。第一次世界大战期间表面上是中派，实际上持社会沙文主义立场；曾参加齐美尔瓦尔德代表会议和昆塔尔代表会议，属于右翼。1917 年二月革命后任彼得格勒苏维埃执行委员会委员，支持资产阶级临时政府。十月革命后侨居国外，反对苏维埃政权，鼓吹武装干涉苏维埃俄国。——4、12、91、101、102。

阿列克辛斯基，格里戈里·阿列克谢耶维奇（Алексинский，Григорий Алексеевич 1879—1967）——俄国社会民主党人，后蜕化为反革命分子。1905—1907 年革命期间是布尔什维克。第二届国家杜马彼得堡工人代表，社会民主党党团成员，参加了杜马的失业工人救济委员会、粮食委员会和土地委员会，并就斯托雷平在杜马中宣读的政府宣言，就预算、土地等问题发了言。作为社会民主党杜马党团代表参加了俄国社会民主工党第五次（伦敦）代表大会的工作。斯托雷平反动时期是召回派分子、派别性的卡普里党校（意大利）的讲课人和"前进"集团的组织者之一。第一次世界大战期间是社会沙文主义者，曾为多个资产阶级报纸撰稿。1917 年加入孟什维克统一派，持反革命立场；七月事变期间伙同特务机关伪造文件诬陷列宁和布尔什维克。1918 年逃往国外，投入反动营垒。——53、201、383、384。

阿尼金，帕维尔·阿列克谢耶维奇（Аникин，Павел Алексеевич 生于 1873

年）——俄国社会民主党人，孟什维克，第二届国家杜马萨拉托夫省代表；职业是教师。在杜马中参加质询委员会和国民教育委员会。杜马解散后，因社会民主党党团案受审，被判处五年苦役。1917—1918 年任萨拉托夫省谢尔多布斯克县国民教育指导员。全苏政治苦役犯协会会员。——383。

埃·皮·——见皮梅诺娃，埃米莉娅·基里洛夫娜。

埃尔达尔哈诺夫，Т.Э.（Эльдарханов，Т.Э. 生于 1870 年）——俄国第一届和第二届国家杜马捷列克州代表，参加穆斯林党团；职业是教师。1920 年任格罗兹尼（车臣）专区执行委员会主席，1921 年是俄罗斯联邦民族事务人民委员部负责制定哥里苏维埃共和国宪法的哥里代表团成员。1922 年任哥里共和国副教育人民委员，1923 年任车臣州革命委员会主席。——375。

爱尔威，古斯塔夫（Hervé，Gustave 1871—1944）——法国社会党人，政论家和律师。1905—1918 年是工人国际法国支部成员。1906 年创办《社会战争报》，宣传半无政府主义的反军国主义纲领。1907 年在第二国际斯图加特代表大会上坚持这一纲领，提出用罢工和起义来反对一切战争。第一次世界大战期间是社会沙文主义者。俄国十月革命后反对苏维埃国家和布尔什维克党。30 年代拥护民族社会主义，主张法国同法西斯德国接近。——73、74、77、83、84、85。

安德森，詹姆斯（Anderson，James 1739—1808）——英国经济学家，大农场主。写有一些主要论述农业问题的学术著作。1777 年在《谷物法性质探讨》一书中研究了级差地租理论的基本特征。为维护土地占有者的利益，主张保存谷物法、关税率和出口奖金，认为这些措施促进了农业的发展。马克思在《剩余价值理论》第 2 册中批判了安德森的观点。——238。

安东诺夫，伊万·伊万诺维奇（Антонов，Иван Иванович 生于 1880 年）——俄国社会民主党人，第一届国家杜马彼尔姆省代表；职业是钳工。——233。

奥德诺科佐夫，阿列克谢·叶利谢耶维奇（Однокозов，Алексей Елисеевич 生于 1859 年）——俄国农民兼小商人，第二届国家杜马沃罗涅日省代表，在"104 人土地法案"上签名；追随立宪民主党人。——234。

奥夫钦尼科夫，伊万·尼基福罗维奇（Овчинников，Иван Никифорович 生于

1863年)——俄国立宪民主党人,第一届国家杜马维亚特卡省代表;职业是农艺师。——343。

奥列诺夫,米哈伊尔·伊里奇(Оленов,Михаил Ильич 生于1876年)——俄国经济学家和政论家,倾向马克思主义。曾为文学、科普和社会政治刊物《教育》杂志撰稿。——264、305。

奥佐尔,扬·彼得罗维奇(Озол,Ян Петрович 1878—1968)——俄国社会民主党人,孟什维克,第二届国家杜马加市代表,经济学家。19世纪90年代末参与组织里加市第一批社会民主主义工人小组,1902年参与创建波罗的海沿岸拉脱维亚社会民主主义工人组织。1904—1907年任拉脱维亚社会民主工党和拉脱维亚边疆区社会民主党中央委员、《斗争报》编辑部成员。曾参加俄国社会民主工党第四次(统一)代表大会。1907年移居美国。——380、384、385。

奥佐林,卡尔·亚诺维奇(Озолин,Карл Янович 1866—1933)——俄国律师,立宪民主党人,第一届国家杜马里夫兰省代表。在杜马中参加拉脱维亚自治派同盟。曾在资产阶级的拉脱维亚任参议员。——373。

B

鲍勃凌斯基,阿列克谢·亚历山德罗维奇(Бобринский,Алексей Александрович 1852—1927)——俄国大地主和大糖厂主,伯爵,反动的政治活动家。1884年起多年任彼得堡省贵族代表。1906年当选为农奴主-地主组织"贵族联合会"主席。第三届国家杜马基辅省代表。1912年起为国务会议成员,1916年任农业大臣。十月革命后参加君主派的俄国国家统一委员会,1919年起为白俄流亡分子。——146、340、343、356。

鲍勃凌斯基,弗拉基米尔·阿列克谢耶维奇(Бобринский,Владимир Алексеевич 1868—1927)——俄国大地主和大糖厂主,伯爵,反动的政治活动家。1895—1898年任图拉省博戈罗季茨克县地方自治局主席。第二届、第三届和第四届国家杜马图拉省代表,在杜马中属于右翼。作为极端的民族主义者,主张在俄国少数民族边疆地区强制推行俄罗斯化。十月革命后参加君主派的俄国国家统一委员会,1919年起为白俄流亡分子。——332、334、335、338、340、343、344、356、406。

贝尔，亨利希（Beer, Henrich）——奥地利社会民主党人，机会主义者。曾代表五金工人组织出席第二国际斯图加特代表大会。在关于政党和工会相互关系的报告中，坚持工会中立的机会主义路线。——177。

贝尔，卡尔·马克西莫维奇（Бэр, Карл Максимович 1792—1876）——19世纪俄国最大的自然科学家之一，胚胎学的创始人，科学院院士。1814年在多尔帕特大学毕业后，侨居国外。1817年起任柯尼斯堡大学副校长，1819年起任动物学教授，1826年起任解剖学教授。1826年被选为彼得堡科学院通讯院士，1828年被选为正式院士。1834年回到彼得堡。以动物胚胎发育方面的著作享有盛名。承认进化过程，但用唯心主义观点予以解释；反对达尔文的进化论，特别是反对自然选择学说。对人类学问题也进行过研究，是俄国地理学会创建人之一，多次参加地理考察团，曾编辑出版俄国地理丛书。写有许多人类学、解剖学等方面的著作。——217、218。

贝尔，理查（Bell, Richard 1859—1930）——英国铁路职工工会领导人之一。起初在西部铁路当乘务员，参加了铁路职工联合会；1891年任该联合会组织书记，1897—1910年任总书记。1900—1910年为工党议员；执行背叛工人阶级的妥协政策。后在商业部工作。——419、420。

倍倍尔，奥古斯特（Bebel, August 1840—1913）——德国工人运动和国际工人运动活动家，德国社会民主党和第二国际的创建人和领袖之一，马克思和恩格斯的朋友和战友；旋工出身。19世纪60年代前半期开始参加政治活动，1867年当选为德国工人协会联合会主席，1868年该联合会加入第一国际。1869年与威·李卜克内西共同创建了德国社会民主工党（爱森纳赫派），该党于1875年与拉萨尔派合并为德国社会主义工人党，后又改名为德国社会民主党。多次当选国会议员，利用国会讲坛揭露帝国政府反动的内外政策。1870—1871年普法战争期间持国际主义立场，在国会中投票反对军事拨款，支持巴黎公社，为此曾被捕和被控叛国，断断续续在狱中度过近六年时间。在反社会党人非常法施行时期，领导了党的地下活动和议会活动。19世纪90年代和20世纪初同党内的改良主义和修正主义进行斗争，反对伯恩施坦及其拥护者对马克思主义理论的歪曲和庸俗化。是出色的政论家和演说家，对德国和欧洲工人运动的发展有很大影响。马克思和恩格斯高度评价了他的活动。——64、69、73、84、119、120、

179、180、181、418。

彼得罗琴科,费多尔·伊格纳季耶维奇(Петроченко,Федор Игнатьевич 生于 1875 年)——俄国农民,第二届国家杜马维捷布斯克省代表。在杜马中参加失业工人救济委员会,属于右派。1911—1913 年、1917 年和 1918 年是波洛茨克县地方自治局成员。——212、345—346、380。

彼得松,波里斯·列昂尼多维奇(Петерсон,Борис Леонидович 生于 1874 年)——俄国大地主,第二届国家杜马科斯特罗马省代表,韦特卢加县地方自治局主席。原为立宪民主党党员,后为人民社会党党员。杜马中一些委员会的委员。——234。

彼舍霍诺夫,阿列克谢·瓦西里耶维奇(Пешехонов,Алексей Васильевич 1867—1933)——俄国社会活动家和政论家。19 世纪 90 年代为自由主义民粹派分子。《俄国财富》杂志撰稿人,1904 年起为该杂志编委;曾为自由派资产阶级的《解放》杂志和社会革命党的《革命俄国报》撰稿。1903—1905 年为解放社成员。小资产阶级政党"人民社会党"的组织者(1906)和领袖之一,该党同劳动派合并后(1917 年 6 月),参加劳动人民社会党中央委员会。1917 年二月革命后任彼得格勒工兵代表苏维埃执行委员会委员,同年 5—8 月任临时政府粮食部长,后任预备议会副主席。十月革命后反对苏维埃政权,参加了反革命组织"俄罗斯复兴会"。1922 年被驱逐出境,成为白俄流亡分子。——235、236、249、250、251、282、314、353、403、408。

彼特龙凯维奇,伊万·伊里奇(Петрункевич,Иван Ильич 1843—1928)——俄国地主,地方自治运动活动家。19 世纪 70 年代末开始参加地方自治运动。解放社的组织者和主席(1904—1905),立宪民主党创建人之一,该党中央委员会主席(1909—1915)和中央机关报《言语报》出版人。曾参加1904—1905 年地方自治人士代表大会。第一届国家杜马代表。十月革命后为白俄流亡分子。——343。

俾斯麦,奥托·爱德华·莱奥波德(Bismarck,Otto Eduard Leopold 1815—1898)——普鲁士和德国国务活动家和外交家。普鲁士容克的代表。曾任驻彼得堡大使(1859—1862)和驻巴黎大使(1862),普鲁士首相(1862—1872、1873—1890),北德意志联邦首相(1867—1871)和德意志帝国首相(1871—1890)。1870 年发动普法战争,1871 年支持法国资产阶级镇压巴黎公社。主张在普鲁士领导下"自上而下"统一德国。曾采取一系列内政措施,捍卫容克和大资产阶级的联盟。1878 年颁布反社会党人非常法。由于内外政策遭受挫折,于 1890 年 3 月去职。——159、161、164、165、399。

别尔嘉耶夫,尼古拉·亚历山德罗维奇(Бердяев, Николай Александрович 1874—1948)——俄国宗教哲学家。学生时代参加社会民主主义运动。19 世纪 90 年代末曾协助基辅的工人阶级解放斗争协会,因协会案于 1900 年被逐往沃洛格达省。早期倾向合法马克思主义,试图将马克思主义同新康德主义结合起来;后转向宗教哲学。1905 年加入立宪民主党。斯托雷平反动时期是宗教哲学流派"寻神说"的代表人物之一。曾参与编撰《路标》文集。十月革命后创建"自由精神文化学院"。1921 年因涉嫌"战术中心"案而被捕,后被驱逐出境。著有《自由哲学》、《创造的意义》、《俄罗斯的命运》、《新中世纪》、《论人的奴役与自由》、《俄罗斯思想》等。——89。

波尔土加洛夫,维克多·韦尼阿米诺维奇(Португалов, Виктор Вениаминович 生于 1874 年)——俄国立宪民主党政论家,曾为《萨拉托夫小报》、《同志报》和《斯摩棱斯克通报》撰稿。十月革命后移居国外,加入波·维·萨文柯夫的反革命侨民组织,参加白俄流亡分子的报刊工作。——34。

波格丹诺夫,亚·(马林诺夫斯基,亚历山大·亚历山德罗维奇;马克西莫夫)(Богданов, А. (Малиновский, Александр Александрович, Максимов) 1873—1928)——俄国社会民主党人,哲学家,社会学家,经济学家;职业是医生。19 世纪 90 年代参加社会民主主义小组。1903 年成为布尔什维克。在党的第三、第四和第五次代表大会上被选入中央委员会。曾参加布尔什维克机关报《前进报》和《无产者报》编辑部,是布尔什维克《新生活报》的编辑。在对待布尔什维克参加第三届国家杜马的问题上持抵制派立场。1908 年是反对布尔什维克在合法组织里工作的最高纲领派的领袖。斯托雷平反动时期和新的革命高涨年代背离布尔什维主义,领导召回派,是"前进"集团的领袖。在哲学上宣扬经验一元论。1909 年 6 月因进行派别活动被开除出党。第一次世界大战期间持国际主义立场。十月革命后是共产主义科学院院士,在莫斯科大学讲授经济学。1918 年是无产阶级文化派的思想家。1921 年起从事老年医学和血液学的研究。1926 年起任由他创建的输血研究所所长。主要著作有《经济学简明教程》(1897)、《经验一元论》

（第1—3卷，1904—1906）、《生动经验的哲学》（1913）、《关于社会意识的科学》（1914）、《普遍的组织起来的科学（组织形态学）》（1913—1922）。——405、455、456。

波克罗夫斯基，伊万·彼得罗维奇（Покровский，Иван Петрович 1872—1963）——俄国社会民主党人；职业是医生。第三届国家杜马库班州、捷列克州和黑海省代表，参加社会民主党杜马党团的布尔什维克派。1910年以第三届杜马社会民主党党团杜马代表的身份参加布尔什维克报纸《明星报》编辑部。——428、430、431。

波里索夫——见苏沃洛夫，谢尔盖·亚历山德罗维奇。

波尼亚托夫斯基，Ш.А.（Понятовский，Ш.А.生于1863年）——俄国大地主，第一届国家杜马沃伦省代表；职业是律师。在杜马中被选为副秘书和土地委员会委员，属于自治派（西部边疆区集团）。——372。

波普，阿德尔海德（Popp，Adelheid 1869—1939）——奥地利社会民主主义妇女运动的创始人和领导人。1892年起任社会民主党机关报《女工报》编辑。第二国际斯图加特代表大会的参加者。1918年被选入维也纳市议会，1919年被选入国民议会。——72。

波特列索夫，亚历山大·尼古拉耶维奇（Потресов，Александр Николаевич 1869—1934）——俄国孟什维克领袖之一。19世纪90年代初参加马克思主义小组。1896年加入彼得堡工人阶级解放斗争协会，后被捕，1898年流放维亚特卡省。1900年出国，参与创办《火星报》和《曙光》杂志。在俄国社会民主工党第二次代表大会上是《火星报》编辑部有发言权的代表，属火星派少数派，会后是孟什维克刊物的主要撰稿人和领导人。斯托雷平反动时期和新的革命高涨年代是取消派思想家，在《复兴》杂志和《我们的曙光》杂志中起领导作用。第一次世界大战期间是社会沙文主义者。1917年在反布尔什维克的资产阶级《日报》中起领导作用。十月革命后侨居国外，为克伦斯基的《白日》周刊撰稿，攻击苏维埃政权。——90。

波维柳斯，安东·马捷德舍维奇（Повилюс，Антон Матедшевич 生于1871年）——俄国农民，第二届国家杜马科夫诺省代表。在杜马中参加土地委员会，属于社会民主党党团。1906年、1908年、1910年和1911年屡遭监禁，后脱离革命运动。曾在资产阶级立陶宛的合作社组织中工作和务农。

立陶宛建立苏维埃政权后,在集体农庄工作。——373。

波亚尔科夫,阿列克谢·弗拉基米罗维奇(Поярков, Алексей Владимирович 生于 1868 年)——俄国神父,无党派人士,第一届国家杜马沃罗涅日省代表。——357、358、386。

伯恩施坦,爱德华(Bernstein, Eduard 1850—1932)——德国社会民主党和第二国际右翼领袖之一,修正主义的代表人物。1872 年加入社会民主党,曾是欧·杜林的信徒。1879 年和卡·赫希柏格、卡·施拉姆在苏黎世发表《德国社会主义运动的回顾》一文,指责党的革命策略,主张放弃革命斗争,适应俾斯麦制度,受到马克思和恩格斯的严厉批评。1881—1890 年任党的中央机关报《社会民主党人报》编辑。从 90 年代中期起完全同马克思主义决裂。1896—1898 年以《社会主义问题》为题在《新时代》杂志上发表一组文章,1899 年发表《社会主义的前提和社会民主党的任务》一书,从经济、政治和哲学方面对马克思主义的理论和策略作了全面的修正。1902 年起为国会议员。第一次世界大战期间持中派立场。1917 年参加德国独立社会民主党,1919 年公开转到右派方面。1918 年十一月革命失败后出任艾伯特—谢德曼政府的财政部长助理。——68、80、274。

伯内特,詹姆斯(Burnett, James)——英国社会民主联盟苏格兰区委员会书记。——419。

博加托夫,尼卡诺尔·伊万诺维奇(Богатов, Никанор Иванович 生于 1866 年)——俄国农民,第二届国家杜马诺夫哥罗德省代表,追随十月党人。——382。

布尔加柯夫,谢尔盖·尼古拉耶维奇(Булгаков, Сергей Николаевич 1871—1944)——俄国经济学家、哲学家和神学家。19 世纪 90 年代是合法马克思主义者,后来成了"马克思的批评家"。修正马克思关于土地问题的学说,企图证明小农经济稳固并优于资本主义大经济,用土地肥力递减规律来解释人民群众的贫困化;还试图把马克思主义同康德的批判认识论结合起来。后来转向宗教哲学和基督教。1901—1906 年和 1906—1918 年先后在基辅大学和莫斯科大学任政治经济学教授。1905—1907 年革命失败后追随立宪民主党,为《路标》文集撰稿。1918 年起是正教司祭。1923 年侨居国外。1925 年起在巴黎的俄国神学院任教授。主要著作有《论资本主义生产条件下的市场》(1897)、《资本主义和农业》(1900)、《经济哲学》(1912)等。——89、265、268、269、273。

布拉特(**布洛塔**),安德列·安德列耶维奇(Булат(Булота),Андрей Андреевич 1872—1941)——立陶宛社会活动家,第二届和第三届国家杜马苏瓦乌基省代表;职业是律师。1905年10月是邮电职员罢工的组织者之一;屡遭监禁。在杜马中参加劳动派党团,在第三届国家杜马中为劳动派党团领袖。1912—1915年在维尔纽斯当律师,1915—1917年住在美国。返回彼得格勒后,代表社会革命党被增补进工兵代表苏维埃中央执行委员会。1940年为立陶宛苏维埃社会主义共和国人民议会选举委员会委员。1940—1941年任共和国最高苏维埃主席团司法部部长。1941年被德国占领者枪杀。——373。

布朗基,路易·奥古斯特(Blanqui,Louis-Auguste 1805—1881)——法国革命家,空想共产主义的代表人物。曾参加巴黎1830—1870年间的各次起义和革命,组织并领导四季社以及其他秘密革命团体。在从事革命活动的50多年间,有30余年是在狱中度过的。1871年巴黎公社时期被反动派囚禁在凡尔赛,缺席当选为公社委员。憎恨资本主义制度,但不懂得组织工人革命政党和依靠广大群众的重要意义,认为只靠少数人密谋,组织暴动,即可推翻旧社会,建立新社会。——435。

布勒宁,维克多·彼得罗维奇(Буренин,Виктор Петрович 1841—1926)——俄国政论家,诗人。1876年加入反动的《新时报》编辑部,成为新时报派无耻文人的首领。对一切进步社会思潮的代表人物肆意诽谤,造谣诬蔑。——53。

布里根,亚历山大·格里戈里耶维奇(Булыгин,Александр Григорьевич 1851—1919)——俄国国务活动家,大地主。1900年以前先后任法院侦查员和一些省的省长。1900—1904年任莫斯科总督助理,积极支持祖巴托夫保安处的活动。1905年1月20日就任内务大臣。同年2月起奉沙皇之命主持起草关于召开咨议性国家杜马的法案,以期平息国内日益增长的革命热潮。但布里根杜马在革命的冲击下未能召开。布里根于沙皇颁布十月十七日宣言后辞职,虽仍留任国务会议成员,实际上已退出政治舞台。——429。

布鲁凯尔,路易·德(Brouckère, Louis de 1870—1951)——比利时工人党领袖和理论家之一,第一次世界大战前领导该党左翼。在第二国际斯图加特代表大会上就社会党同工会的关系问题发了言。第一次世界大战期间是社会沙文主义者,战后是工人党总委员会常务局成员和第二国际执行委员会委员。后参加政府,任议员和比利时驻国际联盟代表。1919 年起任布鲁塞尔大学教授,1926 年起是比利时科学院院士。——82。

C

蔡特金,克拉拉(Zetkin, Clara 1857—1933)——德国工人运动和国际工人运动活动家,国际社会主义妇女运动领袖之一,德国共产党创建人之一。19世纪 70 年代末参加革命运动,1881 年加入德国社会民主党。1882 年流亡奥地利,后迁居瑞士苏黎世,为秘密发行的德国社会民主党机关报《社会民主党人报》撰稿。1889 年积极参加第二国际成立大会的筹备工作。1890年回国。1892—1917 年任德国社会民主党主办的女工运动机关刊物《平等》杂志主编。1907 年参加国际社会党斯图加特代表大会,在由她发起的第一次国际妇女社会党人代表会议上当选为国际妇女联合会书记处书记。1910 年在哥本哈根举行的第二次国际妇女社会党人代表会议上,根据她的倡议,通过了以 3 月 8 日为国际妇女节的决议。第一次世界大战期间持国际主义立场,反对社会沙文主义。曾积极参与组织 1915 年 3 月在伯尔尼召开的国际妇女社会党人代表会议。1916 年参与组织国际派(后改称斯巴达克派和斯巴达克联盟)。1917 年德国独立社会民主党成立后为党中央委员。1919 年起为德国共产党党员,当选为中央委员。1920 年起为国会议员。1921 年起先后当选为共产国际执行委员会委员和主席团委员,领导国际妇女书记处。1925 年起任国际支援革命战士协会主席。——67、68、70、72、74、76、77、78、82、178。

策列铁里,伊拉克利·格奥尔吉耶维奇(Церетели, Ираклий Георгиевич 1881—1959)——俄国孟什维克领袖之一。1902 年参加社会民主主义运动。第二届国家杜马代表,在杜马中领导社会民主党党团,参加土地委员会,就斯托雷平在杜马中宣读的政府宣言以及土地等问题发了言。作为社会民主党杜马党团的代表参加了俄国社会民主工党第五次(伦敦)代表大会的工

作。斯托雷平反动时期和新的革命高涨年代是取消派分子。第一次世界
大战期间是中派分子。1917年二月革命后任彼得格勒苏维埃执行委员会
委员、第一届中央执行委员会主席团委员，护国派分子。1917年5—7月
任临时政府邮电部长，七月事变后任内务部长，极力反对布尔什维克争取
政权的斗争。十月革命后领导立宪会议中的反苏维埃联盟；是格鲁吉亚孟
什维克反革命政府首脑之一。1921年格鲁吉亚建立苏维埃政权后流亡法
国。1923年是社会主义工人国际的组织者之一。1940年移居美国。——
194、247、292、380、381、384、385、386。

查克斯捷，伊万·克里斯托福罗维奇（Чаксте，Иван Христофорович 1859—
1927）——拉脱维亚社会活动家和国务活动家，大地主；职业是律师。1888
年起是在米塔瓦出版的拉脱维亚黑帮报纸的编辑兼出版人。第一届国家
杜马库尔兰省代表，追随立宪民主党人。1918年被选为拉脱维亚资产阶
级的人民委员会主席。1920—1927年任拉脱维亚资产阶级共和国总统。
推行敌视苏联的政策。——373。

D

大卫，爱德华（David，Eduard 1863—1930）——德国社会民主党右翼领袖之
一，经济学家；德国机会主义者的主要刊物《社会主义月刊》创办人之一。
1893年加入社会民主党。公开修正马克思主义关于土地问题的学说，否
认资本主义经济规律在农业中的作用。1903年出版《社会主义和农业》一
书，宣扬小农经济稳固，维护所谓土地肥力递减规律。1903—1918年和
1920—1930年为国会议员，社会民主党国会党团领袖之一。第一次世界
大战期间是社会沙文主义者；在《世界大战中的社会民主党》（1915）一书中
为德国社会民主党右翼在第一次世界大战中的机会主义立场辩护。1919
年2月任魏玛共和国国民议会第一任议长。1919—1920年任内务部长，
1922—1927年任中央政府驻黑森的代表。——68、80。

德鲁茨基-柳别茨基，耶罗尼姆·埃德温诺维奇（Друцкий-Любецкий，Иероним
Эдвинович 生于1861年）——俄国公爵，地主，第一届国家杜马明斯克省
代表，自治派分子。明斯克农业协会会员，明斯克商业银行董事长。1903
年起为农业部农业委员会委员。——252。

德莫夫斯基,罗曼(Dmowski,Romann 1864—1939)——波兰国务活动家,波兰民族民主党创建人和领导人之一。1895 年起出版《全波评论》杂志,该杂志后来成为民族民主党的理论刊物。俄国 1905—1907 年革命期间组织黑帮镇压波兰的革命运动。是第二届和第三届国家杜马华沙市代表,波兰杜马党团(波兰政党联盟)领导人。第一次世界大战期间支持沙皇政府和协约国。1917—1919 年任设在巴黎的波兰民族委员会主席,该委员会作为波兰临时政府得到了协约国的承认。1919 年为出席巴黎和会的波兰代表。1923 年曾短期担任外交部长。1926—1933 年是亲法西斯政治集团"大波兰营垒"派的组织者之一。——371、380。

杜巴索夫,费多尔·瓦西里耶维奇(Дубасов, Федор Васильевич 1845—1912)——沙俄海军上将(1906),副官长,沙皇反动势力的魁首之一。1897—1899 年任太平洋分舰队司令。1905 年领导镇压切尔尼戈夫省、波尔塔瓦省和库尔斯克省的农民运动。1905 年 11 月—1906 年 7 月任莫斯科总督,是镇压莫斯科十二月武装起义的策划者。1906 年起为国务会议成员。1907 年起为国防会议成员。——12、13、14、22、38、40、41、112。

杜勃洛文,亚历山大·伊万诺维奇(Дубровин, Александр Иванович 1855—1918)——俄国黑帮组织"俄罗斯人民同盟"的组织者和领导人;职业是医生。1905—1907 年是反犹大暴行和恐怖活动的煽动者和策划者。曾编辑黑帮反犹报纸《俄国旗帜报》。1910 年俄罗斯人民同盟分裂后,继续领导该同盟中受他控制的那一部分——彼得堡全俄杜勃洛文俄罗斯人民同盟。——35。

杜尔诺沃,彼得·尼古拉耶维奇(Дурново, Петр Николаевич 1845—1915)——俄国国务活动家,反动分子。1872 年起在司法部门任职,1881 年转到内务部。1884—1893 年任警察司司长,1900—1905 年任副内务大臣,1905 年 10 月—1906 年 4 月任内务大臣,残酷镇压俄国第一次革命。1906 年起为国务会议成员。——339。

杜冈-巴拉诺夫斯基,米哈伊尔·伊万诺维奇(Туган-Барановский, Михаил Иванович 1865—1919)——俄国经济学家和历史学家。1895—1899 年任彼得堡大学政治经济学讲师,1913 年起任彼得堡工学院教授。19 世纪 90 年代是合法马克思主义的代表人物。曾为《新言论》杂志和《开端》杂志等撰稿,积极参加同自由主义民粹派的论战。20世纪初起公开维护资本主义,修正马克思主义的基本原理,成了"马克思的批评家"。1905—1907年革命期间加入立宪民主党。十月革命后成为乌克兰反革命势力的骨干分子,1917—1918年任乌克兰中央拉达财政部长。主要著作有《现代英国的工业危机及其原因和对人民生活的影响》(1894)、《俄国工厂今昔》(第1卷,1898)等。——89。

多尔戈鲁科夫,彼得·德米特里耶维奇(Долгоруков, Петр Дмитриевич 1866—约1945)——俄国公爵,大地主,地方自治运动活动家,立宪民主党人。苏贾县地方自治局主席,1904—1905年地方自治人士代表大会的参加者。立宪民主党创建人之一,该党中央委员。第一届国家杜马代表和副主席。十月革命后为白俄流亡分子。——187、215、343。

多尔戈鲁科夫,帕维尔·德米特里耶维奇(Долгоруков, Павел Дмитриевич 1866—1930)——俄国公爵,大地主,立宪民主党人。1893—1906年为莫斯科省的县贵族代表。立宪民主党创建人之一,1905—1911年任该党中央委员会主席,后为副主席;第二届国家杜马立宪民主党党团主席。曾为《俄罗斯新闻》撰稿。十月革命后是反对苏维埃政权活动的积极参加者。因进行反革命活动被判刑。——34。

E

恩格斯,弗里德里希(Engels, Friedrich 1820—1895)——科学共产主义创始人之一,世界无产阶级的领袖和导师,马克思的亲密战友。——7、20、21、67、323、324、393、425。

F

法卢,弗雷德里克·阿尔弗勒德·皮埃尔(Falloux, Frédéric-Alfred-Pierre 1811—1886)——法国政治活动家和著作家,正统主义者和教权主义者。1848年是解散国家工场的策划者和镇压巴黎六月起义的鼓吹者。第二共和国时期是制宪议会和立法议会议员,1848—1849年任教育和宗教部长。——402。

范科尔,亨利克(Van Kol, Henrik 1852—1925)——荷兰社会民主工党的创建人(1894)和领袖之一。建党几年后即滑向改良主义和机会主义。在第二国际阿姆斯特丹代表大会(1904)和斯图加特代表大会(1907)上维护关于殖民地问题的机会主义决议,该决议在执行所谓"传播文明的使命"的幌子下为帝国主义奴役殖民地各国人民进行辩护。敌视俄国十月革命和苏维埃国家。——79、80、83、179、180。

菲尔索夫,德·(**罗森布吕姆,Д.C.**)(Фирсов, Д. (Розенблюм, Д.С.) 生于1875年)——俄国社会革命党人,《关于土地纲领的修改及其论证》一书(1908年时代出版社版)的作者之一。——416。

菲洛诺夫,Ф.В.(Филонов, Ф.В. 死于1906年)——沙俄省参事官。1905—1906年是波尔塔瓦省沙皇政府讨伐队的头目之一。1905年12月对大索罗钦齐镇和乌斯季维齐村的农民进行了血腥镇压。被社会革命党人杀死。——41。

芬-叶诺塔耶夫斯基,亚历山大·尤利耶维奇(Финн-Енотаевский, Александр Юльевич 1872—1943)——俄国社会民主党人,经济学家。1903—1914年是布尔什维克。1906年参加俄国社会民主工党第四次(统一)代表大会土地纲领起草委员会的工作;反对国有化,要求没收地主土地并分配给农民作为他们的私产。第一次世界大战期间是社会沙文主义者。写有一些经济学著作,歪曲马克思主义的实质。十月革命后为半孟什维克的《新生活报》撰稿。1919年和1920年从事教学工作。1931年因孟什维克反革命组织案被判刑。——236—237、250、255、278、281。

佛米乔夫,米哈伊尔·米哈伊洛维奇(Фомичев, Михаил Михайлович 生于1882年)——俄国社会民主党人,孟什维克,第二届国家杜马塔夫利达省代表。在杜马中参加土地委员会和教会事务委员会。——381。

弗连克尔,扎哈里·格里戈里耶维奇(Френкель, Захарий Григорьевич 1869—1970)——俄国第一届国家杜马科斯特罗马省代表,立宪民主党人;职业是医生。1896—1901年在彼得堡省地方自治机关工作,领导沃洛格达省和科斯特罗马省地方自治机关卫生处。曾为《开端》、《新言论》、《生活》等杂志撰稿。1917年为立宪民主党中央委员。十月革命后在列宁格勒高等院校任教。——343。

福尔马尔,格奥尔格·亨利希(Vollmar, Georg Heinrich 1850—1922)——德

国社会民主党机会主义派领袖之一,新闻工作者。早年是激进的民主主义者。1876年加入社会民主党,1879—1880年任党的中央机关报《社会民主党人报》编辑。1881年起多次当选帝国国会议员和巴伐利亚邦议会议员。反社会党人非常法废除后,很快转为右倾,提出一系列改良主义主张,建议把党的活动局限在争取改良的斗争上,主张同资产阶级合作,同政府妥协,反对阶级斗争尖锐化,鼓吹"国家社会主义"的优越性,号召社会民主党同自由派联合;在制定党的土地纲领时,维护小土地占有者的利益。第一次世界大战期间是社会沙文主义者。晚年不再从事政治活动。——68、73、74、77、84、85、418。

G

盖得,茹尔(巴西尔,马蒂厄)(Guesde, Jules(Basile, Mathieu)1845—1922)——法国工人运动和国际工人运动活动家,法国工人党创建人之一,第二国际的组织者和领袖之一。19世纪60年代是资产阶级共和主义者。拥护1871年的巴黎公社。公社失败后流亡瑞士和意大利,一度追随无政府主义者。1876年回国。在马克思和恩格斯影响下逐步转向马克思主义。1877年11月创办《平等报》,宣传社会主义思想,为1879年法国工人党的建立作了思想准备。1880年和拉法格一起在马克思和恩格斯指导下起草了法国工人党纲领。1880—1901年领导法国工人党,同无政府主义者和可能派进行坚决斗争。1889年积极参加创建第二国际的活动。1893年当选为众议员。1899年反对米勒兰参加资产阶级内阁。1901年与其拥护者建立了法兰西社会党,该党于1905年同改良主义的法国社会党合并,盖得为统一的法国社会党领袖之一。20世纪初逐渐转向中派立场。第一次世界大战一开始即采取社会沙文主义立场,参加了法国资产阶级政府。1920年法国社会党分裂后,支持少数派立场,反对加入共产国际。——73、84。

戈洛文,费多尔·亚历山德罗维奇(Головин, Федор Александрович 1868—1937)——俄国地方自治运动活动家,立宪民主党人。1898—1907年先后任莫斯科省地方自治局委员和自治局主席。1904—1905年地方自治人士代表大会的参加者。立宪民主党创建人之一,该党中央委员。第二届国家杜马主席,第三届国家杜马代表。曾在一家大型铁路租让企业入股。第一次世界大战期间积极参加全俄地方自治机关和城市联合会军需供应总委员会的活动。1917 年 3 月任临时政府驻宫廷事务部委员。十月革命后在苏维埃机关工作。——363—364。

哥尔恩,弗·——见格罗曼,弗拉基米尔·古斯塔沃维奇。

哥列梅金,伊万·洛金诺维奇（Горемыкин, Иван Логгинович 1839 — 1917）——俄国国务活动家,君主派分子。1895—1899 年任内务大臣,推行削弱和取消 1861 年改革的反动政策（所谓"反改革"政策）,残酷镇压工人运动。1899 年起为国务会议成员。1906 年 4 月被任命为大臣会议主席（同年 7 月由斯托雷平接替）,维护专制制度,解散第一届国家杜马。1914 年 1 月—1916 年 1 月再次出任大臣会议主席,执行以格·叶·拉斯普廷为首的宫廷奸党的意志。敌视第四届国家杜马和进步同盟。——38。

格尔梅尔先,格里戈里·彼得罗维奇（Гельмерсен, Григорий Петрович 1803—1885）——俄国地质学家,彼得堡科学院院士。1865—1872 年任彼得堡矿业学院院长。1882 年起任地质委员会主席。写有乌拉尔、阿尔泰和中亚细亚地质方面的著作。1841 年编制了欧俄地质图。——217、218。

格尔舒尼,格里戈里·安德列耶维奇（Гершуни, Григорий Андреевич 1870—1908）——俄国社会革命党的创建人和领袖之一,该党战斗组织的组织者和领导人,该党中央委员。1902—1903 年组织了一系列恐怖活动,曾被捕并被判处死刑,后改为无期徒刑。1905 年流放西伯利亚,1906 年逃往国外。1907 年参加了社会革命党塔墨尔福斯代表大会,在会上主张同立宪民主党人结盟。——153、154、414。

格拉布斯基,弗拉基斯拉夫（Grabski, Wladyslaw 1874—1938）——波兰国务活动家,波兰民族民主党领袖之一,地主。第一届、第二届和第三届国家杜马华沙省代表。1918 年任波兰农业部长,后任财政部长。1920 年和 1923—1925 年任波兰总理。1926 年皮尔苏茨基发动法西斯政变后,脱离政治活动。——371。

格拉西莫夫,马尔克·涅斯捷罗维奇（Герасимов, Марк Нестерович 生于 1873 年）——俄国农民,第一届国家杜马喀山省代表,立宪民主党党员。——233。

格鲁金斯基,П.Ф.（Грудинский, П.Ф. 生于 1878 年）——俄国农民,第二届国家杜马明斯克省代表,属于右派。在杜马中参加质询委员会和地方法院改革法案审查委员会。——371。

格罗曼，弗拉基米尔·古斯塔沃维奇（哥尔恩，弗·）（Громан，Владимир Гус-
тавович（Горн，В.）1874—1940）——俄国社会民主党人，孟什维克。是提
交俄国社会民主工党第四次（统一）代表大会的土地纲领草案起草人之一；
曾参加孟什维克的《我们的事业》杂志的编辑工作。斯托雷平反动时期是
取消派分子。1917年二月革命起在彼得格勒工兵代表苏维埃工作，任粮
食委员会主席。1918年任北方粮食管理局主席，1919年任国防委员会全
俄疏散委员会委员，1920年任帝国主义战争和国内战争对俄国国民经济
造成的损失考察委员会主席；后从事经济计划方面的工作，曾任国家计划
委员会主席团委员和中央统计局局务委员。1931年因进行反革命活动被
判刑。——49、50、51、52、53、54、56、58、59、111、127、236、248、249、251。

葛伊甸，彼得·亚历山德罗维奇（Гейден，Петр Александрович 1840—1907）——
俄国伯爵，大地主，地方自治运动活动家，十月党人。1895年起是普斯科
夫省的县贵族代表、自由经济学会主席。1904—1905年积极参加地方自
治运动。打着自由主义的幌子，力图使资产阶级和地主联合起来对付日益
增长的革命运动。沙皇1905年10月17日宣言颁布后，公开转向反革命
营垒，是十月党的组织者之一。在第一届国家杜马中领导右派代表集团。
杜马解散后是和平革新党的组织者之一。——34—42、210、343。

古尔柯，弗拉基米尔·约瑟福维奇（Гурко，Владимир Иосифович 1863—
1927）——俄国国务活动家。1902年起任内务部地方局局长，1906年起任
副内务大臣。在第一届国家杜马中反对土地法案，维护农奴主-地主的利
益。在哥列梅金政府中起过重要作用。后因同盗用公款一事有牵连，根据
参议院判决被解职。1912年当选为国务会议成员。敌视十月革命，反对
苏维埃政权，后流亡国外。——227、233、338。

古列维奇，埃马努伊尔·李沃维奇（斯米尔诺夫，叶·）（Гуревич，Эммануил
Львович（Смирнов，Е.）生于1865年）——俄国政论家，1890年以前是民意
党人，后来成为社会民主党人；俄国社会民主工党第二次代表大会后是孟
什维克。斯托雷平反动时期和新的革命高涨年代是取消派分子，为左派立
宪民主党人的《同志报》撰稿；是孟什维克取消派《我们的曙光》杂志的创
办人之一和撰稿人。第一次世界大战期间是社会沙文主义者。——34、

110—111。

古契柯夫,亚历山大·伊万诺维奇(Гучков, Александр Иванович 1862—1936)——俄国大资本家,十月党的组织者和领袖。1905—1907年革命期间支持政府镇压工农。1907年5月作为工商界代表被选入国务会议,同年11月被选入第三届国家杜马;1910年3月—1911年3月任杜马主席。第一次世界大战期间是中央军事工业委员会主席和国防特别会议成员。1917年3—5月任临时政府陆海军部长。同年8月参与策划科尔尼洛夫叛乱。十月革命后反对苏维埃政权,1918年起为白俄流亡分子。——439、440、442。

H

哈尔登,马克西米利安(维特科夫斯基)(Harden, Maximillian(Witkowski) 1861—1927)——德国政论家和作家,以揭露普鲁士反动阶层的锋利的政论文而闻名。1892年创办《未来》周报并主编该报至1922年。1907年曾出庭揭露德皇威廉二世宫廷奸党的道德堕落和腐败。第一次世界大战初期维护兼并主义观点,后转向和平主义者营垒。——130。

哈萨诺夫,K. Г.(Хасанов, К. Г. 生于1879年)——俄国第二届国家杜马乌法省代表,属人民穆斯林集团;职业是教师。在杜马中参加粮食委员会,劳动派分子。——375。

赫尔岑施坦,米哈伊尔·雅柯夫列维奇(Герценштейн, Михаил Яковлевич 1859—1906)——俄国经济学家,莫斯科农学院教授,第一届国家杜马代表,立宪民主党领袖之一,该党土地问题理论家。第一届国家杜马解散后,在芬兰被黑帮分子杀害。——359。

赫鲁斯塔廖夫-诺萨尔,格奥尔吉·斯捷潘诺维奇(佩列亚斯拉夫斯基,尤里)(Хрусталев-Носарь, Георгий Степанович(Переяславский, Юрий) 1877—1918)——俄国政治活动家,律师助理。1906年加入俄国社会民主工党,孟什维克。1905年10月作为无党派人士当选为孟什维克控制的彼得堡工人代表苏维埃主席。1906年因彼得堡苏维埃案受审,流放西伯利亚,1907年逃往国外。俄国社会民主工党第五次(伦敦)代表大会代表。支持关于召开所谓"非党工人代表大会"和建立"广泛的无党派的工人党"的思

想。斯托雷平反动时期和新的革命高涨年代是取消派分子,为孟什维克的
《社会民主党人呼声报》撰稿。1909年退党。第一次世界大战期间回国。
十月革命后在乌克兰积极从事反革命活动,支持帕·彼·斯科罗帕茨基和
西·瓦·佩特留拉。1918年被枪决。——35、148。

赫沃罗斯图欣,伊万·普罗科菲耶维奇(Хворостухин, Иван Прокофьевич 生
于1879年)——俄国农民,第二届国家杜马萨拉托夫省代表,社会革命党
人。1905—1906年当过村长,屡遭沙皇当局迫害。——369。

亨利七世(都铎)(Henry VII(Tudor)1457—1509)——英国国王,1485年即
位,都铎王朝的始祖。曾采取一系列措施来限制封建贵族的势力,鼓励发
展工商业。亨利七世在位期间,大大加剧了大土地占有者圈占农民土地和
把大批农民从土地上赶走的过程。——239。

霍米亚科夫,尼古拉·阿列克谢耶维奇(Хомяков, Николай Алексеевич 1850—
1925)——俄国大地主,十月党人。1886—1896年是斯摩棱斯克省贵族代
表。1896—1902年任农业和国家产业部农业司司长。1906年被选为国
务会议成员。第二届、第三届和第四届国家杜马代表;1910年3月前任第
三届国家杜马主席。与银行资本有联系,在东部铁路实行租让时入了股。
——146、162、165。

J

基尔诺索夫,Н.С.(Кирносов, Н.С. 生于1847年)——俄国农民,第二届国家
杜马萨拉托夫省代表。在杜马中追随社会革命党人。——364。

基谢廖夫,А.Е.(Киселев, А.Е. 生于1868年)——俄国第二届国家杜马坦波
夫省代表,农民出身,劳动派分子。当过乡村教师,后在萨拉托夫和科兹洛
夫任梁赞—乌拉尔铁路局办事员。1905年10—12月罢工期间,几乎为各
次铁路员工代表大会的代表。在杜马中参加土地委员会和国民教育委员
会。曾为《大众杂志》、《萨拉托夫日志》等刊物撰稿。——360—362、363。

基泽韦捷尔,亚历山大·亚历山德罗维奇(Кизеветтер, Александр Алексан-
дрович 1866—1933)——俄国历史学家和政论家,立宪民主党活动家。
1904年参加解放社,1906年当选为立宪民主党中央委员。1909—1911年
任莫斯科大学教授。曾参加立宪民主党人为进入第一届和第二届国家杜

马而进行的竞选斗争,是第二届国家杜马代表。曾为《俄罗斯新闻》撰稿,参加《俄国思想》杂志编委会,为该杂志编辑之一。在历史和政论著作中否定 1905—1907 年革命。十月革命后反对苏维埃政权,1922 年被驱逐出境,后任布拉格大学俄国史教授。在国外参加白俄流亡分子的报刊工作。——21。

吉尔纽斯,约瑟夫·米哈伊洛维奇(Гирнюс, Иосиф Михайлович 生于 1876 年)——俄国农民,第一届国家杜马苏瓦乌基省代表,属于自治派(波兰政党联盟)。——372。

季明,Д.Л.(Зимин, Д.Л. 生于 1867 年)——俄国社会革命党人,农民出身。曾在喀山省任国民学校教师,后为辛比斯克初等学校校长。第二届国家杜马辛比尔斯克省代表,参加杜马的预算委员会,代表社会革命党党团就土地问题发了言。1917 年在社会革命党第八次代表会议上当选为中央委员。1919 年是白卫志愿军的委员会委员和办公厅主任。——345。

加甫里尔契克,亚历山大·阿列克谢耶维奇(Гаврильчик, Александр Алексеевич 生于 1880 年)——俄国农民,第二届国家杜马明斯克省代表,属于右派。在杜马中参加国民教育法案审查委员会。——371。

杰拉罗夫,德米特里·伊万诺维奇(Деларов, Дмитрий Иванович 生于 1864 年)——俄国第二届国家杜马维亚特卡省代表,人民社会党党员,农学家。维亚特卡省互贷协会的组织者。在杜马中参加财政委员会和土地委员会。十月革命后在沃洛格达牛奶业研究所工作。——198、355。

捷尔-阿韦季克扬茨,斯捷潘·克里斯托福罗维奇(Тер-Аветикянц, Степан Христофорович 1867—1938)——亚美尼亚资产阶级民族主义政党"达什纳克楚纯"的成员,政论家;职业是教师。第二届国家杜马伊丽莎白波尔省代表。外高加索建立苏维埃政权后脱离"达什纳克楚纯"党,在阿塞拜疆甘贾(基洛瓦巴德)区当教师。——374—375。

捷捷列文科夫,弗拉基米尔·尼古拉耶维奇(Тетеревенков, Владимир Николаевич 生于 1877 年)——俄国地主,十月党人,梅晓夫斯克县地方自治局主席,第二届和第三届国家杜马卡卢加省代表。在杜马中采取极右立场。——215。

捷尼松,扬·亚诺维奇(**特尼松**)(Тенисон, Ян Янович(Тынисон)生于 1868

年)——爱沙尼亚社会活动家和国务活动家。曾领导爱沙尼亚资产阶级教权派,于1905年年底创建维护爱沙尼亚资产阶级利益的进步党。第一届国家杜马里夫兰省代表,参加立宪民主党党团,就土地问题和其他问题发了言。1919—1920年和1928年任爱沙尼亚总理,1930—1932年任外交部长,后任塔尔图大学教授。——373。

K

卡巴科夫,Г.И.("普加乔夫")(Кабаков,Г.И.("Пугачев")生于1857年)——俄国农民,社会革命党人,第二届国家杜马彼尔姆省代表。起初是乌拉尔铁矿矿工,1902年因参加工潮受到法院审讯。1905年在乌拉尔阿拉帕耶夫斯克乡组织农民协会,会员达3万人,沙皇政府官员把这个乡称为"阿拉帕耶夫斯克共和国",而把卡巴科夫(还以"普加乔夫"之称而闻名)称为该共和国的总统。在国家杜马中参加劳动派党团。——368、369。

卡拉塔耶夫,比基特然·比萨利耶维奇(Каратаев,Бикитжан Бисалиевич 1860—1934)——俄国第二届国家杜马乌拉尔州代表,立宪民主党人;职业是法院侦查员。在杜马中参加穆斯林党团。1914年脱离立宪民主党。1917年加入俄国社会民主工党(布)。1918年任乌拉尔工人、农民和红军代表苏维埃执行委员会委员。1919年被任命为管理吉尔吉斯边疆区的军事革命委员会委员。——375。

卡拉瓦耶夫,亚历山大·李沃维奇(Караваев,Александр Львович 1855—1908)——俄国地方自治局医生,民粹主义者,俄国农民协会的著名活动家。第二届国家杜马叶卡捷琳诺斯拉夫市代表,在杜马中领导劳动派党团,任土地委员会委员;曾就土地和粮食问题发过言。著有一些关于农民问题的小册子:《国家杜马中的党和农民》、《政府关于土地的诺言和农民代表的要求》、《新土地法》。第三届国家杜马选举前夕,在叶卡捷琳诺斯拉夫被黑帮分子杀害。——194、354、356、359、380。

卡拉乌洛夫,米哈伊尔·亚历山德罗维奇(Караулов,Михаил Александрович 1878—1917)——沙俄哥萨克军队上尉,第二届和第四届国家杜马捷列克州代表,君主派分子。曾编辑《哥萨克一周》杂志。在杜马中为土地地方公有化进行辩护。1917年为国家杜马临时委员会委员。十月革命后是捷列

克的反革命头目之一。捷列克哥萨克部队的第一任阿塔曼(统领),竭力反
对苏维埃政权。——301、338、378。

卡梅尚斯基,П.К.(Камышанский,П.К.)——俄国彼得堡高等法院检察官,
第二届国家杜马社会民主党党团案的起诉人。1910年任维亚特卡省省
长。——22。

卡尼茨,汉斯·威廉(Kanitz,Hans Wilhelm 1841—1913)——德国政治活动
家,伯爵,容克利益的代言人。1869年起为国会议员,是德国保守党的领
导人之一。1894—1895年曾向国会提出一项议案(著名的"卡尼茨提
案"),要求政府负责采购须从国外输入的全部谷物,然后按平均价格出售。
——338。

卡普斯京,米哈伊尔·雅柯夫列维奇(Капустин,Михаил Яковлевич 1847—
1920)——俄国十月党人;职业是医生。19世纪70年代在科斯特罗马省
地方自治局当医生,后在陆军医院、军医学院、华沙大学工作。1887年起
任喀山大学教授。第二届国家杜马喀山市代表,在杜马中就预算案、地方
司法制度、土地问题及其他问题发了言。后为第三届国家杜马喀山省代表
并被选为杜马副主席。——335、345、440、441。

考茨基,卡尔(Kautsky,Karl 1854—1938)——德国社会民主党和第二国际
的领袖和主要理论家之一。1875年加入奥地利社会民主党,1877年加入
德国社会民主党。1881年与马克思和恩格斯相识后,在他们的影响下逐
渐转向马克思主义。从19世纪80年代到20世纪初写过一些宣传和解释
马克思主义的著作:《卡尔·马克思的经济学说》(1887)、《土地问题》
(1899)等。但在这个时期已表现出向机会主义方面摇摆,在批判伯恩施坦
时作了很多让步。1883—1917年任德国社会民主党理论刊物《新时代》杂
志主编。曾参与起草1891年德国社会民主党纲领(爱尔福特纲领)。1910
年以后逐渐转到机会主义立场,成为中派领袖。第一次世界大战前夕提出
超帝国主义论,大战期间打着中派旗号支持帝国主义战争。1917年参与
建立德国独立社会民主党,1922年拥护该党右翼与德国社会民主党合并。
1918年后发表《无产阶级专政》等书,攻击俄国十月革命,反对无产阶级专
政。——68、69、71、80、82、101、119、164、177、178、179、180、181、241、263、
271、280、310、317、318、319、330、355、394、411。

考夫曼，理查(Kaufmann, Richard 1850—1908)——德国经济学家，教授。曾
　　在亚琛、柏林、夏洛滕堡讲授政治经济学，一度在财政部供职。写有许多经
　　济和财政方面的著作。——307。

考夫曼，亚历山大·阿尔卡季耶维奇(Кауфман, Александр Аркадьевич 1864—
　　1919)——俄国经济学家和统计学家，立宪民主党的组织者和领袖之一。
　　1887—1906年在农业和国家产业部供职。曾参与制定立宪民主党的土地
　　改革法案，积极为《俄罗斯新闻》撰稿。列宁在使用考夫曼的某些统计著作
　　的同时，对他宣扬农民和地主之间的阶级和平给予了尖锐批评。十月革命
　　后在中央统计机关工作。著有《西伯利亚的农民村社》(1897)、《移民与垦
　　殖》(1905)等书。——187、196、215、216、218、303、310、320、390。

科甘——见科甘-格里涅维奇，米哈伊尔·格里戈里耶维奇。

科甘-格里涅维奇，米哈伊尔·格里戈里耶维奇(科甘)(Коган-Гриневич,
　　Михаил Григорьевич(Коган)生于1874年)——俄国社会民主党人，工会
　　运动活动家。参加过国外俄国社会民主党人联合会的活动，1900—1902
　　年是《工人思想报》撰稿人。俄国社会民主工党第二次代表大会后成为孟
　　什维克。1906—1907年为左派立宪民主党人的机关报《同志报》撰稿。十
　　月革命后在工运部门工作。——127。

科科夫佐夫，弗拉基米尔·尼古拉耶维奇(Коковцов, Владимир Николаевич
　　1853—1943)——俄国国务活动家，伯爵。1904—1914年(略有间断)任财
　　政大臣，1911—1914年兼任大臣会议主席。第一次世界大战期间是大银
　　行家。十月革命后为白俄流亡分子。——430。

科科什金，费多尔·费多罗维奇(Кокошкин, Федор Федорович 1871—1918)——
　　俄国法学家和政论家，立宪民主党创建人和领袖之一，该党中央委员。第
　　一届国家杜马莫斯科省代表。1907年起是《俄罗斯新闻》、《法学》杂志和
　　《俄国思想》杂志等自由派报刊撰稿人。1917年二月革命后在临时政府中
　　任部长。十月革命后反对苏维埃政权。——210、343、430。

科斯特罗夫——见饶尔丹尼亚，诺伊·尼古拉耶维奇。

科特利亚列夫斯基，谢尔盖·安德列耶维奇(Котляревский, Сергей Андрее-
　　вич 1873—1940)——俄国教授，政论家，立宪民主党创建人之一，该党中
　　央委员。第一届国家杜马萨拉托夫省代表。1917年二月革命后在临时政

府宗教事务部门担任领导职务。十月革命后参加过多种反革命组织。1920 年因"战术中心"案受审,被判处五年缓期监禁。后在莫斯科大学工作,是苏联法学研究所成员。——210。

科瓦连科,伊万·米哈伊洛维奇(Коваленко, Иван Михайлович 1847 — 1914)——俄国第三届国家杜马科夫诺省代表,科夫诺监察局局长,黑帮分子。在杜马中参加预算委员会和人身安全保障委员会。——432。

可汗霍伊斯基·法塔里汗(Хан-Хойский Фатали-хан 1876 — 1920)——俄国地主,第二届国家杜马伊丽莎白波尔省的穆斯林代表,立宪民主党党员。曾任叶卡捷琳诺达尔专区法院副检察官。1917 年 11 月 — 1918 年 5 月是外高加索委员会和外高加索议会这两个反革命政权机构的成员,1918 — 1920 年先后任阿塞拜疆反革命的木沙瓦特党政府部长会议主席和外交部长。1920 年 4 月在阿塞拜疆建立苏维埃政权后逃往孟什维克控制的格鲁吉亚。——373。

克·——见克拉松,罗伯特·爱德华多维奇。

克·德·(К.Д.)——1908 年是俄国《言语报》驻柏林记者。——448。

克拉松,罗伯特·爱德华多维奇(克·)(Классон, Роберт Эдуардович(К.) 1868—1926)——俄国动力工程专家。19 世纪 90 年代为俄国合法马克思主义者,参加过彼得堡马克思主义小组。后脱离政治活动,投身动力学研究。根据他的设计并在他的领导下,在俄国建成了许多发电站,其中包括世界上第一座泥炭发电站。与 В.Д.基尔皮奇科夫一起发明了泥炭水力开采法;十月革命后,这一方法在列宁的积极支持下得到了实际应用。积极参与制定俄罗斯国家电气化计划,曾任莫斯科第一发电站站长。——90。

克雷茨贝格,Я.К.(Крейцберг, Я.К. 1864 — 1948)——俄国立宪民主党人,第一届国家杜马库尔兰省代表,律师。1901 年起任拉脱维亚资产阶级《言论报》和《祖国报》编辑;拉脱维亚一些协会的创建人和领导人。在杜马中参加土地委员会。1917 年被选入库尔兰地区苏维埃。1918 — 1920 年在基辅做拉脱维亚难民事务工作。1921 年起在里加当公证人。1944 年拉脱维亚从德国占领者统治下解放时,移居国外。——373。

克利盖,海尔曼(Kriege, Hermann 1820 — 1850)——德国新闻工作者,正义

者同盟盟员,小资产阶级的所谓"真正的社会主义"的代表人物。1845 年前往纽约,在那里领导德国"真正的社会主义者"集团。曾出版《人民代言者报》,在该报上鼓吹魏特林的基督教的"伦理宗教"共产主义。在土地问题上,反对土地私有制,宣传土地平均使用制。马克思和恩格斯在《反克利盖的通告》以及列宁在《马克思论美国的"土地平分"》等著作中对他的观点作了评述。——241、246。

克列孟梭,若尔日(Clemenceau,Georges 1841—1929)——法国国务活动家。第二帝国时期属左翼共和派。1871 年巴黎公社时期任巴黎第十八区区长,力求使公社战士与凡尔赛分子和解。1876 年起为众议员,80 年代初成为激进派领袖,1902 年起为参议员。1906 年 3—10 月任内务部长,1906 年 10 月—1909 年 7 月任总理。维护大资产阶级利益,镇压工人运动和民主运动。第一次世界大战期间是沙文主义者。1917—1920 年再度任总理,在国内建立军事专制制度,积极策划和鼓吹经济封锁和武装干涉苏维埃俄国。1919—1920 年主持巴黎和会,参与炮制凡尔赛和约。1920 年竞选总统失败后退出政界。——121。

克鲁平斯基,帕维尔·尼古拉耶维奇(Крупенский,Павел Николаевич 生于 1863 年)——俄国大地主,第二届、第三届和第四届国家杜马比萨拉比亚省代表,霍京的贵族代表。在第三届国家杜马中是民族主义者政党的创建人之一,在第四届国家杜马中是中派领袖之一。在杜马中参加土地委员会、预算委员会、陆海军事务委员会和管理委员会。1910—1917 年为宫廷高级侍从官。十月革命后曾协助俄国南部的外国武装干涉活动。——339、345。

克鲁舍万,帕维尔·亚历山德罗维奇(Крушеван,Павел Александрович 1860—1909)——俄国政论家,黑帮报纸《比萨拉比亚人报》的出版人和反犹太主义报纸《友人报》的编辑,1903 年基什尼奥夫反犹大暴行的策划者,黑帮组织"俄罗斯人民同盟"的领导人之一,第二届国家杜马基什尼奥夫市代表。——35。

库格曼,路德维希(Kugelmann,Ludwig 1828—1902)——德国社会民主主义者,医生,马克思和恩格斯的朋友。曾参加德国 1848—1849 年革命。1865 年起为第一国际会员,是国际洛桑代表大会(1867)和海牙代表大会(1872)

的代表。曾协助马克思出版和传播《资本论》。1862—1874 年间经常和马克思通信,反映德国情况。马克思给库格曼的信 1902 年第一次发表于德国《新时代》杂志,1907 年被译成俄文出版,并附有列宁的序言。——21。

库斯柯娃,叶卡捷琳娜・德米特里耶夫娜(叶・库・)(Кускова, Екатерина Дмитриевна(Е.К.)1869—1958)——俄国社会活动家和政论家,经济派代表人物。19 世纪 90 年代中期在国外接触马克思主义,与劳动解放社关系密切,但在伯恩施坦主义影响下,很快走上修正马克思主义的道路。1899 年所写的经济派的纲领性文件《信条》,受到以列宁为首的一批俄国马克思主义者的严厉批判。1905—1907 年革命前夕加入自由派的解放社。1906 年参与出版半立宪民主党、半孟什维克的《无题》周刊,为左派立宪民主党人的《同志报》撰稿。呼吁工人放弃革命斗争,力图使工人运动服从自由派资产阶级的政治领导。十月革命后反对苏维埃政权。1921 年进入全俄赈济饥民委员会,同委员会中其他反苏维埃成员利用该组织进行反革命活动。1922 年被驱逐出境。——34、110、139、148、181。

库特列尔,尼古拉・尼古拉耶维奇(Кутлер, Николай Николаевич 1859—1924)——俄国立宪民主党领袖之一。曾任财政部定额税务司司长,1905—1906 年任土地规划和农业管理总署署长。第二届和第三届国家杜马代表,立宪民主党土地纲领草案的起草人之一。1917 年二月革命后与银行界和工业界保持密切联系,代表俄国南部企业主的利益参加了工商业部下属的各个委员会。十月革命后在财政人民委员部和国家银行管理委员会工作。——182、211、212、247、339、340、342、344、346、347、356、367、374、380、381、383。

L

拉・——见拉德琴柯,斯捷潘・伊万诺维奇。

拉德琴柯,斯捷潘・伊万诺维奇(拉・)(Радченко, Степан Иванович(Р.) 1868—1911)——1890 年参加俄国社会民主主义运动,在彼得堡工人小组中担任宣传员。1893 年是列宁、格・马・克尔日扎诺夫斯基等人参加的工艺学院学生马克思主义小组的组织者之一。1895 年参与组织彼得堡工人阶级解放斗争协会,是协会的领导核心成员。1898 年参加俄国社会民主工党第一次代表大会,当选为中央委员,领导《俄国社会民主工党宣言》的起草和出版工作。1900年3月出席列宁组织的讨论在国外出版秘密报纸问题的普斯科夫会议。1901年被捕,1904年流放沃洛格达省。1905年10月大赦获释,后脱离政治活动。——90。

拉林,尤·(卢里叶,米哈伊尔·亚历山德罗维奇)(Ларин, Ю.(Лурье, Михаил Александрович)1882—1932)——1900年参加俄国社会民主主义运动,在敖德萨和辛菲罗波尔工作。1904年起为孟什维克。1905年是俄国社会民主工党彼得堡孟什维克委员会委员。1906年进入党的统一的彼得堡委员会;是党的第四次(统一)代表大会有表决权的代表。维护孟什维克的土地地方公有化纲领,支持召开"工人代表大会"的取消主义思想。党的第五次(伦敦)代表大会波尔塔瓦组织的代表。斯托雷平反动时期和新的革命高涨年代是取消派领袖之一,参加了"八月联盟"。第一次世界大战期间是中派分子。1917年二月革命后领导出版《国际》杂志的孟什维克国际主义派。1917年8月加入布尔什维克党。在彼得格勒参加十月武装起义。十月革命后主张成立有孟什维克和社会革命党人参加的联合政府。在苏维埃和经济部门工作,曾任最高国民经济委员会主席团委员、国家计划委员会主席团委员等职。1920—1921年工会问题争论期间先后支持布哈林和托洛茨基的纲领。——322、323、324、328、329。

拉萨尔,斐迪南(Lassalle, Ferdinand 1825—1864)——德国工人运动活动家,小资产阶级社会主义者,德国工人运动中的机会主义——拉萨尔主义的代表人物。积极参加德国1848年革命。曾与马克思和恩格斯有过通信联系。1863年5月参与创建全德工人联合会,并当选为联合会主席。在联合会中推行拉萨尔主义,把德国工人运动引上了机会主义道路。宣传超阶级的国家观点,主张通过争取普选权和建立由国家资助的工人生产合作社来解放工人。曾同俾斯麦勾结并支持在普鲁士领导下"自上而下"统一德国的政策。在哲学上是唯心主义者和折中主义者。——336。

劳合—乔治,戴维(Lloyd George, David 1863—1945)——英国国务活动家和外交家,自由党领袖。1890年起为议员。1905—1908年任商业大臣,1908—1915年任财政大臣。对英国政府策划第一次世界大战的政策有很大影响。曾提倡实行社会保险等措施,企图利用谎言和许诺来阻止工人阶级建立革命政党。1916—1922 年任首相,残酷镇压殖民地和附属国的民族解放运动;是武装干涉和封锁苏维埃俄国的鼓吹者和策划者之一。曾参加 1919 年巴黎和会,是凡尔赛和约的炮制者之一。——420。

累德堡,格奥尔格(Ledebour,Georg 1850—1947)——德国工人运动活动家,德国独立社会民主党创建人和领袖之一。1900—1918 年和 1920—1924 年是国会议员。斯图加特国际社会党代表大会的参加者,在会上反对殖民主义。第一次世界大战期间是中派分子,主张恢复国际的联系;曾出席齐美尔瓦尔德代表会议,参加齐美尔瓦尔德右派。德国社会民主党分裂后,1916 年加入帝国国会的社会民主党工作小组,该小组于 1917 年构成德国独立社会民主党的基本核心。曾参加 1918 年十一月革命。1920—1924 年在国会中领导了一个人数不多的独立集团。1931 年加入社会主义工人党。希特勒上台后流亡瑞士。——79。

李伯尔(**戈尔德曼**),米哈伊尔·伊萨科维奇(Либер(Гольдман),Михаил Исаакович 1880—1937)——崩得和孟什维克领袖之一。1898 年起为社会民主党人,1902 年起为崩得中央委员。1903 年率领崩得代表团出席俄国社会民主工党第二次代表大会,在会上采取极右的反火星派立场,会后成为孟什维克。1907 年在党的第五次(伦敦)代表大会上代表崩得被选入中央委员会,是崩得驻中央委员会国外局的代表。斯托雷平反动时期是取消派分子,1912 年是"八月联盟"的骨干分子,第一次世界大战期间是社会沙文主义者。1917 年二月革命后任彼得格勒工兵代表苏维埃执行委员会委员和第一届中央执行委员会主席团委员,采取孟什维克立场,支持资产阶级联合内阁,敌视十月革命。后脱离政治活动,从事经济工作。——164、165。

李卜克内西,威廉(Liebknecht,Wilhelm 1826—1900)——德国工人运动和国际工人运动活动家,德国社会民主党的创建人和领袖之一,马克思和恩格斯的朋友和战友。积极参加德国 1848 年革命,革命失败后流亡国外,在国外结识马克思和恩格斯,接受了科学共产主义思想。1850 年加入共产主义者同盟。1862 年回国。第一国际成立后,成为国际的革命思想的热心宣传者和国际的德国支部的组织者之一。1868 年起任《民主周报》编辑。1869 年与倍倍尔共同创建了德国社会民主工党(爱森纳赫派),任党的中央机关报《人民国家报》编辑。1875年积极促成爱森纳赫派和拉萨尔派的合并。在反社会党人非常法施行期间与倍倍尔一起领导党的地下工作和斗争。1890年起任党的中央机关报《前进报》主编,直至逝世。1867—1870年为北德意志联邦国会议员,1874年起多次被选为德意志帝国国会议员,利用议会讲坛揭露普鲁士容克反动的内外政策。因革命活动屡遭监禁。是第二国际的组织者之一。——179、456。

李嘉图,大卫(Ricardo,David 1772—1823)——英国经济学家,资产阶级古典政治经济学最著名的代表人物。早年从事证券交易所活动,后致力于学术研究。1819年被选为下院议员。在资产阶级反对封建残余的斗争中维护资产阶级的利益,坚持自由竞争原则,要求消除妨碍资本主义生产发展的一切限制。在经济理论上发展了亚当·斯密的价值论,对商品价值决定于生产商品所耗费的劳动时间的原理作了比较透彻的阐述与发展,奠定了劳动价值学说的基础,并在这一基础上着重论证了资本主义的分配问题,发现了工人、资本家、土地所有者之间经济利益上的对立,从而初步揭示了阶级矛盾和阶级斗争的经济根源。但是由于资产阶级立场、观点、方法的限制,把资本主义生产方式看做是永恒的唯一合理的生产方式,在理论上留下了不少破绽和错误,为后来的庸俗政治经济学所利用。主要著作有《政治经济学和赋税原理》(1817)、《论对农业的保护》(1822)等。——238—240。

李沃夫,尼古拉·尼古拉耶维奇(Львов,Николай Николаевич 1867—1944)——俄国大地主,地方自治运动活动家。1893—1900年是萨拉托夫省的贵族代表,1899年起任该省地方自治局主席。1904—1905年地方自治人士代表大会的参加者,解放社的创建人之一。1906年为立宪民主党中央委员,但因在土地问题上与立宪民主党人有意见分歧而退党,后为和平革新党的组织者之一。第一届、第三届和第四届国家杜马代表。在第三届和第四届杜马中是进步派领袖之一,1913年任杜马副主席。1917年为地主同盟的领导成员。国内战争时期在白卫军中当新闻记者,后为白俄流亡分子。——336。

连年坎普夫,帕维尔·卡尔洛维奇(Ренненкампф,Павел Карлович 1854—1918)——沙俄将军,扼杀革命运动的刽子手之一。1900—1901年在镇压中国义和团起义时凶狠残暴。1906 年与美列尔-扎科梅尔斯基一起指挥讨伐队,镇压西伯利亚的革命运动。第一次世界大战初期曾指挥进攻东普鲁士的俄军第 1 集团军,行动迟缓,优柔寡断,导致俄军在东普鲁士的失败;1915 年被撤职。1918 年因从事反革命活动被枪决。——41。

列昂纳斯,彼得·西尔韦斯特罗维奇(Леонас, Петр Сильвестрович 1864—1938)——立陶宛社会活动家和国务活动家,法学家。1889 年起在苏瓦乌基专区法院工作,后在塔什干等地当侦查员。1907 年被选为第二届国家杜马苏瓦乌基省代表,加入立宪民主党党团。1918—1919 年多次参加资产阶级立陶宛政府。1922 年起任考纳斯大学教授、立陶宛律师公会主席。1933—1938 年是自由民主派《文化》杂志的主编。——373。

列缅奇克,丹尼尔·雅柯夫列维奇(Ременчик, Даниил Яковлевич 生于 1863 年)——俄国农民,乡长,第二届国家杜马明斯克省代表,在杜马中属于右派。——345。

列宁,弗拉基米尔·伊里奇(**乌里扬诺夫,弗拉基米尔·伊里奇;土林,克·**)(Ленин, Владимир Ильич(**Ульянов, Владимир Ильич, Тулин, К.**)1870—1924)——73、89、90、91、92、93、96、98—99、100、101、102、105、122、123、124、127、152、157、158、160、163、178、179、180、181、183、195、196、198、206、207、208、216、219、225、228、231、236、254、258、264、269、282、290、293、294、295、296、298、299、302、308—309、312、313、317、319、396、397。

留特利,奥斯卡尔·伊万诺维奇(Рютли, Оскар Иванович 生于 1871 年)——俄国立宪民主党人,律师,第一届国家杜马里夫兰省代表,在杜马中属于自治派同盟的爱沙尼亚集团。——373。

卢那察尔斯基,阿纳托利·瓦西里耶维奇(沃伊诺夫)(Луначарский, Анатолий Васильевич(**Воинов**)1875—1933)——19 世纪 90 年代初参加俄国社会民主主义运动。俄国社会民主工党第二次代表大会后是布尔什维克。曾先后参加布尔什维克的《前进报》、《无产者报》和《新生活报》编辑部。代表《前进报》编辑部出席了党的第三次代表大会,受列宁委托,在会上作了关于武装起义问题的报告。党的第四次(统一)代表大会和第五次(伦敦)代表大会的参加者,布尔什维克出席第二国际斯图加特代表大会(1907)和哥本哈根代表大会(1910)的代表。斯托雷平反动时期脱离布尔什维克,参加

"前进"集团;在哲学上宣扬造神说和马赫主义。第一次世界大战期间持国际主义立场。1917年二月革命后参加区联派,在俄国社会民主工党(布)第六次代表大会上随区联派集体加入布尔什维克党。十月革命后到1929年任教育人民委员,以后任苏联中央执行委员会学术委员会主席。1930年起为苏联科学院院士。在艺术和文学方面著述很多。——77、82、176、178、179、180、182、183、415、417。

卢热诺夫斯基,加甫里尔·尼古拉耶维奇(Луженовский, Гавриил Николаевич 1870—1906)——沙俄省参事官,坦波夫省黑帮君主派组织"俄罗斯人联合会"的骨干分子。1905—1906年是黑帮分子残酷镇压坦波夫省农民运动的首领之一。被社会革命党人玛·亚·斯皮里多诺娃杀死。——41。

卢森堡,罗莎(Luxemburg, Rosa 1871—1919)——德国、波兰和国际工人运动活动家,德国社会民主党和第二国际左翼领袖和理论家之一,德国共产党创建人之一。生于波兰。19世纪80年代后半期开始革命活动,1893年参与创建和领导波兰王国社会民主党,为党的领袖之一。1898年移居德国,积极参加德国社会民主党的活动,反对伯恩施坦主义和米勒兰主义。曾参加俄国第一次革命(在华沙)。1907年参加俄国社会民主工党第五次(伦敦)代表大会,在会上支持布尔什维克。斯托雷平反动时期和新的革命高涨年代对取消派采取调和主义态度,1912年波兰王国和立陶宛社会民主党分裂后,曾谴责最接近布尔什维克的所谓分裂派。第一次世界大战期间持国际主义立场,是建立国际派(后改称斯巴达克派和斯巴达克联盟)的发起人之一。参加领导了德国1918年十一月革命,同年底参与领导德国共产党成立大会,作了党纲报告。1919年1月柏林工人斗争被镇压后,于15日被捕,当天惨遭杀害。主要著作有《社会改良还是革命》(1899)、《俄国社会民主党的组织问题》(1904)、《资本积累》(1913)等。——73、84。

鲁巴金,尼古拉·亚历山德罗维奇(Рубакин, Николай Александрович 1862—1946)——俄国图书学家和作家。参加过秘密的学生组织,曾被捕。1907年起侨居瑞士,直到去世。写有许多图书简介和俄国图书事业史方面的著作以及地理和自然科学等方面的科普论文。介绍图书的主要著作是《书林概述》(1906)。列宁在国外见过鲁巴金,并使用过他的藏书。鲁巴金后来把自己珍贵的藏书(约8万册)遗赠给苏联。——201。

鲁巴诺维奇,伊里亚·阿道福维奇(Рубанович, Илья Адольфович 1860—1920)——俄国社会革命党领袖之一。早年积极参加民意党运动,19 世纪 80 年代侨居巴黎,1893 年在巴黎加入老民意党人小组。社会革命党成立后即为该党积极成员。曾参加《俄国革命通报》杂志的工作,该杂志从 1902 年起成为社会革命党正式机关刊物。是出席国际社会党阿姆斯特丹代表大会(1904)和斯图加特代表大会(1907)的社会革命党代表,社会党国际局成员。第一次世界大战期间是社会沙文主义者。十月革命后反对苏维埃政权。——120。

鲁勉采夫,彼得·彼得罗维奇(施米特)(Румянцев, Петр Петрович(Шмидт) 1870—1925)——1891 年参加俄国社会民主主义运动,在彼得堡和其他城市做党的工作。俄国社会民主工党第二次代表大会后是布尔什维克,为多数派委员会常务局成员。沃罗涅日委员会出席党的第三次代表大会的代表。1905 年 6 月被增补进党中央委员会。1905 年是布尔什维克第一份合法报纸《新生活报》撰稿人和编辑,1906—1907 年是《生活通报》杂志撰稿人和编辑。党的第四次(统一)代表大会有发言权的代表。在土地问题上维护列宁的土地国有化纲领。斯托雷平反动时期脱党,从事统计工作。死于国外。——294、299、300。

路易十八(Louis XVIII 1755—1824)——法国国王(1814—1824)。推行代表反动贵族和天主教教会利益的政策。——129。

罗季切夫,费多尔·伊兹迈洛维奇(Родичев, Федор Измаилович 1853—1932)——俄国地主,地方自治运动活动家,立宪民主党领袖之一,该党中央委员。1904—1905 年地方自治人士代表大会的参加者。第一届至第四届国家杜马代表。1917 年二月革命后任临时政府芬兰事务委员。十月革命后为白俄流亡分子。——14、24、182、345。

罗日杰斯特文斯基(Рождественский)——俄国人民社会党人,1905 年社会革命党第一次代表大会的参加者。——150。

罗斯福,西奥多(Roosevelt, Theodore 1858—1919)——美国国务活动家,共和党人。1895—1897 年任纽约警察局长,1897—1898 年任海军部长助理,1899—1900 年任纽约州州长。1901—1909 年任美国总统。是美国垄断集团最有权威的代表人物之一,实行军备竞赛和侵略拉丁美洲国家的扩张主义政策。1912年是美国民族进步党的创建人之一,该党曾提名他为总统候选人。1912年总统竞选时,提出了一个资产阶级改良主义的纲领。第一次世界大战期间曾要求美国尽快参战。——69。

洛贝尔图斯-亚格措夫,约翰·卡尔(Rodbertus-Jagetzow, Johann Karl 1805—1875)——德国经济学家,国家社会主义理论家,资产阶级化的普鲁士贵族利益的表达者,大地主。认为劳动和资本的矛盾可以通过普鲁士容克王朝实行的一系列改革得到解决。由于不了解剩余价值产生的根源和资本主义基本矛盾的实质,认为经济危机的原因在于人民群众的消费不足;地租是由于农业中不存在原料的耗费而形成的超额收入。主要著作有《关于我国国家经济状况的认识》(1842)、《给冯·基尔希曼的社会问题书简》(1850—1851、1884)等。——238、266、267。

洛日金,谢尔盖·瓦西里耶维奇(Ложкин, Сергей Васильевич 生于1868年)——俄国地方自治局医生,左派立宪民主党人,第一届国家杜马维亚特卡省代表。曾在劳动派提交第一届杜马审议的"33人土地法案"上签名。——233。

M

马·——可能是指尔·马尔托夫。——163。

马尔丁诺夫,亚历山大(**皮凯尔,亚历山大·萨莫伊洛维奇**)(Мартынов, Александр(Пиккер, Александр Самойлович)1865—1935)——俄国经济派领袖之一,孟什维克著名活动家,后为共产党员。19世纪80年代初参加民意党人小组,1886年被捕,流放东西伯利亚十年;流放期间成为社会民主党人。1900年侨居国外,参加经济派的《工人事业》杂志编辑部,反对列宁的《火星报》。在俄国社会民主工党第二次代表大会上是国外俄国社会民主党人联合会的代表,反火星派分子,会后成为孟什维克。1907年作为叶卡捷琳诺斯拉夫组织的代表参加了党的第五次(伦敦)代表大会的工作,在代表大会上当选为中央委员。斯托雷平反动时期和新的革命高涨年代是取消派分子,参加取消派的机关报《社会民主党人呼声报》编辑部。第一次世界大战期间持中派立场。1917年二月革命后为孟什维克国际主义者。十月革命后脱离孟什维克。1918—1922年在乌克兰当教员。1923

年加入俄共(布),在马克思恩格斯研究院工作。1924 年起任《共产国际》杂志编委。——99、101、295。

马尔托夫,尔·(策杰尔包姆,尤利·奥西波维奇;纳尔苏修斯·土波雷洛夫)(Мартов, Л.（Цедербаум, Юлий Осипович, Нарцис Тупорылов) 1873 — 1923)——俄国孟什维克领袖之一。1895 年参与组织彼得堡工人阶级解放斗争协会。1896 年被捕并流放图鲁汉斯克三年。1900 年参与创办《火星报》,为该报编辑部成员。在俄国社会民主工党第二次代表大会上是《火星报》组织的代表,领导机会主义少数派,反对列宁的建党原则;从那时起成为孟什维克中央机关的领导成员和孟什维克报刊的编辑。曾参加党的第五次(伦敦)代表大会的工作。斯托雷平反动时期和新的革命高涨年代是取消派分子,编辑《社会民主党人呼声报》,参与组织"八月联盟"。第一次世界大战期间是中派分子,参加齐美尔瓦尔德代表会议和昆塔尔代表会议。曾参加孟什维克组织委员会国外书记处,为书记处编辑机关刊物。1917 年二月革命后领导孟什维克国际主义派。十月革命后反对镇压反革命和解散立宪会议。1919 年当选为全俄中央执行委员会委员,1919 — 1920 年为莫斯科苏维埃代表。1920 年 9 月侨居德国。参与组织第二半国际,在柏林创办和编辑孟什维克杂志《社会主义通报》。——14、29、34、73、127、394。

马赫,恩斯特(Mach, Ernst 1838—1916)——奥地利物理学家和哲学家,主观唯心主义者,经验批判主义创始人之一。1864 年起先后在格拉茨和布拉格任大学数学和物理学教授,1895 — 1901 年任维也纳大学哲学教授。在认识论上复活贝克莱和休谟的观点,认为物体是"感觉的复合",感觉是"世界的真正要素"。主要哲学著作有《力学发展的历史评述》(1883)、《感觉的分析》(1886)、《认识和谬误》(1905)等。——405。

马克拉柯夫,瓦西里·阿列克谢耶维奇(Маклаков, Василий Алексеевич 1870 — 1957)——俄国立宪民主党领袖之一,地主。1895 年起为律师,曾为多起政治诉讼案出庭辩护。1906 年起为立宪民主党中央委员。第二届、第三届和第四届国家杜马代表。1917 年二月革命后任国家杜马临时委员会驻司法部委员;支持帕·尼·米留可夫,主张把帝国主义战争进行到"最后胜利"。同年 7 月起任临时政府驻法国大使。十月革命后为白俄流亡分子。

——50、145。

马克思,卡尔(Marx,Karl 1818—1883)——科学共产主义的创始人,世界无产阶级的领袖和导师。——6、20、21、23、81、115、146、164、180、238、240、241、246、247、255、257、261、262、264—271、272、273、274、278、279、280、281、282、283、284、285、305、384、393、394、418、435、436、450、451、452、453、454。

马克西莫夫——见波格丹诺夫,亚·。

马利舍夫斯基,Н.Г.(Малишевский,Н.Г.生于1874年)——俄国社会民主党人,孟什维克。1894—1895年是彼得堡一个社会民主主义小组的成员。1895年被捕,在狱中和流放地服刑。1906年为孟什维克《现代评论》杂志撰稿;提出在俄国争取共和制的斗争应退居次要地位的机会主义论点,受到列宁的严厉批判。1907年起脱离政治活动。——425。

马斯洛夫,彼得·巴甫洛维奇(伊克斯;约翰)(Маслов,Петр Павлович(Икс,Джон)1867—1946)——俄国经济学家,社会民主党人。写有一些土地问题著作,修正马克思主义政治经济学原理。曾为《生活》、《开端》和《科学评论》等杂志撰稿。俄国社会民主工党第二次代表大会后是孟什维克;曾提出孟什维克的土地地方公有化纲领。在俄国社会民主工党第四次(统一)代表大会上代表孟什维克作了关于土地问题的报告,被选入中央机关报编辑部。斯托雷平反动时期和新的革命高涨年代是取消派分子。第一次世界大战期间是社会沙文主义者。十月革命后脱离政治活动,从事教学和科研工作,研究社会主义政治经济学问题。1929年起为苏联科学院院士。——208、223、224、225、226、227、228、229、230、231、232、234、245、246、247、251、264、265—271、271—275、276、277、278、297、298、299、301、302、303、304、305、306、309、313、319、320、321、330、337、375、377、378、379、384、393、394。

麦迭姆(**格林贝格**),弗拉基米尔·达维多维奇(姆—德—姆)(Медем(Гринберг),Владимир Давидович(М—д—м)1879—1923)——崩得领袖之一。1899年参加俄国社会民主主义运动,1900年加入明斯克崩得组织。曾流放西伯利亚,1901年从流放地逃往国外。1903年起为崩得国外委员会委员,代表该委员会出席俄国社会民主工党第二次代表大会,会上是反火星

派分子。1906 年当选为崩得中央委员。曾参加俄国社会民主工党第五次
(伦敦)代表大会工作,支持孟什维克。十月革命后领导在波兰的崩得组
织。1921 年到美国,在犹太右翼社会党人的《前进报》上撰文诽谤苏维埃
俄国。——403。

毛奇,赫尔穆特(Moltke, Helmuth 1848—1916)——德国将军,伯爵。1906
年起任德国大本营总参谋长。在 1907 年诉讼案中作为被告受审,该案暴
露了德皇威廉二世宫廷奸党的道德堕落和腐败。曾积极参与策划和发动
第一次世界大战。1914 年因马恩河会战失败被解职。——130。

梅尔库洛夫,米哈伊尔·亚历山德罗维奇(Меркулов, Михаил Александрович
生于 1875 年)——俄国农民,第一届国家杜马库尔斯克省代表,初为无党
派人士,后为社会革命党人。社会革命党希格雷农民协会的骨干分子,
1908 年因该协会案受审,1909 年被判处十年苦役。——352、353。

梅尔特瓦戈,亚历山大·彼得罗维奇(Мертваго, Александр Петрович 生于
1856 年)——俄国农学家,曾在法国研究蔬菜栽培,在索邦听过自然科学
课程。1887—1893 年为《农业报》和《农业和林业》杂志撰稿。1894—1905
年是农业和经济刊物《业主》杂志的编辑,1905 年起为该杂志出版人。写
有《俄国非黑土地带的农业问题》、《俄国有多少土地和我们怎样使用这些
土地》等著作。——213、217。

梅季耶夫,列希德(Медиев, Решид 1880—1912)——俄国第二届国家杜马塔
夫利达省代表,农民出身。鞑靼文报纸《瓦塔克哈季希》的编辑兼出版人,
市政管理委员会委员。在杜马中属于穆斯林党团。——374。

梅利尼克,巴托洛缪·米尼格(Мельник, Варфоломей Миниг 生于 1867
年)——俄国农民,第二届国家杜马明斯克省代表,十月党人。在杜马中参
加质询委员会和国民教育委员会。——347。

梅林,弗兰茨(Mehring, Franz 1846—1919)——德国工人运动活动家,德国
社会民主党左翼领袖和理论家之一,历史学家和政论家,德国共产党创建
人之一。19 世纪 60 年代末起是资产阶级民主主义政论家,1877—1882 年
持资产阶级自由主义立场,后向左转化,逐渐接受马克思主义。曾任民主
主义报纸《人民报》主编。1891 年加入德国社会民主党,担任党的理论刊
物《新时代》杂志撰稿人和编辑,1902—1907 年任《莱比锡人民报》主编,反

对第二国际的机会主义和修正主义,批判考茨基主义。第一次世界大战爆发后坚决谴责帝国主义战争和社会沙文主义者的背叛政策;是国际派(后改称斯巴达克派和斯巴达克联盟)的组织者和领导人之一。1918 年参加建立德国共产党的准备工作。欢迎俄国十月革命,撰文驳斥对十月革命的攻击,维护苏维埃政权。在研究德国中世纪史、德国社会民主党史和马克思主义史方面作出重大贡献,在整理出版马克思、恩格斯和拉萨尔的遗著方面也做了大量工作。主要著作有《莱辛传奇》(1893)、《德国社会民主党史》(1897—1898)、《马克思传》(1918)等。——141、164。

美列尔-扎科梅尔斯基,亚历山大·尼古拉耶维奇(Меллер-Закомельский, Александр Николаевич 生于 1844 年)——沙俄将军,男爵。1863 年参与镇压波兰解放起义。1905 年血腥镇压塞瓦斯托波尔水兵起义。1906 年同帕·卡·连年坎普夫一道指挥讨伐队镇压西伯利亚铁路工人的革命运动。1906 年 10 月被任命为波罗的海沿岸地区总督,残酷镇压拉脱维亚和爱沙尼亚的工农革命运动。1909—1917 年为国务会议成员。十月革命后为白俄流亡分子。——41。

米海洛夫斯基,尼古拉·康斯坦丁诺维奇(Михайловский, Николай Констан-тинович 1842—1904)——俄国自由主义民粹派理论家,政论家,文艺批评家,实证论哲学家,社会学主观学派代表人物。1860 年开始写作活动。1868 年起为《祖国纪事》杂志撰稿,后任编辑。1879 年与民意党接近。1882 年以后写了一系列谈"英雄"与"群氓"问题的文章,建立了完整的"英雄"与"群氓"的理论体系。1884 年《祖国纪事》杂志被查封后,给《北方通报》、《俄国思想》、《俄罗斯新闻》等报刊撰稿。1892 年起任《俄国财富》杂志编辑,在该杂志上与俄国马克思主义者进行激烈论战。——86。

米拉波,奥诺雷·加布里埃尔(Mirabeau, Honoré-Gabriel 1749—1791)——18 世纪末法国资产阶级革命的活动家,大资产阶级和资产阶级化贵族利益的代表,伯爵。享有盛名的天才演说家。主张建立君主立宪制度。1790 年 4 月同宫廷秘密勾结,领取王室津贴。次年卒于巴黎。——141。

米留可夫,帕维尔·尼古拉耶维奇(Милюков, Павел Николаевич 1859—1943)——俄国立宪民主党领袖,俄国自由派资产阶级思想家,历史学家和政论家。1886 年起任莫斯科大学讲师。90 年代前半期开始政治活动,

1902 年起为资产阶级自由派的《解放》杂志撰稿。1905 年 10 月参与创建立宪民主党,后任该党中央委员会主席和中央机关报《言语报》编辑。第三届和第四届国家杜马代表。第一次世界大战期间为沙皇政府的掠夺政策辩护。1917 年二月革命后任第一届临时政府外交部长,推行把战争进行到"最后胜利"的帝国主义政策;同年 8 月积极参与策划科尔尼洛夫叛乱。十月革命后同白卫分子和武装干涉者合作。1920 年起为白俄流亡分子,在巴黎出版《最新消息报》。著有《俄国文化史概要》、《第二次俄国革命史》及《回忆录》等。——21、22、49、110、113、137、144、149、158、210、342、440、441、442。

莫罗兹,普罗霍尔·谢苗诺维奇(Мороз, Прохор Семенович 生于 1861 年)——俄国农民,第二届国家杜马波多利斯克省代表,初为无党派人士,后属于劳动派。——348、350。

姆—德—姆——见麦迭姆,弗拉基米尔·达维多维奇。

穆哈诺夫,阿列克谢·阿列克谢耶维奇(Муханов, Алексей Алексеевич 1860—1907)——俄国地主,1899 年起为切尔尼戈夫省的贵族代表,立宪民主党中央委员。第一届国家杜马切尔尼戈夫省代表,土地委员会主席。——343。

穆拉维约夫,米哈伊尔·尼古拉耶维奇(Муравьев, Михаил Николаевич 1796—1866)——俄国国务活动家,步兵上将(1863)。1830—1831 年曾参与镇压波兰起义。1850 年起为国务会议成员。1857—1861 年任国家产业大臣。反对废除农奴制。1863—1865 年任西北边疆区总督,因残酷镇压 1863 年波兰起义而得到"刽子手"的绰号。——440。

穆申科,伊万·瑙莫维奇(Мушенко, Иван Наумович 生于 1871 年)——俄国第二届国家杜马库尔斯克省代表,社会革命党杜马党团领袖之一;职业是工程师。在杜马中参加土地委员会,是社会革命党关于土地问题的正式报告人。——236、246、251、369—370。

N

拿破仑第一(**波拿巴**)(Napoléon I (Bonaparte) 1769—1821)——法国皇帝,资产阶级军事家和政治家。法国资产阶级革命时期参加革命军。1799 年发动雾月政变,自任第一执政,实行军事独裁统治。1804 年称帝,建立法兰西第一帝国,颁布《拿破仑法典》,巩固资本主义制度。多次粉碎反法同盟,沉重打击了欧洲封建反动势力。但对外战争逐渐变为同英俄争霸和掠夺、奴役别国的侵略战争。1814年欧洲反法联军攻陷巴黎后,被流放厄尔巴岛。1815年重返巴黎,再登皇位。滑铁卢之役战败后,被流放大西洋圣赫勒拿岛。——228、229、232。

拿破仑第三(**波拿巴,路易**)(Napoléon III(Bonaparte,Louis)1808—1873)——法国皇帝(1852—1870),拿破仑第一的侄子。法国1848年革命失败后被选为法兰西共和国总统。1851年12月2日发动政变,1852年12月称帝。在位期间,对外屡次发动侵略战争,包括同英国一起发动侵略中国的第二次鸦片战争。对内实行警察恐怖统治,强化官僚制度,同时以虚假的承诺、小恩小惠和微小的改革愚弄工人。1870年9月2日在普法战争色当战役中被俘,9月4日巴黎革命时被废黜。——159、161、165、435。

纳波柯夫,弗拉基米尔·德米特里耶维奇(Набоков,Владимир Дмитриевич 1869—1922)——俄国立宪民主党创建人和领袖之一,法学家和政论家。1901年起编辑自由派资产阶级的法学刊物《法学》和《法律学报》杂志。曾参加1904—1905年地方自治人士代表大会,并加入解放社。立宪民主党的《人民自由党通报》杂志和《言语报》编辑兼出版人。第一届国家杜马代表。1917年二月革命后任临时政府办公厅主任。十月革命后反对苏维埃政权,参加了白卫分子成立的所谓克里木边疆区政府,任司法部长。1920年起流亡柏林,参与出版右派立宪民主党人的《舵轮报》。——50。

纳科涅奇内,约瑟夫·马采耶维奇(Наконечный,Иосиф Мацеевич 生于1879年)——俄国农民,第一届、第三届和第四届国家杜马卢布林省代表,属民族民主党左翼。积极参加波兰民族解放运动,曾被捕并流放沃洛格达省三年,1905年获赦。1905年为华沙农民代表大会组织者之一。在杜马中参加土地委员会。——372。

纳扎连科,德米特里·伊拉里昂诺维奇(Назаренко,Дмитрий Илларионович 生于1861年)——俄国农民,第一届国家杜马哈尔科夫省代表,劳动派分子。1905年积极参加农民运动,后被捕。在杜马中参加管理委员会和其他委员会。因在维堡宣言上签名而被判罪并被剥夺选举权。——364。

尼·斯·——见斯瓦维茨基,尼古拉·安德列耶维奇。

尼古拉二世(**罗曼诺夫**)(Николай II (Романов)1868—1918)——俄国最后一个皇帝,亚历山大三世的儿子。1894 年即位,1917 年二月革命时被推翻。1918 年 7 月 17 日根据乌拉尔州工兵代表苏维埃的决定在叶卡捷琳堡被枪决。——406、441、442。

尼科尔斯基(Никольский)——俄国立宪民主党人。——163。

涅克拉索夫,尼古拉·阿列克谢耶维奇(Некрасов,Николай Алексеевич 1821—1878)——俄国诗人,革命民主主义者。出身于地主家庭。19 世纪 30 年代末开始创作活动。40 年代初结识了别林斯基,在他的帮助和影响下,逐渐走上革命民主主义者和"真正诗人"的道路。先后主编《同时代人》和《祖国纪事》等杂志。他的诗歌鲜明地体现了农民的革命民主主义思想。主要作品有《谁在俄罗斯能过好日子》、《严寒,通红的鼻子》、《铁路》、《俄罗斯妇女》等。——40。

涅奇泰洛,谢苗·瓦西里耶维奇(Нечитайло,Семен Васильевич 生于 1862年)——俄国农民,第二届国家杜马基辅省代表,劳动派分子。服过兵役,退伍后在一些地方当医士,后务农。——363。

涅韦多姆斯基,米·(**米克拉舍夫斯基,米哈伊尔·彼得罗维奇**)(Неведом-ский,М.(Миклашевский,Михаил Петрович)1866—1943)——俄国社会民主党人,孟什维克,文学批评家和政论家。斯托雷平反动时期和新的革命高潮年代是取消派分子,同时表现出资产阶级自由主义倾向。十月革命后从事政论活动。——49、50、54、56、58、59。

诺斯克,古斯塔夫(Noske,Gustav 1868—1946)——德国社会民主党右翼领袖之一。第一次世界大战爆发前就维护军国主义,大战期间是社会沙文主义者,在国会中投票赞成军事拨款。1918 年 12 月任人民代表委员会负责国防的委员,血腥镇压了 1919 年柏林、不来梅及其他城市的工人斗争。1919 年 2 月—1920 年 3 月任国防部长,卡普叛乱平息后被迫辞职。1920—1933 年任普鲁士汉诺威省省长。法西斯专政时期从希特勒政府领取国家养老金。——180。

诺沃谢茨基(**比纳西克,M. C.**)(Новоседский(Бинасик,М. С.)1883—1938)——俄国社会民主党人,孟什维克;职业是律师。1906 年是斯莫尔贡组织出席俄国社会民主工党第四次(统一)代表大会的有表决权的代表。

斯托雷平反动时期脱离社会民主主义运动。1917年二月革命后任彼得格
勒苏维埃军事部主任和彼得格勒执行委员会委员,参加第一届中央执行委
员会。十月革命后任符拉迪沃斯托克联合内阁主席,后在莫斯科从事经济
工作。——298、302、304、313、377。

P

帕尔乌斯(**格尔方德,亚历山大·李沃维奇**)(Парвус(Гельфанд, Александр
Львович)1869—1924)——生于俄国,19世纪80年代移居国外。90年代
末起在德国社会民主党内工作,属该党左翼;曾任《萨克森工人报》编辑。
写有一些世界经济问题的著作。20世纪初参加俄国社会民主工党的工
作,为《火星报》撰稿。俄国社会民主工党第二次代表大会后支持孟什维克
的组织路线。1905年回到俄国,曾担任彼得堡工人代表苏维埃执行委员
会委员,为孟什维克的《开端报》撰稿;同托洛茨基一起提出"不断革命论",
主张参加布里根杜马,坚持同立宪民主党人搞交易。斯托雷平反动时期脱
离俄国社会民主工党,后移居德国。第一次世界大战期间是社会沙文主义
者和德国帝国主义的代理人。1915年起在柏林出版《钟声》杂志。1918年
脱离政治活动。——10、14、93、98、271。

佩列亚斯拉夫斯基,尤里——见赫鲁斯塔廖夫-诺萨尔,格奥尔吉·斯捷潘诺
维奇。

皮梅诺娃,埃米莉娅·基里洛夫娜(埃·皮·)(Пименова, Эмилия Кирилловна
(Э.П.)1885—1935)——俄国新闻工作者和女作家。曾为《世间》、《俄国
财富》和《现代世界》等杂志撰稿;持孟什维克立场。——419、420。

皮亚内赫,伊万·叶梅利亚诺维奇(Пьяных, Иван Емельянович 1863—
1929)——俄国农民,第二届国家杜马库尔斯克省代表,社会革命党人。
1903—1907年在社会革命党希格雷农民协会中工作。1907年被捕,1909年
因该协会案被判处死刑,后改为终身苦役。1909—1914年和1914—1917
年先后在托博尔斯克和施吕瑟尔堡服刑。后脱离政治活动。——357。

普季岑——见索洛韦奇克,Б.И.。

"普加乔夫"——见卡巴科夫,Г.И.。

普利什凯维奇,弗拉基米尔·米特罗范诺维奇(Пуришкевич, Владимир Митрофанович 1870—1920)——俄国大地主,黑帮反动分子,君主派。1900 年起在内务部任职,1904 年为维·康·普列韦的内务部特别行动处官员。1905 年参与创建黑帮组织"俄罗斯人民同盟",1907 年退出同盟并成立了新的黑帮组织"米迦勒天使长同盟"。第二届、第三届和第四届国家杜马代表,因在杜马中发表歧视异族和反犹太人的演说而臭名远扬。第一次世界大战期间鼓吹把战争进行到"最后胜利"。1917 年二月革命后主张恢复君主制。十月革命后竭力反对苏维埃政权,是 1917 年 11 月初被揭露的军官反革命阴谋的策划者。——35、146、334、349、351。

普列汉诺夫,格奥尔吉·瓦连廷诺维奇(Плеханов, Георгий Валентинович 1856—1918)——俄国早期的马克思主义理论家,后来成为孟什维克和第二国际机会主义领袖之一。19 世纪 70 年代参加民粹主义运动,是土地和自由社成员及土地平分社领导人之一。1880 年侨居瑞士,逐步同民粹主义决裂。1883 年在日内瓦创建俄国第一个马克思主义团体——劳动解放社。翻译和介绍了马克思和恩格斯的许多著作,对马克思主义在俄国的传播起了重要作用;写过不少优秀的马克思主义著作,批判民粹主义、合法马克思主义、经济主义、伯恩施坦主义、马赫主义。20 世纪初是《火星报》和《曙光》杂志编辑部成员。曾参与制定俄国社会民主工党纲领草案和参加党的第二次代表大会的筹备工作。在代表大会上是劳动解放社的代表,属火星派多数派,参加了大会常务委员会,会后逐渐转向孟什维克。1905—1907 年革命时期反对列宁的民主革命的策略,后来在孟什维克和布尔什维克之间摇摆。在俄国社会民主工党第四次(统一)代表大会上作了关于土地问题的报告,维护马斯洛夫的孟什维克方案;在国家杜马问题上坚持极右立场,呼吁支持立宪民主人的杜马。斯托雷平反动时期和新的革命高涨年代反对取消主义,领导孟什维克护党派。第一次世界大战期间持社会沙文主义立场。1917 年二月革命后支持资产阶级临时政府。对十月革命持否定态度,但拒绝支持反革命。最重要的理论著作有《社会主义与政治斗争》(1883)、《我们的意见分歧》(1885)、《论一元论历史观之发展》(1895)、《唯物主义史论丛》(1896)、《论个人在历史上的作用》(1898)、《没有地址的信》(1899—1900),等等。——3、4、11、12、34、50、69、70、76、77、82、93、98、99、100、102、111、127、137、139、140、146、148、149、153、154、

177、178、179、181、182、199、209、223、277、290、291、293、294、295、296、297、298、299、300、301、303、304、308、309、310、312、313、315、316、317、318、319、336、337、375、412、414、415、416、417、418、419、420、421。

普列瓦科,费多尔·尼基福罗维奇(Плевако,Федор Никифорович 1842—1909)——俄国法学家,律师,十月党人。多次担任重大政治审判案的辩护人。第三届国家杜马莫斯科市代表,参加国防、立法提案及其他委员会。——142。

普罗柯波维奇,谢尔盖·尼古拉耶维奇(Прокопович,Сергей Николаевич 1871—1955)——俄国经济学家和政论家。曾参加国外俄国社会民主党人联合会,是经济派的著名代表人物,伯恩施坦主义在俄国最早的传播者之一。1904年加入资产阶级自由派的解放社,为该社骨干分子。1905年为立宪民主党中央委员。1906年参与出版半立宪民主党、半孟什维克的《无题》周刊,为左派立宪民主党人的《同志报》积极撰稿。1917年8月任临时政府工商业部长,9—10月任粮食部长。1921年在全俄赈济饥民委员会工作,同反革命地下活动有联系。1922年被驱逐出境。——34、139、181、198、199、200、213。

Q

齐茨,路易莎(Zietz,Luise 1865—1922)——德国社会民主党女活动家;职业是教师。1892年入党,1898年当选为中央委员。在第二国际斯图加特代表大会(1907)上支持关于实行妇女普选权的要求。1908年起任德国社会民主党执行委员会委员。第一次世界大战前,和蔡特金一起采取左派立场。大战期间退党,加入中派领导的德国独立社会民主党。——72。

齐赫泽,尼古拉·谢苗诺维奇(Чхеидзе,Николай Семенович 1864—1926)——俄国孟什维克领袖之一。19世纪90年代末参加社会民主主义运动。俄国社会民主工党第二次代表大会后是孟什维克。第三届和第四届国家杜马代表,第四届国家杜马孟什维克党团主席。第一次世界大战期间是中派分子。1917年二月革命后任国家杜马临时委员会委员、彼得格勒工兵代表苏维埃主席和第一届中央执行委员会主席,极力支持资产阶级临时政府。1918年起是反革命的外高加索议会主席,1919年起是格鲁吉亚孟什维克政府——立宪会议主席。1921 年格鲁吉亚建立苏维埃政权后流亡法国。——444。

契热夫斯基,帕维尔·伊万诺维奇(Чижевский, Павел Иванович 生于 1861 年)——俄国立宪民主党人,乌克兰资产阶级民族主义者,第一届国家杜马波尔塔瓦省代表。十月革命后移居国外,为反革命乌克兰拉达的机关刊物《意志》周刊撰稿。——201、376、377、386。

乔治,亨利(George, Henry 1839—1897)——美国经济学家和社会活动家。19 世纪 70 年代起致力于土地改革运动。认为人民贫困的根本原因是人民被剥夺了土地;否认劳动和资本之间的对抗,认为资本产生利润是自然规律;主张由资产阶级国家实行全部土地国有化,然后把土地租给个人。主要著作有《进步和贫困》(1879)、《土地问题》(1881)等。——367。

切尔诺夫,维克多·米哈伊洛维奇(图奇金)(Чернов, Виктор Михайлович (Тучкин)1873—1952)——俄国社会革命党领袖和理论家之一。1902—1905 年任社会革命党中央机关报《革命俄国报》编辑。曾撰文反对马克思主义,企图证明马克思的理论不适用于农业。第一次世界大战期间持社会沙文主义立场,曾参加齐美尔瓦尔德代表会议和昆塔尔代表会议。1917 年 5—8 月任临时政府农业部长,对夺取地主土地的农民实行残酷镇压。敌视十月革命。1918 年 1 月任立宪会议主席;曾领导反革命的萨马拉立宪会议委员会,参与策划反苏维埃叛乱。1920 年流亡国外,继续反对苏维埃政权。在他的理论著作中,主观唯心主义和折中主义同修正主义和民粹派的空想混合在一起;企图以资产阶级改良主义的"结构社会主义"对抗科学社会主义。——149、150、177、255。

切雷舍夫,米哈伊尔·德米特里耶维奇(Чельшев, Михаил Дмитриевич 生于 1866 年)——俄国十月党人,黑帮分子,第三届国家杜马萨马拉省代表,大房产主兼企业主。曾任萨马拉市市长和萨马拉县地方自治机关议员。——406。

切列万宁,涅·(利普金,费多尔·安德列耶维奇)(Череванин, Н. (Липкин, Федор Андреевич)1868—1938)——俄国政论家,"马克思的批评家",后为孟什维克领袖之一,取消派分子。俄国社会民主工党第四次(统一)代表大会和第五次(伦敦)代表大会的参加者,取消派报刊撰稿人,16 个孟什维克

关于取消党的"公开信"的起草人之一。1912年反布尔什维克的八月代表
会议后是孟什维克领导中心——组委会成员。第一次世界大战期间是社
会沙文主义者。1917年是孟什维克中央机关报《工人报》编辑之一和孟什
维克中央委员会委员。敌视十月革命。——102、111、148。

琼斯，理查(Jones，Richard 1790—1855)——英国经济学家，资产阶级古典政
　　治经济学的后期代表人物之一。他的著作反映了政治经济学古典学派的
　　衰落和瓦解，同时在许多政治经济学问题上超过了李嘉图。他使地租理论
　　摆脱了所谓土地肥力递减规律。马克思在批评其错误(改良主义的摇摆，
　　倾向于同资产阶级激进主义妥协)的同时，高度评价了他的学说的正确方
　　面。——269。

丘留科夫，瓦西里•尼古拉耶维奇(Чурюков，Василий Николаевич 生于1878
　　年)——俄国社会民主党人，第一届国家杜马莫斯科省代表；钳工。在杜马
　　"104人土地法案"上签了名。因在维堡宣言上签名而被判罪并被剥夺选
　　举权。——233。

丘普罗夫，亚历山大•伊万诺维奇(Чупров，Александр Иванович 1842—
　　1908)——俄国经济学家、统计学家和政论家，俄国统计学奠基人之一。
　　1878—1899年任政治经济学和统计学教授。曾创办技术知识普及协会
　　(1869)、莫斯科法学会统计学部(1882)。是自由主义民粹派经济思想的代
　　表，主编两卷本文集《收成和粮价对俄国国民经济某些方面的影响》(1897)
　　并为其撰稿。曾参加地方自治运动，积极为《俄罗斯新闻》撰稿。写有许多
　　政治经济学、土地问题和铁道经济方面的著作。——211、252、342、347。

R

饶尔丹尼亚，诺伊•尼古拉耶维奇(科斯特罗夫)(Жордания，Ной Николаевич
　　(Костров)1869—1953)——俄国社会民主党人。19世纪90年代开始政治
　　活动，加入格鲁吉亚第一个社会民主主义团体"麦撒墨达西社"，领导该社
　　的机会主义派。1903年在俄国社会民主工党第二次代表大会上是有发言
　　权的代表，属火星派少数派，会后为高加索孟什维克的领袖。1905年编辑
　　孟什维克的《社会民主党人报》(格鲁吉亚文)，反对布尔什维克在资产阶级
　　民主革命中的策略。第一届国家杜马代表，社会民主党党团领袖。1907—

1912 年为俄国社会民主工党中央委员(代表孟什维克)。斯托雷平反动时期和新的革命高涨年代形式上参加孟什维克护党派,实际上支持取消派。1914 年为托洛茨基的《斗争》杂志撰稿。第一次世界大战期间是社会沙文主义者。1917 年二月革命后任梯弗利斯工人代表苏维埃主席。1918 — 1921 年是格鲁吉亚孟什维克政府主席。1921 年格鲁吉亚建立苏维埃政权后成为白俄流亡分子。——225、226、232、322、323。

饶勒斯,让(Jaurès, Jean 1859 — 1914)——法国社会主义运动和国际社会主义运动活动家,法国社会党领袖,历史学家和哲学家。1885 年起多次当选议员。原属资产阶级共和派,90 年代初开始转向社会主义。1898 年同亚·米勒兰等人组成法国独立社会党人联盟。1899 年竭力为米勒兰参加资产阶级政府的行为辩护。1901 年起为社会党国际局成员。1902 年与可能派、阿列曼派等组成改良主义的法国社会党。1903 年当选为议会副议长。1904 年创办《人道报》,主编该报直到逝世。1905 年法国社会党同盖得领导的法兰西社会党合并后,成为统一的法国社会党的主要领导人。在理论和实践问题上往往持改良主义立场,但始终不渝地捍卫民主主义,反对殖民主义和军国主义。由于呼吁反对临近的帝国主义战争,于 1914 年 7 月 31 日被法国沙文主义者刺杀。写有法国大革命史等方面的著作。——84。

日尔金,伊万·瓦西里耶维奇(Жилкин, Иван Васильевич 1874 — 1958)——俄国新闻工作者,劳动派领袖之一。曾任《乌拉尔人报》编辑、《星期周报》秘书,为《圣彼得堡新闻》和左派立宪民主党人的《我们的生活报》和《同志报》撰稿。1906 年作为萨拉托夫省的农民代表被选进第一届国家杜马。杜马解散后,因在维堡宣言上签名被判处三个月监禁。刑满后不再积极从事政治活动,为各种资产阶级报刊撰稿。十月革命后在苏维埃机关工作,1925 年起从事新闻工作。——57、58、143、343。

S

萨尔蒂科夫-谢德林,米哈伊尔·叶夫格拉福维奇(**萨尔蒂科夫,米·叶·**)(Салтыков-Щедрин, Михаил Евграфович(Салтыков, М. Е.)1826 — 1889)——俄国讽刺作家,革命民主主义者。1848 年因发表抨击沙皇制度的小说被捕,流放七年。1856年初返回彼得堡,用笔名"尼·谢德林"发表了《外省散记》。1863—1864年为《同时代人》杂志撰写政论文章,1868年起任《祖国纪事》杂志编辑,1878年起任主编。60—80年代创作了《一个城市的历史》、《戈洛夫廖夫老爷们》等长篇小说,批判了俄国的专制农奴制,刻画了地主、沙皇官僚和自由派的丑恶形象。——40。

萨尔特奇哈(**萨尔蒂科娃,达里娅·伊万诺夫娜**)(Салтычиха(Салтыкова, Дарья Ивановна)1730—1801)——俄国莫斯科省波多利斯克县的女地主,以虐待农奴闻名。曾把139个农民折磨致死。在社会舆论的压力下,叶卡捷琳娜二世不得不对萨尔特奇哈案进行侦讯。1768年被判处死刑,后改为在修道院监狱终身监禁。她的名字成了农奴主惨无人道地虐待农奴的同义词。——40。

萨福诺夫,彼得·阿列克谢耶维奇(Сафонов, Петр Алексеевич 生于1868年)——俄国立宪民主党人,第一届国家杜马斯特罗马省代表,农学家。在杜马中是土地委员会、管理委员会及其他一些委员会的委员。——143、144。

萨赫诺,瓦西里·格里戈里耶维奇(Сахно, Василий Григорьевич 生于1864年)——俄国农民,第二届国家杜马基辅省代表,初为无党派人士,后为社会民主党人(孟什维克)。——348。

萨加捷良(**萨加捷洛夫**),伊万·雅柯夫列维奇(Сагателян(Сагателов), Иван Яковлевич 1871—1936)——亚美尼亚资产阶级民族主义政党"达什纳克楚纯"的成员,法学家。第二届国家杜马埃里温省代表,第三届国家杜马埃里温省、伊丽莎白波尔省和巴库省代表。亚美尼亚建立苏维埃政权后脱离"达什纳克楚纯"。1921年起在亚美尼亚农业人民委员部工作。——366、367、374。

萨图林,Д.(Сатурин, Д.)——俄国人,1907—1908年在左派立宪民主党人的《首都邮报》和《同志报》上发表的一些文章的作者。——431。

萨韦利耶夫,亚历山大·亚历山德罗维奇(Савельев, Александр Александрович 1848—1916)——俄国地主,立宪民主党人。1878年起为《俄罗斯新闻》撰稿。1890年起任下诺夫哥罗德县地方自治局主席,1900—1908年任下诺夫哥罗德省地方自治局主席;1903—1907年编辑《下诺夫哥罗德地方自治报》。第一届、第二届和第三届国家杜马下诺夫哥罗德代表。在第二届和第三届国家杜马中参加粮食委员会及地方管理和地方自治委员会。
——210、344。

赛科,E.A.(Сайко,E.A.生于1879年)——俄国劳动派分子,第二届国家杜马
波尔塔瓦省代表,农民出身。当过乡文书,曾在莫斯科的高等商业学校学
习。在杜马中参加财政委员会和管理委员会。——375—376。

桑巴特,韦尔纳(Sombart,Werner 1863—1941)——德国经济学家和社会学
家。1890年起任布雷斯劳大学教授,1906年起任柏林大学教授。早期著
作受到马克思主义的影响,后来反对历史唯物主义和马克思的经济学说,
否认社会发展的一般规律,强调精神的决定性作用,把资本主义描绘成一
种协调的经济体系。晚年吹捧希特勒法西斯独裁制度,拥护反动的民族社
会主义。主要著作有《19世纪的社会主义和社会运动》(1896)、《现代资本
主义》(1902)、《德国社会主义》(1934)。——20。

瑟尔特拉诺夫,沙伊哈杰尔·沙赫加尔达诺维奇(Сыртланов,Шайхадер
Шахгарданович 生于1847年)——俄国地主,第一届国家杜马乌法省代
表,属于接近立宪民主党的穆斯林人民党。省地方自治局成员,1887—
1891年任别列别伊地方自治局主席。——375。

沙霍夫斯科伊,德米特里·伊万诺维奇(Шаховской,Дмитрий Иванович 1861—
1939)——俄国地方自治运动活动家,公爵。自由派资产阶级刊物《解放》
杂志的创办人和撰稿人之一,解放社的组织者之一。1905年起为立宪民
主党中央委员。1906年为国家杜马代表,杜马和立宪民主党党团秘书。
1917年5—6月任第一届联合临时政府国家救济部长。1918年为反革
命组织"俄罗斯复兴会"的领导人之一。1920年起在合作社系统工作。
——343。

沙宁,M.(沙皮罗,列夫·格里戈里耶维奇)(Шанин,M.(Шапиро,Лев Григ-
орьевич)1887—1957)——1902年参加俄国革命运动,1903年加入里加的
崩得组织。俄国社会民主工党第五次(伦敦)代表大会德文斯克崩得组织
的代表。1917年二月革命后加入俄国社会民主工党,是孟什维克。1918
年起是俄共(布)党员,在教育人民委员部工作,后在红军中做政治工作。
1920—1921年任政治教育总委员会主席团委员。1925—1929年在俄罗
斯联邦财政人民委员部工作。写有一些学术著作。——252、253、

255、330。

舍尔比纳,费多尔·安德列耶维奇(Щербина,Федор Андреевич 1849—1936)——
　　俄国统计学家,民粹主义者,俄国家庭收支统计学创始人。1884—1903 年
　　主持沃罗涅日地方自治局统计处的工作。1904 年被选为彼得堡科学院通
　　讯院士。1907 年是第二届国家杜马人民社会党的代表。十月革命后移居
　　国外。主编过近百种统计著作,其中有《奥斯特罗戈日斯克县的农民经济》
　　(1887)、《沃罗涅日地方自治机关。1865—1889 年。历史统计概述》
　　(1891)、《沃罗涅日省 12 个县综合汇集》(1897)、《农民的收支及其对收成
　　和粮价的依赖关系》(1897)、《农民的收支》(1900)。——215。

舍维奇(Шевич)——俄国社会革命党人,1905 年社会革命党代表大会的参加
　　者。——150。

盛加略夫,安德列·伊万诺维奇(Шингарев,Андрей Иванович 1869—1918)——
　　俄国立宪民主党人,地方自治运动活动家;职业是医生。立宪民主党沃罗
　　涅日省委员会主席,1907 年起为立宪民主党中央委员。第二届、第三届和
　　第四届国家杜马代表,立宪民主党杜马党团副主席。1917 年二月革命后
　　在第一届和第二届临时政府中分别任农业部长和财政部长。——338、
　　341、342、345、385、429、430。

施德洛夫斯基,谢尔盖·阿列克谢耶维奇(Шидловский,Сергей Алексеевич
　　生于 1864 年)——俄国十月党人,地主,县贵族代表,第二届国家杜马莫吉
　　廖夫省代表。——337。

施米特——见鲁勉采夫,彼得·彼得罗维奇。

舒利金,瓦西里·维塔利耶维奇(Шульгин,Василий Витальевич 1878—
　　1976)——俄国地主,第二届、第三届和第四届国家杜马代表,君主派分子
　　和民族主义者。曾任俄国民族主义者刊物《基辅人报》编辑。1917 年极力
　　支持资产阶级临时政府。十月革命后参与组织白卫志愿军,支持阿列克谢
　　耶夫、邓尼金和弗兰格尔,后逃往国外,继续进行反对苏维埃政权的活动。
　　20 年代脱离政治活动。——337。

司徒卢威,彼得·伯恩哈多维奇(Струве,Петр Бернгардович 1870—1944)——
　　俄国经济学家,哲学家,政论家,合法马克思主义主要代表人物,立宪民
　　主党领袖之一。19 世纪 90 年代编辑合法马克思主义者的《新言论》杂志和

《开端》杂志。1896 年参加第二国际第四次代表大会。1898 年参加起草《俄国社会民主工党宣言》。在 1894 年发表的第一部著作《俄国经济发展问题的评述》中,在批判民粹主义的同时,对马克思的经济学说和哲学学说提出"补充"和"批评"。20 世纪初同马克思主义和社会民主主义彻底决裂,转到自由派营垒。1902 年起编辑自由派资产阶级刊物《解放》杂志,1903 年起是解放社的领袖之一。1905 年起是立宪民主党中央委员,领导该党右翼。1907 年当选为第二届国家杜马代表。第一次世界大战爆发后鼓吹俄国的帝国主义侵略扩张政策。十月革命后敌视苏维埃政权,是邓尼金和弗兰格尔反革命政府成员,后逃往国外。——21、49、50、52、55、56、86、89、90、91、92、104、110、111、113、114、146、149、180、181、274、363、443、449、451。

斯基尔蒙特,罗曼·亚历山德罗维奇(Скирмунт, Роман Александрович 生于 1868 年)——俄国地主,第一届国家杜马明斯克省代表,属于自治派同盟党团。1910 年 10 月当选国务会议成员。——337。

斯季申斯基,亚历山大·谢苗诺维奇(Стишинский, Александр Семенович 生于 1857 年)——俄国官吏,地主利益的狂热维护者。1873—1882 年先后在国务办公厅和内务部供职。1896 年起任副国务秘书,1899—1904 年任副内务大臣。在哥列梅金政府中任土地规划和农业管理总署署长。黑帮组织"俄罗斯人民同盟"的鼓动者之一。1904 年起为国务会议成员。——227、233。

斯捷茨基,Я.С.(Стецкий, Я.С. 生于 1871 年)——俄国地主,农学家,第一届和第二届国家杜马卢布林省代表,民族民主党党员。在杜马中参加波兰政党联盟党团。——372。

斯米尔诺夫,叶·——见古列维奇,埃马努伊尔·李沃维奇。

斯密,亚当(Smith, Adam 1723—1790)——英国经济学家和哲学家,资产阶级古典政治经济学最著名的代表人物。曾任格拉斯哥大学教授和校长。第一个系统地论述了劳动价值论的基本范畴,分析了价值规律的作用。研究了雇佣工人、资本家和地主这三大阶级的收入,认为利润和地租都是对劳动创造的价值的扣除,从而接触到剩余价值的来源问题,并在一定程度上揭露了资本主义社会阶级对立的经济根源。但由于历史的和阶级的局限性以及方法论上的矛盾,他的经济理论既有科学成分,又有庸俗成分。代表作《国民财富的性质和原因的研究》(1776)。——262。

斯塔·——见斯塔尔科夫,瓦西里·瓦西里耶维奇。

斯塔尔科夫,瓦西里·瓦西里耶维奇(斯塔·)(Старков, Василий Васильевич (Ст.)1869—1925)——1890年加入彼得堡工艺学院学生马克思主义小组,1895年参与组织彼得堡工人阶级解放斗争协会,是协会的中心小组成员。1895年12月被捕,1897年流放东西伯利亚,为期三年。流放期满后在工厂当机械师,任巴库发电站站长,同当地社会民主党组织保持联系。斯托雷平反动时期脱离党的工作。十月革命后在对外贸易人民委员部工作,1921年起任俄罗斯联邦驻德国副商务代表。——90。

斯特卢米林(斯特卢米洛-彼特拉什凯维奇),斯坦尼斯拉夫·古斯塔沃维奇(Струмилин(Струмилло-Петрашкевич), Станислав Густавович 1877—1974)——俄国社会民主党人,后来是苏联经济学家和统计学家,苏联科学院院士。1897年参加革命运动,1899年加入彼得堡工人阶级解放斗争协会。多次被捕和流放。1905年和以后一段时间在彼得堡孟什维克组织中工作,采取调和主义立场。1906年和1907年分别是俄国社会民主工党第四次(统一)代表大会和第五次(伦敦)代表大会的代表。在第四次代表大会上,就土地问题发表了独特的见解,否定了一般土地纲领的必要性;在一系列原则问题上赞同布尔什维克。十月革命后脱离孟什维克,1923年加入俄共(布)。1921—1937年和1943—1951年在苏联国家计划委员会工作,历任国家计划委员会副主席、主席团委员、中央国民经济核算局副局长等职;同时在莫斯科大学及其他高等院校从事科研和教学工作。写有许多关于社会主义计划、苏联国民经济史、经济学、统计学等方面的著作。——329。

斯托雷平,彼得·阿尔卡季耶维奇(Столыпин, Петр Аркадьевич 1862—1911)——俄国国务活动家,大地主。1884年起在内务部任职。1902年任格罗德诺省省长。1903—1906年任萨拉托夫省省长,因镇压该省农民运动受到尼古拉二世的嘉奖。1906—1911年任大臣会议主席兼内务大臣。1907年发动"六三政变",解散第二届国家杜马,颁布新选举法以保证地主、资产阶级在杜马中占统治地位,残酷镇压革命运动,大规模实施死刑,开始了"斯

托雷平反动时期”。实行旨在摧毁村社和培植富农的土地改革。1911 年
被社会革命党人 Д.Г.博格罗夫刺死。——12、13、14、22、38、39、40、112、
113、118、123、134、143、149、158——159、164、165、172、192、208、209、211、
215、221、235、242、248、250、251、252、253、283、296、301、308、334、336、
338、343、349、350、354、367、368、388、399、400、401、408、409、441。

斯瓦维茨基,尼古拉·安德列耶维奇(尼·斯·)(Свавицкий,Николай Андр-
 еевич(Н.С.)1879—1936)——俄国统计经济学家。曾参加地方自治机关
 对弗拉基米尔省和哈尔科夫省进行的统计调查。1908—1910 年在莫斯科
 市政管理委员会工作。1914 年起任莫斯科大学统计学讲师,1919 年起任
 莫斯科大学教授。1920 年起在中央统计局工作,曾参加 1917 年、1918 年、
 1919 年和 1925 年的统计工作者代表大会。——359。

斯维亚托波尔克-米尔斯基,德米特里·尼古拉耶维奇(Святополк-Мирский,
 Дмитрий Николаевич 生于 1874 年)——俄国公爵,大地主,第二届和第四
 届国家杜马比萨拉比亚省代表。在第二届杜马中任质询委员会委员,在辩
 论土地问题时的发言受到左派代表的严厉驳斥。十月革命后移居国外。
 ——233、335、360、380、381。

苏沃洛夫,谢尔盖·亚历山德罗维奇(波里索夫)(Суворов,Сергей Алексан-
 дрович(Борисов)1869—1918)——俄国社会民主党人,著作家和统计学
 家。19 世纪 90 年代开始革命活动时是民意党人,1900 年起为社会民主党
 人。1905—1907 年在俄国一些城市的布尔什维克组织中工作,是俄国社
 会民主工党第四次(统一)代表大会代表。在代表大会上是土地问题的报
 告人之一,支持分配地主土地并将土地转归农民私有的要求。1905—
 1907 年革命失败后,参加党内马赫主义者知识分子集团,攻击马克思主义
 哲学。在该集团编纂的《关于马克思主义哲学的论丛》(1908)中发表了他
 的《社会哲学的基础》一文。对其反马克思主义的哲学观点,列宁在《唯物
 主义和经验批判主义》一书中予以批判。1910 年以后脱党,从事统计工
 作。1917 年加入孟什维克国际主义派。十月革命后在莫斯科和雅罗斯拉
 夫尔工作。1918 年 7 月雅罗斯拉夫尔发生反革命暴动时死去。——254、
 255、283。

索洛韦奇克,Б.И.(普季岑)(Соловейчик,Б.И.(Птицын)生于 1884 年)——

1903年参加俄国社会民主主义运动,孟什维克。先后在南方一些城市和莫斯科工作,是俄国社会民主工党第四次(统一)代表大会莫斯科郊区组织的代表。1909年起脱离政治活动。30年代在轻工业人民委员部工作。——313。

T

塔塔里诺夫,费多尔·瓦西里耶维奇(Татаринов,Федор Васильевич 生于1860年)——俄国地主,立宪民主党人,第一届和第二届国家杜马奥廖尔市代表。曾任奥廖尔县地方自治局主席和省地方自治局成员。在第二届国家杜马中参加土地委员会、地方管理和地方自治委员会,任预算委员会秘书,就土地等问题发过言。十月革命后在南方搞反革命活动。——210、342、361、362、384。

坦佐夫,亚历山大·扎哈罗维奇(Танцов,Александр Захарович 生于1860年)——俄国地主,十月党人,第二届和第三届国家杜马斯摩棱斯克省代表。斯摩棱斯克县和省地方自治机关议员。《斯摩棱斯克报》的编辑。——337。

唐恩(古尔维奇),费多尔·伊里奇(Дан(Гурвич),Федор Ильич 1871——1947)——俄国孟什维克领袖之一;职业是医生。1894年参加社会民主主义运动,加入彼得堡工人阶级解放斗争协会。1896年8月被捕,监禁两年左右,1898年流放维亚特卡省,为期三年。1901年夏逃往国外,加入《火星报》柏林协助小组。1902年作为《火星报》代办员参加了俄国社会民主工党第二次代表大会的筹备会议,会后再次被捕,流放东西伯利亚。1903年9月逃往国外,成为孟什维克。俄国社会民主工党第四次(统一)代表大会和第五次(伦敦)代表大会及一系列代表会议的参加者。斯托雷平反动时期和新的革命高涨年代在国外领导取消派,编辑取消派的《社会民主党人呼声报》。第一次世界大战期间是社会沙文主义者。1917年二月革命后任彼得格勒苏维埃执行委员会委员和第一届中央执行委员会主席团委员,支持资产阶级临时政府。十月革命后反对苏维埃政权,1922年被驱逐出境,在柏林领导孟什维克进行反革命活动。1923年参与组织社会主义工人国际。同年被取消苏联国籍。——35、137、164、165、377。

特拉孙,弗兰茨·C.(Трасун,Франц С.生于 1864 年)——俄国第一届国家杜马维捷布斯克省代表,罗马天主教神父,立宪民主党人。曾在里加、彼得堡担任各种教职,任彼得堡神学院教授。是拉脱维亚大众历书和《奥谢克里斯报》的出版人和拉脱维亚一些教育机关的创办人。在杜马中属于拉脱维亚自治派。——372。

特赖奇克,亨利希(Treitschke,Heinrich 1834—1896)——德国历史学家和政论家,普鲁士主义、沙文主义和种族主义的思想家和宣传者。1866—1889 年任《普鲁士年鉴》杂志编辑。1871—1888 年是德意志帝国国会议员,积极支持俾斯麦的内外政策,拥护 1878 年颁布的反社会党人非常法。1886 年起为普鲁士国家历史编纂官。1895 年当选为柏林科学院院士。主要著作是《19 世纪德国史》(五卷本)。对德国帝国主义思想体系的形成起了重要作用。——6。

特列波夫,德米特里·费多罗维奇(Трепов,Дмитрий Федорович 1855—1906)——沙俄少将(1900)。毕业于贵族子弟军官学校,曾在禁卫军供职。1896—1905 年任莫斯科警察总监,支持祖巴托夫的"警察社会主义"思想。1905 年 1 月 11 日起任彼得堡总督,4 月起任副内务大臣兼独立宪兵团司令,10 月起先后任彼得戈夫宫和冬宫警卫长。1905 年 10 月全国政治大罢工期间发布了臭名昭著的"不放空枪,不惜子弹"的命令,是武装镇压 1905—1907 年革命的策划者。——113。

梯尔柯娃,阿里阿德娜·弗拉基米罗夫娜(韦尔格日斯基,阿·)(Тыркова,Ариадна Владимировна(Вергежский, А.)生于 1869 年)——俄国立宪民主党政论家。1906 年进入立宪民主党中央委员会。曾任由该党资助的圣彼得堡出版局局长,为《言语报》等报刊撰稿。十月革命后侨居国外,进行敌视苏维埃政权的宣传。——148。

梯什克维奇,弗拉基斯拉夫·约瑟福维奇(Тышкевич,Владислав Юзефович 生于 1865 年)——波兰社会活动家,伯爵,大地主,民族民主党党员。1904 年起积极主张波兰自治。第一届国家杜马华沙市代表。——372。

梯也尔,阿道夫(Thiers,Adolphe 1797—1877)——法国国务活动家,历史学家。早年当过律师和新闻记者。19 世纪 20 年代末作为自由资产阶级反对派活动家开始政治活动。七月王朝时期历任参事院院长、内务大臣、外

交大臣和首相,残酷镇压 1834 年里昂工人起义。第二共和国时期是秩序
党领袖之一,制宪议会和立法议会议员。1870 年 9 月 4 日第二帝国垮台
后,成为资产阶级国防政府实际领导人之一,1871 年 2 月就任第三共和国
政府首脑。上台后与普鲁士签订了丧权辱国的和约,又策划解除巴黎国民
自卫军的武装,从而激起了 3 月 18 日起义。内战爆发后逃往凡尔赛,勾结
普鲁士军队血腥镇压巴黎公社。1871—1873 年任第三共和国总统。作为
历史学家,他的观点倾向于复辟王朝时期的资产阶级历史编纂学派。马克
思在《法兰西内战》一书中对他在法国历史上的作用作了详尽的评述。
——402。

提赫文斯基,费多尔·瓦西里耶维奇(Тихвинский,Федор Васильевич 生于
1862 年)——俄国神父,全俄农民协会会员,第二届国家杜马维亚特卡省
代表。曾参与出版《劳动人民报》(1907)。在杜马中就土地问题发过言,并
以农民协会和劳动团的名义要求废除死刑;参加质询委员会。杜马解散后
被剥夺神父教职。——333、347。

图奇金——见切尔诺夫,维克多·米哈伊洛维奇。

屠格涅夫,伊万·谢尔盖耶维奇(Тургенев,Иван Сергеевич 1818—1883)——
俄国作家,对俄罗斯文学语言的发展作出重大贡献。他的作品反映了 19
世纪 30—70 年代俄国社会的思想探索和心理状态,揭示了俄国社会生活
的特有矛盾,塑造了一系列"多余人"的形象;这些"多余人"意识到贵族制
度的必然灭亡,但对于改变这一制度又束手无策。在俄国文学中第一次描
写了新一代的代表人物——平民知识分子。反对农奴制,但寄希望于亚历
山大二世,期望通过"自上而下"的改革使俄国达到渐进的转变,主张在俄
国实行立宪君主制。——40、450。

土林,克·——见列宁,弗拉基米尔·伊里奇。

托洛茨基(**勃朗施坦**),列夫·达维多维奇(Троцкий(Бронштейн),Лев Да-
видович 1879—1940)——1897 年参加俄国社会民主主义运动。在俄国社
会民主工党第二次代表大会上是西伯利亚联合会的代表,属火星派少数
派。1905 年同亚·帕尔乌斯一起提出和鼓吹"不断革命论"。斯托雷平反
动时期和新的革命高涨年代打着"非派别性"的幌子,实际上采取取消派立
场。1912 年组织"八月联盟"。第一次世界大战期间持中派立场。1917 年

二月革命后参加区联派,在党的第六次代表大会上随区联派集体加入布尔什维克党,当选为中央委员。参加十月武装起义的领导工作。十月革命后任外交人民委员,1918年初反对签订布列斯特和约,同年3月改任共和国革命军事委员会主席、陆海军人民委员等职。参与组建红军。1919年起为党中央政治局委员。1920年起历任共产国际执行委员会候补委员、委员。1920—1921年挑起关于工会问题的争论。1923年起进行派别活动。1925年初被解除革命军事委员会主席和陆海军人民委员职务。1926年与季诺维也夫结成"托季联盟"。1927年被开除出党,1929年被驱逐出境,1932年被取消苏联国籍。在国外组织第四国际。死于墨西哥。——96。

W

瓦·沃·——见沃龙佐夫,瓦西里·巴甫洛维奇。

瓦秀京,费多尔·库兹米奇(Васютин,Федор Кузьмич 生于1877年)——俄国农民,第二届国家杜马哈尔科夫省代表,劳动派分子。在杜马中参加土地委员会和失业工人救济委员会。主张无偿地强制转让地主的土地。——364—365。

王德威尔得,埃米尔(Vandervelde,Émile 1866—1938)——比利时政治活动家,比利时工人党领袖,第二国际的机会主义代表人物。1885年加入比利时工人党,90年代中期成为党的领导人。1894年起多次当选为议员。1900年起任第二国际常设机构——社会党国际局主席。第一次世界大战爆发后成为社会沙文主义者,是大战期间欧洲国家中第一个参加资产阶级政府的社会党人。1918年起历任司法大臣、外交大臣、公共卫生大臣、副首相等职。俄国1917年二月革命后到俄国鼓吹继续进行战争。敌视俄国十月革命,支持武装干涉苏维埃俄国。曾积极参加重建第二国际的活动,1923年起是社会主义工人国际书记处书记和常务局成员。——77、425。

威廉二世(**霍亨索伦**)(Wilhelm II(Hohenzollern)1859—1941)——普鲁士国王和德国皇帝(1888—1918)。——130。

韦伯,比阿特里萨(Webb,Beatrice 1858—1943)——英国经济学家和社会活动家,悉尼·韦伯的妻子。曾在伦敦一些企业中研究工人劳动条件,担任与失业和妇女地位问题相关的一些政府委员会的委员。——21。

韦伯,悉尼·詹姆斯(Webb,Sidney James 1859—1947)——英国经济学家和社会活动家,工联主义和所谓费边社会主义的理论家,费边社的创建人和领导人之一。1915—1925年代表费边社参加工党全国执行委员会。第一次世界大战期间持社会沙文主义立场。1922年起为议员,1924年任商业大臣,1929—1930年任自治领大臣,1929—1931年任殖民地大臣。与其妻比阿特里萨·韦伯合写的关于英国工人运动的历史和理论的许多著作,宣扬在资本主义条件下和平解决工人问题的改良主义思想,但包含有英国工人运动历史的极丰富的材料。主要著作有《英国社会主义》(1890)、《产业民主》(1897)(列宁翻译了此书的第1卷,并校订了第2卷的俄译文;俄译本书名为《英国工联主义的理论和实践》)等。——21。

韦尔格日斯基,阿·——见梯尔柯娃,阿里阿德娜·弗拉基米罗夫娜。

韦奇宁,В.Г.(Ветчинин,В.Г.生于1861年)——俄国地主,1904年起为叶列茨的贵族代表,第二届、第三届和第四届国家杜马奥廖尔省代表。在第二届国家杜马中参加十月党人党团,在第三届杜马中参加"俄罗斯民族"党团,在第四届杜马中参加"俄罗斯民族主义派和温和右派"党团。——336、338。

维赫利亚耶夫,潘捷莱蒙·阿列克谢耶维奇(Вихляев,Пантелеймон Алексеевич 1869—1928)——俄国统计学家和农学家,自由主义民粹派分子,后为社会革命党人。1896—1898年主持特维尔地方自治局经济处的工作,1907—1917年主持莫斯科地方自治局统计处的工作。写过一些有关沙俄时期农民经济方面的统计著作,否认农民的阶级分化,赞扬村社制度。1917年二月革命后在临时政府中任农业部副部长。十月革命后在中央统计局工作,同时在莫斯科大学和莫斯科其他高等院校任教。——151、152、235。

维特,谢尔盖·尤利耶维奇(Витте,Сергей Юльевич 1849—1915)——俄国国务活动家。1892年2—8月任交通大臣,1892—1903年任财政大臣,1903年8月起任大臣委员会主席,1905年10月—1906年4月任大臣会议主席。在财政、关税政策、铁路建设、工厂立法和鼓励外国投资等方面采取了一系列措施,促进了俄国资本主义的发展。同时力图通过对自由派资产阶级稍作让步和对人民群众进行镇压的手段来维护沙皇专制制度。1905—
1907 年革命期间派军队对西伯利亚、波罗的海沿岸地区、波兰以及莫斯科
的武装起义进行了镇压。——38、113、296、339、429。

沃尔柯夫，季莫费·奥西波维奇（Волков, Тимофей Осипович 生于 1879 年）——
俄国第一届国家杜马斯摩棱斯克省代表，立宪民主党人，农民出身。当过
乡村教师。在杜马中参加土地委员会。——233。

沃尔克-卡拉切夫斯基，瓦西里·瓦西里耶维奇（Волк-Карачевский, Василий
Васильевич 1873—1920）——俄国人民社会党人，第二届国家杜马切尔尼
戈夫省代表。在杜马中是土地委员会、图书馆委员会以及其他一些委员会
的委员，领导人民社会党党团。1914—1917 年任全俄城市联合会秘书。
——246、341、354—355。

沃龙佐夫，瓦西里·巴甫洛维奇（瓦·沃·）（Воронцов, Василий Павлович
(В.В.) 1847—1918）——俄国经济学家，社会学家，政论家，自由主义民粹
派思想家。曾为《俄国财富》、《欧洲通报》等杂志撰稿。认为俄国没有发展
资本主义的条件，俄国工业的形成是政府保护政策的结果；把农民村社理
想化，力图找到一种维护小资产者不受资本主义发展之害的手段。19 世
纪 90 年代发表文章反对俄国马克思主义者，鼓吹同沙皇政府和解。主要
著作有《俄国资本主义的命运》(1882)、《俄国手工工业概述》(1886)、《农民
经济中的进步潮流》(1892)、《我们的方针》(1893)、《理论经济学概论》
(1895)。——314、354。

沃伊诺夫——见卢那察尔斯基，阿纳托利·瓦西里耶维奇。

乌斯宾斯基，韦切斯洛夫·巴甫洛维奇（Успенский, Вечеслов Павлович 生于
1869 年）——俄国社会革命党人，第二届国家杜马梁赞省代表，地方自治
局医生。曾主持梁赞省地方自治局卫生处的工作。在杜马中任副秘书，质
询委员会委员。——341、366、367。

X

西斯蒙第，让·沙尔·莱奥纳尔·西蒙德·德（Sismondi, Jean-Charles-
Léonard Simonde de 1773—1842）——瑞士经济学家和历史学家，政治经
济学中浪漫主义学派的代表人物，小资产阶级社会主义者。认为政治经济

学是促进人类物质福利的伦理科学,对李嘉图理论提出尖锐批评。批判资
本主义制度,指出资本主义的矛盾,但不理解资本主义矛盾的性质和根源,
不了解资本主义大生产的进步性,把中世纪宗法制农业和行会手工业理想
化,认为消灭资本主义矛盾的途径就是使现代社会回到小生产方式中去。
主要经济著作有《政治经济学新原理,或论财富同人口的关系》(1819)和
《政治经济学概论》(1837—1838)。——81。

希曼斯基,伊万·阿达莫维奇(Шиманский, Иван Адамович 生于 1872 年)——
俄国农民,第二届国家杜马明斯克省代表。在杜马中属右翼,参加国民教
育委员会。——346、371。

谢罗夫,瓦西里·马特维耶维奇(Серов, Василий Матвеевич 1878—1918)——
俄国社会民主党人,布尔什维克;职业是教师。1905—1907 年革命的参加
者。俄国社会民主工党第五次(伦敦)代表大会有发言权的代表。第二届
国家杜马萨拉托夫省代表,参加土地委员会和财政委员会。杜马解散后,
因社会民主党党团案受审,被判处五年苦役。1917 年二月革命后任上乌
金斯克工农兵代表苏维埃主席。1918 年被白卫军枪杀。——382、383。

谢苗诺夫,阿韦里·伊万诺维奇(Семенов, Аверий Иванович 生于 1857 年)——
俄国农民,第二届国家杜马波多利斯克省代表,起初是无党派人士,后为劳
动派分子。在杜马中是土地委员会委员。杜马解散后曾遭警察当局迫害。
——212、348、349。

辛格尔,保尔(Singer, Paul 1844—1911)——德国社会民主党领袖之一,第二
国际中马克思主义派的著名活动家。1878 年加入德国社会民主党。1887
年起任德国社会民主党执行委员会委员,1890 年起任执行委员会主席。
1884—1911 年是帝国国会议员,1885 年起为社会民主党党团主席。1900
年起是社会党国际局成员,属于左翼,始终不渝地同机会主义进行斗争。
列宁称他是为无产阶级事业而斗争的不妥协的战士。——180。

休特古姆,阿尔伯特(Südekum, Albert 1871—1944)——德国社会民主党右
翼领袖之一,修正主义者。1900—1918 年是帝国国会议员。第一次世界
大战期间是社会沙文主义者。在殖民地问题上宣扬帝国主义观点,反对工
人阶级的革命运动。1918—1920 年任普鲁士财政部长。1920 年起不再
积极参加政治活动。"休特古姆"一词已成为极端机会主义者和社会沙文

主义者的通称。——446、448、449。

Y

雅科比,米哈伊尔(**亨德尔曼,米哈伊尔·雅柯夫列维奇**)(Якобий, Михаил
(Гендельман, Михаил Яковлевич))——俄国社会革命党人,1908 年由时
代出版社出版的《关于土地纲领的修改及其论证》一书的作者之一。
——416。

叶·库·——见库斯柯娃,叶卡捷琳娜·德米特里耶夫娜。

叶尔绍夫,彼得·安德列耶维奇(Ершов, Петр Андреевич 生于 1878 年)——
俄国第一届国家杜马喀山省代表。曾在喀山火药厂当绘图员。在杜马中
追随社会民主党人,参加管理委员会及其他委员会。1908 年是立宪民主
党喀山领导人之一。——233。

叶夫列伊诺夫,B.B.(Евреинов, B.B. 生于 1867 年)——俄国社会革命党人,第
二届国家杜马阿斯特拉罕省代表。曾任诺贝尔兄弟石油公司阿斯特拉罕
分部秘书。在杜马中是土地委员会委员。——341、343。

叶夫洛吉(**格奥尔吉耶夫斯基,瓦西里**)(Евлогий(Георгиевский, Василий)生
于 1868 年)——俄国君主派分子,黑帮组织"俄罗斯人民同盟"的领导人之
一。1902 年起为卢布林省主教。第二届和第三届国家杜马卢布林省和谢
德尔采省正教居民的代表。1914 年起为沃伦省大主教。十月革命后是流
亡国外的君主派首领之一。——371。

伊克斯——见马斯洛夫,彼得·巴甫洛维奇。

伊兹哥耶夫(**兰德**),亚历山大·索洛蒙诺维奇(Изгоев(Ланде), Александр
Соломонович 1872—1935)——俄国政论家,立宪民主党思想家。早年是
合法马克思主义者,一度成为社会民主党人,1905 年转向立宪民主党。曾
为立宪民主党的《言语报》、《南方札记》和《俄国思想》杂志撰稿,参加过《路
标》文集的工作。十月革命后为颓废派知识分子的《文学通报》杂志撰稿。
因进行反革命政论活动,于 1922 年被驱逐出境。——451、452、454。

伊兹迈洛夫,彼得·格里戈里耶维奇(Измайлов, Петр Григорьевич 生于 1880
年)——俄国社会民主党人,孟什维克,第二届国家杜马诺夫哥罗德省代
表。曾在彼得堡一家钟表厂工作,后为乡村教师;因有政治嫌疑被取消教

师资格,后务农。在杜马中是粮食委员会委员。因社会民主党党团案受审。——382。

伊兹沃尔斯基,亚历山大·彼得罗维奇(Извольский,Александр Петрович 1856—1919)——俄国外交家。1906年以前在梵蒂冈、贝尔格莱德、慕尼黑、东京和哥本哈根担任外交方面的领导职务。1906—1910年任俄国外交大臣,1910—1917年任驻巴黎大使。多次参加国际会谈和国际会议。十月革命后留居法国,支持外国武装干涉苏维埃俄国。——440、441、442。

尤拉舍夫斯基,彼得·彼得罗维奇(Юрашевский,Петр Петрович 1872—1945)——拉脱维亚国务活动家和社会活动家;职业是律师。第二届国家杜马库尔兰省代表,立宪民主党人。1907年起出版和编辑叶尔加瓦的《生活报》。1918年底起多次参加资产阶级拉脱维亚政府,1928年任拉脱维亚内阁总理。——372。

尤里涅,捷尼斯·亚诺维奇(Юрине,Тенис Янович 生于1873年)——爱沙尼亚社会活动家和国务活动家;职业是律师。第二届国家杜马爱斯兰省代表,属进步派。1918—1919年任爱沙尼亚资产阶级政府的陆军部长助理和副陆军部长。——372。

约尔丹斯基,尼古拉·伊万诺维奇(Иорданский,Николай Иванович 1876—1928)——1899年参加俄国社会民主主义运动。1903年俄国社会民主工党第二次代表大会后是孟什维克。1904年为孟什维克《火星报》撰稿人,1905年进入彼得堡苏维埃执行委员会。1906年是党的第四次(统一)代表大会有发言权的代表、俄国社会民主工党统一的中央委员会(孟什维克的)代表。斯托雷平反动时期接近孟什维克护党派。第一次世界大战期间支持战争。1917年二月革命后是临时政府派驻西南方面军多个集团军的委员。1921年加入俄共(布)。1922年在外交人民委员部和国家出版社工作,1923—1924年任驻意大利全权代表。1924年起从事写作。——111、419。

约翰——见马斯洛夫,彼得·巴甫洛维奇。

Z

祖勃琴科,加·л.(Зубченко,Г.Л.生于1859年)——俄国农民,乡长,追随过

立宪民主党。第一届国家杜马基辅省代表。曾在劳动派提交第一届杜马
审议的"33 人土地法案"上签名。——233。

左尔格,弗里德里希·阿道夫(Sorge, Friedrich Adolph 1828—1906)——美
国工人运动和国际工人运动活动家,马克思和恩格斯的学生和战友。生于
德国,参加过德国 1848—1849 年革命。革命失败后先后流亡瑞士、比利时
和英国,1852 年移居美国。在美国积极宣传马克思主义,是纽约共产主义
俱乐部(1857 年创立)和美国其他一些工人组织和社会主义组织的领导人
之一。第一国际成立后,积极参加国际的活动,是第一国际美国各支部的
组织者。1872 年第一国际总委员会从伦敦迁至纽约后,担任总委员会总
书记,直到 1874 年。1876 年参加北美社会主义工人党的创建工作,领导
了党内马克思主义者对拉萨尔派的斗争。与马克思和恩格斯长期保持通
信联系。90 年代从事美国工人运动史的研究和写作,著有《美国工人运
动》一书以及一系列有关美国工人运动史的文章,主要发表在德国社会民
主党理论刊物《新时代》杂志上。晚年整理出版了他与马克思和恩格斯等
人的书信集。1907 年书信集俄译本出版,并附有列宁的序言。列宁称左
尔格为第一国际的老战士。——67、323。

佐洛塔廖夫,阿基姆·米哈伊洛维奇(Золотарев, Аким Михайлович 1853—
1912)——沙俄将军,总参谋部尼古拉学院统计学教授,中央统计委员会主
席,官方统计编制人。曾统计 1905 年欧俄 50 个省的土地占有情况。反对
强制转让地主土地。——199。

文 献 索 引

［阿德勒,维·《关于妇女选举权问题的决议的修正案(在斯图加特国际社会党代表大会上提出)》］(［Adler, V. Die Abänderung zur Resolution zur Frage des Frauenwahlrechts, eingebracht auf dem Internationalen sozialistischen Kongreß zu Stuttgart].—«Vorwärts», Berlin, 1907, N 195, 22. August. 1. Beilage des «Vorwärts», S. 2. Unter dem Gesamttitel: Die Kommissionen. Frauenwahlrecht)——72、78。

阿克雪里罗得,帕·波·《［弗·伊·列宁〈俄国社会民主党人的任务〉一书］序言》(Аксельрод, П. Б. Предисловие［к книге В. И. Ленина «Задачи русских социал-демократов»].—В кн.: ［Ленин, В. И.］Задачи русских социал-демократов. С предисл. П. Аксельрода. Изд. РСДРП. Женева, тип. «Союза русских социал-демократов», 1898, стр. 1—5)——91。

——《关于我们的组织分歧的根源和意义问题》(载于《〈火星报〉的两年》文集)(К вопросу об источнике и значении наших организационных разногласий. (Из переписки с Каутским). (25 июня 1904 г., №68).—В кн.: «Искра» за два года. Сборник статей из «Искры». Спб., Салтыков, 1906, стр. 147—154)——101。

——《关于我们的组织分歧的根源和意义问题》(载于 1904 年 6 月 25 日《火星报》第 68 号)(К вопросу об источнике и значении наших организационных разногласий. (Из переписки с Каутским).—«Искра», ［Женева］, 1904, №68, 25 июня, стр. 2—3)——101。

——《帕·波·阿克雪里罗得为［弗·伊·列宁〈俄国社会民主党人的任务〉一书］第 1 版写的序言》(Предисловие П. Б. Аксельрода к первому изданию［книги В. И. Ленина «Задачи русских социал-демократов»].—В кн.: ［Ленин, В. И.］За 12 лет. Собрание статей. Т. 1. Два направления в русском марксизме и русской социал-демократии. Спб, тип. Безобразова, [1907], стр. 132 — 134. Перед загл. авт.: Вл. Ильин. На тит. л. год изд: 1908) ——91。

—《人民杜马和工人代表大会》(Народная дума и рабочий съезд. Изд. «Искры». Женева, тип. партии, 1905. 15 стр. (РСДРП))——4。

[阿列克辛斯基，格·阿·]阿列克谢耶夫[《关于俄国社会民主工党土地纲领草案的修正案(在俄国社会民主工党第四次(统一)代表大会第12次会议上提出)》]([Алексинский, Г. А.] Алексеев [Поправка к проекту аграрной программы РСДРП, внесенная на 12-ом заседании IV(Объединительного) съезда РСДРП].—В кн.: Протоколы Объединительного съезда РСДРП, состоявшегося в Стокгольме в 1906 г. М., тип. Иванова, 1907, стр. 152)——231。

埃·皮·——见皮梅诺娃，埃·基·。

[爱尔威，古·《关于军国主义和国际冲突问题的决议案(在斯图加特国际社会党代表大会上提出)》]([Hervé, G. Resolutionsentwurf zur Frage des Militarismus und der internationalen Konflikte, eingebracht auf dem Internationalen sozialistischen Kongreß zu Stuttgart].—« Vorwärts », Berlin, 1907, N 194, 21. August. 1. Beilage des «Vorwärts», S. 3. Unter dem Gesamttitel: Die Kommissionen. Der Militarismus und die internationalen Konflikte)——73、84。

奥列诺夫，米·《论土地地方公有化的理论基础》(Оленов, М. О теоретических основах муниципализации земли.—«Образование», Спб., 1907, №1, стр. 193—230)——264。

[贝尔，亨·《关于政党和工会的关系问题的决议案(在斯图加特国际社会党代表大会上提出)》]([Beer, H. Resolutionsentwurf zur Frage der Beziehungen zwischen der politischen Partei und den Gewerkschaften, eingebracht auf dem Internlationalen sozialistischen Kongreß zu Stuttgart].—«Vorwärts», Berlin, 1907, N 194, 21. August. 1. Beilage des «Vorwärts», S. 2. Unter dem Gesamttitel: Die Kommissionen. Die Beziehungen zwischen den politischen Parteien und den Gewerkschaften)——177、415。

贝尔,卡·和格尔梅尔先,格·《俄国及与其毗邻的亚洲诸国研究概论》(Baer,K.u.Helmersen,G.Beiträge zur Kenntnis des Russischen Reiches und der angränzenden Länder Asiens.Aus Kosten der Akademie der Wissenschaften hrsg.von Baer,K.u.Helmersen,G.11.Bd.Gemischten Inhalts.S.-Pb.,Die Akademie der Wissenschaften,1845.183 S.)——217。

[倍倍尔,奥·《关于军国主义和国际冲突问题的决议案(在斯图加特国际社会党代表大会上提出)》]([Bebel,A.Resolutionsentwurf zur Frage des Militarismus und der internationalen Konflikte,eingebracht auf dem Internationalen sozialistischen Kongreß zu Stuttgart].—«Vorwärts»,Berlin,1907,N 194,21.August.1.Beilage des«Vorwärts»,S.3.Unter dem Gesamttitel:Die Kommissionen.Der Militarismus und die internationalen Konflikte)——73、84。

彼舍霍诺夫,阿·瓦·《当前的主题。革命——适得其反》(Пешехонов,А.В.На очередные темы.Революция наоборот.—«Русское Богатство»,Спб.,1908,№1,стр.131—169;№2,стр.126—175)——408。

——《当前的主题。我们的纲领(它的梗概和范围)》(На очередные темы.Наша платформа(ее очертания и размеры).—«Русское Богатство»,Спб.,1906,№8,стр.178—206)——235。

——《农民运动提出的土地问题》(Аграрная проблема в связи с крестьянским движением.Изд.ред.журнала«Русское Богатство».Спб.,тип.Клобукова,1906.136 стр.)——249、314。

波格丹诺夫,亚·《恩斯特·马赫和革命》(Bogdanow,A.Ernst Mach und die Revolution.—«Die Neue Zeit»,Stuttgart,1907—1908,26.Jg.,Bd.1,N 20,S.695—700)——405。

[波格丹诺夫,亚·亚·《关于参加国家杜马选举的决议草案(1907年7月21—23日(8月3—5日)向俄国社会民主工党第三次代表会议("第二次全国代表会议")提出)》]([Богданов,А.А.Проект резолюции об участии в выборах в Государственную думу,внесенный на Третью конференцию РСДРП(«Вторую общероссийскую»).21—23 июля(3—5 августа)1907 г.].—В листовке:Извещение о партийной конференции 21,22

и 23 июля 1907 года. Изд. ЦК РСДРП. Б. м., [1907], стр. 2 — 3. (РСДРП))
—— 45 — 46、457 — 458。

伯内特，詹・《又出卖了！》(Burnett, J. Sold again! —«Justice», London, 1907,
N 1, 245, November 23, p. 4)—— 419。

布尔加柯夫，谢・尼・《资本主义和农业》(Булгаков, С. Н. Капитализм и
земледелие. Т. 1 — 2. Спб., Тиханов, 1900. 2 т.)—— 273。

布朗利，J. Т.《不光彩的和约》(Brownlie, J. T. A dishonourable peace. —«The
Labour Leader», London, 1907, N 21, November 15, p. 322)—— 420。

布鲁凯尔，路・德・《关于社会党和工会关系的报告（代表比利时工人党作
的）》(Brouckère, L., de. Rapport sur les rapports entre les partis
politiques socialistes et les associations professionnelles, présenté au nom
du Parti Ouvrier Belge. —In: Propositions et Projets de Résolutions avec
rapports, explicatifs présentés au congrès Socialiste International de
Stuttgart (18 — 24 août 1907). Edition en 3 langues du Bureau Socialiste
International. [Bruxelles, 1907], p. 30 — 88)—— 82。

[布鲁凯尔，路・《政党和工会之间的关系》（在斯图加特国际社会党代表大会
上的报告摘录）]([Брукер, Л. Отношения между политическими партия-
ми и профессиональными союзами. Отрывки из доклада на Международ-
ном социалистическом конгрессе в Штутгарте]. —«Радуга», 1917, №3,
ноябрь, стр. 60 — 65, в ст. [А. В. Луначарского] Воинова «Новые пути»)
—— 82。

蔡特金，克・《斯图加特国际社会党代表大会》（载于《闪电》文集）(Цеткина,
К. Международный социалистический конгресс в Штутгарте. —В кн.:
«Зарницы». Вып. I. Спб., тип. Безобразова, 1907, стр. 105 — 112)—— 178。

[蔡特金，克・]《斯图加特国际社会党代表大会》（载于《平等》杂志）([Zetkin,
К.]Der Internationale sozialistische Kongreß zu Stuttgart. —«Die Gleich-
heit», Stuttgart, 1907, N 18, 2. September)—— 67、68、70、74、76 — 78、
82、178。

车尔尼雪夫斯基，尼・加・《俄国文学果戈理时期概观》(Чернышевский, Н.
Г. Очерки гоголевского периода русской литературы)—— 310。

多尔戈鲁科夫,帕·《纪念彼·亚·葛伊甸伯爵》(Долгоруков,П.Памяти гр.
　　П.А.Гейдена.—«Русские Ведомости»,М.,1907,№136,16 июня,стр.2)
　　——34、38。

恩格斯,弗·[《给弗·阿·左尔格的信》(1886 年 4 月 29 日)](Энгельс,Ф.
　　[Письмо Ф.А.Зорге.29 апреля 1886 г.].—В кн.:Письма И.Ф.Беккера,
　　И.Дицгена,Ф.Энгельса,К.Маркса и др. к Ф.А.Зорге и др. Пер. с
　　немецкого Политикуса.С письмами и биографией Ф.А.Зорге.С предисл.Н.
　　Ленина.С портр.Ф.А.Зорге.Спб.,Дауге,1907,стр.245—250)——67。

—[《给弗·阿·左尔格的信》(1886 年 11 月 29 日)]([Письмо Ф.А.Зорге.
　　29 ноября 1886 г.].—Там же,стр.266—270)——393。

—[《给弗·阿·左尔格的信》(1889 年 12 月 7 日)]([Письмо Ф.А.Зорге.7
　　декабря 1889 г.].—Там же,стр.356—359)——393。

—[《给弗·阿·左尔格的信》(1891 年 6 月 10 日)]([Письмо Ф.А.Зорге.
　　10 июня 1891 г.].—Там же,стр.406—407)——393。

—[《给弗·阿·左尔格的信》(1893 年 1 月 18 日)]([Письмо Ф.А.Зорге.
　　18 января 1893 г.].—Там же,стр.439—440)——323。

—[《给弗·凯利-威士涅威茨基夫人的信》(1887 年 1 月 27 日)](Письмо
　　Ф.Келли-Вишневецкой. 27 января 1887 г.].—Там же, стр. 276 — 277)
　　——393。

—《公社的布朗基派的纲领》(Программа коммунаров-бланкистов.(«Volks-
　　staat»,1874 г.,№73).—В кн.:Энгельс,Ф.Статьи 1871 — 75 гг.Фогт.—
　　Бакунисты за работой.—Поляки.—Бланкисты.—О России.Пер. с нем.Б.
　　Смирнова под ред. А.Санина.Спб.,[«Знание»],1906,стр.41 — 48.(Де-
　　шевая б-ка т-ва«Знание».№271))——7。

—《公社的布朗基派流亡者的纲领》(Engels, F. Programm der
　　blanquistischen Kommune-Flüchtlinge.(«Volksstaat»,1874,N 73).—In:
　　Engels,F.Internationales aus dem Volksstaat(1871—75).Berlin,Expedi-
　　tion des«Vorwärts»Berliner Volksblatt,1894,S.40—46)——7。

—《关于共产主义者同盟的历史》(К истории Союза коммунистов.8 октября
　　1885 г.)——285。

—《论住宅问题》(К жилищному вопросу. Май 1872 г.—январь 1873 г.)
——324。

—《〈人民国家报〉国际问题论文集(1871—1875)》(Internationales aus dem Volksstaat(1871—75).Berlin,Expedition des«Vorwärts»Berliner Volksblatt,1894.72 S.)——7。

—《1871—1875 年论文集》(Статьи 1871—75 гг.фогт.—Бакунисты за работой.—Поляки.—Бланкисты.—О России.Пер.с нем.Б.Смирнова под ред. А.Санина.Спб.,[«Знание»],1906,77 стр.(Дешевая б-ка т-ва«Знание». №271))——7。

—《1891 年社会民主党纲领草案批判》(Zur Kritik des sozialdemokratischen Programmentwurfes 1891.—«Die Neue Zeit»,Stuttgart,1901—1902,Jg. XX,Bd.I,N 1,S.5—13)——425。

菲尔索夫,德・和雅科比,米・《关于土地纲领的修改及其论证》——见《关于土地纲领的修改及其论证》。

费多罗夫,米・巴・[《在沙皇接见地方自治人士代表团时的讲话》(1905 年 6 月 6 日(19 日))](Федоров,М.П.[Речь во время приема царем земской делегации 6(19)июня 1905 г.].—«Правительственный Вестник»,Спб., 1905,№121,8(21)июня,стр.1)——113。

芬-叶诺塔耶夫斯基,亚・尤・《土地问题和社会民主党》(Финн-Енотаевский,А.Ю.Аграрный вопрос и социал-демократия.[Спб.,1906].83 стр.) ——236—237、250、278、281。

冯维辛,杰・伊・《纨绔少年》(Фонвизин,Д.И.Недоросль)——59。

[盖得,茹・《关于军国主义和国际冲突问题的决议案(在斯图加特国际社会党代表大会上提出)》]([Guesde,J. Resolutionsentwurf zur Frage des Militarismus und der internationalen Konflikte,eingebracht auf dem Internationalen sozialistischen Kongreß zu Stuttgart].—« Vorwärts », Berlin,1907,N 194,21.August.1.Beilage des«Vorwärts»,S.3.Unter dem Gesamttitel:Die Kommissionen.Der Militarismus und die internationalen Konflikte)——73、84。

哥尔恩,弗・《关于未来》(Горн,В.О завтрашнем дне.—«Товарищ»,Спб.,

1907,№348,18(31)августа,стр.1）——49、50—54、56。

歌德,约翰·沃尔弗冈《酬唱集》（Гёте,Иоганн Вольфганг.Кроткие Ксении）
——41—42。

　—《西东诗集》（Западно-восточный диван）——450。

［格尔舒尼,格·安·］《格·安·格尔舒尼在社会革命党紧急代表大会上的
讲话》（［Гершуни.Г.А.］Речь Г.А.Гершуни,произнесенная на экстренном
съезде партии социалистов-революционеров.Б.м.,1907.15 стр.）——153。

格里鲍耶陀夫,亚·谢·《智慧的痛苦》（Грибоедов,А.С.Горе от ума）——
22、148。

格列博夫,А.В.《是补偿而不是赎买！……》（Глебов,А.В.Вознаграждение,а
не выкуп!..—В кн.:Сборник «Известий Крестьянских Депутатов» и
«Трудовой России».М.,1906,стр.44—49）——211。

［格罗曼,弗·］《全俄农民协会》（［Громан,В.］Всероссийский крестьянский
Союз.—В кн.:Материалы к крестьянскому вопросу.Отчет о заседаниях
делегатского съезда Всероссийского крестьянского союза 6 — 10 ноября
1905 г.С вступительной статьей В.Громана.［Спб.］,«Новый Мир»,1905,
стр.1—32）——236—237、248—249、251。

果戈理,尼·瓦·《钦差大臣》（Гоголь,Н.В.Ревизор）——119、120。

　—《死魂灵》（Мертвые души）——179、310。

［赫鲁斯塔廖夫-诺萨尔,格·］《来自泰晤士河畔》（［Хрусталев-Носарь,Г.］С
берегов Темзы.—«Товарищ»,Спб.,1907,№260,8（21）мая,стр.1—2；
№266,15（28）мая,стр.3；№287,8（21）июня,стр.1.Подпись:
Переяславский,Ю.）——148。

考茨基,卡·《俄国革命的动力和前途》（德文版）（Kautsky,K.Triebkräfte
und Aussichten der russischen Revolution.—«Die Neue Zeit»,Stuttgart,
1906—1907,25.Jg.,Bd.1,N9,S.284—290；N 10,S.324—333）——
317—318。

　—《俄国革命的动力和前途》（俄文版）（Каутский,К.Движущие силы и
перспективы русской революции.Пер.с немецкого.（«Neue Zeit»,№№9 и
10,25.Jg.,Bd.I）.Под ред.и с предисл.Н.Ленина.М.,«Новая Эпоха»,

1907.32 стр.）——317—318。

——《俄国土地问题》（Die Agrarfrage in Rußland.—«Die Neue Zeit»，Stuttgart，1905—1906，24.Jg.，Bd.1，N 13，S.412—423）——280、355。

——［《给 M.沙宁的信》（1906 年 4 月）］（Письмо М. Шанину. Апрель 1906 г.].—В кн.：Шанин，М. Муниципализация или раздел в собственность? Характер нашего аграрного кризиса. Вильно，«Трибуна»，1907，стр. 4）——330。

——［《关于卡·考茨基在莱比锡同志们一次集会上的讲话的报道》]（［Der Bericht über die Rede von K. Kautsky in einer Versammlung der Leipziger Genossen].—«Vorwärts»，Berlin，1907，N 209，7.September.1. Beilage des«Vorwärts»，S.1. Unter dem Gesamttitel：Debatten über den Stuttgarter Kongreß. Leipzig)——69、71、82、178、411—412。

——《考茨基关于土地纲领的信》（载于《论土地纲领问题》一书）（Письмо Каутского об аграрной программе.—В кн.：К вопросу об аграрной программе.1）П. Маслов. Землепользование или землевладение? 2）К. Каутский.Письмо об аграрной программе.［Спб.］，«Новый Мир»，［1905］，стр.14—16）——330。

——［《考茨基关于土地纲领的信》]（载于 1906 年 2 月《真理》杂志第 4 期）（［Письмо Каутского об аграрной программе].—«Правда»，М.，1906，кн. IV，февраль，стр.157—160）——330。

——《曼海姆党代表大会》（Der Parteitag von Mannheim.—«Die Neue Zeit»，Stuttgart，1906—1907，25.Jg.，Bd.1，N 1，S.4—10）——177。

——《社会革命》（第 1 编：社会改良和社会革命）（Die soziale Revolution.I.Sozialreform und soziale Revolution. 2. durchges. und verm. Aufl. Berlin，Buchhandlung«Vorwärts»，1907.64 S.）——319、394。

——《[〈社会革命〉]一书第二版序言》（Vorwort zur zweiten Auflage［des Buches « Die soziale Revolution ».—In：Kautsky，K. Die soziale Revolution.I.Sozialreform und soziale Revolution. 2. durchges. und verm. Aufl.Berlin，Buchhandlung«Vorwärts»，1907，S.5—6）——319。

——《斯图加特代表大会》（Der Stuttgarter Kongreß.—«Die Neue Zeit»，

Stuttgart,1906—1907,25.Jg.,Bd.2,N 48,S.724—730)——68。

——《土地问题。现代农业趋势和社会民主党的土地政策概述》(Die Agrar-frage.Eine Übersicht über die Tendenzen der modernen Landwirtschaft und die Agrarpolitik der Sozialdemokratie. Stuttgart, Dietz, 1899. VIII, 451 S.)——241、263、271。

——《政党和工会》(Partei und Gewerkschaft.—«Die Neue Zeit», Stuttgart, 1905—1906, 24. Jg., Bd. 2, N 48, S. 716—725; N 49, S. 749—754)——177。

考夫曼,理·《地方财权》(Kaufmann, R. Die Kommunalfinanzen(Großbritannien, Frankreich, Preußen). Leipzig, Hirschfeld, 1906. 2 Bände. (Hand- und Lehrbuch der Staatswissenschaften in selbständigen Bäinden, begründet von K. Frankenstein, fortgesetzt von Heckel. 2. Abt.: Finanzwissenschaft. V. Bd.))——307。

考夫曼,亚·阿·《关于补充份地的份额问题》(Kауфман, A. A. К вопросу о нормах дополнительного наделения.—В кн.: Аграрный вопрос. Т. II. Сборник статей Брейера, Бруна, Воробьева, Герценштейна, Дена, Кауфмана, Кутлера, Левитского, Мануилова, Петрункевича, Хауке, Чупрова, Якушкина. М., «Беседа», 1907, стр. 261—304. (Изд. Долгорукова и Петрункевича))——187、197、303、321。

——《清醒一下吧……》(Одумайтесь...—«Русские Ведомости», М., 1908, №32,8 февраля, стр.2)——408。

——《谈谈私有地产的种植经济意义的问题》(К вопросу о культурно-хозяйственном значении частного землевладения.—В кн.: Аграрный вопрос. Т. II. Сборник статей Брейера, Бруна, Воробьева, Герценштейна, Дена, Кауфмана, Кутлера, Левитского, Мануилова, Петрункевича, Хауке, Чупрова, Якушкина. М., « Беседа », 1907, стр. 442—628. (Изд. Долгорукова и Петрункевича))——310。

——《移民及其在土地纲领中的作用》(Переселение и его роль в аграрной программе.—В кн.: Аграрный вопрос. [Т. I]. Сборник статей Герценштейна, Долгорукова, Дена, Иверонова, Кауфмана, Мануилова, Петрун-

кевича,Фортунатова, Чупрова. Изд. 2-ое. М. , «Беседа» , 1906, стр. 126 —
159.(Изд.Долгорукова и Петрункевича))——215、216、218。

——《移民与垦殖》(Переселение и колонизация. Спб. , 1905. IX, 349, 81 стр.
(Б-ка«Общественной пользы»))——215、390。

克雷洛夫,伊·安·《鹰和鸡》(Крылов,И.А.Орел и Куры)——180。

克罗奇,P.《九泉之下仍咬牙切齿。新的一套不可避免》(Croci,P. L'ira nemica
anche oltre tomba.L'inevitabilità d'una nuova instaurazione.—«Corriere
della Sera»,Milano,1908,N 42,11 Febbraio,p.5)——424。

——《民族情绪》(Lo stato d'animo nazionale.—«Corriere della Sera»,
Milano,1908,N 41,10 Febbraio,p.1—2)——424。

——《人民拜谒国王遗体》(La visita del popolo alle salme reali.—«Corriere
della Sera»,Milano,1908,N 41,10 Febbraio,p.2)——424。

库斯柯娃,叶·德·《党的畏光症》(Кускова,Е.Д.Партийная светобоязнь.—
«Товарищ»,Спб. , 1907, №374, 18 сентября(1 октября) , стр. 3. Подпись:
Е.К.)——148。

库特列尔,尼·尼·《关于扩大和改进农民地产的措施的法案》(Кутлер.Н.Н.
Проект закона о мерах к расширению и улучшению крестьянского зем-
левладения.—В кн.: Аграрный вопрос. Т. II. Сборник статей Брейера,
Бруна,Воробьева,Герценштейна,Дена,Кауфмана,Кутлера,Левитского,
Мануилова,Петрункевича,Хауке,Чупрова,Якушкина. М. , «Беседа» ,
1907,стр. 629 — 648. (Изд. Долгорукова и Петрункевича))——211、
342、347。

拉布里奥拉,阿·《改良主义和工团主义》(Лабриола,А.Реформизм и синди-
кализм.С предисл.автора к русск. изд. Пер. с итальянского Г. Кирдецова,
под ред.и с послесл. А.Луначарского.Спб. ,[«Шиповник»],1907.267 стр.)
——417。

拉林,尤·《农民问题和社会民主党》(Ларин, Ю. Крестьянский вопрос и
социал-демократия. [Спб.], « Новый Мир», 1906. 111 стр.)——323、
328—329。

[列宁,弗·伊·]《彼得·马斯洛夫是怎样修改卡尔·马克思的草稿的》

（［Ленин, В. И.］Как Петр Маслов исправляет черновые наброски Карла Маркса.—«Пролетарий», Женева, 1908, №33, (5 авг.) 23 июля, стр. 3 — 6)——408。

—《抵制布里根杜马和起义》(Бойкот булыгинской Думы и восстание.— «Пролетарий», Женева, 1905, №12, 16(3) августа, стр. 1)——25 — 26。

—《地方自治机关的迫害者和自由主义的汉尼拔》(载于［列宁, 弗·伊·］《十二年来》文集第 1 卷)(Гонители земства и Аннибалы либерализма.— В кн.:［Ленин, В. И.］За 12 лет. Собрание статей. Т. 1. Два направления в русском марксизме и русской социал-демократии. Спб., тип. Безобраэова, ［1907］, стр. 151 — 184. Перед загл. авт.: Вл. Ильин. На тит. л. год изд.: 1908)——92。

—《地方自治机关的迫害者和自由主义的汉尼拔》(载于 1901 年 12 月《曙光》杂志第 2—3 期合刊)(Гонители земства и Аннибалы либерализма.— «Заря», Stuttgart, 1901, №2 — 3, декабрь, стр. 60 — 100. Подпись: Т. П.) ——92。

—《地方自治运动和〈火星报〉的计划》(Земская кампания и план «Искры». Изд-во соц.-дем. партийной литературы В. Бонч-Бруевича и Н. Ленина. Женева, кооп. тии., 1904. 26 стр. (Только для членов партии. РСДРП). Перед загл. авт.: Н. Ленин)——102。

—《对普列汉诺夫的第二个纲领草案的批评》(Отзыв о втором проекте программы Плеханова.［Март, до 14(27), 1902 г.］. Рукопись)——99。

—《对［普列汉诺夫的第二个］纲领草案的意见》(Замечания на［второй］ проект программы［Плеханова］.［Март, до 14 (27) 1902 г.］. Рукопись) ——99。

—《对委员会的纲领草案的补充意见》(Дополнительные замечания на комиссионный проект программы.［Начало апреля 1902 г.］. Рукопись) ——99。

—《对委员会的纲领草案的意见》(Замечания на комиссионный проект программы.［28 марта(10 апреля) 1902 г.］. Рукопись)——99。

—《俄国社会民主党人的任务》(1898 年日内瓦版)(Задачи русских

социал-демократов. С предисл. П. Аксельрода. Изд. РСДРП. Женева, тип. «Союза русских социал-демократов», 1898. 32 стр.）——91。

——《俄国社会民主党人的任务》（1902 年日内瓦第 2 版）（Задачи русских социал-демократов. Изд. 2-е. С предисл. автора и П. Б. Аксельрода. Изд. Загран. лиги русск. революционной социал-демократии. Женева, тип. Лиги, 1902. XI, 24 стр. (РСДРП). Перед загл. авт. : Н. Ленин）——91。

——《俄国社会民主党人的任务》（1905 年日内瓦第 3 版）（Задачи русских социал-демократов. 3-е изд. Изд. ЦК РСДРП. Женева, тип. партии, 1905. [1], 37 стр. (РСДРП). Перед загл. авт. : Н. Ленин）——91。

——《俄国社会民主党人的任务》（载于［列宁, 弗·伊·］《十二年来》文集第 1 卷）（Задачи русских социал-демократов. — В кн. : ［Ленин, В. И.］За 12 лет. Собрание статей. Т. 1. Два направления в русском марксизме и русской социал-демократии. Спб. , тип. Безобразова, ［1907］, стр. 127 — 149. Перед загл. авт. : Вл. Ильин. На тит. л. год изд. : 1908）——91。

——《［〈俄国社会民主党人的任务〉］第二版序言》（载于［列宁, 弗·伊·］《俄国社会民主党人的任务》一书）（Предисловие ко второму изданию［книги «Задачи русских социал-демократов»］. — В кн. : ［Ленин, В. И.］Задачи русских социал-демократов. Изд. 2-е. С предисл. автора и П. Б. Аксельрода. Изд. Загран. лиги русск. революционной социал-демократии. Женева, тип. Лиги, 1902, стр. VI — XI. (РСДРП). Перед загл. авт. : Н. Ленин）——91。

——《［〈俄国社会民主党人的任务〉］第二版序言》（载于［列宁, 弗·伊·］《十二年来》文集第 1 卷）（Предисловие ко второму изданию［книги «Задачи русских социал-демократов»］. — В кн. : ［Ленин, В. И.］За 12 лет. Собрание статей. Т. 1. Два направления в русском марксизме и русской социал-демократии. Спб. , тип. Безобразова, ［1907］, стр. 128 — 131. Перед загл. авт. : Вл. Ильин. На тит. л. год изд. : 1908）——91。

——《［〈俄国社会民主党人的任务〉］第三版序言》（载于［列宁, 弗·伊·］《俄国社会民主党人的任务》一书 ）（Предисловие к III изданию［книги «Задачи русских социал-демократов»］. — В кн. : ［Ленин, В. И.］Задачи русских социал-демократов. 3-е изд. Изд. ЦК РСДРП. Женева, тип.

партии,1905,стр.[1].(РСДРП))——91。

—《[〈俄国社会民主党人的任务〉]第三版序言》(载于[列宁,弗·伊·]《十二年来》文集第 1 卷)(Предисловие к III изданию[книги«Задачи русских социал-демократов»].—В кн.:[Ленин,В.И.]За 12 лет.Собрание статей. Т.1.Два направления в русском марксизме и русской социал-демократии. Спб.,тип. Безобразова,[1907],стр. 128. Перед загл. авт.: Вл. Ильин. На тит. л. год изд.:1908)——91。

—《俄国社会民主工党纲领草案》(Проект программы Российской социал-демократической рабочей партии.[Между 25 января(7 февраля)и 18 февраля(3 марта)1902 г.].Рукопись)——99。

—《[俄国社会民主工党圣彼得堡组织代表会议关于第三届国家杜马的]决议》(Резолюция [о III Государственной думе конференции с.-петербургской организации РСДРП.27 октября(9 ноября)1907 г.].—«Пролетарий»,[Выборг],1907,№19,5 ноября,стр. 7. На газ. место изд.: М. Загл.:Резолюция конференции Спб. организации РСДРП)——124、125 —126。

—《俄国资本主义的发展》(1899 年圣彼得堡版)(Развитие капитализма в России. Процесс образования внутреннего рынка для крупной промышленности.Спб.,Водовозова,1899. IX, IV, 480 стр.;2л. диагр.；VIII стр. табл. Перед загл. авт.:Владимир Ильин)——91、207、216、217、244、282。

—《俄国资本主义的发展》(1908 年圣彼得堡第 2 版)(Развитие капитализма в России. Процесс образования внутреннего рынка для крупной промышленности.Изд.2-е,доп.Спб.,«Паллада»,1908. VIII, VIII, 489 стр. Перед загл. авт.:Владимир Ильин)——207。

—《反对抵制》(Против бойкота.(Из заметок с.-д. публициста).—В кн.:О бойкоте третьей Думы.[Спб.],1907,стр. 1—24. Подпись:Н. Ленин. На обл. место изд.:М.,тип. Горизонтова)——181。

—《非批判的批判》(Некритическая критика.(По поводу статьи г-на П. Скворцова«Товарный фетишизм» в №12 «Научного Обозрения» за 1899 год).—«Научное Обозрение»,Спб.,1900,№5,стр. 945 — 954；№6,стр.

1061—1067. Подпись: В. Ильин）——206。

——《弗·梅林论第二届杜马》》(Фр. Меринг о второй Думе.—В кн.: Вопросы тактики. Сборник II, Спб., «Новая Дума», 1907, стр. 65—72. Подпись: К. Т.）——141。

——《关于党纲的历史》——见列宁, 弗·伊·《为瓦·瓦·沃罗夫斯基〈蛊惑宣传的产物〉一文所加的附注》。

——[《关于党纲问题的发言(1903 年 7 月 22 日(8 月 4 日)在俄国社会民主工党第二次代表大会上)》]([Речь по вопросу о программе партии 22 июля(4 августа)1903 г. на II съезде РСДРП].—В кн.: Второй очередной съезд Росс. соц-дем. рабочей партии. Полный текст протоколов. Изд. ЦК. Женева, тип. партии, [1904], стр. 130—132. (РСДРП))——99—100。

——《关于俄国社会民主工党统一代表大会的报告》(给彼得堡工人的信)(Доклад об Объединительном съезде РСДРП. (Письмо к петербургским рабочим). М.—Спб., [тип. «Дело»], 1906. 111 стр.)——258、290、293—296、298、312。

——《关于土地问题的总结发言[在俄国社会民主工党第四次(统一)代表大会上]》(Заключительное слово по аграрному вопросу[на IV (Объединительном) съезде РСДРП].—В кн.: Протоколы Объединительного съезда РСДРП, состоявшегося в Стокгольме в 1906 г. М., тип. Иванова, 1907, стр. 103—110)——295、319。

——《进一步, 退两步(我们党内的危机)》(1904 年日内瓦版)(Шаг вперед, два шага назад. (Кризис в нашей партии). Женева, тип. партии, 1904. VIII, 172 стр. (РСДРП). Перед загл. авт.: Н. Ленин)——96、98、99、100、101、105。

——《进一步, 退两步(我们党内的危机)》(载于[列宁, 弗·伊·]《十二年来》文集第 1 卷)(Шаг вперед, два шага назад. (Кризис в нашей партии).—В кн.: [Ленин, В. И.] За 12 лет. Собрание статей. Т. 1. Два направления в русском марксизме и русской социал-демократии. Спб., тип. Безобразова, [1907], стр. 301—369. Перед загл. авт.: Вл. Ильин. На тит. л. год изд.: 1908)——96、100。

——《[卡·考茨基〈俄国革命的动力和前途〉一书]俄译本序言》(Предис-
ловие к русскому переводу [книги К. Каутского «Движущие силы и
перспективы русской революции»].—В кн.: Каутский, К. Движущие
силы и перспективы русской революции. Пер. с нем. («Neue Zeit», №№ 9 и
10, 25. Jg., Bd. I). Под ред. и с предисл. Н. Ленина. М., «Новая Эпоха»,
1907, стр. 1—7)——317。

——《立宪民主党人的胜利和工人政党的任务》(Победа кадетов и задачи
рабочей партии. Спб., [«Наша Мысль», 1906]. 79 стр. Перед загл. авт.: Н.
Ленин)——104。

——《论策略书》(第一封信)(Письма о тактике. Письмо 1-е. Пг., «Прибой»,
1917. 20 стр. (РСДРП). Перед загл. авт.: Н. Ленин)——397。

——《论党的改组》(О реорганизации партии.—«Новая Жизнь», Спб., 1905,
№ 9, 10 ноября, стр. 2—3; № 13, 15 ноября, стр. 2; № 14, 16 ноября, стр. 2.
Подпись: Н. Ленин)——97。

——《论抵制》(О бойкоте.—«Пролетарий», [Выборг], 1906, № 1, 21 августа,
стр. 2—3. На газ. место изд.: М.)——25。

——《马克思论美国的"土地平分"》(Маркс об американском «черном пере-
деле».—«Вперед», Женева, 1905, № 15, 20 (7) апреля, стр. 1—2)——241。

——《马克思主义在资产阶级著作中的反映》(Отражение марксизма в бур-
жуазной литературе. [Реферат. Осень 1894 г.])——90。

——《民粹主义的经济内容及其在司徒卢威先生的书中受到的批评》(载于
[列宁,弗·伊·]《十二年来》文集第 1 卷)(Экономическое содержание
народничества и критика его в книге г. Струве. (Отражение марксизма в
буржуазной литературе). По поводу книги г. Струве: Критические заметки
к вопросу об экономическом развитии России. Спб. 1894 г.—В кн.:
[Ленин, В. И.] За 12 лет. Собрание статей. Т. 1. Два направления в русском
марксизме и русской социал-демократии. Спб., тип. Безобразова, [1907],
стр. 1—125. Перед загл. авт.: Вл. Ильин. На тит. л. год изд.: 1908)——
89、91。

——《民粹主义的经济内容及其在司徒卢威先生的书中受到的批评》(载于

《说明我国经济发展状况的资料》文集）（Экономическое содержание народничества и критика его в книге г. Струве. (По поводу книги П. Струве: Критические заметки к вопросу об экономическом развитии России. Спб. 1894 г.).—В кн.: Материалы к характеристике нашего хозяйственного развития. Сборник статей. Спб., тип. Сойкина, 1895, стр. 1 — 144. Подпись: К. Тулин)——89、91、92。

—《"你会听到蠢人的评判……"》》（«Услышишь суд глупца...». (Из заметок с.-д. публициста). Спб., «Новая Дума», 1907. 24 стр.)——152。

—《社会民主党在民主革命中的两种策略》（1905 年日内瓦版）（Две тактики социал-демократии в демократической революции. Изд. ЦК РСДРП. Женева, тип. партии, 1905. VIII, 108 стр. (РСДРП). Перед загл. авт.: Н. Ленин)——103。

—《社会民主党在民主革命中的两种策略》（1905 年圣彼得堡版）（Две тактики социал-демократии в демократической революции. [Спб.], изд. ЦК РСДРП, [1905]. IV, 129 стр. (РСДРП))——181。

—《社会民主党在民主革命中的两种策略》（载于[列宁，弗·伊·]《十二年来》文集第 1 卷）（Две тактики социал-демократии в демократической революции.—В кн.: [Ленин, В. И.] За 12 лет. Собрание статей. Т. 1. Два направления в русском марксизме и русской социал-демократии. Спб., тип. Безобразова, [1907], стр. 387 — 469. Перед загл. авт.: Вл. Ильин. На тит. л. год изд.: 1908)——103。

—《社会民主党在 1905—1907 年俄国第一次革命中的土地纲领》（Аграрная программа социал-демократии в первой русской революции 1905 — 1907 гг. Пг., «Жизнь и Знание», 1917. VIII, 271 стр. (Б-ка обществоведения. Кн. 39-ая). Перед загл. авт.: В. Ильин (Н. Ленин))——396。

—《十二年来》文集（За 12 лет. Собрание статей. Т. 1. Два направления в русском марксизме и русской социал-демократии. Спб., тип. Безобразова, [1907]. XII, 471 стр. Перед загл. авт.: Вл. Ильин. На тит. л. год изд.: 1908)——86、89、92、93、96、100、103。

—《斯图加特国际社会党代表大会》（Международный социалистический

конгресс в Штутгарте. — В кн.: Календарь для всех на 1908 год. Б. м.,
[1907], стлб. 169 — 178. Подпись: Н. Л—ъ) —— 178。

—《土地问题》(第 1 册) (Аграрный вопрос. Ч. I. Спб., 1908. 264 стр. Перед
загл. авт.: Вл. Ильин) —— 263、359。

—《土地问题和"马克思的批评家"》(载于[列宁，弗·伊·]《土地问题》一
书) (Аграрный вопрос и «критики Маркса». — В кн.: [Ленин, В. И.]
Аграрный вопрос. Ч. I. Спб., 1908, стр. 164 — 263. Перед загл. авт.: Вл.
Ильин) —— 263、359。

—《土地问题和"马克思的批评家"》(载于 1901 年 12 月《曙光》杂志第 2 —
3 期合刊) (Аграрный вопрос и «критики Маркса». — «Заря», Stuttgart,
1901, №2 — 3, декабрь, стр. 258 — 302. Загл.: Гг. критики в аграрном
вопросе. Подпись: Н. Ленин) —— 263、269、273、274。

—[《为瓦·瓦·沃罗夫斯基〈蛊惑宣传的产物〉一文所加的附注》]([При-
мечание к статье В. В. Воровского «Плоды демагогии»]. — « Вперед»,
Женева, 1905, №11, 23 (10) марта, стр. 2) —— 99。

—《无产阶级在我国革命中的任务(无产阶级政党的行动纲领草案)》(Задачи
пролетариата в нашей революции. (Проект платформы пролетарской
партии). Пб., «Прибой», сентябрь 1917. 38 стр. (РСДРП). Перед загл.
авт.: Н. Ленин) —— 397。

—《无产者的漂亮示威和某些知识分子的拙劣议论》(О хороших демонст-
рациях пролетариев и плохих рассуждениях некоторых интелли-
гентов. — «Вперед», Женева, 1905, №1, 4 января (22 декабря 1904), стр.
2 — 3) —— 103。

—《修改工人政党的土地纲领》(Пересмотр аграрной программы рабочей
партии. №1. Спб., «Наша Мысль», 1906. 31 стр.) —— 220、225、231、258、
302、308、310、312、377、378。

—《怎么办？(我们运动中的迫切问题)》(1902 年斯图加特版)(Что делать?
Наболевшие вопросы нашего движения. Stuttgart, Dietz, 1902. VII, 144
стр. После загл. авт.: Н. Ленин) —— 92、94、96、98、99、100、105。

—《怎么办？(我们运动中的迫切问题)》(载于[列宁，弗·伊·]《十二年来》

文集第 1 卷）（Что делать? Наболевшие вопросы нашего движения.——В кн.：［Ленин, В. И.］За 12 лет. Собрание статей. Т. 1. Два направления в русском марксизме и русской социал-демократии. Спб., тип. Безобразова，［1907］, стр. 185 — 300. Перед загл. авт.：Вл. Ильин. На тит. л. год изд.：1908)——92、96。

——《政治短评》（Политические заметки.——«Пролетарий»，［Женева］, 1908，№21, 26(13)февраля, стр. 2)——407。

［列宁,弗·伊·和卢森堡,罗·《对倍倍尔关于军国主义和国际冲突问题的决议案的修正（在斯图加特国际社会党代表大会上提出）》］（［Lenin, W. I. u. Luxemburg. R. Änderungen zur Resolutionsentwurf Bebels zur Frage des Militarismus und der internationalen Konflikte, eingebracht auf dem Internationalen sozialistischen Kongreß zu Stuttgart］.——« Vorwärts »，Berlin, 1907, N 196, 23. August. 1. Beilage des« Vorwärts »，S. 3. Unter dem Gesamttitel：Die Kommissionen. Der Militarismus und die internationalen Konflikte)——62、63、73、84。

卢那察尔斯基,阿·瓦·《［阿·拉布里奥拉〈改良主义和工团主义〉一书］跋》（Луначарский, А. В. Послесловие［к книге А. Лабриолы «Реформизм и синдикализм»］.——В кн.：Лабриола, А. Реформизм и синдикализм. С предисл. автора к русск. изд. Пер. с итальянского г. Кирдецова, под ред. и с послесл. А. Луначарского. Спб.，［«Шиповник»］, 1907, стр. 246 — 267)——417。

鲁巴金,尼·亚·《从统计数字看特列波夫党派》（Рубакин, Н. А. Треповская партия в цифрах.——«Народный Вестник»，Спб., 1906, №20, 31 мая（13 июня), стр. 1)——202。

——《从统计数字看我国执政的官僚》（Наша правящая бюрократия в цифрах.（Из«Этюдов о чистой публике»).——«Сын Отечества»，Спб., 1905, №54, 20 апреля(3 мая), стр. 2—3)——202。

洛贝尔图斯-亚格措夫,约·卡·《给冯·基尔希曼的社会问题书简》（Rodbertus-Jagetzow, I. K. Soziale Briefe an von Kirchmann)——267。

［马尔托夫,尔·］《能够规避吗?》（给编辑部的信）（［Мартов, Л.］Можно ли

уклониться?（Письмо в редакцию）.—«Товарищ», Спб., 1907, №301, 24 июня(7 июля), стр. 1—2）——14—15、29。

—《现代俄国社会党人之歌》（Гимн новейшего русского социалиста.— «Заря», Stuttgart, 1901, №1, апрель, стр. 152—153. Подпись: Нарцисс Тупорылов）——394。

马克思,卡·《给路·库格曼的信》（1869 年 3 月 3 日）（Маркс, К. Письмо Л. Кугельману. 3 марта 1869 г.）——21。

—《给路·库格曼的信》（1871 年 4 月 12 日和 17 日）（Письмо Л. Кугельману. 12 и 17 апреля 1871 г.）——437。

—《国际工人协会总委员会关于普法战争的第二篇宣言》（Второе воззвание Генерального Совета Международного Товарищества Рабочих о франко-прусской войне. 9 сентября 1870 г.）——23、435。

—《[〈路易·波拿巴的雾月十八日〉] 第二版序言》（Предисловие ко второму изданию [работы «Восемнадцатое брюмера Луи Бонапарта»]. 23 июня 1869 г.）——81。

—《普鲁士反革命和普鲁士法官》（Прусская контрреволюция и прусское судейское сословие. Около 23 декабря 1848 г.）——115。

—《剩余价值理论》（德文版第 1 卷）（Marx, K. Theorien über den Mehrwert. Aus dem nachgelassenen Manuskript «Zur Kritik der politischen Ökonomie». Hrsg. von K. Kautsky. Bd. I. Die Anfänge der Theorie vom Mehrwert bis Adam Smith. Stuttgart, Dietz, 1905. XX, 430 S.）——265。

—《剩余价值理论》（德文版第 2 卷第 1 册）（Theorien über den Mehrwert. Aus dem nachgelassenen Manuskript «Zur Kritik der politischen Ökonomie». Hrsg. von K. Kautsky. Bd. II. David Ricardo. T. 1. Stuttgart, Dietz, 1905. XII, 344 S.）——238、240、262、265、266、284—285。

—《剩余价值理论》（德文版第 2 卷第 2 册）（Theorien über den Mehrwert. Aus dem nachgelassenen Manuskript «Zur Kritik der politischen Ökonomie». Hrsg. von K. Kautsky. Bd. II. David Ricardo. T. 2. Stuttgart, Dietz, 1905. IV, 384 S.）——238—240、262、265。

—《资本论》（德文版第 3 卷上册）（Das Kapital. Kritik der politischen Ökonomie. Bd. III. T. 1. Buch III: Der Gesamtprozeß der kapitalistischen Produktion. Kapitel I bis XXVIII. Hrsg. von F. Engels. Hamburg, Meißner, 1894. XXVIII, 448 S.)——257、265、268、271、274。

——《资本论》（德文版第 3 卷下册）（Das Kapital. Kritik der politischen Ökonomie. Bd. III. T. 2. Buch III: Der Gesamtprozeß der kapitalistischen Produktion. Kapitel XXIX bis LII. Hrsg. von F. Engels. Hamburg, Meißner, 1894. IV, 422 S.)——240、257、265——266、267——270、271、274、279、280、282。

——《资本论》（俄文版第 1 卷）（Капитал. Критика политической экономии. Т. I. 1867)——81。

马克思，卡·和恩格斯，弗·《共产党宣言》（Маркс, К. и Энгельс, Ф. Манифест Коммунистической партии. Декабрь 1847 г.—январь 1848 г.)——146。

——《海尔曼·克利盖在纽约编辑出版的〈人民代言者报〉》（Marx, K. u. Engels, F. Der Volkstribun, redigiert von Hermann Kriege in New-York.—In: Marx, K. u. Engels, F. Gesammelte Schriften von Karl Marx und Friedrich Engels. 1841 bis 1850. Bd. 2. Von Juli 1844 bis November 1847. Stuttgart, Dietz, 1902, S. 414——428. (In: Aus dem literarischen Nachlaß von Karl Marx, Friedrich Engels und Ferdinand Lassalle. Hrsg. von F. Mehring. Bd. 2))——241、246——247、284。

——《马克思恩格斯文集》（1841——1850 年）（Gesammelte Schriften von Karl Marx und Friedrich Engels. 1841 bis 1850. Bd. 2. Von Juli 1844 bis November 1847. Stuttgart, Dietz, 1902. VIII, 482 S. (In: Aus dem literarischen Nachlaß von Karl Marx, Friedrich Engels und Ferdinand Lassalle. Hrsg. von F. Mehring. Bd. 2))——241、246——247、284。

马利舍夫斯基，Н. Г.《社会民主党在俄国解放运动中的作用》（Малишевский, Н. Г. Роль социал-демократии в русском освободительном движении.—В кн.: Первый сборник. Спб., Карчагин, 1906, стр. 272——298. (Освободительная б-ка))——425。

马斯洛夫，彼·《对土地纲领的批评和纲领草案》（Критика аграрных программ и проект программы. М., «Колокол», 1905. 43 стр. (Первая б-ка. №31))

——227、228、231、233。

—《俄国土地问题》（德文版）（Maßlow, P. Die Agrarfrage in Rußland. Die bäuerliche Wirtschaftsform und die ländlichen Arbeiter. Autorisierte Übersetzung von M. Nachimson. Stuttgart, Dietz, 1907. XIII, 265 S.) ——275。

—《俄国土地问题》（俄文版）（Маслов, П. П. Аграрный вопрос в России. (Условия развития крестьянского хозяйства в России). 3-е изд. Спб., тип. «Общественная польза», 1906. XIII, 462 стр.) ——264—271、275。

—《〈论土地纲领〉。[列宁,弗·伊·]列宁,尼·〈答对我们纲领草案的批评〉》（Об аграрной программе.[Ленин, В. И.]Ленин, Н. Ответ на критику нашего проекта программы. Изд. Лиги русск. рев. с.-д. Женева, тип. Лиги, 1903. 42 стр. (РСДРП) ——225。

—《论土地纲领》（载于《[马斯洛夫,彼·巴·]伊克斯〈论土地纲领〉。[列宁,弗·伊·]列宁,尼·〈答对我们纲领草案的批评〉》一书)（Об аграрной программе.—В кн.:[Маслов, П. П.]Икс. Об аграрной программе. [Ленин, В. И.]Ленин, Н. Ответ на критику нашего проекта программы. Изд. Лиги русск. рев. с.-д. Женева, тип. Лиги, 1903, стр. 1—25. (РСДРП). Подпись: Икс.) ——225。

—《论土地纲领的原则基础和理论基础》（О принципиальных и теоретических основах аграрной программы.—«Образование», Спб., 1907, № 2a, стр. 117—126; № 3, стр. 89—104) ——208、227—228、230、231、232、264、271、272—275、276、277、302、305、306。

—《论土地问题》（К аграрному вопросу. (Критика критиков).—«Жизнь», Спб., 1901, № 3, стр. 162—186; № 4, стр. 63—100) ——264。

—[《土地纲领草案》]（[Проект аграрной программы].—«Партийные Известия», [Спб.], 1906, № 2, 20 марта, стр. 12. Под общ. загл.: Проекты аграрной программы к предстоящему съезду) ——225、232、246、299、313、378。

[麦迭姆,弗·]《政治随笔》（[Медем, В.]Политические наброски.—В кн.: Наша трибуна. Непериодический сборник. Кн. 1-ая. Вильно, «Трибуна»,

1907, стр. 82 — 89. Подпись: В. М—д—м.) —— 403。

梅尔特瓦戈, 亚 · 彼 · 《全俄国有多少土地和我们怎样使用这些土地》(Мертваго, А. П. Сколько во всей России земли и как мы ею пользуемся? — В кн.: Прокопович, С. Н. и Мертваго, А. П. Сколько в России земли и как мы ею пользуемся. М., тип. Сытина, 1907, стр. 19 — 28. (Б-ка хозяина. Под ред. А. П. Мертваго)) —— 213 — 214、217。

梅林, 弗 · 《德国自由派和俄国杜马》(Mehring, F. Deutscher Liberalismus und russische Duma. — «Die Neue Zeit», Stuttgart, 1906 — 1907, 25. Jg., Bd. 1, N 23, S. 761 — 764) —— 141。

[米克拉舍夫斯基, 米 · 彼 ·]《上届杜马》([Миклашевский, М. П.] Последняя Дума. (Впечатления и размышления). — «Образование», Спб., 1907, №7, стр. 48 — 72. Подпись: М. Неведомский) —— 49、56。

米留可夫, 帕 · 尼 · 《斗争的一年》(Милюков, П. Н. Год борьбы. Публицистическая хроника. 1905 — 1906. Спб., 1907. XVII, 550 стр. (Б-ка «Общественной пользы»)) —— 210。

—《社会民主党和立宪民主党所理解的地方土地委员会的任务》(Задачи местных аграрных комитетов в понимании с.-д. и к.-д. [«Речь», 1906, №82, 25 мая (7 июня)]. — В кн.: Милюков, П. Н. Год борьбы. Публицистическая хроника. 1905 — 1906. Спб., 1907, стр. 457 — 460. (Б-ка «Общественной пользы»)) —— 210。

—圣彼得堡, 5 月 21 日。[社论](С.-Петербург, 21 мая. [Передовая]. — «Речь», Спб., 1906, №79, 21 мая (3 июня), стр. 1 — 2) —— 50。

—圣彼得堡, 5 月 25 日。[社论](С.-Петербург, 25 мая. [Передовая]. — «Речь», Спб., 1906, №82, 25 мая (7 июня), стр. 1) —— 210、341、342。

—《“我们的左边没有敌人”》(«У нас нет врагов слева». — «Речь», Спб., 1907, №224, 22 сентября (5 октября), стр. 2) —— 110。

—《向代表大会作的关于第三届国家杜马中人民自由党策略的报告》(Доклад съезду о тактике партии народной свободы в третьей Государственной дума. — «Речь», Спб., 1907, №255, 28 октября (10 ноября), стр. 3) —— 142、144。

纳尔苏修斯·土波雷洛夫——见马尔托夫,尔·。

尼·斯·——见斯瓦维茨基,尼·安·。

涅韦多姆斯基,米·——见米克拉舍夫斯基,米·彼·。

帕尔乌斯《结局的开始?》(Parvus. Der Anfang vom Ende? —«Aus der Welt-politik», München, 1903, N 48, 30. November, S. 1—10)——98。

—《社会民主党和国家杜马》(Парвус. Социал-демократия и Государственная дума. —«Искра», [Женева], 1905, №110, 10 сентября, стр. 1—2)——14。

—《世界市场和农业危机》(Мировой рынок и сельскохозяйственный кризис. (Der Weltmark und die Agrarkrisis). Экономические очерки. Пер. с нем. Л. Я. Спб., Попова, 1898. 143, II стр. (Образовательная б-ка. Серия 2-ая (1898). №2))——271。

—《我们的分歧在哪里?》(В чем мы расходимся? Ответ Ленину на его статью в«Пролетарии». Изд. «Искры». Женева, тип. партии, 1905. 28стр. (РСДРП))——14。

—《战争之后》(После войны. —«Искра», [Женева], 1905, №111, 24 сентября, стр. 2—4; №112, 8 октября. Приложение к №112 «Искры», стр. 1)——93、98。

佩列亚斯拉夫斯基,尤·——见赫鲁斯塔廖夫-诺萨尔,格·。

[皮梅诺娃,埃·基·]《国外生活和政治概述》([Пименова, Э. К.] Обзор иностранной жизни и политики. —«Современный Мир», Спб., 1907, №12, стр. 73—85. Подпись: Э. П.)——419、420。

普列汉诺夫,格·[《对贝尔斯图加特国际社会党代表大会上提出的关于政党和工会的关系问题的决议案的修正》](Plechanow, G. [Änderung zur Resolution Beers zur Frage der Beziehungen zwischen der politischen Partei und den Gewerkschaften auf dem Internationalen sozialistischen Kongreß zu Stuttgart]. —«Vorwärts», Berlin, 1907, N 196, 23. August. 1. Beilage des«Vorwärts», S. 3. Unter dem Gesamttitel: Die Kommissionen)——178、179、415。

—《对工团主义的理论和实践的批判》(Плеханов, Г. В. Критика теории и практики синдикализма. —«Современный Мир», Спб., 1907, №12, стр.

29—58)——417、418、419。

——《俄国社会民主党人纲领草案》(1885 — 1887 年)(Проект программы русских социал-демократов. 1885—1887 гг.)——221。

——《工人阶级和社会民主主义知识分子》(Рабочий класс и социал-демократическая интеллигенция. «Искра», [Женева], 1904, №70, 25 июля, стр. 2—5; №71, 1 августа, стр. 2—4)——98、100。

——《〈工人事业〉杂志编辑部指南》(Vademecum для редакции «Рабочего Дела». Сборник материалов, изданный группой «Освобождение труда». С предисл. Г. Плеханова. Женева, тип. группы старых народовольцев, 1900. LII, 67 стр.)——182。

——《好的就是好的》(Что хорошо—то хорошо. — «Товарищ», Спб., 1907, №402, 20 октября(2 ноября), стр. 1—2)——139—140。

——《论俄国的土地问题》(К аграрному вопросу в России. — «Дневник Социал-Демократа», [Женева], 1905, №5, март, стр. 1—20)——337。

——[《书面声明(在俄国社会民主工党第四次(统一)代表大会第 10 次会议上提出)》]([Письменное заявление, внесенное на 10-ом заседании IV(Объединительного) съезда РСДРП]. — В кн. : Протоколы Объединительного съезда РСДРП, состоявшегося в Стокгольме в 1906 г. М., тип. Иванова, 1907, стр. 127)——300。

——《我们的处境》(Наше положение. — «Дневник Социал-Демократа», [Женева], 1905, №3, ноябрь, стр. 1—23)——4。

——《我们和他们》(Мы и они. Спб., 1907. 64 стр.)——177、178。

——《[〈我们和他们〉一书]序言》(Предисловие[К книге «Мы и они»]. — В кн. : Плеханов, Г. В. Мы и они. Спб., 1907, стр. 3—22)——177、178。

——[《向非俄国的社会民主党人请教关于俄国革命的性质和俄国社会民主党人应采取的策略的几个问题》]([Вопросы к нерусским социал-демократам о характере русской революции и о тактике, которой должны держаться русские социал-демократы]. — В кн. : Каутский, К. Движущие силы и перспективы русской революции. Пер. с немецкого. («Neue Zeit», №№9 и 10, 25. Jg., Bd. I). Под ред. и с предисл. Н. Ленина. М., «Новая Эпоха»,

1907,стр.29)——317—318。

—《再论我们的处境》(给 X 同志的信)(Еще о нашем положении.(Письмо к товарищу X).—«Дневник Социал-Демократа», [Женева], 1905, №4, декабрь,стр.1—12)——4。

—《政论家札记》(论策略和不策略的新信札)(Заметки публициста. Новые письма о тактике и бестактности. Спб., Глаголев, [1907].152 стр.)——316、318。

普罗柯波维奇,谢·尼·《土地的需要量》(Прокопович, С. Н. Размеры земельной нужды.—«Товарищ», Спб., 1907, №214, 13 (26) марта, стр.3)——199。

—《1905 年土地占有情况统计》(Статистика землевладения 1905 г.—«Товарищ», Спб., 1907, №238, 10(23)апреля, стр.3)——199。

普罗柯波维奇,谢·尼·和梅尔特瓦戈,亚·彼·《俄国有多少土地和我们怎样使用这些土地》(Прокопович, С. Н. и Мертваго, А. П. Сколько в России земли и как мы ею пользуемся. М., тип. Сытина, 1907. 28 стр. (Б-ка хозяина. Под ред. А. П. Мертваго))——213、217。

契诃夫,安·巴·《套中人》(Чехов, А. П. Человек в футляре)——6、146、298、401。

—《文学教师》(Учитель словесности)——6、12。

切尔诺夫,维·《工会运动和马克思主义正统思想》(Чернов, В. Профессиональное движение и марксистская ортодоксия.—В кн.: Сборник статей. №1.Спб., «Наша Мысль», 1907, стр.47—74)——177。

切列万宁,利·《俄国社会民主工党伦敦代表大会》(Череванин, Л. Лондонский съезд РСДРП. 1907 г. С прилож. принятых резолюций и их проектов. [Спб.], «Борьба», [1907].102 стр.)——102、148。

丘普罗夫,亚·伊·《论土地改革问题》(Чупров, А. И. К вопросу об аграрной реформе.—В кн.: Аграрный вопрос. Т. II. Сборник статей Брейера, Бруна, Воробьева, Герценштейна, Дена, Кауфмана, Кутлера, Левитского, Мануилова, Петрункевича, Хауке, Чупрова, Якушкина. М., «Беседа», 1907, стр.1—43.(Изд. Долгорукова и Петрункевича))——211、252、

раздел в собственность? Характер нашего аграрного кризиса. Вильно, «Трибуна», 1907, 112 стр.) ——252—254、330。

司徒卢威，彼·《大俄罗斯》(Струве, П. Великая Россия. Из размышлений о проблеме русского могущества. — «Русская Мысль», М., 1908, кн. I, стр. 143—157) ——443。

——《俄国经济发展问题的评述》(Критические заметки к вопросу об экономическом развитии России. Вып. I. Спб., тип. Скороходова, 1894. X, 293 стр.) ——89。

——《两个罢工委员会》(Два забастовочных комитета. — «Полярная Звезда», Спб., 1905, №3, 30 декабря, стр. 223—228) ——21。

——《19世纪德国社会思想和社会关系史概况》(Очерки из истории общественных идей и отношений в Германии в XIX в. — «Новое Слово», Спб., 1897, №7, апрель, стр. 83—96; №8, май, стр. 154—167. Подпись: С. Т. Р.) ——90。

——《杂谈》(На разные темы. — «Новое Слово», Спб., 1897, №6, март, стр. 1—20; №7, апрель, стр. 34—62. Подпись: Novus) ——90。

——《怎样认识自己的使命?》(Как найти себя? Ответ автору письма «Как не потерять себя?». — «Освобождение», Париж, 1905, №71, 31(18) мая, стр. 337—343) ——181。

——《政论家札记》(Заметки публициста. Съезд союза 17-го октября и созыв Государственной думы. — «Полярная Звезда», Спб., 1906, №10, 18 февраля, стр. 733—737) ——114。

——《致我的批评者》(Моим критикам. — В кн.: Материалы к характеристике нашего хозяйственного развития. Сборник статей. Спб., тип. Сойкина, 1895, стр. 145—196) ——91。

[斯特卢米林，斯·古·《关于土地问题的策略决议的修正案(在俄国社会民主工党第四次(统一)代表大会第13次会议上提出)》]([Струмилин, С. Г. Поправка к тактической резолюции по аграрному вопросу, внесенная на 13-м заседании IV (Объединительного) съезда РСДРП]. — В кн.: Протоколы Объединительного съезда РСДРП, состоявшегося в Стокгольме в 1906 г. М., тип. Иванова, 1907, стр. 157)——329。

[斯瓦维茨基，尼·安·]《土地纲领》([Свавицкий, Н. А.] Аграрные програ-
ммы. Сборник аграрных программ социалистических партий в Западной
Европе и России. Сост. Н. С. С предисл. П. Маслова. [М.], «Новый Мир»,
[1906], 62 стр.)——359。

特鲁别茨科伊，谢·尼·[《在沙皇接见地方自治人士代表团时的讲话》(1905
年6月6日(19日))](Трубецкой, С. Н. [Речь во время приема царем земской
делегации 6(19) июня 1905 г.].—«Правительственный Вестник», Спб.,
1905, №121, 8(21) июня, стр. 1)——113。

屠格涅夫，伊·谢·《处女地》(Тургенев, И. С. Новь)——450。

——《父与子》(Отцы и дети)——268。

——《猎人笔记。总管》(Записки охотника. Бурмистр)——40。

[托洛茨基，列·达·]《我们的政治任务》([Троцкий, Л. Д.] Наши политичес-
кие задачи. (Тактические и организационные вопросы). Изд. РСДРП.
Женева, тип. партии, 1904. XI, 107 стр. (РСДРП). Перед загл. авт.: Н.
Троцкий)——96。

韦伯，悉·和韦伯，比·《英国工人运动史》(Вебб, С. и Б. История рабочего дви-
жения в Англии. Пер. с англ. Г. А. Паперна. Спб., Павленков, 1899. 363 стр.
Перед загл. авт.: С. и В. Уэбб)——21。

维赫利亚耶夫，潘·《人民社会党和土地问题》(Вихляев, П. Народно-социа-
листическая партия и аграрный вопрос.—В кн.: Сборник статей. №1.
Спб., «Наша Мысль», 1907, стр. 75—93)——151—152、235。

西斯蒙第，让·沙·莱·《政治经济学概论》(Sismondi, J. C. L. Simonde de.
Études sur l'économie politique. T. I. Bruxelles, société typographique
Belge, 1837. IX, 327 p.)——81。

休特古姆，阿·《反动分子的策略》(Südekum, A. Die Taktik der Reaktionäre.—
«Sächsische Arbeiterzeitung», 1908, Februar)——446、448。

叶·库·——见库斯柯娃，叶·德·。

伊兹哥耶夫，亚·索·《卡尔·马克思和俄罗斯》(Изгоев, А. С. Карл Маркс и
Россия.—«Речь», Спб., 1908, №53, 2(15) марта, стр. 2)——451。

＊　　　＊　　　＊

《阿姆斯特丹国际社会党代表大会》(Internationaler Sozialistenkongreß zu Amsterdam.14.bis 20. August 1904. Berlin, Expedition der Buchhandlung «Vorwärts», 1904. 78 S.)——67。

《按党派列出的［第二届］国家杜马代表名单》(Список членов[ΙΙ]Государственной думы по партиям.—В кн.: Указатель к стенографическим отчетам [Государственной думы]. Второй созыв. 1907 год. Заседания 1 — 53 (20 февраля—2 июня 1907 г.). Спб., гос. тип., 1907, стр. 27 — 33. (Государственная дума))——348。

《北极星》杂志(圣彼得堡)(«Полярная Звезда», Спб., 1905, №3, 30 декабря, стр. 223—228)——21。

—1906, №10, 18 февраля, стр. 733—737.——114。

［《伯内特〈又出卖了!〉一文的编后记》]([Afterword of editorial staff to Burnett's article «Sold again!».—«Justice», London, 1907, N 1, 245, November 23, p. 4)——419。

《不守信用!》(Welshed! —«Justice», London, 1907, N 1, 244, November 16, p. 6)——419。

《策略问题》文集(第2辑)(Вопросы тактики. Сборник II. Спб., «Новая Дума», 1907. 79 стр.)——141。

《大投降》(The great surrender.—«The Labour Leader», London, 1907, N 21, November 15, p. 328)——420。

《党内消息报》[圣彼得堡](«Партийные Известия», [Спб.], 1906, №2, 20 марта, стр. 12)——225、231、246、299、313、378。

《党内消息》杂志[圣彼得堡](«Партийные Известия», [Спб.], 1907, №6, 8 марта, стр. 1—3)——153。

《党章[俄国社会民主工党第三次代表大会通过]》(Устав партии, [принятый на III съезде РСДРП].—В кн.: Третий очередной съезд Росс. соц.-дем. рабочей партии. Полный текст протоколов. Изд. ЦК. Женева, тип. партии, 1905, стр. XXVIII—XXIX. (РСДРП))——140。

《德国社会民主党埃森代表大会会议记录》(1907 年 9 月 15—21 日)(Protokoll über die Verhandlungen des Parteitages der Sozialdemokratischen Partei Deutschlands. Abgehalten zu Essen vom 15. bis 21. September 1907. Berlin,Buchhandlung«Vorwärts»,1907.413 S.)——83、180、418。

《德国社会民主党布雷斯劳代表大会会议记录》(1895 年 10 月 6—12 日)(Protokoll über die Verhandlungen des Parteitages der Sozialdemokratischen Partei Deutschlands.Abgehalten zu Breslau vom 6.bis 12.Oktober 1895. Berlin,Expedition des «Vorwärts»,1895.223 S.)——418。

《德国社会民主党德累斯顿代表大会会议记录》(1903 年 9 月 13—20 日)(Protokoll über die Verhandlungen des Parteitages der Sozialdemokratischen Partei Deutschlands. Abgehalten zu Dresden vom 13. bis 20. September 1903. Berlin, Expedition der Buchhandlung « Vorwärts », 1903. 448 S.) ——127。

《德国社会民主党曼海姆代表大会会议记录》(1906 年 9 月 23—29 日)(Protokoll über die Verhandlungen des Parteitages der Sozialdemokratischen Partei Deutschlands.Abgehalten zu Mannheim vom 23.bis 29.September 1906,sowie Bericht über die 4.Frauenkonferenz am 22. u. 23. September 1906 in Mannheim. Berlin, Buchhandlung « Vorwärts », 1906. 488 S.) ——177。

《德国自由主义的危机》(Кризис немецкого либерализма.—«Речь»,Спб., 1908,№52,1(14)марта,стр.2—3.Подпись:К.Д.)——448。

《第二届国家杜马代表》(Члены 2-ой Государственной думы. Спб.,«Пушкинская Скоропечатня»,1907.XII,124 стр.)——368。

《第二届国家杜马代表名单》——见《第二届国家杜马代表》。

《[第二届国家杜马]第 12 次会议》(1907 年 3 月 19 日)(Заседание двенадцатое[Государственной думы второго созыва].19 марта 1907 г.—В кн.: Стенографические отчеты [Государственной думы]. 1907 год. Сессия вторая. Т.I.Заседания 1—30(с 20 февраля по 30 апреля).Спб.,гос. тип., 1907,стлб.689—792.(Государственная дума.2-ой созыв))——247、334、337、339—341、345、348、354、364、367、369、371、374、381。

《[第二届国家杜马]第 14 次会议》(1907 年 3 月 22 日)(Заседание четыр-
　　надцатое[Государственной думы второго созыва].22 марта 1907 г.—Там
　　же,стлб.893—984)——202。

《[第二届国家杜马]第 16 次会议》(1907 年 3 月 26 日)(Заседание шестнад-
　　цатое[Государственной думы второго созыва].26 марта 1907 г.—Там же,
　　стлб.1053—1154)——210、246、337、344、355、357、364、366、381。

《[第二届国家杜马]第 18 次会议》(1907 年 3 月 29 日)(Заседание восемнад-
　　цатое[Государственной думы второго созыва].29 марта 1907 г.—Там
　　же,стлб.1273—1374)——301、332—334、337、341、342、343、344、347、
　　376、382。

《[第二届国家杜马]第 20 次会议》(1907 年 4 月 2 日)(Заседание двадцатое
　　[Государственной думы второго созыва].2 апреля 1907 г.—Там же,стлб.
　　1473—1538)——334、349、374、382。

《[第二届国家杜马]第 22 次会议》(1907 年 4 月 5 日)(Заседание двадцать
　　второе[Государственной думы второго созыва].5 апреля 1907 г.—Там
　　же,стлб.1597—1662)——212、345、347、380、383。

《[第二届国家杜马]第 24 次会议》(1907 年 4 月 9 日)(Заседание двадцать чет-
　　вертое[Государственной думы второго созыва].9 апреля 1907 г.—Там
　　же,стлб.1753—1840)——210、335、342、345、361、362、374、384。

《[第二届国家杜马]第 26 次会议》(1907 年 4 月 12 日)(Заседание двадцать шес-
　　тое[Государственной думы второго созыва].12 апреля 1907 г.—Там же,
　　стлб.1921—2008)——211、349—352、360、362、363、368、371。

《[第二届国家杜马]第 32 次会议》(1907 年 5 月 3 日)(Заседание тридцать вто-
　　рое[Государственной думы второго созыва].3 мая 1907 г.—В кн.:
　　Стенографические отчеты [Государственной думы]. 1907 год. Сессия
　　вторая.Т.II.Заседания 31—53(с 1 мая по 2 июня).Спб.,гос. тип.,1907,
　　стлб.61—130.(Государственная дума.2-ой созыв))——236、371、375。

《[第二届国家杜马]第 39 次会议》(1907 年 5 月 16 日)(Заседание тридцать де-
　　вятое[Государственной думы второго созыва].16 мая 1907 г.—Там же,
　　стлб.617—682)——213、336、337、345、364、372、373、374、380、384。

《[第二届国家杜马]第 47 次会议》(1907 年 5 月 26 日)(Заседание сорок седь-
　　мое[Государственной думы второго созыва]. 26 мая 1907 г.—Там же,
　　стлб. 1165 — 1246)——194、198、246、247、251、292、344、355、369、372、
　　380、384 — 387。

《[第三届国家杜马]第 19 次会议》(1908 年 1 月 12 日)(Заседание девятнад-
　　цатое[Государственной думы третьего созыва]. 12 января 1908 г.—В
　　кн.: Стенографические отчеты[Государственной думы]. 1907 — 1908 гг.
　　Сессия первая. Ч. I. Заседания 1 — 30(с 1 ноября 1907 г. по 19 февраля
　　1908 г.). Спб., гос. тип., 1908, стлб. 1141 — 1198.(Государственная дума. 3-ий
　　созыв))——427、428、432。

《[第三届国家杜马]第 20 次会议》(1908 年 1 月 15 日)(Заседание двадцатое
　　[Государственной думы третьего созыва]. 15 января 1908 г.—Там же,
　　стлб. 1199 — 1278)——427、428、430。

《[第三届国家杜马]第 32 次会议》(1908 年 2 月 27 日)(Заседание тридцать вто-
　　рое[Государственной думы третьего созыва]. 27 февраля 1908 г.—В кн.:
　　Стенографические отчеты[Государственной думы]. 1908 г. Сессия первая.
　　Ч. II. Заседания 31 — 60(с 21 февраля по 6 мая 1908 г.). Спб., гос. тип.,
　　1908, стлб. 93 — 144.(Государственная дума. 3-ий созыв))—— 439 —
　　443、444。

《第一部汇编》(Первый сборник. Спб., Карчагин, 1906. 322 стр.(Освободите-
　　льная б-ка))——425。

《第一届国家杜马劳动派土地法案》——见《土地法基本条例草案(由 104 个
　　国家杜马代表提出)》。

《第一届国家杜马立宪民主党人土地法案》——见《土地问题基本条例草案
　　(由 42 个国家杜马代表提出)》。

《第一届国家杜马 33 人土地法案》——见《土地基本法草案(由 33 个国家杜
　　马代表提出)》。

《第一届国家杜马 104 人土地法案》——见《土地法基本条例草案(由 104 个
　　国家杜马代表提出)》。

《第二届国家杜马立宪民主党人土地法案》——见《农业人口土地保障法(主

要原则)草案(立宪民主党人向第二届国家杜马提出)》。

《第二届国家杜马社会革命党人土地法案》——见《土地法基本条例草案(以社会革命党人的名义向第二届国家杜马提出)》。

《第二届国家杜马104人土地法案》——见《土地改革基本条例草案(以劳动团和农民协会的名义向第二届国家杜马提出)》。

《对社会革命党第一次代表大会记录的补充》(Добавление к протоколам первого съезда партии социалистов-революционеров. Изд. ЦК п. с.-р. Б. м., тип. ЦК п. с.-р., 1906. 40 стр. (Партия социалистов-революционеров)) ——150。

《俄国报》(圣彼得堡)(«Россия», Спб.)——226。

　—1908, №670, 31 января(13 февраля), стр.1.——401。

　—1908, №682, 14(27)февраля, стр.1.——406、407、409。

《俄国报刊》(Русская печать.—«Товарищ», Спб., 1907, №296, 19 июня(2 июля), стр.2)——34—42。

《俄国财富》杂志(圣彼得堡)(«Русское Богатство», Спб.)——255、408。

　—1906, №8, стр.178—206.——235。

　—1908, №1, стр.131—169; №2, стр.126—175.——408。

《俄国旗帜报》(圣彼得堡)(«Русское Знамя», Спб., 1907, №226)——131。

《俄国社会民主党和工会》(Российская социал-демократия и профессиональные союзы.—«Знамя Труда», [Париж], 1907, №8, декабрь, стр. 9—10) ——412、413—416。

《俄国社会民主工党第二次(例行)代表大会》(记录全文)(Второй очередной съезд Росс. соц.-дем. рабочей партии. Полный текст протоколов. Изд. ЦК. Женева, тип. партии, [1904].397, II стр. (РСДРП))——95、99、101、221、222、255、256、302、303、321、377。

《俄国社会民主工党第三次(例行)代表大会》(记录全文)(Третий очередной съезд Росс. соц.-дем. рабочей партии. Полный текст протоколов. Изд. ЦК. Женева, тип. партии, 1905. XXIX, 401 стр. (РСДРП))——26—27、95、103、140。

[《俄国社会民主工党第五次(伦敦)代表大会通过的决议》]([Резолюции,

принятые на Ⅴ（Лондонском）съезде РСДРП].—В кн.：Лондонский съезд российской соц.-демокр. рабочей партии. Полный текст протоколов. Изд.ЦК.Paris,1909,стр.453—458.（РСДРП））——414。

《俄国社会民主工党纲领（党的第二次代表大会通过）》（Программа Российской соц.-дем. рабочей партии, принятая на Втором съезде партии.—В кн.：Второй очередной съезд Росс. соц.-дем. рабочей партии. Полный текст протоколов.Изд. ЦК. Женева, тип. партии,［1904］, стр.1—6.（РСДРП））——95、221、222、255、256、302、303、321、377。

《俄国社会民主工党纲领草案》（《火星报》和《曙光》杂志编辑部制定的）（Проект программы Российской социал-демократической рабочей партии.（Выработанный редакцией «Искры» и «Зари»).—«Искра»,［Мюнхен］, 1902,№21,1 июня,стр.1—2)——99。

《俄国社会民主工党伦敦代表大会（1907 年召开）》（记录全文）（Лондонский съезд Российской соц.-демокр. раб. партии（состоявшийся в 1907 г.）. Полный текст протоколов.Изд.ЦК.Paris, 1909.486 стр.（РСДРП））——25、47、69、77、82、125、135、136、138、166、178、179、412、414、456、461。

《俄国社会民主工党统一代表大会的决定和决议》［传单］（Постановления и резолюции Объединительн. съезда Российской социал-демократической рабочей партии.［Листовка].［Спб.］, тип. Центрального Комитета,［1906］. 4 стр.（РСДРП））——185、219、223、229、230、232、247、275、276、303、304、312、315、319、320—322、323、328、330、358、370、373、377、379、381、386、387、394、408。

《［俄国社会民主工党中央委员会］关于工会的决议》（Резолюция［ЦК РСДРП]о профессиональных союзах.—«Пролетарий»,［Женева］, 1908, №21,26(13)февраля, стр.4)——411。

［《俄国社会民主工党中央委员会关于工会的决议的通告》]（［Сообщение о резолюция ЦК РСДРП о профессиональных союзах].—«Наш Век», Спб., 1908, №967, 9（22）января, стр. 5, в отд.：Из жизни партий)——411。

《俄国思想》杂志(莫斯科)（«Русская Мысль», М., 1908, кн.Ⅰ,стр.143—157)

——443。

《俄罗斯帝国法律汇编》(第1卷第1册)(Свод законов Российской империи. Т.1. Ч.I. Свод основных государственных законов. Изд. 1906 г. Спб., гос. тип., б.г.78 стр.)——142、159、209、242、283、334、354、406、428、429。

《俄罗斯帝国统计资料》(第20卷)(Статистика Российской империи. XX. Военно-конская перепись 1888 года. Под ред. А. Сырнева. Спб., изд. Центрального стат. ком. м-ва внутр. дел, 1891. VI, XXIII, 207 стр. На русском и французском яз.)——190。

《俄罗斯帝国统计资料》(第31卷)(Статистика Российской империи. XXXI. Военно-конская перепись 1891 года. Под ред. А. Сырнева. Спб., изд. Центрального стат. ком. м-ва внутр. дел, 1894. IV, XXIX, 149 стр. На русском и французском яз.)——190。

《俄罗斯国家报》(圣彼得堡)(«Русское Государство», Спб., 1906, №39, 18 (31)марта, стр.4)——114、296。

《俄罗斯新闻》(莫斯科)(«Русские Ведомости», М.)——399、408。

—1907, №136, 16 июня, стр.2.——34、38。

—1908, №27, 1 февраля, стр.1—2.——399。

—1908, №32, 8 февраля, стр.2.——408。

—1908, №51, 1 марта, стр.4—5.——450。

《法兰克福报》(美因河畔法兰克福)(«Frankfurter Zeitung», Frankfurt am Main)——406。

—1908, Februar.——422—423。

—1908, N 76, 16.März.——452—453。

《反对派的"联合"》(«Объединение» оппозиции.—«Столичная Почта», Спб., 1908, №228, 3(16)февраля, стр.1)——401—402。

《否认阶级斗争》(Eine Verleugnung des Klassenkampfes.—«Vorwärts», Berlin, 1908, N 48, 26.Februar, S.1)——447—449。

《妇女选举权》[斯图加特国际社会党代表大会上的辩论](Frauenwahlrecht. [Debatten auf dem Internationalen sozialistischen Kongreß zu Stuttgart].—«Vorwärts», Berlin, 1907, N 196, 23. August. 1. Beilage des «Vorwärts», S. 2 — 3. Unter dem Gesamttitel: Internationaler sozialistischer Kongreß)——71、77、81。

《妇女选举权》[斯图加特国际社会党代表大会通过的决议]（Женское избирательное право. [Резолюция, принятая на Международном социалистическом конгрессе в Штутгарте]. — «Пролетарий», [Выборг], 1907, №17, 20 октября, стр. 5. Под общ. загл.: Резолюции Штутгартского съезда. На газ. место изд.: М.)——71、82。

[《妇女选举权》(斯图加特国际社会党代表大会委员会上的辩论)]（[Frauenwahlrecht. Debatten in der Kommission des Internationalen sozialistischen Kongresses zu Stuttgart]. — «Vorwärts», Berlin, 1907, N 195, 22. August. 1. Beilage des «Vorwärts», S. 2. Unter dem Gesamttitel: Die Kommissionen. Frauenwahlrecht)——71 — 72、77、82。

《哥达年鉴》(Almanach de Gotha. Annuaire généalogique, diplomatique et statistique. 1908. Gotha, Perthes [1907]. XXIV, 1194 p.)——307。

《革命俄国报》[库奥卡拉—托木斯克—日内瓦]（«Революционная Россия», [Куоккала—Томск—Женева])——149。

[《革命公社》]（[La commune révolutionnaire]. Aux Communaux. Londres, 1874. 12 p.)——7。

《给地方组织的信》(Письмо к местным организациям. — «Пролетарий», [Женева], 1908, №29, (29) 16 апреля, стр. 3 — 4, в отд.: Из партии)——434。

《给各党组织的信》[第一封信][传单]（Письмо к партийным организациям. [Письмо 1-е]. [Листовка]. Б. м., [ноябрь 1904]. 4 стр. (Только для членов партии))——102。

《给各党组织的信》(第 1 号)[传单]（Письмо к партийным организациям №1. [Листовка]. Б. м., [1907]. 1 стр. (РСДРП). Подпись: Центральный Комитет РСДРП)——18。

《给执政参议院的命令[关于农民土地银行以份地作抵押发放贷款]》[1906 年 11 月 15 日（28 日）]（Указ правительствующему Сенату [о выдаче крестьянским поземельным банком ссуд под залог надельных земель. 15 (28) ноября 1906 г.]. — «Правительственный Вестник», Спб., 1906,

15，p.322，328）——420。

《关于草拟国家杜马的训令的资料》（Материалы по составлению наказа Государственной думы.Спб.，гос.тип.，1907.78 стр.（Государственная дума））——444。

《关于策略的提纲（10 月 26 日通过）》（Тезисы о тактике，принятые 26 октября.——«Речь»，Спб.，1907，№255，28 октября（10 ноября），стр.3—4）——144。

[《关于出版 Н.托洛茨基的小册子〈我们的政治任务〉的报道》]（[Сообщение об издании брошюры Н. Троцкого «Наши политические задачи».——«Искра»，[Женева]，1904，№72，25 августа，стр.10，в отд.：Из партии）——96。

《关于抵制第三届杜马》（О бойкоте третьей Думы.[Спб.]，1907.32 стр. На обл.место изд.：М.，тип.Горизонтова）——181。

[《关于第三届国家杜马中立宪民主党人的策略》]（左派立宪民主党人在立宪民主党第五次代表大会上提出的决议草案）（[О тактике кадетов в III Государственной думе.Проект резолюции，внесенный левыми кадетами на V съезде партии кадетов].——«Товарищ»，Спб.，1907，№410，30 октября（12 ноября），стр.4，в отд.：Из жизни партий）——143。

《关于对非无产阶级政党的态度的决议[俄国社会民主工党第五次（伦敦）代表大会通过]》（Резолюция об отношении к непролетарским партиям，[принятая на V（Лондонском）съезде РСДРП].——В кн.：Лондонский съезд Российской соц.-демокр. раб. партии（состоявшийся в 1907 г.）. Полный текст протоколов. Изд. ЦК. Paris，1909，стр. 454 — 455.（РСДРП））——125、138、166、445。

《关于对国家杜马的态度》[俄国社会民主工党第四次（统一）代表大会通过的决议]（Об отношении к Государственной думе.[Резолюция，принятая на IV（Объединительном）съезде РСДРП].——В кн.：Протоколы Объединительного съезда РСДРП，состоявшегося в Стокгольме в 1906 г.М.，тип.Иванова，1907，стр.414—416）——25、456。

[《关于对资产阶级政党的态度》]（布尔什维克在俄国社会民主工党第五次（伦敦）代表大会上提出的决议草案）（[Об отношении к буржуазным партиям. Проект резолюции большевиков, внесенный на V (Лондонском) съезде РСДРП].—В кн.: Лондонский съезд Российской соц.-демокр. раб. партии (состоявшийся в 1907 г.). Полный текст протоколов. Изд. ЦК. Paris, 1909, стр. 466—467. (РСДРП))——445。

《关于反对内阁主义的决议(阿姆斯特丹国际社会党代表大会通过)》——见《社会党策略的国际准则》。

《关于改革俄罗斯帝国驻东京使团的法案》(Проект закона о преобразовании императорской российской миссии в Токио в посольство.—В кн.: Проекты законов, принятые Государственной думой. Третий созыв. Сессия I. 1907—1908 гг. Спб., гос. тип., 1908, стр. 42—43)——444。

《关于工会》[俄国社会民主工党第四次(统一)代表大会通过的决议](О профессиональных союзах. [Резолюция, принятая на IV (Объединительном) съезде РСДРП].—В кн.: Протоколы Объединительного съезда РСДРП, состоявшегося в Стокгольме в 1906 г. М., тип. Иванова, 1907, стр. 418—419)——69、82、177、461。

《关于工会的决议[布尔什维克派通过]》(Резолюция о профессиональных союзах, [принятая группой большевиков].—«Пролетарий», [Выборг], 1907, №17, 20 октября, стр. 6, в отд.: Хроника. На газ. место изд.: М.)——411。

《关于工会的决议[俄国社会民主工党第五次(伦敦)代表大会通过]》(Резолюция о профессиональных союзах, [принятая на V (Лондонском) съезде РСДРП].—В кн.: Лондонский съезд Российской соц.-демокр. рабочей партии (состоявшийся в 1907 г.). Полный текст протоколов. Изд. ЦК. Paris, 1909, стр. 458. (РСДРП))——47、69、77、82、177、179、412、461。

《关于国家杜马的决议[俄国社会民主工党第五次(伦敦)代表大会通过]》(Резолюция о Гос. думе, [принятая на V (Лондонском) съезде РСДРП].—В кн.: Лондонский съезд Российской соц.-демокр. рабочей партии (состоявшийся в 1907 г.). Полный текст протоколов. Изд. ЦК. Paris, 1909, стр. 455—456. (РСДРП))——25、125、135、136、166、456。

《关于国家收支表审查程序和未列入收支表的支出项目如何从国库中开支的

规定》(Правила о порядке рассмотрения государственной росписи доходов и расходов, а равно о производстве из казны расходов, росписью не предусмотренных. —«Собрание узаконений и распоряжений правительства, издаваемое при правительствующем Сенате», Спб., 1906, №51, 10 марта, ст. 335, стр. 735 — 737)——427、428、430、431。

《[关于建立国家杜马的]诏书》[1905 年 8 月 6 日(19 日)](Манифест[об учреждении Государственной думы. 6 (19) августа 1905 г.]. —«Правительственный Вестник», Спб., 1905, №169, 6(19) августа, стр. 1)——3、10。

《[关于商业职工正常休息法基本条例]草案[立宪民主党人向第二届国家杜马提出]》(Проект[основных положений закона о нормальном отдыхе торговых служащих, внесенный во II Государственную думу кадетами]. —В кн. : [Материалы, поступившие в Общее собрание Государственной думы 2-го созыва]. Б. м., [1907], л. 347 — 348)——172。

《关于社会革命党第二次(紧急)代表大会的通知》(Извещение о втором (экстренном) съезде партии соц.-рев. —«Партийные Известия», [Спб.], 1907, №6, 8 марта, стр. 1 — 3)——153。

《关于土地纲领的修改及其论证》(К пересмотру аграрной программы и ее обоснования. Фирсов, Д. Социализация земли и право на землю. Якобий, М. Движущие силы сельского хозяйства. (К марксистскому обоснованию социализации земли). М., [тип. Поплавского], 1908. 324 стр.)——416。

[《关于土地问题的策略决议(俄国社会民主工党第四次(统一)代表大会通过)》]([Тактическая резолюция по аграрному вопросу, принятая на IV (Объединительном) съезде РСДРП]. —В листовке: Постановления и резолюции Объединительн. съезда Российской социал-демократической рабочей партии. [Спб.], тип. Центрального комитета, [1906], стр. 1. (РСДРП). Под. загл. : Аграрная программа)—— 223、231、276、312、321、329。

《关于修改国家预算审查程序规则的草案[由 40 个第三届国家杜马代表提出]》(Проект изменения правил о порядке рассмотрения государственной

росписи,［внесенный 40 членами III Государственной думы］.—В кн. :
Приложения к стенографическим отчетам Государственной думы. Третий
созыв. Сессия I. 1907 — 1908 гг. Т. I. (No No 1 — 350). Спб. , гос. тип. , 1908,
стлб. 31 — 36)——427、431。

《关于1907年7月21、22和23日党的代表会议的通告》［传单］(Извещение о
партийной конференции 21, 22 и 23 июля 1907 года. ［Листовка］. Изд. ЦК
РСДРП. Б. м. , ［1907］. 4 стр. (РСДРП))——45 — 46、455 — 456。

［《关于1908年3月18日(31日)国家杜马会议的报道》］(［Отчет о заседании
Государственной думы 18 (31) марта 1908 г.］.—«Наша Газета», Спб. ,
1908, No 3, 19 марта (1 апреля), стр. 3. Под общ. загл. : Государственная
дума. Подпись: Г.)——434。

《国际歌》(Интернационал)——175。

《国际社会党代表大会》(Internationaler sozialistischer Kongreß.—«Vor-
wärts», Berlin, 1907, N 193, 20. August. 1. Beilage des «Vorwärts», S. 1 —
2; N 194, 21. August. 1. Beilage des «Vorwärts», S. 1; N 195, 22. August. 1.
Beilage des « Vorwärts», S. 1 — 2; N 196, 23. August. 1. Beilage des
«Vorwärts», S. 1 — 3; N 197, 24. August. 1. Beilage des«Vorwärts», S. 1 —
3; N 198, 25. August. 1. Beilage des«Vorwärts», S. 1 — 2)——67 — 74、
79 — 85。

《国际社会党妇女第一次代表会议》(Erste internationale Konferenz soziali-
tischer Frauen.—«Vorwärts», Berlin, 1907, N 192, 18. August. 2. Beilage
des«Vorwärts», S. 1 — 3; N 193, 20. August. 2. Beilage des«Vorwärts», S.
3; N 194, 21. August. 1. Beilage des«Vorwärts», S. 1 — 2)——72、78、81。

《国家报》(«Pays»)——424。

《国家杜马的建立》(Учреждение Государственной думы.—«Правительствен-
ный Вестник», Спб. , 1905, No 169, 6 (19) августа, стр. 1 — 2)——3、9。

《［国家杜马的］速记记录》(1906年)(第1卷)(Стенографические отчеты［Го-
сударственной думы］. 1906 год. Сессия первая. Т. I. Заседания 1 — 18 (с 27
апреля по 30 мая). Спб. , гос. тип. , 1906. XXII, 866 стр. (Государственная
дума))——151、201 — 202、210、211、229、230、231、233、234 — 237、251、

252、280、315、331、337、338、353、358、359、364、372 — 373、376、386、391、403。

《［国家杜马的］速记记录》(1906 年)(第 2 卷)(Стенографические отчеты[Государственной думы].1906 год.Сессия первая.Т.II.Заседания 19 — 38(с 1 июня по 4 июля).Спб.,гос.тип.,1906.стр.867 — 2013.(Государственная дума))——14、151、235、331、343、344、372、375、391、403。

《［国家杜马的］速记记录》(1907 年)(第 1 卷)(Стенографические отчеты[Государственной думы].1907 год.Сессия вторая.Т.I.Заседания 1 — 30(с 20 февраля по 30 апреля).Спб.,гос.тип.,1907.VIII стр.,2344 стлб.(Государственная дума.2-ой созыв))——202、210、211、246、247、301、331、332 — 334、337、338 — 343、344、345、347、348 — 353、354、357、360 — 361、362、363、364、366、367、369、371、372、374、375 — 376、380 — 384、391、403。

《［国家杜马的］速记记录》(1907 年)(第 2 卷)(Стенографические отчеты[Государственной думы].1907 год.Сессия вторая.Т.II.Заседания 31 — 53(с 1 мая по 2 июня).Спб.,гос.тип.,1907.VIII стр.,1610 стлб.(Государственная дума.2-ой созыв))—— 194、198、211、213、235、246、247、251、292、332、336、337、344、345、355、357、359、364、369、371、372、373、374、380、384 — 387、391、403。

《［国家杜马的］速记记录》(1907 — 1908 年)(Стенографические отчеты[Государственной думы].1907 — 1908 гг.Сессия первая.Ч.I.Заседания 1 — 30(с 1 ноября 1907 г.по 19 февраля 1908 г.).Спб.,гос.тип.,1908.XIV стр.,2141 стлб.(Государственная дума.3-ий созыв))——427、428、430、432。

《［国家杜马的］速记记录》(1908 年)(Стенографические отчеты[Государственной думы].1908.Сессия первая.Ч.II.Заседания 31 — 60(с 21 февраля по 6 мая 1908 г.).Спб.,гос.тип.,1908.(Государственная дума.3-ий созыв).XV стр.,2962 стлб.)——434、439 — 443、444。

《［国家杜马］第 4 次会议》(1906 年 5 月 4 日)(Заседание четвертое[Государственной думы].4 мая 1906 г.—В кн.:Стенографические отчеты[Государственной думы].1906 год.Сессия первая.Т.I.Заседания 1 — 18(с 27

апреля по 30 мая).Спб.,гос.тип.,1906,стр.162—237.(Государственная
дума))——373。

《[国家杜马]第 10 次会议》(1906 年 5 月 16 日)(Заседание десятое[Государс-
твенной думы].16 мая 1906 г.—Там же,стр.389—419)——337、372。

《[国家杜马]第 11 次会议》(1906 年 5 月 18 日)(Заседание одиннадцатое[Го-
сударственной думы].18 мая 1906 г.—Там же,стр.421—472)——359。

《[国家杜马]第 12 次会议》(1906 年 5 月 19 日)(Заседание двенадцатое[Го-
сударственной думы].19 мая 1906 г.—Там же,стр.473—530)——336、
358、364、372、373、386。

《[国家杜马]第 13 次会议》(1906 年 5 月 23 日)(Заседание тринадцатое[Го-
сударственной думы].23 мая 1906 г.—Там же,стр.531—585)——373。

《[国家杜马]第 14 次会议》(1906 年 5 月 24 日)(Заседание четырнадцатое
[Государственной думы].24 мая 1906 г.—Там же,стр.587—638)——
201、210、252、372、376、386。

《[国家杜马]第 18 次会议》(1906 年 5 月 30 日)(Заседание восемнадцатое
[Государственной думы].30 мая 1906 г.—Там же,стр.809—866)
——353。

《[国家杜马]第 19 次会议》(1906 年 6 月 1 日)(Заседание девятнадцатое[Го-
сударственной думы].1 июня 1906 г.—В кн.:Стенографические отчеты
[Государственной думы].1906 год.Сессия первая.Т.II.Заседания 19—38
(с 1 июня по 4 июля).Спб.,гос.тип.,1906,стр.867—919.(Государствен-
ная дума))——372。

《[国家杜马]第 20 次会议》(1906 年 6 月 2 日)(Заседание двадцатое[Госу-
дарственной думы].2 июня 1906 г.—Там же,стр.921—976)——375。

《[国家杜马]第 23 次会议》(1906 年 6 月 8 日)(Заседание двадцать третье
[Государственной думы].8 июня 1906 г.—Там же,стр.1097—1156)
——343。

《[国家杜马]第 26 次会议》(1906 年 6 月 13 日)(Заседание двадцать шестое
[Государственной думы].13 июня 1906 г.—Там же,стр.1275—1339)
——14。

《国家杜马速记记录附录》(Приложения к стенографическим отчетам Государственной думы. Третий созыв. Сессия I. 1907 — 1908 гг. Т. I. (No No 1 — 350). Спб., гос. тип., 1908. 35 стр., 2024 стлб.)——427、431。

《[国家杜马]速记记录索引》(Указатель к стенографическим отчетам [Государственной думы]. Второй созыв. 1907 год. Заседания 1 — 53 (20 февраля—2 июня 1907 г.). Спб., гос. тип., 1907. 322 стр. (Государственная дума))——348。

《国家杜马通过的法律草案》(Проекты законов, принятые Государственной думой. Третий созыв. Сессия I. 1907 — 1908 гг. Спб., гос. тип., 1908. VIII, 546 стр.)——444。

《国家杜马选举条例》[1905 年 8 月 6 日 (19 日)] (Положение о выборах в Государственную думу. [6 (19) августа 1905 г.]. —«Правительственный Вестник», Спб., 1905, No 169, 6 (19) августа, стр. 2 — 4)——3、10、114。

《国家杜马选举条例》[1907 年 6 月 3 日 (16 日)] (Положение о выборах в Государственную думу. [3 (16) июня 1907 г.]. —«Собрание узаконений и распоряжений правительства, издаваемое при правительствующем Сенате», Спб., 1907, отд. I, No 94, 3 июня, ст. 845, стр. 1303 — 1380)—— 1、43、46、122、123、129、142、169、296、460。

《国家杜马议事规则》(Наказ Государственной думы. —В кн.: Материалы по составлению наказа Государственной думы. Спб., гос. тип., 1907, стр. 7 — 45, 48—57. (Государственная дума))——444。

《国家根本法》——见《俄罗斯帝国法律汇编》(第 1 卷第 1 册)。

《国家根本法第 87 条》——见《俄罗斯帝国法律汇编》(第 1 卷第 1 册)。

《和解的条件》(Terms of settlement. Adhesion of masters and men. —«The Times», London, 1907, N 38, 484, November 7, p. 4)——420。

《火星报》(旧的、列宁的) [莱比锡—慕尼黑—伦敦—日内瓦] («Искра» (старая, ленинская), [Лейпциг—Мюнхен—Лондон—Женева]) —— 91、94、95、96、98、99、101。

　　—[Мюнхен], 1902, No 21, 1 июня, стр. 1 — 2.——99。

　　—1903, No 51, 22 октября.——96。

《火星报》(新的、孟什维克的)[日内瓦]（«Искра»（новая, меньшевистская），[Женева]）——96。

——1904，№68，25 июня，стр.2—3.——101。

——1904，№70，25 июля，стр.2—5；№71，1 августа，стр.2—4.——98、100。

——1904，№72，25 августа，стр.10.——96。

——1905，№110，10 сентября，стр.1—2.——14。

——1905，№111，24 сентября，стр.2—4.——94、97。

——1905，№112，8 октября.Приложение к №112«Искры»，стр.1.——94、97。

《〈火星报〉的两年》文集（«Искра» за два года. Сборник статей из«Искры». Спб.，Салтыков，1906.VIII，688，244 стр.）——100、101。

《纪念葛伊甸伯爵》（Памяти гр. Гейдена.—«Товарищ»，Спб.，1907，№299，22 июня（5 июля），стр.3，в отд.：Провинция）——41。

《教育》杂志（圣彼得堡）（«Образование»，Спб.，1907，№1，стр.193—230）——264。

——1907，№2a，стр.117—126；№3，стр.89—104.——208、227—228、230、231、264、271、272—275、276、277、302、305、306。

——1907，№7，стр.48—72.——49、56。

《解放》杂志（巴黎）（«Освобождение»，Париж，1905，№71，31（18）мая，стр. 337—343）——181。

《军国主义和国际冲突》[斯图加特国际社会党代表大会上的辩论]（载于 1907 年 8 月 25 日《前进报》第 198 号）（Der Militarismus und die internationalen Konflikte.［Debatten auf dem Internationalen sozialistischen Kongreß zu Stuttgart].—«Vorwärts»，Berlin，1907，N 198，25.August.1. Beilage des«Vorwärts»，S.1—2.Unter dem Gesamttitel：Internationaler sozialistischer Kongreß）——73。

《军国主义和国际冲突》[斯图加特国际社会党代表大会通过的决议]（载于 1907 年 10 月 20 日《无产者报》第 17 号）（Милитаризм и международные конфликты.［Резолюция，принятая на Международном социалистическом конгрессе в Штутгарте].—«Пролетарий»，[Выборг]，1907，№17，20 октября，стр.5—6.Под общ. загл.：Резолюции Штутгартского съезда. На газ. место изд. : М.)——62、73—74、83、84—85、106。

《军国主义和国际冲突》[斯图加特国际社会党代表大会委员会上的辩论](载于 1907 年 8 月 20 日《前进报》第 193 号)(Der Militarismus und die internationalen Konflikte. [Debatten in der Kommission des Internationalen sozialistischen Kongresses zu Stuttgart]. — «Vorwärts», Berlin, 1907, N 193, 20. August. 2. Beilage des «Vorwärts», S. 2; N 194, 21. August. 1. Beilage des «Vorwärts», S. 3 — 4; N 195, 22. August. 1. Beilage des «Vorwärts», S. 3—4; N 196, 23. August. 1. Beilage des «Vorwärts», S. 3; N 197, 24. August. 1. Beilage des «Vorwärts», S. 3 — 4. Unter dem Gesamttitel: Die Kommissionen. Der Militarismus und die internationalen Konflikte)——62、73、77、83—85。

《军营报》(埃恩圣保罗)(«La Caserne», Haine st. Paul)——108。

《军营报》(巴黎)(«La Caserne», Paris)——108。

《卡尔·马克思》(Карл Маркс. — «Русские Ведомости», М., 1908, №51, 1 марта, стр. 4—5. Подпись: Л. Н.)——450。

《科学评论》杂志(圣彼得堡)(«Научное Обозрение», Спб., 1900, №5, стр. 945—954; №6, стр. 1061—1067)——206。

[《克里木鞑靼人给第二届国家杜马代表的委托书》]([Наказ крымских татар депутату II Государственной думы. Отрывок, зачитанный на двадцать четвертом заседании II Государственной думы]. — В кн.: Стенографические отчеты [Государственной думы]. 1907 год. Сессия вторая. Т. I. Заседания 1 — 30 (с 20 февраля по 30 апреля). Спб. гос. тип., 1907, стлб. 1792—1793. (Государственная дума. 2-ой созыв))——374。

《来自会议厅的消息》(Из залы заседаний. — «Столичная Почта», Спб., 1908, №249, 28 февраля (12 марта), стр. 4. Подпись: Вас. Г.)——439。

《劳动俄罗斯报》(圣彼得堡)(«Трудовая Россия», Спб.)——233。

《"劳动解放"社纲领草案》(1885 年)——见普列汉诺夫,格·瓦·《俄国社会民主党人纲领草案》。

《劳动旗帜报》(巴黎)(«Знамя Труда», [Париж])——156。

　—1907, №2, 12 июля, стр. 1—4.——177。

—1907,№5,12 сентября,стр.2—4.——119—120、176。

—1907,№6,30 сентября,стр.1—3.——148。

—1907,№8,декабрь,стр.6—10.——412—416。

《劳动(人民社会)党纲领》(Программа трудовой(народно-социалистической) партии.(Подлежит утверждению учредительного съезда партии).— «Народно-Социалистическое Обозрение». Вып.1.Спб.,1906,стр.1—14) ——211。

《雷诺新闻》(伦敦)(«Reynolds Newspaper»,London)——420。

[《立陶宛土地改革草案(以立陶宛社会民主党杜马小组的名义向第二届国家杜马提出)》([Проект аграрной реформы в Литве,внесенный во II Государственную думу от имени думской группы социал-демократов Литвы].—В кн.:Стенографические отчеты[Государственной думы].1907 год.Сессия вторая.Т.II.Заседания 31—53(с 1 мая по 2 июня).Спб.,гос. тип.,1907,стлб.681—682.Приложение к стенографическому отчету 39 заседания.(Государственная дума.2-ой созыв))——373。

《立宪民主党纲领(1905 年 10 月 12—18 日建党大会制定)》[传单](Программа конституционно-демократической партии,выработанная учредите- льным съездом партии 12—18 октября 1905 г.[Листовка].Б.м.,[1905]. 1 стр.)——172、448。

[《立宪民主党人在讨论第三届国家杜马 40 名代表提出的关于扩大杜马预算权的草案时提出的决议》]([Резолюция,внесенная кадетами при обсуждении проекта 40 членов III Государственной думы о расширении бюджетных прав Думы].—«Столичная Почта»,Спб.,1908,№214,18 (31)января,стр.5.Под общ.загл.:Государственная дума)——427、431。

《论土地纲领问题》(К вопросу об аграрной программе.1)П.Маслов.Землепо- льзование или землевладение? 2)К.Каутский.Письмо об аграрной программе.[Спб.],«Новый Мир»,[1905].16 стр.)——330。

《论文集》第 1 集(Сборник статей.№1.Спб.,«Наша Мысль»,1907,стр.47— 74,75—93)——151、177、235、249。

莫斯科,2月 1 日。[社论](Москва,1 февраля.[Передовая].—«Русские Ведомости», М., 1908, №27, 1 февраля, стр. 1 — 2）——400。

莫斯科, 10 月 16 日。《新杜马》（Москва, 16 октября. Новая Дума. —«Голос Москвы», 1907, №239, 16 октября, стр. 2 — 3）——131。

《莫斯科呼声报》》（«Голос Москвы», 1907, №239, 16 октября, стр. 2 — 3）——131。

《［尼古拉二世］对国家杜马代表的讲话》［1908 年 2 月 13 日（26 日）］（Речь ［Николая II］ к членам Государственной думы. ［13（26）февраля 1908 г.］.—«Россия», Спб., 1908, №682, 14（27）февраля, стр. 1）—— 406、407、409。

《农民代表消息报》》（圣彼得堡）（«Известия Крестьянских Депутатов», Спб.）——233。

《〈农民代表消息报〉和〈劳动俄罗斯报〉论文集》》（Сборник «Известий Крестьянских Депутатов» и «Трудовой России». М., 1906. 269, III стр.）——211。

《农民问题材料》》（Материалы к крестьянскому вопросу. Отчет о заседаниях делегатского съезда Всероссийского крестьянского союза 6 — 10 ноября 1905 г.С.вступительной статьей В. Громана.［Спб.］, «Новый Мир», 1905. 114 стр.）——236、248、251。

《农民协会代表大会的决定（1905 年 7 月 31 日—8 月 1 日成立大会和 11 月 6—10 日代表大会）》》（Постановления съездов Крестьянского союза（Учредительного 31 июля—1 августа и 6—10 ноября 1905 г.）. Изд. Северного Обл. Бюро содействия Крестьянскому союзу（в С.-Петербурге）. Спб., тип. Клобукова, 1905. 16 стр.（Всероссийский крестьянский союз））—— 226、391。

《农业人口土地保障法（主要原则）草案［立宪民主党向第二届国家杜马提出］》》（Проект главных оснований закона о земельном обеспечении земледельческого населения, ［внесенный во II Государственную думу кадетами］.—В кн.: ［Материалы, поступившие в Общее собрание Государственной думы 2-го созыва］.Б.м., ［1907］, л. 293 — 295）—— 209、210。

《平等》杂志（斯图加特）（«Die Gleichheit», Stuttgart, 1907, N 18, 2. September）—— 67、68、70、74、76 — 78、82、178。

《前进报》(《En Avant»)——108。

《前进报》(柏林)(«Vorwärts», Berlin, 1907, N 192, 18. August. 2. Beilage des «Vorwärts», S. 1—3)——72、78、82。

——1907, N 193, 20. August. 1. Beilage des «Vorwärts», S. 1—2.——67—74、79—85、179。

——1907, N 193, 20. August. 2. Beilage des «Vorwärts», S. 2, 3.——62、68、72、73、77、78、79、82、83—85。

——1907, N 194, 21. August, S. 4.——71—72、82。

——1907, N 194, 21. August. 1. Beilage des «Vorwärts», S. 1—4.——62、67—74、77、78、79—85、177、414。

——1907, N 195, 22. August. 1. Beilage des «Vorwärts», S. 1—4.——62、67—74、77、78、79—85。

——1907, N 196, 23. August. 1. Beilage des «Vorwärts», S. 1—3.——62、67—74、77、78、79—85、178、415、417。

——1907, N 197, 24. August. 1. Beilage des «Vorwärts», S. 1—4.——62、67—74、77、79—85、177。

——1907, N 198, 25. August. 1. Beilage des «Vorwärts», S. 1—2.——67—74、79—85。

——1907, N 209, 7. September. 1. Beilage des «Vorwärts», S. 1.——69、70、83、178、412。

——1908, N 44, 21. Februar, S. 1.——446、448。

——1908, N 48, 26. Februar, S. 1.——446—449。

《前进报》(日内瓦)(«Вперед», Женева, 1905, №1, 4 января (22 декабря 1904), стр. 2—3)——103。

——1905, №11, 23 (10) марта, стр. 2.——99。

——1905, №15, 20 (7) апреля, стр. 1—2.——241。

《前进报》[维堡](«Вперед», [Выборг], 1907, №14, 10 сентября, стр. 2—4. На газ. место изд.: М.)——412。

《侨居问题》[斯图加特国际社会党代表大会通过的决议](Иммиграция и эмиграция. [Резолюция, принятая на Международном социалистическом конгрессе в Штутгарте].—«Пролетарий», [Выборг], 1907, №17, 20 октября, стр. 5. Под общ. загл.: Резолюции Штутгартского съезда. На газ. место изд.: М.)——69、83。

《全俄党的工作者第一次代表会议》(Первая общерусская конференция партийных работников. Отдельное приложение к №100 «Искры». Женева, тип. партии, 1905. 31 стр. (РСДРП))——26、103。

《[全俄党的工作者第一次]代表会议通过的决议》(Резолюции, принятые [первой общерусской] конференцией [партийных работников].—В кн.: Первая общерусская конференция партийных работников. Отдельное приложение к №100 «Искры». Женева, тип. партии, 1905, стр. 15—30. (РСДРП))——26、103。

《人民社会党评论》文集(圣彼得堡)(«Народно-Социалистическое Обозрение». Вып. 1. Спб., 1906, стр. 1—14)——211。

《人民通报》(圣彼得堡)(«Народный Вестник», Спб., 1906, №20, 31 мая (13 июня), стр. 1)——202。

《萨克森工人报》(«Sächsische Arbeiterzeitung», 1908, Februar)——446、448。

《萨拉托夫省统计资料汇编》(Сборник статистических сведений по Саратовской губернии. Т. XI. Камышинский уезд. Саратов, изд. Саратовского губ. земства, 1891. 979 стр.)——244。

《闪电》文集(圣彼得堡)(«Зарницы». Вып. I. Спб., тип. Безобразова, 1907. 128 стр.)——178。

《社会党策略的国际准则》(Internationale Regeln der sozialistischen Taktik. [Die Resolution des Internationalen Sozialistenkongresses zu Amsterdam].—In: Internationaler Sozialistenkongreß zu Amsterdam. 14. bis 20. August 1904. Berlin, Expedition der Buchhandlung «Vorwärts», 1904, S. 31—32)——67。

《社会党和工会的关系》[斯图加特国际社会党代表大会通过的决议](Отношение между социалистической партией и профессиональными союзами. [Резолюция, принятая на Международном социалистическом конгрессе в Штутгарте].—«Пролетарий», [Выборг], 1907, №17, 20 октября, стр. 5.

Под общ. загл. : Резолюции Штутгартского съезда. На газ. место изд. : М.)
——69、71、82、83、178、412、414、415。

《社会革命党第一次代表大会记录》(Протоколы первого съезда партии социа-
листов-революционеров. Изд. ЦК п. с.-р. Б. м. , тип. партии социалистов-
революционеров, 1906. 368 стр. (Партия социалистов-революционеров))
——149、150。

[《社会革命党中央委员会给斯图加特国际社会党代表大会代表的电报》]
([Телеграмма ЦК партии социалистов-революционеров делегатам Штут-
гартского международного социалистического конгресса]. — «Знамя Тру-
да», [Париж], 1907, №5, 12 сентября, стр. 2, в ст. : Международный
социалистический конгресс в Штутгарте) ——119。

《社会民主党和工人代表大会》(Социал-демократия и рабочий съезд. — «Знамя
Труда», [Париж], 1907, №6, 30 сентября, стр. 1—3) ——148。

《社会民主党人日志》[日内瓦](«Дневник Социал-демократа», [Женева],
1905, №3, ноябрь, стр. 1—23) ——4。

——1905, №4, декабрь, стр. 1—12. ——4。

——1906, №5, март, стр. 1—20. ——337。

《生活》杂志(圣彼得堡)(«Жизнь», Спб. , 1901, №3, стр. 162—186; №4, стр.
63—100) ——264。

圣彼得堡, 1 月 31 日。[社论](С.-Петербург, 31 января. [Передовая]. —
«Россия», Спб. , 1908, №670, 31 января(13 февраля), стр. 1) ——401。

圣彼得堡, 2 月 2 日。[社论](С.-Петербург, 2 февраля. [Передовая]. —
«Речь», Спб. , 1908, №28, 2(15)февраля, стр. 2) ——402。

圣彼得堡, 10 月 18 日。《选举结束》(С.-Петербург, 18-го октября. Выборы
окончены. — «Русское Знамя», Спб. , 1907, №226) ——131。

《圣彼得堡新闻》(«С.-Петербургские Ведомости», 1908, №24, 29 января(11
февраля), стр. 2) ——409。

《十小时工作制法案(立宪民主党人向第二届国家杜马提出)》——见《关于商
业职工正常休息法基本条例草案》。

[《十月党人在讨论第三届国家杜马 40 名代表关于扩大杜马预算权的草案时

提出的决议案》](［Резолюция, внесенная октябристами при обсуждении проекта 40 членов III Государственной думы о расширении бюджетных прав Думы].—«Столичная Почта», Спб., 1908, №214, 18(31) января, стр.5. Под общ. загл.: Государственная дума)——427、431。

《十月十七日同盟的议会纲领》(Парламентская программа союза 17 октября.—«Речь», Спб., 1907, №255, 28 октября(10 ноября), стр.4)——142, 144。

《世界政策问题小报》(慕尼黑)(«Aus der Weltpolitik», München, 1903, N 48, 30. November, S.1—10)——97。

《首都邮报》(圣彼得堡)(«Столичная Почта», Спб.)——439。

—1908, №214, 18(31) января, стр.4—5.——427、428、430、431。

—1908, №224, 30 января(12 февраля), стр.5.——409。

—1908, №228, 3(16)февраля, стр.1.——402。

—1908, №249, 28 февраля(12 марта), стр.4.——439。

《曙光》杂志(斯图加特)(«Заря», Stuttgart)——91。

—1901, №1, апрель, стр.152—153.——394。

—1901, №2—3, декабрь, стр. 60—100, 258—302.—— 92、264、269、273、274。

《说明我国经济发展状况的资料》(Материалы к характеристике нашего хозяйственного развития. Сборник статей. Спб., тип. Сойкина, 1895. 232, 259, III стр.)——89、90、92。

《斯图加特代表大会的决议》(Резолюции Штутгартского съезда.—«Пролетарий», ［Выборг], 1907, №17, 20 октября, стр.4—6. На газ. место изд.: М.)——79、85。

《斯图加特国际社会党代表大会》(Международный социалистический конгресс в Штутгарте.—«Знамя Труда», ［Париж], 1907, №5, 12 сентября, стр.2—4)——119、176。

［《斯图加特国际社会党代表大会第一次会议》]([Die erste Sitzung des Internationalen sozialistischen Kongresses zu Stuttgart].—«Vorwärts», Berlin, 1907, N 193, 20. August. 1. Beilage des«Vorwärts», S. 1—2. Unter dem Gesamttitel: Internationaler sozialistischer Kongreß)——179。

《斯托雷平宣言》——见《政府宣言(彼·阿·斯托雷平在 1907 年 3 月 6 日
　(19 日)国家杜马会议上宣读)》。

《速记记录》([国家杜马]第 21 次会议)(Стенографический отчет.(Заседание
　двадцать первое [Государственной думы]. 17 января [1908 г.]).—
　«Столичная Почта», Спб., 1908, №214, 18 (31) января, стр. 4 — 5)——
　427、430。

《泰晤士报》(伦敦)(«The Times», London)——420。

　—1907, N 38,484, November 7, p.4.——420。

[《提交第二届国家杜马全体会议的资料》]([Материалы, поступившие в Общее
　собрание Государственной думы 2-го созыва]. Б. м., [1907]. 7, 23 стр.;
　1040 л.)—— 172、210、229、230、232、233、234 — 237、251、280、315、
　375—376、384。

《调解和仲裁的纲要》(Outline of scheme for conciliation and arbitration. Ge-
　neral principles.—«The Times», London, 1907, N 38,484, November 7,
　S.4)——420。

《铁路问题的和解》(The Railway settlement.—«The Labour Leader», London,
　1907, N 21, November 15, p.322. Signature: W.R.)——420。

《同志报》(圣彼得堡)(«Товарищ», Спб.)—— 30、34 — 35、37、39、40、49、56、
　59、76、93、110、127、139、146、148、198。

　—1907, №214, 13 (26) марта, стр.3.——199。

　—1907, №238, 10 (23) апреля, стр.3.——199。

　—1907, №260, 8 (21) мая, стр.1 — 2; №266, 15 (28) мая, стр.3; №287, 8 (21)
　июня, стр.1.——148。

　—1907, №296, 19 июня (2 июля), стр.2.——34 — 41。

　—1907, №299, 22 июня (5 июля), стр.3.——41。

　—1907, №301, 24 июня (7 июля), стр.1 — 2.——15、29。

　—1907, №348, 18 (31) августа, стр.1.——49、50 — 54、56。

　—1907, №351, 22 августа (4 сентября), стр.1 — 2.——58。

　—1907, №374, 18 сентября (1 октября), стр.3.——148。

　—1907, №402, 20 октября (2 ноября), стр.1 — 2.——139。

—1907,№407,26 октября(8 ноября),стр.4.——144。

—1907,№410,30 октября(12 ноября),стр.4.——143。

《土地法基本条例草案[以社会革命党人的名义向第二届国家杜马提出]》(Проект основных положений земельного закона,[внесенный во II Государственную думу от имени группы социалистов-революционеров].—В кн.:[Материалы,поступившие в Общее собрание Государственной думы 2-го созыва].Б.м.,[1907],л.486—491)——236、384。

《[土地法]基本条例草案[由104个国家杜马代表提出]》(Проект основных положений[земельного закона,внесенный 104 членами Государственной думы].—В кн.:Стенографические отчеты[Государственной думы].1906 год.Сессия первая.Т.I.Заседания 1—18(с 27 апреля по 30 мая).Спб.,гос.тип.,1906,стр.560—562.(Государственная дума))——151、229、231、232、233、234—237、251、280、315、375。

《[土地改革]基本条例草案[以劳动团和农民协会的名义向第二届国家杜马提出]》(Проект основных положений[земельной реформы,внесенный во II Государственную думу от имени Трудовой группы и Крестьянского союза].—В кн.:[Материалы,поступившие в Общее собрание Государственной думы 2-го созыва].Б.м.,[1907],л.17—19,37)——229、230、232、233、235—237、251、280、315、376。

《土地改革基本条例草案[以社会民主党党团的名义向第二届国家杜马提出]》(Проект основных положений аграрной реформы,[внесенный во II Государственную думу от имени социал-демократической фракции].—В кн.:Стенографические отчеты[Государственной думы].1907 год.Сессия вторая.Т.I.Заседания 1—30(с 20 февраля по 30 апреля).Спб.,гос.тип.,1907,стлб.728—730.(Государственная дума.2-ой созыв)——381。

《土地纲领[俄国社会民主工党第四次(统一)代表大会通过]》(Аграрная программа,[принятая на IV(Объединительном)съезде РСДРП].—В листовке:Постановления и резолюции Объединительн.съезда Российской социал-демократической рабочей партии.[Спб.].тип.Центрального Комитета,[1906],стр.1.(РСДРП))——95、185、219、223—224、229、

230、232、247、275、276、303、304、315、319、320—322、323、328、329、358、
370、373、378、379、381、386、387、394、408。

《土地基本法草案［由33个国家杜马代表提出］》(Проект основного земель-
ного закона,［внесенный 33 членами Государственной думы］.—В кн.：
Стенографические отчеты［Государственной думы］. 1906 год. Сессия
первая.Т.Ⅱ.Заседания 19—38(с 1 июня по 4 июля).Спб.，гос.тип.，1906，
стр.1153—1156.(Государственная дума))——151、235、343、344。

［《土地问题基本条例草案(由42个国家杜马代表提出)》]([Проект основных
положений по аграрному вопросу,внесенный 42 членами Государственной
думы].—В кн.：Стенографические отчеты［Государственной думы］.1906
год.Сессия первая.Т.Ⅰ.Заседания 1—18(с 27 апреля по 30 мая).Спб.，гос.
тип.，1906，стр.248—251)——210、211、233、253、336、353。

《土地问题》文集［第1卷］(Аграрный вопрос.[Т.Ⅰ].Сборник статей Герценш-
тейна, Долгорукова, Дена, Иверонова, Кауфмана, Мануилова, Петрун-
кевича,Фортунатова, Чупрова. Изд. 2-е. М., «Беседа», 1906. ⅩⅩⅩⅣ, 278
стр.(Изд.Долгорукова и Петрункевича))——213—215、216、218。

《土地问题》文集(第2卷)(Аграрный вопрос. Т. Ⅱ. Сборник статей Брейера,
Бруна,Воробьева, Герценштейна, Дена, Кауфмана, Кутлера, Левитского,
Мануилова, Петрункевича, Хауке, Чупрова, Якушкина. М., «Беседа»,
1907.ⅩⅢ,648 стр. (Изд. Долгорукова и Петрункевича))——187、197、
211、252、303、310、321、342、347。

［《土耳其斯坦总督办公厅对鞑靼人别克季米罗夫关于把官地作为份地分给
他的请求的答复》(1906年12月15日)]([Ответ канцелярии туркестан-
ского генерал-губернатора на просьбу татарина Бектимирова об отводе ему
надела из казенной земли.15 декабря 1906 г.].—В кн.：Стенографические
отчеты［Государственной думы].1907 г.Сессия вторая.Т.Ⅰ.Заседания 1—
30(с 20 февраля по 30 апреля).Спб.，гос. тип.，1907, стлб. 1794. (Госу-
дарственная дума.2-ой созыв))——374。

《晚间信使报》(米兰)(«Corriere della Sera»,Milano,1908,N 41,10 Febbraio,
p.1—2)——424。

—1908，N 42，11 Febbraio，p.5.——424。

《威斯敏斯特评论》杂志（«Westminster Review»）——269。

《温和的右派农民代表的土地法案》（载于 1908 年 1 月 29 日（2 月 11 日）《圣彼得堡新闻》第 24 号）（Земельный проект умеренно-правых крестьянских депутатов.—«С.-Петербургские Ведомости»，1908，№24，29 января（11 февраля），стр.2）——409。

《温和的右派农民代表的土地法案》（载于 1908 年 1 月 30 日（2 月 12 日）《首都邮报》第 224 号）（Земельный проект умеренно-правых крестьянских депутатов.—«Столичная Почта»，Спб.，1908，№224，30 января（12 февраля），стр.5）——409。

《我们的报》（圣彼得堡）（«Наша Газета»，Спб.，1908，№3，19 марта（1 апреля），стр.3）——434。

《我们的论坛》文集（Наша трибуна. Непериодический сборник. Кн. 1-ая. Вильно，«Трибуна»，1907.89 стр.）——403。

《我们时代报》（圣彼得堡）（«Наш Век»，Спб.）——411。

—1908，№967，9（22）января，стр.5）——411。

《我们在工会运动中的立场》（Наша позиция в профессиональном движении.—«Знамя Труда»，[Париж]，1907，№2，12 июля，стр.1—4）——177。

《无产阶级需要共和国吗?》（Нужна ли республика пролетариату? —«Пролетарий»，[Выборг]，1906，№7，10 ноября，стр.3—5. На газ. место изд.：М.）——425。

《无产者报》（日内瓦）（«Пролетарий»，Женева，1905，№12，16（3）августа，стр.1）——25。

《无产者报》[维堡—日内瓦—巴黎]（«Пролетарий»，[Выборг—Женева—Париж]）——405。

—[Выборг]，1906，№1，21 августа，стр.2—3. На газ. место изд.：М.——25。

—1906，№7，10 ноября，стр.3—5. На газ. место изд.：М.——425。

—1907，№17，20 октября，стр.3—6. На газ. место изд.：М.——62、69、71、73、79—85、106、178、411、412、414、416。

—1907，№19，5 ноября，стр.7. На газ. место изд.：М.——124。

—〔Женева〕,1908,№21,26(13)февраля,стр.2,4.——407、411。

—1908,№29,(29)16 апреля,стр.3—4.——434。

—1908,№33,(5 авг.)23 июля,стр.3—6.——407。

《现代世界》杂志(圣彼得堡)(«Современный Мир»,Спб.,1907,№12,стр.29—58,73—85)——417、418、419、420。

《向斯图加特国际社会党代表大会(1907年8月18—24日)提出的建议和决议草案并附说明报告》(Propositions et Projèts de Résolutions avec rapports explicatifs présentés au congrès Socialiste International de Stuttgart (18—24 août 1907). Edition en 3 langues du Bureau Socialiste International.〔Bruxelles,1907〕.XCVI,608 p.)——82。

《新兵》(巴黎)(«Conscrit»,Paris)——108。

《新党纲草案》(Der Entwurf des neuen Parteiprogramms. III.—«Die Neue Zeit»,Stuttgart,1890—1891,Jg.IX,Bd.II,N 51,S.780—791)——425。

《新生活报》(圣彼得堡)(«Новая Жизнь»,Спб.,1905,№9,10 ноября,стр.2—3;№13,15 ноября,стр.2;№14,16 ноября,стр.2)——97。

《新时报》(圣彼得堡)(«Новое Время»,Спб.)——53、226、439。

《新时代》杂志(斯图加特)(«Die Neue Zeit»,Stuttgart,1890—1891,Jg.IX,Bd.II,N 51,S.780—791)——425。

—1901—1902,Jg.,XX,Bd.1,N 1,S.5—13.——425。

—1905—1906,24.Jg.,Bd.1,N 13,S.412—423.——280、356。

—1905—1906,24.Jg.,Bd.2,N 48,S.716—725;N 49,S.749—754.——177。

—1906—1907,25.Jg.,Bd.1,N 1,S.4—10.——177。

—1906—1907,25.Jg.,Bd.1,N 9,S.284—290;N 10,S.324—333.——318。

—1906—1907,25.Jg.,Bd.1,N 23,S.761—764.——141。

—1906—1907,25.Jg.,Bd.2,N 48,S.724—730.——68。

—1907—1908,26.Jg.,Bd.1,N 20,S.695—700.——405。

《新世纪》杂志〔伦敦〕(«The New Age»,〔London〕,1907,N 691,Dec.7,S.101—102)——420。

《新言论》杂志(圣彼得堡)(«Новое Слово»,Спб.,1897,№6,Март,стр.1—20;

№7,апрель,стр.83—96,34—62;№8,май,стр.154—167)——90。

[《信条》]([Credo].—В кн.:[Ленин, В. И.]Протест российских социал-демократов. С послесл. от ред. «Рабочего Дела». Изд. Союза русских социал-демократов. Женева, тип. «Союза», 1899, стр. 1 — 6. (РСДРП. Оттиск из №4—5«Рабочего Дела»))——104。

《宣言》(1905 年 10 月 17 日(30 日))(Манифест. 17(30)октября 1905 г.—«Правительственный Вестник», Спб., 1905, №222, 18(31)октября, стр.1)——13、437。

《[亚·波格丹诺夫〈恩斯特·马赫和革命〉一文]译者序》(Vorbemerkung des Übersetzers[zum Art. von A. Bogdanow «Ernst Mach und die Revolution»].—«Die Neue Zeit», Stuttgart, 1907 — 1908, 26. Jg., Bd. 1, N 20, S. 695—696)——405。

《言语报》(圣彼得堡)(«Речь», Спб.)——55、148、149、383、401、451。

—1906, №79, 21 мая(3 июня), стр.1—2.——50。

—1906, №82, 25 мая(7 июня), стр.1.——210、341、342。

—1907, №224, 22 сентября(5 октября), стр.2.——111。

—1907, №255, 28 октября(10 ноября), стр.3—4.——142、144。

—1908, №28, 2(15)февраля, стр.2.——402。

—1908, №52, 1(14)марта, стр.2—3.——448。

—1908, №53, 2(15)марта, стр.2.——451。

《105 人土地法案(向第二届国家杜马提出)》——见《土地法基本条例草案(以社会革命党人的名义向第二届国家杜马提出)》。

《1897 年俄罗斯帝国第一次人口普查》(第 1—2 编)(Первая всеобщая перепись населения Российской империи 1897 г. Вып. 1 — 2. Сост. Центр. стат. ком. на основании местных подсчетных ведомостей. Изд. Центр. стат. ком. м-ва внутр. дел. Спб., 1897. 2 т. На русском и французском яз.)

—第 1 编(Вып. 1. Население империи по переписи 28-го января 1897 г. по уездам. 29 стр.)——186。

—第 2 编(Вып. 2. Население городов по переписи 28-го января 1897 г. 42 стр.)——186。

《1905 年 12 月 11 日选举法》——见《给执政参议院的命令（关于修改与补充
国家杜马的选举条例）》（1905 年 12 月 11 日（24 日））。

《1905 年土地占有情况统计》（Статистика землевладения 1905 г. Свод данных по
50-ти губерниям Европейской России. Спб., тип. Минкова, 1907. 199 стр.;
L стр. табл. (Центральный стат. ком. м-ва. внутр. дел))—— 186 — 190、
193、199。

《1906 年在斯德哥尔摩举行的俄国社会民主工党统一代表大会记录》（Про-
токолы Объединительного съезда РСДРП, состоявшегося в Стокгольме в
1906 г. М., тип. Иванова, 1907. VI, 420 стр.)—— 11、25、69、82、95、178、
223、225、227、230、231、254、258、264、283、291、292、293 — 295、296 —
297、298 — 300、301、304、309、312 — 314、315、319、322、328、329、351、
375、377、456、461。

《1907 年 6 月 3 日选举法》——见《国家杜马选举条例》（1907 年 6 月 3 日（16
日））。

《1908 年大众历书》（Календарь для всех на 1908 год. Б. м., [1907]. 206 стлб.)
——178。

[《一位工人给编辑部的信》]（[The Worker's letter to the editorial staff].—
«Justice», London, 1907, N 1, 245, November 23, p. 4)——419。

《一周评论》（Notes of the week.—«The New Age», [London], 1907, N 691,
Dec. 7, S. 101—102)——420。

《"愚人"在杜马中》（«Серенький»—в Думе.—«Русское Государство», Спб.,
1906, №39, 18(31) марта, стр. 4. Подпись: Segno)——114、296。

《约·菲·贝克尔、约·狄慈根、弗·恩格斯、卡·马克思等致弗·阿·左尔
格等书信集》（Письма И. Ф. Беккера, И. Дицгена, Ф. Энгельса, К. Маркса и
др. к Ф. А. Зорге и др. Пер. с нем. Политикуса. С письмами и биогр. Ф. А.
Зорге Евг. Дицгена. С предисл. Н. Ленина. С портр. Ф. А. Зорге. Спб., Дауге,
1907. XXVI, 485, II стр.)——67、323、393。

《真理》杂志（莫斯科）（«Правда», М., 1906, кн. IV, февраля, стр. 157 — 160)
——330。

《争取妇女选举权委员会》（Kommission für Frauenstimmrecht.—«Vorwärts»，Berlin，1907，N 194，21. August，S. 4. Unter dem Gesamttitel：Internationaler sozialistischer Kongreß)——72、81。

《争取选举权的斗争是一场阶级斗争!》(Wahlrechtskampf—Klassenkampf! —«Vorwärts»，1908，N 44，21. Februar，p. 1)——446、448。

《正义报》(伦敦)(«Justice»，London，1907，N 1，244，November 16，p. 6)——419。

—1907，N 1，245，November 23，p. 4.——419。

[《政党和工会的关系(斯图加特国际社会党代表大会决议案)》]([Die Beziehungen zwischen der politischen Partei und den Gewerkschaften. Resolutionsentwurf der Kommissionsmehrheit des Internationalen sozialistischen Kongresses zu Stuttgart].—«Vorwärts»，Berlin，1907，N 197，24. August. 1. Beilage des«Vorwärts»，S. 1. Unter dem Gesamttitel：Internationaler sozialistischer Kongreß)——177。

[《政党和工会的关系(斯图加特国际社会党代表大会委员会上的辩论)》]([Die Beziehungen zwischen der politischen Partei und den Gewerkschaften. Debatten in der Kommission des Internationalen sozialistischen Kongresses zu Stuttgart].—«Vorwärts»，Berlin，1907，N 196，23. August. 1. Beilage des «Vorwärts»，S. 3. Unter dem Gesamttitel：Die Kommissionen. Partei und Gewerkschaft)——70、77、83、178、415、417。

《政府法令汇编》(执政参议院出版)(«Собрание узаконений и распоряжений правительства»，издаваемое при правительствующем Сенате»，Спб.，1906，№51，10 марта，стр. 735—737)——427、428、430、431。

—1907，отд. I，№94，3 июня，стр. 1303—1380.——1、43、45、122、123、129、142、169、296、460。

《政府通报》(圣彼得堡)(«Правительственный Вестник»，Спб.，1905，№121，8(21)июня，стр. 1)——113。

—1905，№169，6(19)августа，стр. 1—4.——3、9、114。

—1905，№222，18(31)октября，стр. 1.——13、437。

—1905，№268，13(26)декабря，стр. 1.——43、45、114、120、123、169、296。

—1906，№252，12(25)ноября，стр. 1.—— 151、158、209、235、242、253、283、

334、354、383、406。

——1906，№256，18 ноября（1 декабря），стр. 1.—— 158、209、235、242、283、
334、354、383、406。

［《政府宣言（彼·阿·斯托雷平在1907年3月6日（19日）国家杜马会议上
宣读）》］（［Декларация правительства，оглашенная П. А. Столыпиным на
заседании Государственной думы 6（19）марта 1907 г.］.—В кн.：Стено-
графические отчеты［Государственной думы］.1907 год. Сессия вторая. Т. I.
Заседания 1—30（с 20 февраля по 30 апреля）.Спб.，гос. тип.，1907，стлб.
106—120.（Государственная дума. 2-ой созыв））——301。

《政治和文学辩论日报》（巴黎）（«Journal des Débats politiques et littéraires»，
Paris，1908，15 mars）——454。

［《殖民地问题》（斯图加特国际社会党代表大会多数派委员会的决议案）］
（［Die Kolonialfrage. Resolutionsentwurf der Kommissionsmehrheit auf
dem Internationalen sozialistischen Kongreß zu Stuttgart］.—«Vorwärts»，
Berlin，1907，N 195，22. August. 1. Beilage des «Vorwärts»，S. 1. Unter dem
Gesamttitel：Internationaler sozialistischer Kongreß）——68、79。

《殖民地问题》［斯图加特国际社会党代表大会上的辩论］（Die Kolonialfrage.
［Debatten auf dem Internationalen sozialistischen Kongreß zu Stutt-
gart］.—«Vorwärts»，Berlin，1907，N 195，22. August. 1. Beilage des
«Vorwärts»，S. 1—2；N 196，23. August. 1. Beilage des «Vorwärts»，S. 1—
2. Unter dem Gesamttitel：Internationaler sozialistischer Kongreß）——
68、79。

［《殖民地问题》（斯图加特国际社会党代表大会委员会上的辩论）］（［Die Ko-
lonialfrage. Debatten in der Kommission des Internationalen sozialisti-
schen Kongresses zu Stuttgart］.—«Vorwärts»，Berlin，1907，N 193，20.
August. 2. Beilage des «Vorwärts»，S. 2. Unter dem Gesamttitel：Die Kom-
missionen. Die Kommission für die Vorbereitung der Kolonialfrage）——
68、79。

《殖民政策》［斯图加特国际社会党代表大会通过的决议］（Колониальная
политика.［Резолюция，принятая на Международном социалистическом

конгрессе в Штутгарте].—«Пролетарий», [Выборг], 1907, №17, 20 октября, стр. 4 — 5. Под общ. загл.: Резолюции Штутгартского съезда. На газ. место изд.: М.)——69。

《祖国垂危报》(巴黎)(«La Patrie en Danger», Paris)——435。

《祖国之子报》(圣彼得堡)(«Сын Отечества», Спб., 1905, №54, 20 апреля (3 мая), стр. 2 — 3)——202。

《最主要的决议[俄国社会民主工党第三次代表大会通过]》(Главнейшие резолюции, [принятые на Третьем съезде Российской соц.-дем. рабочей партии].—В кн.: Третий очередной съезд Росс. соц.-дем. рабочей партии. Полный текст протоколов. Изд. ЦК. Женева, тип. партии, 1905, стр. XVI—XXVII. (РСДРП))——26、103。

年　表

(1907 年 6 月—1908 年 3 月)

1907 年

1907 年 6 月—1908 年 3 月

列宁先后居住在芬兰和瑞士。

6 月 17 日(30 日)

警察司特别局向彼得堡省宪兵局局长下达命令，提出关于从芬兰引渡列宁的问题。

不早于 6 月 19 日(7 月 2 日)

阅读刊载在《同志报》上的一篇关于彼·亚·葛伊甸的文章，在撰写《纪念葛伊甸伯爵(我国非党的"民主主义者"教导人民什么?)》一文时使用了这篇文章中的材料。

6 月 21 日和 26 日(7 月 4 日和 9 日)之间

列宁作序的《约·菲·贝克尔、约·狄慈根、弗·恩格斯、卡·马克思等致弗·阿·左尔格等书信集》一书在彼得堡出版。

不早于 6 月 22 日(7 月 5 日)

阅读刊载在《同志报》上的普斯科夫省通讯《纪念葛伊甸伯爵》，在撰写《纪念葛伊甸伯爵(我国非党的"民主主义者"教导人民什么?)》一文时使用了这篇通讯中的材料。

写《纪念葛伊甸伯爵(我国非党的"民主主义者"教导人民什么?)》一文。

6 月 24 日和 26 日(7 月 7 日和 9 日)之间

阅读刊载在《同志报》上的尔·马尔托夫的《能够规避吗?(给编辑部的信)》，在撰写《反对抵制(摘自社会民主党政论家的札记)》一文时利用了这篇文章。

6 月 25 日（7 月 8 日）

在俄国社会民主工党第五届中央委员会会议上，列宁被指派为党驻社会党国际局的代表。

6 月 26 日（7 月 9 日）

写《反对抵制（摘自社会民主党政论家的札记）》一文。

不早于 6 月 26 日（7 月 9 日）

致函住在萨马拉省基涅利站的妹妹玛·伊·乌里扬诺娃，简略地阐述了反对抵制第三届杜马的论据。

6 月 27 日（7 月 10 日）

致函住在莫斯科省米赫涅沃车站的母亲玛·亚·乌里扬诺娃，告知自己在芬兰斯季尔苏坚休息的情况。

6 月—不晚于 7 月 6 日（19 日）

为《伦敦代表大会总结》文集撰写《伦敦代表大会工作概述》一文（这篇文章没有找到）。

6 月—8 月

编辑布尔什维克的《生活之声》文集。

6 月—11 月

在俄国社会民主工党中央委员会在芬兰泰里约基召开会议之前，经常与中央委员会中的布尔什维克委员进行磋商。

7 月 7 日（20 日）

列宁在拉脱维亚边疆区社会民主党第二次代表大会上提出的《关于无产阶级在资产阶级民主革命现阶段的任务》的决议，发表在拉脱维亚社会民主党的《斗争报》上。

不晚于 7 月 8 日（21 日）

为在彼得堡市代表会议上发言，起草关于社会民主工党对第三届杜马的态度问题的报告提纲。

为参加俄国社会民主工党彼得堡市代表会议，自斯季尔苏坚抵达泰里约基。

7 月 8 日（21 日）

出席在泰里约基召开的俄国社会民主工党彼得堡市代表会议。会议讨

论参加第三届国家杜马选举的问题。大多数与会者一致支持列宁反对
抵制杜马选举的立场。

　　　在彼得堡市代表会议上作关于社会民主工党对第三届杜马的态度
问题的报告。

7月8日和19日（7月21和8月1日）之间

列宁的《关于社会民主工党对第三届杜马的态度问题的报告提纲》印成
单页。

7月12日（25日）和11月之间

阅读社会革命党人的《劳动旗帜报》，在该杂志的社论《我们在工会运动
中的立场》一文中作记号，划出社会革命党人主张工会的非党性的几
段话。

7月14日（27日）

出席彼得堡市代表会议第2次会议并发表讲话。代表会议支持列宁参
加第三届杜马选举的立场。

7月14日和23日（7月27日和8月5日）之间

为俄国社会民主工党第三次代表会议（第二次全国代表会议）起草《关于
参加第三届国家杜马选举问题的决议草案》。

7月16日（29日）

俄国社会民主工党中央委员会委派列宁在俄国社会民主工党第三次代
表会议（第二次全国代表会议）上作关于选举纲领和选举协议问题的
报告。

　　　俄国社会民主工党中央委员会指派列宁为俄国社会民主工党出席
斯图加特国际社会党代表大会代表团成员。

7月20日或21日（8月2日或3日）

出席俄国社会民主工党第三次代表会议（第二次全国代表会议）布尔什
维克派会议，作关于参加第三届国家杜马选举问题的报告。布尔什维克
派同意列宁提出的关于参加第三届国家杜马选举问题的决议草案。

不早于7月20日（8月2日）

列宁的《反对抵制（摘自社会民主党政论家的札记）》一文发表在彼得堡
出版的《论抵制第三届杜马》小册子上。

7月20日和8月1日（8月2日和14日）之间

种子出版社提议以《十二年来》为总标题出版三卷本列宁文集。俄国著作家尼·谢·安加尔斯基来到列宁这里,转达这一建议并商定出版条件。

7月21日—23日（8月3日—5日）

出席在芬兰科特卡召开的俄国社会民主工党第三次代表会议（第二次全国代表会议）;写关于反对抵制第三届国家杜马选举和关于工会代表大会问题的发言提纲,并就这些问题发言。代表会议通过列宁提出的关于参加第三届国家杜马选举问题的决议草案。

拟定《关于参加第三届国家杜马选举问题的整个决议的提纲要点》和《关于参加第三届国家杜马选举问题的决议第二部分的第一点和第二点理由》。

起草《关于全俄工会代表大会决议草案的初稿》。

不晚于7月

根据《1897年俄罗斯帝国第一次人口普查》一书（1905年圣彼得堡版）的材料,编制弗拉基米尔省和下诺夫哥罗德省的城市和工商业村的人口统计表,在《俄国资本主义的发展》一书第2版中利用了这一统计表中的某些材料。

7月

准备出版《俄国资本主义的发展》一书的第2版:根据关于俄国经济状况的新材料进行补充,分析1897年人口普查的总结,写第2版的序言。

8月1日（14日）左右

同约·彼·戈尔登贝格（梅什科夫斯基）一起启程前往德国斯图加特,出席第二国际第七次国际社会党代表大会。

8月1日（14日）

在赴斯图加特途中,致函在意大利卡普里岛的阿·马·高尔基,说俄国社会民主工党中央委员会邀请高尔基作为有发言权的代表出席斯图加特国际社会党代表大会。

8月2日或3日（15日或16日）

抵达德国斯图加特。

8月3日—11日(16日—24日)

每天出席社会党国际局会议。

8月3日(16日)

下午,出席社会党国际局会议。会议审议一些组织参加代表大会的问题。

8月3日和6日(16日和19日)之间

收到德国社会民主党执行委员会5 000马克,作为布尔什维克参加第三届国家杜马选举运动的经费(孟什维克和社会革命党人也得到同样数目的钱款)。

8月4日(17日)

出席斯图加特代表大会俄国代表团社会民主党小组会议。会议讨论代表大会日程所规定的问题。

出席俄国代表团会议;在讨论社会民主党小组和社会革命党小组票数分配问题时,反对给社会民主党人和社会革命党人同等的票数,建议给社会民主党人11票,给社会革命党人6票,给工会代表3票。

同阿·瓦·卢那察尔斯基谈话,指出在德国社会民主党内存在机会主义倾向,必须同这种倾向作坚决斗争。列宁在谈话中还表示不赞成工团主义。

8月4日和10日(17日和23日)之间

收到自己的文集《十二年来》的内容提要的草稿,进行修改并寄给列·波·加米涅夫,委托他同种子出版社签订合同。

8月5日—11日(18日—24日)

参加斯图加特代表大会的工作,任大会主席团成员以及关于军国主义和国际冲突问题决议起草委员会成员。

在斯图加特代表大会开会期间,第一次会见克·蔡特金。

同参加斯图加特代表大会的左派社会民主党人多次举行非正式会议,以便就代表大会所讨论的问题取得一致看法。

8月5日(18日)

上午9时和11时之间,出席社会党国际局会议,发言反对把俄国代表团中的一半票数给社会革命党人。社会党国际局通过决议:给社会民主党人 10 票,给社会革命党人 7 票,给工会代表 3 票。

上午 11 时和下午 l 时 30 分之间,作为代表大会主席团成员出席斯图加特代表大会的开幕式。在奥·倍倍尔致贺词之后,列宁同荷兰社会民主工党代表亨·范科尔就倍倍尔的贺词交换意见。

晚上 6 时和 8 时之间,主持参加斯图加特代表大会的布尔什维克的会议。会上指定了布尔什维克参加代表大会委员会的代表。

同阿·瓦·卢那察尔斯基谈话,委托他在代表大会上捍卫俄国社会民主工党第五次(伦敦)代表大会决议所阐述的关于党同工会关系问题的布尔什维克观点;论述这一问题的原则方面和同维护孟什维克工会"中立"原则的格·瓦·普列汉诺夫进行斗争的策略。

晚上 8 时,出席为欢迎代表大会代表而举行的音乐晚会。

8 月 5 日和 11 日(18 日和 24 日)之间

同奥·倍倍尔、维·阿德勒、罗·卢森堡、保·辛格尔等代表大会代表一起合影留念。

对罗马尼亚代表团在 8 月 24 日(公历)斯图加特代表大会全体会议上提出的抗议罗马尼亚政府镇压活动的决议草案的德文、法文和英文稿作文字修改并在上面作记号。

8 月 6 日(19 日)

出席俄国代表团会议,会上被指定为关于军国主义和国际冲突问题决议起草委员会成员。

委托参加斯图加特代表大会关于党同工会关系问题委员会的阿·瓦·卢那察尔斯基在回意大利之后立即写一本题为《斯图加特代表大会上的党同工会关系问题。关于完成俄国社会民主工党委托的情况报告》小册子。

出席社会党国际局会议。会议解决关于有争议的委托书的问题,并组成了代表大会的各个委员会。

出席俄国代表团社会民主党小组会议。会议决定按下列比例分配社会党国际局给社会民主党人的 10 票:布尔什维克 4 票半,孟什维克 2 票半,崩得代表、拉脱维亚社会民主党代表和亚美尼亚社会民主党组织代表各 1 票。

　　以布尔什维克《无产者报》编辑的身份出席各社会党报刊编辑和出版者的会议。

8月6日—10日（19—23日）

　　出席关于军国主义和国际冲突问题决议起草委员会会议。

8月7日（20日）

　　出席社会党国际局会议；发言反对准许俄国的犹太复国社会主义者出席代表大会。社会党国际局作出妥协性的决定：准许犹太复国社会主义者的代表作为有发言权的代表出席大会。

　　晚上，同阿·瓦·卢那察尔斯基长时间交谈。列宁说，俄国的反动时期将持续3—4年。列宁认为在国外开展工作再一次具有重要意义，说他打算住在芬兰，靠近彼得堡，每3个月到布鲁塞尔去一次，参加社会党国际局会议。列宁还谈到波·米·克努尼扬茨被任命为中央委员会驻国外正式代表；建议卢那察尔斯基担任中央机关报的固定撰稿人。

8月7日和8日（20日和21日）

　　出席俄国代表团会议。会议讨论奥·倍倍尔提出的关于军国主义和国际冲突的决议案以及列宁和罗·卢森堡对这一决议案提出的修正意见。俄国代表团基本同意这一决议案和对它的修正意见。

8月7日—11日（20日—24日）

　　作为主席团成员出席代表大会全体会议。

8月9日（22日）

　　在关于军国主义和国际冲突问题决议起草委员会会议上，列宁同罗·卢森堡和尔·马尔托夫一起，以俄国代表团和波兰代表团的名义对奥·倍倍尔的决议案提出修正意见。

8月9日和10日（22日和23日）

　　列宁和罗·卢森堡同奥·倍倍尔就最后改定关于军国主义和国际冲突的决议的问题多次进行长时间的交谈，并同法学家就这一问题进行商谈。

8月11日（24日）

　　出席代表大会的闭幕会议。会议通过了经列宁和罗·卢森堡修改的关于军国主义和国际冲突的决议。根据一些国家的代表的提议，代表大会决定向争取自由的俄国战士表示敬意。

列宁同奥·倍倍尔、保·辛格尔、罗·卢森堡、让·饶勒斯等人一起签署代表大会通过的致美国工人运动著名活动家威·海伍德的贺词。海伍德曾遭警方诬陷,被美国政府监禁16个月,1907年6月才被宣判无罪。

不早于8月11日(24日)

从德国斯图加特返回芬兰库奥卡拉。在火车车厢中同费·柯恩谈话时,对第二国际能否实施关于军国主义和国际冲突问题的决议表示怀疑。

出席在维堡举行的研究变卖尼·巴·施米特生前捐献给党的遗产问题会议,施米特是在狱中被警察杀害的。

8月11日和19日(8月24日和9月1日)之间

把从德国社会民主党执行委员会得到的5 000马克选举运动经费交给俄国社会民主工党中央委员会。

8月11日(24日)—9月

阅读涅·切列万宁(费·安·利普金)的《俄国社会民主工党伦敦代表大会》一书并在书中作了许多记号。

8月11日(24日)以后

出席在芬兰泰里约基举行的俄国社会民主工党彼得堡委员会会议。

8月11日和10月20日(8月24日和11月2日)之间

校订第二国际第七次(斯图加特)代表大会决议的俄译文。

8月19日(9月1日)

在俄国社会民主工党中央委员会会议上作关于第二国际第七次(斯图加特)代表大会的报告。

8月20日(9月2日)

在俄国社会民主工党中央委员会第19次会议上,被选为党中央机关报《社会民主党人报》主编。

8月20日和10月26日(9月2日和11月8日)之间

校订克·蔡特金的《斯图加特国际社会党代表大会》一文的俄译文,并加了5条注释。

8月22日(9月4日)

为《生活之声》文集撰写《政论家札记》一文,阐述布尔什维克对第三届国家杜马的策略问题。

8月24日和31日（9月6日和13日）之间

列宁编辑的《当前问题》文集在彼得堡出版。

8月25日和10月26日（9月7日和11月8日）之间

为布尔什维克的《1908年大众历书》撰写《斯图加特国际社会党代表大会》一文。

8月—10月14日（27日）以前

校订奥地利社会民主工党、乌克兰社会民主党（奥属乌克兰）和意大利社会党分别给斯图加特国际社会党代表大会的报告的俄译文。

8月—10月

编辑布尔什维克的《闪电》文集和《1908年大众历书》。

8月—11月

编辑群众性的工人报纸《前进报》第12—19号。

8月—12月

准备出版自己的《十二年来》文集。

9月2日（15日）

在泰里约基举行的俄国社会民主工党彼得堡市代表会议上作关于斯图加特国际社会党代表大会的报告。

不早于9月4日（17日）

阅读在埃森召开的德国社会民主党代表大会的材料，在为《无产者报》写的《斯图加特国际社会党代表大会》一文中利用了这些材料。

9月4日和10月20日（9月17日和11月2日）之间

为《无产者报》撰写《斯图加特国际社会党代表大会》一文。

9月5日（18日）以前

列宁编辑的《生活之声》文集在彼得堡出版。该文集收载了列宁的《政论家札记》、《纪念葛伊甸伯爵（我国非党的"民主主义者"教导人民什么?）》等文章以及附有列宁注释的斯图加特代表大会关于军国主义和国际冲突的决议。

9月7日（20日）

在俄国社会民主工党中央委员会重新审议党的中央机关报问题的会议

上,列宁被选入《社会民主党人报》编辑委员会和编辑部管理委员会;中央机关报主编的职位被撤销。

9月9日(22日)以前

向彼得堡各工厂工人发表关于反对抵制第三届杜马的演说。

9月12日和10月20日(9月25日和11月2日)之间

阅读社会革命党中央机关报《劳动旗帜报》第5号。这一号报纸刊登一篇关于斯图加特代表大会的社论,该社论通篇是社会革命党人惯用的空话和吹嘘。列宁写《"社会革命党人"是怎样编写历史的》一文,回击社会革命党人的这一社论。

9月22日(10月5日)

致函社会党国际局书记卡·胡斯曼,告知即将开庭审判第二届国家杜马的社会民主党党团,请求通过国际议会代表联盟向英国、德国、比利时的议会发出呼吁,要求它们对俄国政府的行动加以谴责。

9月22日和10月20日(10月5日和11月2日)之间

阅读帕·尼·米留可夫的《"我们的左边没有敌人"》一文,在《革命和反革命》一文中利用了这篇文章。

9月底

同彼·伊·斯图契卡以俄国社会民主工党中央机关报管理委员会委员的身份,一起写信给中央委员会,请求明确规定中央机关报管理委员会和整个编辑部的职责和权限。

9月底—10月初

致函格·阿·阿列克辛斯基,回答他关于在国外工作有困难的来信,指出对机会主义者采取战斗行动的必要性。

9月

为自己的《十二年来》文集第1卷撰写序言。

9月—10月20日(11月2日)以前

收到阿·瓦·卢那察尔斯基论无产阶级社会主义政党同工会的关系问题的小册子的手稿第一部分。这本小册子是卢那察尔斯基遵照列宁的委托写的。

10月4日(17日)以后

列宁的《对资产阶级政党的态度》一文发表在《俄国社会民主工党伦敦代

表大会的总结》文集上。

10 月 5 日（18 日）以前

致函瑞典社会民主党人卡·布兰亭，请他协助安·伊·乌里扬诺娃-叶利扎罗娃在斯德哥尔摩寻找布尔什维克党的书籍和文件。这些书籍和文件是在列宁离开日内瓦返回俄国之后转寄到斯德哥尔摩去的。

10 月 5 日（18 日）

娜·康·克鲁普斯卡娅受列宁之托写信给在柏林的伊·巴·拉德日尼科夫，信中告知：除《前进报》之外，布尔什维克还决定出版《无产者报》。

娜·康·克鲁普斯卡娅受列宁之托写信给在柏林的安·伊·乌里扬诺娃-叶利扎罗娃，信中请她立即给列宁寄来全套《火星报》，以便准备出版《十二年来》文集第 3 卷。

不晚于 10 月 6 日（19 日）

致函格·阿·阿列克辛斯基，请求从国外寄来全套《火星报》和 1905 年的部分《前进报》和《无产者报》，以便准备出版《十二年来》文集第 3 卷。

10 月 8 日（21 日）

列宁的《反军国主义的宣传和社会主义工人青年团体》一文发表在《前进报》第 16 号上。

10 月 15 日（28 日）

写信给住在莫斯科省米赫涅沃车站的母亲玛·亚·乌里扬诺娃，谈自己在库奥卡拉的生活情况。

10 月 19 日（11 月 1 日）以前

同俄国社会民主工党彼得堡委员会委员米·巴·托姆斯基和第三届国家杜马彼得堡工人代表候选人尼·吉·波列塔耶夫谈话，强调必须利用杜马讲坛这个合法的条件进行革命的社会民主主义的宣传鼓动。

10 月 19 日和 25 日（11 月 1 日和 7 日）之间

列宁校订的克·蔡特金的《斯图加特国际社会党代表大会》一文以及列宁为该文加的注释发表在《闪电》文集第 1 集上。

10 月 19 日和 26 日（11 月 1 日和 8 日）之间

列宁编辑的《1908 年大众历书》在彼得堡出版，他的《斯图加特国际社会党代表大会》一文发表在这一文集上。

10 月 20 日（11 月 2 日）以前

写《革命和反革命》一文。

10 月 20 日（11 月 2 日）

列宁的《斯图加特国际社会党代表大会》、《革命和反革命》、《"社会革命党人"是怎样编写历史的》等文章发表在《无产者报》第 17 号上。

10 月 20 日和 29 日（11 月 2 日和 11 日）之间

以《无产者报》编辑部的名义，为约·彼·戈尔登贝格（梅什科夫斯基）的《也是"论战"》一文写编后记《关于普列汉诺夫的一篇文章》。

收到阿·瓦·卢那察尔斯基寄来的论党同工会关系的小册子第二部分的手稿。

召集布尔什维克写作小组会议。会议讨论阿·瓦·卢那察尔斯基论党同工会的关系的小册子的手稿。

致函在意大利的阿·瓦·卢那察尔斯基，评论他的论党同工会的关系的小册子。列宁在信中充分肯定卢那察尔斯基的这一思想：布尔什维主义不仅从正面，而且还从反面学习德国人，它善于从工团主义中吸取一切有生气的东西来歼灭俄国的工团主义和机会主义。

10 月 26 日（11 月 8 日）

写《第三届杜马》一文。

10 月 26 日和 11 月 5 日（11 月 8 日和 18 日）之间

阅读立宪民主党第五次代表大会的材料，在《"可恶的狂饮节"在准备中》一文中利用了这些材料。

不晚于 10 月 27 日（11 月 9 日）

为俄国社会民主工党圣彼得堡组织代表会议草拟关于第三届国家杜马的决议。

10 月 27 日（11 月 9 日）

出席在芬兰泰里约基举行的俄国社会民主工党圣彼得堡组织代表会议；作关于第三届国家杜马、关于社会民主党参加资产阶级报刊、关于筹备全国代表会议等问题的报告。会议通过了列宁提出的关于第三届国家杜马的决议。

10 月 29 日（11 月 11 日）

列宁的《第三届杜马》和他为约·彼·戈尔登贝格的《也是"论战"》一文

写的编后记《关于普列汉诺夫的一篇文章》发表在《无产者报》第18号上。

10月29日和11月5日(11月11日和18日)之间

写《"可恶的狂饮节"在准备中》和《可是评判者是些什么人呢?》两篇文章。

11月1日或2日(14日或15日)

为《前进报》写《第三届国家杜马和社会民主党》一文。

11月5日(18日)以前

出席俄国社会民主工党中央委员会布尔什维克委员和俄国社会民主工党第四次代表会议(第三次全国代表会议)布尔什维克代表的联席预备会议。会议讨论社会民主党杜马党团与党中央的相互关系的问题。

起草关于第三届国家杜马中社会民主党党团的策略的决议。该决议在俄国社会民主工党第四次代表会议(第三次全国代表会议)上被通过。

11月5日(18日)

列宁的《可是评判者是些什么人呢?》、《"可恶的狂饮节"在准备中》等两篇文章和他起草的、经俄国社会民主工党圣彼得堡组织代表会议通过的《关于第三届国家杜马的决议》发表在《无产者报》第19号上。

11月5日—12日(18日—25日)

出席在芬兰赫尔辛福斯召开的俄国社会民主工党第四次代表会议(第三次全国代表会议);作关于第三届国家杜马中社会民主党党团的策略的报告。

11月10日和23日(11月23日和12月6日)之间

致函种子出版社领导人米·谢·克德罗夫,告知准备写一篇关于土地问题的长文章,即《社会民主党在1905—1907年俄国第一次革命中的土地纲领》一文。

不早于11月12日(25日)

自赫尔辛福斯返回,在维堡附近的亚·格·施利希特尔寓所停留,同施利希特尔谈代表会议的工作、最近几个月党的工作任务以及俄国革命运动的发展前途等问题。

11 月上半月

列宁的《第三届国家杜马和社会民主党》一文发表在《前进报》第 18
号上。

11 月 16 日(29 日)以前

看自己的《十二年来》文集第 1 卷校样并作修改。

11 月 16 日和 23 日(11 月 29 日和 12 月 6 日)之间

列宁的《十二年来》文集第 1 卷在彼得堡出版。第 1 卷包括列宁在
1895—1905 年期间所写的主要文章和小册子。

11 月 20 日(12 月 3 日)以前

同弗·德·邦契-布鲁耶维奇和亚·亚·波格丹诺夫谈社会主义革命胜
利后电影事业的发展前景问题。

委托弗·德·邦契-布鲁耶维奇在彼得堡建立合法的布尔什维克出
版社。

为躲避警察的迫害,从库奥卡拉去赫尔辛福斯附近的奥盖尔比。

11 月—12 月 8 日(21 日)

收到阿·瓦·卢那察尔斯基寄来的论党同工会的关系一书的第三篇
附录。

为阿·瓦·卢那察尔斯基的论党同工会的关系一书写序言。

11 月—12 月

写《社会民主党在 1905—1907 年俄国第一次革命中的土地纲领》一书。

秋天

同格拉纳特兄弟出版公司出版的百科词典的编委 A.B.特鲁普钦斯基商
谈为词典撰写词条一事,同意写《19 世纪末俄国的土地问题》一文。

编辑布尔什维克的《当前生活》文集。

写《土地问题和"马克思的批评家"》一书的第 10—12 章。

12 月 8 日(21 日)以前

出席布尔什维克中央会议。会议决定把《无产者报》迁至国外出版。布
尔什维克中央委派列宁、亚·亚·波格丹诺夫和约·费·杜勃洛文斯基
出国组织出版《无产者报》。

从奥盖尔比去赫尔辛福斯,在那里同来自彼得堡的布尔什维克举行

会议。

从赫尔辛福斯乘火车去奥布(图尔库),来到芬兰社会民主党人瓦·博尔格的家里。

在芬兰社会民主党人路·林德斯特廖姆的陪同下,乘马车从奥布(图尔库)去纳古岛,再从那里乘轮船去斯德哥尔摩。

12 月 12 日(25 日)

由芬兰农民陪同在海峡的冰面上徒步前往纳古岛。途中因冰层下陷,几乎遇难。

从纳古岛乘轮船前往斯德哥尔摩。

12 月 13 日—15 日(26 日—28 日)

同瑞典社会民主党人伯尔耶松商谈由他中转布尔什维克往返于日内瓦与俄国之间的邮件的问题。

12 月 13 日—21 日(1907 年 12 月 26 日—1908 年 1 月 3 日)

住在斯德哥尔摩马尔姆斯坚旅馆。

12 月 15 日(28 日)

在斯德哥尔摩皇家图书馆进行研究工作。

致函一位瑞典社会民主党领导人,告知伯尔耶松已同意中转布尔什维克往返于俄国与日内瓦之间的部分邮件,请求再找一位社会民主党人共同承担这一工作。

12 月 16 日(29 日)

在斯德哥尔摩皇家图书馆进行研究工作。

12 月 17 日或 20 日(1917 年 12 月 30 日或 1908 年 1 月 2 日)

娜·康·克鲁普斯卡娅来到列宁处。

12 月 20 日(1908 年 1 月 2 日)

同娜·康·克鲁普斯卡娅一起去皇家图书馆会见瑞典社会民主党左翼领导人之一 X.贝尔格格连和律师 X.林德贝尔格。

12 月 21 日(1908 年 1 月 3 日)

同娜·康·克鲁普斯卡娅一起自斯德哥尔摩启程前往日内瓦。

12 月 22 日(1908 年 1 月 4 日)

同娜·康·克鲁普斯卡娅在赴日内瓦途中在柏林停留,他们在罗莎·卢森堡的寓所度过一个晚上。

12 月 22 日—24 日（1908 年 1 月 4 日—6 日）

由于生病,列宁和娜·康·克鲁普斯卡娅在柏林滞留。

12 月 25 日（1908 年 1 月 7 日）

同娜·康·克鲁普斯卡娅到达日内瓦。

致函在维也纳的格·阿·阿列克辛斯基,告知已到达日内瓦;询问是否有合适的人领导《无产者报》印刷所和报纸的发行工作。

12 月 25 日（1908 年 1 月 7 日）—1908 年 11 月

居住在日内瓦。

不早于 12 月 25 日（1908 年 1 月 7 日）

同排字工人 И.M.弗拉基米罗夫谈话,要他在最短的时间内恢复《无产者报》印刷所。

会见原彼得堡工人阶级解放斗争协会成员、一起在西伯利亚流放的老同志瓦·瓦·斯塔尔科夫。

12 月 25 日（1908 年 1 月 7 日）以后

在日内瓦俄国侨民集会上发表演说。

12 月 25 日（1908 年 1 月 7 日）—1908 年 1 月

在波兰社会民主党人的集会上发表演说,论述民族主义资产阶级的反革命作用,认为民族主义资产阶级是与无产阶级国际主义立场势不两立的。

12 月 25 日（1908 年 1 月 7 日）以后—1908 年春天

在日内瓦大学听英语讲师讲关于莎士比亚的课程;在这里同弗·维·阿多拉茨基会见。

同弗·维·阿多拉茨基谈话,论述俄国新的革命不可避免以及这一革命的性质;委托阿多拉茨基写一些回忆 1905 年,回忆十月的斗争,特别是和武装工人问题、战斗队问题、组织起义问题以及夺取政权问题有关的经验教训的文章。

12 月 27 日（1908 年 1 月 9 日）

致函在意大利的阿·马·高尔基,告知已到达日内瓦,说等《无产者报》的出版工作安排就绪后就去意大利卡普里岛看望他。

12 月 31 日（1908 年 1 月 13 日）

致函列·波·加米涅夫，请他寄来第三届国家杜马的速记记录等材料，以便在写作《19 世纪末俄国的土地问题》一文时使用。

致函阿·瓦·卢那察尔斯基，告知布尔什维克中央决定把《无产者报》迁到国外出版，请他为报纸撰稿并请他作报告；对他的关于党同工会的关系的小册子表示满意。

1908 年

1 月 1 日（14 日）

致函在彼得堡的妹妹玛·伊·乌里扬诺娃，请她按时寄来第三届国家杜马的速记记录等材料。

致函在布鲁塞尔的社会党国际局书记卡·胡斯曼，请他把社会党国际局现有的俄国社会民主工党第五次（伦敦）代表大会的材料和文件寄来，因为这次代表大会的部分记录在芬兰最近几次搜捕时遗失了。

1 月 1 日和 9 日（14 日和 22 日）之间

致函格·阿·阿列克辛斯基，请他弄到社会革命党党团向第二届国家杜马提出的《土地法基本条例草案》的俄文本，以便在写作《社会民主党在 1905—1907 年俄国第一次革命中的土地纲领》小册子时使用。

1 月 2 日（15 日）

收到阿·马·高尔基和玛·费·安德列耶娃的来信，信中邀请列宁去意大利卡普里岛，并表示愿意为把《无产者报》经意大利运往俄国提供帮助。

复函阿·马·高尔基和玛·费·安德列耶娃，说春天以前不能去卡普里岛，因为正忙于安排《无产者报》的出版工作；委托安德列耶娃组织有关用轮船把《无产者报》经意大利运往敖德萨的工作。

致函在意大利的阿·瓦·卢那察尔斯基，询问怎样才能找到在佛罗伦萨的瓦·瓦·卡里亚金；请他从速回复关于为《无产者报》撰稿的问题。

1 月 3 日（16 日）左右

列宁的《十二年来》文集第 2 卷第 1 分册以《土地问题》为题在彼得堡出

版。这部书收载了《土地问题和"马克思的批评家"》一文的第 10、11 章。

1 月 5 日（18 日）—3 月上半月

阅读 1908 年初在彼得堡出版的《关于马克思主义哲学的论丛》,书中收载了弗·亚·巴扎罗夫、雅·亚·别尔曼、阿·瓦·卢那察尔斯基、帕·索·尤什凯维奇、亚·亚·波格丹诺夫、О.И.格尔方德和谢·亚·苏沃洛夫的文章。在阅读文章过程中,列宁向波格丹诺夫谈了自己对这本书的印象,认为文集作者所宣扬的哲学远远背离了马克思主义,不应该把这种哲学当成马克思主义哲学搬出来。

1 月 6 日和 13 日（19 日和 26 日）之间

在日内瓦举行的抗议普鲁士实行反波兰措施的群众集会上发表演说。

1 月 7 日或 8 日（20 日或 21 日）

写信给妹妹玛·伊·乌里扬诺娃,委托她寄书来。

1 月 9 日（22 日）

复函母亲玛·亚·乌里扬诺娃和妹妹玛·伊·乌里扬诺娃,说打算在安排好《无产者报》的出版工作以后同娜·康·克鲁普斯卡娅一起去卡普里岛。

1 月 9 日和 25 日（1 月 22 日和 2 月 7 日）之间

阅读卡·考茨基 1907 年底在柏林出版的小册子《社会主义与殖民政策》。

1 月 11 日和 14 日（24 日和 27 日）之间

收到社会党国际局书记卡·胡斯曼的来信,信中请求列宁回复挪威工党书记马格努斯·尼尔森提出的问题:在雷瓦尔是否有俄国社会民主工党的委员会,М.尤里松和 Ж.Г.谢平两人是否是雷瓦尔组织的成员。

1 月 14 日（27 日）

致函在克里斯蒂安尼亚(现名奥斯陆)的挪威工党书记马格努斯·尼尔森,告知在雷瓦尔有俄国社会民主工党的委员会;说不认识 М.尤里松和 Ж.Г.谢平两人,但打算向俄国社会民主工党中央委员会和雷瓦尔委员会了解他们的情况。

复函社会党国际局书记卡·胡斯曼,说收到了马·尼尔森提出的问题,并转述了给马·尼尔森的复信的内容。

1 月 16 日（29 日）以前

致函在伦敦的哈里·奎尔奇,请求他给收集一些书刊。

1 月 16 日（29 日）

致函社会党国际局书记卡·胡斯曼，说由于芬兰的几次搜捕，妨碍了他起草俄国社会民主工党提交第二国际第七次代表大会的报告，现正在加紧起草这一报告；询问什么时候是提交报告的最后日期以及这个报告能否在各党提交第七次代表大会的报告的第 3 辑中发表。

致函在伦敦的费·阿·罗特施坦，告知党目前无力偿还在党的第五次（伦敦）代表大会期间向英国自由派工厂主约·费尔兹的借款；请罗特施坦向费尔兹说明情况。

就偿还约·费尔兹的借款问题，致函俄国社会民主工党中央委员会。

1 月 17 日和 20 日（1 月 30 日和 2 月 2 日）之间

阅读尔·马尔托夫发表在 1908 年 1 月 30 日（公历）《伯尔尼哨兵报》第 24 号上的关于尼·亚·谢马什柯被捕一事的声明，声明中只字不提谢马什柯是俄国社会民主工党党员，只说他是一个新闻记者。列宁对这一声明非常气愤。

起草致《伯尔尼哨兵报》编辑部的声明，驳斥尔·马尔托夫的关于尼·亚·谢马什柯被捕一事的声明，并以俄国社会民主工党驻社会党国际局代表的身份证实说，谢马什柯是俄国社会民主工党党员，是以党报记者身份参加斯图加特代表大会的，他没有参与也不可能参与梯弗利斯剥夺一事。

1 月 18 日和 25 日（1 月 31 日和 2 月 7 日）之间

彼得堡出版《大百科全书》第 21 卷，简要地介绍了列宁的生平。

1 月 18 日和 31 日（1 月 31 日和 2 月 13 日）之间

写《关于扩大杜马预算权的辩论》一文，该文发表在《社会民主党人报》第 1 号上。

不早于 1 月 20 日（2 月 2 日）

会见到达日内瓦的《无产者报》编辑部成员约·费·杜勃洛文斯基，同他讨论近期出版《无产者报》的工作计划。

1 月 20 日（2 月 2 日）

致函阿·马·高尔基，并随信寄去尔·马尔托夫关于尼·亚·谢马什柯被捕一事的声明。列宁在信中说,马尔托夫在声明中只字不提谢马什柯是俄国社会民主工党党员,这是孟什维克反对布尔什维克的卑劣手腕;请高尔基写信给《伯尔尼哨兵报》,对马尔托夫的声明表示愤慨。

致函阿·瓦·卢那察尔斯基,告知《无产者报》编辑部拟向他约稿的题目、文章篇幅以及交稿日期。

致函社会党国际局书记卡·胡斯曼,询问 1908 年俄国社会民主工党应交多少会费。

1 月 20 日和 25 日(2 月 2 日和 7 日)之间

收到阿·马·高尔基的来信,信中再次邀请列宁去卡普里岛,向列宁谈他的写作计划,建议出版合法的文集等。

收到从彼得堡来的通知,通知中说可以再版列宁译成俄文的悉·韦伯和比·韦伯夫妇的《英国工联主义的理论和实践》一书;复函告知印行第 1 版的条件,同时寄去签订第 2 版合同的委托书,并说明签订合同的条件。

1 月 20 日和 31 日(2 月 2 日和 13 日)之间

同亚·亚·波格丹诺夫和约·费·杜勃洛文斯基一起发表《无产者报》出刊通告。

1 月 21 日(2 月 3 日)

致函格·阿·阿列克辛斯基,说派别斗争在各地都大大地尖锐起来了,这是不可避免的。

1 月 23 日(2 月 5 日)

把《社会民主党在 1905—1907 年俄国第一次革命中的土地纲领》这部著作的手稿寄回俄国交给玛·伊·乌里扬诺娃,以便出版自己的《十二年来》文集第 2 卷第 2 分册。

列宁就尼·亚·谢马什柯在日内瓦被捕一事致《伯尔尼哨兵报》编辑部的声明发表在该报第 29 号上。

1 月 25 日(2 月 7 日)

致函在彼得堡的妹妹玛·伊·乌里扬诺娃,感谢她寄来《言语报》和工会杂志,请她今后继续把这类杂志寄来;对不能为纪念马克思的文集撰稿表示遗憾;建议把卡·考茨基的小册子《社会主义与殖民政策》和帕尔乌斯的《殖民政策和资本主义制度的崩溃》一书译成俄文出版;委托她同种子出版社洽谈此事。

致函在卡普里岛的阿·马·高尔基,对于党正在清除市侩垃圾和职业工人在党内的作用日益加强表示满意;支持高尔基的关于继续出版合法文集的建议,同时坚决主张办好报纸。列宁在信中还谈到哲学问题。他说,他在认真阅读党的哲学家的著作,阅读经验一元论者和经验批判论者亚·亚·波格丹诺夫、弗·亚·巴扎罗夫、阿·瓦·卢那察尔斯基等人的著作,表示反对经验批判主义,赞成唯物主义,认为格·瓦·普列汉诺夫在哲学方面的观点是正确的。

致函格·阿·阿列克辛斯基,告知《无产者报》的代表即将抵达维也纳;请他在维也纳收集新出版的波兰书刊,并且一定弄到关于1907年12月—1908年1月召开并通过了新党纲的波兰社会党第十次代表大会的正式报告。

1月25日和2月1日(2月7日和14日)之间

阅读卡·考茨基的《民族性和国际性》一文,该文发表在1908年1月5日(18日)《新时代》杂志附刊第1期上。

1月26日(2月8日)

填写加入日内瓦读书协会的登记表。

1月31日(2月13日)

收到阿·瓦·卢那察尔斯基1908年1月29日(2月11日)的来信,信中建议在《无产者报》上开辟小说栏并委托阿·马·高尔基负责。

致函在卡普里岛的阿·瓦·卢那察尔斯基,对卢那察尔斯基关于在《无产者报》上开辟小说栏的设想和委托阿·马·高尔基负责此栏的建议表示高兴,请他同高尔基洽商此事;建议卢那察尔斯基为2月13日(26日)出版的《无产者报》第21号写评论俄国状况的政治杂文和写评述意大利社会党中派领导人恩·费里拒绝参加党中央机关报《前进报》编辑工作的文章。

致函在卡普里岛的阿·马·高尔基,对高尔基决定为《无产者报》写些小文章表示高兴,同时建议他不要因此而中断写大本的著作;认为与高尔基的哲学观点有分歧;说《新时代》杂志对哲学漠不关心,它从来就不是热烈拥护哲学唯物主义的,而在最近竟不加任何说明就刊登了经验批判主义者的文章;反对那种把僵死的市侩习气归咎于马克思主义哲学的观点;指出社会民主党中所有的小市民派别都是首先反对哲学唯物主义,而倾向于康德、新康德主义和批判的哲学。

拜访瑞士警察司司长,询问如果不提交结婚证书(因为很难从俄国国内要到),他和娜·康·克鲁普斯卡娅是否可以取得居住权。得到的回答是必须要有结婚证书。

1 月—2 月

为在日内瓦出版《无产者报》进行筹备工作。

2 月 1 日(14 日)

致函在彼得堡的妹妹玛·伊·乌里扬诺娃,建议把卡·考茨基的《民族性和国际性》一文译成俄文,并同奥·鲍威尔的《民族问题和社会民主党》一书一起出版,考茨基在他的文章中批判了鲍威尔的这本书;要她设法弄到并寄来列宁和娜·康·克鲁普斯卡娅的结婚证书的副本,以便取得居住权。

2 月 3 日和 13 日(16 日和 26 日)之间

写《政治短评》一文。

2 月 4 日(17 日)

致函在彼得堡的玛·伊·乌里扬诺娃,请她寄来一些书籍,第三届杜马第 20 次会议以后的记录,十月党人、右派、哥萨克集团等的纲领、通告和传单;问她是否收到了他寄去的信件和《社会民主党在 1905—1907 年俄国第一次革命中的土地纲领》一书的手稿。

2 月 10 日(23 日)

正式加入日内瓦读书协会。

2 月 11 日(24 日)以前

阅读阿·马·高尔基的《个性的毁灭》一文的手稿,并在同亚·亚·波格丹诺夫的谈话中,反对在《无产者报》上刊登这篇文章。

2 月 11 日(24 日)

出席《无产者报》编辑部会议。会议研究阿·马·高尔基的《个性的毁灭》一文和载于 1908 年 2 月 14 日(公历)《新时代》杂志上的亚·亚·波格丹诺夫论恩斯特·马赫一文的译者序。译者序中说,在俄国社会民主党内,出现了一种把对马赫的这种或那种态度变成党内派别划分问题的强烈倾向。会议一致通过列宁起草的《无产者报》编辑部关于这篇译者序的声明,声明中强调指出:这种哲学上的争论并不是派别的争论,任何想把这种分歧当做派别分歧的企图,都是根本错误的。会议决定让列宁和波格丹诺夫尽快去卡普里岛。

2月11日和3月7日(2月24日和3月20日)之间

将《〈无产者报〉编辑部的声明》译成德文,并寄给《新时代》杂志编辑部,要求予以发表。

不晚于2月12日(25日)

开始撰写《唯物主义和经验批判主义》一书。

写信给在彼得堡的亲人们,请求把早在1906年夏天写的批判亚·亚·波格丹诺夫的《经验一元论》一书的哲学著作手稿寄来,当时曾想以《一个普通马克思主义者的哲学札记》为题发表这一著作。

2月12日(25日)

致函在卡普里岛的阿·马·高尔基,认为必须对马赫主义和俄国的马赫主义者亚·亚·波格丹诺夫等人进行不调和的斗争,在哲学问题上布尔什维克之间发生争论是不可避免的,但这场争论不应妨碍在工人政党内执行革命的策略;建议高尔基修改他的《个性的毁灭》一文,把那些即使同波格丹诺夫哲学间接有关的地方都删掉;告知他的卡普里岛之行因故要推迟。

致函在卡普里岛的阿·瓦·卢那察尔斯基,请他立即寄出为《无产者报》写的评论恩·费里的文章。

2月13日(26日)

列宁的《政治短评》和他起草的《〈无产者报〉编辑部的声明》发表在《无产者报》第21号上。

2月14日(27日)

致函阿·瓦·卢那察尔斯基,请他为《无产者报》第23号写一篇关于巴黎公社的文章,建议在这篇文章中利用马克思致路·库格曼的信来教训机会主义者。

2 月 15 日和 20 日（2 月 28 日和 3 月 4 日）之间

列宁的《土地问题和"马克思的批评家"》一书第 12 章以《土地问题上的马克思主义反对者心目中的"理想国"》为题发表在《当前生活》文集中。

2 月 17 日（3 月 1 日）

致函社会党国际局书记卡·胡斯曼，询问社会党国际局最近一次会议将在何时召开。

2 月 17 日和 3 月 3 日（3 月 1 日和 16 日）之间

收到阿·瓦·卢那察尔斯基的来信，信中推辞写关于巴黎公社的文章。

致函阿·马·高尔基，询问高尔基和卢那察尔斯基对《无产者报》有什么打算；对卢那察尔斯基不想写关于巴黎公社的文章表示遗憾。

2 月 20 日（3 月 4 日）以前

阅读社会革命党人德·菲尔索夫和米·雅科比合著的《关于土地纲领的修改及其论证》一书，在《工会的中立》一文的注解里认为作者在这部书中向马克思主义迈出了坚决的一步。

写《新土地政策》、《工会的中立》和《论葡萄牙国王事件》等三篇文章。这些文章发表在 2 月 20 日（3 月 4 日）《无产者报》第 22 号上。

2 月 26 日（3 月 10 日）左右

参加日内瓦布尔什维克小组会议，欢迎刚从日内瓦监狱获释的尼·亚·谢马什柯。

2 月 26 日（3 月 10 日）

致函在彼得堡的姐姐安·伊·乌里扬诺娃-叶利扎罗娃，对妹妹玛·伊·乌里扬诺娃生病深感不安，要她用他的《俄国资本主义的发展》一书第 2 版的部分稿费好好安排妹妹和母亲的生活。

2 月 27 日和 3 月 6 日（3 月 11 日和 19 日）之间

列宁的《俄国资本主义的发展》一书的修订第 2 版在彼得堡出版。

2 月 29 日（3 月 13 日）

列宁的《关于扩大杜马预算权的辩论》一文发表在《社会民主党人报》第 1 号上。

2 月

恢复在日内瓦工人联合会的会籍，交纳 1908 年 2 月和 3 月的会费。

2月—10月

阅读约·狄慈根的《短篇哲学著作集》并在书上作批注,在撰写《唯物主义和经验批判主义》一书时大量采用了这本书中的材料。

3月1日和5日(14日和18日)之间

阅读刊登在《首都邮报》上的叶·德·库斯柯娃的《论俄国的马克思主义(纪念卡·马克思逝世二十五周年)》一文,在《谈谈对俄国革命的估计》一文中尖锐地批判了这篇文章。

为波兰社会民主党杂志《社会民主党评论》撰写《谈谈对俄国革命的估计》一文,并将这篇文章寄交给杂志编辑部。

3月1日和12日(14日和25日)之间

阅读《俄罗斯新闻》、《言语报》和《政治和文学辩论日报》上发表的关于纪念卡·马克思逝世二十五周年的文章,在《国际自由派对马克思的评价》一文中利用了这些报纸上的材料。

3月3日(16日)左右

在日内瓦作报告。

3月3日(16日)

致函在卡普里岛的阿·马·高尔基,对因工作繁忙和缺少旅费而不能去卡普里岛一事表示遗憾;说《无产者报》编辑部的工作不顺利,原因是同亚·亚·波格丹诺夫在哲学上有意见分歧;告知由于自己的哲学癖好,花在《无产者报》上的时间很少,而且愈是读经验批判主义者的文章,愈是要责骂他们;请求高尔基为《无产者报》写文章。

3月4日(17日)以前

收到波兰社会民主党驻俄国社会民主工党中央委员会代表扬·梯什卡的来信,信中请求协助他同格·阿·阿列克辛斯基取得通信联系,以便得到关于俄国社会民主工党国外协助小组中央局的消息。

3月4日(17日)

接待费·雅·柯恩的来访。孟什维克曾就在国外兑换梯弗利斯剥夺中所获取的钱款一事对马·马·李维诺夫提出诬告,列宁同柯恩就对此事组织党内调查问题交换意见。

3月5日(18日)

致函扬·梯什卡,向他转达同费·雅·柯恩谈话的内容。列宁请梯什卡

就此事向德国社会民主党执行委员会作报告,并请他一定将孟什维克的
《社会民主党人呼声报》第1—2号上的《不该结束吗?》一文翻译出来。
该文诬蔑布尔什维克,说他们组织兑换梯弗利斯剥夺中所获得的钱款。

出席日内瓦为三个纪念日(马克思逝世二十五周年、1848年革命六
十周年、巴黎公社三十七周年)组织的国际群众大会,在会上代表俄国社
会民主工党作关于公社的意义的报告,即《公社的教训》。

3月5日和11日(18日和24日)之间

收到阿·马·高尔基的来信,信中担心关于哲学问题的斗争可能导致布
尔什维克派内部的分裂,从而使孟什维克获得胜利。高尔基在信中还建
议出版一种刊登哲学辩论文章的杂志。

3月5日和12日(18日和25日)之间

写《一场预先策划的警察式爱国主义的表演》、《关于自由派对人民的欺
骗》和《国际自由派对马克思的评价》等三篇文章。

3月7日(20日)

列宁起草并译成德文的《〈无产者报〉编辑部的声明》发表在《新时代》杂
志上。

3月10日(23日)

列宁的《公社的教训》一文发表在《国外周报》第2号上。

3月11日(24日)

致函阿·马·高尔基,严厉抨击马赫主义者的《关于马克思主义哲学的
论丛》,强调同马赫主义者在哲学问题上的斗争是不可避免的。

3月12日(25日)

列宁的《一场预先策划的警察式爱国主义的表演》、《关于自由派对人民
的欺骗》和《国际自由派对马克思的评价》等文章发表在《无产者报》第
25号上。

责任编辑：郇中建

装帧设计：石笑梦

版式设计：周方亚

责任校对：吕　勇

图书在版编目(CIP)数据

列宁全集.第16卷/(苏)列宁著；中共中央马克思恩格斯列宁斯大林著作编译局编译.
—2版(增订版)-北京：人民出版社,2017.3(2024.7重印)
ISBN 978-7-01-017099-2

Ⅰ.①列…　Ⅱ.①列…②中…　Ⅲ.①列宁著作-全集　Ⅳ.①A2

中国版本图书馆 CIP 数据核字(2016)第 320341 号

书　　名	**列宁全集**	
	LIENING QUANJI	
	第十六卷	
编 译 者	中共中央马克思恩格斯列宁斯大林著作编译局	
出版发行	人民出版社	
	(北京市东城区隆福寺街 99 号　邮编 100706)	
邮购电话	(010)65250042　65289539	
经　　销	新华书店	
印　　刷	北京新华印刷有限公司	
版　　次	2017 年 3 月第 2 版增订版　2024 年 7 月北京第 2 次印刷	
开　　本	880 毫米×1230 毫米 1/32	
印　　张	22.75	
插　　页	3	
字　　数	605 千字	
印　　数	3,001—6,000 册	
书　　号	ISBN 978-7-01-017099-2	
定　　价	56.00 元	

ISBN 978-7-01-017099-2

9 787010 170992 >